中國國家圖書館編

國家圖書館藏敦煌遺書

第八十册　北敦〇五九一三號——北敦〇六〇〇〇號

北京圖書館出版社

圖書在版編目(CIP)數據

國家圖書館藏敦煌遺書・第八十册/中國國家圖書館編;任繼愈主編. —北京:北京圖書館出版社,2008.3
ISBN 978-7-5013-3232-8

Ⅰ.國… Ⅱ.①中…②任… Ⅲ.敦煌學—文獻 Ⅳ.K870.6

中國版本圖書館 CIP 數據核字(2007)第 178560 號

ISBN 978-7-5013-3232-8

9 787501 332328 >

書　　名 國家圖書館藏敦煌遺書・第八十册
著　　者 中國國家圖書館編　任繼愈主編
責任編輯 徐　蜀　孫　彦
封面設計 李　璀

出　　版 北京圖書館出版社　(100034　北京西城區文津街 7 號)
發　　行 010-66139745　66151313　66175620　66126153
66174391(傳真)　66126156(門市部)
E-mail cbs@nlc.gov.cn(投稿)　btsfxb@nlc.gov.cn(郵購)
Website www.nlcpress.com
經　　銷 新華書店
印　　刷 北京文津閣印務有限責任公司

開　　本 八開
印　　張 52.25
版　　次 2008 年 3 月第 1 版第 1 次印刷
印　　數 1-250 册(套)

書　　號 ISBN 978-7-5013-3232-8/K・1459
定　　價 990.00 圓

目錄

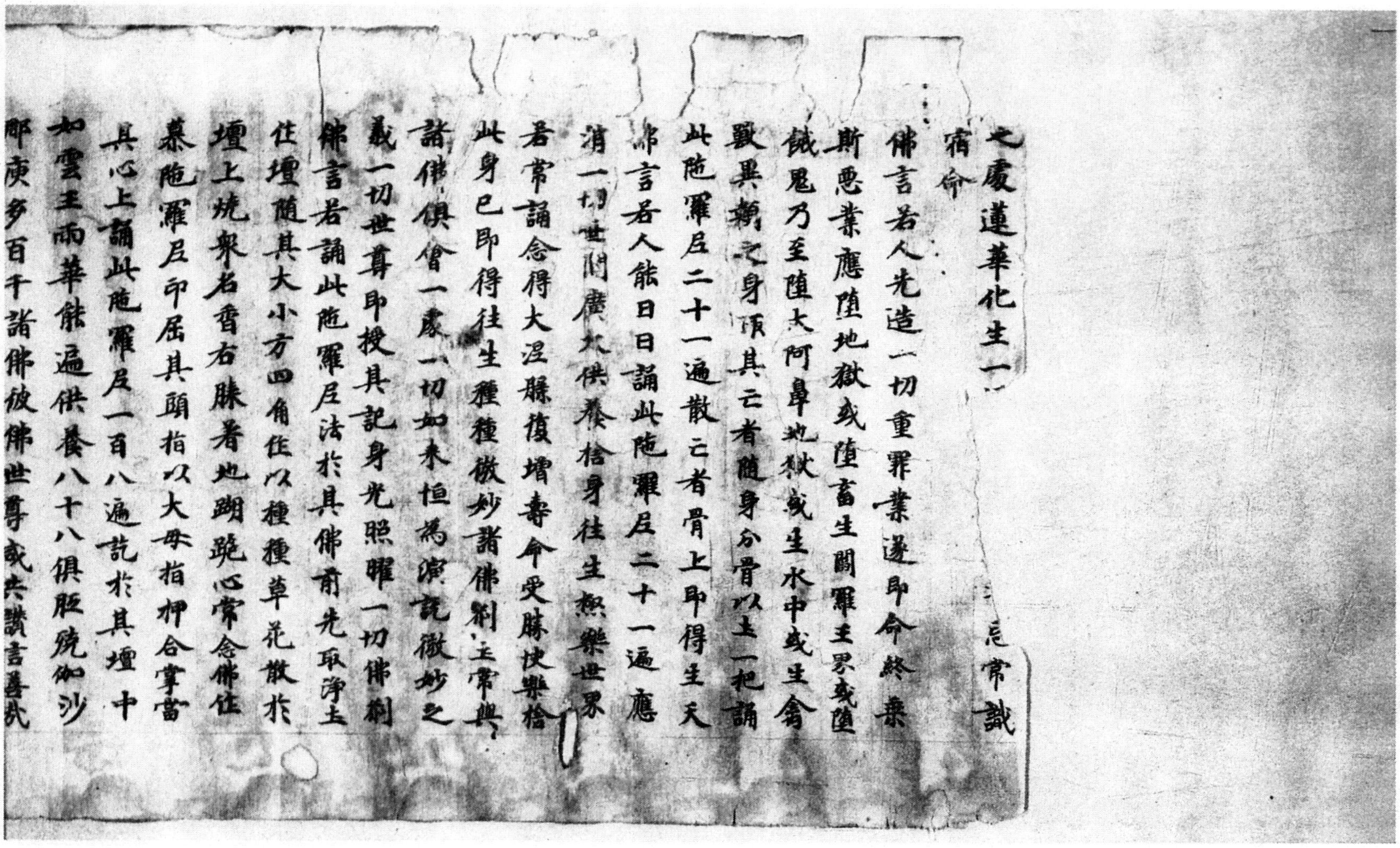

之處蓮華化生一[illegible]忘常識
宿命
佛言若人先造一切重罪業遂即命終乘
斯惡業應墮地獄或墮畜生閻羅王界或墮
餓鬼乃至墮大阿鼻地獄或生水中或生禽
獸異類之身取其亡者隨身分骨以土一把誦
此陁羅尼二十一遍散亡者骨上即得生天
佛言若人能日日誦此陁羅尼二十一遍應
消一切世間廣大供養捨身往生極樂世界
若常誦念得大涅槃復增壽命受勝快樂捨
此身已即得往生種種微妙諸佛剎土常與
諸佛俱會一處一切如來恒為演說微妙之
義一切世尊即授其記身光照曜一切佛剎
佛言若誦此陁羅尼法於其佛前先取淨土
作壇隨其大小方四角作以種種草花散於
壇上燒衆名香右膝著地胡跪心常念佛作
慕陁羅尼印屈其頭指以大母指押合掌當
其心上誦此陁羅尼一百八遍訖於其壇中
如雲王雨華能遍供養八十八俱胝殑伽沙
那庚多百千諸佛彼佛世尊咸共讚言善哉

BD05923 號　佛頂尊勝陀羅尼經（佛陀波利本）　（3–1）

壇上燒衆名香右膝著地胡跪心常念佛作
慕陁羅尼印屈其頭指以大母指押合掌當
其心上誦此陁羅尼一百八遍訖於其壇中
如雲王雨華能遍供養八十八俱胝殑伽沙
那庚多百千諸佛彼佛世尊咸共讚言善哉
希有真是佛子即得无障礙智三昧得大菩
提心莊嚴三昧持此陁羅尼法應如是
佛言天帝我以此方便一切衆生應墮地獄
令得解脫一切惡道亦得清淨復令持者增
益壽命天帝汝去將我陁羅尼授與善住天
子滿其七日汝与善住俱來見我
尒時天帝於世尊所受此陁羅尼法奉持還
於本天授与善住天子尒時善住天子受此
陁羅尼已滿六日六夜依法受持一切願滿
應受一切惡道等苦即得解脫住菩提道增
壽无量甚大歡喜高聲歎言希有如來希有
妙法希有明驗甚為難得令我解脫
尒時帝釋至第七日与善住天子將諸天衆
嚴持華鬘塗香末香寶幢幡蓋天衣瓔珞
微妙莊嚴往詣佛所設大供養以妙天衣及諸
瓔珞供養世尊遶百千帀於佛前立踊躍歡
喜坐而聽法尒時世尊舒金色臂摩善住天
子頂而為說法授菩提記佛言此經名淨一
切惡道佛頂尊勝陁羅尼汝當受持尒時
大衆聞法歡喜信受奉行

BD05923 號　佛頂尊勝陀羅尼經（佛陀波利本）　（3–2）

壽无量甚大歡喜高聲歎言希有如來希有
妙法希有明驗甚爲難得令我解脫
尒時帝釋至第七日与善住天子將諸天衆
嚴持華鬘塗香末香寶幢幡蓋天衣瓔珞
微妙莊嚴往詣佛所設大供養以妙天衣及諸
瓔珞供養世尊遶百千帀於佛前立踊躍歡
喜坐而聽法尒時世尊舒金色臂摩善住天
子頂而爲說法授菩提記佛言此經名淨一
切惡道佛頂尊勝陀羅尼汝當受持尒時
大衆聞法歡喜信受奉行

佛頂尊勝陀羅尼經

BD05923 號　佛頂尊勝陀羅尼經（佛陀波利本）　（3-3）

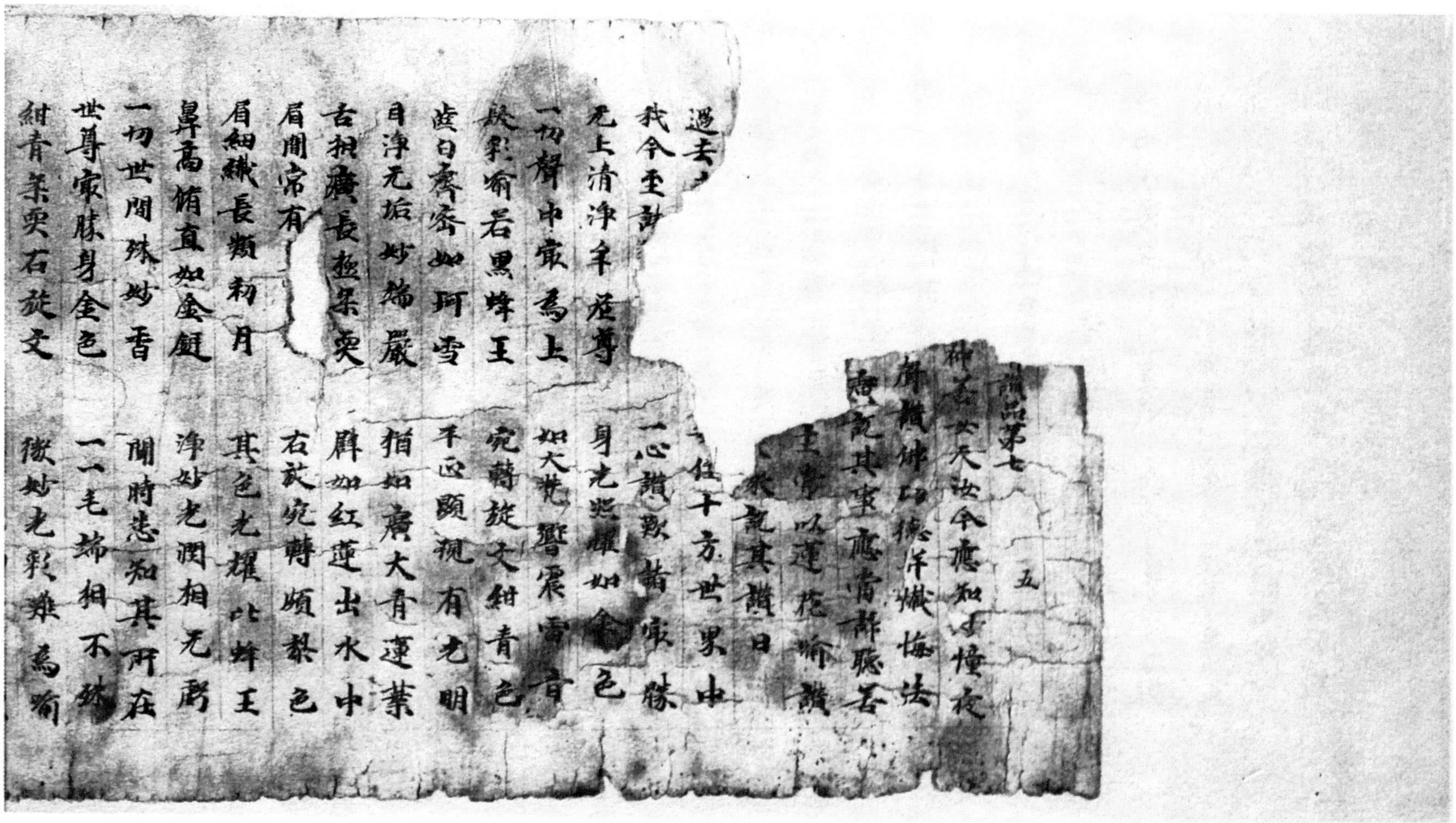

[illegible]品第七　五
神善女天汝今應知妙幢夜
所讚佛功德并懺悔法
[illegible]說其事應當諦聽[illegible]
王常以蓮花喻讚
[illegible]衆說其讚曰
過去[illegible]　住十方世界中
我今至誠[illegible]　一心讚歎諸最勝
无上清淨牟尼尊　身光照[illegible]如金色
一切聲中最爲上　如大梵響震雷音
髮彩猶若黑蜂王　宛轉旋文紺青色
齒白齊密如珂雪　平正顯現有光明
目淨无垢妙端嚴　猶如廣大青蓮葉
舌相廣長極柔耎　譬如紅蓮出水中
眉間常有[illegible]　右旋宛轉頗梨色
眉細纖長類初月　其色光耀比蜂王
鼻高脩直如金鋌　淨妙光潤相无虧
一切世間殊妙香　聞時悉知其所在
世尊最勝身金色　一一毛端相不殊
紺青柔耎右旋文　微妙光彩難爲喻

BD05924 號　金光明最勝王經卷五　（13-1）

眉細纖長類初月　其色光耀比蜂王
鼻高脩直如金鋌　淨妙光潤相无虧
一切世間殊妙香　聞時悉知其所在
世尊最勝身金色　一一毛端相不殊
紺青柔耎右旋文　微妙光彩難爲喻
初誕身有妙光明　普照一切十方界
能滅三有衆生苦　令彼悉蒙安隱樂
地獄傍生鬼道中　阿蘇羅天及人趣
令彼除滅於衆苦　常受自然安隱樂
身色光明常普照　譬如鎔金妙无比
面貌圓明如滿月　脣色赤好喻頻婆
行步威儀類師子　身光朗耀同初日
臂肘纖長立過膝　狀等垂下娑羅枝
圓光一尋照无邊　赫奕猶如百千日
悉能遍至諸佛剎　隨緣所在覺群迷
淨光明網无倫比　流輝遍滿百千界
普照十方无障礙　一切冥闇悉皆除
善逝慈光能與樂　妙色暎徹等金山
流光悉至百千土　衆生遇者皆出離
佛身成就无量福　一切功德共莊嚴
超過三界獨稱尊　世間殊勝无與等
所有過去一切佛　數同大地諸微塵
未來現在十方尊　亦如大地微塵衆
我以至誠身語意　稽首歸依三世佛
讚歎无邊功德海　種種香花皆供養
設我口中有千舌　經无量劫讚如來
世尊功德不思議　最勝甚深難可說
假令我舌有百千　讚歎一佛一切德

BD05924 號　金光明最勝王經卷五　（13–2）

[illegible]
我以至誠身語意　稽首歸依三世佛
讚歎无邊功德海　種種香花皆供養
設我口中有千舌　經无量劫讚如來
世尊功德不思議　最勝甚深難可說
假令我舌有百千　讚歎一佛一切德
於中少分尚難知　況諸佛德无邊際
假使大地及諸天　乃至有頂爲海水
可以毛端滴知數　佛一切德甚難量
我以至誠身語意　禮讚諸佛德无邊
所有勝福果難思　迴施衆生速成佛
彼王讚歎如來已　倍復深心發弘願
願我當於未來世　生在无量无數劫
夢中常見大金鼓　得聞顯說懺悔音
讚佛功德喻蓮花　願證无生成正覺
諸佛出世時一現　於百千劫甚難逢
夜夢常聞妙鼓音　晝則隨應而懺悔
我當圓滿修六度　拔濟衆生出苦海
然後得成无上覺　佛土清淨不思議
以妙金鼓奉如來　并讚諸佛實功德
因斯當見釋迦佛　記我當紹人中尊
金龍金光是我子　過去曾爲善知識
世世願生於我家　共受无上菩提記
若有衆生无救護　長夜輪迴受衆苦
我於來世作歸依　令彼常得安隱樂
三有衆苦願除滅　悉得隨心安樂處
於未來世修菩提　皆如過去成佛者
願此金光懺悔福　永竭苦海罪消除
業障煩惱悉皆除　令我速招清淨果

BD05924 號　金光明最勝王經卷五　（13–3）

我於未世住所依　令彼常得安隱樂
三有衆苦願除滅　悉得随心安樂處
於未來世於菩提　皆如過去成佛者
願此金光懺悔福　永竭苦海罪消除
業障煩惱悉皆亡　令我速招清淨果
福智大海量无邊　清淨離垢深无底
願我獲斯功德海　速成无上大菩提
以此金光懺悔力　當獲福德淨光明
既得清淨妙光明　常以智光照一切
願我身光等諸佛　福德智慧亦復然
一切世界獨稱尊　威力自在无倫匹
有漏苦海願超越　无爲樂海願常遊
現在福海願恒盈　當來智海願圓滿
願我刹土超三界　殊勝功德量无邊
諸有緣者悉同生　皆得速成清淨智
妙幢汝當知　國王金龍主　曾發如是願　彼即是汝身
往時有二子　金龍及金光　即銀相銀光　當受我所記
大衆聞是說　皆發菩提心　願現在未來　常依此懺悔
金光明最勝王經金勝陀羅尼品第八
介時世尊復於衆中告善住菩薩摩訶薩善
男子有陁羅尼名曰金勝若有善男子善女
人欲求親見過去未來現在諸佛恭敬供養
者應當受持此陁羅尼何以故此陁羅尼乃
是過現未來諸佛之母是故當知持此陁羅
尼者具大福德已於過去无量佛所殖諸善
本今得受持於戒清淨不毀不缺无有障礙
決定能入甚深法門世尊即爲說呪法先

BD05924 號　金光明最勝王經卷五　（13–4）

人欲求親見過去未來現在諸佛恭敬供養
者應當受持此陁羅尼何以故此陁羅尼乃
是過現未來諸佛之母是故當知持此陁羅
尼者具大福德已於過去无量佛所殖諸善
本今得受持於戒清淨不毀不缺无有障礙
決定能入甚深法門世尊即爲說呪法先
稱諸佛及菩薩名至心礼敬然後誦呪
南謨十方一切諸佛　南謨諸大菩薩摩訶薩
南謨聲聞緣覺一切賢聖
南謨釋迦牟尼佛　南謨東方不動佛
南謨南方寶幢佛　南謨西方阿弥陁佛
南謨北方天鼓音王佛　南謨上方廣衆德佛
南謨下方明德佛　南謨寶藏佛
南謨普光佛　南謨普明佛
南謨香積王佛　南謨蓮花勝佛
南謨平等見佛　南謨寶髻佛
南謨寶上佛　南謨寶光佛
南謨无垢光明佛　南謨辯才莊嚴思惟佛
南謨淨月光稱相王佛　南謨華嚴光佛
南謨光明王佛　南謨善光无垢稱王佛
南謨觀察无畏自在佛　南謨无畏名稱佛
南謨最勝王佛
南謨觀自在菩薩摩訶薩　南謨地藏菩薩摩訶薩
南謨虛空藏菩薩摩訶薩　南謨妙音稱菩薩摩訶薩
南謨金剛手菩薩摩訶薩　南謨普賢菩薩摩訶薩
南謨无量志莊嚴菩薩摩訶薩　南謨大勢至菩薩摩訶薩
南謨慈氏菩薩摩訶薩　南謨善慧菩薩摩訶薩
陁羅尼曰

BD05924 號　金光明最勝王經卷五　（13–5）

南謨金剛手菩薩摩訶薩　南謨普賢菩薩摩訶薩
南謨无盡意菩薩摩訶薩　南謨大勢至菩薩摩訶薩
南謨慈氏菩薩摩訶薩　南謨善慧菩薩摩訶薩
陀羅尼曰
南謨曷喇怛那怛喇夜也　怛姪他
君睇　君睇　矩折囇　矩折囇
壹窒哩　蜜窒哩　莎訶
佛告善住菩薩此陀羅尼是諸佛母若有
善男子善女人持此呪者能生无量无邊福
德之聚即是供養恭敬尊重讚歎无數諸佛
如是諸佛皆與此人授阿耨多羅三藐三菩
提記善住若有人能持此呪者隨其所欲衣
食財寶多聞聰慧无病長壽獲福甚多隨所
願求无不遂意善住持是呪者乃至未證无
上菩提常與金城山菩薩慈氏菩薩大海菩
薩觀自在菩薩妙吉祥菩薩大氷伽羅菩薩
等而共居止為諸菩薩之所攝護善住當知
持此呪時作如是法先應誦持滿一万八遍為
前方便次於闇室莊嚴道場黑月一日清淨
洗浴著鮮潔衣燒香散花種種供養并諸
飲食入道場中先當稱禮如前所說諸佛菩
薩至心殷重懺悔先罪已右膝著地可誦前呪
滿一千八遍端坐思惟念其所願日未出時
於道場中食淨黑食日唯一食至十五日方
出道場能令此人福德威力不可思議隨所願
求无不圓滿若不遂意重入道場既稱心已
常持莫忘

BD05924號　金光明最勝王經卷五　（13–6）

滿一千八遍端坐思惟念其所願日未出時
於道場中食淨黑食日唯一食至十五日方
出道場能令此人福德威力不可思議隨所願
求无不圓滿若不遂意重入道場既稱心已
常持莫忘

金光明最勝王經顯空性品第九

尒時世尊說此呪已為欲利益菩薩摩訶薩
人天大衆令得悟解甚深真實第一義故重
明空性而說頌曰

我已於餘甚深經　廣說真空微妙法
今復於此經王內　略說空法不思議
於諸廣大甚深法　有情无智不能解
故我於斯重敷演　令於空法得開悟
大悲哀愍有情故　以善方便勝因緣
我今於此大衆中　演說令彼明空義
當知此身如空聚　六賊依止不相知
六塵諸賊別依根　各不相知亦如是
眼根常觀於色處　耳根聽聲不斷絕
鼻根恒嗅於香境　舌根鎮嘗於美味
身根受於輕耎觸　意根了法不知猒
此等六根隨事起　各於自境生分別
識如幻化非真實　依止根處妄貪求
如人奔走空聚中　六識依根亦如是
心遍馳求隨處轉　託根緣境了諸事
常愛色聲香味觸　於法尋思无暫停
隨緣遍行於六根　如鳥飛空无障礙
藉此諸根作依處　方能了別於外境
此身无知无作者　體不堅固託緣成

BD05924號　金光明最勝王經卷五　（13–7）

常處色聲香味觸 於法尋思无暫停
隨緣遍行於六根 如鳥飛空无障礙
藉此諸根作依處 方能了別於外境
此身无知无作者 體不堅固託緣成
皆從虛妄分別生 譬如機關由業轉
地水火風共成身 隨彼因緣招異果
同在一處相違害 如四毒蛇居一篋
此四大蛇性各異 雖居一處有昇沉
或上或下遍於身 斯等終歸於滅法
於此四種毒蛇中 地水二蛇多沉下
風火二蛇性輕舉 由此乖違眾病生
心識依止於此身 造作種種善惡業
當往人天三惡趣 隨其業力受身形
遭諸疾病身死後 大小便利悉盈流
膿爛虫蛆不可樂 棄在屍林如朽木
汝等當觀法如是 云何執有我眾生
一切諸法盡无常 悉從无明緣力起
彼諸大種咸虛妄 本非實有體无生
故說大種性皆空 知此浮虛非實有
无明自性本是无 藉眾緣力和合有
於一切時失正慧 故我說彼為无明
行識為緣有名色 六處及觸受隨生
愛取有緣生老死 憂悲苦惱恒隨逐
眾苦惡業常纏迫 生死輪迴无息時
本來非有體是空 由不如理生分別
我斷一切諸煩惱 常以正智現前行
了五蘊宅悉皆空 求證菩提真實處
我開甘露大城門 示現甘露微妙器

BD05924號　金光明最勝王經卷五　(13-8)

愛取有緣生老死 憂悲苦惱恒隨逐
眾苦惡業常纏迫 生死輪迴无息時
本來非有體是空 由不如理生分別
我斷一切諸煩惱 常以正智現前行
了五蘊宅悉皆空 求證菩提真實處
我開甘露大城門 示現甘露微妙器
既得甘露真實味 常以甘露施群生
我擊最勝大法鼓 我吹最勝大法螺
我然最勝大明燈 我降最勝大法雨
降伏煩惱諸怨結 建立无上大法幢
於生死海濟群迷 我當關閉三惡趣
煩惱熾火燒眾生 无有救護无依止
清涼甘露充足彼 身心熱惱普皆除
由是我於无量劫 恭敬供養諸如來
堅持禁戒趣菩提 求證法身安樂處
施他眼耳及手足 妻子僮僕心无悋
財寶七珍莊嚴具 隨來求者咸供給
忍等諸度皆遍修 十地圓滿成正覺
故我得稱一切智 无有眾生度量者
假使三千大千界 盡此土地生長物
所有叢林諸樹木 稻麻竹葦及枝條
此等諸物皆伐取 並悉細末作微塵
隨處積集量難知 乃至充滿虛空界
一切十方諸剎土 所有三千大千界
地土皆悉末為塵 此微塵量不可數
假使一切眾生智 以此智慧與一人
如是智者量无邊 容可知彼微塵數

BD05924號　金光明最勝王經卷五　(13-9)

所有三千大千界
地土皆悉末爲塵　此微塵量不可數
假使一切衆生智　以此智慧與一人
如是智者量无邊　皆可知彼微塵數
牟尼世尊一念智　令彼智人共度量
於多俱胝劫數中　不能筭知其少分
時諸大衆聞佛說此甚深空性有无量衆
生能了達四大五蘊體性俱空六根六境妄
生繫縛願捨輪迴正修出離深心慶喜如說
奉持
金光明最勝王經依空滿願品第十
尒時如意寶光耀天女於大衆中聞說深法
歡喜踊躍從座而起偏袒右肩右膝著地合
掌恭敬白佛言世尊唯願爲說於甚深理修
行之法而說頌言
我問照世界　兩足最勝尊　菩薩正行法　唯願慈聽許
佛言善女天　若有疑惑者　隨汝意所問　吾當分別說
是時天女請世尊曰
云何諸菩薩　行菩提正行　離生死涅槃　饒益自他故
佛告善女天依於法界行菩提法修平等行
云何依於法界行菩提法修平等行謂於五
蘊能現法界法界即是五蘊五蘊不可說非
五蘊亦不可說何以故若法界是五蘊即是
斷見若離五蘊即是常見離於二相不著二
邊不可見過所見无名无相是則名爲說於
法界善女天云何五蘊能現法界如是五蘊
不從因緣生何以故若從因緣生者爲已生故

BD05924號　金光明最勝王經卷五　（13–10）

斷見若離五蘊即是常見離於二相不著二
邊不可見過所見无名无相是則名爲說於
法界善女天云何五蘊能現法界如是五蘊
不從因緣生何以故若從因緣生者爲已生故
生爲未生故生若已生者何用因緣若未
生生者不可得生何以故未生諸法即是非
有无名无相非校量譬喻之所能及非是因
緣之所生故善女天譬如鼓聲依木依皮及
桴手等故得出聲如是鼓聲過去亦空未
來亦空現在亦空何以故是鼓音聲不從木
生不從皮生及桴手生不於三世生是則不
生若不可生則不可滅若不可滅无所從來
若无所從來亦无所去若无所去則非常非
斷若非常非斷則不一不異何以故此若是
一則不異法界若如是者凡夫之人應見真
諦得於无上安樂涅槃既不如是故知不一
若言異者一切諸佛菩薩行相即是執著未
得解脫煩惱繫縛即不證阿耨多羅三藐三
菩提何以故一切聖人於行非行同真實性
是故不異故知五蘊非有非无不從因緣生
非无因緣生是聖所知非餘境故亦非言說
之所能及无名无相无因无緣亦无譬喻始終
寂静本來自空是故五蘊能現法界善女
天若善男子善女人欲求阿耨多羅三藐三
菩提異真異俗難可思量於凡聖境體非一
異不捨於俗不離於真依於法界行菩提行
尒時世尊作是語已時善女天踊躍歡喜即

BD05924號　金光明最勝王經卷五　（13–11）

[illegible]
寂靜本來自空是故五蘊能現法界善女
天若善男子善女人欲求阿耨多羅三藐三
菩提異真異俗難可思量於凡聖境體非一
異不捨於俗不離於真依於法界行菩提行
尒時世尊作是語已時善女天踊躍歡喜即
從座起偏袒右肩右膝著地合掌恭敬一心
頂礼而白佛言世尊如上所說菩提正行我今
當學是時索訶世界主大梵天王於大衆中
問如意寶光耀善女天曰此菩提行難可修
行汝今云何於菩提行而得自在尒時善女
天荅梵王曰大梵王如佛所說實是甚深
一切異生不解其義是聖境界微妙難知若
使我今依於此法得安樂住是實語者願令
一切五濁惡世无量无數无邊衆生皆得金
色卅二相非男非女坐寶蓮花受无量樂雨
天妙花諸天音樂不鼓自鳴一切供養皆悉具
足時善女天說是語已一切五濁惡世所
有衆生皆悉金色具大人相非男非女坐寶
蓮花受无量樂猶如他化自在天宮无諸惡
道寶樹行列七寶蓮花遍滿世界又雨七寶
上妙天花作天伎樂如意寶光耀善女天所
轉女身作梵天身時大梵天王問如意寶光耀
菩薩言仁者如何行菩提行荅言梵王若水
中月行菩提行我亦行菩提行若夢中行菩
提行我亦行菩提行若陽焰露行菩提行我
亦行菩提行若谷響行菩提行我亦行菩提
行時大梵王聞此說已白菩薩言仁依何義

BD05924號　金光明最勝王經卷五

(13-12)

[illegible]
菩薩言仁者如何行菩提行荅言梵王若水
中月行菩提行我亦行菩提行若夢中行菩
提行我亦行菩提行若陽焰露行菩提行我
亦行菩提行若谷響行菩提行我亦行菩提
行時大梵王聞此說已白菩薩言仁依何義
而說此語菩言梵王无有一法是實相者但
由因緣而得成故梵王言若如是者諸凡夫
人皆悉應得阿耨多羅三藐三菩提菩言仁
以何意而作是說愚癡人異智慧人異菩提異
非菩提異解脫異非解脫異梵王如是諸法
平等无異於此法界真如不異无有中間而
可執著无增无減梵王譬如幻師及幻弟子
善解幻術於四衢道取諸沙土草木葉等
聚在一處作諸幻術使人覩見象衆馬衆車
兵等衆七寶之聚種種倉庫若有衆生愚
癡无智不能思惟不知幻本若見若聞作是思
惟我所見聞象馬等衆此是實有餘皆虛妄於
後更不審察思惟有智之人則不如是了於
幻本若見若聞作如是念如我所見象馬等
衆非是真實唯有幻事惑人眼目妄謂象等
及諸倉庫有名无實如我見聞不執爲實後
時思惟知其虛妄是故智者了一切法皆无
實體但隨世俗如是如聞表宣其事思惟諦
理則不如是復由假說顯實義故梵王愚癡
異生未得出世聖慧之眼未[illegible]

BD05924號　金光明最勝王經卷五

(13-13)

壹貳叁肆伍陸柒捌玖拾
張王李趙

BD05924號背　雜寫　　　　(4–1)

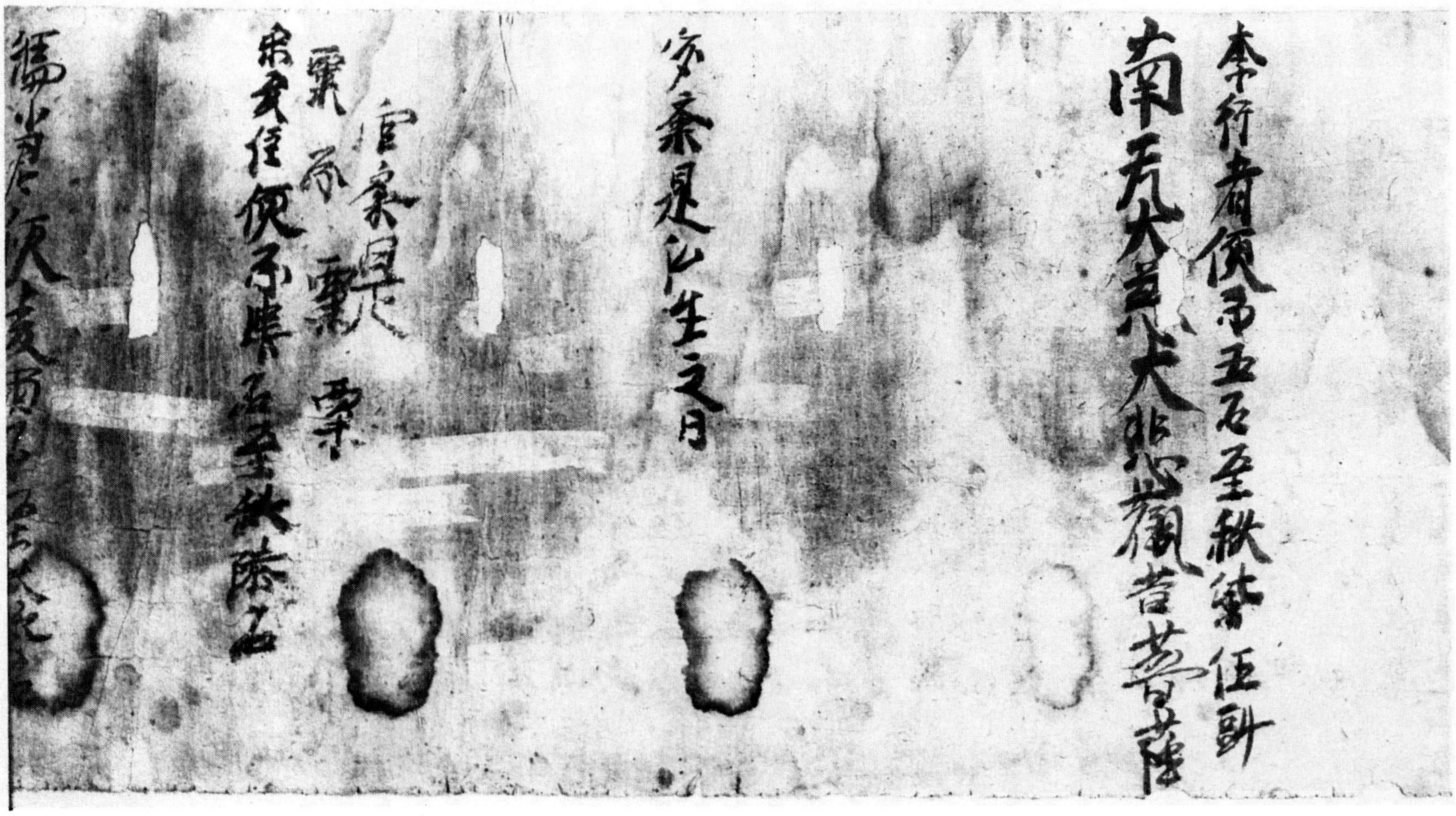
南无大聖大悲觀音菩薩

BD05924號背　雜寫　　　　(4–2)

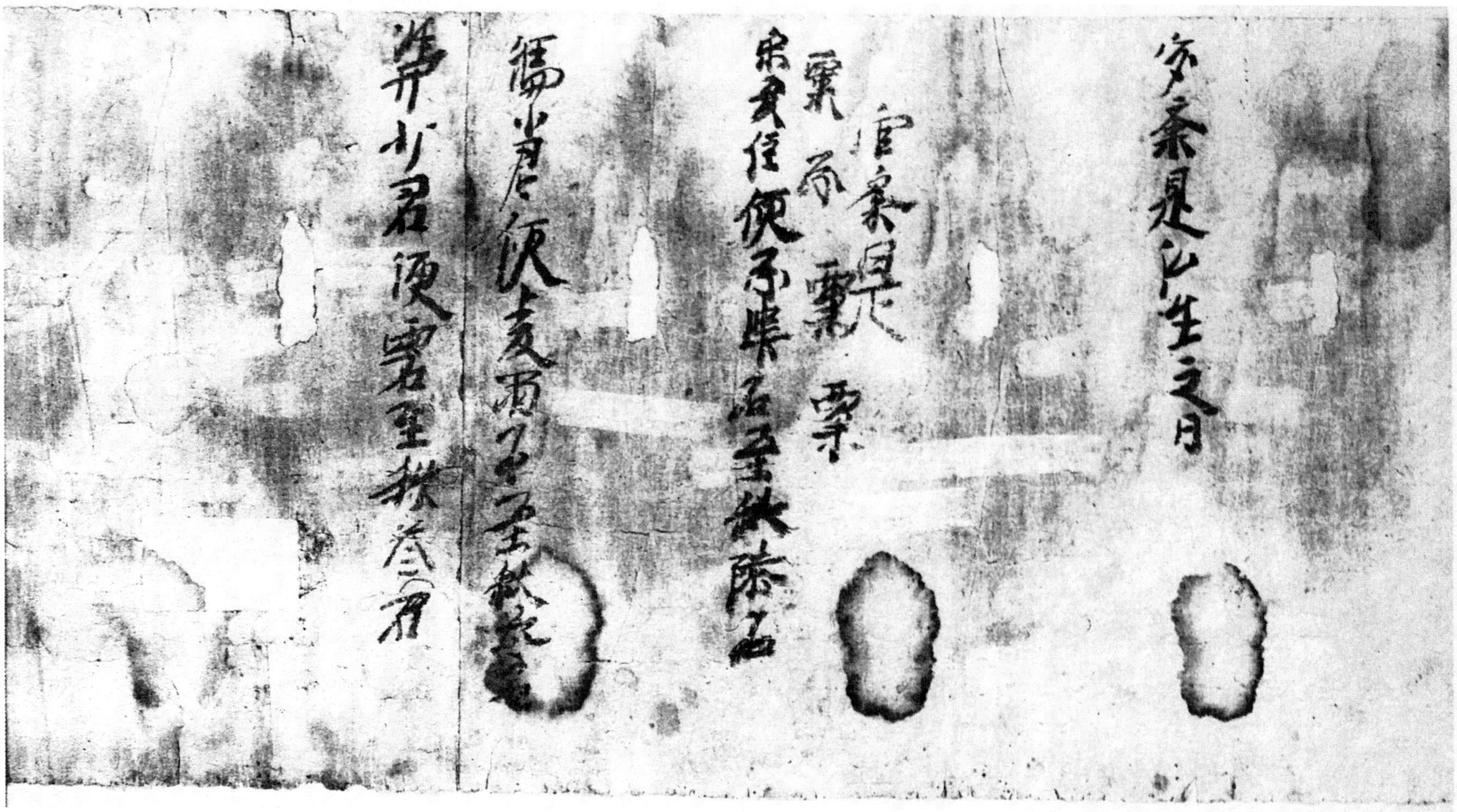

BD05924 號背　雜寫　　　　（4–3）

BD05924 號背　勘記　　　　（4–4）

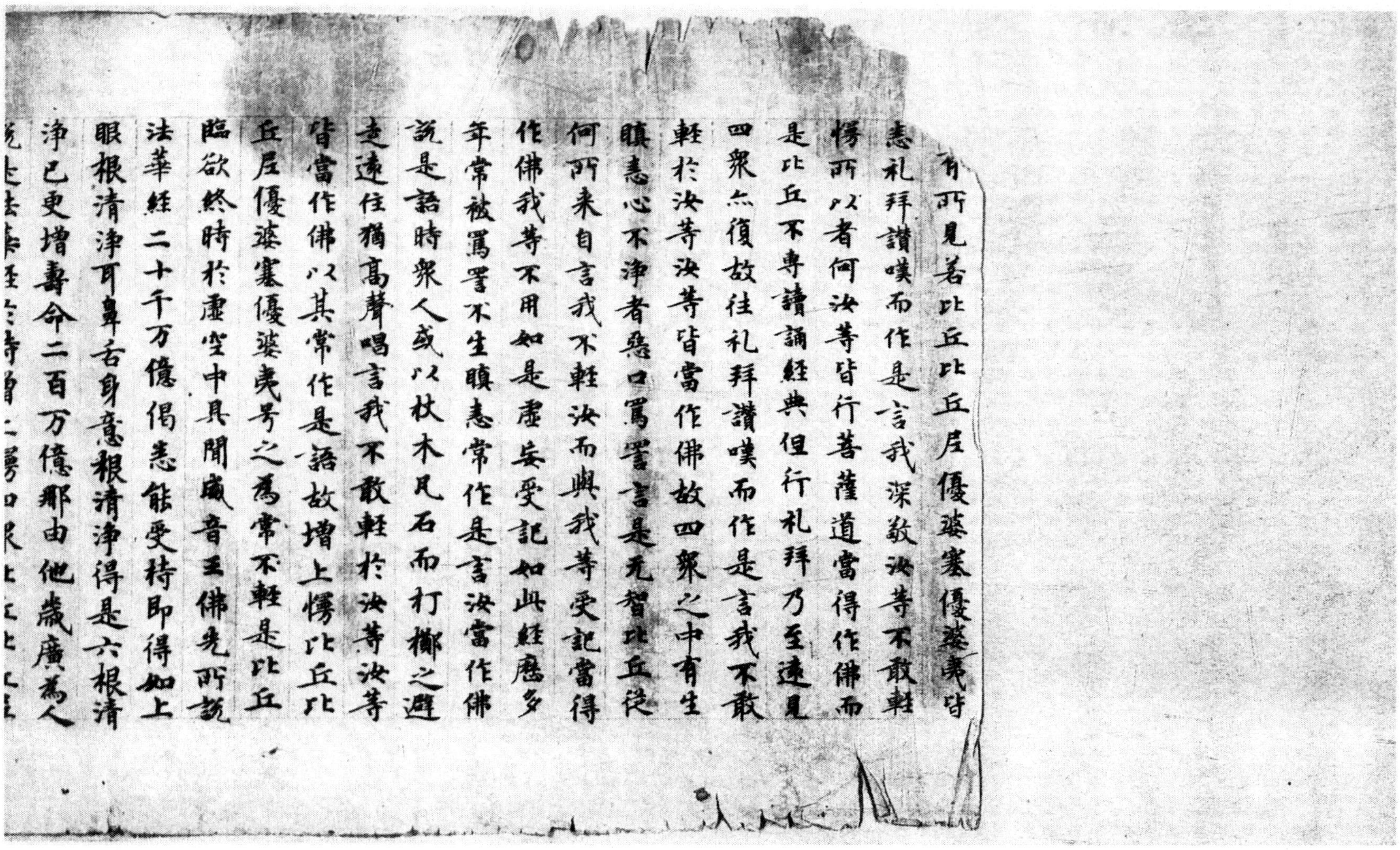
有所見若比丘比丘尼優婆塞優婆夷皆
悉礼拜讚嘆而作是言我深敬汝等不敢輕
慢所以者何汝等皆行菩薩道當得作佛而
是比丘不專讀誦經典但行礼拜乃至遠見
四衆亦復故往礼拜讚嘆而作是言我不敢
輕於汝等汝等皆當作佛故四衆之中有生
瞋恚心不淨者惡口罵詈言是无智比丘從
何所来自言我不輕汝而與我等受記當得
作佛我等不用如是虚妄受記如此經歷多
年常被罵詈不生瞋恚常作是言汝當作佛
說是語時衆人或以杖木瓦石而打擲之避
走遠住猶高聲唱言我不敢輕於汝等汝等
皆當作佛以其常作是語故增上慢比丘比
丘尼優婆塞優婆夷号之為常不輕是比丘
臨欲終時於虚空中具聞威音王佛先所說
法華經二十千万億偈悉能受持即得如上
眼根清淨耳鼻舌身意根清淨得是六根清
淨已更增壽命二百万億那由他歳廣為人
說是法華經於時增上慢四衆比丘比丘

BD05925號　妙法蓮華經卷六　（9–1）

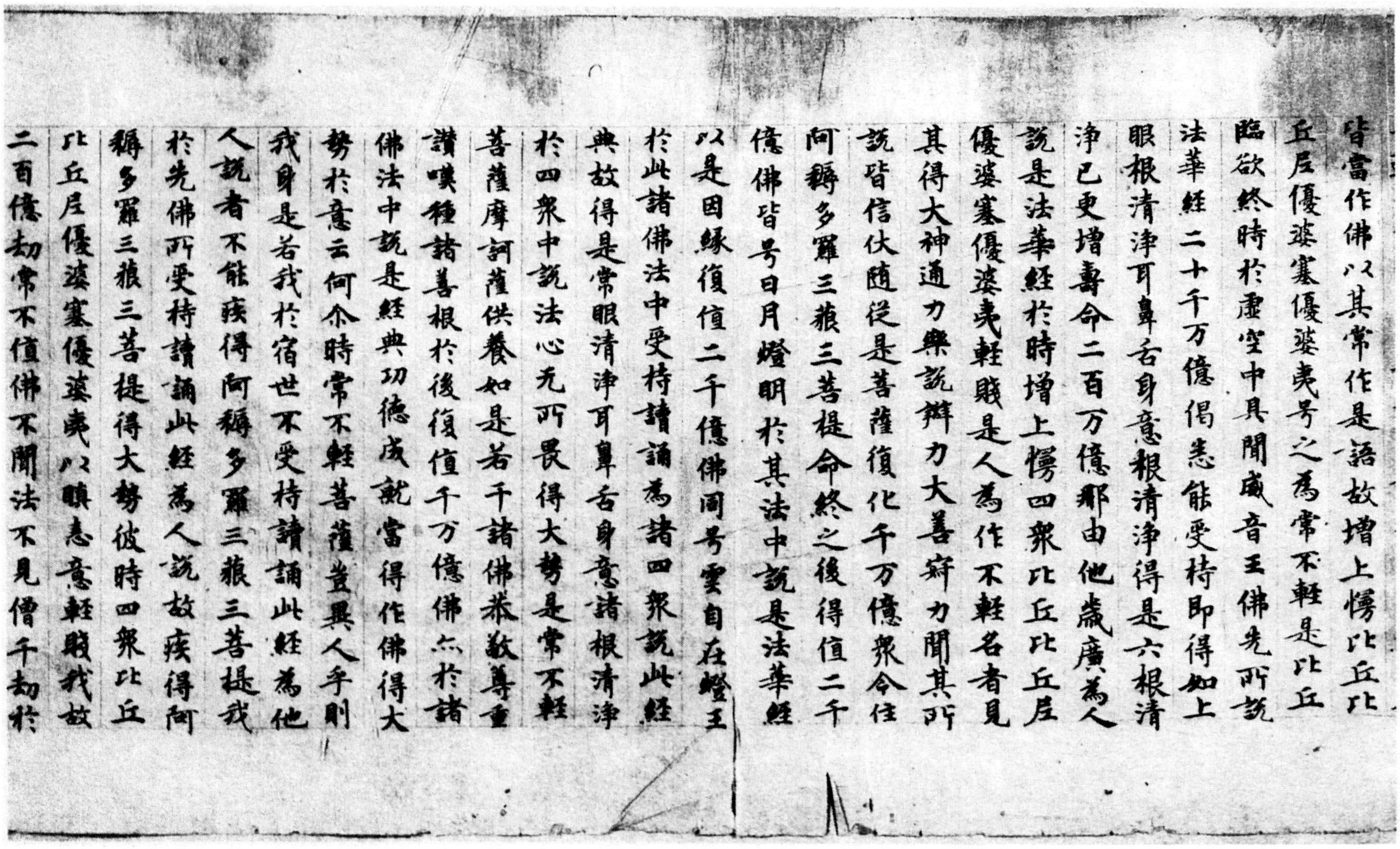
皆當作佛以其常作是語故增上慢比丘比
丘尼優婆塞優婆夷号之為常不輕是比丘
臨欲終時於虚空中具聞威音王佛先所說
法華經二十千万億偈悉能受持即得如上
眼根清淨耳鼻舌身意根清淨得是六根清
淨已更增壽命二百万億那由他歳廣為人
說是法華經於時增上慢四衆比丘比丘尼
優婆塞優婆夷輕賤是人為作不輕名者見
其得大神通力樂說辯力大善寂力聞其所
說皆信伏隨從是菩薩復化千万億衆令住
阿耨多羅三藐三菩提命終之後得值二千
億佛皆号日月燈明於其法中說是法華經
以是因緣復值二千億佛同号雲自在燈王
於此諸佛法中受持讀誦為諸四衆說此經
典故得是常眼清淨耳鼻舌身意諸根清淨
於四衆中說法心无所畏得大勢是常不輕
菩薩摩訶薩供養如是若干諸佛恭敬尊重
讚嘆種諸善根於後復值千万億佛亦於諸
佛法中說是經典功德成就當得作佛得大
勢於意云何尒時常不輕菩薩豈異人乎則
我身是若我於宿世不受持讀誦此經為他
人說者不能疾得阿耨多羅三藐三菩提我
於先佛所受持讀誦此經為人說故疾得阿
耨多羅三藐三菩提得大勢彼時四衆比丘
比丘尼優婆塞優婆夷以瞋恚意輕賤我故
二百億劫常不值佛不聞法不見僧千劫於

BD05925號　妙法蓮華經卷六　（9–2）

我身是若我於宿世不受持讀誦此經為他
人說者不能疾得阿耨多羅三藐三菩提我
於先佛所受持讀誦此經為人說故疾得阿
耨多羅三藐三菩提得大勢彼時四衆比丘
比丘尼優婆塞優婆夷以瞋恚意輕賤我故
二百億劫常不值佛不聞法不見僧千劫於
阿鼻地獄受大苦惱畢是罪已復遇常不輕
菩薩教化阿耨多羅三藐三菩提得大勢於
汝意云何尒時四衆常輕是菩薩者豈異人
乎今此會中䟦陁婆羅等五百菩薩師子月
等五百比丘尼思佛等五百優婆塞皆於阿
耨多羅三藐三菩提不退轉者是得大勢當
知是法華經大饒益諸菩薩摩訶薩能令至
於阿耨多羅三藐三菩提是故諸菩薩摩訶
薩於如來滅後常應受持讀誦解說書寫是
經尒時世尊欲重宣此義而說偈言

過去有佛 号威音王 神智无量 將導一切
天人龍神 所共供養 是佛滅後 法欲盡時
有一菩薩 名常不輕 時諸四衆 計著於法
不輕菩薩 往到其所 而語之言 我不輕汝
汝等行道 皆當作佛 諸人聞已 輕毀罵詈
不輕菩薩 能忍受之 其罪畢已 臨命終時
得聞此經 六根清淨 神通力故 增益壽命
復為諸人 廣說是經 諸著法衆 皆蒙菩薩
教化成就 令住佛道 不輕命終 值无數佛
說是經故 得无量福 漸具功德 疾成佛道

BD05925號　妙法蓮華經卷六 （9-3）

不輕菩薩 能忍受之 其罪畢已 臨命終時
得聞此經 六根清淨 神通力故 增益壽命
復為諸人 廣說是經 諸著法衆 皆蒙菩薩
教化成就 令住佛道 不輕命終 值无數佛
說是經故 得无量福 漸具功德 疾成佛道
彼時不輕 則我身是 時四部衆 著法之者
聞不輕言 汝當作佛 以是因緣 值无數佛
此會菩薩 五百之衆 并及四部 清信士女
今於我前 聽法者是 我於前世 勸是諸人
聽受斯經 第一之法 開示教人 令住涅槃
世世受持 如是經典 億億万劫 至不可議
時乃得聞 是法華經 億億万劫 至不可議
諸佛世尊 時說是經 是故行者 於佛滅後
聞如是經 勿生疑惑 應當一心 廣說此經
世世值佛 疾成佛道

妙法蓮華經如來神力品第二十一

尒時千世界微塵等菩薩摩訶薩從地踊出
者皆於佛前一心合掌瞻仰尊顏而白佛言
世尊我等於佛滅後世尊分身所在國土滅
度之處當廣說此經所以者何我等亦自欲
得是真淨大法受持讀誦解說書寫而供養
之尒時世尊於文殊師利等无量百千万億
舊住娑婆世界菩薩摩訶薩及諸比丘比丘
尼優婆塞優婆夷天龍夜叉乾闥婆阿脩羅
迦樓羅緊那羅摩睺羅伽人非人等一切衆
前現大神力出廣長舌上至梵世一切毛孔
放於无量无數色光皆悉遍照十方世界

BD05925號　妙法蓮華經卷六 （9-4）

之尒時世尊於文殊師利等无量百千万億
舊住娑婆世界菩薩摩訶薩及諸比丘比丘
尼優婆塞優婆夷天龍夜叉乾闥婆阿脩羅
迦樓羅緊那羅摩睺羅伽人非人等一切衆
前現大神力出廣長舌上至梵世一切毛孔
放於无量无數色光皆悉遍照十方世界衆
寶樹下師子座上諸佛亦復如是出廣長舌
放无量光釋迦牟尼佛及寶樹下諸佛現神
力時滿百千歲然後還攝舌相一時謦欬俱
共彈指是二音聲遍至十方諸佛世界地皆
六種震動其中衆生天龍夜叉乾闥婆阿脩
羅迦樓羅緊那羅摩睺羅伽人非人等以佛
神力故皆見此娑婆世界无量无邊百千万
億衆寶樹下師子座上諸佛及見釋迦牟尼
佛共多寶如來在寶塔中坐師子座又見无
量无邊百千万億菩薩摩訶薩及諸四衆恭
敬圍遶釋迦牟尼佛既見是已皆大歡喜得
未曾有即時諸天於虛空中高聲唱言過此
无量无邊百千万億阿僧祇世界有國名娑
婆是中有佛名釋迦牟尼今為諸菩薩摩訶
薩說大乘經名妙法蓮華教菩薩法佛所護
念汝等當深心隨喜亦當礼拜供養釋迦牟
尼佛彼諸衆生聞虛空中聲已合掌向娑婆
世界作如是言南无釋迦牟尼佛南无釋迦
牟尼佛以種種華香瓔珞幡蓋及諸嚴身之
具珎寶妙物皆共遥散娑婆世界所散諸物

BD05925 號　妙法蓮華經卷六　（9–5）

尼佛彼諸衆生聞虛空中聲已合掌向娑婆
世界作如是言南无釋迦牟尼佛南无釋迦
牟尼佛以種種華香瓔珞幡蓋及諸嚴身之
具珎寶妙物皆共遥散娑婆世界所散諸物
從十方來譬如雲集變成寶帳遍覆此間諸
佛之上于時十方世界通達无閡如一佛土
尒時佛告上行等菩薩大衆諸佛神力如是
无量无邊不可思議若我以是神力於无量
无邊百千万億阿僧祇劫為囑累故說此經
功德猶不能盡以要言之如來一切所有之
法如來一切自在神力如來一切秘要之藏
如來一切甚深之事皆於此經宣示顯說是
故汝等於如來滅後應當一心受持讀誦解
說書寫如說脩行所在國土若有受持讀誦
解說書寫如說脩行若經卷所住之處若於
園中若於林中若於樹下若於僧坊若白衣
舍若在殿堂若山谷曠野是中皆應起塔供
養所以者何當知是處即是道場諸佛於此
得阿耨多羅三藐三菩提諸佛於此轉于法
輪諸佛於此而般涅槃尒時世尊欲重宣此
義而說偈言
諸佛救世者　住於大神通　為悅衆生故　現无量神力
舌相至梵天　身放无數光　為求佛道者　現此希有事
諸佛謦欬聲　及彈指之聲　周聞十方國　地皆六種動
以佛滅度後　能持是經故　諸佛皆歡喜　現无量神力

BD05925 號　妙法蓮華經卷六　（9–6）

[illegible]
義而說偈言
諸佛救世者　住於大神通　為悅衆生故　現无量神力
舌相至梵天　身放无數光　為求佛道者　現此希有事
諸佛謦欬聲　及彈指之聲　周聞十方國　地皆六種動
以佛滅度後　能持是經故　諸佛皆歡喜　現无量神力
囑累是經故　讚美受持者　於无量劫中　猶故不能盡
是人之功德　无邊无有窮　如十方虛空　不可得邊際
能持是經者　則為已見我　亦見多寶佛　及諸分身者
又見我今日　教化諸菩薩
能持是經者　令我及分身　滅度多寶佛　一切皆歡喜
十方現在佛　并過去未来　亦見亦供養　亦令得歡喜
諸佛坐道場　所得秘要法　能持是經者　不久亦當得
能持是經者　於諸法之義　名字及言辭　樂說无窮盡
如風於空中　一切无鄣閡
於如来滅後　知佛所說經　因緣及次第　隨義如實說
如日月光明　能除諸幽冥　斯人行世間　能滅衆生闇
教无量菩薩　畢竟住一乘　是故有智者　聞此功德利
於我滅度後　應受持斯經　是人於佛道　決定无有疑
妙法蓮華經囑累品第二十二
尒時釋迦牟尼佛從法座起現大神力以右
手摩无量菩薩摩訶薩頂而作是言我於无
量百千万億阿僧祇劫脩習是難得阿耨多
羅三藐三菩提法令以付囑汝等汝等應當
一心流布此法廣令增益如是三摩諸菩薩
摩訶薩頂而作是言我於无量百千万億阿
僧祇劫脩習是難得阿耨多羅三藐三菩提

BD05925號　妙法蓮華經卷六　（9–7）

手摩无量菩薩摩訶薩頂而作是言我於无
量百千万億阿僧祇劫脩習是難得阿耨多
羅三藐三菩提法令以付囑汝等汝等應當
一心流布此法廣令增益如是三摩諸菩薩
摩訶薩頂而作是言我於无量百千万億阿
僧祇劫脩習是難得阿耨多羅三藐三菩提
法令以付囑汝等汝等當受持讀誦廣宣此
法令一切衆生普得聞知所以者何如来有
大慈悲无諸慳悋亦无所畏能與衆生佛之
智慧如来智慧自然智慧如来是一切衆生
之大施主汝等亦應隨學如来之法勿生慳
悋於未来世若有善男子善女人信如来智
慧者當為演說此法華經使得聞知為令其
人得佛慧故若有衆生不信受者當於如来
餘深法中示教利喜汝等若能如是則為已
報諸佛之恩時諸菩薩摩訶薩聞佛作是說
已皆大歡喜遍滿其身益加恭敬曲躬低頭
合掌向佛俱發聲言如世尊勅當具奉行唯
然世尊願不有慮諸菩薩摩訶薩衆如是三
反俱發聲言如世尊勅當具奉行唯然世尊
願不有慮尒時釋迦牟尼佛令十方来諸分
身佛各還本土而作是言諸佛各隨所安多
寶佛塔還可如故說是語時十方无量分身
諸佛坐寶樹下師子座上者及多寶佛并上
行等无邊阿僧祇菩薩大衆舍利弗等聲聞
四衆及一切世間天人阿脩羅等聞佛所說

BD05925號　妙法蓮華經卷六　（9–8）

大慈悲无諸慳恡亦无所畏能與衆生佛之
智慧如来智慧自然智慧如来是一切衆生
之大施主汝等亦應隨學如来之法勿生慳
恡於未来世若有善男子善女人信如来智
慧者當為演說此法華經使得聞知為令其
人得佛慧故若有衆生不信受者當於如来
餘深法中示教利喜汝等若能如是則為已
報諸佛之恩時諸菩薩摩訶薩聞佛作是說
已皆大歡喜遍滿其身益加恭敬曲躬低頭
合掌向佛俱發聲言如世尊勅當具奉行唯
然世尊願不有慮諸菩薩摩訶薩衆如是三
反俱發聲言如世尊勅當具奉行唯然世尊
願不有慮尒時釋迦牟尼佛令十方来諸分
身佛各還本土而作是言諸佛各隨所安多
寶佛塔還可如故說是語時十方无量分身
諸佛坐寶樹下師子座上者及多寶佛并上
行等无邊阿僧祇菩薩大衆舍利弗等聲聞
四衆及一切世間天人阿脩羅等聞佛所說
皆大歡喜

BD05925號　妙法蓮華經卷六　(9–9)

見月光童子經
山中有一比丘名曰首羅
年向晨早起見五百仙人
迴路而來即請大仙且住於此受我供養大
仙人住道人曰將欲天盡有何不安大仙答
曰我聞月光出世是故我今忿忿不安首羅
比丘聞是語時歡喜踊躍三七日中不復飡
食自然飽滿即時問大仙曰月光出世王在
何處答曰王在漢境首羅聞此歡喜踊
躍至我今云何如盲如聾如瘂
不知此事我今聞之欲往脩
首羅比丘復問大仙曰漢境今
在何處願示其所在大仙答曰弱水以南長
河以北於其中間出現於世度脫万姓首羅
問大仙平君出時可見以不大仙答曰欲往
脩來奉持禁者盡得見之首羅問曰奉持
禁者法則云何齋戒一心念佛念法口詠法
言式叉摩尼沙弥沙弥尼亦復如是首羅問
曰如此五眾有五逆重者得見明君以不但
使欲往脩來亦得見之首羅比丘曰吾今告
汝一切[illegible]

BD05926號　首羅比丘見月光童子經　（15–1）

閻大仙平君出時可見以不大仙答曰欲往
脩來奉持禁者盡得見之首羅門曰奉持
禁者法則云何癡齋戒一心念佛念法口詠法
言式叉摩尼沙弥沙弥尼亦復如是首羅問
曰如此五衆有五逆重者得見明君以不但
使改往脩來亦得見之首羅比丘曰吾今告
汝一切衆生天龍八部諸鬼神等從今以往
更別作心莫如常意月光臨出大災將至无
有疑也當來大水災至兼有疾病流行百
姓飢饉英雄競起百姓无有安寧受吾勑者
可得免災離難首羅告曰一切諸比丘及以比
丘尼從今以往坐禪執心好縛煩惚賊者皆
度惡世能誦大乘經者捨離高心及以我揚
如此之人亦得度世除此以下勸化興福柔和
忍辱捨嫉妬心如此之人亦得度世優婆塞
優婆夷受持三歸五戒行十善者歲三月
六齋如此之人亦得度世受吾勑者皆得
度世比丘僧比丘尼從今以往不聽犯五逆及
以第一偷不聽飲酒食宍无度飲食時節不
聽非時受吾教者必得度世優婆塞優婆夷
從今以往堅持五戒奉持齋法歲三長齋月六
齋食莫非時如此之人亦得度世吾復告四部
衆曰受吾勑者皆得度世除不至心及以壽
盡首羅比丘稽首問曰明君出世法則云何
土境何似壇場闊狹大仙答曰卅六国壇場
如是首羅問曰當化之時万民有百調之名
次復輸之太平治化當用幾載大仙答曰

衆曰受吾勑者皆得度世除不至心及以壽
盡首羅比丘稽首問曰明君出世法則云何
土境何似壇塲闕硤大仙荅曰卌六國壇塲
如是首羅問曰當化之時万民有百調之名
次復輸之太平治化當用幾載大仙荅曰
當五十二載爲欲顯釋迦朽故之法首羅問
大仙日月光出世當用何時古月末後時出
境陽普告諸賢者天台山引路遊觀至介脊
山又到閔子廅列魯薄一号太上二号真君
三号鏤練郡聖首羅聞此語時歡喜踊躍跳
踉復起善哉善哉希有之法今得聞之非已不
也首羅問大仙日月光大衆爲有幾數大仙告
日不可稱計大仙日當出之時二十億菩薩
三万六千億天人諸天童子百千億不可
稱數皇天黑馬嗢嗢伊伊康讙道對神嗶
阿難舍利弗大目揵連菩三十六龍王四十九
狐四十八烏七十兩師迦陵頻伽烏騏驎鳳凰
及三足神烏一切應瑞盡皆出矣一鳴龍馬
數千億万不可稱計男乘天龍馬女乘百稲
金銀車男得金銀蓋女乘瑠璃軒花城南
門入道遥北門出信都主地海東流乘舡沉
兆置神州盖毋曲中涌高樓月光童子在中
遊千百國至四方來咸唱諸歎朗然鳴龍情
逢道塲及有五逆者速從兀人鄉首羅問曰
閻浮里地頗有得道者大仙荅曰閻浮里地
亦有少分得者首羅問曰可有幾數大仙曰
有八万四千亘可少首羅問曰當來水定可

遊千百國至四方來成唱諸鼓朗然鳴龍情
逢道場及有五逆者途後元人鄉首羅問日
閻浮里地頗有得道者大仙答日閻浮里地
亦有少分得者首羅問日可有幾數大仙日
有八万四千恒河沙首羅問日當來水災何
處得免恒山五岳盡皆免水災勃海雍䕅
庭亦得免水災甘晨山亦得免水災霞丹
山亦得免水災頗賀山亦得免水災亂羅
山亦得免水災如此大災皆得免之受吾勑
者當得者小今往眈之首羅問日更何方計得
免水難大仙答日更有一方亦得免之首羅歎
喜更問之日願說其意大仙答日敬信三寶礼
佛念法敬比丘僧持齋礼拜敬信不懈專念
不煞如此之人得免大水之難首羅復問大仙
日作何方計得免疾病之災大仙日比丘僧
比丘尼優婆塞優婆夷從今以往持戒奉齋
皆使清潔男女大小能行知語皆應受我如
吾所勑莫如常意可得度脫首羅日復作
何方計得免餓耶之災大仙告日餓耶方至
多種受吾勑者慎莫信之月光出世唯有善
者盡得見之五逆大惡衆生終不見也首羅
問日城池巷陌其事云何大仙答日城池巷
陌幾廣七百餘里高千尺下基千尺激城五
百餘尺開七十二門城作紫磨金色中有光
章城高千尺下基千尺激城亦五百尺亦作
紫磨金色明中五百餘里亦開七十二門中
有八城各三十餘里亦作紫磨金色各有千

問曰城池巷陌其事云何大仙答曰城池巷
陌縱廣七百餘里高千尺下基千尺激城五
百餘尺開七十二門城作紫磨金色中有光
辛城高千尺下基千尺激城亦五百尺亦作
紫磨金色明中五百餘里亦開七十二門中
有八城各三十餘里亦作紫磨金色各有千
巷巷巷相當門門相望出見法王如此城廓
善男女皆悉充滿首羅聞之歡喜踊躍无量
善哉善哉大願將果首羅告四衆言大寶將
至莫作常意決定脩善莫作狐疑吾見大仙
以來消息當之无有疑惑但從吾意脩善奉
道精懃苦行莫如常意思之念之必至无爲首
羅問大仙曰受樂之時亦有琴樂以不大仙
答曰月光出世琴有多種首羅曰願說其
大仙答曰琴戲吹詠无量宮上音聲逍遥
无極振大諾鼓嚾大諾雷振動三千大千世
界種留聲而著琴戲晝暢三十六鼓音聲皆
命之時諸天龍宮嵬嵬而動首羅比丘問大仙
日向者妖耶我不畏之除此小耶更有大耶
以不大仙曰月光出世之時必有大魔而出
首羅問曰大魔出時可却以不大仙答曰唯
有一人能却此魔者爲何人也大仙答曰三
十三天有一童子名曰赫天乘天龍馬從空而
來提頗梨子漆說箭唯有此人能却此大魔
首羅比丘問大仙曰有何方能却唯有此一
人能却餘人不能大仙答曰如此大魔三十

BD05926號　首羅比丘見月光童子經　（15–5）

有一大能却山魔者為何人也大仙答曰三
十三天有一童子名曰赫天乘天龍馬從空而
來從頗梨子添沆蕭唯有此人能却此大魔
首羅比丘問大仙曰有何方能却唯有此一
人能却餘人不能大仙答曰如此大魔三十
六人各乘龍馬晉帶四十二金杖左手捉金
金剛杵右手捉頗梨斧走來援去踏石沒踝
起達永階但言唱煞无有當者首羅問大仙
曰除此大魔更有何災大仙答曰月光臨出鉢
有災也首羅問曰災復云何大仙答曰當
有七日闇當之時有夜叉羅剎毗舍闍鬼魅
髅荼鬼飛行羅剎食人无量唯有受持三歸
五戒奉行齋法如此之人皆得度脫首羅問
曰月光出世古月末後乃當出現奉善脩善
皆得見之首羅曰更復何處得免衆災大仙
答曰唯有陽州次有玄兔因都林城柳城破
資陽河澗於此之城底是為良三相大災皆
起並流城河白骨如山唯有東南乃得无為
大仙答曰首羅言好勅衆僧及以白衣坐禪
誦經懃脩三業莫如常意明王大聖今在漢
境未見之間脩嚴福德莫如常意汝信脩善
奉善月光出世時前惡後善惡世難度好自
勅厲更別作心莫如不信大仙答曰吾當虛
言若不介者使我當來之世金剛力士手捉
金杵碎我身體猶如微塵我若虛言誑汝衆
生當來之世身當如是首羅問大仙曰而今世
間頗有仙人賢聖以不大仙答曰賢聖仙人

勑厲更別作心莫如不信大仙荅曰吾當虛
言若不介者使我當來之世金剛力士手提
金杵碎我身體猶如微塵我若虛言誑汝衆
生當來之世身當如是首羅問大仙曰而今世
間頗有仙人賢聖以不大仙荅曰賢聖仙人
世間无量首羅問曰何人是也大仙荅曰賢古
月興盛是故不見耳首羅問曰賢士之人名
号是誰大仙荅曰我說其名首羅曰唯願說
之大仙告曰石賢得嚴資明孫賢竒花賢
德美賢侯鄧賢當觀賢寶趙賢思此是八
賢名字汝今可往就之真汝導師能運生死首
羅曰今在何處大仙荅曰今當出世何復問也
但當嚴心時至有之首羅復稽除此八人更有
賢不大仙荅曰鄃更有之何人是也大仙荅曰
秦翹世潘道戌盧惠願板國興狀男陽劉道
貴王迷壽趙顕宗張道板故世安李羅剎如諸
賢士皆遊巡世間汝今宍眼不能別之得聞吾
經常行平等何以故大賢諸賢難分別故
受吾勑者宜應平等十六正士七十二賢三
千人俱如是大士在人間也不可識別或見
顛狂或復愚癡或復闇鈍寒貧下賤或飲
酒食宍或復夜食破齋如此示現何能識之
示衆生有三妻有見相隨順世法難可了知唯
有平等得值賢聖也首羅比丘告諸四衆比
丘比丘尼優婆塞優婆夷大災將至莫如常意
其有本師父母國王檀越朋友知識因緣親
[illegible]

酒食宍或說衣食破齋如此示現何能識之
示衆生有三毒有見相隨順世法難可了知唯
有平等得值賢聖也首羅比丘告諸四衆比
丘比丘尼優婆塞優婆夷大災將至莫如常意
其有本師父母國王檀越朋友知識因緣親
戚等得吾經者皆示之莫問近遠得吾經者
懃行流布使一切聞之不聽隱匿吾經者當來
之世必墮惡道首羅比丘曰設有一人捨三千
大千國土象馬七珍及國內人民穀帛財物
以用布施不如有人流通吾經諸比丘前功
德倍加百分首羅曰若得吾經者懃行流
布城邑聚落男女大小皆使聞之其有匿吾
經者現世不吉當來得病首羅曰有智信之
愚者棄之首羅曰吾經當來皆應也莫作不
信一切衆生宜應奉行歡喜信樂此經如海
多有潤澤尒時君子國王大臣宰相一切士
官三千餘人各聞太寧寺上有五百仙人歡
喜踊躍各各嚴駕詣太寧寺中仙人所稽首
問曰大仙從何所來欲至何許願說其意大
仙曰我聞月光童子出世是故我來欲到彼
處王及大臣聞是語時歡喜踊躍傾心西望而
不可心西國真人脩何功德得值入善作何善
業得見月光出世而我國人遠而不見大仙
荅曰月光出世人皆普見王今云何生懊歎
心也王聞普見并大臣及諸人民皆大歡喜
各持嚴駕今當去來王問大仙曰月光童子
[illegible]

BD05926號　首羅比丘見月光童子經　（15-8）

處王及大臣聞是語時歡喜踊躍傾心西望而
不可心西國真人脩何功德得值入善作何善
業得見月光出世而我國人遠而不見大仙
荅曰月光出世人皆普見王今云何生懊歎
心也王聞普見并大臣及諸人民皆大歡喜
各持獻駕今當去來王問大仙日月光童子
今在何許大仙荅曰善哉善哉大王善聽吾
說月光明王今三千大衆在蓬萊山中海陵
山下閦子窟所心思惟時至現也君子國大臣
宰相一切士官并及國内人民各白大仙曰
今隨從大仙至月光所聽見以不大仙曰月
光明王譬如大海亦如大地終不生疑作
留難也王及大臣并及人民隨從大仙有五
万七千人去君子國七千餘里到蓬萊山中海
陵山下閦子窟所見月光童子三千徒衆諸
賢聖等皆集於所月光童子聞諸大仙并
及大王今從何所來欲何所至此中嶮難无
人行步汝今云何能來至此王曰聞世尊今
欲出世故來奉問月光童子曰但當脩善懃
行精進莫如常意吾今已竟何須復現問大
王曰我聞聖君出世不知法則云何願說其
意我當如心脩善月光童子曰汝若不知當
為說之月光曰善聽復當善念善思念之内
著心中莫如常意吾見說之當來之年必有
水災高於平地四十餘里當水來時從西北
角出東南而流大水陽波吼聲雷電霹靂

意我當如心脩善月光童子曰汝若不知當
爲說之月光曰善聽復當善念善思念之內
著心中莫如常意吾見說之當來之年必有
水突高於平地四十餘里當水來時從西北
角出東南而流大水陽波叫聲雷電霹靂
不得爲喻汝復涌出遲波叫聲當尒之時人
皆惶怖迫死者多唯有持戒淨潔求懃度世
月光童子伏大龍王大引人博著浮山誤復
有人造觀世音經一卷設復有人禪思一心
設復有人於惡世懃行勸化設復有人流通
經不令隱蔽章句文字懃行勸樂如此人
等皆得度世不爲水突之所元沒復除不至
心反壽命盡月光復告大王言當來三突疾
病流行十傷九亡種種果患皆當夭命王當
信之各勅國內一歲以上能行如語應受三
歸五戒若老若少皆應勸盡伏受三歸五戒
奉行善法如是之人皆得度世除不善不至
心反命壽吾今審教語汝伏知惡世流行善
法後戢衰衰莫生悔心吾告汝等世將欲求
漸令惡起來年難過好作向善莫如常意吾
當出世突亦不善但當努力懃行善法莫如
常意妖耶不祥英雄競起自然磨滅終不見
吾出見於世汝等善哉莫如常意受吾教者
誦觀世音千遍防身度世脩積善果又復有
人各受三歸五戒今當行之莫如常意懃行
此經若老若少皆伏聞之得度惡世誤復

BD05926號　首羅比丘見月光童子經　　（15-10）

常意妖耶不祥英雄競起自然魔域終不見
吾出見於世汝等善哉莫如常意受吾教者
誦觀世音千遍防身度世擒獲善果又復有
人各受三歸五戒令當行之莫如常意懃行
此經若老若少皆使聞之得度惡世設復
有人流布此經處處流傳使人聞知得度身
以懃流布此經者亦得度世月光日流行此
經典者我於千劫中笇計是人福難終不能
盡設復有人生疑不信我於千劫中笇是人
罪難終不能盡承復隱文字章句一點一畫
不令人聞覆人慧眼故世世常盲无所復見
乃至羅漢帝不離盲瞽覆慧眼故斷鄣法
路乃稚是殃受吾勅者城邑聚落國王大臣
一切人民皆得聞之能有信心崇奉此經莫
問遠近應往適流使人聞之千城百國皆使
聞之吾當來世黃河以北弱水以南於其中
閒王於漢境大王日明王言此經從何所出月
光告大王言海陵大聖三千餘人恭議所造
月光告大王言等大衆各各分散順化天下
不須復迴尒時大王受教奉行歡喜而去月
光童子日向者所說汝若不信但看迦葉在
像是吾出世記耳善哉宗斷今經作乃有善
衆生順莫驚怖吾當出時盡皆得充為王又
大衆歡喜奉行近化不斷吾告汝等今歲難
到汝宜精進莫如常意各各發願過度惡世
大仙國王并及臣民歡喜奉行作礼而去五

像是吾出世記耳善哉宗斱合維作万有善
衆生順莫驚怖吾當出時盡皆得无為王及
大衆歡喜奉行近化不擀吾告汝等今歟難
到汝宜精進莫如常意各各發願過度惡世
大仙國王并及臣民歡喜奉行作礼而去五
百仙人在太寧山中并見月光童子經一卷
金龍城中見一菩薩龍華樹下見一道人
下此經時為一衆生戌一切衆生心　王曰為
汝分別解說法王欲得聖君欲下為一切童
男童女持百二十賢君申百年為衆生說法
戌我童男童女戌道讀此經時善惡取此語
男取无億女取恒沙男不用取婦月光童子
欲出聖戌欲現戌一切衆生道若讀此經語
可離此難月光菩薩欲來下說持戒可得見
明君若欲讀此呪時師子虎狼滇惡耶祝
帝百鬼自然去一切衆生狂死者多為一切衆
生責佛正法
優丘尼優丘尼　但澤但澤　欝雜欝　烏呼烏呼尼
薩呼薩呼　但又但又　又阿鬼池池呼尼　要他要他
索由冨羌　尼冨羌尼
若讀呪時淨洗手賴口讀此呪使人晨夜
安隱即見菩薩讀此呪百遍見菩薩放大光
明現在人前襄杖一面如紫金色頭上金華大
如車輪手長一尺半初來入時莫作怖迫歸
命佛歸命法歸命僧十方法界三讀此經
皆得解脫世尊玄晉衆生作罪不少分別

安隱即見菩薩讀此呪百遍見菩薩放大光
明現在人前甚杖一面如紫金色頭上金華大
如車輪手長一尺半初来入時莫作怖迫歸
命佛歸命法歸命僧十方法界三讀此經
皆得解脫世尊言看衆生作罪不少分別
解說可離令得免難明君出時把此經叩頭
君必見我慎莫迫怖好正念正想正意正身
得見我身有人必難此人或作師子虎狼手
提金杖打人无度依此經語行菩薩行可得
見菩薩說法現身著天衣慎莫言語此人即
成道見香華自然不得動心言語此人必離惡
世第一用意百日在時不用麁食申酉年時公
不識兒母不識女憶此經語可得改心改意
第一不婬欲第一不惡眼視佛爲衆生說法
還得本心佛欲出世怱心懺悔即見月光菩
薩一命賢者得滿十人此經不得誹謗闇君
欲起妖耶欲興怱精進即離此難諸道義爲
一切衆生即說法若解吾語即見法王道人死
盡不羆道羆道行死者多道人作罪不少由是
持生販賣由此國不安寧道人死時會撗賦
見死多道意師僧欲貴后僧千个拔一个第
一用行聖欲始英雄欲起時節欲到時黄衣
長丈二粳米普地生怱心作福可得見此
事思此經語即得見我身七月十四日其有
一恆十五日見佛地動莫作迫怖見道人衞
安義下此經語誹謗即有大病惡起復見

見死多道意師僧欲貴层僧千个拔一个弟
一用行聖欲始英雄欲起時節欲到時黃衣
長丈二粳米善地生悤心作福可得見此
事思此經語即得見我身七月十四日其有
一揺十五日見佛地動莫作迫怖見道人漸
安義下此經語誹謗即有大病悤起復見
一老烏是長一丈復見賢者脩道以來七百
餘年紫微山中復見一道人身著天衣賢者
見之即以供養七日道人師徒三百餘年道
人口語讀經可得免難頭佛波多樹下爲一
切轉讀視見衆生衆生死盡月光童子復發
世尊衆生可化佛語月光童子前頭隨意即
復錍羼丑逢甚多云何可度佛復語月光童
子佛復語四天龍王衆生可憐隨因緣起
復駈百二十賢君除却衆生好惡欲分別佛
光菩薩普光菩薩咸瑠普賢功德不少由諸
國土藥王菩薩堅固菩薩見在人間千村正有
一村万里有長佛欲見出語衆生悤心作精進
可得見佛若誹謗之人魂家滅盡定墮地獄
永不見佛佛欲出世悤精進比道欲知比難
洛陽口西欲知比惡在於瑩西復有瑩北若
有吾弟子解吾口語即我弟子指手心上乃
思惟思之不但當復頭有杆十手相指嘆赫
赫自去善哉童子宍復伏樂由欲末頭兩手
相拍稱然自去善男子耶伏以不惡人去盡
次二集之後不聞化佛盡天道乃一青進

BD05926號　首羅比丘見月光童子經　（15–14）

有吾弟子解吾口語即我弟子指手心上万
思惟思之不但省後頭有杆十手相指指喚捺
捺自去善哉童子突後快樂由欲未頭兩手
相拍稱然自去善男子耶快以不惡人去責
欲大樂惡人後不問女婦盡成道万一精進
可浮免此難佛後有大慈悲伏捧衆生不捨
衆生心不迴畏衆生无盡有緣值我无緣索
索自去維摩共之定光在人中維摩翔妻
婦人中伏人不識作行世帝下香化人維摩
利大各四十丘里直東維摩有三个兒維摩
度人无崖詐人聞望行婬濫无婬行衆生
歆得此行看維摩節欲到无量衆生悔負
維摩度人決得成佛維摩貪財盜語一切
衆生懃心精進可浮見維摩諸道義亟
此鳥傳海下此經即見王僧慶行徒七个見
此鳥燒香歡喜踊躍七日不食若一切衆生
聞我語聲懃心精進慎莫畏意惡欲死盡
欲大樂賞粗不輸

首羅比丘經

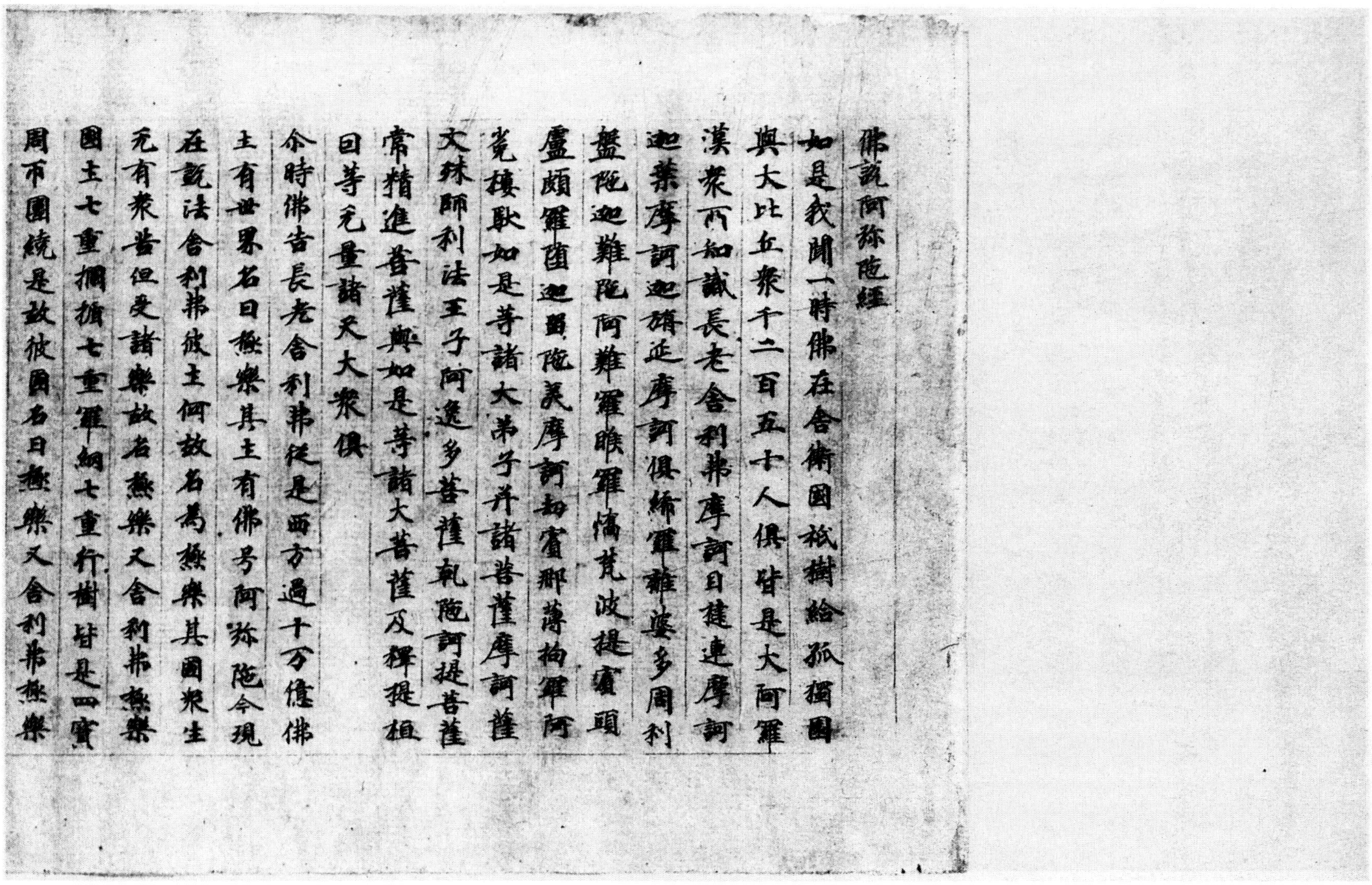

佛說阿弥陀經
如是我聞一時佛在舍衛國祇樹給孤獨園
與大比丘衆千二百五十人俱皆是大阿羅
漢衆所知識長老舍利弗摩訶目揵連摩訶
迦葉摩訶迦旃延摩訶俱絺羅離婆多周利
槃陀迦難陀阿難陀羅睺羅憍梵波提賓頭
盧頗羅墮迦留陀夷摩訶劫賓那薄拘羅阿
㝹樓馱如是等諸大弟子并諸菩薩摩訶薩
文殊師利法王子阿逸多菩薩乾陀訶提菩薩
常精進菩薩與如是等諸大菩薩及釋提桓
因等无量諸天大衆俱
尒時佛告長老舍利弗從是西方過十万億佛
土有世界名曰極樂其土有佛号阿弥陀今現
在說法舍利弗彼土何故名為極樂其國衆生
无有衆苦但受諸樂故名極樂又舍利弗極樂
國土七重欄楯七重羅網七重行樹皆是四寶
周帀圍繞是故彼國名曰極樂又舍利弗極樂

BD05927 號 1　阿彌陀經（兌廢稿）　　（3–1）

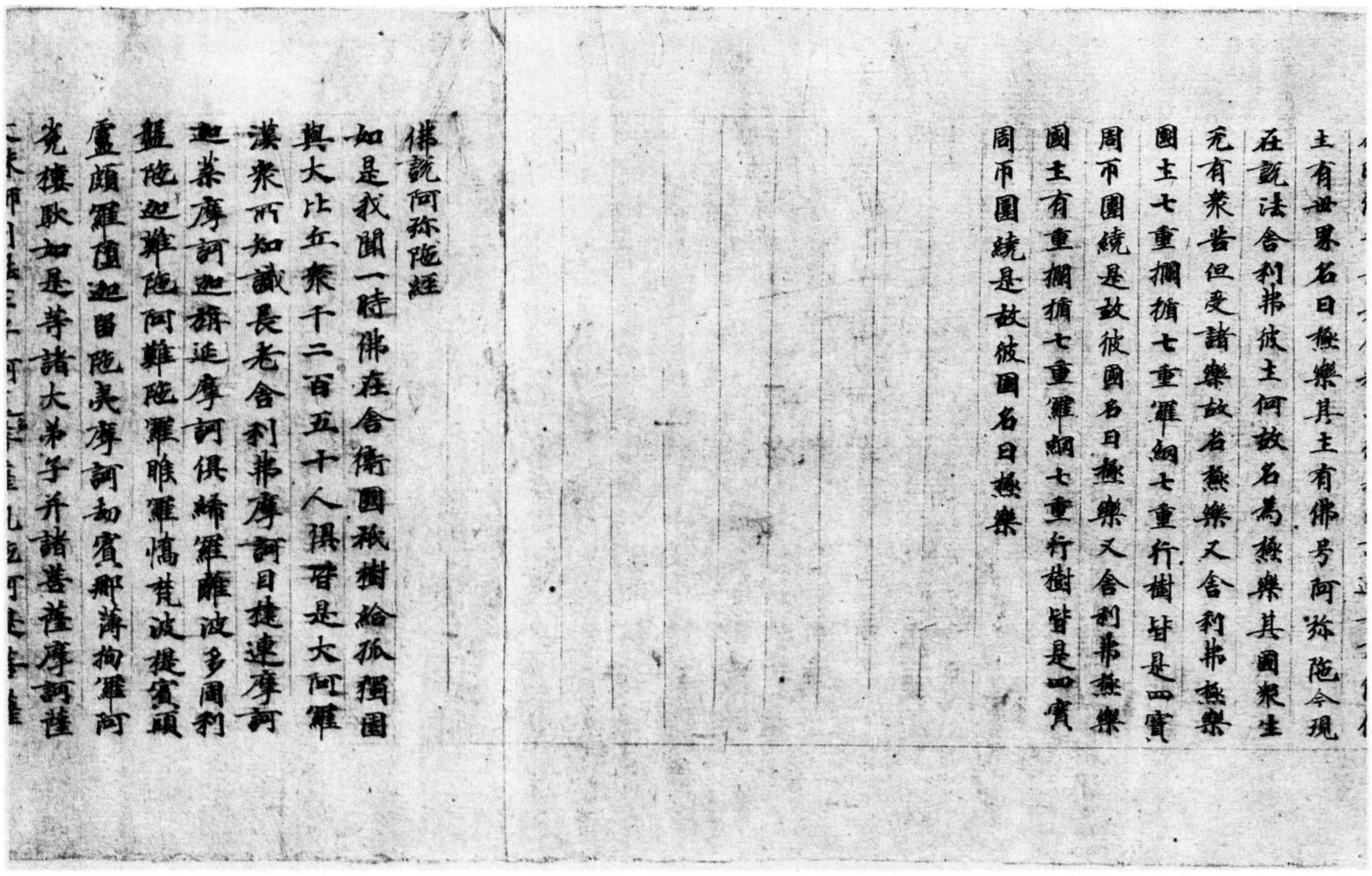

土有世界名曰極樂其土有佛号阿弥陀今現
在說法舍利弗彼土何故名為極樂其國衆生
无有衆苦但受諸樂故名極樂又舍利弗極樂
國土七重欄楯七重羅網七重行樹皆是四寶
周帀圍繞是故彼國名曰極樂又舍利弗極樂
國土有重欄楯七重羅網七重行樹皆是四寶
周帀圍繞是故彼國名曰極樂

佛說阿弥陀經
如是我聞一時佛在舍衛國祇樹給孤獨園
與大比丘衆千二百五十人俱皆是大阿羅
漢衆所知識長老舍利弗摩訶目揵連摩訶
迦葉摩訶迦旃延摩訶俱絺羅離婆多周利
槃陀迦難陀阿難陀羅睺羅憍梵波提賓頭
盧頗羅墮迦留陀夷摩訶劫賓那薄拘羅阿
㝹樓馱如是等諸大弟子并諸菩薩摩訶薩

BD05927 號 1　阿彌陀經（兌廢稿）　　（3–2）
BD05927 號 2　阿彌陀經

迦葉摩訶迦旃延摩訶俱絺羅離波多周利
槃陀伽難陀阿難陀羅睺羅憍梵波提賓頭
盧頗羅墮迦留陀夷摩訶劫賓那薄拘羅阿
㝹樓馱如是等諸大弟子并諸菩薩摩訶薩
文殊師利法王子阿逸多菩薩乾陀訶提菩薩
常精進菩薩與如是等諸大菩薩及釋提桓
因等无量諸天大衆俱
尒時佛告長老舍利弗從是西方過十万億佛
土有世界名曰極樂其土有佛号阿弥陀今
現在說法舍利弗彼土何故名為極樂其國
衆生无有衆苦但受諸樂故名極樂又舍利
弗極樂國土七重欄楯七重羅網七重行樹
皆是四寶周帀圍繞是故彼國名曰極樂又
舍利弗極樂國土有七寶池八功德水充滿
其中池底純以金沙布地四邊階道金銀瑠
璃頗梨合成上有樓閣亦以金銀瑠璃頗梨車
𤦲赤珠馬瑙而嚴飾之池中蓮華大如車輪
青色青光黃色黃光赤色赤光白色白光微
妙香潔舍利弗極樂國土成就如是功德莊
嚴
舍利弗彼佛國土常作天樂黃金為地晝
夜六時而雨曼陀羅華其國衆生常以清旦
各以衣祴盛衆妙華供養他方十万億佛即
以食時還到本國飯食經行舍利弗極樂國

BD05927號2　阿彌陀經　（3-3）

若波羅
故耳鼻舌身意……清淨耳鼻舌
處清淨故一切智智清淨何以故若般若
羅蜜多清淨若耳鼻舌身意處清淨若一
切智智清淨無二無二分無別無斷故善現
般若波羅蜜多清淨故色處清淨色處清淨
故一切智智清淨何以故若般若波羅蜜多
清淨若色處清淨若一切智智清淨無二無
二分無別無斷故般若波羅蜜多清淨故聲
香味觸法處清淨聲香味觸法處清淨故一
切智智清淨何以故若般若波羅蜜多清淨
若聲香味觸法處清淨若一切智智清淨無
二無二分無別無斷故善現般若波羅蜜多
清淨故眼界清淨眼界清淨故一切智智清
淨何以故若般若波羅蜜多清淨若眼界清
淨若一切智智清淨無二無二分無別無斷
故般若波羅蜜多清淨故色界眼識界及眼
觸眼觸為緣所生諸受清淨色界乃至眼觸
為緣所生諸受清淨故一切智智清淨何以

BD05928號　大般若波羅蜜多經卷二〇五　（5-1）

清淨故眼界清淨眼界清淨故一切智智清
淨何以故若般若波羅蜜多清淨若眼界清
淨若一切智智清淨無二無二分無別無斷
故般若波羅蜜多清淨故色界眼識界及眼
觸眼觸為緣所生諸受清淨色界乃至眼觸
為緣所生諸受清淨故一切智智清淨何以
故若般若波羅蜜多清淨若色界乃至眼觸
為緣所生諸受清淨若一切智智清淨
無二無二分無別無斷故善現般若波羅蜜
多清淨故耳界清淨耳界清淨故一切智智清
淨何以故若般若波羅蜜多清淨若耳界清淨
若一切智智清淨無二無二分無別無斷故
般若波羅蜜多清淨故聲界耳識界及耳觸
耳觸為緣所生諸受清淨聲界乃至耳觸為
緣所生諸受清淨故一切智智清淨何以故
若般若波羅蜜多清淨若聲界乃至耳觸為
緣所生諸受清淨若一切智智清淨無二無
二分無別無斷故善現般若波羅蜜多清淨
故鼻界清淨鼻界清淨故一切智智清淨何
以故若般若波羅蜜多清淨若鼻界清淨若
一切智智清淨無二無分無分無別無斷故般
若波羅蜜多清淨故香界鼻識界及鼻觸鼻
觸為緣所生諸受清淨香界乃至觸為鼻緣
所生諸受清淨故一切智智清淨以何故若
般若波羅蜜多清淨若香界乃至鼻觸為
所生諸受清淨若一切智智清淨無二無二
分無別無斷故善現般若波羅蜜多清淨故

BD05928號　大般若波羅蜜多經卷二〇五　（5–2）

觸為緣所生諸受清淨香界乃至觸為鼻緣
所生諸受清淨故一切智智清淨以何故若
般若波羅蜜多清淨若香界乃至鼻觸為
所生諸受清淨若一切智智清淨無二無二
分無別無斷故善現般若波羅蜜多清淨故
舌界清淨舌界清淨故一切智智清淨何以
故若般若波羅蜜多清淨若舌界清淨若一
切智智清淨無二無二分無別無斷故般若
波羅蜜多清淨故味界舌識界及舌觸舌觸
為緣所生諸受清淨味界乃至舌觸緣為
所生諸受清淨故一切智智清淨何以故若般
若波羅蜜多清淨若味界乃至舌觸為緣
所生諸受清淨若一切智智清淨無二無二分
無別無斷故善現般若波羅蜜多清淨故身
界清淨身界清淨故一切智智清淨何以故
若般若波羅蜜多清淨若身界清淨若一切
智智清淨無二無二分無別無斷故般若波
羅蜜多清淨故觸界身識界及觸身身觸
為緣所生諸受清淨觸界乃至身觸為緣所
生諸受清淨故一切智智清淨何以故若般若
波羅蜜多清淨若觸界乃至身觸為緣所生
諸受清淨若一切智智清淨無二無二分無
別無斷故善現般若波羅蜜多清淨故意界
清淨意界清淨故一切智智清淨何以故若
般若波羅蜜多清淨若意界清淨若一切智
智清淨無二無二分無別無斷故般若波羅
蜜多清淨故法界意識界及意觸意觸為

BD05928號　大般若波羅蜜多經卷二〇五　（5–3）

別無斷故善現般若波羅蜜多清淨故意界
清淨意界清淨故一切智智清淨何以故若
般若波羅蜜多清淨若意界清淨若一切智
智清淨無二無二分無別無斷故般若波羅
蜜多清淨故法界意識界及意觸意觸為
緣所生諸受清淨法界乃至意觸為緣所生
諸受清淨故一切智智清淨何以故若般若波
羅蜜多清淨若法界乃至意觸為緣所生
受清淨若一切智智清淨無二無二分無別
無斷故善現般若波羅蜜多清淨故地界清
地界清淨故一切智智清淨何以故若般若
波羅蜜多清淨若地界清淨若一切智智清
淨清無二無二分無別無斷故般若波羅蜜
多清淨故水火風空識界清淨水火風空識界
清淨故一切智智清淨何以故若般若波羅
蜜多清淨若水火風空識界清淨若一切智
智清淨無二無二分無別無斷故善現般若
波羅蜜多清淨故無明清淨無明清淨故一
切智智清淨何以故若般若波羅蜜多清淨
若無明清淨若一切智智清淨無二無二分
無別無斷故般若波羅蜜多清淨故行識名
色六處觸受愛取有生老死愁歎苦憂惱清
淨行乃至老死愁歎苦憂惱清淨故一切智
智清淨何以故若般若波羅蜜多清淨若行
乃至老死愁歎苦憂惱清淨若一切智智清
淨無二無二分無別無斷故善現般若波羅
蜜多清淨故布施波羅蜜多清淨布施波羅

BD05928 號　大般若波羅蜜多經卷二〇五　（5-4）

蜜多清淨若水火風空識界清淨若一切智
智清淨無二無二分無別無斷故善現般若
波羅蜜多清淨故無明清淨無明清淨故一
切智智清淨何以故若般若波羅蜜多清淨
若無明清淨若一切智智清淨無二無二分
無別無斷故般若波羅蜜多清淨故行識名
色六處觸受愛取有生老死愁歎苦憂惱清
淨行乃至老死愁歎苦憂惱清淨故一切智
智清淨何以故若般若波羅蜜多清淨若行
乃至老死愁歎苦憂惱清淨若一切智智清
淨無二無二分無別無斷故善現般若波羅
蜜多清淨故布施波羅蜜多清淨布施波羅
蜜多清淨故一切智智清淨何以故若般若
波羅蜜多清淨若布施波羅蜜多清淨若一
切智智清淨無二無二分無別無斷故般若
波羅蜜多清淨故淨戒安忍精進靜慮波羅
蜜多清淨淨戒乃至靜慮波羅蜜多清淨故
一切智智清淨何以故若般若波羅蜜多清
淨若淨戒乃至靜慮波羅蜜多清淨若一切
智智清淨无二无二分无別无斷故

BD05928 號　大般若波羅蜜多經卷二〇五　（5-5）

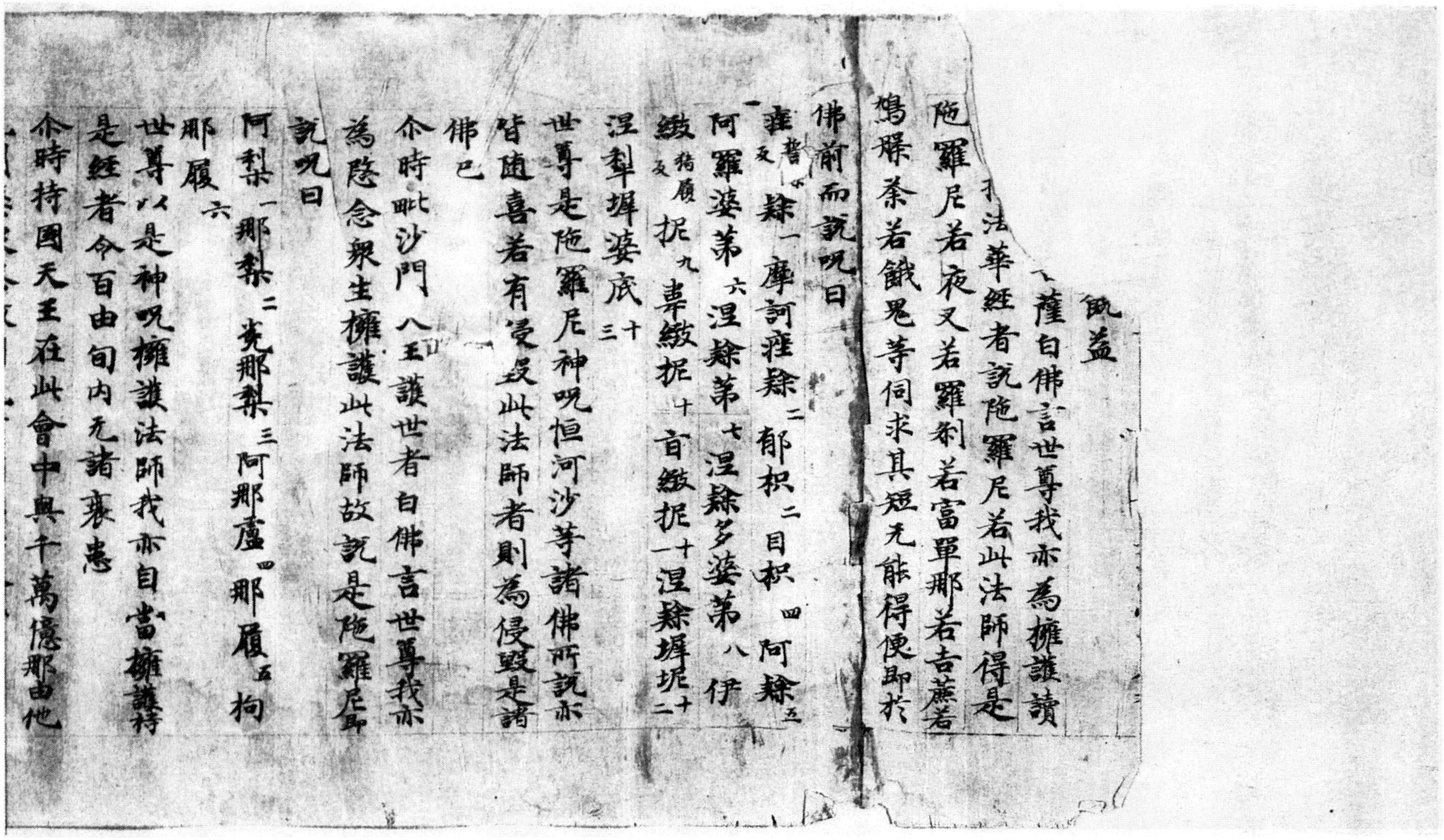

饒益
薩白佛言世尊我亦為擁護讀
法華經者說陁羅尼若此法師得是
陁羅尼若夜叉若羅剎若富單那若吉蔗若
鳩槃荼若餓鬼等伺求其短无能得便即於
佛前而說呪曰
痤誓文隸一摩訶痤隸二郁枳二目枳四阿隸五
阿羅婆第六涅隸第七涅隸多婆第八伊
緻猪履反柅九韋緻柅十旨緻柅十一涅隸墀柅十二
涅犁墀婆底十三
世尊是陁羅尼神呪恒河沙等諸佛所說亦
皆隨喜若有侵毀此法師者則為侵毀是諸
佛已
尒時毗沙門天王護世者白佛言世尊我亦
為愍念衆生擁護此法師故說是陁羅尼即
說呪曰
阿梨一那梨二㝹那梨三阿那盧四那履五拘
那履六
世尊以是神呪擁護法師我亦自當擁護持
是經者令百由旬内无諸衰患
尒時持國天王在此會中與千萬億那由他

BD05929號　妙法蓮華經卷七　（13–1）

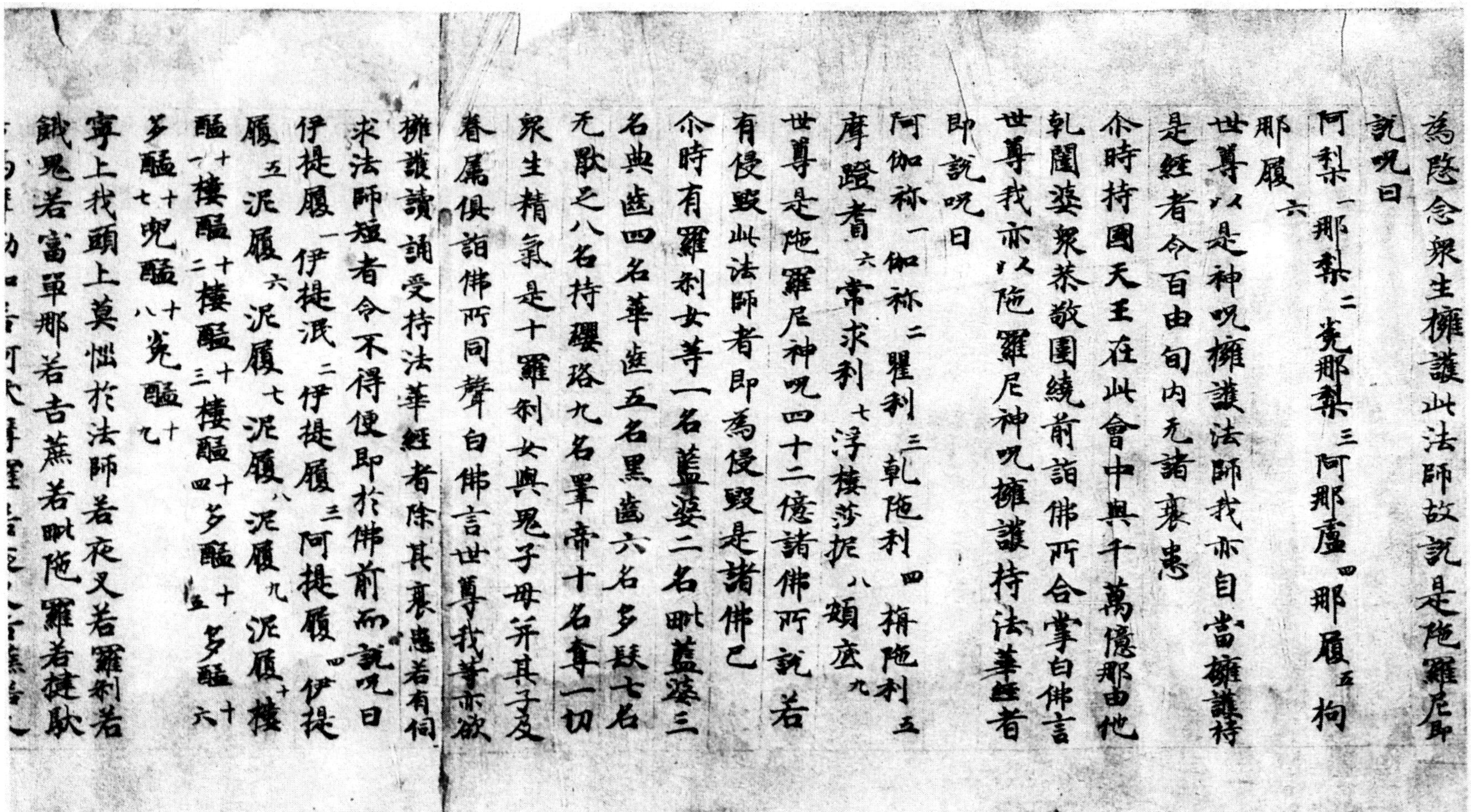

為愍念衆生擁護此法師故說是陁羅尼即
說呪曰
阿梨一那梨二㝹那梨三阿那盧四那履五拘
那履六
世尊以是神呪擁護法師我亦自當擁護持
是經者令百由旬内无諸衰患
尒時持國天王在此會中與千萬億那由他
乾闥婆衆恭敬圍繞前詣佛所合掌白佛言
世尊我亦以陁羅尼神呪擁護持法華經者
即說呪曰
阿伽祢一伽祢二瞿利三乾陁利四栴陁利五
摩蹬耆六常求利七浮樓莎柅八頞底九
世尊是陁羅尼神呪四十二億諸佛所說若
有侵毀此法師者即為侵毀是諸佛已
尒時有羅剎女等一名藍婆二名毗藍婆三
名曲齒四名華齒五名黑齒六名多髮七名
无猒足八名持瓔珞九名睪帝十名奪一切
衆生精氣是十羅剎女與鬼子母并其子及
眷屬俱詣佛所同聲白佛言世尊我等亦欲
擁護讀誦受持法華經者除其衰患若有伺
求法師短者令不得便即於佛前而說呪曰
伊提履一伊提泯二伊提履三阿提履四伊提
履五泥履六泥履七泥履八泥履九泥履十樓
醯十一樓醯十二樓醯十三樓醯十四多醯十五多醯十六
多醯十七兜醯十八㝹醯十九
寧上我頭上莫惱於法師若夜叉若羅剎若
餓鬼若富單那若吉蔗若毗陁羅若揵䭾

BD05929號　妙法蓮華經卷七　（13–2）

履五泥履六泥履七泥履八泥履九泥履十樓
醯十一樓醯十二樓醯十三樓醯十四多醯十五多醯十六
多醯十七兜醯十八兇醯十九
寧上我頭上莫惱於法師若夜叉若羅刹若
餓鬼若富單那若吉蔗若毗陁羅若揵馱
若烏摩勒伽若阿跋摩羅若夜叉吉蔗若人
吉蔗若熱病若一日若二日若三日若四日若
至七日若常熱病若男形若女形若童男形
若童女形乃至夢中亦復莫惱即於佛前而
說偈言
若不順我呪　惱亂說法者　頭破作七分　如阿梨樹枝
如煞父母罪　亦如壓油殃　斗秤欺誑人　調達破僧罪
犯此法師者　當獲如是殃
諸羅刹女說此偈已白佛言世尊我等亦當
身自擁護受持讀誦脩行是經者令得安隱
離諸衰患消衆毒藥佛告諸羅刹女善哉
善哉汝等但能擁護受持法華名者福不可量
何況擁護具足受持供養經卷華香瓔珞抹
香塗香燒香幡蓋伎樂然種種燈蘇燈油燈
諸香油燈蘇摩那華油燈瞻蔔華油燈婆師
迦華油燈優鉢羅華油燈如是等百千種供
養者睪帝汝等及眷屬應當擁護如是法師
說是陁羅尼品時六萬八千人得无生法忍
妙法蓮華經妙莊嚴王本事品第二十七
尒時佛告諸大衆乃往古世過无量无邊不
可思議阿僧祇劫有佛名雲雷音宿王華智
多陁阿伽度阿羅訶三藐三佛陁國名光明

BD05929 號　妙法蓮華經卷七

（13-3）

說是陁羅尼品時六萬八千人得无生法忍
妙法蓮華經妙莊嚴王本事品第二十七
尒時佛告諸大衆乃往古世過无量无邊不
可思議阿僧祇劫有佛名雲雷音宿王華智
多陁阿伽度阿羅訶三藐三佛陁國名光明
莊嚴劫名喜見彼佛法中有王名妙莊嚴其
王夫人名曰淨德有二子一名淨藏二名淨
眼是二子有大神力福德智慧久脩菩薩所
行之道所謂檀波羅蜜尸羅波羅蜜羼提波
羅蜜毗梨耶波羅蜜禪波羅蜜般若波羅蜜
方便波羅蜜慈悲喜捨乃至三十七品助道
法皆悉明了通達又得菩薩淨三昧日星宿
三昧淨光三昧淨色三昧淨照明三昧長莊嚴
三昧大威德藏三昧於此三昧亦悉通達
尒時彼佛欲引導妙莊嚴王及愍念衆生故
說是法華經時淨藏淨眼二子到其母所合
十指爪掌白言願母往詣雲雷音宿王華智
佛所我等亦當侍從親近供養礼拜所以者
何此佛於一切天人衆中說法華經宜應聽
受母告子言汝父信受外道深著婆羅門法
汝等應往白父與共俱去淨藏淨眼合十指
爪掌白母我等是法王子而生此耶見家母
告子言汝等當憂念汝父為現神變若得見
者心必清淨或聽我等往至佛所於是二子
念其父故踊在虛空高七多羅樹現種種神
變於虛空中行住坐卧身上出水身下出火
身下出水身上出火或現大身滿虛空中而

BD05929 號　妙法蓮華經卷七

（13-4）

合掌白母我等是法王子而生此耶見家母
告子言汝等當憂念汝父為現神變若得見
者心必清淨或聽我等往至佛所於是二子
念其父故踊在虛空高七多羅樹現種種神
變於虛空中行住坐卧身上出水身下出火
身下出水身上出火或現大身滿虛空中而
復現小小復現大於空中滅忽然在地入地
如水履水如地現如是等種種神變令其父
王心淨信解時父見子神力如是心大歡喜
得未曾有合掌向子言汝等師為是誰誰之
弟子二子白言大王彼雲雷音宿王華智佛今
在七寶菩提樹下法座上坐於一切世間天
人眾中廣說法華經是我等師我是弟子父
語子言我今亦欲見汝等師可共俱往於是
二子從空中下到其母所合掌白母父王今
已信解堪任發阿耨多羅三藐三菩提心我
等為父已作佛事願母見聽於彼佛所出家
脩道尒時二子欲重宣其意以偈白母
願母放我等　出家作沙門　諸佛甚難值　我等隨佛學
如優曇波羅　值佛復難是　脫諸難亦難　願聽我出家
母即告言聽汝出家所以者何佛難值故於
是二子白父母言善哉父母願時往詣雲雷
音宿王華智佛所親近供養所以者何佛難
得值如優曇波羅華又如一眼之龜值浮木
孔而我等宿福深厚生值佛法是故父母當
聽我等令得出家所以者何諸佛難值時亦
難遇彼時妙莊嚴王後宮八万四千人皆悉

BD05929號　妙法蓮華經卷七

（13–5）

音宿王華智佛所親近供養所以者何佛難
得值如優曇波羅華又如一眼之龜值浮木
孔而我等宿福深厚生值佛法是故父母當
聽我等令得出家所以者何諸佛難值時亦
難遇彼時妙莊嚴王後宮八万四千人皆悉
堪任受持是法華經淨眼菩薩於法華三昧
久已通達淨藏菩薩已於无量百千万億劫
通達離諸惡趣三昧欲令一切眾生離諸惡
趣故其王夫人得諸佛習三昧能知諸佛秘
密之藏二子如是以方便力善化其父令心
信解好樂佛法於是妙莊嚴王與羣臣眷屬
俱淨德夫人與後宮釆女眷屬俱其王二子
與四万二千人俱一時共詣佛所到已頭面礼
足繞佛三迊却住一面尒時彼佛為王說法
示教利喜王大歡悅尒時妙莊嚴王及其
夫人解頸真珠瓔珞價直百千以散佛上於
虛空中化成四柱寶臺臺中有大寶床敷百
千万天衣其上有佛結加趺坐放大光明尒
時妙莊嚴王作是念佛身希有端嚴殊特成
就第一微妙之色時雲雷音宿王華智佛告
四眾言汝等見是妙莊嚴王於我前合掌立
不此王於我法中作比丘精勤脩習助佛道
法當得作佛号娑羅樹王國名大光劫名大
高王其娑羅樹王佛有无量菩薩眾及无量
聲聞其國平正功得如是其王即時以國付
弟與夫人二子并諸眷屬於佛法中出家脩
道王出家已於八万四千歲常勤精進脩行

BD05929號　妙法蓮華經卷七

（13–6）

法當得作佛号娑羅樹王國名大光劫名大
高王其娑羅樹王佛有无量菩薩衆及无量
聲聞其國平正功得如是其王即時以國付
弟與夫人二子并諸眷屬於佛法中出家脩
道王出家已於八万四千歲常勤精進脩行
妙法華經過是已後得一切淨功德莊嚴三
昧即昇虛空高七多羅樹而白佛言世尊此
我二子已作佛事以神通變化轉我邪心令
得安住於佛法中得見世尊此二子者是我
善知識為欲發起宿世善根饒益我故來生
我家尒時雲雷音宿王華智佛告妙莊嚴王
言如是如是如汝所言若善男善女人種
善根故世世得善知識其善知識能作佛事
示教利喜令入阿耨多羅三藐三菩提大王
當知善知識者是大因緣所謂化導令得見
佛發阿耨多羅三藐三菩提心大王汝見此
二子不此二子已曾供養六十五百千万億
那由他恒河沙諸佛親近恭敬於諸佛所受
持法華經愍念邪見衆生令住正見妙莊嚴
王即從虛空中下而白佛言世尊如來甚希
有以功德智慧故頂上肉髻光明顯照其眼
長廣而紺青色眉間豪相白如珂月齒白齊
密常有光明脣色赤好如頻婆菓尒時妙莊
嚴王讚歎佛如是等无量百千万億功德已
於如來前一心合掌復白佛言世尊未曾有
也如來之法具足成就不可思議微妙功德
教戒所行安隱快善我從今日不復自隨心

BD05929 號　妙法蓮華經卷七　（13-7）

長廣而紺青色眉間豪相白如珂月齒白齊
密常有光明脣色赤好如頻婆菓尒時妙莊
嚴王讚歎佛如是等无量百千万億功德已
於如來前一心合掌復白佛言世尊未曾有
也如來之法具足成就不可思議微妙功德
教戒所行安隱快善我從今日不復自隨心
行不生邪見憍慢瞋恚諸惡之心說是語已
礼佛而出佛告大衆於意云何妙莊嚴王豈
異人乎今華德菩薩是其淨德夫人今佛前
光照莊嚴相菩薩是哀愍妙莊嚴王及諸眷
屬故於彼中生其二子者今藥王菩薩藥上
菩薩是是藥王藥上菩薩成就如此諸大功
德已於无量百千万億諸佛所殖衆德本成
就不可思議諸善功德若有人識是二菩薩
名字者一切世間諸天人民亦應礼拜佛說
是妙莊嚴王本事品時八万四千人遠塵離
垢於諸法中得法眼淨
妙法蓮華經普賢菩薩勸發品第二十八
尒時普賢菩薩以自在神通威德名聞與大
菩薩无量无邊不可稱數從東方來所經諸
國普皆震動雨寶蓮華作无量百千万億種
種伎樂又與无數諸天龍夜叉乾闥婆阿脩
羅迦樓羅緊那羅摩睺羅伽人非人等大衆
圍繞各現威德神通之力到娑婆世界耆闍
崛山中頭面礼釋迦牟尼佛右繞七匝白佛
言世尊我於寶威德上王佛國遥聞此娑婆
世界說法華經與无量无邊百千万億諸菩

BD05929 號　妙法蓮華經卷七　（13-8）

國普皆震動雨寶蓮華作无量百千万億種
種伎樂又與无數諸天龍夜叉乾闥婆阿脩
羅迦樓羅緊那羅摩睺羅伽人非人等大衆
圍繞各現威德神通之力到娑婆世界耆闍
崛山中頭面礼釋迦牟尼佛右繞七迊白佛
言世尊我於寶威德上王佛國遥聞此娑婆
世界說法華經與无量无邊百千万億諸菩
薩衆共来聽受唯願世尊當為說之若善男
子善女人於如来滅後云何能得是法華經
佛告普賢菩薩若善男子善女人成就四法
於如来滅後當得是法華經一者為諸佛護
念二者殖衆德本三者入正定聚四者發救
一切衆生之心善男子善女人如是成就四
法於如来滅後必得是經尒時普賢菩薩白
佛言世尊於後五百歲濁惡世中其有受持
是經典者我當守護除其衰患令得安隱使
无伺求得其便者若魔若魔子若魔女若魔
民若為魔所著者若夜叉若羅刹若鳩槃荼
若毗舍闍若吉蔗若冨單那若韋陁羅等
諸惱人者皆不得便是人若行若立讀誦此經
我尒時乘六牙白象王與大菩薩衆俱詣其
所而自現身供養守護安慰其心亦為供養
法華經故是人若坐思惟此經尒時我復乘
白象王現其人前其人若於法華經有所忘
失一句一偈我當教之與共讀誦還令通利
尒時受持讀誦法華經者得見我身甚大歡
喜轉復精進以見我故即得三昧及陁羅尼

BD05929號　妙法蓮華經卷七　(13–9)

法華經故是人若坐思惟此經尒時我復乘
白象王現其人前其人若於法華經有所忘
失一句一偈我當教之與共讀誦還令通利
尒時受持讀誦法華經者得見我身甚大歡
喜轉復精進以見我故即得三昧及陁羅尼
名為旋陁羅尼百千万億旋陁羅尼法音方
便陁羅尼得如是等陁羅尼世尊若後世後
五百歲濁惡世中比丘比丘尼優婆塞優婆
夷求索者受持者讀誦者書寫者欲脩習是
法華經於三七日中應一心精進滿三七日
已我當乘六牙白象與无量菩薩而自圍繞
以一切衆生所喜見身現其人前而為說法
示教利喜亦復與其陁羅尼呪得是陁羅尼
故无有非人能破壞者亦不為女人之所惑
亂我身亦自常護是人唯願世尊聽我說此
陁羅尼即於佛前而說呪曰
阿檀地(途賣反)一　檀陁婆地二　檀陁婆帝三　檀陁
鳩舍隸四　檀陁脩陁隸五　脩陁隸六　脩陁羅
婆底七　佛䭾波羶祢八　薩婆陁羅尼阿婆多
尼九　薩婆婆沙阿婆多尼十　脩阿婆多尼十一
僧伽婆履叉尼十二　僧伽涅伽陁尼十三　阿僧祇
十四　僧伽波伽地十五　帝隸阿惰僧伽兜略(盧遮反)
波羅帝十六　薩婆僧伽三摩地伽蘭地十七　薩婆
達磨脩波利刹帝十八　薩婆薩埵樓䭾憍舍略
阿㝹伽地十九　辛阿毗吉利地帝二十
世尊若有菩薩得聞是陁羅尼者當知普賢
神通之力若法華經行閻浮提有受持者應

BD05929號　妙法蓮華經卷七　(13–10)

波羅帝十六薩婆僧伽三摩地伽蘭地十七薩婆
達磨脩波利刹帝十八薩婆薩埵樓馱憍舍略
阿㝹伽地十九辛阿毗吉利地帝二十
世尊若有菩薩得聞是陁羅尼者當知普賢
神通之力若法華經行閻浮提有受持者應
作此念皆是普賢威神之力若有受持讀誦
正憶念解其義趣如說脩行當知是人行普
賢行於无量无邊諸佛所深種善根為諸如
来手摩其頭若但書寫是人命終當生忉利
天上是時八万四千天女作衆伎樂而来迎
之其人即著七寶冠於婇女中娛樂快樂何
況受持讀誦正憶念解其義趣如說脩行若
有人受持讀誦解其義趣是人命終為千佛
授手令不恐怖不墮惡趣即往兜率天上弥
勒菩薩所弥勒菩薩有三十二相大菩薩衆
所共圍繞有百千万億天女眷屬而於中生
有如是等功德利益是故智者應當一心自
書若使人書受持讀誦正憶念如說脩行世
尊我今以神通力守護是經於如来滅後閻
浮提內廣令流布使不斷絕尒時釋迦牟尼
佛讚言善哉善哉普賢汝能護助經令多
所衆生安樂利益汝已成就不可思議功德
深大慈悲從久遠来發阿耨多羅三藐三菩
提意而能作是神通之願守護是經我當以
神通力守護能受持普賢菩薩名者普賢若
有受持讀誦正憶念脩習書寫是法華經者
當知是人則見釋迦牟尼佛如從佛口聞此

BD05929號　妙法蓮華經卷七

（13–11）

深大慈悲從久遠来發阿耨多羅三藐三菩
提意而能作是神通之願守護是經我當以
神通力守護能受持普賢菩薩名者普賢若
有受持讀誦正憶念脩習書寫是法華經者
當知是人則見釋迦牟尼佛如從佛口聞此
經典當知是人供養釋迦牟尼佛當知是人
佛讚善哉當知是人為釋迦牟尼佛手摩其
頭當知是人為釋迦牟尼佛衣之所覆如是
之人不復貪著世樂不好外道經書手筆亦
復不喜親近其人及諸惡者若屠兒若畜猪
羊雞狗若獵師若衒賣女色是人心意質直
有正憶念有福德力是人不為三毒所惱亦
不為嫉妬我慢邪慢增上慢所惱是人少欲
知足能脩普賢之行普賢若如来滅後後五
百歲若有人見受持讀誦法華經者應作是
念此人不久當詣道場破諸魔衆得阿耨多
羅三藐三菩提轉法輪擊法鼓吹法螺雨法
雨當坐天人大衆中師子法座上普賢若於
後世受持讀誦是經典者是人不復貪著衣
服卧具飲食資生之物所願不虛亦於現世
得其福報若有人輕毀之言汝狂人耳空作
是行終无所獲如是罪報當世世无眼若有
供養讚歎之者當於今世得現果報若復見
受持是經者出其過惡若實若不實此人現
世得白癩病若輕笑之者當世世牙齒踈缺
醜脣平鼻手脚繚戾眼目角睞身體臭穢惡
瘡膿血水腹短氣諸惡重病是故普賢若見
受持是經典者當起遠迎當如敬佛說是普

BD05929號　妙法蓮華經卷七

（13–12）

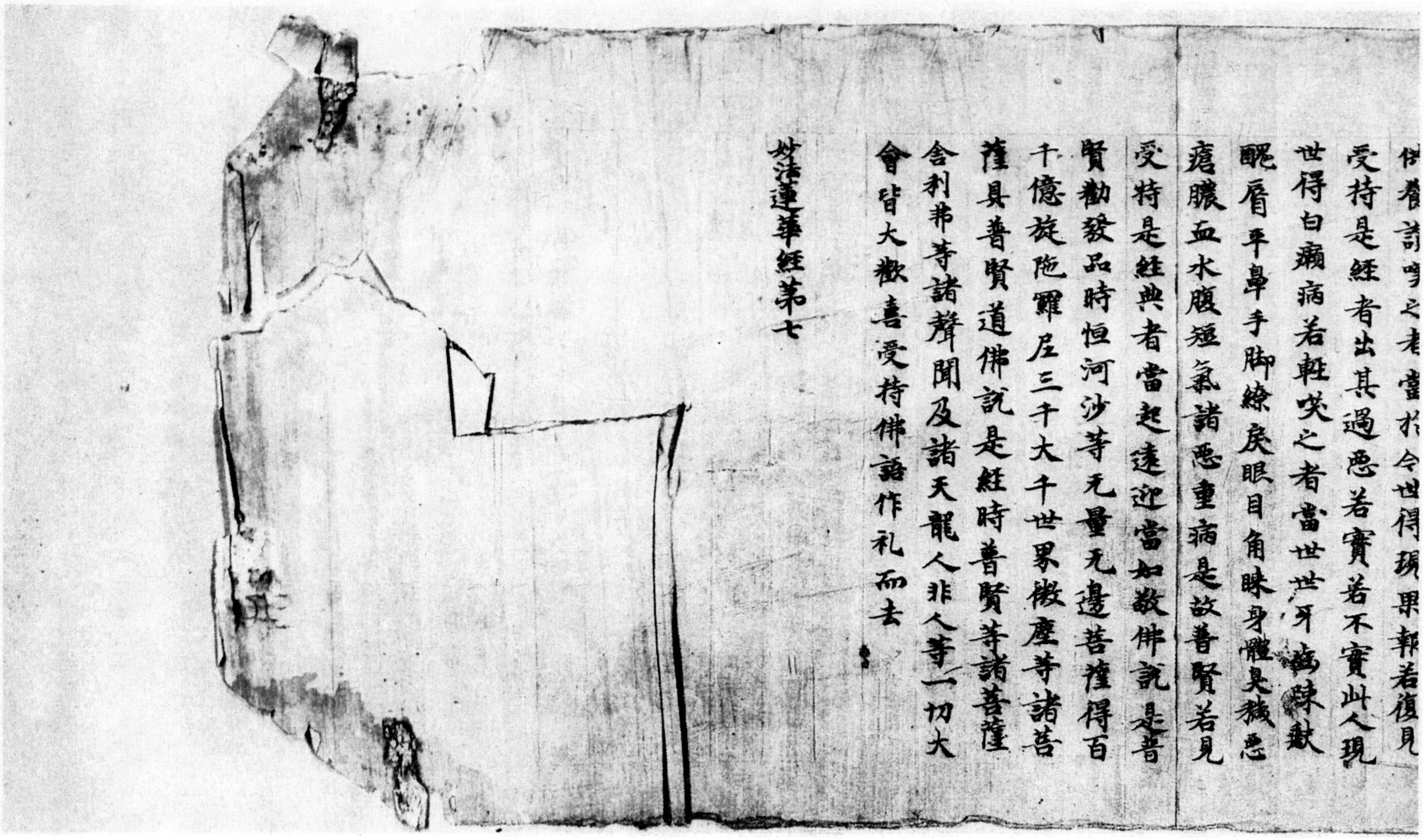
供養讃嘆之者當於今世得現果報若復見
受持是經者出其過惡若實若不實此人現
世得白癩病若輕笑之者當世世牙齒踈缺
醜脣平鼻手脚繚戾眼目角睞身體臭穢惡
瘡膿血水腹短氣諸惡重病是故普賢若見
受持是經典者當起遠迎當如敬佛說是普
賢勸發品時恒河沙等无量无邊菩薩得百
千億旋陁羅尼三千大千世界微塵等諸菩
薩具普賢道佛說是經時普賢等諸菩薩
舍利弗等諸聲聞及諸天龍人非人等一切大
會皆大歡喜受持佛語作禮而去

妙法蓮華經第七

BD05929號　妙法蓮華經卷七　（13–13）

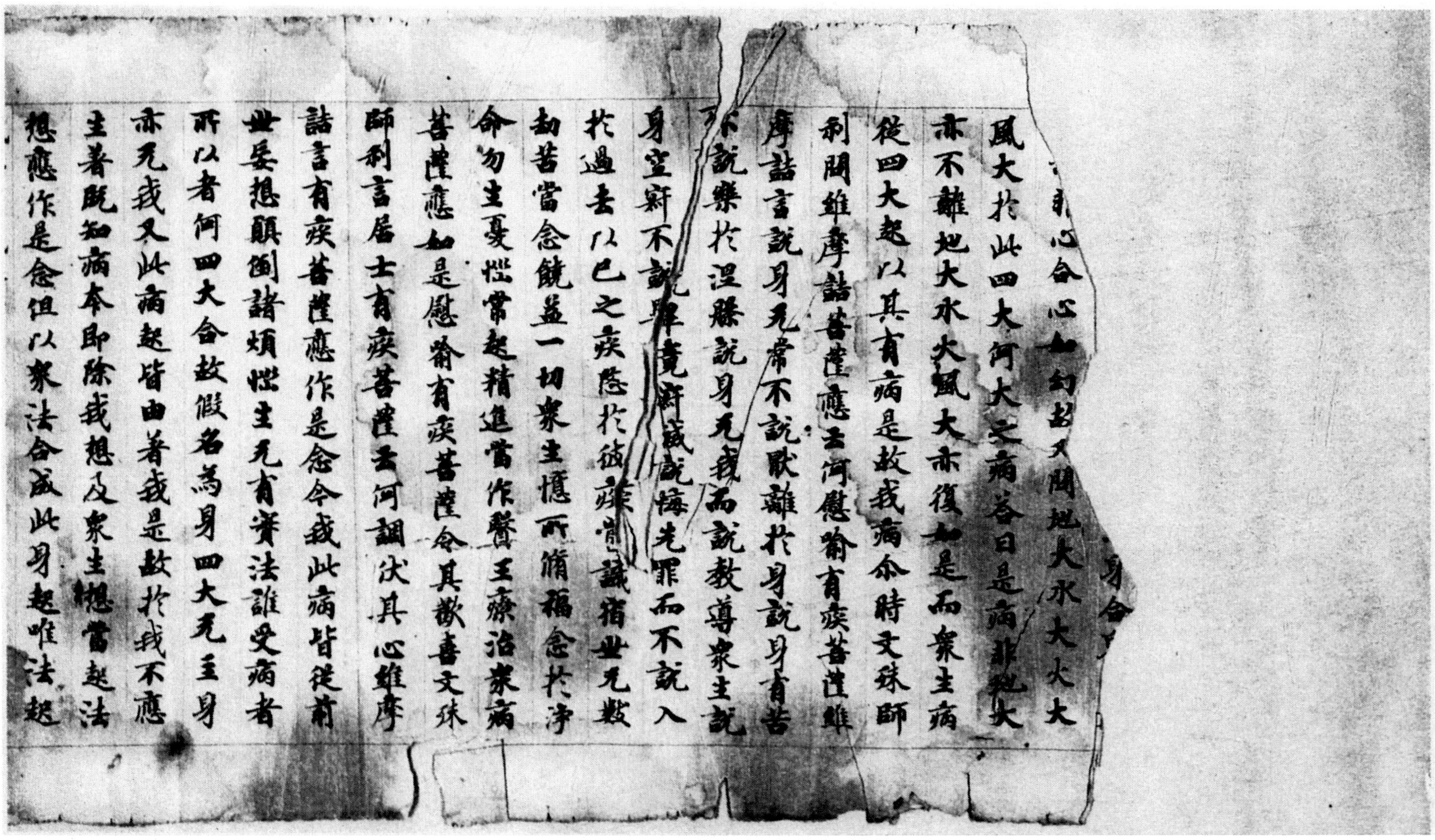
身合
非心合心如幻故又問地大水大火大
風大於此四大何大之病答曰是病非地大
亦不離地大水大風大亦復如是而衆生病
從四大起以其有病是故我病尒時文殊師
利問維摩詰菩薩應云何慰喻有疾菩薩維
摩詰言說身无常不說猒離於身說身有苦
不說樂於涅槃說身无我而說教導衆生說
身空寂不說畢竟寂滅說悔先罪而不說入
於過去以己之疾愍於彼疾當識宿世无數
劫苦當念饒益一切衆生憶所脩福念於淨
命勿生憂惱常起精進當作醫王療治衆病
菩薩應如是慰喻有疾菩薩令其歡喜文殊
師利言居士有疾菩薩云何調伏其心維摩
詰言有疾菩薩應作是念今我此病皆從前
世妄想顛倒諸煩惱生无有實法誰受病者
所以者何四大合故假名為身四大无主身
亦无我又此病起皆由著我是故於我不應
生著既知病本即除我想及衆生想當起法
想應作是念但以衆法合成此身起唯法起

BD05930號　維摩詰所說經卷中　（8–1）

詰言有疾菩薩應作是念今我此病皆從前
世妄想顛倒諸煩惱生无有實法誰受病者
所以者何四大合故假名為身四大无主身
亦无我又此病起皆由著我是故於我不應
生著既知病本即除我想及衆生想當起法
想應作是念但以衆法合成此身起唯法起
滅唯法滅又此法者各不相知起時不言我
起滅時不言我滅彼有疾菩薩為滅法想當
作是念此法想者亦是顛倒顛倒者即是大
患我應離之云何為離離我我所云何離我
我所謂離二法云何離二法謂不念內外諸
法行於平等云何平等謂我等涅槃等所以
者何我及涅槃此二皆空以何為空但以名
字故空如此二法无決定性得是平等无有
餘病唯有空病空病亦空是有疾菩薩以无
所受而受諸受未具佛法亦不滅受而取證
也設身有苦念惡趣衆生起大悲心我既調
伏亦當調伏一切衆生但除其病而不除法
為斷病本而教導之何謂病本謂有攀緣從
有攀緣則為病本何所攀緣謂之三界云何
斷攀緣以无所得若无所得則无攀緣何謂
无所得謂二見何謂二見謂內見外見是无
所得文殊師利是為有疾菩薩調伏其心為
斷老病死苦是菩薩菩提若不如是已所脩
治為无慧利譬如勝怨乃可為勇如是兼除
老病死者菩薩之謂也彼有疾菩薩應復作

BD05930號　維摩詰所說經卷中　（8–2）

无所得謂二見何謂二見謂內見外見是无
所得文殊師利是為有疾菩薩調伏其心為
斷老病死苦是菩薩菩提若不如是已所脩
治為无慧利譬如勝怨乃可為勇如是兼除
老病死者菩薩之謂也彼有疾菩薩應復作
是念如我此病非真非有衆生病亦非真非
有作是觀時於諸衆生若起愛見大悲即應
捨離所以者何菩薩斷除客塵煩惱而起大
悲愛見悲者則於生死有疲猒心若能離此
无有疲猒在在所生不為愛見之所覆也所
生无縛能為衆生說法解縛如佛所說若自
有縛能解彼縛无有是處若自无縛能解彼
縛斯有是處是故菩薩不應起縛何謂縛何
謂解貪著禪味是菩薩縛以方便生是菩薩
解又无方便慧縛有方便慧解无慧方便縛
有慧方便解何謂无方便慧縛謂菩薩以愛
見心莊嚴佛土成就衆生於空无相无作法
中而自調伏是名无方便慧縛何謂有方便
慧解謂不以愛見心莊嚴佛土成就衆生於
空无相无作法中以自調伏而不疲猒是名
有方便慧解何謂无慧方便縛謂菩薩住貪
欲瞋恚邪見等諸煩惱而殖衆德本是名无
慧方便縛何謂有慧方便解謂離諸貪欲瞋
恚邪見等諸煩惱而殖衆德本迴向阿耨多
羅三藐三菩提是名有慧方便解文殊師利

BD05930號　維摩詰所說經卷中　（8–3）

空无相无作法中以自調伏而不疲厭是名
有方便慧解何謂无慧方便縛謂菩薩住貪
欲瞋恚邪見等諸煩惱而殖眾德本是名无
慧方便縛何謂有慧方便解謂離諸貪欲瞋
恚邪見等諸煩惱而殖眾德本迴向阿耨多
羅三藐三菩提是名有慧方便解文殊師利
彼有疾菩薩應如是觀諸法又復觀身无常
苦空非我是名為慧雖身有疾常在生死饒
益一切而不厭惓是名方便又復觀身身不
離病病不離身是病是身非新非故是名為
慧設身有疾而不永滅是名方便文殊師利
有疾菩薩應如是調伏其心不住其中亦復
不住不調伏心所以者何若住不調伏心是
愚人法若住調伏心是聲聞法是故菩薩不
當住於調伏不調伏心離此二法是菩薩行
在於生死不為汙行住於涅槃不永滅度是
菩薩行非凡夫行非賢聖行是菩薩行非垢
行非淨行是菩薩行雖過魔行而現降眾魔
是菩薩行求一切智无非時求是菩薩行雖
觀諸法不生而不入正位是菩薩行雖觀十
二緣起而入諸邪見是菩薩行雖攝一切眾
生而不愛著是菩薩行雖樂遠離而不依身
心盡是菩薩行雖行三界而不壞法性是菩
薩行雖行於空而殖眾德本是菩薩行雖行
无相而度眾生是菩薩行雖行无作而現受

BD05930號　維摩詰所說經卷中　（8–4）

二緣起而入諸邪見是菩薩行雖攝一切眾
生而不愛著是菩薩行雖樂遠離而不依身
心盡是菩薩行雖行三界而不壞法性是菩
薩行雖行於空而殖眾德本是菩薩行雖行
无相而度眾生是菩薩行雖行无作而現受
身是菩薩行雖行无起而起諸善法是菩薩
行雖行六波羅蜜而遍知眾生心心數法是
菩薩行雖行六通而不盡漏是菩薩行雖行
四无量心而不貪著生於梵世是菩薩行雖
行禪定解脫三昧而不隨禪生是菩薩行雖
行四念處而不永離身受心法是菩薩行雖
行四正勤而不捨身心精進是菩薩行雖行
四如意足而得自在神通是菩薩行雖行五
根而分別眾生諸根利鈍是菩薩行雖行五
力而樂求佛十力是菩薩行雖行七覺分而
分別佛之智慧是菩薩行雖行八正道而樂
行无量佛道是菩薩行雖行止觀助道之法
而不畢竟墮於寂滅是菩薩行雖行諸法不
生不滅而以相好莊嚴其身是菩薩行雖現
聲聞辟支佛威儀而不捨佛法是菩薩行雖
隨諸法究竟淨相而隨所應為現其身是菩
薩行雖觀諸佛國土永寂如空而現種種清
淨佛土是菩薩行雖得佛道轉于法輪入於
涅槃而不捨於菩薩之道是菩薩行說是語
時文殊師利所將大眾其中八千天子皆發

BD05930號　維摩詰所說經卷中　（8–5）

薩行雖觀諸佛國土永寂如空而現種種清
淨佛土是菩薩行雖得佛道轉于法輪入於
涅槃而不捨於菩薩之道是菩薩行說是語
時文殊師利所將大衆其中八千天子皆發
阿耨多羅三藐三菩提心

不思議品第六

尒時舍利弗見此室中无有牀坐作是念斯
諸菩薩大弟子衆當於何坐長者維摩詰知
其意語舍利弗言云何仁者爲法來耶求牀
坐耶舍利弗言我爲法來非爲牀坐維摩詰
言唯舍利弗夫求法者不貪軀命何況牀坐
夫求法者非有色受想行識之求非有界入
之求非有欲色无色之求唯舍利弗夫求法
者不著佛求不著法求不著衆求夫求法者
无見苦求无斷集求无造盡證修道之求所
以者何法无戲論若言我當見苦斷集證滅
修道是則戲論非求法也唯舍利弗法名寂
滅若行生滅是求生滅非求法也法名无染
若染於法乃至涅槃是則染著非求法也法
无行處若行於法是則行處非求法也法无
取捨若取捨法是則取捨非求法也法无處
所若著處所是則著處非求法也法名无相
若隨相識是則求相非求法也法不可住若
住於法是則住法非求法也法不可見聞覺

BD05930號　維摩詰所說經卷中　（8–6）

取捨若取捨法是則取捨非求法也法无處
所若著處所是則著處非求法也法名无相
若隨相識是則求相非求法也法不可住若
住於法是則住法非求法也法不可見聞覺
知若行見聞覺知是則見聞覺知非求法也
法名无爲若行有爲是求有爲非求法也是
故舍利弗若求法者於一切法應无所求說
是語時五百天子於諸法中得法眼淨
尒時長者維摩詰問文殊師利仁者遊於无
量千萬億阿僧祇國何等佛土有好上妙功
德成就師子之座文殊師利言居士東方度
三十六恒河沙國有世界名須弥相其佛号
須弥燈王今現在彼佛身長八萬四千由旬
其師子座高八萬四千由旬嚴飾第一於是
長者維摩詰現神通力即時彼佛遣三萬二
千師子座高廣嚴淨來入維摩詰室諸菩薩
大弟子釋梵四天王等昔所未見其室廣博
悉皆包容三萬二千師子座无所妨礙於毗耶
離城及閻浮提四天下亦不迫迮悉見如故
尒時維摩詰語文殊師利就師子座與諸菩
薩上人俱坐當自立身如彼坐像其得神通
菩薩即自變形爲四萬二千由旬坐師子座
諸新發意菩薩及大弟子皆不能昇尒時維
摩詰語舍利弗就師子坐舍利弗言居士此

BD05930號　維摩詰所說經卷中　（8–7）

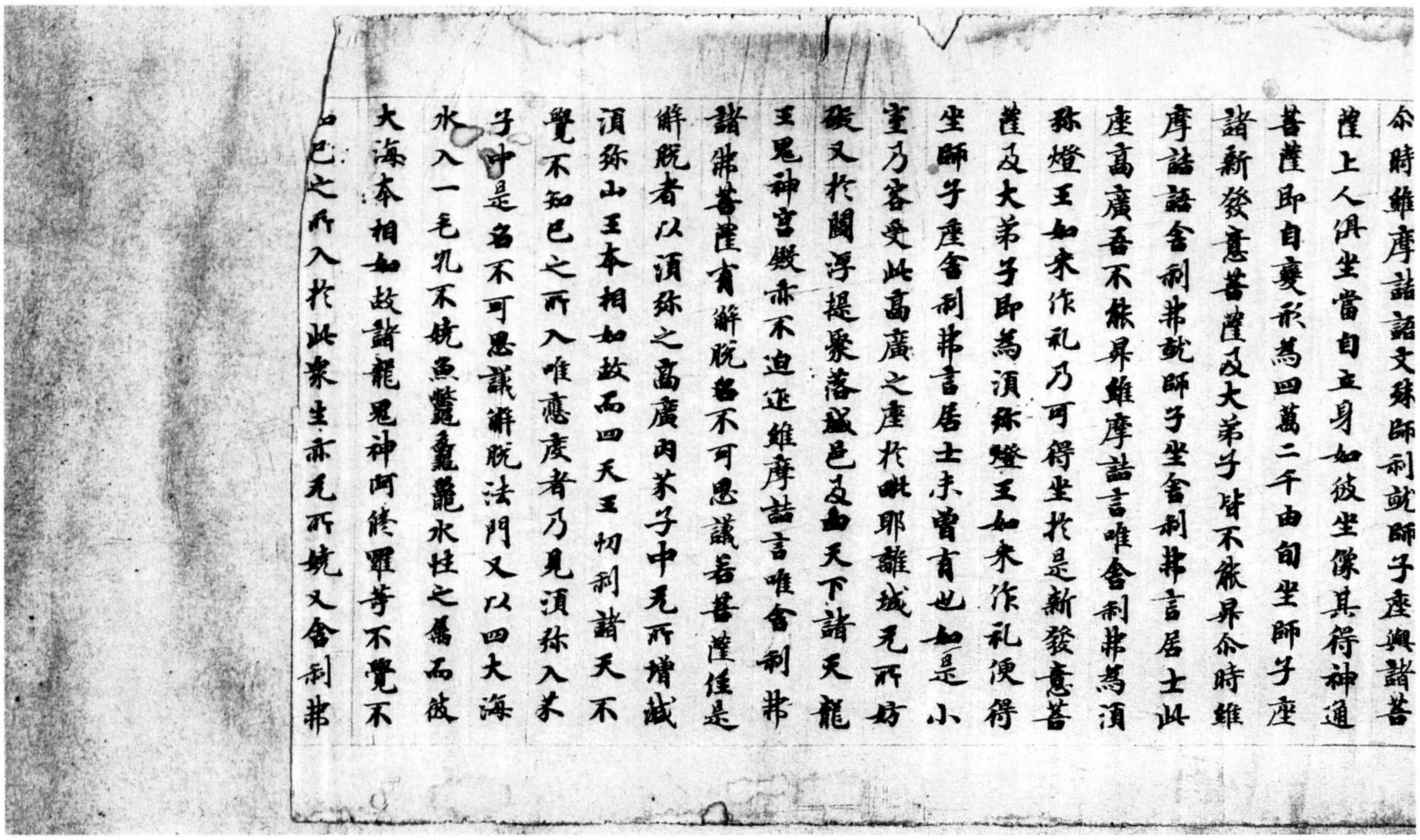

尒時維摩詰語文殊師利就師子座與諸菩
薩上人俱坐當自立身如彼坐像其得神通
菩薩即自變形為四萬二千由旬坐師子座
諸新發意菩薩及大弟子皆不能昇尒時維
摩詰語舍利弗就師子坐舍利弗言居士此
座高廣吾不能昇維摩詰言唯舍利弗為須
弥燈王如來作禮乃可得坐於是新發意菩
薩及大弟子即為須弥燈王如來作禮便得
坐師子座舍利弗言居士未曾有也如是小
室乃容受此高廣之座於毗耶離城无所妨
礙又於閻浮提聚落城邑及四天下諸天龍
王鬼神宮殿亦不迫迮維摩詰言唯舍利弗
諸佛菩薩有觧脫名不可思議若菩薩住是
觧脫者以須弥之高廣內芥子中无所增减
須弥山王本相如故而四天王忉利諸天不
覺不知已之所入唯應度者乃見須弥入芥
子中是名不可思議觧脫法門又以四大海
水入一毛孔不嬈魚鱉黿鼉水性之屬而彼
大海本相如故諸龍鬼神阿修羅等不覺不
知已之所入於此衆生亦无所嬈又舍利弗

BD05930號　維摩詰所說經卷中　（8–8）

復有地獄名曰啗眼復有地獄名曰鐵丸復
有地獄名曰諍論復有地獄名曰鐵鈇復有
地獄名曰多嗔地藏言仁者鐵圍之內有
如是等地獄其數无更有叫喚地獄拔舌
地獄糞尿地獄鉰鏁地獄火象地獄火狗地
獄火馬地獄火牛地獄火山地獄火石地獄
火床地獄火梁地獄火鷹地獄鋸牙地獄剥
皮地獄飲血地獄燒手地獄燒脚地獄倒刺
地獄火屋地獄鐵屋地獄火狼地獄如是等

地藏菩薩本願經校量布施功德因緣品第十
尒時地藏菩薩摩訶薩承佛威神從座而起
胡跪合掌白佛言世尊我觀業道衆生校量
布施有輕有重有一生受福有十生受福有
百生千生受大福利者是事云何唯願世
尊為我說之尒時佛告地藏菩薩吾今於忉
利天宮一切衆會說閻浮提布施校量功德

BD05931號　地藏菩薩本願經兌廢綴稿（擬）　（3–1）

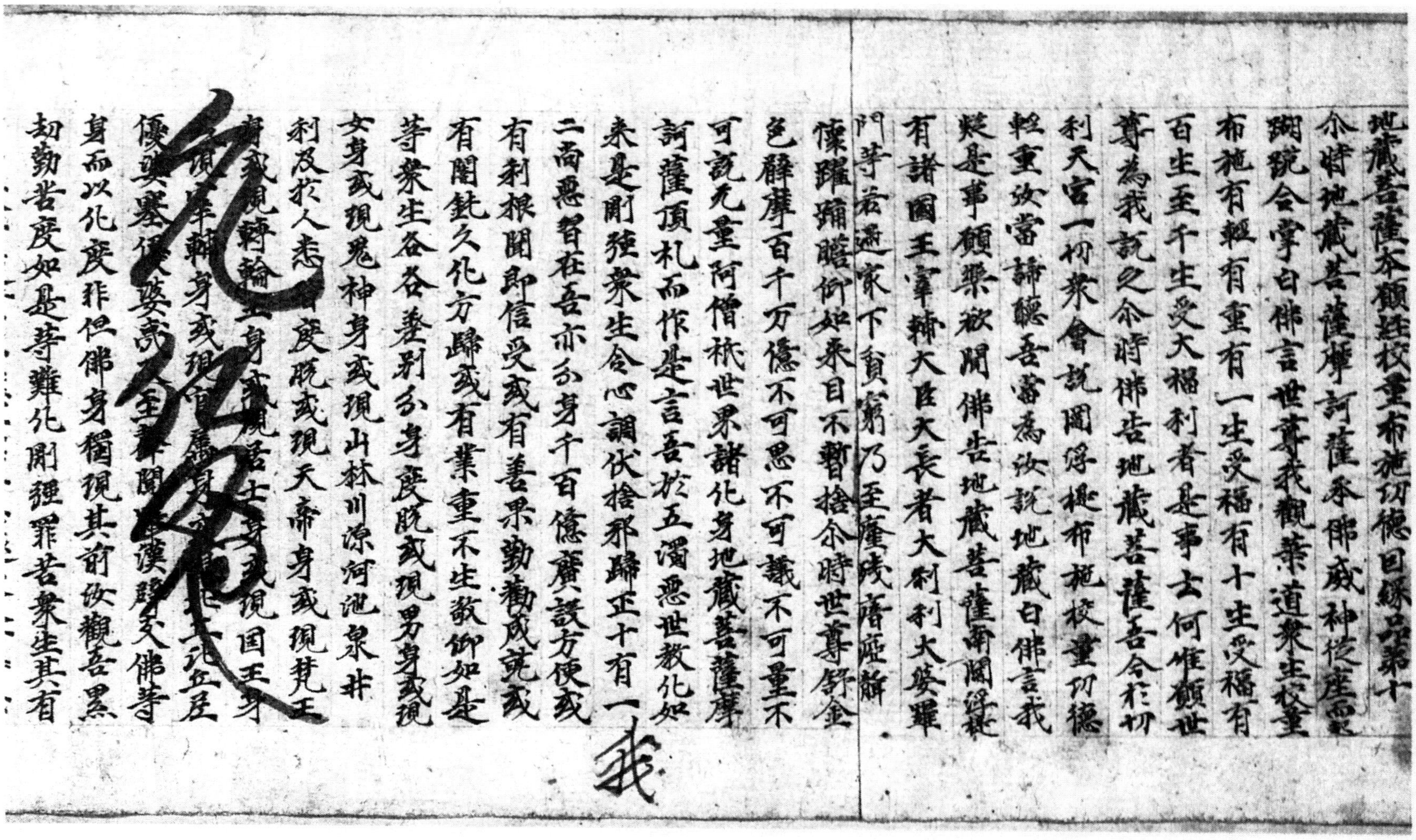

地藏菩薩本願經校量布施功德因緣品第十
尒時地藏菩薩摩訶薩承佛威神從座而起
胡跪合掌白佛言世尊我觀業道衆生校量
布施有輕有重有一生受福有十生受福有
百生千生受大福利者是事云何唯願世
尊為我說之尒時佛告地藏菩薩吾今於忉
利天宮一切衆會說閻浮提布施校量功德
輕重汝當諦聽吾當為汝說地藏白佛言我
疑是事願樂欲聞佛告地藏菩薩南閻浮提
有諸國王宰輔大臣大長者大剎利大婆羅
門等若遇最下貧窮乃至癃殘瘖瘂聾
懽躍踊瞻仰如來目不暫捨尒時世尊舒金
色臂摩百千万億不可思不可議不可量不
可說无量阿僧祇世界諸化身地藏菩薩摩
訶薩頂礼而作是言吾於五濁惡世教化如
來是剛强衆生令心調伏捨邪歸正十有一
我
二而惡習在吾亦分身千百億廣設方便或
有利根聞即信受或有善果勤勸成就或
有闇鈍久化方歸或有業重不生敬仰如是
等衆生各各差别分身度脫或現男身或現
女身或現鬼神身或現山林川源河池泉井
利及於人悉皆度脫或現天帝身或現梵王
身或現轉輪王身或現居士身或現國王身
或現宰輔身或現官屬身或現比丘比丘尼
優婆塞優婆夷身乃至聲聞羅漢辟支佛等
身而以化度非但佛身獨現其前汝觀吾累
劫勤苦度如是等難化剛强罪苦衆生其有

BD05931 號　地藏菩薩本願經兌廢綴稿（擬）　（3–2）

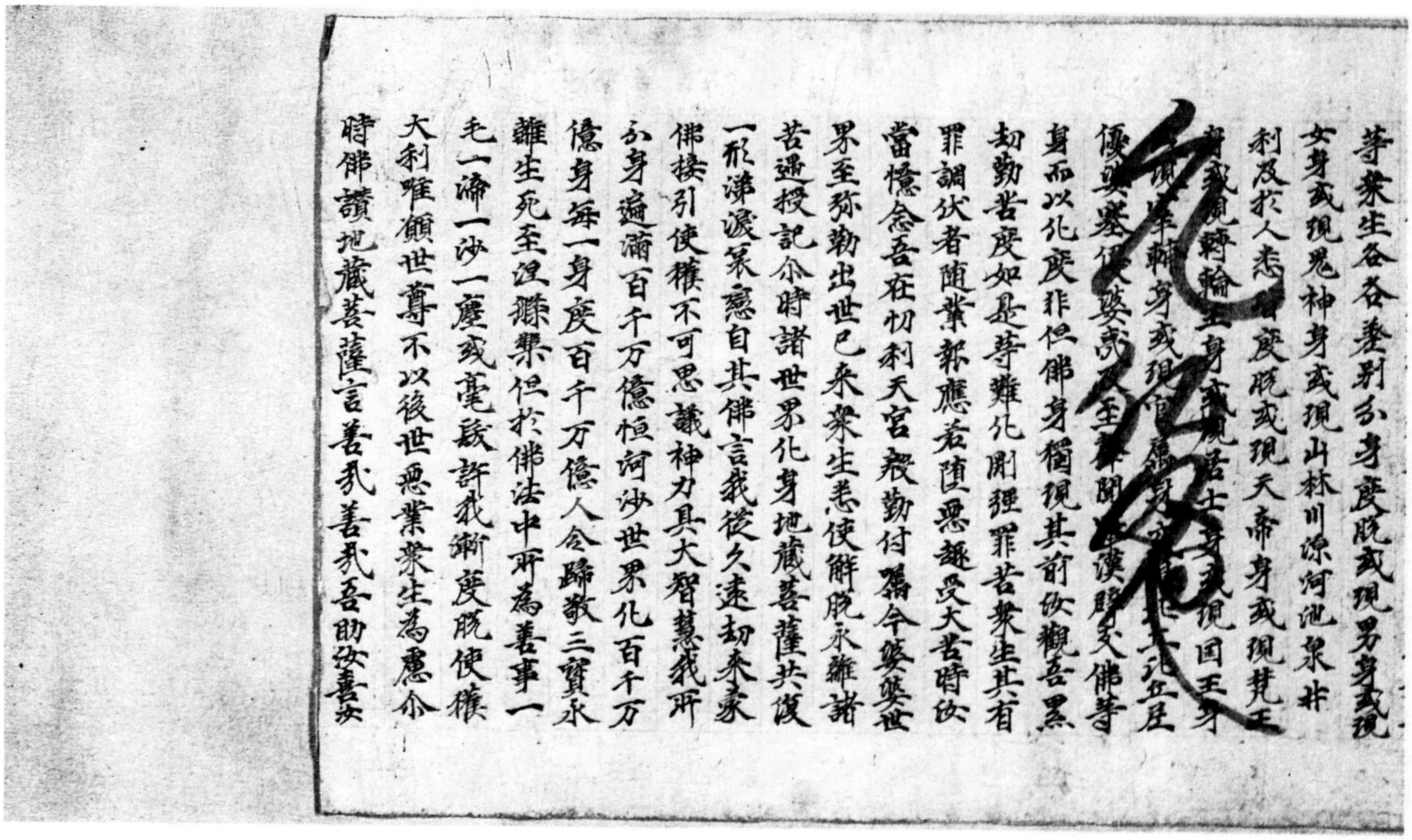

等衆生各各差别分身度脫或現男身或現
女身或現鬼神身或現山林川源河池泉井
利及於人悉皆度脫或現天帝身或現梵王
身或現轉輪王身或現居士身或現國王身
或現宰輔身或現官屬身或現比丘比丘尼
優婆塞優婆夷身乃至聲聞羅漢辟支佛等
身而以化度非但佛身獨現其前汝觀吾累
劫勤苦度如是等難化剛强罪苦衆生其有
未調伏者隨業報應若墮惡趣受大苦時汝
當憶念吾在忉利天宮殷勤付囑令娑婆世
界至彌勒出世已來衆生悉使解脫永離諸
苦遇佛授記尒時諸世界化身地藏菩薩共復
一形涕淚哀戀白其佛言我從久遠劫來蒙
佛接引使獲不可思議神力具大智慧我所
分身遍滿百千万億恒河沙世界化百千万
億身每一身度百千万億人令歸敬三寶永
離生死至涅槃樂但於佛法中所為善事一
毛一渧一沙一塵或毫髮許我漸度脫使獲
大利唯願世尊不以後世惡業衆生為慮尒
時佛讃地藏菩薩言善哉善哉吾助汝喜汝

BD05931 號　地藏菩薩本願經兌廢綴稿（擬）　（3–3）

BD05931 號背 2　音義稿（擬）

（3–1）

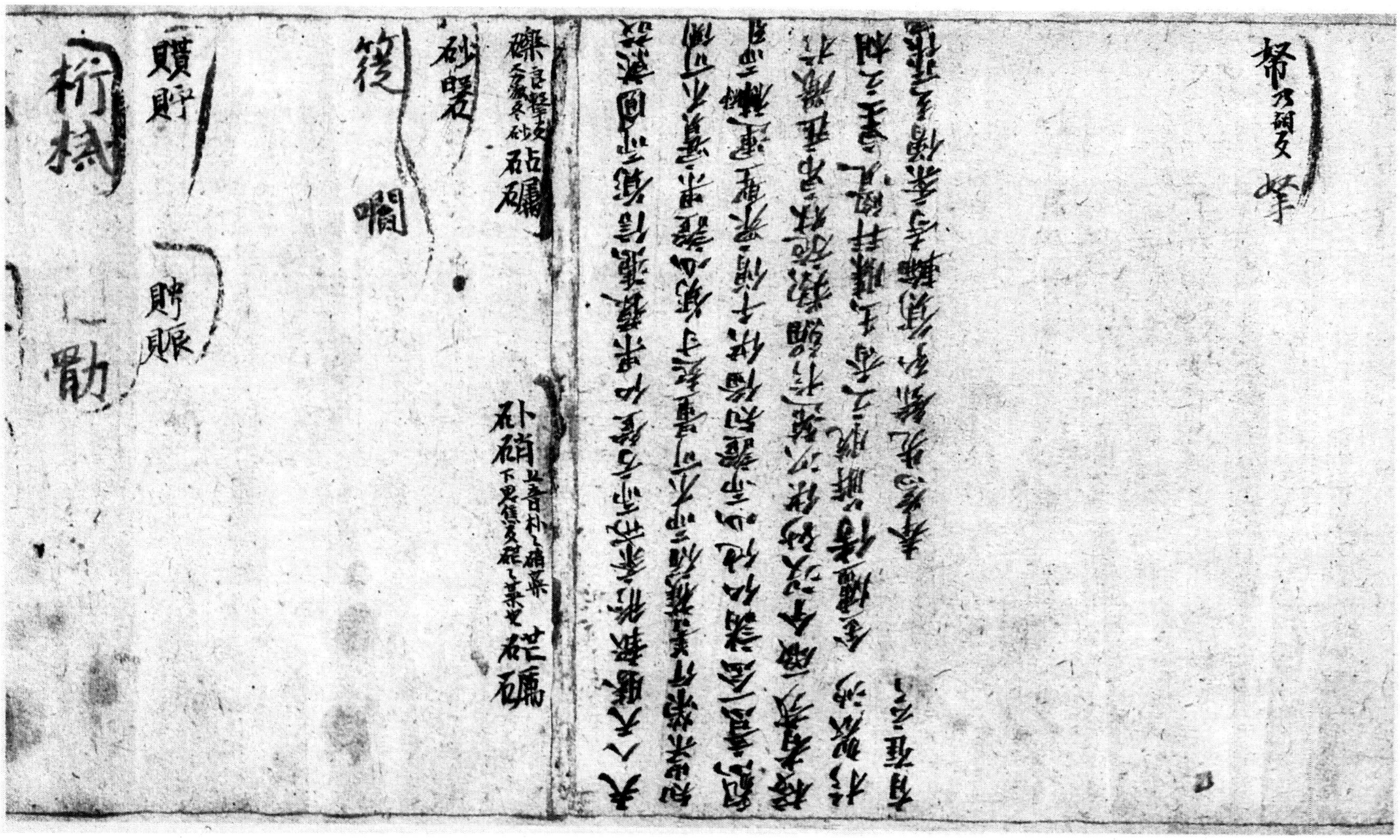

BD05931 號背 1　輪寺齋僧文（擬）

BD05931 號背 2　音義稿（擬）

（3–2）

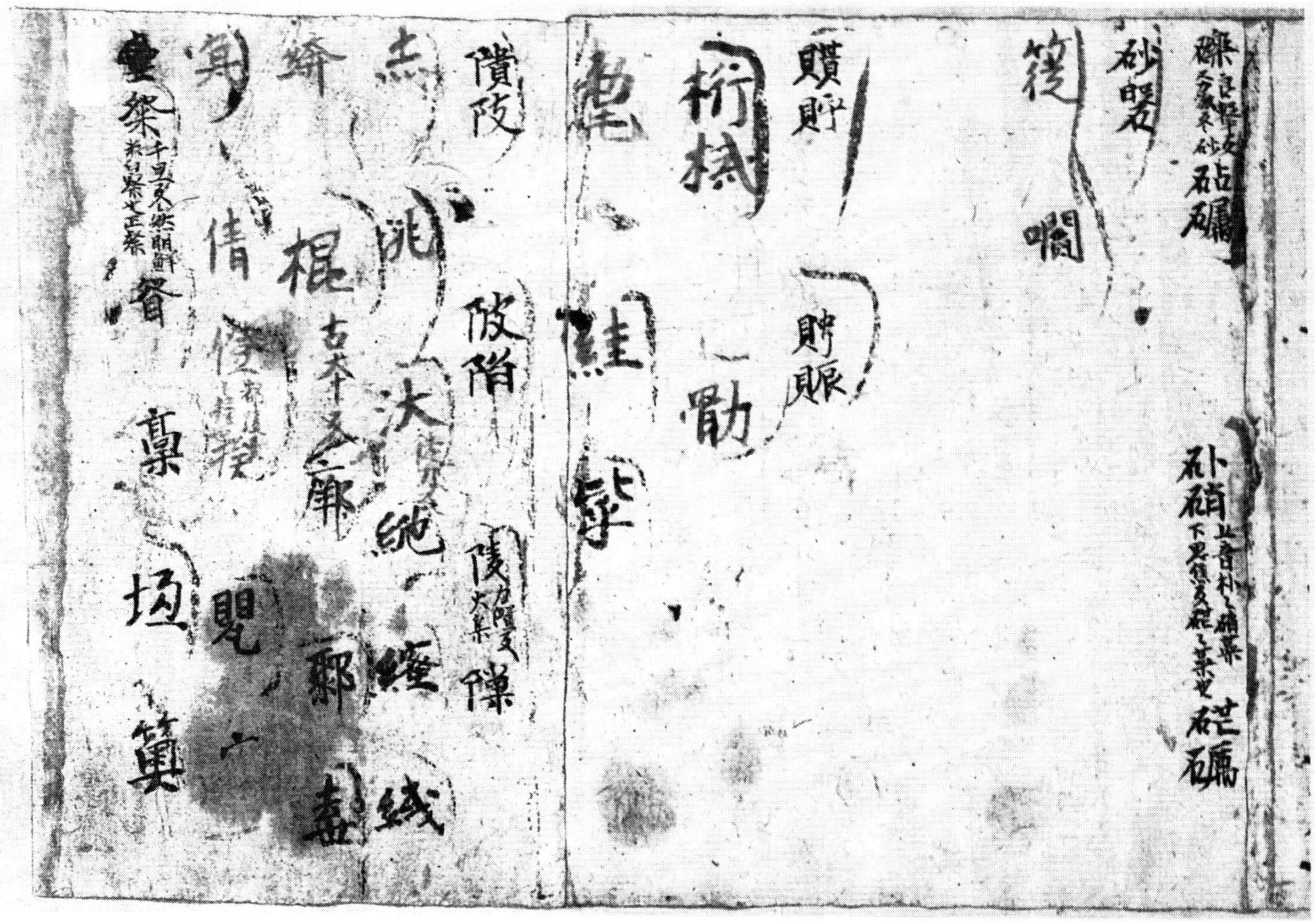

BD05931 號背 2　音義稿（擬）　　（3-3）

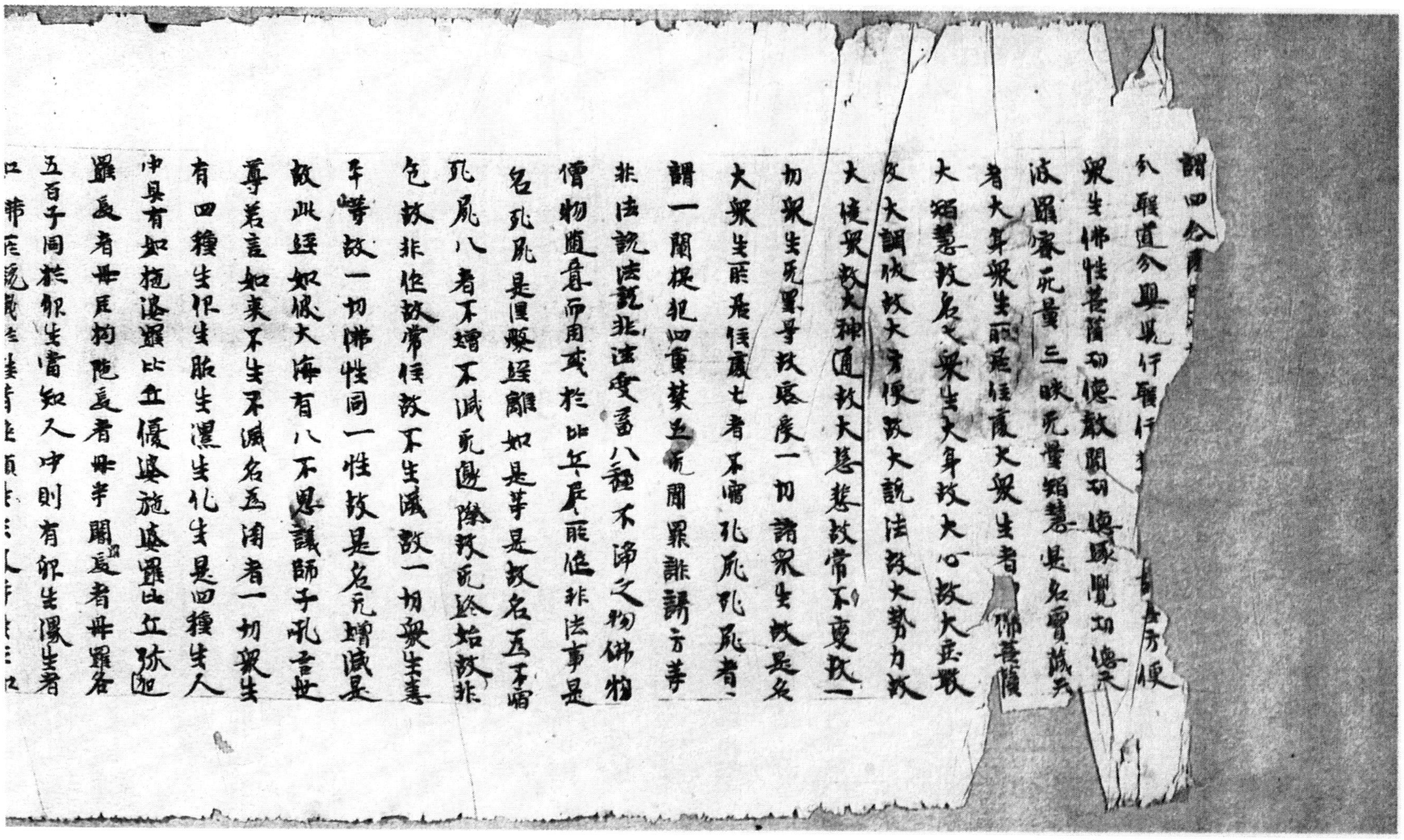

BD05932 號　大般涅槃經（北本　宮本）卷三三　　（9-1）

故此經如彼大海有八不思議。師子吼言：世
尊，若言如來不生不滅名為涅槃者，一切眾生
有四種生：卵生、胎生、濕生、化生。是四種生人
中具有。如拖羅、拖羅比丘、優婆拖羅比丘尼，彌迦
羅長者母、尼拘陀長者母、半闍羅長者母，各
五百子，同於卵生，當知人中則有卵生。濕生者，
如佛所說：我於往昔作菩薩時，作頂生王及手生王，如
今所說菴羅樹女、迦不多樹女，當知人中則
有濕生。劫初之時，一切眾生皆悉化生。如來世
尊得八自在，何因緣故不化生耶？佛言：善
男子，一切眾生四生所得，得聖法已，不得如本
卵生、濕生。善男子，劫初眾生皆悉化生，當介
之時，佛不出世。善男子，若有眾生遇病苦時，
須醫藥。劫初之時，眾生化生，雖有煩惱，其病
未發，是故如來不出其世。劫初眾生身心非
器，是故如來不出其世。善男子，如來世尊
所有事業勝諸眾生，所有種姓、眷屬、父母
皆勝一切，以勝勝故，凡所說法人皆信受，是故如來
不受化生。善男子，一切眾生父作子業，子
作父業。如來世尊若受化身，則无父母；若
无父母，云何能令一切眾生作諸善業？是
故如來不受化身。善男子，佛正法中有二
種護：一者內護，二者外護。內護者，所謂戒律；外
護者，族親眷屬。若佛如來受化身者，則无
外護。是故如來不受化身。善男子，有人恃
姓而生憍慢，如來為破如是憍故，生在
貴姓，不受化身。善男子，如來世尊真父

无父母云何能令一切眾生作諸善業？是
故如來不受化身。善男子，佛正法中有二
種護：一者內護，二者外護。內護者，所謂戒律；外
護者，族親眷屬。若佛如來受化身者，則无
外護。是故如來不受化身。善男子，有人恃
姓而生憍慢，如來為破如是憍故，生在
貴姓，不受化身。善男子，如來世尊真父
名淨飯，母名摩耶，而諸眾生猶言是
幻，云何當受化生之身？若受化身，云何
當有碎身舍利？如來為益眾生福德故，
碎身而令供養。是故如來不受化身。
一切諸佛悉无化生，云何獨令我受化身？
爾時師子吼菩薩即從座起，合掌右膝著地，以偈
讚佛：

如來无量功德聚　我今不能廣宣說
今為眾生宣一分　唯願哀聽我所說
眾生无明闇中行　具受无邊百種苦
世尊能令遠離之　是故世稱為大悲
眾生往返生死繩　放逸迷荒无安樂
如來能施眾生樂　是故永斷生死繩
佛能施眾生安樂　自於己樂不貪樂
為諸眾生脩苦行　是故世間興供養
見他受苦身戰動　處在地獄不覺痛
為諸眾生受大苦　是故无勝无有量
如來為眾脩苦行　成就具足滿六度
心處諸風不傾動　是故能勝世大士
眾生常欲得安樂　而不知脩安樂因

見他受苦身戰動　處在地獄不覺痛
為諸眾生受大苦　是故無勝無有量
如來為眾脩苦行　成就具足滿六度
心意都無不傾動　是故能勝世大士
眾生常欲得安樂　而不知脩安樂因
如來能教令脩集　猶如慈父愛一子
佛見眾生煩惱患　心生如母念病子
常思離病諸方便　是故此身繫病他
一切眾生行諸苦　其心顛倒為以樂
如來常說真苦樂　是故稱号為大聖
世間皆處無明鷇　無有智嘴能破之
如來智嘴能割破　是故名為最大子
不為三世所攝持　無有名字及假号
覺知涅槃甚深義　是故稱佛為大覺
有河迴覆沒眾生　無明所盲不知出
如來自度能度彼　是故稱佛大船師
能知一切諸因果　亦復通達盡滅道
常施眾生病苦藥　是故世稱大醫王
外道邪見說苦行　因是能得無上樂
如來演說真樂行　能令眾生受快樂
如來世尊破邪道　開示眾生正真路
行是道者得安樂　是故稱佛為道師
非自非他之所作　亦非共作無因作
如來所說苦受事　勝於一切諸外道
成就具足戒定慧　亦以此法化眾生
以法施時無悋嫉　是故稱佛無緣悲
無所造作無因緣　獲得無因無果報

行是道者得安樂　是故稱佛為道師
非自非他之所作　亦非共作無因作
如來所說苦受事　勝於一切諸外道
成就具足戒定慧　亦以此法化眾生
以法施時無悋嫉　是故稱佛無緣悲
無所造作無因緣　獲得無因無果報
是故一切諸智者　稱說如來不共報
常共聞放逸世行　而身不為放逸汙
是故名為不思議　世間八法所不汙
如來世尊無怨親　是故其心常平等
我師子吼讚大悲　能吼無量師子吼

大般涅槃經迦葉菩薩品第十二

迦葉菩薩白佛言世尊如來憐愍一切眾生不調能調不淨能淨無歸依者能作歸依未解脫者能令解脫得八自在為大醫師作大藥王善星比丘是佛菩薩時子出家之後受持讀誦分別解說十二部經壞欲界結獲得四禪云何如來記善星是一闡提廝下之人地獄劫住不可治人如來世尊若不能救善演說正法後為菩薩如來何故不先為其星比丘云何得名有大慈愍有大方便佛言善男子譬如父母唯有三子其一子者有信順心恭敬父母利根智慧於世間事能速了知其第二子不敬父母無信順心利根智慧於世間事能速了知其第三子不敬父母無有信心鈍根無智父母若欲教告之時應先教誰先親愛誰當先教誰知世間事迦葉菩薩白佛言世尊應先教授有信順心恭敬父母

順心恭敬父母利根智慧於世間事能善了
知其第二子不敬父母无信順心利根智慧
於世間事能善了知其第三子不敬父母无有
信心鈍根无智父母若欲教告之時應先教
誰先親愛誰當先教誰知世間事迦葉菩薩
白佛言世尊應先教授有信順心恭敬父母
利根智慧知世事者其次第二乃及第三而彼
二子雖无信心恭敬之心為愍念故次復教
之善男子如來亦尒其三子者初喻菩薩中
喻聲聞後喻一闡提如十二部經修多羅中
微妙之義我先已為諸菩薩說淺近之義為
聲聞說世間之義為一闡提五逆罪說現在
世中雖无利益以憐愍故為生後世諸善少皇
瓦石蕀刺渠流難險收實減半三者渠流險
難多諸沙鹵瓦石蕀刺種一得一為藁草故善
男子農夫春月先種何田世尊先種第一田次
第二田後及第三初喻菩薩中喻聲聞後喻
一闡提善男子譬如三器一者完二者漏三者
破若欲盛置乳酪水蘇先用何者世尊應用
完者次用漏者後及破者其完淨者喻菩薩
僧漏喻聲聞破喻一闡提善男子如三病人
俱至醫所一者易治二者難治三者不可治善
男子醫若治者當先治誰世尊應先治易次
及第二後及第三何以故為親屬故其易治
者喻菩薩僧其難治者喻聲聞僧不可治者
喻一闡提現在世中雖无善果以憐愍故為
種後世諸善種子善男子譬如大王有三種

BD05932 號　大般涅槃經（北本　宮本）卷三三　（9–6）

男子醫若治者當先治誰世尊應先治易次
及第二後及第三何以故為親屬故其易治
者喻菩薩僧其難治者喻聲聞僧不可治者
喻一闡提現在世中雖无善果以憐愍故為
種後世諸善種子善男子譬如大王有三種
馬一者調壯大力二者不調齒壯大力三者
不調羸老无力王若乘者當先乘誰世尊應
先乘用調壯大力次用第二後及第三善男
子調壯大力喻菩薩僧其第二者喻聲聞僧
其第三者喻一闡提現在世中雖无利益以
憐愍故為種後世諸善種子善男子如大施
時有三人來一者貴族聰明持戒二者中姓
鈍根持戒三者下姓鈍根毀戒善男子是大
施主應先施誰世尊應先施於貴姓之子利
根持戒次及第二後及第三其第一者喻菩
薩僧其第二者喻聲聞僧其第三者喻一闡
提善男子如大師子煞香象時皆盡其力煞
兔之尒不生輕想諸佛如來亦復如是為諸
菩薩及一闡提演說法時功用无二善男子
我於一時住王舍城善星比丘為我給使我
於初夜為天帝釋演說法要弟子法應後師
眠尒時善星以我久坐心生惡念時王舍
城小男小女若啼不止父母則語汝若不止
當將汝付薄拘羅鬼尒時善星反被拘執而
語我言速入禪室薄拘羅來我言癡人汝常
不聞如來世尊无所畏也尒時帝釋即語我
言世尊如是人等亦得入佛法中耶我即

BD05932 號　大般涅槃經（北本　宮本）卷三三　（9–7）

城小男小女若啼不止父母則語汝若不止
當將汝付薄拘羅鬼尒時善星反被拘執而
謂我言速入禪室薄拘羅來我言癡人汝常
不聞如來世尊无所畏也尒時帝釋即語我
言世尊如是人等亦復得入佛法中耶我
語言憍尸迦如是人者得入佛法亦有佛性
當得阿耨多羅三藐三菩提我雖為是善性
說法而彼都无信受之心善男子我於一時
在迦尸國尸婆富羅城善星比丘為我給使
我時欲入彼城乞食无量眾生虛心渴仰欲
見我跡善星比丘尋隨我後而毀滅之既不
能滅而令眾生生不善心我入城已於酒家
舍見一尼乾捲脊蹲地飲酒糟善星比丘見
已而言世尊世間若有阿羅漢者是人最
勝何以故是人所說因无果我言癡人汝
常不聞阿羅漢者不飲酒不害人不欺誑不
偷盜不淫泆是人煞害父母飲噉酒糟云何
何而言是阿羅漢是人捨身必定當墮阿鼻
地獄阿羅漢者永斷三惡云何而言是阿羅
漢善星即言四大之性猶可轉易欲令是人
必墮阿鼻无有是處我言癡人汝常不聞
諸佛如來誠言无二我雖為是善星說法而
彼絕无信受之心善男子我於一時與善星
比丘住王舍城尒時城中有一尼乾名曰苦得
常作是言眾生煩惱无因无緣眾生解脫
亦无因緣善星比丘復作是言世尊世間若有

BD05932 號　大般涅槃經（北本　宮本）卷三三　（9–8）

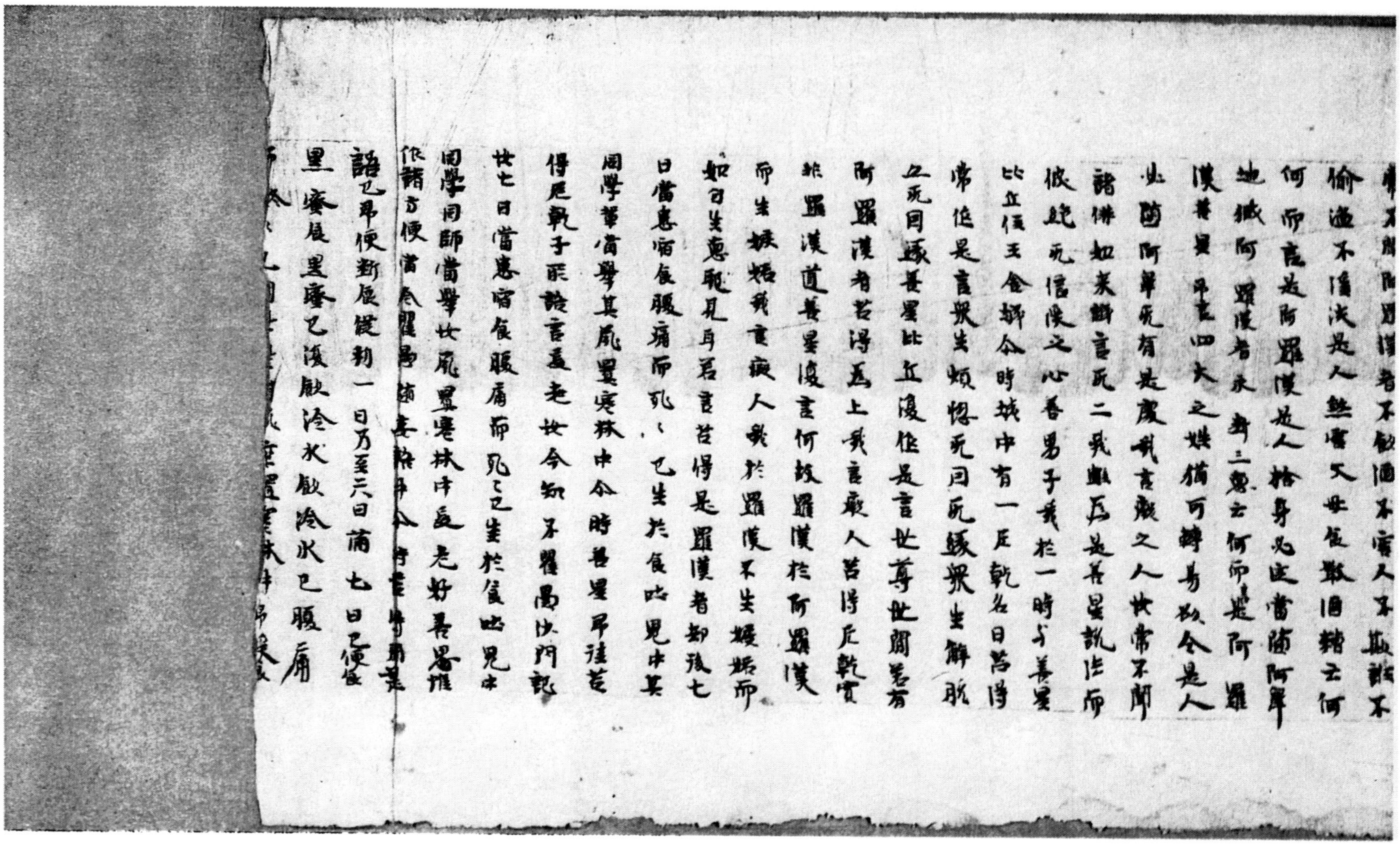

常不聞阿羅漢者不飲酒不害人不欺誑不
偷盜不淫泆是人煞害父母飲噉酒糟云何
何而言是阿羅漢是人捨身必定當墮阿鼻
地獄阿羅漢者永斷三惡云何而言是阿羅
漢善星即言四大之性猶可轉易欲令是人
必墮阿鼻无有是處我言癡人汝常不聞
諸佛如來誠言无二我雖為是善星說法而
彼絕无信受之心善男子我於一時與善星
比丘住王舍城尒時城中有一尼乾名曰苦得
常作是言眾生煩惱无因无緣眾生解脫
亦无因緣善星比丘復作是言世尊世間若有
阿羅漢者苦得為上我言癡人苦得尼乾實
非羅漢道善星復言何故羅漢於阿羅漢
而生嫉妬我言癡人我於羅漢不生嫉妬而
汝自生惡耶見耳若言苦得是羅漢者却後七
日當患宿食腹痛而死死已生於食吐鬼中其
同學輩當舁其屍置寒林中尒時善星即往苦
得尼乾子所語言長老汝今知不瞿曇沙門記
汝七日當患宿食腹痛而死死已生於食吐鬼中
同學同師當舁汝屍置寒林中長老好善思惟
作諸方便當令瞿曇墮妄語中尒時苦得聞是
語已即便斷食從初一日乃至六日滿七日已便食
黑蜜食黑蜜已復飲冷水飲冷水已腹痛

BD05932 號　大般涅槃經（北本　宮本）卷三三　（9–9）

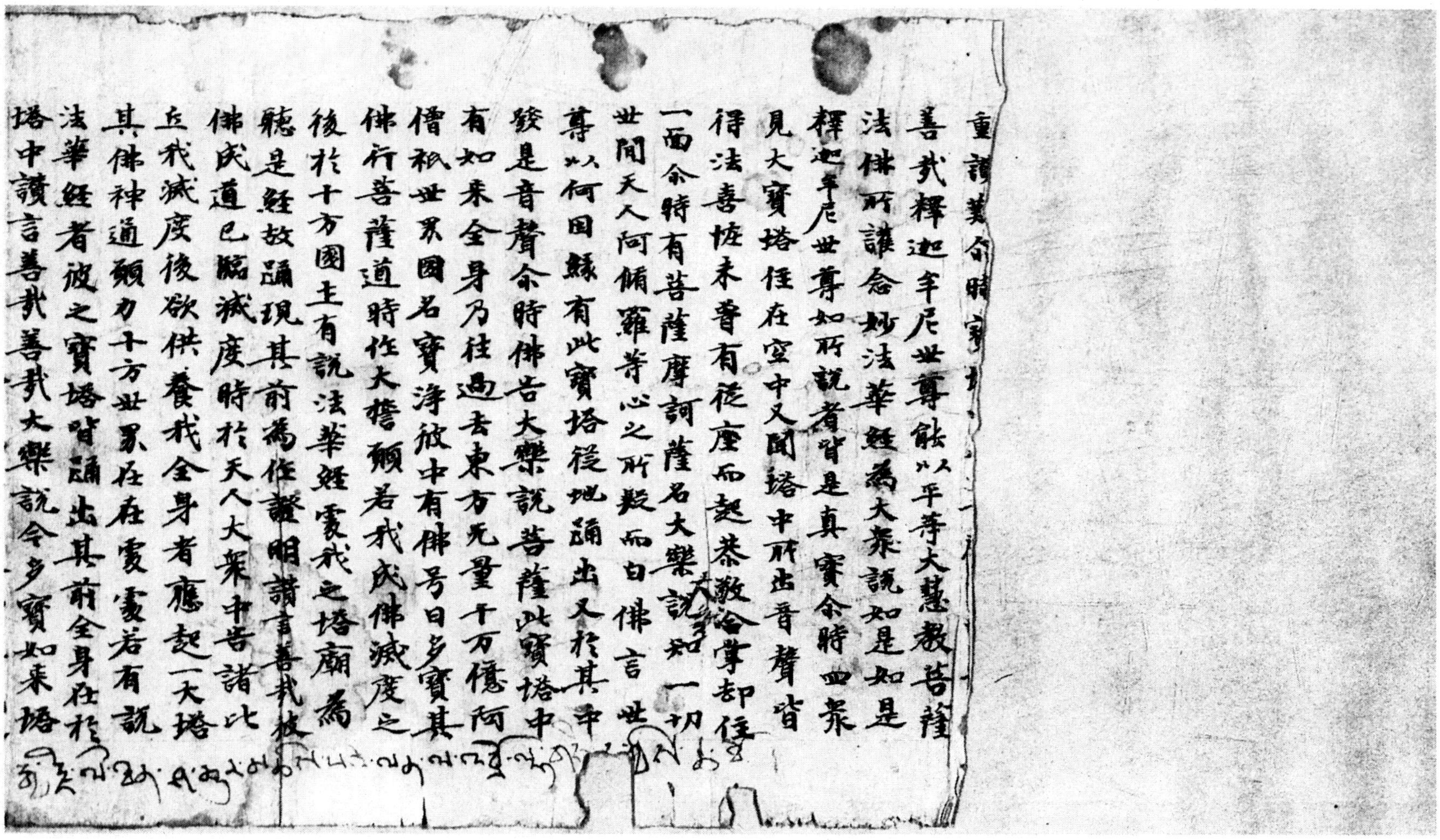
善哉釋迦牟尼世尊能以平等大慧教菩薩
法佛所護念妙法華經爲大衆說如是如是
釋迦牟尼世尊如所說者皆是真實尒時四衆
見大寶塔住在空中又聞塔中所出音聲皆
得法喜怪未曾有從座而起恭敬合掌却住
一面尒時有菩薩摩訶薩名大樂說知一切
世間天人阿脩羅等心之所疑而白佛言世
尊以何因緣有此寶塔從地踊出又於其中
發是音聲尒時佛告大樂說菩薩此寶塔中
有如來全身乃往過去東方无量千万億阿
僧祇世界國名寶淨彼中有佛號曰多寶其
佛行菩薩道時作大誓願若我成佛滅度之
後於十方國土有說法華經處我之塔廟爲
聽是經故踊現其前爲作證明讚言善哉彼
佛成道已臨滅度時於天人大衆中告諸比
丘我滅度後欲供養我全身者應起一大塔
其佛神通願力十方世界在在處處若有說
法華經者彼之寶塔皆踊出其前全身在於
塔中讚言善哉善哉大樂說今多寶如來塔

BD05933號　妙法蓮華經卷四　（2–1）

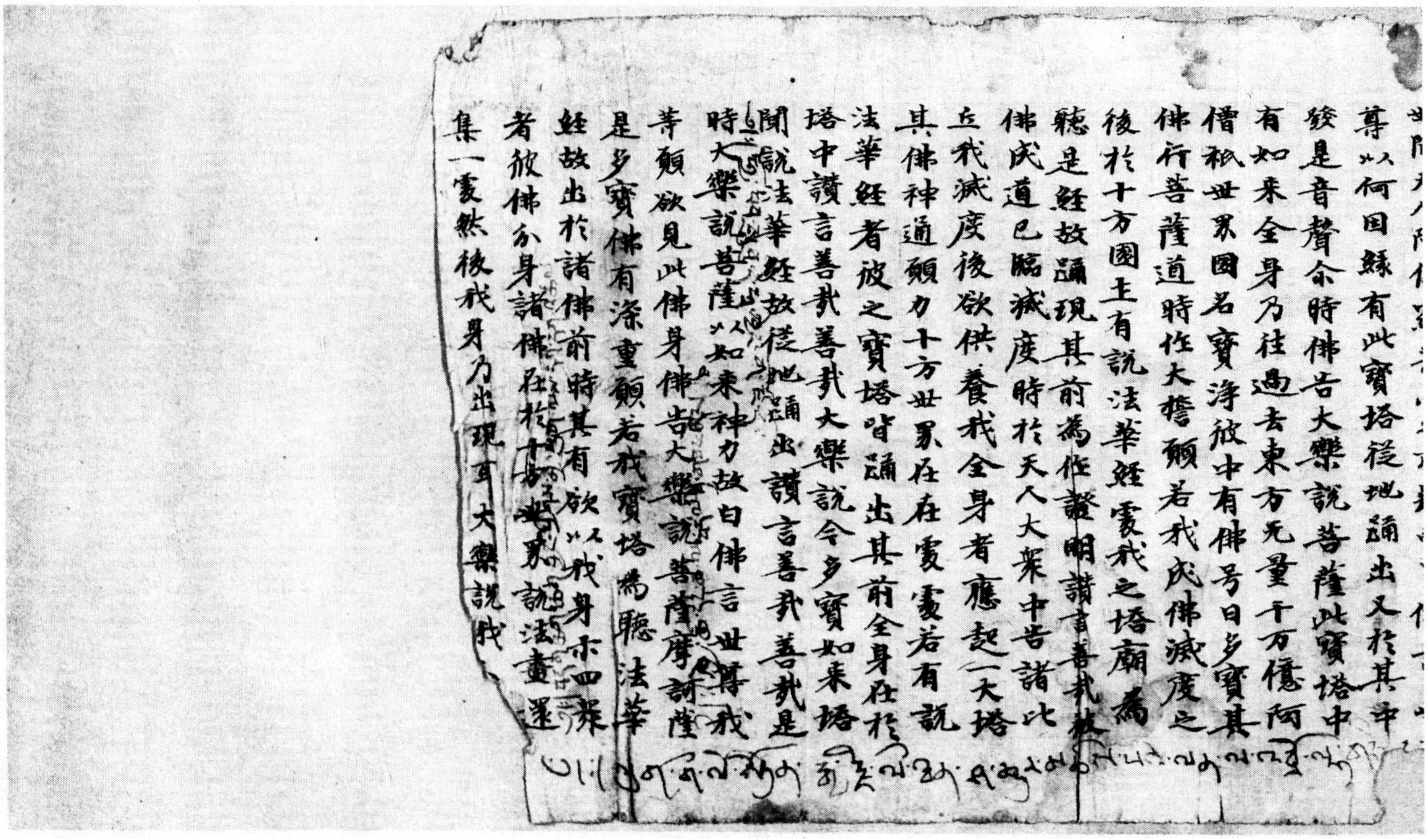
尊以何因緣有此寶塔從地踊出又於其中
發是音聲尒時佛告大樂說菩薩此寶塔中
有如來全身乃往過去東方无量千万億阿
僧祇世界國名寶淨彼中有佛號曰多寶其
佛行菩薩道時作大誓願若我成佛滅度之
後於十方國土有說法華經處我之塔廟爲
聽是經故踊現其前爲作證明讚言善哉彼
佛成道已臨滅度時於天人大衆中告諸比
丘我滅度後欲供養我全身者應起一大塔
其佛神通願力十方世界在在處處若有說
法華經者彼之寶塔皆踊出其前全身在於
塔中讚言善哉善哉大樂說今多寶如來塔
聞說法華經故從地踊出讚言善哉善哉是
時大樂說菩薩以如來神力故白佛言世尊我
等願欲見此佛身佛告大樂說菩薩摩訶薩
是多寶佛有深重願若我寶塔爲聽法華
經故出於諸佛前時其有欲以我身示四衆
者彼佛分身諸佛在於十方世界說法盡還
集一處然後我身乃出現耳大樂說我

BD05933號　妙法蓮華經卷四　（2–2）

BD05933 號背　藏文雜寫　（1–1）

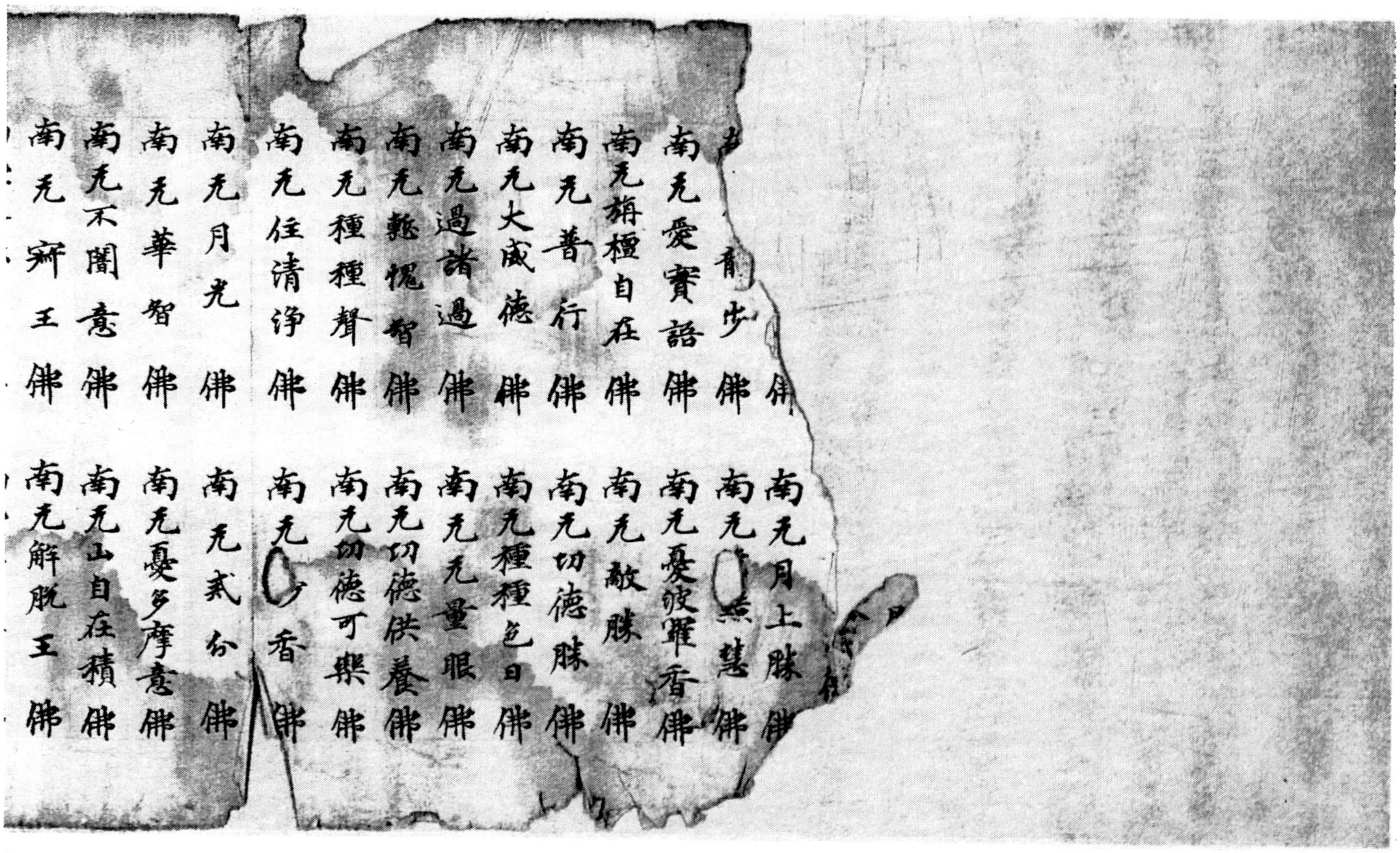

BD05934 號　佛名經（十六卷本）卷一三　（4–1）

南无任清淨佛　南无少香佛
南无月光佛　南无貳分佛
南无華智佛　南无憂多摩意佛
南无不闇意佛　南无山自在積佛
南无師王佛　南无解脫王佛
南无阿蹉弥留王佛　南无如意力釋去佛
南无姓阿提遮佛　南无不讃歎世間勝佛
南无法涂佛　南无寶星宿解脫王佛
南无白寶勝佛　南无法介自在佛
南无陁羅尼自在佛　南无阿難陁聲佛
從此以上九千八百佛十二部尊經一切賢聖
南无智步王佛　南无弥留平等奮迅佛
南无智奮迅佛　南无法華通樹提佛
南无多波尼體佛　南无阿尼伽陁路摩勝佛
南无憂多羅勝法佛　南无大智念縛佛
南无闍伽提自在一切世間擔佛　南无見无畏佛
南无自畏作佛　南无[illegible]在量佛
舍利弗我見南方如是等无量佛種種名種
種姓種種佛國土汝等應當至心一心歸命
舍利弗應當歸命西方无量佛
南无阿婆羅炎婆羅華佛　南无摩尼沙口聲去佛
南无智勝增長稱佛　南无莎湯多波尸佛
南无歌羅毗羅炎華光佛　南无法行燈佛
南无无等勝佛　南无智奮迅名稱王佛
南无[illegible]奮迅妙鼓聲佛　南无[illegible]利藏眼佛

BD05934號　佛名經（十六卷本）卷一三　（4–2）

舍利弗我見南方如是等无量佛種種名種
種姓種種佛國土汝等應當至心一心歸命
舍利弗應當歸命西方无量佛
南无阿婆羅炎婆羅華佛　南无摩尼沙口聲去佛
南无智勝增長稱佛　南无莎湯多波尸佛
南无歌羅毗羅炎華光佛　南无法行燈佛
南无无等勝佛　南无智奮迅名稱王佛
南无梵聲奮迅妙鼓聲佛　南无波頭[illegible]尸利藏眼佛
南无阿僧伽意炎佛　南无千月光明藏佛
南无樂法行佛　南无摩尼婆他光佛
南无師子廣眼佛　南无十力生勝佛
南无智作佛　南无无邊精進降佛
南无一切諸怨佛　南无大勝超法佛
南无阿无荷見佛　南无无邊命佛
南无不利他意佛　南无觀法智佛
南无无㝵精進日善思惟奮迅王佛
南无一切善根種子佛　南无憂多智勝然行功德佛
南无无見佛　南无智見法佛
南无智香勝佛　南无智上尸棄王佛
南无福德勝智去佛　南无不思議法華乳王佛
南无法清淨勝佛　南无不可思議弥留勝佛
南无能開法門佛　南无毗盧遮那法海香王佛
南无力王善住法王佛　南无勝力散一切惡王佛
南无[illegible]見无邊樂佛　南无善化功德炎華王佛
南无[illegible]彼岸佛　南无善化莊嚴佛

BD05934號　佛名經（十六卷本）卷一三　（4–3）

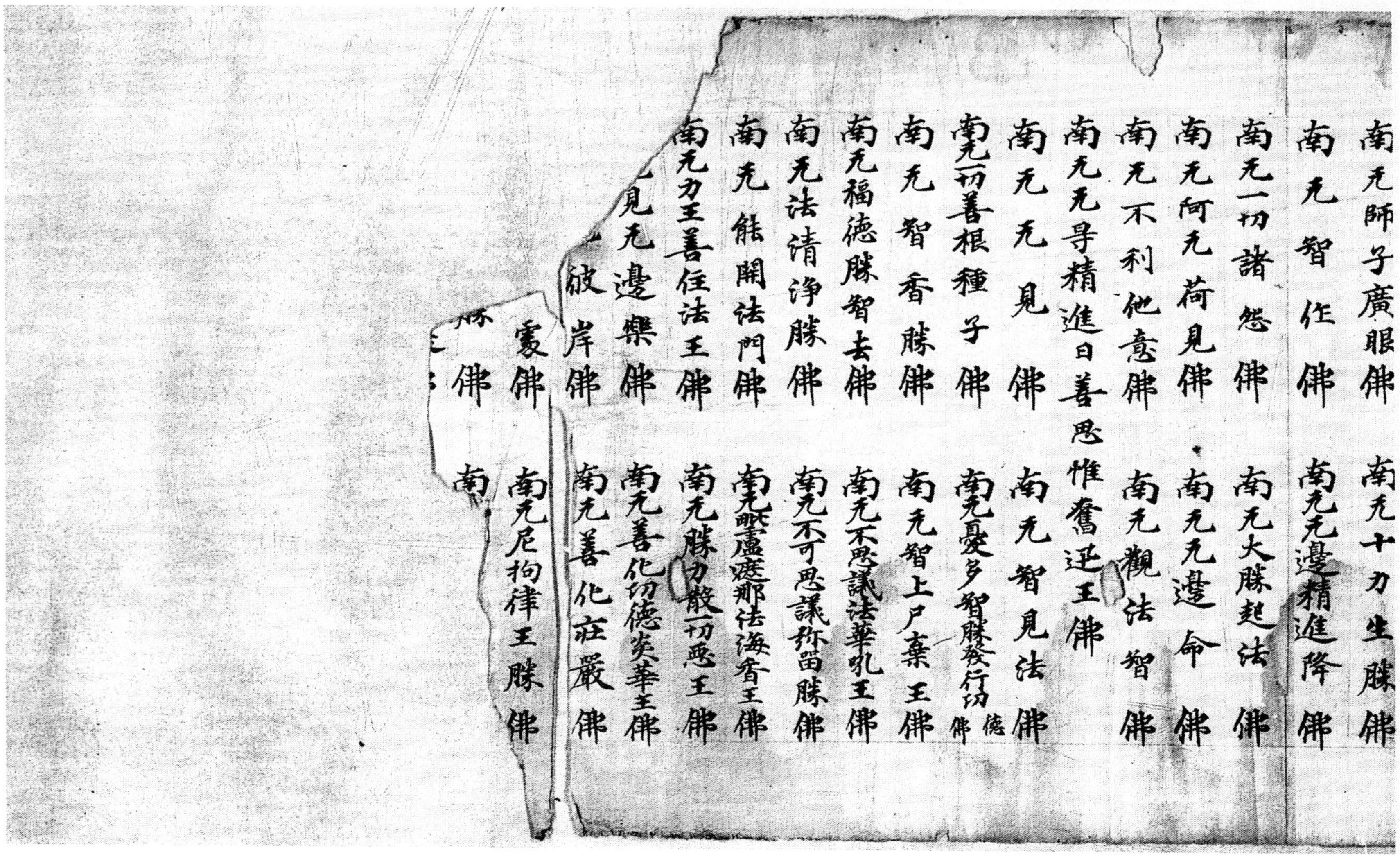
南无師子廣眼佛 南无十力生勝佛
南无智作佛 南无无邊精進降佛
南无一切諸怨佛 南无大勝起法佛
南无阿无荷見佛 南无无邊命佛
南无不利他意佛 南无觀法智佛
南无无㝵精進日善思惟奮迅王佛
南无无見佛 南无智見法佛
南无一切善根種子佛 南无憂多智勝發行功德佛
南无智香勝佛 南无智上尸棄王佛
南无福德勝智去佛 南无不思議法華乳王佛
南无法清淨勝佛 南无不可思議弥留勝佛
南无能開法門佛 南无毗盧遮那法海香王佛
南无力王善住法王佛 南无勝力散一切惡王佛
見无邊樂佛 南无善化功德炎華王佛
彼岸佛 南无善化莊嚴佛
處佛 南无尼拘律王勝佛
勝佛 南

BD05934號　佛名經（十六卷本）卷一三 （4–4）

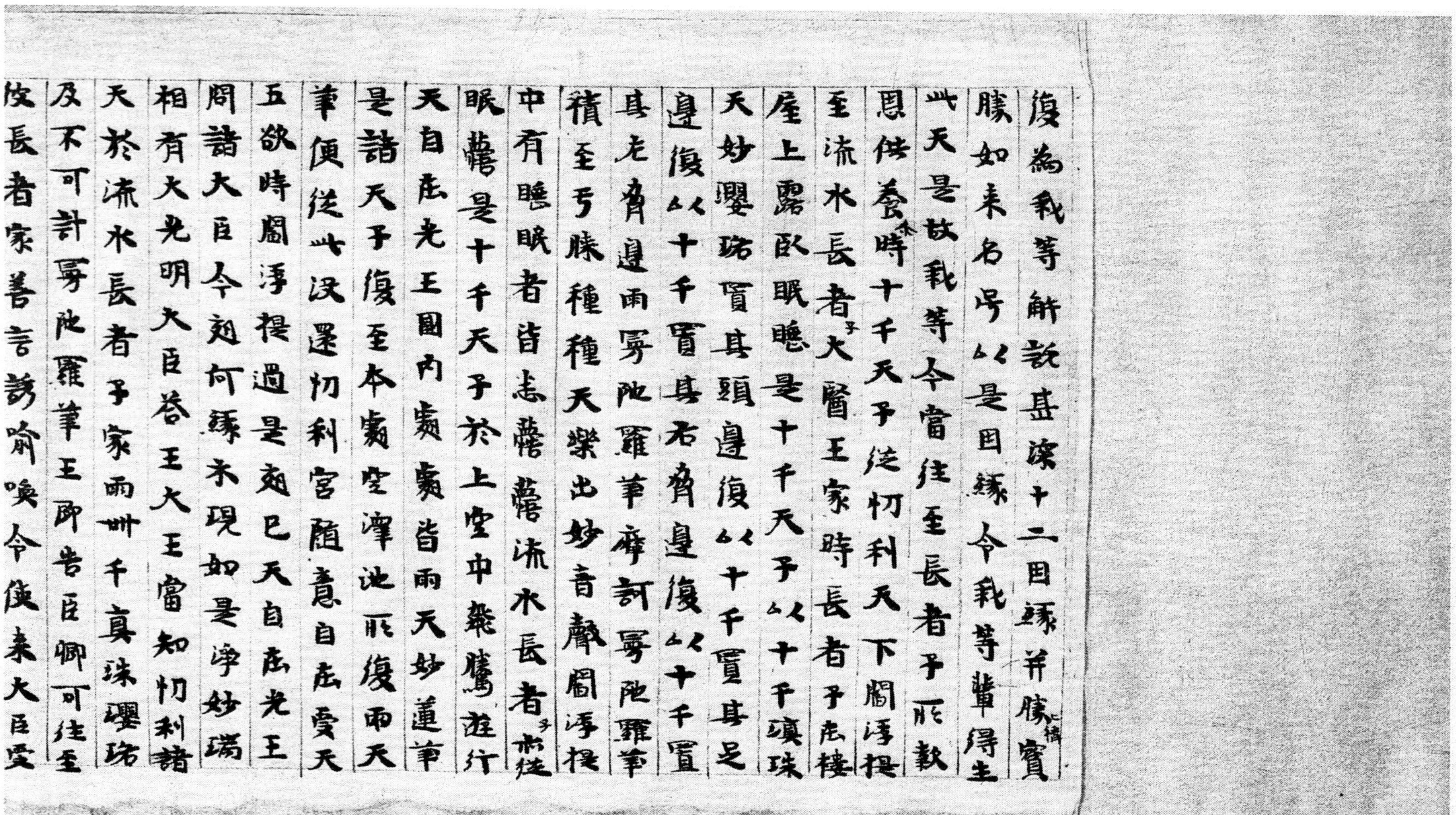
復為我等解說甚深十二因緣并勝寶
勝如來名号以是因緣令我等輩得生
此天是故我等今當往至長者子所報
恩供養時十千天子從忉利天下閻浮提
至流水長者子大醫王家時長者子在樓
屋上露臥眠睡是十千天子以十千真珠
天妙瓔珞置其頭邊復以十千置其足
邊復以十千置其右脅邊復以十千置
其左脅邊雨曼陀羅華摩訶曼陀羅華
積至于膝種種天樂出妙音聲閻浮提
中有睡眠者皆悉覺寤流水長者子亦從
眠寤是十千天子於上空中飛騰遊行
天自在光王國內處處皆雨天妙蓮華
是諸天子復至本處空澤池所復雨天
華便從此沒還忉利宮隨意自在受天
五欲時閻浮提過是夜已天自在光王
問諸大臣今夜何緣示現如是淨妙瑞
相有大光明大臣答王大王當知忉利諸
天於流水長者子家雨卌千真珠瓔珞
及不可計曼陀羅華王即告臣卿可往至
彼長者家善言誘喻喚令使來大臣受

BD05935號　金光明經（異卷）卷四 （3–1）

是諸天子復至本處空澤池邊復雨天
華便從此沒還忉利宮隨意自在受天
五欲時閻浮提過是夜已天自在光王
問諸大臣今夜何緣示現如是淨妙瑞
相有大光明大臣答王大王當知忉利諸
天於流水長者子家雨卌千真珠瓔珞
及不可計曼陀羅華王即告臣卿可往至
彼長者家善言誘喻喚令使來大臣受
勅即至其家宣王優令喚是長者是時
長者尋至王所王問長者何緣示現如
是瑞相長者子言我必定知是十千魚
其命已終時大王言今可遣人審審
實是事尒時流水尋遣其子至彼池所
看是諸魚死活定實尒時其子聞是語
已向於彼池既至池已見其池中多有
摩訶曼陀羅華積聚成積其中諸魚
悉皆命終見已即還白其父言彼諸魚
等悉已命終尒時流水知是事已復往
王所作如是言是十千魚悉皆命終王聞
是已心生歡喜尒時世尊告道場菩提樹
神善女天欲知尒時流水長者子今我
身是長子水空今羅睺羅是次子水藏今
阿難是時十千魚者今十千天子是是
故我今為其受阿耨多羅三藐三菩提記
尒時樹神現半身者今汝身是

金光明經卷第四

BD05935號　金光明經（異卷）卷四　（3-2）

王所作如是言是十千魚悉皆命終王聞
是已心生歡喜尒時世尊告道場菩提樹
神善女天欲知尒時流水長者子今我
身是長子水空今羅睺羅是次子水藏今
阿難是時十千魚者今十千天子是是
故我今為其受阿耨多羅三藐三菩提記
尒時樹神現半身者今汝身是

金光明經卷第四

BD05935號　金光明經（異卷）卷四　（3-3）

菩提離諸緣故不行是菩提无憶念故斷
是菩提捨諸見故離是菩提離諸妄想故障是
菩提離諸緣故不行是菩提无憶念故斷
是菩提捨諸見故離是菩提離諸妄想故障
是菩提障諸願故不入是菩提无貪著故
是菩提順於如故住是菩提住法性故至
是菩提至實際故不二是菩提離法意故等
是菩提等虛空故无為是菩提无生住滅故
智是菩提了衆生心行故不會是菩提諸入
不會故不合是菩提離煩惱習故无處是菩
提无形色故假名是菩提名字空故如化是菩
提无取捨故无亂是菩提常自靜故善寂是
菩提性清淨故无取是菩提離攀緣故无異
是菩提諸法等故无比是菩提不可喻故微
妙是菩提諸法難知故世尊維摩詰說是法
時二百天子得无生法忍故我不任詣彼問疾
佛告光嚴童子汝行詣維摩詰問疾光嚴白
佛言世尊我不堪任詣彼問疾所以者何憶念

BD05936 號　維摩詰所說經卷上　（6–1）

菩提性清淨故无取是菩提離攀緣故无異
是菩提諸法等故无比是菩提不可喻故微
妙是菩提諸法難知故世尊維摩詰說是法
時二百天子得无生法忍故我不任詣彼問疾
佛告光嚴童子汝行詣維摩詰問疾光嚴白
佛言世尊我不堪任詣彼問疾所以者何憶念
我昔出毗耶離大城時維摩詰方入城我即
為作礼而問言居士從何所来荅我言吾
從道場来我問道場者何所是荅曰直心是
道場无虛假故發行是道場能辦事故深心
是道場增益功德故菩提心是道場无錯謬
故布施是道場不望報故持戒是道場得願
具足故忍辱是道場於諸衆生心无㝵故精
進是道場不懈息故禪定是道場心調柔
故智慧是道場現見諸法故慈是道場等心
衆生故悲是道場忍疲苦故喜是道場悅樂
法故捨是道場憎愛斷故神通是道場成就
六通故解脫是道場能背捨故方便是道
場教化衆生故四攝法是道場攝衆生故多
聞是道場如聞行故伏心是道場正觀諸法
故卅七品是道場捨有為法故諦是道場不
誑世間故諸煩惱是道場知如實故衆生
是道場知无我故一切法是道場知諸法空故

BD05936 號　維摩詰所說經卷上　（6–2）

場教化衆生故四攝法是道場攝衆生故多
聞是道場如聞行故伏心是道場正觀諸法
故卅七品是道場捨有為法故諦是道場不
誑世間故諸煩惱是道場知如實故衆生
是道場知无我故一切法是道場知諸法空故
降魔是道場不傾動故三界是道場无所
趣故師子吼是道場无所畏故力无畏不
共法是道場无諸過故三明是道場无餘
㝵故一念知一切法是道場成就一切智故如
是善男子菩薩若應諸波羅蜜教化衆
生諸有所作舉足下足當知皆從道場來
住於佛法矣說是法時五百天人皆發阿
耨多羅三藐三菩提心故我不任詣彼問疾
佛告持世菩薩汝行詣維摩詰問疾持世白
佛言世尊我不堪任詣彼問疾所以者何憶
念我昔住於靜室時魔波旬從万二千天女
狀如帝釋鼓樂絃歌来詣我所與其眷屬稽
首我足合掌恭敬於一面立我意謂是帝釋
而語之言善来憍尸迦雖福應有不當自恣
當觀五欲无常以求善本於身命財而循堅
法即語我言正士受是万二千天女可備掃
灑我言憍尸迦无以此非法之物要我沙門
釋子此非我宜所言未訖時維摩詰来謂我

BD05936號　維摩詰所說經卷上　（6–3）

當觀五欲无常以求善本於身命財而循堅
法即語我言正士受是万二千天女可備掃
灑我言憍尸迦无以此非法之物要我沙門
釋子此非我宜所言未訖時維摩詰来謂我
言非帝釋也是為魔来嬈故汝耳即語魔
言是諸女等可以與我如我應受魔即驚懼
念維摩詰將无惱我欲隱形去而不能隱盡
其神力亦不得去即聞空中聲曰波旬以女與
之乃可得去魔以畏故俛仰而與尒時維摩
詰語女女言魔以汝等與我今汝等皆當發
阿耨多羅三藐三菩提心即隨所應而為
說法令發道意復言汝等已發道意有法
樂可以自娛不應復樂五欲樂也天女即問何
謂法樂答言樂常信佛樂欲聽法樂供養衆
樂離五欲樂觀五陰如怨賊樂觀四大如毒
虵樂觀內入如空聚樂隨護道意樂饒益
衆生樂供養師長樂廣行施樂堅持戒樂
忍辱柔和樂懃集善根樂禪定不亂樂離垢
明慧樂廣菩提心樂降伏衆魔樂斷諸煩惱樂
淨佛國土樂成就相好故循諸功德樂莊嚴道
場樂聞深法不畏樂三解脫門不樂非時樂
近同學不樂於非同學中心无恚导樂將
護惡知識樂近善知識樂心喜清淨循无量

BD05936號　維摩詰所說經卷上　（6–4）

明慧樂廣菩提心樂降伏衆魔樂斷諸煩惱樂
淨佛國土樂成就相好故脩諸功德樂莊嚴道
場樂聞深法不畏樂三解脫門不樂非時樂
近同學不樂於非同學中心无恚㝵樂將
護惡知識樂近善知識樂心喜清淨脩无量
道品之法是爲菩薩法樂於是波旬告諸女
言我欲與汝俱還天宮諸女言以我等與此居
士有法樂我等甚樂不復樂於五欲樂也
魔言居士可捨此女一切所有施於彼者是
爲菩薩維摩詰言我以捨矣汝便將去令一
切衆生得法願具足故於是諸女問維摩詰
我等云何止於魔宮維摩詰言諸姊有法
門名无盡燈汝等當學无盡燈者譬如一燈
然百千燈瞑者皆明明終不盡如是諸姊夫
一菩薩開導百千衆生令發阿耨多羅三
藐三菩提心於其道意亦不滅盡隨所說法
而自增益一切善法是名无盡燈也汝等雖住
魔宮以是无盡燈令无數天子天女皆發阿
耨多羅三藐三菩提心者爲報佛恩亦大
饒益一切衆生尒時天女頭面礼維摩詰足隨
魔還宮忽然不見世尊維摩詰有如是自
在神力智慧辯才故我不任詣彼問疾
佛告長者子善德汝行詣維摩詰問疾善德

BD05936 號　維摩詰所說經卷上　（6–5）

切衆生得法願具足故於是諸女問維摩詰
我等云何止於魔宮維摩詰言諸姊有法
門名无盡燈汝等當學无盡燈者譬如一燈
然百千燈瞑者皆明明終不盡如是諸姊夫
一菩薩開導百千衆生令發阿耨多羅三
藐三菩提心於其道意亦不滅盡隨所說法
而自增益一切善法是名无盡燈也汝等雖住
魔宮以是无盡燈令无數天子天女皆發阿
耨多羅三藐三菩提心者爲報佛恩亦大
饒益一切衆生尒時天女頭面礼維摩詰足隨
魔還宮忽然不見世尊維摩詰有如是自
在神力智慧辯才故我不任詣彼問疾
佛告長者子善德汝行詣維摩詰問疾善德
白佛言世尊我不堪任詣彼問疾所以者何
憶念我昔自於父舍設大施會供養一切沙
貧窮下賤孤獨乞人期

BD05936 號　維摩詰所說經卷上　（6–6）

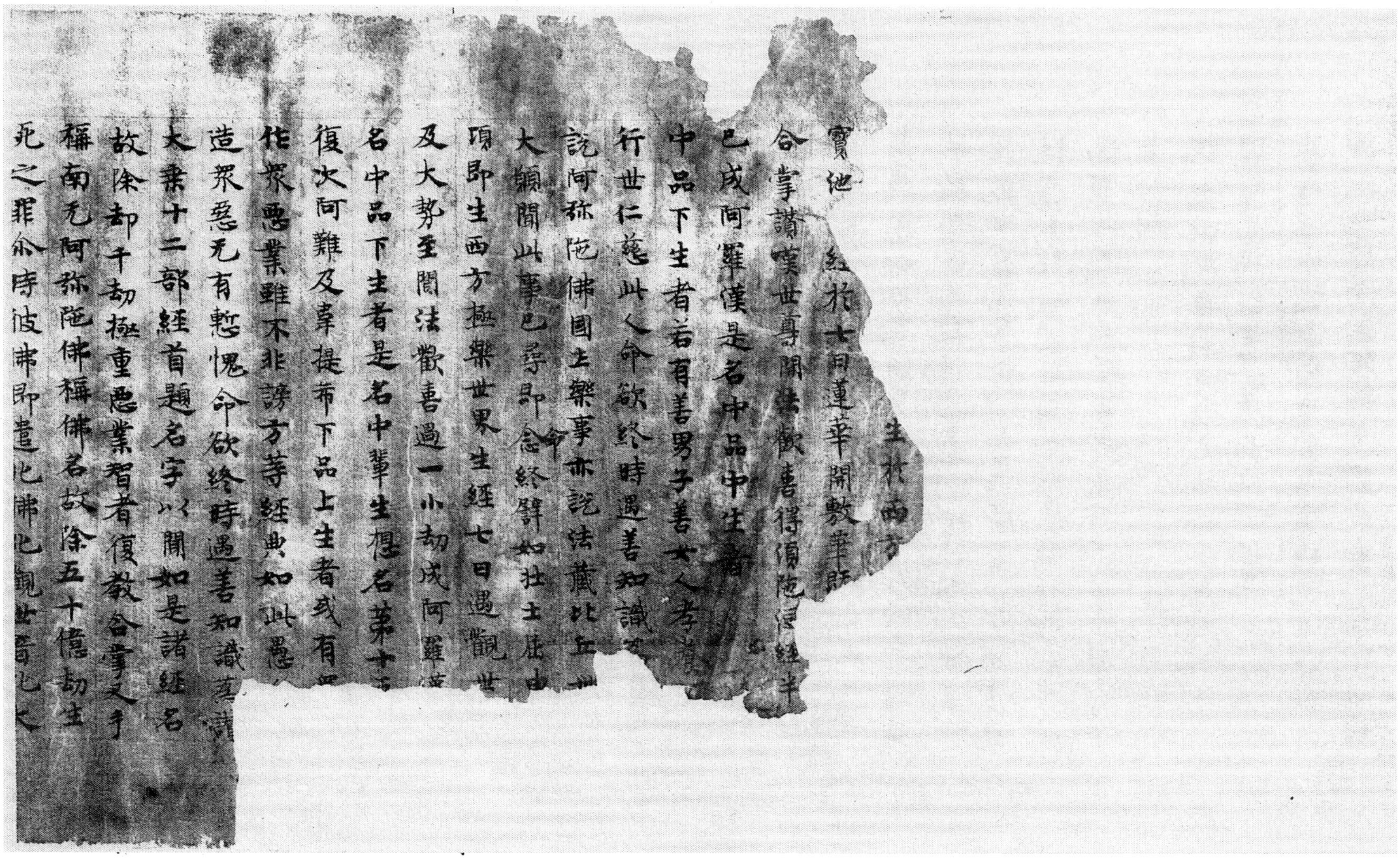

生於西方
寶池　經於七日蓮華開敷華既
合掌讚歎世尊聞法歡喜得須陀洹經半
已成阿羅漢是名中品中生者
中品下生者若有善男子善女人孝養
行世仁慈此人命欲終時遇善知識為
說阿弥陁佛國土樂事亦說法藏比丘四
大願聞此事已尋即命終譬如壯士屈申
頂即生西方極樂世界生經七日遇觀世
及大勢至聞法歡喜過一小劫成阿羅漢
名中品下生者是名中輩生想名第十五
復次阿難及韋提希下品上生者或有眾
作眾惡業雖不誹謗方等經典如此愚
造眾惡无有慙愧命欲終時遇善知識為讚
大乘十二部經首題名字以聞如是諸經名
故除却千劫極重惡業智者復教合掌叉手
稱南无阿弥陁佛稱佛名故除五十億劫生
死之罪爾時彼佛即遣化佛化觀世音化大

BD05937號　觀無量壽佛經　（5–1）

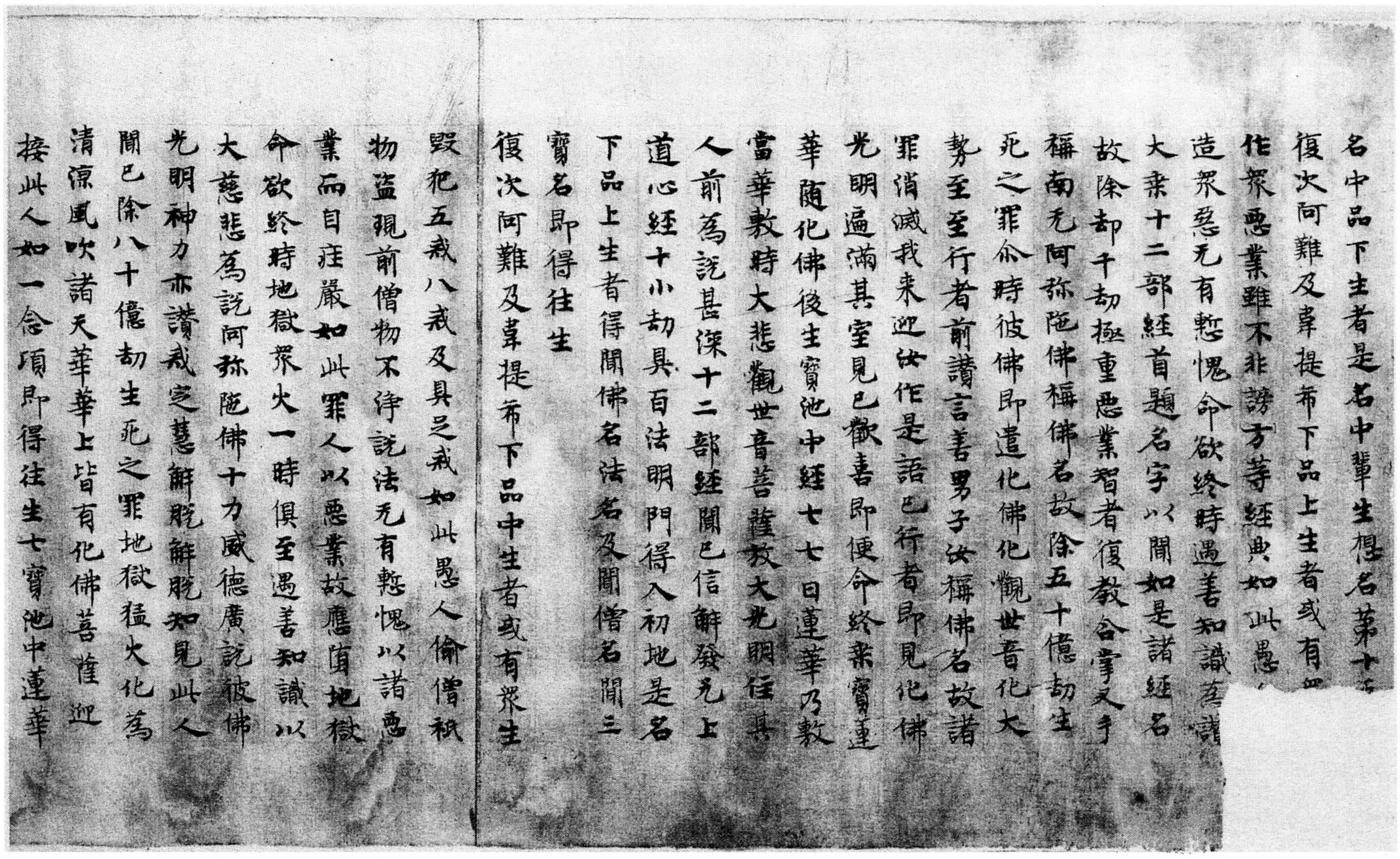

名中品下生者是名中輩生想名第十五
復次阿難及韋提希下品上生者或有眾
作眾惡業雖不誹謗方等經典如此愚
造眾惡无有慙愧命欲終時遇善知識為讚
大乘十二部經首題名字以聞如是諸經名
故除却千劫極重惡業智者復教合掌叉手
稱南无阿弥陁佛稱佛名故除五十億劫生
死之罪爾時彼佛即遣化佛化觀世音化大
勢至至行者前讚言善男子汝稱佛名故諸
罪消滅我來迎汝作是語已行者即見化佛
光明遍滿其室見已歡喜即便命終乘寶蓮
華隨化佛後生寶池中經七七日蓮華乃敷
當華敷時大悲觀世音菩薩放大光明住其
人前為說甚深十二部經聞已信解發无上
道心經十小劫具百法明門得入初地是名
下品上生者得聞佛名法名及聞僧名聞三
寶名即得往生
復次阿難及韋提希下品中生者或有眾生
毀犯五戒八戒及具足戒如此愚人偷僧祇
物盜現前僧物不淨說法无有慙愧以諸惡
業而自莊嚴如此罪人以惡業故應墮地獄
命欲終時地獄眾火一時俱至遇善知識以
大慈悲為說阿弥陁佛十力威德廣說彼佛
光明神力亦讚戒定慧解脫解脫知見此人
聞已除八十億劫生死之罪地獄猛火化為
清涼風吹諸天華華上皆有化佛菩薩迎
接此人如一念頃即得往生七寶池中蓮華

BD05937號　觀無量壽佛經　（5–2）

命欲終時地獄衆火一時俱至遇善知識以
大慈悲為説阿彌陁佛十力威德廣説彼佛
光明神力亦讃戒定慧解脱解脱知見此人
聞已除八十億劫生死之罪地獄猛火化為
清涼風吹諸天華華上皆有化佛菩薩迎
接此人如一念頃即得往生七寶池中蓮華
之内經於六劫蓮華乃敷觀世音大勢至以
梵音聲安慰彼人為説大乗甚深經典聞此
法已應時即發无上道心是名下品中生者
佛告阿難及韋提希下品下生者或有衆生
作不善業五逆十悪具諸不善如此愚人以悪
業故應墮悪道經歴多劫受苦无窮如此
愚人臨命終時遇善知識種種安慰為説妙
法教令念佛彼人苦逼不遑念佛善友告言
汝若不能念者應稱无量壽佛如是至心令
聲不絶具足十念稱南无佛稱佛名故於念
念中除八十億劫生死之罪命終之後見金
蓮華猶如日輪住其人前如一念頃即得往
生極樂世界於蓮華中滿十二大劫蓮華方
開觀世音大勢至以大悲音聲為其廣説諸
法實相除滅罪法聞已歡喜應時即發菩提
之心是名下品下生者是名下輩生想名第
十六觀
説是語時韋提希與五百侍女聞佛所説應
時即見極樂世界廣長之相得見佛身及二
菩薩心生歡喜歎未曾有廓然大悟逮无生
忍五百侍女發阿耨多羅三藐三菩提心願

之心是名下品下生者是名下輩生想名第
十六觀
説是語時韋提希與五百侍女聞佛所説應
時即見極樂世界廣長之相得見佛身及二
菩薩心生歡喜歎未曾有廓然大悟逮无生
忍五百侍女發阿耨多羅三藐三菩提心願
生彼國世尊悉記皆當往生彼國已得諸
佛現前三昧无量諸天發无上道心
爾時阿難即從坐起前白佛言世尊當何名
此經此法之要當云何受持佛告阿難此經
名觀極樂國土无量壽佛觀世音菩薩大勢
至菩薩亦名淨除業鄣生諸佛前汝當受持
无令忘失行此三昧者現身得見无量壽佛
及二大士若善男子善女人但聞佛名二菩
薩名除无量劫生死之罪何況憶念若念佛
者當知此人是人中分陁利華觀世音菩薩
大勢至菩薩為其勝友當坐道場生諸佛家
佛告阿難汝好持是語持是語者即是持无
量壽佛名佛説此語時尊者目揵連阿難及
韋提希等聞佛所説皆大歡喜
爾時世尊足歩虚空還耆闍崛山爾時阿難
廣為大衆説如上事无量諸天龍夜叉聞佛
所説皆大歡喜礼佛而退

佛説无量壽觀經

弟子李氏受持

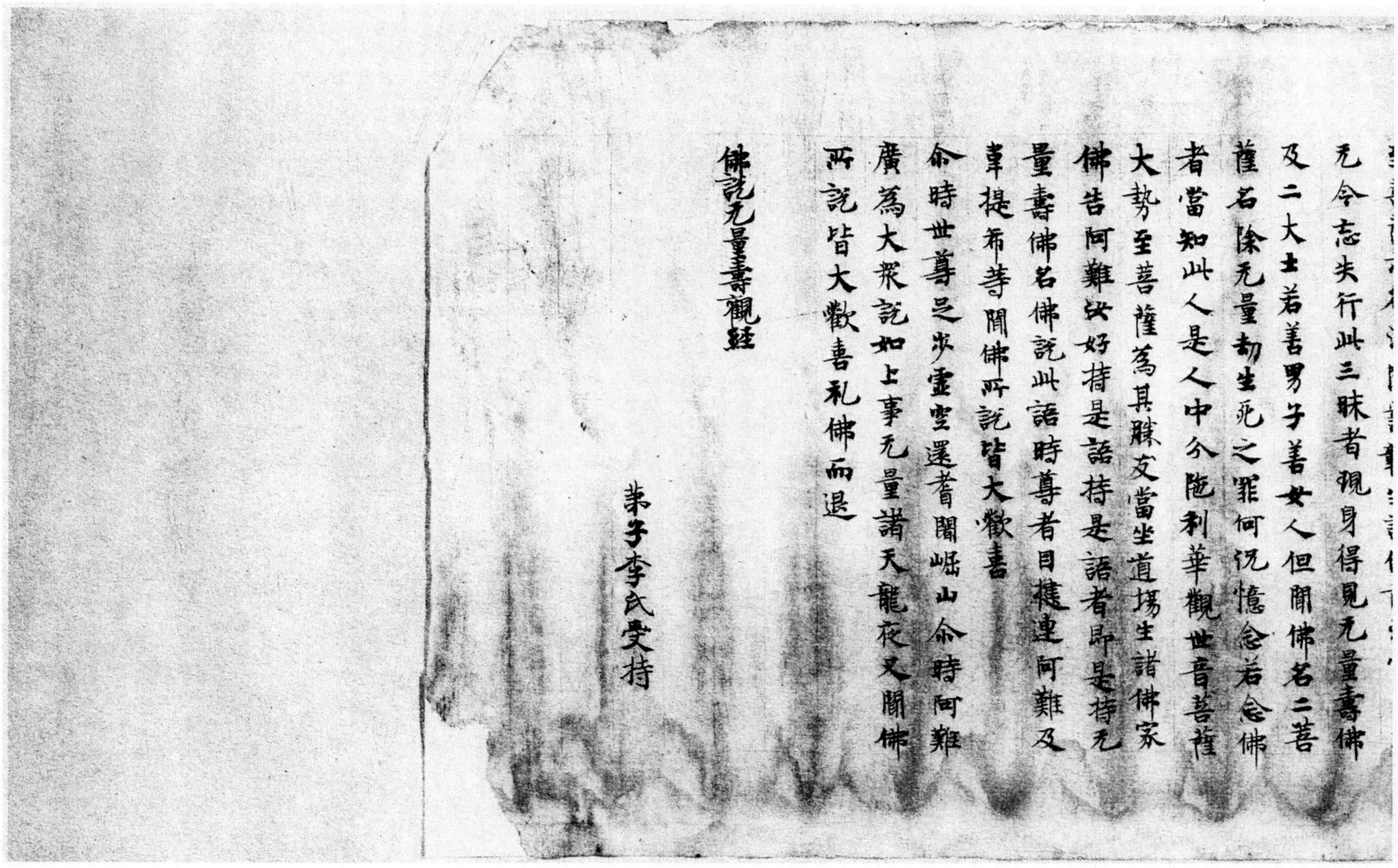

无令忘失行此三昧者現身得見无量壽佛
及二大士若善男子善女人但聞佛名二菩
薩名除无量劫生死之罪何况憶念若念佛
者當知此人是人中分陁利華觀世音菩薩
大勢至菩薩爲其勝友當坐道場生諸佛家
佛告阿難汝好持是語持是語者即是持无
量壽佛名佛說此語時尊者目揵連阿難及
韋提希等聞佛所說皆大歡喜
尒時世尊足步虛空還耆闍崛山尒時阿難
廣爲大衆說如上事无量諸天龍夜叉聞佛
所說皆大歡喜礼佛而退

佛說无量壽觀經

弟子李氏受持

BD05937 號　觀無量壽佛經　（5–5）

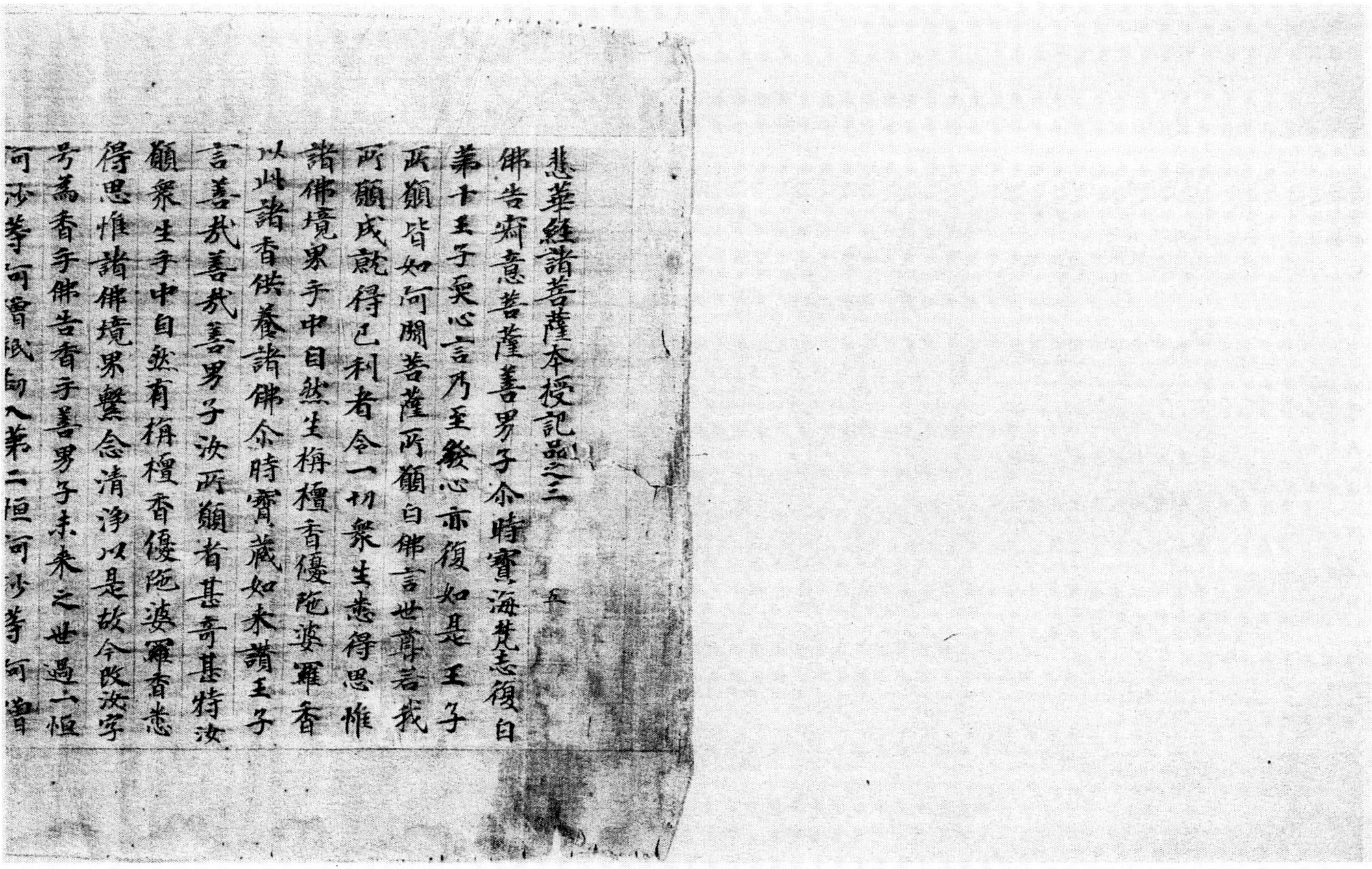

悲華經諸菩薩本授記品之三　五
佛告寂意菩薩善男子尒時寶海梵志復白
第十王子更心言乃至發心亦復如是王子
所願皆如向聞菩薩所願白佛言世尊若我
所願成就得己利者令一切衆生悉得思惟
諸佛境界手中自然生栴檀香優陁婆羅香
以此諸香供養諸佛尒時寶藏如來讚王子
言善哉善哉善男子汝所願者甚奇甚特汝
願衆生手中自然有栴檀香優陁婆羅香悉
得思惟諸佛境界繫念清淨以是故今改汝字
号爲香手佛告香手善男子未來之世過一恒
河沙等阿僧祇劫入第二恒河沙等阿僧

BD05938 號　悲華經卷五　（2–1）

以此諸香供養諸佛尒時寶藏如來讚王子
言善哉善哉善男子汝所願者甚奇甚特汝
願衆生手中自然有栴檀香優陁婆羅香悲
得思惟諸佛境界盤念清淨以是故今改汝字
号爲香手佛告香手善男子未來之世過一恒
河沙等阿僧祇劫入第二恒河沙等阿僧
祇劫後分之中阿閦如來般涅槃後正法滅
盡過七日已汝於是時當成阿耨多羅三藐
三菩提其佛世界故名妙樂佛号金華如
來應正遍知明行足善逝世間解無上士調
御丈夫天人師佛世尊尒時香手菩薩復作
是言世尊若我所願成就得己利者今我礼
佛此閻浮園周帀當雨諸瞻蔔華善男子尒
時香手菩薩於寶藏佛前頭面著地是時
閻浮園中如其所言周帀遍雨諸瞻蔔華尒
時寶藏如來爲香手菩薩而說偈言
尊妙功德　善趣汝起　如心所願　雨瞻蔔華
度脫無量　一切衆生　亦諸善道　令至無畏
善男子尒時香手菩薩聞是偈已心大歡喜
即起合掌前礼佛足去佛不遠復坐聽法

BD05938號　悲華經卷五　（2–2）

真珠摩尼
寶飾輦輿　歡喜布施　迴向佛道　願得
三界第一　諸佛所歎　或有菩薩　駟
蘭楯華蓋　軒飾布施　復見菩薩　身
及妻子施　求无上道　又見菩薩　頭目身體
欣樂施與　求佛智慧　文殊師利　我見諸王
往詣佛所　問无上道　便捨樂土　宮殿臣妾
剃除鬚髮　而被法服　或見菩薩　而作比丘
獨處閑靜　樂誦經典　又見菩薩　勇猛精進
入於深山　思惟佛道　又見離欲　常處空閑
深脩禪定　得五神通　又見菩薩　安禪合掌
以千万偈　讚諸法王　復見菩薩　智深志固
能問諸佛　聞悉受持　又見佛子　定慧具足
以无量喻　爲衆講法　欣樂說法　化諸菩薩
破魔兵衆　而擊法鼓　又見菩薩　寂然宴嘿
天龍恭敬　不以爲喜　又見菩薩　處林放光
濟地獄苦　令入佛道　又見佛子　未曾睡眠
經行林中　勤求佛道　又見具戒　威儀无缺
淨如寶珠　以求佛道　又見佛子　住忍辱力
增上慢人　惡罵捶打　皆悉能忍　以求佛道

BD05939號　妙法蓮華經卷一　（1–1）

不可以卅二相得見如來何以故如來說卅
二相即是非相是名卅二相須菩提若有善
男子善女人以恒河沙等身命布施若復有
人於此經中乃至受持四句偈等為他人說
其福甚多
尒時須菩提聞說是經深解義趣涕淚悲泣
而白佛言希有世尊佛說如是甚深經典我
從昔來所得慧眼未曾得聞如是之經世尊
若復有人得聞是經信心清淨則生實相當
知是人成就第一希有功德世尊是實相者
則是非相是故如來說名實相世尊我今得
聞如是經典信解受持不足為難若當來世
後五百歲其有眾生得聞是經信解受持是
人則為第一希有何以故此人无我相人相
眾生相壽者相所以者何我相即是非相人
相眾生相壽者相即是非相何以故離一切
諸相則名諸佛佛告須菩提如是如是若復
有人得聞是經不驚不怖不畏當知是人甚
為希有何以故須菩提如來說第一波羅蜜
非第一波羅蜜是名第一波羅蜜
須菩提忍辱波羅蜜如來說非忍辱波羅蜜
何以故須菩提如我昔為歌利王割截身體
我於尒時无我相无人相无眾生相无壽者

BD05940號　金剛般若波羅蜜經　（3–1）

諸相則名諸佛佛告須菩提如是如是若復
有人得聞是經不驚不怖不畏當知是人甚
為希有何以故須菩提如來說第一波羅蜜
非第一波羅蜜是名第一波羅蜜
須菩提忍辱波羅蜜如來說非忍辱波羅蜜
何以故須菩提如我昔為歌利王割截身體
我於尒時无我相无人相无眾生相无壽者
相何以故我於往昔節節支解時若有我相
人相眾生相壽者相應生瞋恨須菩提又念
過去於五百世作忍辱仙人於尒所世无我
相无人相无眾生相无壽者相是故須菩提
菩薩應離一切相發阿耨多羅三藐三菩提
心不應住色生心不應住聲香味觸法生心
應生无所住心若心有住則為非住是故佛
說菩薩心不應住色布施須菩提菩薩為利
益一切眾生應如是布施如來說一切諸相
即是非相又說一切眾生則非眾生須菩提
如來是真語者實語者如語者不誑語者不
異語者須菩提如來所得法此法无實无虛
須菩提若菩薩心住於法而行布施如人入
闇則无所見若菩薩心不住法而行布施如
人有目日光明照見種種色須菩提當來之
世若有善男子善女人能於此經受持讀誦
則為如來以佛智慧悉知是人悉見是人皆
得成就无量无邊功德
須菩提若有善男子善女人初日分以恒河
沙等身布施中日分復以恒河沙等身布施
後日分亦以恒河沙等身布施如是无量百

BD05940號　金剛般若波羅蜜經　（3–2）

異語者須菩提如來所得法此法无實无虛
須菩提若菩薩心住於法而行布施如人入
闇則无所見若菩薩心不住法而行布施如
人有目日光明照見種種色須菩提當來之
世若有善男子善女人能於此經受持讀誦
則為如來以佛智慧悉知是人悉見是人皆
得成就无量无邊功德
須菩提若有善男子善女人初日分以恒河
沙等身布施中日分復以恒河沙等身布施
後日分亦以恒河沙等身布施如是无量百
千万億劫以身布施若復有人聞此經典信
心不逆其福勝彼何況書寫受持讀誦為人
解說須菩提以要言之是經有不可思議不
可稱量无邊功德如來為發大乘者說為發
最上乘者說若有人能受持讀誦廣為人說
如來悉知是人悉見是人皆得成就不可量
不可稱无有邊不可思議功德如是人等則
為荷擔如來阿耨多羅三藐三菩提何以故
須菩提若樂小法者著我見人見衆生見壽
者見則於此經不能聽受讀誦為人解說須
菩提在在處處若有此經一切世間天人阿
脩羅所應供養當知此處則為是塔皆應恭

BD05940 號　金剛般若波羅蜜經　　（3–3）

大乘无量壽經
如是我聞一時薄伽梵在舍衛國祇樹給孤獨園與大苾蒭僧千二百五十人大菩薩摩訶薩
衆俱爾時世尊告曼殊室利童子曼殊上方有世界名无量功德聚彼土有佛
号无量智決定王如來阿耨多羅三藐三菩提現為衆生開示說法曼殊南閻浮提
人皆短壽大限百年於中夭枉橫死者衆曼殊如是无量壽如來功德名稱法要若有衆
生得聞名号若自書或使人書能為經卷受持讀誦若於舍宅所住之處以種種花
鬘瓔珞塗香末香而為供養如其命盡復得延年滿足百歲如是曼殊若有衆
生得聞是无量壽智決定王如來一百八名号者益其長壽若有衆生大命將盡憶
念是如來名号更得增壽如是曼殊若有善男子善女人欲求長壽於是无量壽如來
一百八名号有得聞者或自書若使人書受持讀誦得如是等果報福德具足陀羅尼曰
南謨薄伽勃底一阿波唎蜜哆二阿喻紇硯娜三須毗你悉指陀四羅佐耶五怛他羯他耶六怛姪他
唵七薩婆桑悉迦羅八鉢唎輸底九達磨底十伽迦娜十一莎訶其特迦底十二莎婆婆
毗輸底十三摩訶娜耶十四波唎婆唎莎訶十五
世尊復告曼殊室利如是如來一百八名号若有自書或使人書為經卷受持讀誦如
壽命盡復滿百年壽終此身後得往生无量福智世界無量壽淨土陀羅尼曰
南謨薄伽勃底一阿波唎蜜哆二阿喻紇硯娜三須毗你悉指陀四羅佐耶五怛他羯他耶六
怛姪他唵七薩婆桑悉迦羅八鉢唎輸底九達磨底十伽迦娜十一莎訶其特迦底十二莎
婆婆毗輸底十三摩訶娜耶十四波唎婆唎莎訶十五
爾時有九十九殑伽沙佛一時同聲說是无量壽宗要經陀羅尼曰
南謨薄伽勃底一阿波唎蜜哆二阿喻紇硯娜三須毗你悉指陀四羅佐耶五怛他羯他耶六怛姪他
唵七薩婆桑悉迦羅八鉢唎輸底九達磨底十伽迦娜十一莎訶其特迦底十二莎婆婆毗
輸底十三摩訶娜耶十四波唎婆唎莎訶十五
爾時復有一百四殑伽沙佛一時同聲說是无量壽宗要經陀羅尼曰
南謨薄伽勃底一阿波唎蜜哆二阿喻紇硯娜三須毗你悉指陀四羅佐耶五怛他羯他耶六怛
姪他唵七薩婆桑悉迦羅八波唎輸底九達磨底十伽迦娜十一莎訶其特迦底十二莎婆

BD05941 號　無量壽宗要經　　（6–1）

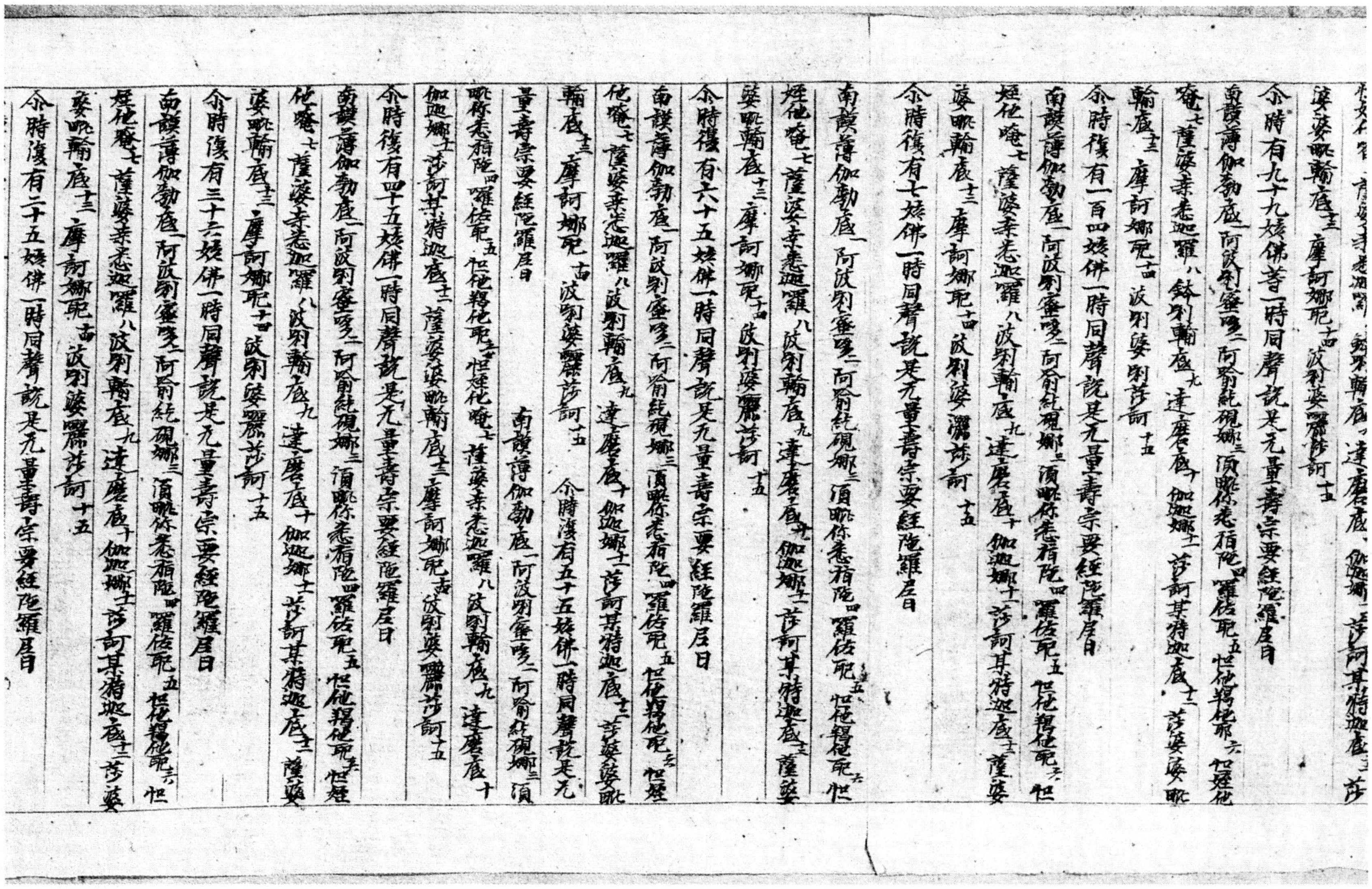

爾時有九十九姟佛一時同聲說是無量壽宗要經陁羅尼曰

南謨薄伽勃底一阿波唎蜜多二阿喻紇硯娘三須毗你悉指陁四囉佐耶五怛他羯他耶六怛姪他唵七薩婆桑悉迦羅八缽唎輸底九達磨底十伽伽娜十一莎訶娑謨特伽底十二莎婆婆毗輸底十三摩訶娜耶十四波唎婆囉莎訶十五

爾時復有一百四姟佛一時同聲說是無量壽宗要經陁羅尼曰

南謨薄伽勃底一阿波唎蜜多二阿喻紇硯娘三須毗你悉指陁四囉佐耶五怛他羯他耶六怛姪他唵七薩婆桑悉迦羅八波唎輸底九達磨底十伽伽那十一莎訶娑謨特伽底十二薩婆婆毗輸底十三摩訶娜耶十四波唎婆囉莎訶十五

爾時復有七姟佛一時同聲說是無量壽宗要經陁羅尼曰

南謨薄伽勃底一阿波唎蜜多二阿喻紇硯娘三須毗你悉指陁四囉佐耶五怛他羯他耶六怛姪他唵七薩婆桑悉迦羅八波唎輸底九達磨底十伽伽那十一莎訶娑謨特伽底十二薩婆婆毗輸底十三摩訶娜耶十四波唎婆囉莎訶十五

爾時復有六十五姟佛一時同聲說是無量壽宗要經陁羅尼曰

南謨薄伽勃底一阿波唎蜜多二阿喻紇硯娘三須毗你悉指陁四囉佐耶五怛他羯他耶六怛姪他唵七薩婆桑悉迦羅八波唎輸底九達磨底十伽伽那十一莎訶娑謨特伽底十二莎婆婆毗輸底十三摩訶娜耶十四波唎婆囉莎訶十五

爾時復有五十五姟佛一時同聲說是無量壽宗要經陁羅尼曰

南謨薄伽勃底一阿波唎蜜多二阿喻紇硯娘三須毗你悉指陁四囉佐耶五怛他羯他耶六怛姪他唵七薩婆桑悉迦羅八波唎輸底九達磨底十伽伽那十一莎訶娑謨特伽底十二薩婆婆毗輸底十三摩訶娜耶十四波唎婆囉莎訶十五

爾時復有四十五姟佛一時同聲說是無量壽宗要經陁羅尼曰

南謨薄伽勃底一阿波唎蜜多二阿喻紇硯娘三須毗你悉指陁四囉佐耶五怛他羯他耶六怛姪他唵七薩婆桑悉迦羅八波唎輸底九達磨底十伽伽那十一莎訶娑謨特伽底十二薩婆婆毗輸底十三摩訶娜耶十四波唎婆囉莎訶十五

爾時復有三十六姟佛一時同聲說是無量壽宗要經陁羅尼曰

南謨薄伽勃底一阿波唎蜜多二阿喻紇硯娘三須毗你悉指陁四囉佐耶五怛他羯他耶六怛姪他唵七薩婆桑悉迦羅八波唎輸底九達磨底十伽伽那十一莎訶娑謨特伽底十二莎婆婆毗輸底十三摩訶娜耶十四波唎婆囉莎訶十五

爾時復有二十五姟佛一時同聲說是無量壽宗要經陁羅尼曰

BD05941號　無量壽宗要經　　（6–2）

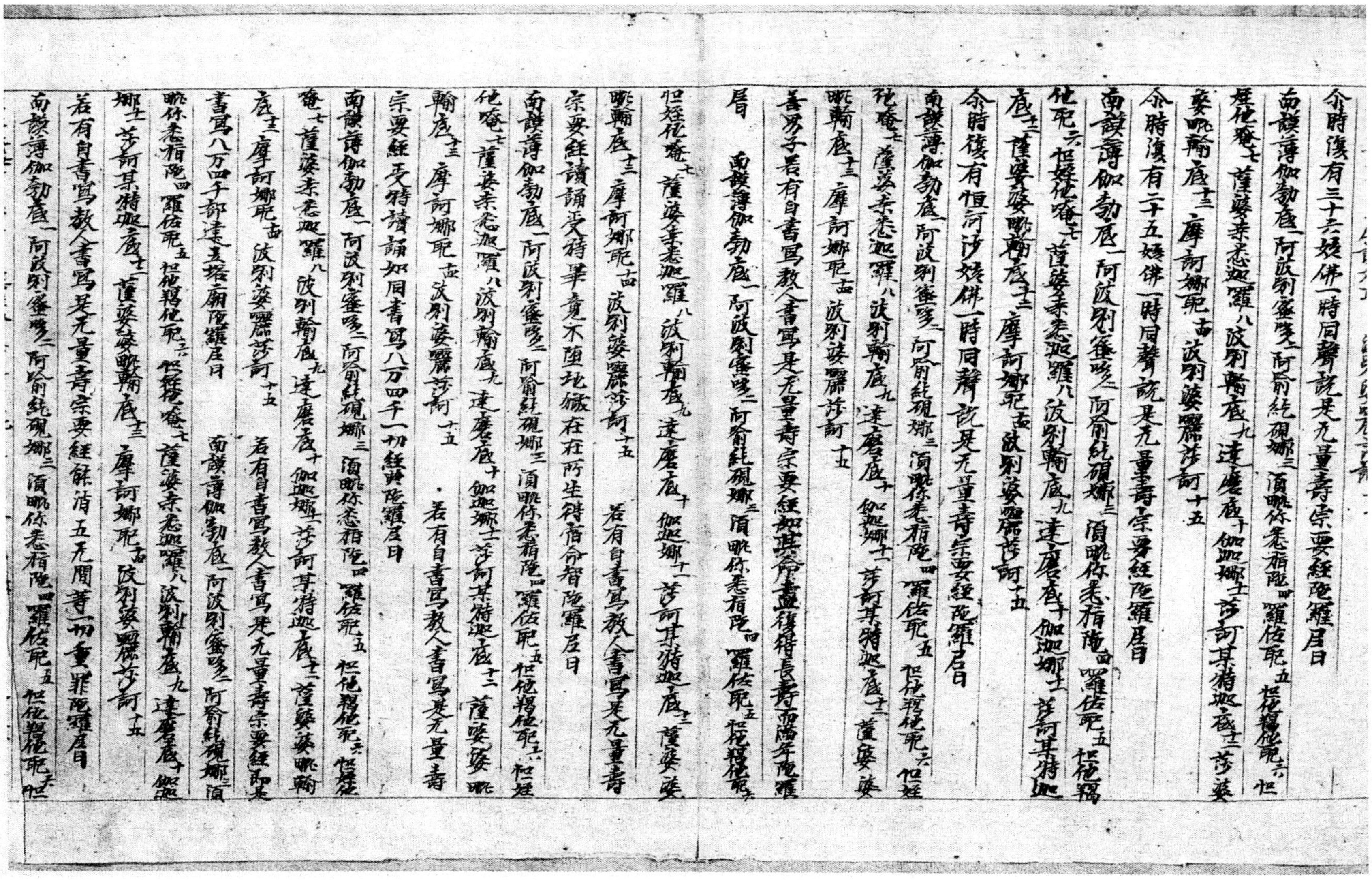

爾時復有三十六姟佛一時同聲說是無量壽宗要經陁羅尼曰

南謨薄伽勃底一阿波唎蜜多二阿喻紇硯娘三須毗你悉指陁四囉佐耶五怛他羯他耶六怛姪他唵七薩婆桑悉迦羅八波唎輸底九達磨底十伽伽那十一莎訶娑謨特伽底十二莎婆婆毗輸底十三摩訶娜耶十四波唎婆囉莎訶十五

爾時復有二十五姟佛一時同聲說是無量壽宗要經陁羅尼曰

南謨薄伽勃底一阿波唎蜜多二阿喻紇硯娘三須毗你悉指陁四囉佐耶五怛他羯他耶六怛姪他唵七薩婆桑悉迦羅八波唎輸底九達磨底十伽伽那十一莎訶娑謨特伽底十二薩婆婆毗輸底十三摩訶娜耶十四波唎婆囉莎訶十五

爾時復有恒河沙姟佛一時同聲說是無量壽宗要經陁羅尼曰

南謨薄伽勃底一阿波唎蜜多二阿喻紇硯娘三須毗你悉指陁四囉佐耶五怛他羯他耶六怛姪他唵七薩婆桑悉迦羅八波唎輸底九達磨底十伽伽那十一莎訶娑謨特伽底十二薩婆婆毗輸底十三摩訶娜耶十四波唎婆囉莎訶十五

若有自書寫教人書寫是無量壽宗要經如其命盡復得長壽滿百年陁羅尼曰

南謨薄伽勃底一阿波唎蜜多二阿喻紇硯娘三須毗你悉指陁四囉佐耶五怛他羯他耶六怛姪他唵七薩婆桑悉迦羅八波唎輸底九達磨底十伽伽那十一莎訶娑謨特伽底十二薩婆婆毗輸底十三摩訶娜耶十四波唎婆囉莎訶十五

若有自書寫教人書寫是無量壽宗要經讀誦受持畢竟不墮地獄在在所生得宿命智陁羅尼曰

南謨薄伽勃底一阿波唎蜜多二阿喻紇硯娘三須毗你悉指陁四囉佐耶五怛他羯他耶六怛姪他唵七薩婆桑悉迦羅八波唎輸底九達磨底十伽伽那十一莎訶娑謨特伽底十二薩婆婆毗輸底十三摩訶娜耶十四波唎婆囉莎訶十五

若有自書寫教人書寫是無量壽宗要經受持讀誦如同書寫八万四千一切經典陁羅尼曰

南謨薄伽勃底一阿波唎蜜多二阿喻紇硯娘三須毗你悉指陁四囉佐耶五怛他羯他耶六怛姪他唵七薩婆桑悉迦羅八波唎輸底九達磨底十伽伽那十一莎訶娑謨特伽底十二薩婆婆毗輸底十三摩訶娜耶十四波唎婆囉莎訶十五

若有自書寫教人書寫是無量壽宗要經即是書寫八万四千部建立塔廟陁羅尼曰

南謨薄伽勃底一阿波唎蜜多二阿喻紇硯娘三須毗你悉指陁四囉佐耶五怛他羯他耶六怛姪他唵七薩婆桑悉迦羅八波唎輸底九達磨底十伽伽那十一莎訶娑謨特伽底十二薩婆婆毗輸底十三摩訶娜耶十四波唎婆囉莎訶十五

若有自書寫教人書寫是無量壽宗要經能消五無間等一切重罪陁羅尼曰

南謨薄伽勃底一阿波唎蜜多二阿喻紇硯娘三須毗你悉指陁四囉佐耶五怛他羯他耶六怛

BD05941號　無量壽宗要經　　（6–3）

底十三摩訶娜耶十四波唎婆嚟莎訶十五　若有自書寫教人書寫是无量壽宗要經即是
書寫八万四千部建立塔廟陀羅尼曰　南謨薄伽勃底一阿波唎蜜哆二阿喻紇硯娜三須
毗你悉指陀四囉佐耶五怛他羯他耶六怛姪他唵七薩婆桑悉迦囉八波唎輸底九達磨底十伽迦
娜十一莎訶某特迦底十二薩婆婆毗輸底十三摩訶娜耶十四波唎婆嚟莎訶十五
若有自書寫教人書寫是无量壽宗要經能消五无間等一切重罪陀羅尼曰
南謨薄伽勃底一阿波唎蜜哆二阿喻紇硯娜三須毗你悉指陀四囉佐耶五怛他羯他耶六怛
姪他唵七薩婆桑悉迦囉八波唎輸底九達磨底十伽迦娜十一莎訶某特迦底十二薩婆
婆毗輸底十三摩訶娜耶十四波唎婆嚟莎訶十五　若有自書寫教人書寫是
无量壽宗要經受持讀誦設有重罪猶如須彌盡能除滅陀羅尼曰
南謨薄伽勃底一阿波唎蜜哆二阿喻紇硯娜三須毗你悉指陀四囉佐耶五怛他羯他耶六怛姪他
唵七薩婆桑悉迦囉八波唎輸底九達磨底十伽迦娜十一莎訶某特迦底十二薩婆婆
毗輸底十三摩訶娜耶十四波唎婆嚟莎訶十五
若有自書寫教人書寫是无量壽宗要經受持讀誦若魔魔之眷屬夜叉羅剎不得
其便終无枉死陀羅尼曰　南謨薄伽勃底一阿波唎蜜哆二阿喻紇硯娜三須毗你悉
指陀四囉佐耶五怛他羯他耶六怛姪他唵七薩婆桑悉迦囉八波唎輸底九達磨底十伽迦娜十一
莎訶某特迦底十二薩婆婆毗輸底十三摩訶娜耶十四波唎婆嚟莎訶十五
若有自書教人書寫是无量壽宗要經受持讀誦當命終時有九十九俱胝佛現其人
前眾千佛授手能遊一切佛剎莫於此經生於疑惑陀羅尼曰
南謨薄伽勃底一阿波唎蜜哆二阿喻紇硯娜三須毗你悉指陀四囉佐耶五怛他羯他耶六怛姪他
唵七薩婆桑悉迦囉八波唎輸底九達磨底十伽迦娜十一莎訶某特迦底十二薩婆婆毗
輸底十三摩訶娜耶十四波唎婆嚟莎訶十五
若有自書寫教人書寫是无量壽宗要經受持讀誦常得四大天王隨其衛護陀羅尼曰
南謨薄伽勃底一阿波唎蜜哆二阿喻紇硯娜三須毗你悉指陀四囉佐耶五怛他羯他耶六怛姪他唵七
薩婆桑悉迦囉八波唎輸底九達磨底十伽迦娜十一莎訶某特迦底十二薩婆婆
毗輸底十三摩訶娜耶十四波唎婆嚟莎訶十五
若有自書寫教人書寫是无量壽宗要經受持讀誦當得往生西方極樂世界阿彌陀
淨土陀羅尼曰　南謨薄伽勃底一阿波唎蜜哆二阿喻紇硯娜三須毗你悉指陀四囉佐耶五
怛他羯他耶六怛姪他唵七薩婆桑悉迦囉八波唎輸底九達磨底十伽迦娜十一莎訶某特迦
底十二薩婆婆毗輸底十三摩訶娜耶十四波唎婆嚟莎訶十五
若有方所自書寫使人書寫是无量壽經典之處即為是塔皆應恭敬作礼若是畜生

BD05941號　無量壽宗要經　（6–4）

毗輸底十三摩訶娜耶十四波唎婆嚟莎訶十五
若有自書寫教人書寫是无量壽宗要經受持讀誦當得往生西方極樂世界阿彌陀
淨土陀羅尼曰　南謨薄伽勃底一阿波唎蜜哆二阿喻紇硯娜三須毗你悉指陀四囉佐耶五
怛他羯他耶六怛姪他唵七薩婆桑悉迦囉八波唎輸底九達磨底十伽迦娜十一莎訶某特迦
底十二薩婆婆毗輸底十三摩訶娜耶十四波唎婆嚟莎訶十五
若有方所自書寫使人書寫是无量壽經典之處即為是塔皆應恭敬作礼若是畜生
或為鳥獸得聞是經如是等類皆當不久得成一切種智陀羅尼曰
南謨薄伽勃底一阿波唎蜜哆二阿喻紇硯娜三須毗你悉指陀四囉佐耶五怛他羯他耶六怛姪
他唵七薩婆桑悉迦囉八波唎輸底九達磨底十伽迦娜十一莎訶某特迦底十二薩婆婆
毗輸底十三摩訶娜耶十四波唎婆嚟莎訶十五
若有於是无量壽經自書寫若使人書畢竟不受女人之身陀羅尼曰
南謨薄伽勃底一阿波唎蜜哆二阿喻紇硯娜三須毗你悉指陀四囉佐耶五怛他羯他耶六怛姪
他唵七薩婆桑悉迦囉八波唎輸底九達磨底十伽迦娜十一莎訶某特迦底十二薩婆婆
毗輸底十三摩訶娜耶十四波唎婆嚟莎訶十五
若有能於是經少分錢惠施者等於三千大千世界滿中七寶布施陀羅尼曰
南謨薄伽勃底一阿波唎蜜哆二阿喻紇硯娜三須毗你悉指陀四囉佐耶五怛他羯他耶六怛
姪他唵七薩婆桑悉迦囉八波唎輸底九達磨底十伽迦娜十一莎訶某特迦底十二薩婆婆
毗輸底十三摩訶娜耶十四波唎婆嚟莎訶十五
若有能供養是經者則是供養一切諸經等无有異陀羅尼曰
南謨薄伽勃底一阿波唎蜜哆二阿喻紇硯娜三須毗你悉指陀四囉佐耶五怛他羯他耶六
怛姪他唵七薩婆桑悉迦囉八波唎輸底九達磨底十伽迦娜十一莎訶某特迦底十二薩婆
婆毗輸底十三摩訶娜耶十四波唎婆嚟莎訶十五
如是毗婆尸佛尸棄佛毗舍浮佛俱留孫佛俱那含牟尼佛加葉佛釋迦牟尼佛
若有人以七寶供養如是七佛其福有限書寫受持是无量壽經典所有功德不可限量陀羅
尼曰　南謨薄伽勃底一阿波唎蜜哆二阿喻紇硯娜三須毗你悉指陀四囉佐耶五怛他羯他
耶六怛姪他唵七薩婆桑悉迦囉八波唎輸底九達磨底十伽迦娜十一莎訶某特迦底十二
薩婆婆毗輸底十三摩訶娜耶十四波唎婆嚟莎訶十五
若有七寶等於須彌以用布施其福上能知其限量是无量壽經典其福不可知數陀羅尼曰
南謨薄伽勃底一阿波唎蜜哆二阿喻紇硯娜三須毗你悉指陀四囉佐耶五怛他羯他耶六怛姪他
唵七薩婆桑悉迦囉八波唎輸底九達磨底十伽迦娜十一莎訶某特迦底十二薩婆婆毗輸

BD05941號　無量壽宗要經　（6–5）

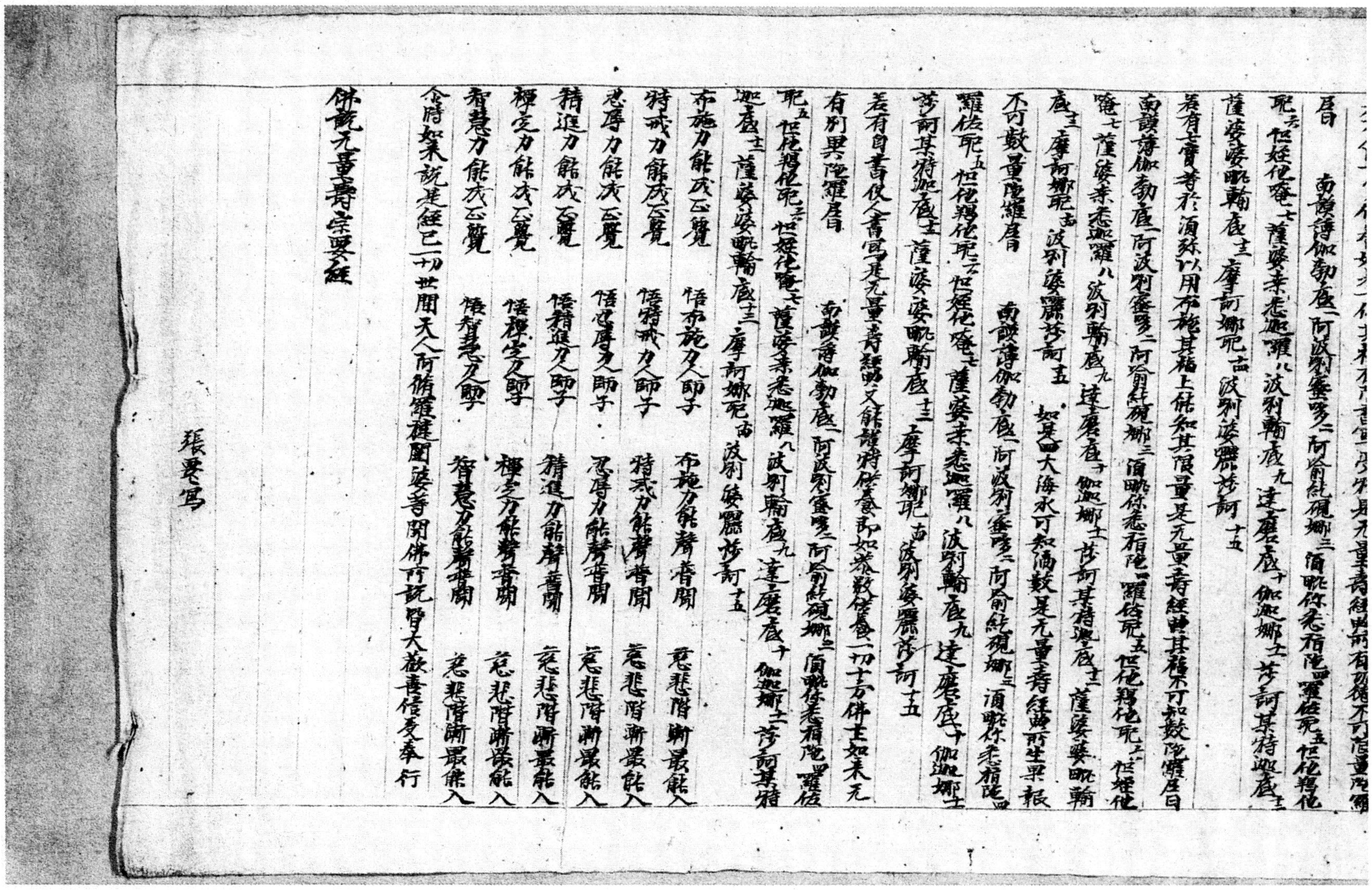

尼曰

南謨薄伽勃底一 阿波唎蜜哆二 阿喻紇硯娜三 須毗你悉指陀四 囉佐耶五 怛他羯他耶六 怛姪他唵七 薩婆桑悉迦囉八 波唎輸底九 達磨底十 伽迦娜十一 莎訶某特迦底十二 薩婆婆毗輸底十三 摩訶娜耶十四 波唎婆曬莎訶十五

若有七寶等於須彌以用布施其福上能知其限量是无量壽經典其福不可知數陀羅尼曰

南謨薄伽勃底一 阿波唎蜜哆二 阿喻紇硯娜三 須毗你悉指陀四 囉佐耶五 怛他羯他耶六 怛姪他唵七 薩婆桑悉迦囉八 波唎輸底九 達磨底十 伽迦娜十一 莎訶某特迦底十二 薩婆婆毗輸底十三 摩訶娜耶十四 波唎婆曬莎訶十五 如四大海水可知滴數是无量壽經典所生果報不可數量陀羅尼曰

南謨薄伽勃底一 阿波唎蜜哆二 阿喻紇硯娜三 須毗你悉指陀四 囉佐耶五 怛他羯他耶六 怛姪他唵七 薩婆桑悉迦囉八 波唎輸底九 達磨底十 伽迦娜十一 莎訶某特迦底十二 薩婆婆毗輸底十三 摩訶娜耶十四 波唎婆曬莎訶十五

若有自書使人書寫是无量壽經典受持讀誦供養即如恭敬供養一切十方佛土如來无有別異陀羅尼曰

南謨薄伽勃底一 阿波唎蜜哆二 阿喻紇硯娜三 須毗你悉指陀四 囉佐耶五 怛他羯他耶六 怛姪他唵七 薩婆桑悉迦囉八 波唎輸底九 達磨底十 伽迦娜十一 莎訶某特迦底十二 薩婆婆毗輸底十三 摩訶娜耶十四 波唎婆曬莎訶十五

布施力能成正覺　悟布施力人師子　布施力能聲普聞　慈悲隋漸最能入

持戒力能成正覺　悟持戒力人師子　持戒力能聲普聞　慈悲隋漸最能入

忍辱力能成正覺　悟忍辱力人師子　忍辱力能聲普聞　慈悲隋漸最能入

精進力能成正覺　悟精進力人師子　精進力能聲普聞　慈悲隋漸最能入

禪定力能成正覺　悟禪定力人師子　禪定力能聲普聞　慈悲隋漸最能入

智慧力能成正覺　悟智慧力人師子　智慧力能聲普聞　慈悲隋漸最能入

尒時如來說是經已一切世間天人阿脩羅揵闥婆等聞佛所說皆大歡喜信受奉行

佛說无量壽宗要經

張要寫

BD05941 號　無量壽宗要經　（6–6）

BD05941 號背　勘記　（1–1）

子流水及其二子處
彼池魚施水施食并說法已俱共還家是長
者子流水復於後時因有聚會設衆伎樂醉
酒而卧時十千魚同時命過生三十三天起
如是念我等以何善業因緣生此天中便相
謂曰我等先於贍部洲內墮傍生中共受魚
身長者子流水施我等水及以餅食復為我
等說甚深法十二緣起及陁羅尼復稱寶髻
如來名号以是因緣能令我等得生此天是
故我今咸應詣彼長者子所報恩供養尒時
十千天子即於天沒至贍部洲大醫王所時
長者子在高樓上安隱而睡時十千天子共
以十千真珠瓔珞置其頭邊復以十千置其
足處復以十千置於右脅復以十千置左脅
邊雨曼陁羅花摩訶曼陁羅花積至于膝光
明普照種種天樂出妙音聲令贍部洲有睡眠
者皆悉覺悟長者子流水亦從睡寤是時十

BD05942 號　金光明最勝王經卷九　（2–1）

故我今咸應詣彼長者子所報恩供養尒時
十千天子即於天沒至贍部洲大醫王所時
長者子在高樓上安隱而睡時十千天子共
以十千真珠瓔珞置其頭邊復以十千置其
足處復以十千置於右脅復以十千置左脅
邊雨曼陁羅花摩訶曼陁羅花積至于膝光
明普照種種天樂出妙音聲令贍部洲有睡眠
者皆悉覺悟長者子流水亦從睡寤是時十
千天子為供養已即於空中飛騰而去於天自
在光王國內處處皆雨天妙蓮花是諸天子
復至本處空澤池中雨衆天花便於此沒還
天宮殿隨意自在受五欲樂天自在光王至
天曉已問諸大臣昨夜何緣忽現如是希有
瑞相放大光明大臣荅言大王當知有諸天
衆於長者子流水家中雨四十千真珠瓔珞及
天曼陁羅花積至于膝王告臣曰詣長者
家喚取其子大臣受勑即至其家奉宣王命
喚長者子時長者子即至王所王曰何緣昨
夜示現如是希有瑞相長者子言如我思忖
定應是彼池內衆魚如經所說命終之後得
生三十三天彼來報恩故現如是希奇之相王
曰何以得知流水荅曰王可遣使并我二子

BD05942 號　金光明最勝王經卷九　（2–2）

BD05943 號背　護首　（1–1）

BD05943 號　佛名經（十二卷本　異卷）卷七　（3–1）

佛說佛名經卷第七

南无電光明劫善照世界初栴檀香光明照佛

南无善決定清淨劫无垢世界初盧舍那佛

南无甘露莊嚴劫善清淨世界初栴檀燃燈佛

南无善住劫妙香世界初須彌光明勝王佛

南无善見劫莊嚴世界初无邊功德種種寶莊嚴王佛

南无炎清淨劫世界初金剛奮迅佛

南无不可燒劫不可燒世界初眠沙門佛

南无不可燒劫不可燒稱世界寶月佛

南无不可訶劫稱射世界初不可思議光明佛

南无清淨莊嚴劫樂清淨世界初觀世王佛

南无真塵劫光明塵世界初火明佛

南无梵讚嘆劫清淨世界初莊嚴王佛

南无德光明莊嚴劫月幢世界初善明佛

南无栴檀香行平等勝成就佛

南无勝莊嚴身佛

南无法海乳光明王佛　南无无垢轉法輪佛

南无寂靜威德王佛　南无盧空燃燈佛

南无天自在藏佛　南无日羅幢難都王佛

南无信威德佛　南无寶華藏佛

南无妙日身佛　南无不濁身佛

南无一切身智光明月佛　南无閻浮檀威德王佛

南无善觀智難都佛　南无无垢智光明王佛

南无金剛那羅延精進佛　南无不可降伏智炎佛

南无普无垢智通佛　南无无垢明勝雲佛

南无師子智佛　南无金剛善提光佛

BD05943號　佛名經（十二卷本　異卷）卷七　（3–2）

南无寂靜威德王佛　南无无垢轉法輪佛

南无天自在藏佛　南无盧空燃燈佛

南无信威德佛　南无日羅幢難都王佛

南无妙日身佛　南无寶華藏佛

南无一切身智光明月佛　南无不濁身佛

南无善觀智難都佛　南无閻浮檀威德王佛

南无金剛那羅延精進佛　南无无垢智光明王佛

南无普无垢智通佛　南无不可降伏智炎佛

南无師子智佛　南无无垢明勝雲佛

南无金剛善提光佛

南无光燈火髻佛　南无智日難都佛

摩敷目佛　南无得功德佛

南无智光明雲光佛　南无普照月佛

南无无鄣蓋吼佛　南无普光明奮迅師子佛

南无法界鏡像月佛　南无一切虛空樂說覺佛

南无初香善名佛　南无普聲寂靜吼佛

南无甘露山威德佛　南无

BD05943號　佛名經（十二卷本　異卷）卷七　（3–3）

安　如是我聞　次題處所與若干人俱如此說
者即是有為雖是有為以表無為之理
如是衆生自性無可比類無可等者故名曰如只
是衆生性之別名離性更無別法故云如是我
聞為性自在名之為我離我更無別　聞故云我
聞只我能聞〻何物聞一切聲空本來不生於
聲得自在故云我聞　一時孔了三世本空婆
一時假令恒沙劫數亦是一時所言一者為對有
二若了三世本空一亦不為一所言時者正見之
時一無可見亦無過去未來現在与虛空等故
名一時　佛在常見自性念念不離故名佛在
又佛在者智惠常照一切境空不被境攝心無
妄念不染六塵仏即常在故云尓　舍衛國　借
國為喻譬如一國只有一王〻之管內無種不有
衆生之心亦復如心為万法之主故名心王法果為
國邑身為舍金既受得人身心王處中故名為
舍此名仏上主之處亦是蜀衆之處亦是清淨之

又佛在者智恵常照一切境空不被境攝心無
妄念不染六塵仏即常在故云尓　舍衛國　借
國為諭譬如一國只有一王ゝ之管內無種不有
衆生之心亦復如心為万法之主故名心王法界為
國色身為舍金既受得人身心王處中故名為
舍此名仏上住之處亦是濁惡之處亦是清淨之
處迷即濁惡悟即清淨迷時染境即名濁惡
悟即本空空即清淨亦名淨土也　祇樹　祇是
祇陁太子樹是太子之樹事相只如此未知理義
會如何釋曰祇者是為脩之行從心所生故名太子
樹是法林也　給孤　即是長者之名祇陁賣園与
長ゝ者ゝ買園与如來起立精舍事相如是內
說如何長者乃是真脩之行万行圓脩為性相
應方欲建立法幢度脫有情之類故云尓　獨園
唯是長者獨買故云獨園事相如是約理又別獨
者本來唯有一性故名之為獨園者借園為諭
譬如園宅無種不有衆生自性亦復如是万法
在性亦有天宮龍宮江河淮海星辰日月乃至
諸佛說法悉在其中故名為園耳太子買園復
是何事欲捨有為入無之理長者買園復是事
欲翻有為而作無為故云即假即真　與大比丘衆
五蘊色身名之為丘維摩經云是身如丘井譬如
世間之塚中有惡鬼止住其中甚可怖畏四大色身
亦復如是菩薩觀身如毒蛇如怨賊遂即投佛出
家不造諸惡故名比丘棄惡趣善名之為比丘善惡
俱遣始名大比丘耳　千二百五十人俱　若從法化

[illegible]
五蘊色身名之為丘塚摩經云是身如丘井譬如
世間之塚中有惡鬼止住其中甚可怖畏四大色身
亦復如是菩薩觀身如毒虵如怨賊遂即投佛出
家不造諸惡故名比丘弃惡趣善名之為比丘善惡
俱造始名大比丘耳　千二百五十人俱　若從法化
生即有許多人若人發化即是許多行須知根
本千者即是十信一中具有一百法門二百者即
是智慧一中具有一百五十者即是五力一中具有
一十即成千二百五十行業並在自性故名為俱
尒時　佛現世時故名尒時教相如是理會又羽尒
時者正見性時恒沙數劫只如今時故名尒時
世尊　西國梵音此土名衆生覺性世者五蘊之中
自性為家故名世尊　食時　見性之時即知万法
在性圓融不二故名食時　著衣　柔和忍辱衣得
見自性即知一切衆生本来成仏即無我人衆生壽
者了如是義即著如来衣　持鉢　鉢是智慧之
器智慧性中具含万法法即是食如来起教故示
持鉢世尊乃是三千大千世界之師豈持世間之瓦
鉢四天王奉如来鉢仏以手受合為一鉢即是合智慧
也　入舍衛大城乞食　此有二義一者世尊起教
示現乞食令後世發道比丘不得積聚衣食財物
等若有顯無為之理故先立外教後入無為城者借
城為喻譬如一大城中無種不有惡人善人畜生之
類衆生之心亦復如是善心惡心三毒無明之心如是
等心無量無邊說不能盡見性之人迴心反照入自心
城乞無明妄想貪愛三毒之心食乃至色聲香味等

等若有顯無爲之理故先立身教後入無爲城者借
城爲喻譬如一大城中無種不有惡人善人畜生之
類衆生之心亦復如是善心惡心三毒無明之心如是
等心無量無邊說不能盡見性之人迴心反照入自心
城乞無明妄想貪愛三毒之心食乃至色聲香味等
食如來大師乃是三千大千世界之師於過去恒沙
劫中修學無爲之理今得成佛佛身者金剛之躰
無相無形如是之身豈食世間之食　於其城
中次第乞已　見性之人了五蔭本無實躰色
心本自無生能達人法二空故名乞已　還至本處
本處即是法身乞者即是化身菩薩了十八
界空一切塵勞妄念盡歸法身故言還至本處
飯食訖收衣鉢　食者言消衣者空也鉢者智慧
也用智慧觀照消融人法同入不二之門衆生忘
念俱無智慧亦無施設故云收衣鉢耳　洗足已
還是前收衣鉢義借足爲喻譬如脚足踐地即
有不淨既有不淨即須洗之二乘凡夫無明之足
踐踏貪愛妄想顛倒不淨行地即欲捨垢取淨
有心取淨亦洗足菩薩洗足又别智慧之足履踐
如來所行之跡於外不染万境一切塵勞不生於
内人法二空見自本性心不於法心滅境忘故名洗
足已　敷座　即是權定而坐者即是本定更有
一釋敷座者即是迴有入無爲而坐者即是了万
境空菩薩見自本性湛然常住一切妄念本自不
生故名敷座　而坐　贊曰　如來涅槃日　娑羅雙樹間
阿難没憂海　悲慟不能前　優波來請問　經首立何言
衆數如是者　万代古今傳　次發起正宗此中有五一

一釋敷座者即是迴[illegible]者即是了[illegible]
境空菩薩見自本性湛然常住一切妄念本自不
生故名敷座　而坐　贊曰　如來涅槃日　娑羅雙樹間
阿難沒憂海　悲慟不能前　優波來請問　經首立何言
佛教如是者　万代古今傳　次發起正宗此中有五一
問二答三衆聞四廣章五引喻　須菩提解空第一
故問世尊如來大慈大悲善覆憐愍云何令後代脩學
之人依何而住問意如此更看解釋如何　須菩提
為是方便之空惠大衆即心是也亦名四衆亦名五衆

維摩詰所說經文殊師利問疾品第五　二

尒時佛告文殊師利汝行詣維摩詰問疾文
殊師利白佛言世尊彼上人者難為詶對深
達實相善說法要辯才无滯智慧无礙一切
菩薩法式悉知諸佛秘藏无不得入降伏衆魔
遊戲神通其慧方便皆已得度雖然當承佛
聖旨詣彼問疾於是衆中諸菩薩大弟子釋
梵四天王等咸作是念今二大士文殊師利維摩
詰共談必說妙法即時八千菩薩五百聲聞
百千天人皆欲隨從於是文殊師利與諸菩
薩大弟子衆及諸天人恭敬圍繞入毗耶離
大城尒時長者維摩詰心念今文殊師利與
大衆俱來即以神力空其室內除去所有及

諸侍者唯置一牀以疾而卧文殊師利既入其舍
見其室空无諸所有獨寢一牀時維摩詰言善
來文殊師利不來相而來不見相而見文殊師利

BD05944 號 2　維摩詰所說經卷中　（2–1）

我

如是我聞一時佛在舍衛

金剛般若波羅蜜經

[illegible]

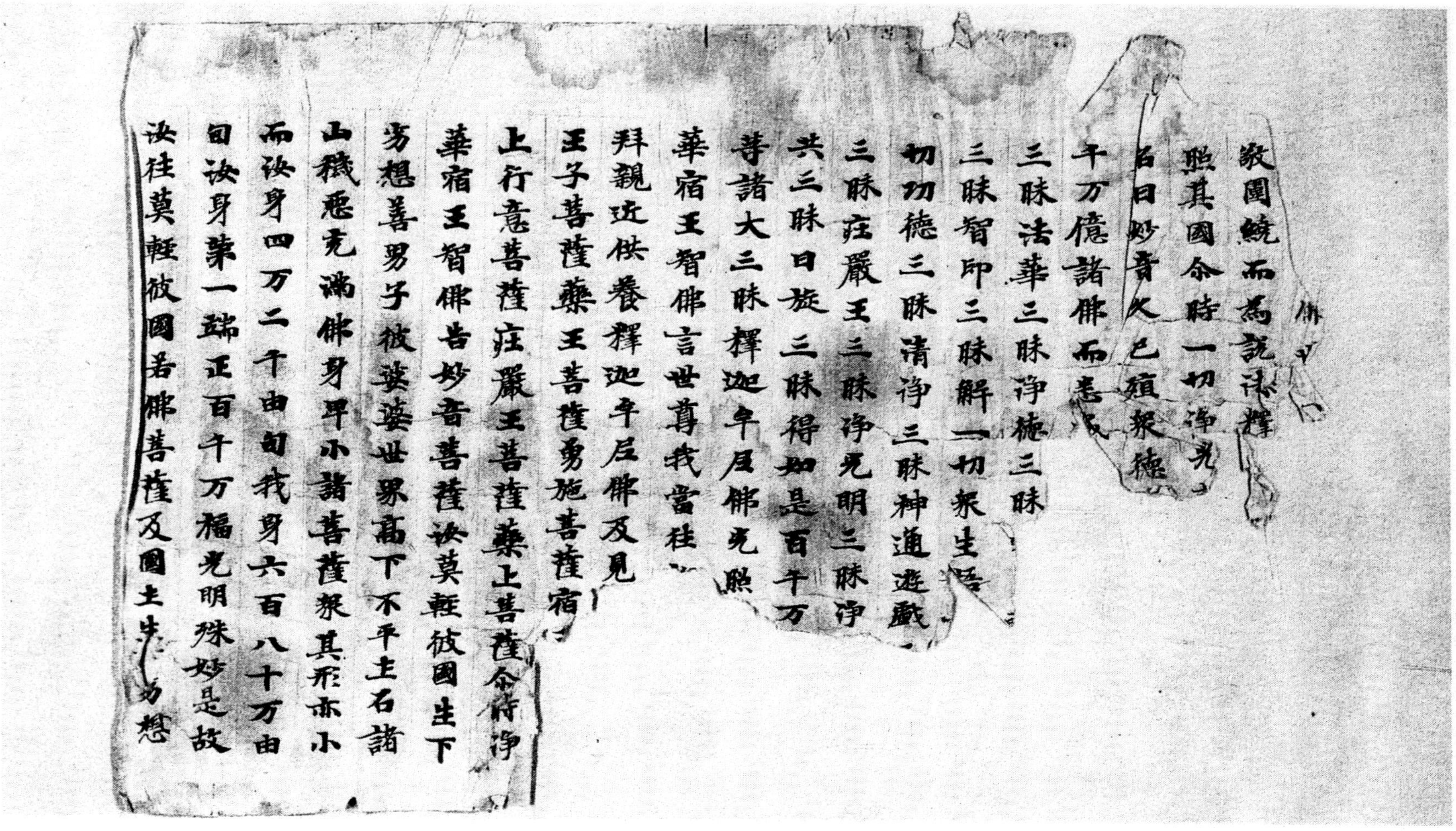

敬圍繞而為說法釋
照其國尒時一切淨光
名曰妙音久已殖衆德
千万億諸佛而悉成
三昧法華三昧淨德三昧
三昧智印三昧解一切衆生語
切功德三昧清淨三昧神通遊戲
三昧莊嚴王三昧淨光明三昧淨
共三昧日旋三昧得如是百千万
等諸大三昧釋迦牟尼佛光照
華宿王智佛言世尊我當往
拜親近供養釋迦牟尼佛及見
王子菩薩藥王菩薩勇施菩薩宿
上行意菩薩莊嚴王菩薩藥上菩薩尒時淨
華宿王智佛告妙音菩薩汝莫輕彼國生下
劣想善男子彼娑婆世界高下不平土石諸
山穢惡充滿佛身卑小諸菩薩衆其形亦小
而汝身四万二千由旬我身六百八十万由
旬汝身第一端正百千万福光明殊妙是故
汝往莫輕彼國若佛菩薩及國土生下劣想

BD05945 號　妙法蓮華經卷七

(1–1)

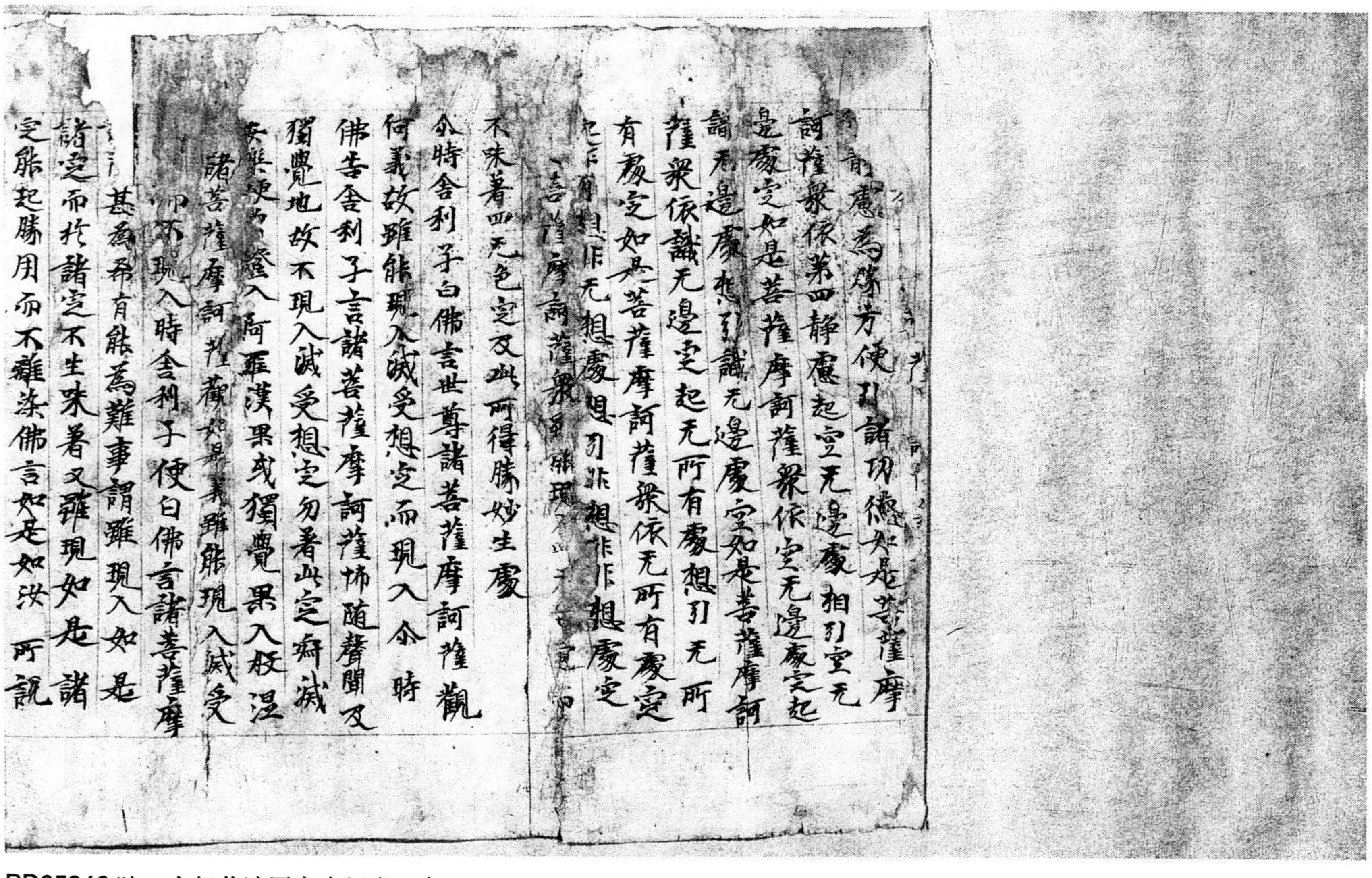

前慮為勝方便引諸功德如是菩薩摩
訶薩衆依第四靜慮起空无邊處相引空无
邊處定如是菩薩摩訶薩衆依空无邊處定起
識无邊處相引識无邊處定如是菩薩摩訶
薩衆依識无邊定起无所有處相引无所
有處定如是菩薩摩訶薩衆依无所有處定
起非有想非无想處想引非想非非想處定
菩薩摩訶薩衆雖現
不味著四无色定及此所得勝妙生處
尒時舍利子白佛言世尊諸菩薩摩訶薩觀
何義故雖能現入滅受想定而不現入尒時
佛告舍利子言諸菩薩摩訶薩怖隨聲聞及
獨覺地故不現入滅受想定勿著此定寂滅
安樂便不證入阿羅漢果或獨覺果入般涅
諸菩薩摩訶薩衆如是雖能現入滅受
而不現入時舍利子便白佛言諸菩薩摩
甚為希有能為難事謂雖現入如是
諸定而於諸定不生味著又雖現如是諸
定能起勝用而不離染佛言如是如汝所說

BD05946 號　大般若波羅蜜多經卷五九一

(16–1)

獨覺地故不現入滅受想定努著此定寂滅
安樂便於定入阿羅漢果或獨覺果入般涅
諸菩薩摩訶薩雖於是事雖能現入滅受
想不現入時舍利子便白佛言諸菩薩摩
訶薩甚爲希有能爲難事謂雖現入如是
諸定而於諸定不生味著又雖現如是諸
定能起勝用而不離染佛言如是如汝所說
諸菩薩摩訶薩甚爲希有能爲難事又舍利
子諸菩薩摩訶薩最極希有謂雖現入四種
无色定寂靜安樂而不味著亦不離
爲染汙亂辭令於此義得圓滿解
生此贍部洲人雖於欲界未得離染而
得往北俱盧洲回見彼洲无繫屬形容
端正遊戲自在又見彼洲衣服嚴麗鮮淨殊
妙皆依樹生又見彼洲有香粳米其味甘美
不種自生又見彼洲觸處皆有種種珍寶甚
可[illegible]无見彼洲人於如是類隨意受用无定
繫屬正受用時非極然除既受用已捨而无
戀贍部洲人雖未離染具觀見彼種種勝事
而不貪著捨棄還歸當知是人甚爲希有如
是菩薩摩訶薩衆雖復現入四種靜慮四无
色定寂靜安樂應觀其中所起種種微妙寂
靜殊勝功德而不味著還欲界方便善巧
依欲界身精勤修學布施淨戒安忍精進靜
慮般若波羅蜜多精勤修學內空外空內外
空空空大空勝義空有爲空无爲空畢竟空
无際空散空无變異空本性空自相空共相

依欲界身精勤修學布施淨戒安忍精進靜
慮般若波羅蜜多精勤修學內空外空內外
空空空大空勝義空有爲空无爲空畢竟空
无際空散空无變異空本性空自相空共相
空一切法空不可得空无性空自性空无性
自性空觀精勤修學諸法真如法界法性不
虛妄性不變異性平等性離生性法定法住
實際虛空界不思議界觀精勤修學无明緣
行行緣識識緣名色名色緣六處六處緣觸
觸緣受受緣愛愛緣取取緣有有緣生生緣
老死觀精勤修學无明滅故行滅行滅故識
滅識滅故名色滅名色滅故六處滅六處滅
故觸滅觸滅故受滅受滅故愛滅愛滅故取
滅取滅故有滅有滅故生滅生滅故老死滅
觀精勤修學若苦若无常若空若無我苦
聖諦觀精勤修學若因若集若生若緣集聖
諦觀精勤修學若滅若靜若妙若離滅聖諦觀
精勤修學若道若如若行若出道聖諦觀精
勤修學慈悲喜捨四无量觀精勤修學四
念住四正斷四神足五根五力七等覺支八聖
道支精勤修學八解脫八勝處九次第定十
遍處精勤修學空无相无願解脫門精勤修
學淨觀地種姓地第八地具見地薄地離欲地
已辦地獨覺地菩薩地如來地智精勤修
學極喜地離垢地發光地焰慧地極難勝地
現前地遠行地不動地善慧地法雲地精勤
修學陀羅尼門三摩地門精勤修學清淨五
眼六神通精勤修學如來十力四无所畏

已辦地獨覺地菩薩地如來地智精勤修
學極喜地離垢地發光地焰慧地極難勝地
現前地遠行地不動地善慧地法雲地精勤
脩學陁羅尼門三摩地門精勤修學清淨五
眼六神通精勤脩學如來十力四无所畏
四无礙解精勤脩學大慈大悲大喜大捨十
八佛不共法精勤修學三十二大士相八十隨
好精勤修學无妄失法恒住捨性精勤修
學一切智道相智一切相智精勤修學分別
預流一來不還阿羅漢果獨覺菩提諸善巧智
精勤修學一切菩薩摩訶薩行精勤修學
諸佛无上正等菩提亦觀有情修諸善法如
是等事甚為希有
尒時舍利子白佛言世尊何緣如來應正等
覺許諸菩薩摩訶薩衆捨勝定地寂靜安樂
還受下劣欲界之身尒時世尊告舍利子諸
佛法尒不許菩薩摩訶薩衆生長壽天何以
故舍利子勿諸菩薩摩訶薩衆生長壽天遠
離所脩布施淨戒安忍精進靜慮般若波羅
蜜多及餘无邊菩提分法由斯遅證所求无
上正等菩提是故如來應正等覺許諸菩薩
摩訶薩衆捨勝定地寂靜安樂還受下劣欲
界之身不許菩薩摩訶薩衆生長長天失本
所願時舍利子便白佛言諸菩薩摩訶薩甚
為希有能為難事謂捨勝定寂靜安樂還取
不少難織地身辟如有人未離欲深還見女
寶在空林中形貌端嚴甚可愛樂雖見觀見
種種身支而能制心不行放逸後於餘處還見

BD05946 號　大般若波羅蜜多經卷五九一

（16–4）

所願時舍利子便白佛言諸菩薩摩訶薩甚
為希有能為難事謂捨勝定寂靜安樂還取
不少難織地身辟如有人未離欲深還見女
寶在空林中形貌端嚴甚可愛樂雖見觀見
種種身支而能制心不行放逸後於餘處還見
女人形貌麁醜鄙穢下賤返生貪愛遂行
放逸如是菩薩摩訶薩衆雖數安住微妙寂
靜四種靜慮及四无色而能弃捨還受欲界
種種雜穢下劣之身故甚希有能為難事尒
時佛告舍利子言如是菩薩摩訶薩衆弃捨
勝地受欲界身當知是為方便善巧何以故
舍利子是諸菩薩摩訶薩衆勤求无上正等
菩提捨勝地身還生欲界起勝作意方便善
巧雖觀色蘊常无常性都不可得及觀受想
行識蘊常无常性亦不可得而不弃捨一切
智智雖觀色蘊樂无樂性都不可得及觀受
想行識蘊樂无樂性亦不可得而不弃捨一
切智智雖觀色蘊我无我性都不可得及觀
受想行識蘊我无我性亦不可得而不弃捨
一切智智雖觀色蘊淨不淨性都不可得及
觀受想行識蘊淨不淨性亦不可得而不弃
捨一切智智雖觀色蘊空不空性都不可得
及觀受想行識蘊空不空亦不可得而不
棄捨一切智智雖觀色蘊想无性都不可
得及觀受想行識蘊相无相性亦不可得而
不棄捨一切智智雖觀色蘊願无願性都不
可得及觀受想行識蘊願无願性亦不可得
而不棄捨一切智智雖觀色蘊遠離不遠離

BD05946 號　大般若波羅蜜多經卷五九一

（16–5）

及觀受想行識蘊空不空亦不可得而不
棄捨一切智智雖觀色蘊想无性都不可
得及觀受想行識蘊相无相性亦不可得而
不棄捨一切智智雖觀色蘊願无願性都不
可得及觀受想行識蘊願无願性亦不可得
而不弃捨一切智智雖觀色蘊遠離不遠離
性都不可得及觀受想行識蘊遠離不遠離
性亦不可得而不棄捨一切智智雖觀色蘊
寂靜不寂靜性都不可得及觀受想行識蘊
寂靜不寂靜性亦不可得而不棄捨一切智
智雖觀眼處常无常性都不可得及觀耳鼻
舌身意處常无常性亦不可得而不棄捨一
切智智雖觀眼處樂无樂性都不可得　及
觀耳鼻舌身意處樂无樂性亦不可得而不
棄捨一切智智雖觀眼處我无我性都不可得
及觀耳鼻舌身意處我无我性亦不可得而
不棄捨一切智智雖觀眼處淨不淨性都不
可得及觀耳鼻舌身意處淨不淨性不可
得而不棄捨一切智智雖觀眼處空不空性
都不可得及觀耳鼻舌身意處空不空性亦
不可得而不棄捨一切智智雖觀眼處相无
相性都不可得及觀耳鼻舌身意處相无相
性亦不可得而不棄捨一切智智雖觀眼處
願无願性都不可得及觀耳鼻舌身意處
願无願性亦不可得而不棄捨一切智智雖觀
眼處遠離不遠離性都不可得及觀耳鼻舌
身意處遠離不遠離性亦不可得而不棄捨

BD05946 號　大般若波羅蜜多經卷五九一　（16–6）

性亦不可得而不棄捨一切智智雖觀眼處
願无願性都不可得及觀耳鼻舌身意處
願无願性亦不可得而不棄捨一切智智雖觀
眼處遠離不遠離性都不可得及觀耳鼻舌
身意處遠離不遠離性亦不可得而不棄捨
一切智智雖觀眼處寂靜不寂靜性都不可
得及觀耳鼻舌身意處寂靜不寂靜性亦不
可得而不棄捨一切智智雖觀色處常无常
性都不可得及觀聲香味觸法處常无常性
亦不可得而不棄捨一切智智雖觀色處樂
无樂性都不可得及觀聲香味觸法處樂无
樂性亦不可得而不棄捨一切智智雖觀色
處我无我性都不可得及觀聲香味觸法處
我無我性亦不可得而不棄捨一切智智　雖
觀色處淨不淨性都不可得及觀聲香味觸
法處淨不淨性亦不可得而不棄捨一切智
智雖觀色處空不空性都不可得及觀聲香
味觸法處空不空性亦不可得而不棄捨一
切智智雖觀色處相无相性都不可得及觀
聲香味觸法處相无相性亦不可得而不棄
捨一切智智雖觀色處願无願性都不可得
及觀聲香味觸法處願无願性亦不可得而
不棄捨一切智智雖觀色處遠離不遠離性
都不可得及觀聲香味觸法處遠離不遠離
性亦不可得而不棄捨一切智智雖觀色處
寂靜不寂靜性都不可得及觀聲香味觸法
處寂靜不寂靜性亦不可得而不棄捨一切
智智雖觀眼界常无常性都不可得及觀耳
鼻舌身意界常无常性亦不可得而不棄捨

BD05946 號　大般若波羅蜜多經卷五九一　（16–7）

性亦不可得而不棄捨一切智智雖觀色處
寂靜不寂靜性都不可得及觀聲香味觸法
處寂靜不寂靜性亦不可得而不棄捨一切
智智雖觀眼界常无常性都不可得及觀耳
鼻舌身意界常无常性亦不可得而不棄捨
一切智智雖觀眼界樂无樂性都不可得及
觀耳鼻舌身意界樂无樂性亦不可得而不
棄捨一切智智雖觀眼界我无我性都不可
得及觀耳鼻舌身意界我无我性亦不可得
而不棄捨一切智智雖觀眼界淨不淨性都
不可得及觀耳鼻舌身意界淨不淨性亦不
可得而不棄捨一切智智雖觀眼界空不空
性都不可得及觀耳鼻舌身意界空不空性
亦不可得而不棄捨一切智智雖觀眼界相
无相性都不可得及觀耳鼻舌身意界相无
相性亦不可得而不棄捨一切智智雖觀眼
界願无願性都不可得及觀耳鼻舌身意
界願无願性亦不可得而不棄捨一切智智
雖觀眼界遠離不遠離性都不可得及觀耳
鼻舌身意界遠離不遠離性亦不可得而不棄
捨一切智智雖觀眼界寂靜不寂靜性　都　不
可得及觀耳鼻舌身意界寂靜不寂靜性
亦不可得而不棄捨一切智知雖觀色界常无
常性都不可得及觀聲香味觸法界常无常
性亦不可得而不棄捨一切智智雖觀色界
樂无樂性都不可得及觀聲香味觸法界樂
无樂性亦不可得而不棄捨一切智知雖觀色
界我无我性都不可得及觀聲香味觸法

常性都不可得及觀聲香味觸法界常无常
性亦不可得而不棄捨一切智智雖觀色界
樂无樂性都不可得及觀聲香味觸法界樂
无樂性亦不可得而不棄捨一切智知雖觀色
界我无我性都不可得及觀聲香味觸法
界我无我性亦不可得而不棄捨一切智智
雖觀色界淨不淨性都不可得及觀聲香味
觸法界淨不淨性亦不可得而不棄捨　一切
智智雖觀色界空不空性都不可得及觀聲
香味觸法界空不空性亦不可得而不棄捨
一切智智雖觀色界相无相性都不可得及
觀聲香味觸法界相无相性亦不可得而不
棄捨一切智智雖觀色界願无願性都不可
得及觀聲香味觸法界願无願性亦不可得
而不棄捨一切智智雖觀色界遠離不遠離
性都不可得及觀聲香味觸法界遠離不遠
離性亦不可得而不棄捨一切智智雖觀色
界寂靜不寂靜性都不可得及觀聲香味觸
法界寂靜不寂靜性亦不可得而不棄捨一
切智智雖觀眼識界常无常性都不可得及
觀耳鼻舌身意識界常无常性亦不可得而
不棄捨一切智智雖觀眼識界樂无樂性　都
不可得及觀耳鼻舌身意識界樂无樂性亦
不可得而不棄捨一切智智雖觀眼識界我
无我性都不可得及觀耳鼻舌身意識界我
无我性亦不可得而不棄捨一切智智雖觀
眼識界淨不淨性都不可得及觀耳鼻舌身
意識界淨不淨性亦不可得而不棄捨一切

不可得而不棄捨一切智智雖觀眼識界我
无我性都不可得及觀耳鼻舌身意識界我
无我性亦不可得而不棄捨一切智智雖觀
眼識界淨不淨性都不可得及觀耳鼻舌身
意識界淨不淨性亦不可得而不棄捨一切
智智雖觀眼識界空不空性都不可得及觀
耳鼻舌身意識界空不空性亦不可得而不
棄捨一切智智雖觀眼識界相无相性都不
可得及觀耳鼻舌身意識界相无相性亦不可
得而不棄捨一切智智雖觀眼識界願无願
性都不可得及觀耳鼻舌身意識界願无願
性亦不可得而不棄捨一切智智雖觀眼識
界遠離不遠離性都不可得及觀耳鼻舌
身意識界遠離不遠離性亦不可得而不棄
捨一切智智雖觀眼識界寂靜不寂靜都不可
得及觀耳鼻舌身意識界寂靜不寂靜性亦
不可得而不棄捨一切智智雖觀眼觸常无
常性都不可得及觀耳鼻舌身意觸常无常
性亦不可得而不棄捨一切智知雖觀眼觸樂
无樂性都不可得及觀耳鼻舌身意觸樂
无樂性亦不可得而不棄捨一切智智雖觀
眼觸我无我性都不可得及觀耳鼻舌身意
觸我无我性亦不可得而不棄捨一切智智雖
觀眼觸淨不淨性都不得及觀耳鼻舌身
意觸淨不淨性亦不可得而不棄捨一切智
智雖觀眼觸空不空性都不可得及觀耳鼻
舌身意觸空不空性亦不可得而不棄捨一
切智智雖觀眼觸相无相性都不可得及觀

BD05946號　大般若波羅蜜多經卷五九一　（16–10）

觀眼觸淨不淨性都不得及觀耳鼻舌身
意觸淨不淨性亦不可得而不棄捨一切智
智雖觀眼觸空不空性都不可得及觀耳鼻
舌身意觸空不空性亦不可得而不棄捨一
切智智雖觀眼觸相无相性都不可得及觀
耳鼻舌身意觸相无相性亦不可得而不棄
捨一切智智雖觀眼觸願无願性都不可得及
觀耳鼻舌身意觸願无願性亦不可得而不
棄捨一切智智雖觀眼觸遠離不遠離性都
不可得及觀耳鼻舌身意觸遠離不遠離性
亦不可得而不棄捨一切智智雖觀眼觸寂
靜不寂靜性都不可得及觀耳鼻舌身意觸
寂靜不寂靜性亦不可得而不棄捨一切智
智雖觀眼觸為緣所生諸受常无常性都不
可得及觀耳鼻舌身意觸為緣所生諸受常
无常性亦不可得而不棄捨一切智智雖觀
眼觸為緣所生諸受樂无樂性都不可得及
觀耳鼻舌身意觸為緣所生諸受樂无樂
性亦不可得而不棄捨一切智智雖觀眼觸
為緣所生諸受我无我性都不可得及觀耳
鼻舌身意觸為緣所生諸受我无我性亦不
可得而不棄捨一切智智雖觀眼觸為緣所
生諸受淨不淨性都不可得及觀耳鼻舌身
意觸為緣所生諸受淨不淨性亦不可得而
不棄捨一切智智雖觀眼觸為緣所生諸受
空不空性都不可得及觀耳鼻舌身意觸為
緣所生諸受空不空性不可得而不棄捨
一切智智雖觀眼觸為緣所生諸受相无相

BD05946號　大般若波羅蜜多經卷五九一　（16–11）

意觸為緣所生諸受淨不淨性亦不可得而
不棄捨一切智智雖觀眼觸為緣所生諸受
空不空性都不可得及觀耳鼻舌身意觸為
緣所生諸受空不空性不可得而不棄捨
一切智智雖觀眼觸為緣所生諸受相无相
性都不可得及觀耳鼻舌身意觸為緣所生
諸受相无相性亦不可得而不棄捨一切智
智雖觀眼觸為緣所生諸受願无願性都不
可得及觀耳鼻舌身意觸為緣所生諸受願
无願性亦不可得而不棄捨一切智智雖觀
眼觸為緣所生諸受遠離不遠離性都不可
得及觀耳鼻舌身意觸為緣所生諸受遠離
不遠離性亦不可得而不棄捨一切智智雖
觀眼觸為緣所生諸受寂靜不寂靜性都不
可得及觀耳鼻舌身意觸為緣所生諸受寂
靜不寂靜性亦不可得而不棄捨一切智智
雖觀地界常无常性都不可得及觀水火風
空識界常无常性亦不可得而不棄捨一切
智智雖觀地界樂无樂性都不可得及觀水
火風空識界樂无樂性亦不可得而不棄捨一
切智智雖觀地界我无我性都不可得及觀
水火風空識界我无我性亦不可得而不棄
捨一切智智雖觀地界淨不淨性都不可得
及觀水火風空識界淨不淨性亦不可得而
不棄捨一切智智雖觀地界空不空性都不
可得及觀水火風空識界空不空性亦不可
得而不棄捨一切智智雖觀地界相无相性
都不可得及觀水火風空識界相无相性亦

BD05946 號　大般若波羅蜜多經卷五九一　（16–12）

及觀水火風空識界淨不淨性亦不可得而
不棄捨一切智智雖觀地界空不空性都不
可得及觀水火風空識界空不空性亦不可
得而不棄捨一切智智雖觀地界相无相性
都不可得及觀水火風空識界相无相性亦
不可得而不棄捨一切智智雖觀地界願无
願性都不可得及觀水火風空識界願无願
性亦不可得而不棄捨一切智智雖觀地界
遠離不遠離性都不可得及觀水火風空識
界遠離不遠離性亦不可得而不棄捨一切
智智雖觀地界寂靜不寂靜都不可得及
觀水火風空識界寂靜不寂靜亦不可得
而不棄捨一切智智雖觀因緣常无常性都
不可得及觀等无間緣所緣緣增上緣并從
緣所生法常无常性亦不可得而不棄捨一
切智智雖觀因緣樂无樂性都不可得及觀
等无間緣所緣緣增上緣并從緣所生法樂
无樂性亦不可得而不棄捨一切智智雖觀
因緣我无我性都不可得及觀等无間緣所
緣緣增上緣并從緣所生法我无我性亦不
可得而不棄捨一切智智雖觀因緣淨不淨
性都不可得及觀等无間緣所緣緣增上緣
并從緣所生法淨不淨性亦不可得而不棄
捨一切智智雖觀因緣空不空性都不可得
及觀等无間緣所緣緣增上緣并從緣所生
法空不空性亦不可得而不棄捨一切智智
雖觀因緣相无相性都不可得及觀等无間
緣所緣緣增上緣并從緣所生法相无相性
亦不可得而不棄捨一切智智雖觀因緣願

BD05946 號　大般若波羅蜜多經卷五九一　（16–13）

及觀等无間緣所緣緣增上緣并從緣所生
法空不空性亦不可得而不棄捨一切智智
雖觀因緣相无相性都不可得及觀等无間
緣所緣緣增上緣并從緣所生法相无相性
亦不可得而不棄捨一切智智雖觀因緣願
无願性都不可得及觀等无間緣所緣緣
增上緣并從緣所生法願无願性亦不可得而不
棄捨一切智智雖觀因緣遠離不遠離性都
不可得及觀等无間緣所緣緣增上緣并從
緣所生法遠不遠離性亦不可得而不棄
捨一切智智雖觀因緣寂靜不寂靜性都不
可得及觀等无間緣所緣緣增上緣并從緣
所生法寂靜不寂靜性亦不可得而不棄捨
一切智智
尒時滿慈子問舍利子言何緣如來應正等
覺許諸菩薩摩訶薩衆入四靜慮四无色定
不許菩薩摩訶薩衆久住其中心生染著舍
利子言勿諸菩薩摩訶薩衆於四靜慮四无
色定心生染著生長壽天是故如來應正等
覺不許菩薩摩訶薩衆於四靜慮四无色定
心生染著久住其中何以故滿慈子若生欲界
速能圓滿一切智智生色无色无斯用故
時滿慈子便白具壽舍利子言諸菩薩衆甚
為希有能為觀事謂諸菩薩住勝定已還棄
捨之受下劣法譬如有人遍見伏藏于執珎寶
還棄捨之敀於後時見貝珠等中手執取
徛入舍中如是菩薩摩訶薩衆入四靜慮四
无色定寂靜安樂隨意遊上後棄捨之還生

BD05946號　大般若波羅蜜多經卷五九一　（16–14）

為希有能為觀事謂諸菩薩住勝定已還棄
捨之受下劣法譬如有人遍見伏藏于執珎寶
還棄捨之敀於後時見貝珠等中手執取
徛入舍中如是菩薩摩訶薩衆入四靜慮四
无色定寂靜安樂隨意遊上後棄捨之還生
欲界攝受種下劣身心依之修行布施淨
戒安忍精進靜慮般若波羅蜜多及餘无邊
菩提分法佛觀此義應許菩薩摩訶薩衆
生長壽天長時修行布施淨戒安忍精進靜慮
般若波羅蜜多及餘无邊菩提分法由斯疾
得一切智智時滿慈子便白佛言我對世尊
作如是說豈不顯佛是實語者是法語者能
正宣說法隨法者尒時佛告滿慈子言汝今
對我作如是說非顯如來是實語者是法語
者能正宣說法隨法者何以故滿慈子若諸
菩薩生長壽天不能修行如是功德不能疾
得一切智智又滿慈子若諸菩薩入四靜慮四
无色定寂靜安樂是諸菩薩不作是念我由
此定生色无色亦不思惟我由靜慮及无色
定起色无色是諸菩薩入四靜慮四无色定
寂靜安樂但欲引發自在神通與諸有情作
大饒益亦欲調伏麁重身心令有堪能條諸
功德是諸菩薩摩訶薩衆入諸勝定寂靜安
樂方便善巧受欲界身於諸勝定亦无退失
是故菩薩摩訶薩衆不起三界亦不染著方
便善巧受欲界身饒益有情親近諸佛疾能
證得一切智智時滿慈子復白佛言豈不如
來應正等覺一切智智超過三界佛言如

BD05946號　大般若波羅蜜多經卷五九一　（16–15）

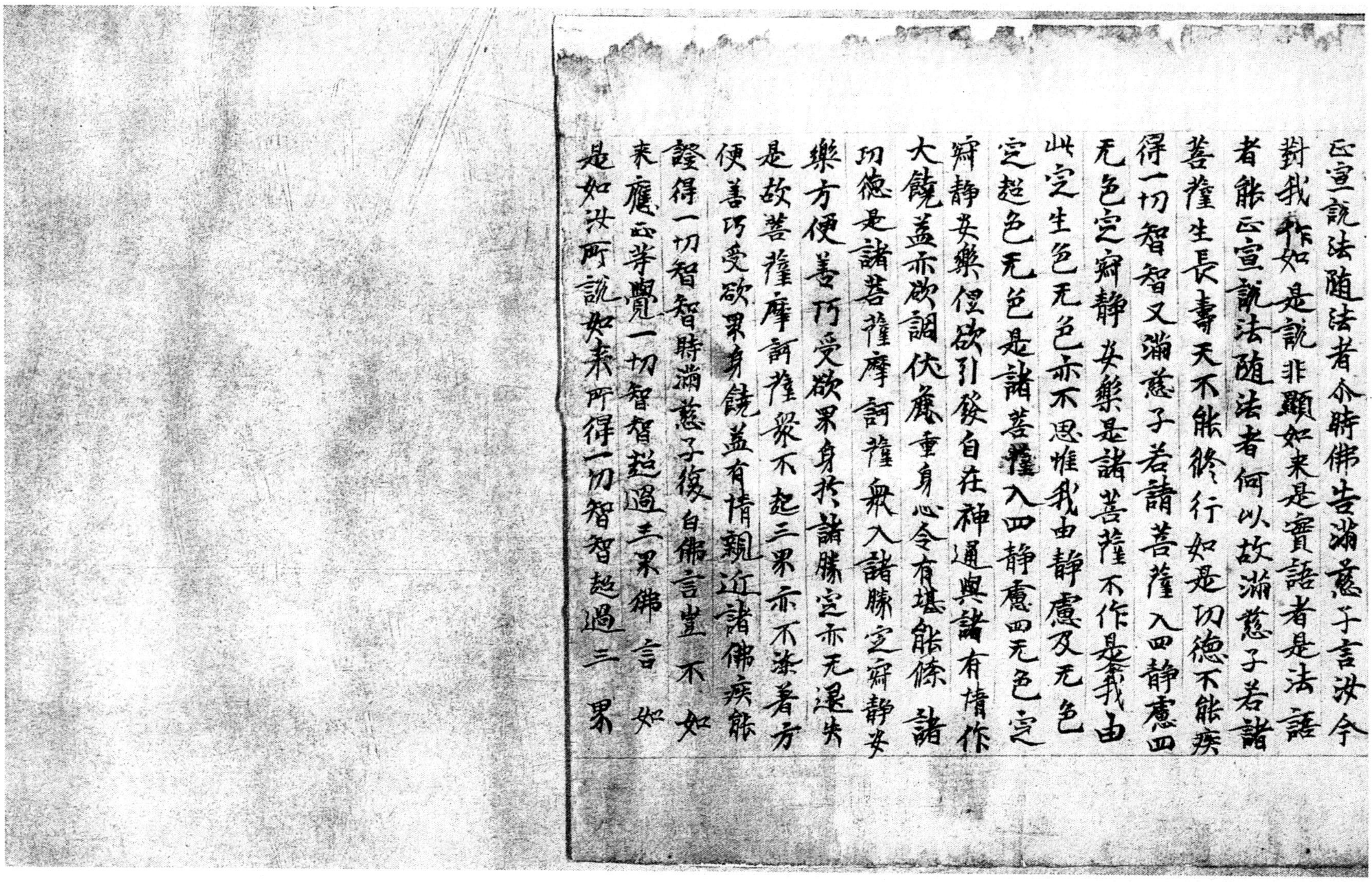

正宣說法隨法者尒時佛告滿慈子言汝今
對我作如是說非顯如來是實語者是法語
者能正宣說法隨法者何以故滿慈子若諸
菩薩生長壽天不能修行如是功德不能疾
得一切智智又滿慈子若諸菩薩入四靜慮四
无色定寂靜安樂是諸菩薩不作是念我由
此定生色无色亦不思惟我由靜慮及无色
定超色无色是諸菩薩入四靜慮四无色定
寂靜安樂但欲引發自在神通與諸有情作
大饒益亦欲調伏麁重身心令有堪能修諸
功德是諸菩薩摩訶薩衆入諸勝定寂靜安
樂方便善巧受欲界身於諸勝定亦无退失
是故菩薩摩訶薩衆不起三界亦不染著方
便善巧受欲界身饒益有情親近諸佛疾能
證得一切智智時滿慈子復白佛言豈不如
來應正等覺一切智智超過三界佛言如
是如汝所說如來所得一切智智超過三界

BD05946 號　大般若波羅蜜多經卷五九一　　（16–16）

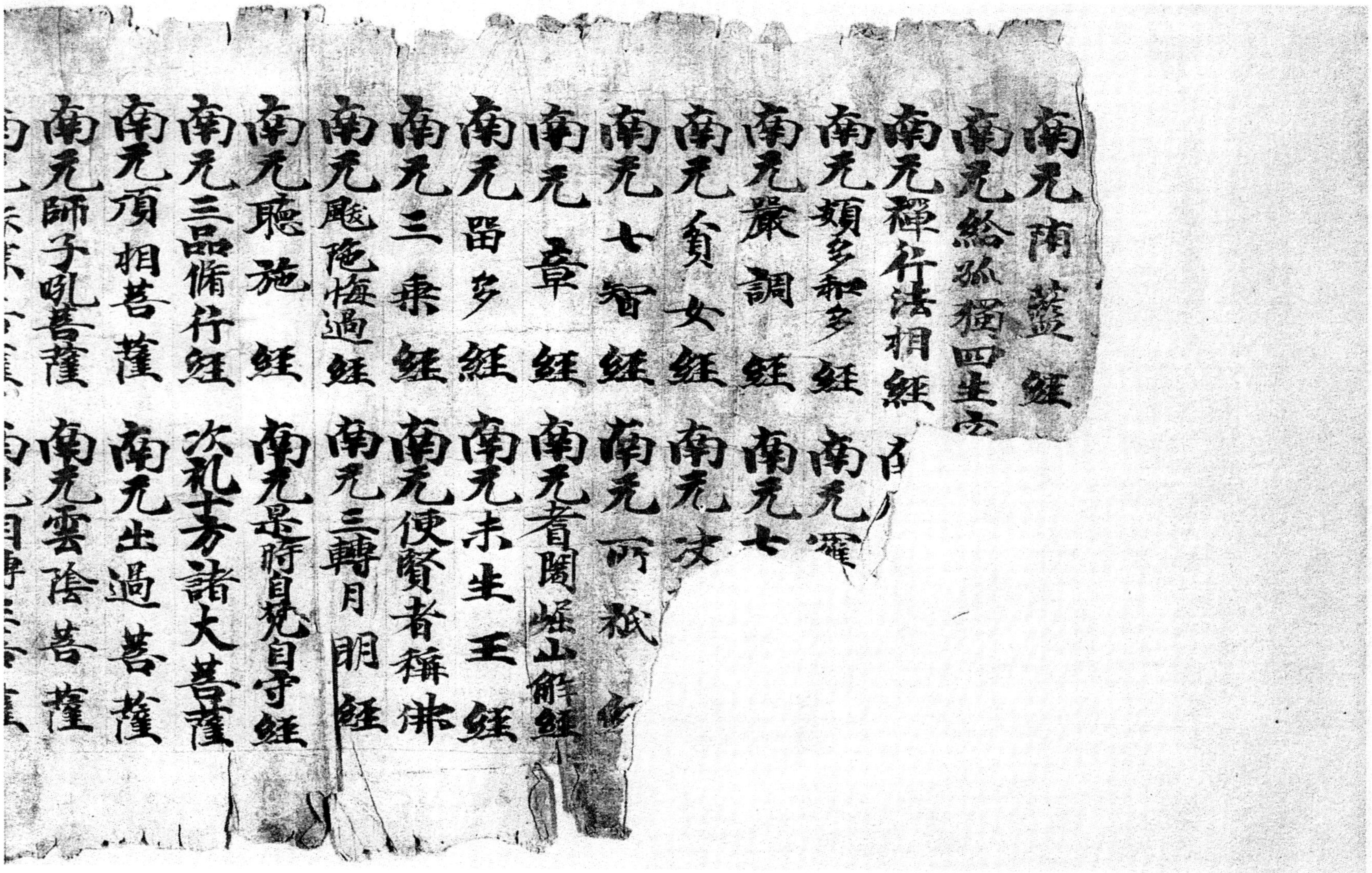

南无閉藍經
南无給孤獨四生□
南无禪行法相經　百…
南无頻多和多經　南无羅…
南无嚴調經　南无七…
南无貧女經　南无文…
南无七智經　南无所祇…
南无章經　南无耆闍崛山解經
南无留多經　南无未生王經
南无三乘經　南无便賢者稱佛
南无颰陁悔過經　南无三轉月明經
南无聽施經　南无是時自見自守經
南无三品備行經　次礼十方諸大菩薩
南无須相菩薩　南无出過菩薩
南无師子吼菩薩　南无雲陰菩薩

BD05947 號　佛名經（十六卷本）卷一〇　　（6–1）

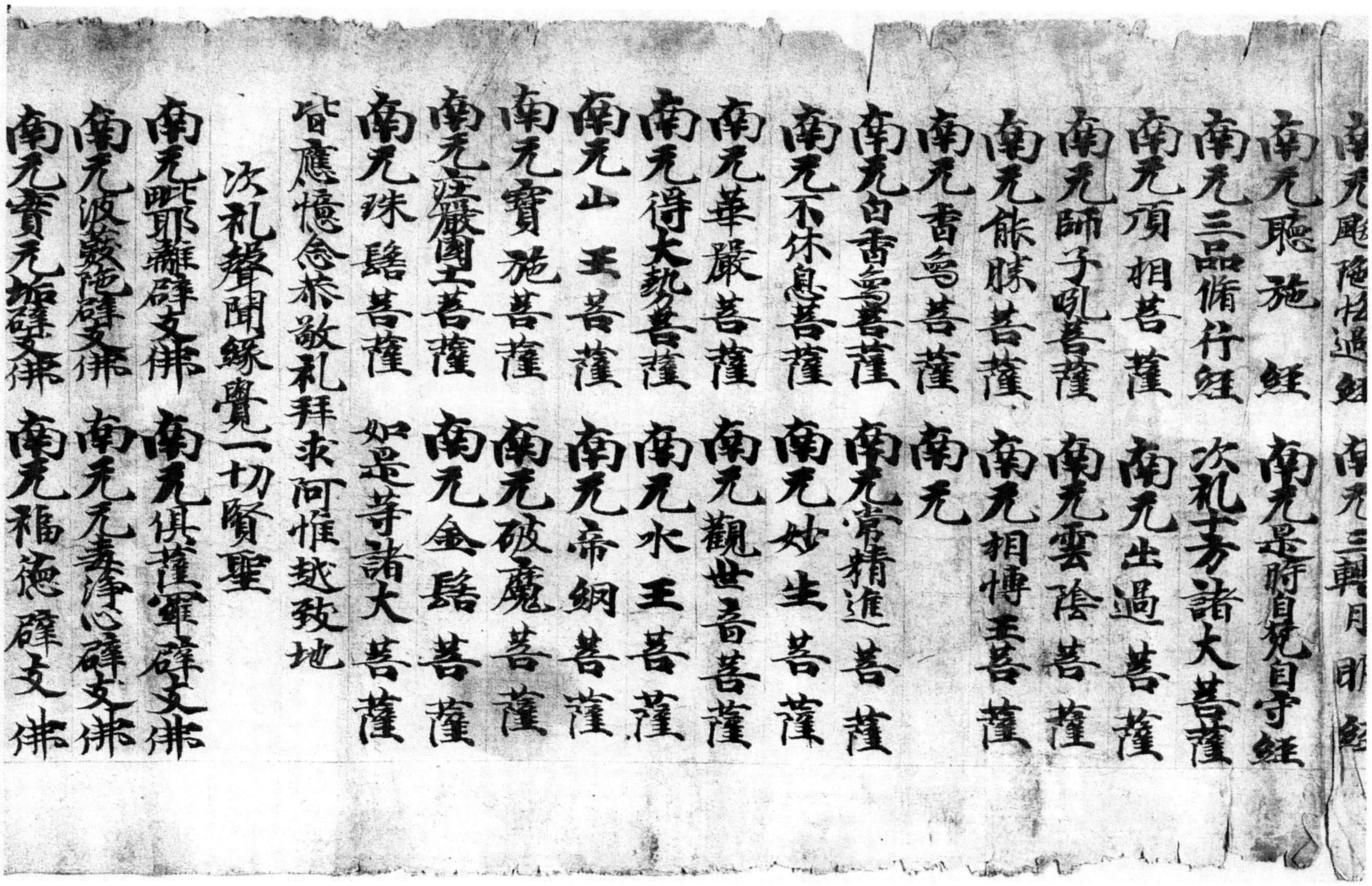

南无颰陁悕過經　南无三輿月明經
南无聽施經　南无是時自覺自守經
南无三品脩行經　次礼十方諸大菩薩
南无須相菩薩　南无出過菩薩
南无師子吼菩薩　南无雲陰菩薩
南无能勝菩薩　南无相博王菩薩
南无香象菩薩　南无
南无白香象菩薩　南无常精進菩薩
南无不休息菩薩　南无妙生菩薩
南无華嚴菩薩　南无觀世音菩薩
南无得大勢菩薩　南无水王菩薩
南无山王菩薩　南无帝網菩薩
南无寶施菩薩　南无破魔菩薩
南无莊嚴國土菩薩　南无金髻菩薩
南无珠髻菩薩　如是等諸大菩薩
皆應憶念恭敬礼拜求阿惟越致地
次礼聲聞緣覺一切賢聖
南无毗耶離辟支佛　南无俱薩羅辟支佛
南无波𦪷陁辟支佛　南无无垢淨心辟支佛
南无賓无垢辟支佛　南无福德辟支佛

BD05947號　佛名經（十六卷本）卷一〇　（6–2）

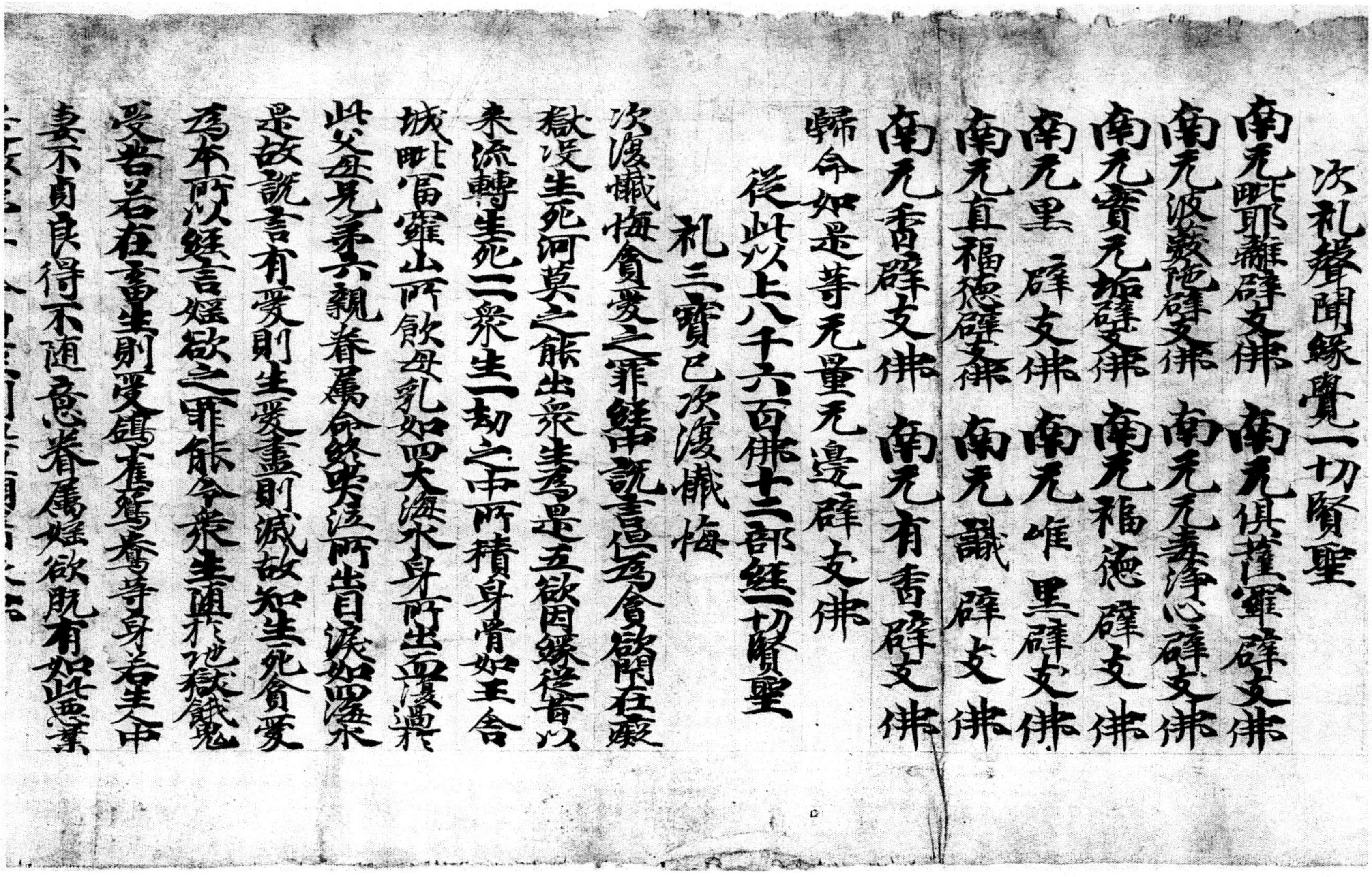

次礼聲聞緣覺一切賢聖
南无毗耶離辟支佛　南无俱薩羅辟支佛
南无波𦪷陁辟支佛　南无无垢淨心辟支佛
南无賓无垢辟支佛　南无福德辟支佛
南无黑辟支佛　南无唯黑辟支佛
南无直福德辟支佛　南无識辟支佛
南无香辟支佛　南无有香辟支佛
歸命如是等无量无邊辟支佛
從此以上八千六百佛十二部經一切賢聖
礼三寶已次復懺悔
次復懺悔貪愛之罪經中說言但為貪欲閉在癡
獄沒生死河莫之能出衆生為是五欲因緣從昔以
來流轉生死一一衆生一劫之中所積身骨如王舍
城毗富羅山所飲母乳如四大海水身所出血復過於
此父母兄弟六親眷屬命終哭泣所出目淚如四海水
是故說言有愛則生愛盡則滅故知生死貪愛
為本所以經言婬欲之罪能令衆生墮於地獄餓鬼
受苦若在畜生則受鴿雀鴛鴦等身若生人中
妻不貞良得不隨意眷屬婬欲既有如此惡業

BD05947號　佛名經（十六卷本）卷一〇　（6–3）

[illegible]
是故說言有愛則生愛盡則滅故知生死貪愛
為本所以經言婬欲之罪能令衆生墮於地獄餓鬼
受苦若在畜生則受鴿雀鴛鴦等身若生人中
妻不貞良得不隨意眷屬婬欲既有如此惡業
是故弟子今日至到稽顙歸依佛
南无東方師音王佛　南无南方大雲藏佛
南无西方无量壽佛　南无北方紅蓮華光佛
南无東南方无垢稱佛　南无西南方孫調伏佛
南无西北方嚴華德佛　南无東北方心同虛空佛
南无下方无垢稱王佛　南无上方淨智慧海佛
如是十方盡虛空界一切三寶
弟子自從无始以來至於今日或通人妻妾奪他
婦女侵陵貞潔汙比丘尼破他梵行逼迫不道濁心
邪視言語嘲調或復恥他門户汙賢善名或於男
子五種人所起不淨行如是等罪今悉懺悔
又復无始以來至於今日或眼為色或愛染玄黃紅
綠朱紫珍玩寶飾或取男女長短黑白姿態之
相起非法想耳貪好聲宮商絃管伎樂歌唱或取
男子音聲語言啼哭之相起非法想或鼻著名香

BD05947號　佛名經（十六卷本）卷一〇　（6-4）

又復无始以來至於今日或眼為色或愛染玄黃紅
綠朱紫珍玩寶飾或取男女長短黑白姿態之
相起非法想耳貪好聲宮商絃管伎樂歌唱或取
男子音聲語言啼哭之相起非法想或鼻著名香
蘊麝幽蘭鬱金薀合起非法想或舌貪好味
鮮美甘肥衆生肉血惡養四大更增苦本起非法想
身樂華綺錦綉繒縠一切細滑七珍靡服起非法想
或意多亂想觸向乖法有六根造罪无甚如是等
罪无量无邊今日至到向十方佛尊法聖衆皆悉懺悔
願弟子等承是懺悔婬欲等罪所生功德願生生
世世自然化生不由胎胞清淨皎潔相好光嚴情
開朗聰利分明了達恩愛猶如桎梏觀此六塵如
幻如化於五欲境決定厭離乃至夢中不起邪想內
外因緣永不能動願以懺悔眼根功德願今此眼
徹見十方諸佛菩薩清淨法身不以二相願以懺悔
耳根功德願令此耳常聞十方諸佛賢聖所說正
法如教奉行　願以懺悔鼻根功德願令此鼻常
聞香積入法位香捨離生死不淨臭穢願以懺悔
舌根功德願令此舌常飡法喜禪悅之食不貪衆
[illegible]

BD05947號　佛名經（十六卷本）卷一〇　（6-5）

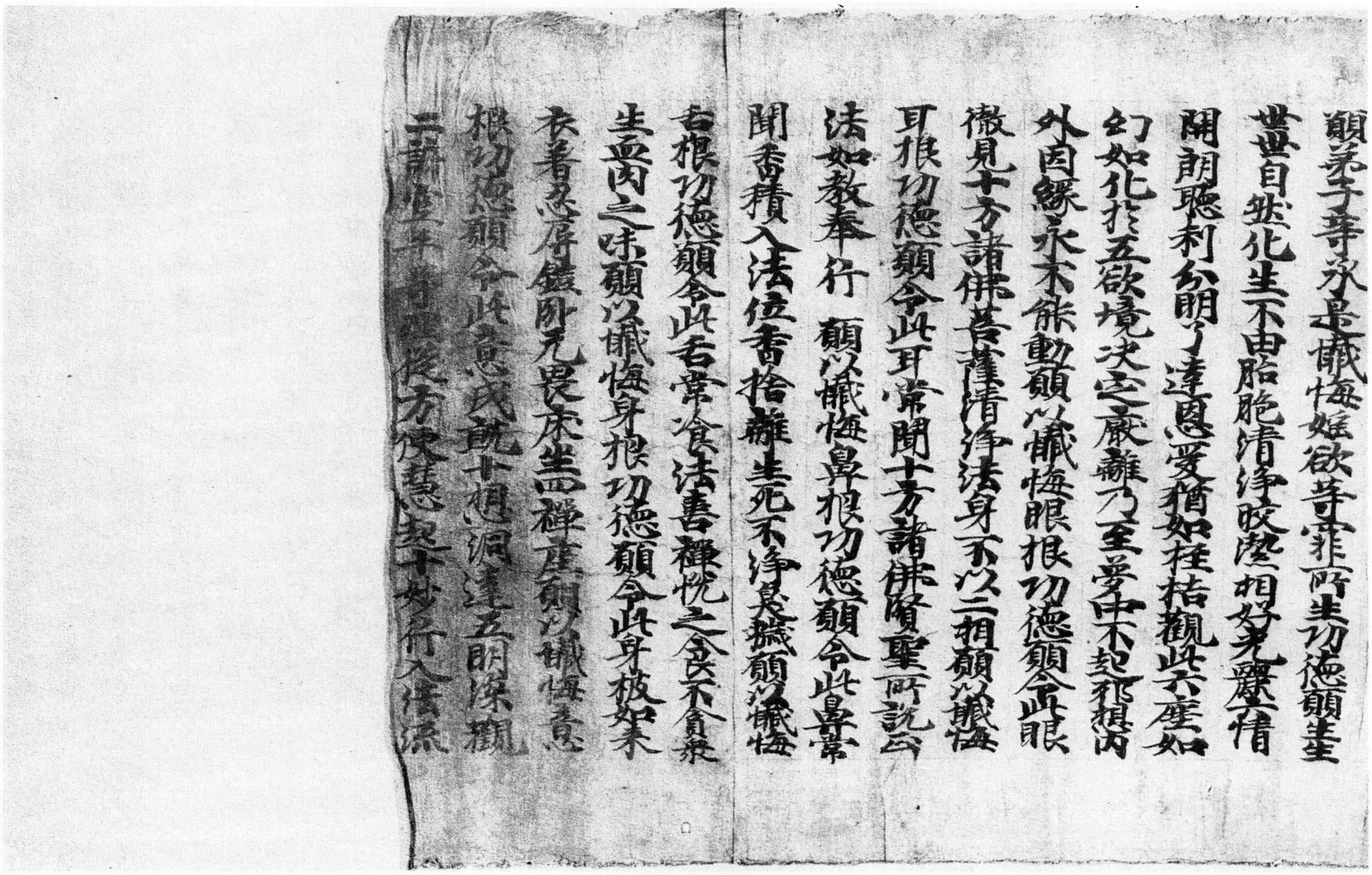
願弟子等永是懺悔婬欲等罪所生功德願生生
世世自然化生不由胞胎清淨皎潔相好光嚴情
開朗聰利分明了達恩愛猶如桎梏觀此六塵如
幻如化於五欲境決定厭離乃至夢中不起邪想內
外因緣永不能動願以懺悔眼根功德願令此眼
徹見十方諸佛菩薩清淨法身不以二相願以懺悔
耳根功德願令此耳常聞十方諸佛賢聖所說正
法如教奉行 願以懺悔鼻根功德願令此鼻常
聞香積入法位香捨離生死不淨臭穢願以懺悔
舌根功德願令此舌常餐法喜禪悅之食不貪眾
生血肉之味願以懺悔身根功德願令此身披如來
衣著忍辱鎧卧无畏床坐四禪座願以懺悔意
根功德願令此意成就十相洞達五明深觀
二諦空平等理從方便慧起十妙行入法流

BD05947 號　佛名經（十六卷本）卷一〇　（6–6）

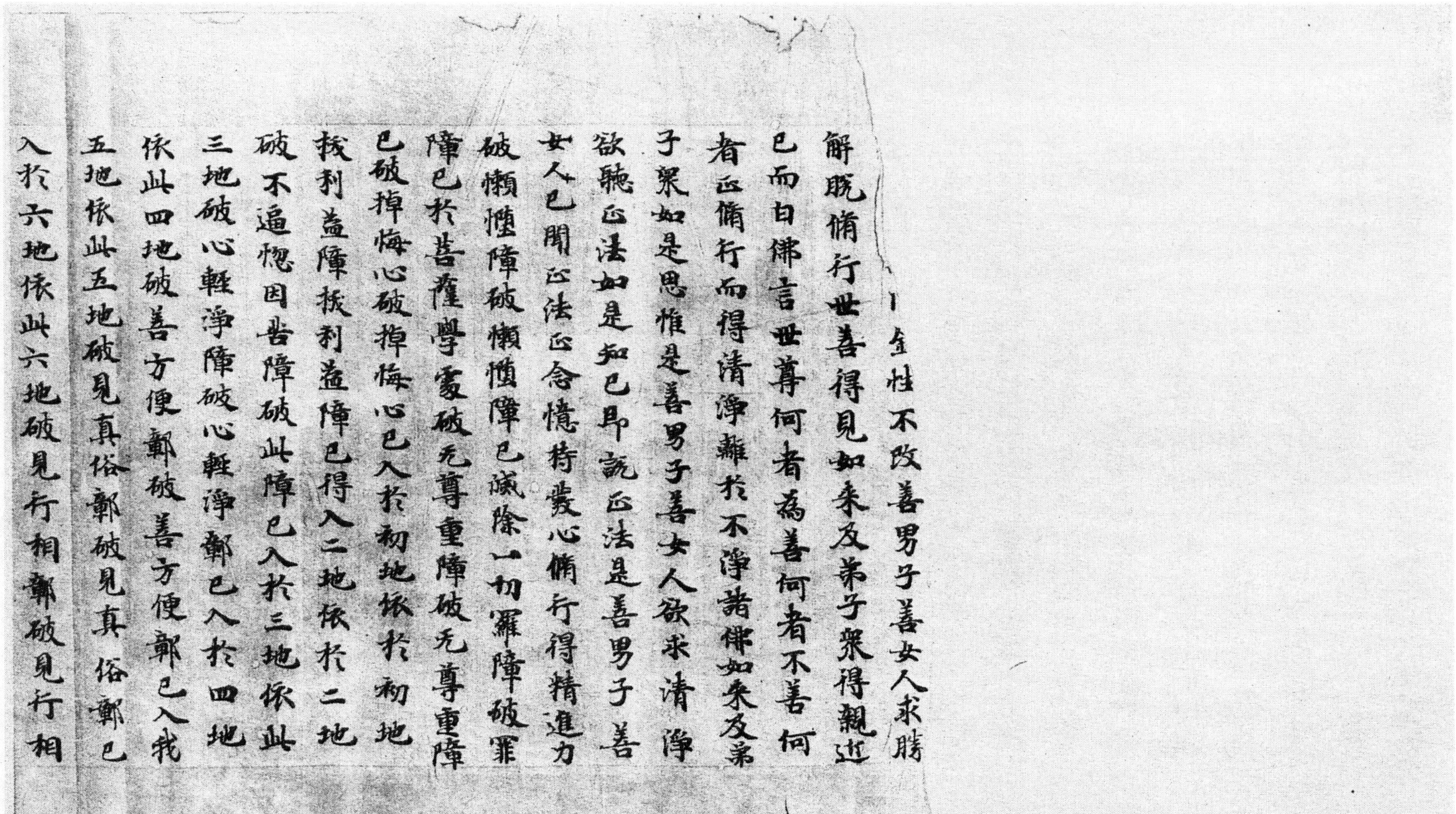
金性不改善男子善女人求勝
解脫脩行世善得見如來及弟子眾得親近
已而白佛言世尊何者為善何者不善何
者正脩行而得清淨離於不淨諸佛如來及弟
子眾如是思惟是善男子善女人欲求清淨
欲聽正法如是知已即說正法是善男子善
女人已聞正法正念憶持發心脩行得精進力
破懶惰障破懶惰障已滅除一切罪障破罪
障已於菩薩學處破无尊重障破无尊重障
已破掉悔心破掉悔心已入於初地依於初地
拔利益障拔利益障已得入二地依於二地
破不逼惱因苦障破此障已入於三地依此
三地破心輕淨障破心輕淨鄣已入於四地
依此四地破善方便鄣破善方便鄣已入我
五地依此五地破見真俗鄣破見真俗鄣已
入於六地依此六地破見行相鄣破見行相

BD05948 號　合部金光明經卷一　（6–1）

拔利益障拔利益障已得入二地依於二地
破不逼惱因苦障破此障已入於三地依此
三地破心輕淨障破心輕淨鄣已入於四地
依此四地破善方便鄣破善方便鄣已入我
五地依此五地破見真俗鄣破見真俗鄣已
入於六地依此六地破見行相鄣破見行相
鄣已入於七地依此七地破不見滅相鄣破
不見滅相障已入於八地依此八地破不見生
相鄣破不見生相鄣已入於九地依此九地
破六通鄣破六通鄣已入於十地依此十地
破一切所知鄣破一切所知鄣已拔除本
心入如來地如來地者為三種淨故得無
清淨何者為三一者煩惱淨二者苦淨三
者相淨譬如有金鎔銷練治既燒打已无復塵
垢為顯金體本清淨故是金清淨不為无金
譬如水界澄渟清淨无復穢濁為顯水性清
淨不為无水如是法身煩惱本起悉皆清淨
是法身清淨不為无體譬如空中烟雲塵霧
皆悉已淨是空清淨不為无空如是法身一
切諸苦悉皆滅盡故說清淨不為无體譬如
有人於臥寐中夢見大水流汎其身運手動
足逆流而上以其心力不懈退故從於此岸得
至彼岸夢既覺已不見有水彼此之岸生
死妄想既滅盡已是覺清淨不為无覺如
是法界一切妄想不復更生故說清淨不為无

BD05948號　合部金光明經卷一　（6–2）

有人於臥寐中夢見大水流汎其身運手動
足逆流而上以其心力不懈退故從於此岸得
至彼岸夢既覺已不見有水彼此之岸生
死妄想既滅盡已是覺清淨不為无覺如
是法界一切妄想不復更生故說清淨不為无
體說於清淨復次善男子是法身者煩惱鄣
清淨故能現應身業鄣清淨故能現化身智
鄣清淨故能現法身譬如依空出電依電出
光如是依於法身出於應身依於應身出於
化身是故性無清淨攝受法身智慧清淨
攝受應身三昧清淨攝受化身是三清淨是法
如如是不異如如一味如如解脫如如究竟如
如是故諸佛體一不異善男子若有善男
子善女人說於如來是我大師當知是善男
子善女人悉見如來之身无有別身善男子
是故於一切境界不正思惟悉除斷故而於此
法无有分別聖所脩行於如如无二一相法
中以脩行故如是如是一切種鄣悉皆除滅
如如一切鄣滅如是如是法如如如如智最
得清淨如如法界智慧清淨如是如是一
切自在具足攝受故得一切自在者一切諸
鄣悉滅除故一切種清淨故是如如智相如
是見者是名聖見是則名為真實見佛何
以故如如得見如如故是故如來見一切如來
何以故聲聞緣覺已出三界覓於真境不能

BD05948號　合部金光明經卷一　（6–3）

切自在具足攝受故得一切自在者一切諸
鄣悉滅除故一切種清淨故是如如智相如
是見者是名聖見是則名為真實見佛何
以故如如得見如如故是故如來見一切如來
何以故聲聞緣覺已出三界求於真境不能
知見如是聖人所不知見一切凡夫皆生疑惑
顛倒分別不能得度譬如兔子欲度大海
何以故不能通達法如如故一切如來无分
別心於一切法得大自在无量清淨智慧見
故自境界不共他故於无量无邊阿僧祇劫
不惜身命難行能行為得此身如此之身
最上无比是處最勝不可思議過言說界是
妙寂静過一切怖畏善男子如是知見如如
不生老不死壽命无限无有寢臥无有食
身心常在定无有散動若於如來起諍訟心
則不能得見於如來如來所說皆能利益
有聽聞者皆蒙解脫若有惡人惡鳥惡禽
獸等不相逢值於佛起業果報无邊一切如來无
无記事一切境界无欲知心生死涅槃无有異
心如來所說无不決定諸佛如來四威儀中无
非智攝一切諸法无有不為慈悲所攝无有
不為利益一切諸眾生者善男子若有善
男子善女人於此金光明經聽聞信解不墮
地獄餓鬼畜生阿脩羅道常生人天不為下
劣恒得親近諸佛如來聽受正法常生諸佛

BD05948 號　合部金光明經卷一　（6–4）

非智攝一切諸法无有不為慈悲所攝无有
不為利益一切諸眾生者善男子若有善
男子善女人於此金光明經聽聞信解不墮
地獄餓鬼畜生阿脩羅道常生人天不為下
劣恒得親近諸佛如來聽受正法常生諸佛
清淨國土何以故是甚深法得入於耳是善
男子如來已見已記當得不退阿耨多羅三
藐三菩提是善男子如是甚深之法得經於
耳當知是人不謗如來不謗正法不謗聖僧
一切眾生未種善根令得種故已種善根令
增長成熟故一切世界所有眾生皆悉能行
六波羅蜜是時虛空藏菩薩梵釋四王諸
天眾等即從坐起偏袒右肩合掌恭敬頂禮
佛足而白佛言世尊若有處處國土講說是
金光明微妙經典於其國土四種利益何者
為四一者國王軍眾強盛无諸怨敵離於疾
疫正法興隆二者輔相大臣和悅无諍王所
敬愛三者沙門婆羅門及國邑人民脩行
正法多所利益年命長遠富逸安樂於諸
福田悉脩得立四者三時之中四大調適是
諸人天增加守護慈悲平等心无傷害令一切
眾生誠心歸仰皆悉脩行菩提之行如是四
種利益功德我等皆當處處為作利益佛
言善哉善哉善男子汝等應當如是脩行如
是經典則久住於世

BD05948 號　合部金光明經卷一　（6–5）

一切衆生未種善根令得種故已種善根令
增長成熟故一切世界所有衆生皆悉能行
六波羅蜜是時虛空藏菩薩梵釋四王諸
天衆等即從坐起偏袒右肩合掌恭敬頂礼
佛足而白佛言世尊若有處處國土講說是
金光明微妙經典於其國土四種利益何者
為四一者國王軍衆強盛无諸怨敵離於疾
疫正法興隆二者輔相大臣和悅无諍王所
敬愛三者沙門婆羅門及國邑人民脩行
正法多所利益年命長遠冨逸安樂於諸
福田悉脩得立四者三時之中四大調適是
諸人天增加守護慈悲平等心无傷害令一切
衆生誠心歸仰皆悉脩行菩提之行如是四
種利益功德我等皆當處處為作利益佛
言善哉善哉善男子汝等應當如是脩行如
此經典則久住於世
金光明經卷第一

BD05948 號　合部金光明經卷一　（6–6）

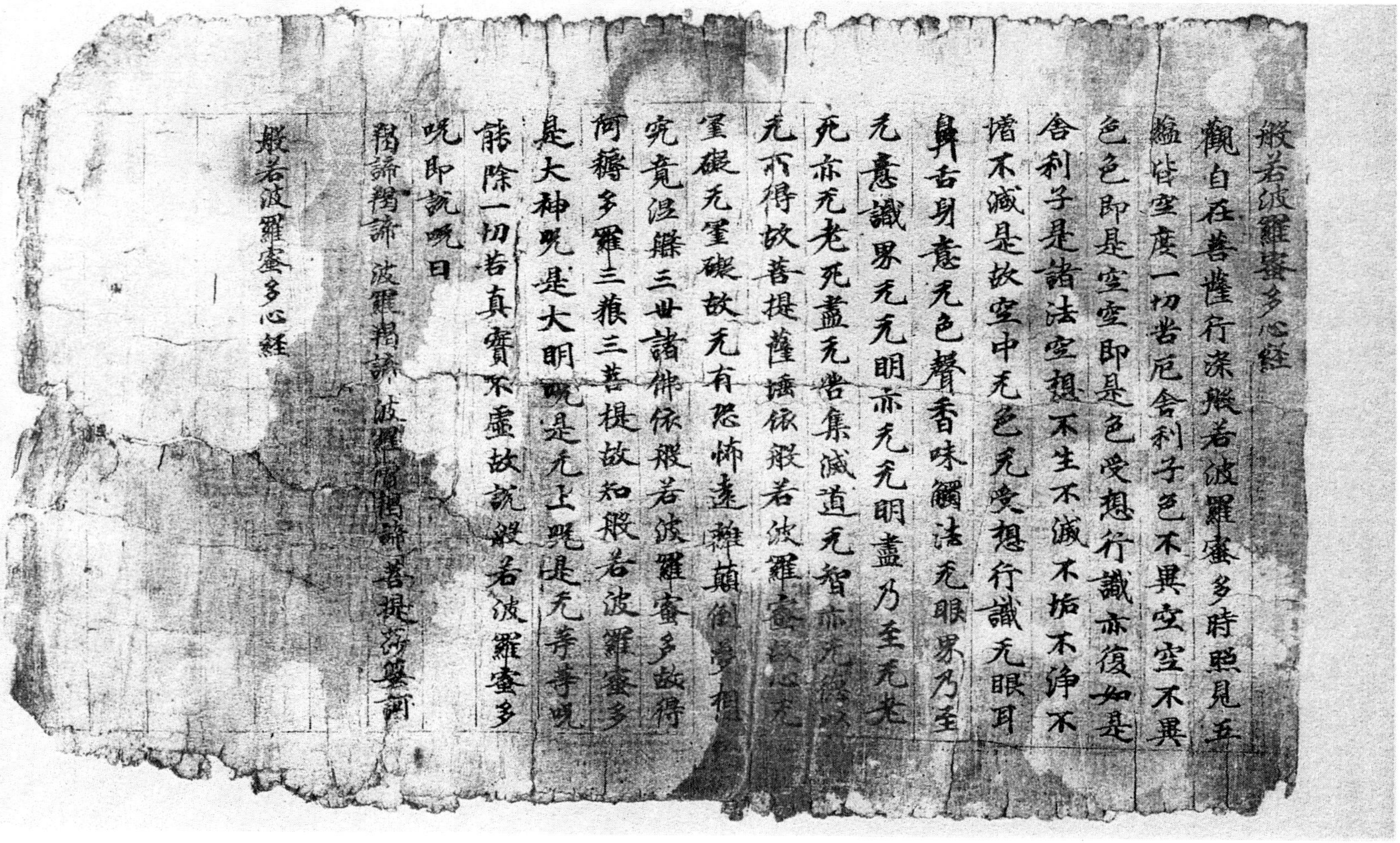

般若波羅蜜多心經
觀自在菩薩行深般若波羅蜜多時照見五
蘊皆空度一切苦厄舍利子色不異空空不異
色色即是空空即是色受想行識亦復如是
舍利子是諸法空相不生不滅不垢不淨不
增不減是故空中无色无受想行識无眼耳
鼻舌身意无色聲香味觸法无眼界乃至
无意識界无无明亦无无明盡乃至无老
死亦无老死盡无苦集滅道无智亦无得以
无所得故菩提薩埵依般若波羅蜜故心无
罣礙无罣礙故无有恐怖遠離顛倒夢想
究竟涅槃三世諸佛依般若波羅蜜多故得
阿耨多羅三藐三菩提故知般若波羅蜜多
是大神呪是大明呪是无上呪是无等等呪
能除一切苦真實不虛故說般若波羅蜜多
呪即說呪曰
揭諦揭諦　波羅揭諦　波羅僧揭諦　菩提莎婆訶
般若波羅蜜多心經

BD05949 號　般若波羅蜜多心經　（1–1）

南无十佛國土不可說億那由他微塵數普
賢佛
南无一切同名普賢佛
南无過去未来現在諸佛
南无栴檀遠離諸煩惱藏佛
南无功德奮迅佛　南无勝奮迅佛
南无脩寂靜佛　南无上寂靜佛
南无住虛空佛　南无降伏諸魔怨佛
南无百寶佛　南无難勝光佛
南无自在作佛　南无自作佛
南无无垢光佛　南无自在觀佛
南无金光明師子奮迅佛　南无无垢威德佛
南无觀自在佛　南无金光明師子奮迅佛
南无无量光佛　南无釋迦牟尼佛
南无靜去佛　南无寂靜上佛
南无普光明積上功德佛　南无普現見佛

BD05950號　佛名經（十六卷本）卷一　（3–1）

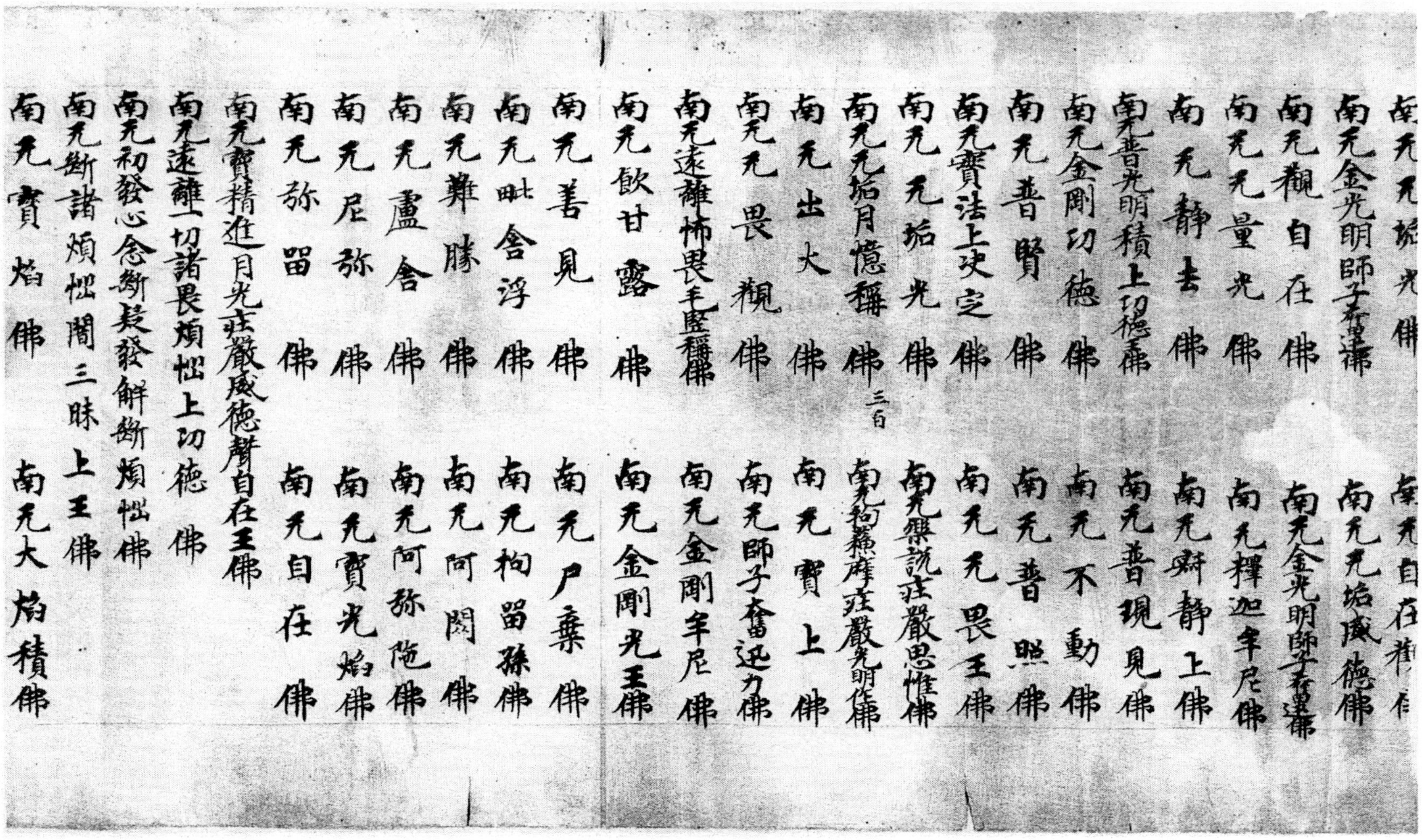

南无无垢光佛　南无自在觀佛
南无金光明師子奮迅佛　南无无垢威德佛
南无觀自在佛　南无金光明師子奮迅佛
南无无量光佛　南无釋迦牟尼佛
南无靜去佛　南无寂靜上佛
南无普光明積上功德佛　南无普現見佛
南无金剛功德佛　南无不動佛
南无普賢佛　南无普照佛
南无寶法上決定佛　南无无畏王佛
南无无垢光佛　南无樂說莊嚴思惟佛
南无无垢月憶稱佛 三百　南无拘蘇摩莊嚴光明作佛
南无出大佛　南无寶上佛
南无无畏觀佛　南无師子奮迅力佛
南无遠離怖畏毛竪稱佛　南无金剛牟尼佛
南无飲甘露佛　南无金剛光王佛
南无善見佛　南无尸棄佛
南无毗舍浮佛　南无拘留孫佛
南无難勝佛　南无阿閦佛
南无盧舍佛　南无阿弥陀佛
南无尼弥佛　南无寶光焰佛
南无弥留佛　南无自在佛
南无寶精進月光莊嚴威德聲自在王佛
南无遠離一切諸畏煩惱上功德佛
南无初發心念斷疑發解斷煩惱佛
南无斷諸煩惱闇三昧上王佛
南无寶焰佛　南无大焰積佛

BD05950號　佛名經（十六卷本）卷一　（3–2）

南无寶精進月光莊嚴威德聲自在王佛
南无遠離一切諸畏煩惱上功德佛
南无初發心念斷疑發解斷煩惱佛
南无斷諸煩惱闇三昧上王佛
南无寶焰佛　南无大焰積佛
南无栴檀佛　南无手上王佛
南无寶上佛　南无善住智慧王无障佛
南无変光滅昏闇佛　南无為增上佛
南无藏金剛佛　南无天王佛
南无一切義上王佛　南无三昧踰佛
南无念王佛　南无光明觀佛
南无一切所依王佛　南无善護幢王佛
南无發趣速自在王佛　南无寶焰佛
南无精大焰佛　南无栴檀香佛
南无手上王佛　南无寶上佛
南无善住慧王无障佛　南无焰智意佛
南无寶藏佛　南无放焰佛
南无迦葉佛　南无多羅住佛
南无智来佛　南无能聖佛
南无過一切憂惱王佛　南无一切功德莊嚴佛
南无成就一切義佛　南无无畏王佛
南无一切[illegible]生尊師佛

BD05950號　佛名經（十六卷本）卷一　（3–3）

道次第一者
等善調御
隨形應所化
不截愛流人　十地
大乘行位　顯法
菩求大菩提者當
位次二明脩行五
中一列名
後二初煩惱者今依唯識雜集等論略開五位一資粮位二加
行位三通達位四修習位五究竟位初中是目依一是其別名
者初資糧位有卌心所謂十住十行十迴向言十住者一發心住二持
地住三修行住四生貴住五方便住六正心住七不退住八童真住九
法王子住十灌頂住言十行者一歡喜行二饒益行三无恚行四无
盡行五離癡亂行六善現行七无著行八尊重行九善法行十真
實行言十迴向者一救護衆生離衆生相迴向二不壞迴向三等諸
仏迴向四至一切處迴向五无盡功德藏迴向六隨順一切堅固善根迴
向七等心隨順一切衆生迴向八如相迴向九无縛无著解脫心迴向十
法界无量迴向二加行位中復有四位一煖位二頂位三忍位四世第
一法位三通達位中復有二種一真見道二相見道四修習位中
而有十位一極喜地二離垢地三發光地四焰慧地五難勝地六現前
地七遠行地八不動地九善慧地十法雲地其究竟位辨如果中始
從資糧終盡法雲經三大劫其初資粮加行二位是初大劫從
通達位至七地終是弟二劫從弟八地盡弟十地是弟三劫時畢
三祇行備四位方登究竟菩提果矣弟二釋名者初辨資粮欲
先趣後別惣言資粮者資益已身之粮名為資糧欲趣菩提
要資於行此位創修入仏之因名資粮位故唯識云為趣无上正
等菩提修集種種勝資粮故又此亦名順解脫分言解脫者所
謂涅槃離煩惱縛名為解脫即所求果順者不違分者因義即
……故唯識云為有情故勸

地七遠行地八不動地九善慧地十法雲地其究竟位辨如果中始
從資糧終盡法雲經三大劫其初資粮加行二位是初大劫從
通達位至七地終是弟二劫從弟八地盡弟十地是弟三劫時畢
三祇行備四位方登究竟菩提果矣 弟二釋名者初辨資粮欲
先趣後别惣言資粮者資益己身之粮名為資糧欲趣菩提
要資於行此位創修入仏之因名資粮位故唯識云為趣无上正
等菩提修集種〃勝資粮故又此亦名順解脫分言解脫者所
謂涅槃離煩惱縛名為解脫即所求果順者不違分者因義即
所修行不違於果是果之因名順解脫分故唯識云為有情故勤
求解脫由此亦名順解脫分 釋别名者一者十住菩薩在此創安
其志心於六度等行求殊勝但得住名此十别者一此位菩薩創首
發於大菩提心名發心住 二者菩薩淨治三業悲及有識名治
地住 三者菩薩修勝理觀起上妙行名修行住 四者菩
薩從諸聖法正教中生名生貴住 五者菩薩所修善根皆為
救拔名方便具足住 六者菩薩所聞讃毁心定不動名正心住
七者菩薩聞說三寶三際有无心堅不轉名不退住 八者菩薩
三業清潔悟二世間真簡虚為童表无各亦猶涅槃嬰兒之行
名童真住 九者菩薩解真俗諦悟法王法將有所襲名法王子
住 十者菩薩如王太子堪受王位行漸勝故名灌頂住 二者十行
此位菩薩行六度等諸行勝故名之為行 言其十者一此位菩
薩為大施主一切能捨三時无悔利譽不悕饒生桒法觀者
歡喜名歡喜行 二者菩薩常持淨戒不染五欲能令衆魔一切
衆生立无上戒得不退地名饒益行 三者菩薩常修忍辱謙
早恭敬和顔愛語不害自他悟身空寂怨對能忍名无恚行
四者菩薩假設多劫受諸劇苦求法濟生念〃不息名无盡行
五者菩薩常住正念恒无散乱於一切法乃至生死入住出胎无有
癡乱名離癡乱行 六者菩薩善入人法皆无性相三業寂滅无
縛无著而復不捨化衆生心故能隨類現生救物名善現行
七者菩薩歷諸塵剎供仏求法傳燈度生心无猒足然以寂滅
觀諸法故而於一切心无所著名无著行 八者菩薩尊重善根智
慧等法皆悉成就而由得斷諸尊重法二利之行更增修習名
尊重行 九者菩薩行四无导陀羅尼門諸善慧法能為衆生
作清涼池守護正法仏種不斷名善法行 十者此位菩薩成就弟一

縛无着而復不捨化衆生心於能隨類現生救物名善現行
七者菩薩歷諸塵剎供佛求法傳燈度生心无猒足然以寂滅
觀諸法故而於一切心无所著名无着行八者菩薩尊重善根智
慧等法皆悉成就而由得斷諸尊重法二利之行更增修習名
尊重行九者菩薩行四无㝵陁羅尼門諸善慧法能爲衆生
作清涼池守護正法佛種不斷名善法行十者此位菩薩成就第一
誠諦之語學三世佛真實之語无二之語如說能行如行能說
語行相應心色皆順名真實行三者十迴向在斷位已九所修行皆
爲迴向立迴向名其十者何一此位菩薩而行六度四攝等法悲爲救攝一
切有情令離生死得涅槃樂名救護衆生入平等觀不見怨親衆生
等想稱離衆生相初迴向名回斷而五二者菩薩於三寶所得不
壞信回持諸善迴向衆生令獲善利名不壞迴向三者菩薩學三世
佛不著生死不離菩提修迴向事名等諸佛迴向四者菩薩修習一
切諸善根時以彼善根如是迴向令此善根功德之力至於一切三
寶之所一切世界衆生之所作諸供養利益之事譬如實際无處不
有名至一切處迴向五者菩薩修悔過善根離一切業障於諸如來
一切衆生所有善根皆悉隨喜以諸善根皆悉迴向莊嚴一切諸
佛淨剎常作佛事善巧方便具諸功德離諸虛妄而无所著由迴向
已得无盡善根名无盡藏功德迴向六者菩薩以內外財隨衆生
意而惠施之見諸苦者悲以身代堅固安住自在功德以如是等
諸善功德而迴向已令一切衆生得大智慧除滅大苦名隨順一切
堅固善根迴向七者菩薩而能增長一切善根修習究竟安立忍
力閉惡趣門永離顛倒不善諸行一切善根皆悉迴向爲一切衆生
作功德藏普覆一切拔出生死令德衆善等无差別名等心隨順
一切衆生迴向八者菩薩成就念智安住不動心无所依猒然不亂不
違一切平等正法嚴剎度生所修諸善皆順如相而爲迴向名如相迴
九者菩薩所攝善根離憍慢等所有縛着得解脫心行普賢行
所習諸善不執爲己及以他人以无縛着解脫之心迴向饒益品物
一切故名无着无縛解脫心迴向十者此位菩薩離垢繒蓋頂受
大法師記法施化生淨修梵行出生智等悲同空界而无限量凡有
善根修於迴向悉等法界故名法界无量迴向此等廣如華嚴經說
惣盤不具前卅九心全第卅少分而屬資糧世少分屬後加行間

九者菩薩所稱善根離惱慢等所有縛著得解脫心行普賢行
所習諸善不執為已及以他人以无縛著解脫之心迴向饒益品物
一切故名无著无縛解脫心迴向十者此位菩薩離垢繒髮頂受
大法師記法施化生淨修梵行出生智等悲同空界而无限量凡有
善根修於迴向悲等法界故名法界无量迴向此等廣如華嚴經說
總攝不具前卌九心全第卅少分而屬資粮卌少分屬後加行問
此位初首而有十信謂信進念定慧施戒護願迴向計心卌何故
但言卌心耶答即十住中初住離出以初發心而甚難故、離出也
設有聖教言卌心當知即據總別說也理實卌　第二加行位者亦
分總別總言加行者加功用行而趣見道故名加名加行故唯識云
近道見故立加行名即此又名順決擇分言決擇者體即是智決
簡於疑疑不決故擇簡於見見不擇故智異於彼故名決擇分者
支分此決擇體即是見道七覺支中是其一支故名為分順者
趣向欣求之義加行位中煖等善根欣求趣向彼決擇分故煖等
善根名順決擇分故唯識云此四總名順決擇分順趣真實決擇
分故言別名者一煖此位菩薩初得見道火之前相故名為煖然
見道體能斷煩惱如火焚薪故喻於火煖位菩薩未得火體而
得火相故名為煖二頂位此菩薩依尋思智觀所取空此位功極
故名為頂頂者極義如山之頂上之極故三忍忍者印可達悟之義
此位菩薩知妄執識及心外境而體皆空故名為忍四世第一法
此位菩薩所得智等一切世間所有法中无先此者名世第一第三
通達位者亦分二種一釋總名言通達者證會之義此位菩薩
无漏之智了證真如故名通達即唯識云加行无間此智生時體
會真如名通達位即是見道唯識等云通達位者謂諸菩薩
所住見道見道名者即无漏智照理名見故唯識云初照理故亦
名見道道遊履義行人遊履趣於極果或通運義通運行人至於
極果故名為道次釋別名一真見道體離虛妄親能證理實能
斷鄣故名為真又釋真者是理見者是智名真見道二相見
道類似之義真見道後而起於此行解安模倣像真見所有功
能不能證理及斷於鄣類似於真故名相見　第四修習位者亦
開二種一釋總名此位菩薩而更進修无分別智斷所餘鄣故名脩
習唯識等云為斷餘鄣證得轉依復數修習无分別智是
以也立名修習五二種別名又分為二初釋總也名後辨十別名也

捴果故名爲道次釋別名一真見道體離虛妄新能證理實能
斷鄣故名為真又釋真者是理見者是智名真見道二相見
道類似之義真見道後而起於此行解安模倣像真見所有功
能不能證理及斷於鄣類似於真故名相見 第四修習位者名
開二種一釋名此位菩薩而更進修无分別智斷所餘鄣故名脩
習唯識等云為斷餘鄣證得轉依復數修習无分別智是
以此位名修習位二顯別名又分為二初釋惣地名後解十別号此
修習位能為依持生長之義故名為地唯識等云与所修行為
勝依持令得生長故名為地十別者何一此地菩薩始入於聖證二
空理利樂自他所以大喜是故此地名極喜地故瑜伽云得未曾
得出世間心具證二空能益自他生大歡喜二此地菩薩具清
淨戒弃破戒惑破戒惑業染汙行人名之為戒垢並能捨名離垢地瑜伽等云遠
離一切微細犯戒三地菩薩由得勝定及殊妙教四種惣持以此
為因能起三慧三慧而能照法顯現名之為光此地定等能
起慧光所以此地名發光地故瑜伽等云能為无量智光依
止四此地菩薩处慧殊勝能斷煩惱如火焚薪是故此地此
名焰慧地故瑜伽等云燒諸煩惱智如火焰五此地菩薩能令
俗諦有分別智而与真諦无分別智同時俱起以手違法令不
相違一時並生故名難也前之四地而未為能令乃得之故稱為
勝之前地也是以此地名難勝地故瑜伽等云方便修習最極艱
難方得自在六此地菩薩能起勝智觀十二緣不作染淨二差別
行有此勝智現生起故所以此地名現前地故瑜伽等云觀察諸
行又於无相多修作意方現在前七此菩薩唯修无相不起功用
功用之行創絕斯地是以此地无相之行逾於二乘世間等行是故
此地名遠行地故瑜伽等云能遠證入无歡間无相作意八此地
菩薩妙无相智不被一切有相功用及諸煩惱而能擊擊所以此
地名不動地故瑜伽云不為現行煩惱所動九此地菩薩得勝妙智
能善說法以利含識是故此地名善慧地故瑜伽等云所說自在
獲得无罪廣大智慧十此地菩薩而有勝智能藏衆德能斷諸障
能遍法身義同於雲能蔽於空而含於水是以此地名法雲地故
瑜伽等云麁重之體廣如虛空法身圓滿辟如大雲皆能遍覆
是以此地名法雲地 第五究竟位者功成事畢故稱究竟簡資
粮等彼之四位功未畢故亦簡二乘二乘所得菩提涅槃非最勝故
唯仏獨能所作皆辦功德最勝得名究竟三出體者資根加行

地名不動地故瑜伽云不為現行煩惱所動九此地菩薩得勝智
能善說法以利含識是故此地名善慧地故瑜伽等云所說自在
獲得無罪廣大智慧十此地菩薩而有勝智能藏衆德能斷諸障
能遍法身義同於雲能蔽於空而含於水是以此地名法雲地故
瑜伽等云麁重之體廣如虛空法身圓滿譬如大雲皆能遍覆
是以此地名法雲地　第五究竟位者功成事畢故稱究竟簡資
糧等彼之四位功未畢故亦簡二乘二乘所得菩提涅槃非高勝故
唯佛獨能所作皆辦功德最勝得名究竟三出體者資糧加行
此之二位就性皆以有漏加行智為其體見道就性而以根本後得
無漏二智為體真相列故其修習位十地皆以有為無為諸功德
法以為其體究竟位者即以如來菩提涅槃以為其體上來列位
釋名出體三節不同總當第一辯位次也第二明修斷者復開為
二一明所修之行二說所斷之鄣初脩行中復分為二初境行後
所言境者謂即三性三無性等多種差別今且略明三性之境
謂遍計所執依他起性圓成實性是智所觀名之為境故攝大
乘名所應知所應知者即是境也問此三名體其義云何答遍
者周普計者量度普計一切故名遍計此能周遍量度之心妄
執一切五蘊等法為我為法此所妄計我法等類名為所執之
法但有假名無其實體故瑜伽等云謂隨言說依假名言建立
自性自性即是我法等性問所緣蘊等體性不無能計妄情
々復是有何故論云遍計所執無自體耶答蘊等緣生不離於
識非有似有而非我法妄情不了執為實有計為我法而離於識
非一異等此等所執離識我法及實有等今說為無名計所執
不言識內非橫計者所有蘊等之名無體故唯識云一切有漏心
及心所由熏習力所變二分從緣生故之依他起遍計依斯妄執
定實有無一異俱不俱等此二方名遍計所執問遍計所執其體
已明能遍計心未知何是答有漏第七及際第六此之二識妄執我等
名能遍計故攝論云意識名為能遍計故之八識中唯此二也問第
六妄執緣一切起可名遍計第七但緣第八起執何得名遍答第
七執心是第六識執之類故之名遍計依他起者依者依託他者
非已由仗於他自方得生名依他起々者生也體即一切有漏無漏心
及心所色等五塵從因緣生皆名依他故瑜伽云謂從衆緣所起
自性圓成實者圓者圓滿體周遍義成即成就非生滅義實乃真實
非虛謬義唯一真如具斯三義名圓成實故瑜伽云謂諸真如聖

名能遍計故攝論云意識名為能遍計故々八識中唯此二也問第
六妄執緣一切起可名遍計第七但緣第八起執何得名遍荅第
七執心是第六識執之類故々名遍計依他起者依者依託他者
非已由仗於他自方得生名依他起々者生也體即一切有漏无漏心
及心所色等五塵從因緣生皆名依他故瑜伽云謂從衆緣所起
自性圓成實者圓者圓滿體周遍義成即成就非生滅義實乃真實
非虛謬義唯一真如具斯三義名圓成實故瑜伽云謂諸真如聖
智所行聖智境界又釋无漏有為名圓成實故唯識云无漏有
為離倒究竟勝用周遍々得此名此意說云无漏有為々具三義
同於真如々名成實言離倒者而是實義煩惱深法虛妄顛倒不得
實名无漏不然故名實也言究竟者即是成義究竟能斷煩惱
染法成就此能故名成也勝用遍者是其圓義能普斷或遍緣諸境
故名圓也由此真如有為无漏並圓成也辯中邊論第二亦云真如
涅槃无變異故名圓成實有為揔攝一切聖道於境无倒々名圓成
實攝大乘論々取无為有為无漏名圓成實故知成實通二種也問何
故瑜伽論但以五法中如々為圓成實耶荅辯圓成實而有二門
一常无常門但是常者名圓成實離生滅故无常即非瑜伽據此
故以如々而為成實正智體是生滅法故々不取也二漏无漏門但
是无漏即名成實離顛倒故有漏即非所以中邊攝論唯識通據
二門々取正智諸无漏法々圓成實故不相違即此遍計其體全
无依他圓成體性是有故般經云有為无為名之為有我及我
所說之為空有為无為依他成實我及我所是遍計也三性有
无諒可知矣觀遍計境我法體无但可令知不生妄執觀依他起染
者或業及以苦果可須除斷淨者即是資粮加行見道所行之行
可令修習觀圓成實而令求證三无性等所餘之境恐繁不說

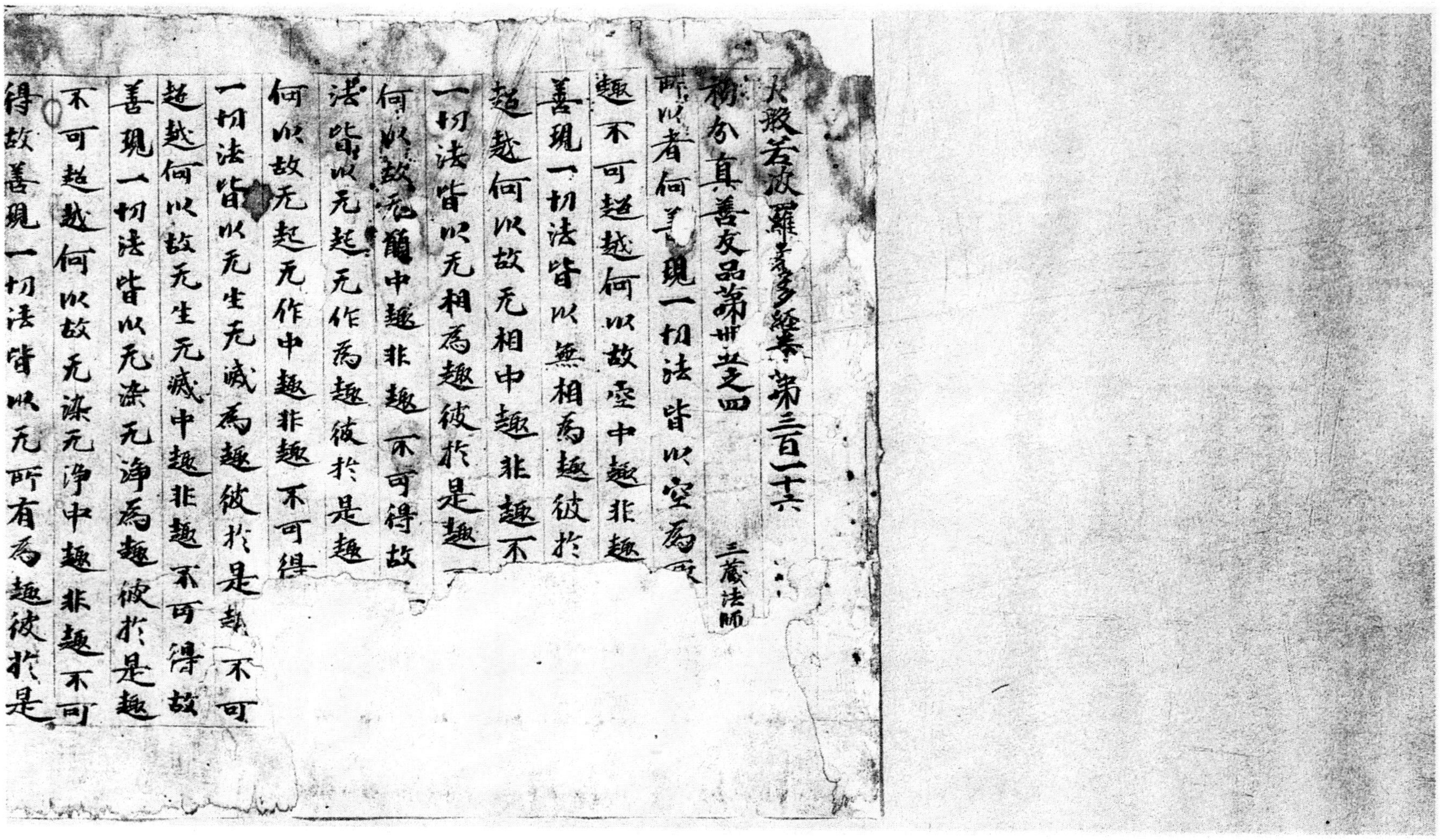

大般若波羅蜜多經卷第三百一十六

三藏法師

初分真善友品第卌五之四

所以者何善現一切法皆以空為趣
趣不可超越何以故空中趣非趣
善現一切法皆以無相為趣彼於
超越何以故无相中趣非趣不
一切法皆以无相為趣彼於是趣
何以故无願中趣非趣不可得故
法皆以无起无作為趣彼於是趣
何以故无起无作中趣非趣不可得
一切法皆以无生无滅為趣彼於是趣不可
超越何以故无生无滅中趣非趣不可得故
善現一切法皆以无染无淨為趣彼於是趣
不可超越何以故无染无淨中趣非趣不可
得故善現一切法皆以无所有為趣彼於是

BD05952號　大般若波羅蜜多經卷三一六　（5-1）

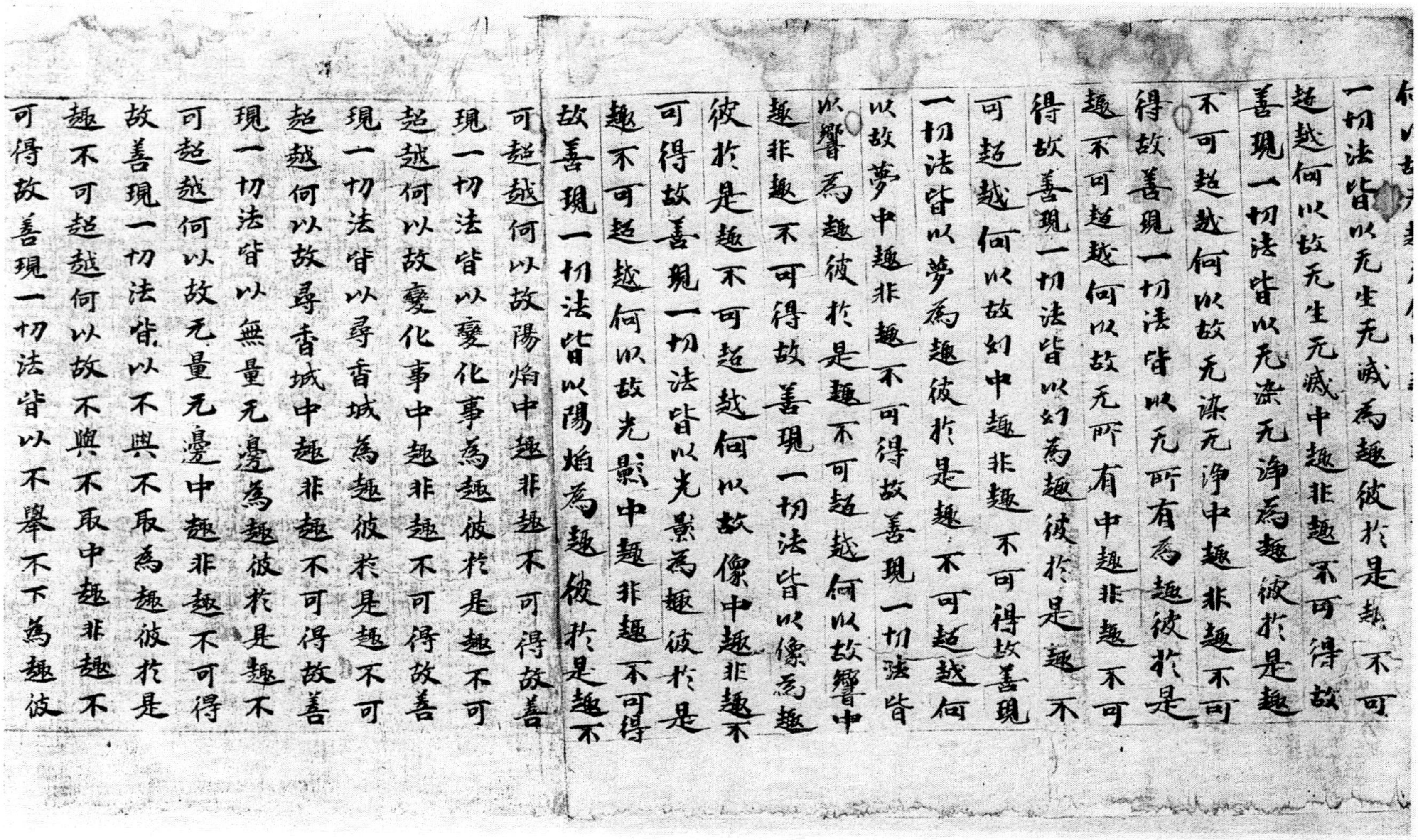

何以故
一切法皆以无生无滅為趣彼於是趣不可
超越何以故无生无滅中趣非趣不可得故
善現一切法皆以无染无淨為趣彼於是趣
不可超越何以故无染无淨中趣非趣不可
得故善現一切法皆以无所有為趣彼於是
趣不可超越何以故无所有中趣非趣不可
得故善現一切法皆以幻為趣彼於是趣不
可超越何以故幻中趣非趣不可得故善現
一切法皆以夢為趣彼於是趣不可超越何
以故夢中趣非趣不可得故善現一切法皆
以響為趣彼於是趣不可超越何以故響中
趣非趣不可得故善現一切法皆以像為趣
彼於是趣不可超越何以故像中趣非趣不
可得故善現一切法皆以光影為趣彼於是
趣不可超越何以故光影中趣非趣不可得
故善現一切法皆以陽焰為趣彼於是趣不
可超越何以故陽焰中趣非趣不可得故善
現一切法皆以變化事為趣彼於是趣不可
超越何以故變化事中趣非趣不可得故善
現一切法皆以尋香城為趣彼於是趣不可
超越何以故尋香城中趣非趣不可得故善
現一切法皆以無量无邊為趣彼於是趣不
可超越何以故无量无邊中趣非趣不可得
故善現一切法皆以不與不取為趣彼於是
趣不可超越何以故不與不取中趣非趣不
可得故善現一切法皆以不舉不下為趣彼

BD05952號　大般若波羅蜜多經卷三一六　（5-2）

現一切法皆以無量无邊為趣彼於是趣不
可超越何以故无量无邊中趣非趣不可得
故善現一切法皆以不與不取為趣彼於是
趣不可超越何以故不與不取中趣非趣不
可得故善現一切法皆以不舉不下為趣彼
於是趣不可超越何以故不舉不下中趣非
趣不可得故善現一切法皆以無去无來為
趣彼於是趣不可超越何以故无去无來中
趣非趣不可得故善現一切法皆以无增无
減為趣彼於是趣不可超越何以故无增无
減中趣非趣不可得故善現一切法皆以不
入不出為趣彼於是趣不可超越何以故不
入不出中趣非趣不可得故善現一切法皆
以不集不散為趣彼於是趣不可超越何以
故不集不散中趣非趣不可得故善現一切
法皆以不合不離為趣彼於是趣不可超越
何以故不合不離中趣非趣不可得故
善現一切法皆以我為趣彼於是趣不可超
越何以故我尚畢竟無所有況有趣非趣可
得善現一切法皆以有情為趣彼於是趣不
可超越何以故有情尚畢竟无所有況有趣
非趣可得善現一切法皆以命者為趣彼於
是趣不可超越何以故命者尚畢竟无所有
況有趣非趣可得善現一切法皆以生者為
趣彼於是趣不可超越何以故生者尚畢竟
无所有況有趣非趣可得善現一切法皆以

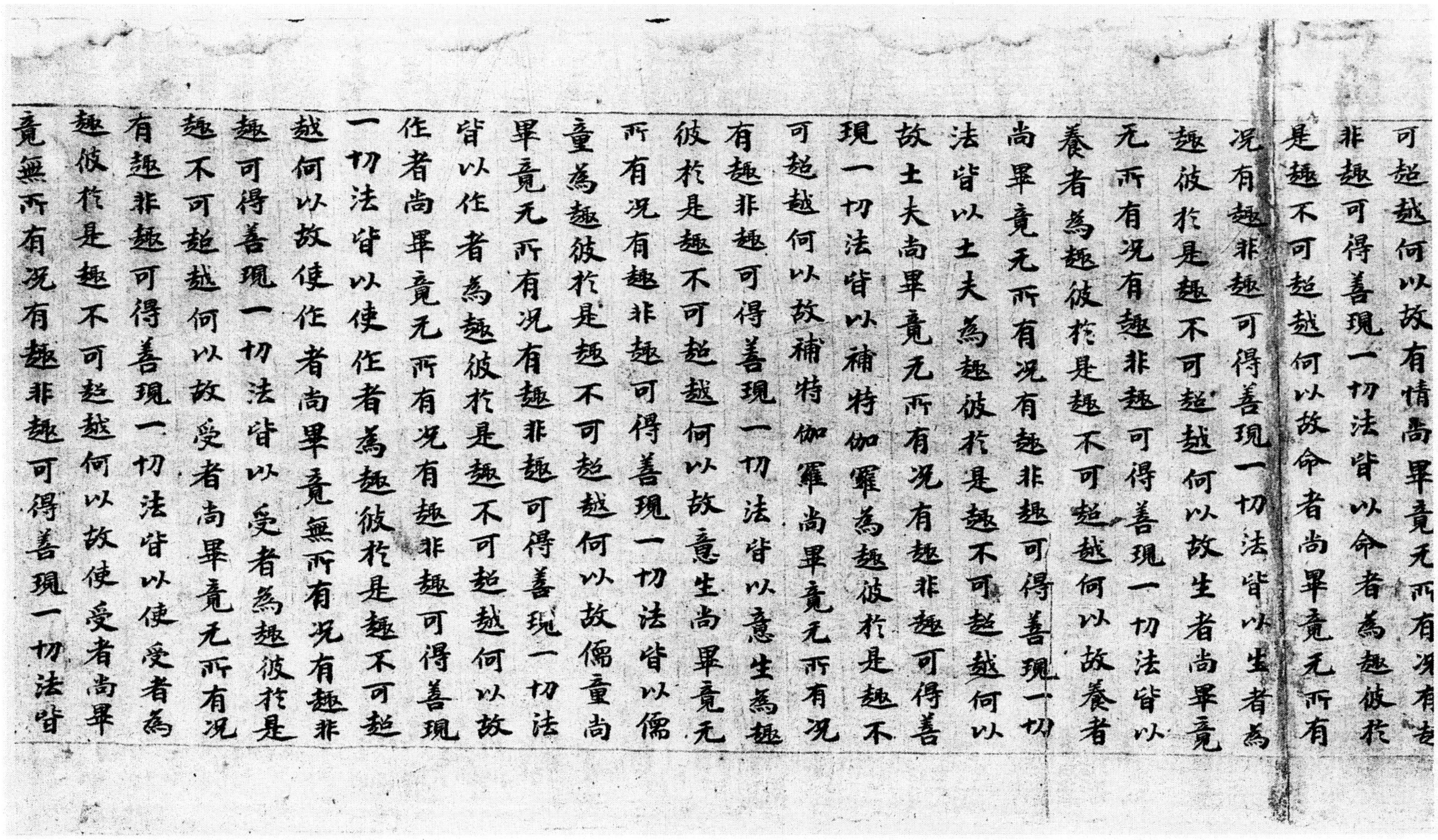

可超越何以故有情尚畢竟无所有況有趣
非趣可得善現一切法皆以命者為趣彼於
是趣不可超越何以故命者尚畢竟无所有
況有趣非趣可得善現一切法皆以生者為
趣彼於是趣不可超越何以故生者尚畢竟
无所有況有趣非趣可得善現一切法皆以
養者為趣彼於是趣不可超越何以故養者
尚畢竟无所有況有趣非趣可得善現一切
法皆以士夫為趣彼於是趣不可超越何以
故士夫尚畢竟无所有況有趣非趣可得善
現一切法皆以補特伽羅為趣彼於是趣不
可超越何以故補特伽羅尚畢竟无所有況
有趣非趣可得善現一切法皆以意生為趣
彼於是趣不可超越何以故意生尚畢竟无
所有況有趣非趣可得善現一切法皆以儒
童為趣彼於是趣不可超越何以故儒童尚
畢竟无所有況有趣非趣可得善現一切法
皆以作者為趣彼於是趣不可超越何以故
作者尚畢竟无所有況有趣非趣可得善現
一切法皆以使作者為趣彼於是趣不可超
越何以故使作者尚畢竟無所有況有趣非
趣可得善現一切法皆以受者為趣彼於是
趣不可超越何以故受者尚畢竟无所有況
有趣非趣可得善現一切法皆以使受者為
趣彼於是趣不可超越何以故使受者尚畢
竟無所有況有趣非趣可得善現一切法皆

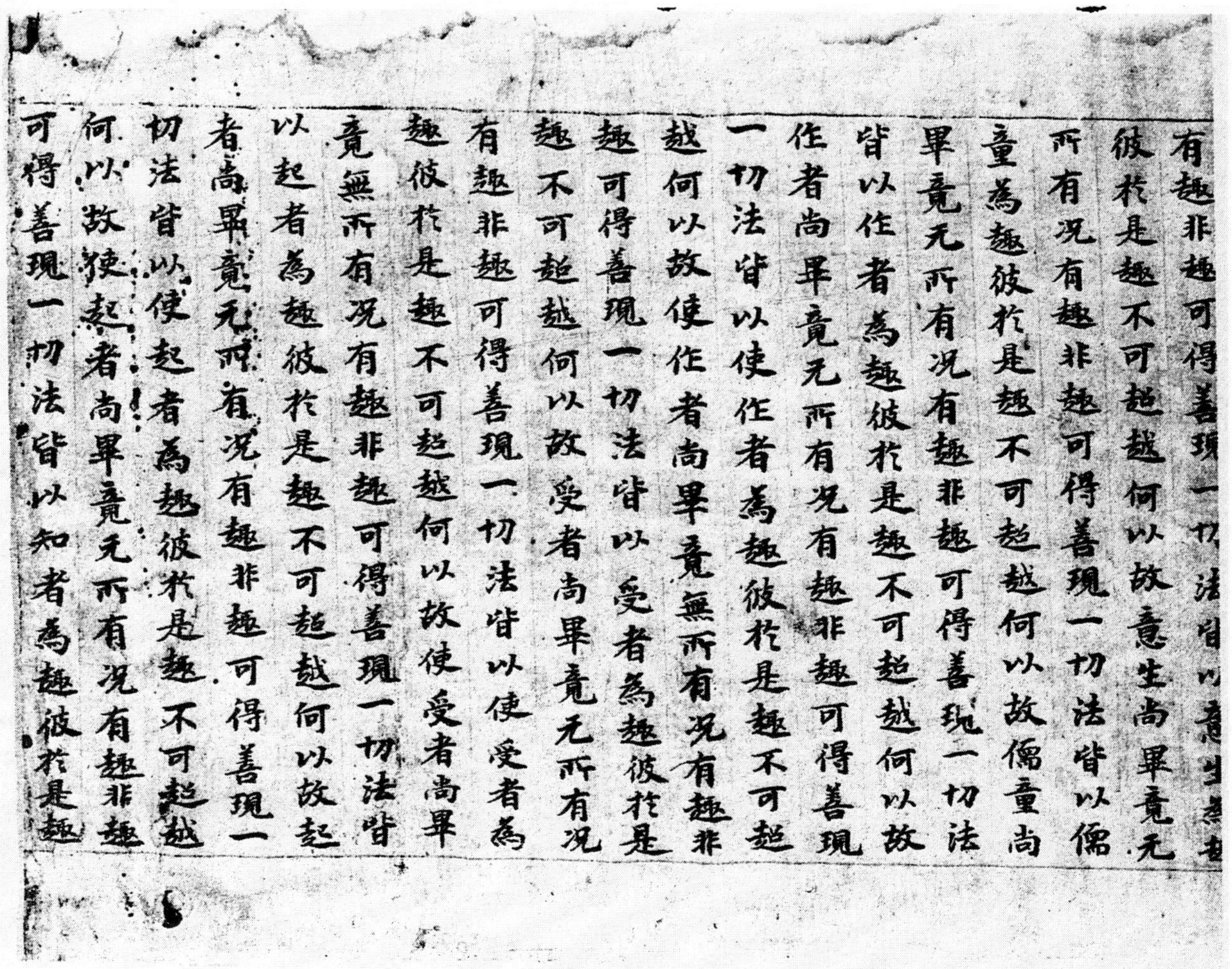
有趣非趣可得善現一切法皆以意生為趣
彼於是趣不可超越何以故意生尚畢竟无
所有況有趣非趣可得善現一切法皆以儒
童為趣彼於是趣不可超越何以故儒童尚
畢竟无所有況有趣非趣可得善現一切法
皆以作者為趣彼於是趣不可超越何以故
作者尚畢竟无所有況有趣非趣可得善現
一切法皆以使作者為趣彼於是趣不可超
越何以故使作者尚畢竟無所有況有趣非
趣可得善現一切法皆以受者為趣彼於是
趣不可超越何以故受者尚畢竟无所有況
有趣非趣可得善現一切法皆以使受者為
趣彼於是趣不可超越何以故使受者尚畢
竟無所有況有趣非趣可得善現一切法皆
以起者為趣彼於是趣不可超越何以故起
者尚畢竟无所有況有趣非趣可得善現一
切法皆以使起者為趣彼於是趣不可超越
何以故使起者尚畢竟无所有況有趣非趣
可得善現一切法皆以知者為趣彼於是趣

BD05952 號　大般若波羅蜜多經卷三一六　　（5–5）

者一切見者知道者開道者說道者汝等天人
阿脩羅衆皆應到此為聽法故尒時无數千
萬億種衆生來至佛所而聽法如來于時觀
是衆生諸根利鈍精進懈怠隨其所堪而為
說法種種无量皆令歡喜快得善利是諸衆
生聞是法已現世安隱後生善處以道受樂亦
得聞法既聞法已離諸障礙於諸法中任力所
能漸得入道如彼大雲雨於一切卉木叢林及諸
藥草如其種性具足蒙潤各得生長如來說法
一相一味所謂解脫相離相滅相究竟至於一切種
智其有衆生聞如來法若持讀誦如說脩行所得
功德不自覺知所以者何唯有如來知此衆生種相
體性念何事思何事脩何事云何念云何思云何
脩以何法念以何法思以何法脩以何法得何法衆
生住於種種之地唯有如來如實見之明了无礙如
彼卉木叢林諸藥草等而不自知上中下性如來知
是一相一味之法所謂解脫相離相滅相究竟涅槃

BD05953 號　妙法蓮華經卷三　　（27–1）

體性念何事思何事修何事云何念云何思云何
脩以何法念以何法思以何法脩以何法得何法眾
生住於種種之地唯有如來如實見之明了无礙如
彼卉木叢林諸藥草等而不自知上中下性如來知
是一相一味之法所謂解脫相離相滅相究竟涅槃
常寂滅相終歸於空佛知是已觀眾生心欲而將護
之是故不即為說一切種智汝等迦葉甚為希有能知
如來隨宜說法能信能受所以者何諸佛世尊隨宜
說法難解難知尒時世尊欲重宣此義而說偈言

破有法王　出現世間　隨眾生欲　種種說法
如來尊重　智慧深遠　久默斯要　不務速說
有智若聞　則能信解　无智疑悔　則為永失
是故迦葉　隨力為說　以種種緣　令得正見
迦葉當知　譬如大雲　起於世間　遍覆一切
慧雲含潤　電光晃曜　雷聲遠震　令眾悅豫
日光掩蔽　地上清涼　靉靆垂布　如可承攬
其雨普等　四方俱下　流澍无量　率土充洽
山川險谷　幽邃所生　卉木藥草　大小諸樹
百穀苗稼　甘蔗蒲萄　雨之所潤　无不豐足
乾地普洽　藥木並茂　其雲所出　一味之水
草木叢林　隨分受潤　一切諸樹　上中下等
稱其大小　各得生長　根莖枝葉　華菓光色
一雨所及　皆得鮮澤　如其體相　性分大小
所潤是一　而各滋茂　佛亦如是　出現於世
譬如大雲　普覆一切　既出于世　為諸眾生

BD05953號　妙法蓮華經卷三　（27–2）

草木叢林　隨分受潤　一切諸樹　上中下等
稱其大小　各得生長　根莖枝葉　華菓光色
一雨所及　皆得鮮澤　如其體相　性分大小
所潤是一　而各滋茂　佛亦如是　出現於世
譬如大雲　普覆一切　既出于世　為諸眾生
分別演說　諸法之實　大聖世尊　於諸天人
一切眾中　而宣是言　我為如來　兩足之尊
出于世間　猶如大雲　充潤一切　枯槁眾生
皆令離苦　得安隱樂　世間之樂　及涅槃樂
諸天人眾　一心善聽　皆應到此　覲无上尊
我為世尊　无能及者　安隱眾生　故現於世
為大眾說　甘露淨法　其法一味　解脫涅槃
以一妙音　演暢斯義　常為大乘　而作因緣
我觀一切　普皆平等　无有彼此　愛憎之心
我无貪著　亦无限礙　恒為一切　平等說法
如為一人　眾多亦然　常演說法　曾无他事
去來坐立　終不疲猒　充足世間　如雨普潤
貴賤上下　持戒毀戒　威儀具足　及不具足
正見耶見　利根鈍根　等雨法雨　而无懈惓
一切眾生　聞我法者　隨力所受　住於諸地
或處人天　轉輪聖王　釋梵諸王　是小藥草
知无漏法　能得涅槃　起六神通　及得三明
獨處山林　常行禪定　得緣覺證　是中藥草
求世尊處　我當作佛　行精進定　是上藥草

BD05953號　妙法蓮華經卷三　（27–3）

或處人天　轉輪聖王　釋梵諸王　是小藥草
知无漏法　能得涅槃　起六神通　及得三明
獨處山林　常行禪定　得緣覺證　是中藥草
求世尊處　我當作佛　行精進定　是上藥草
又諸佛子　專心佛道　常行慈悲　自知作佛
決定無疑　是名小樹　安住神通　轉不退輪
度无量億　百千衆生　如是菩薩　名為大樹
佛平等說　如一味雨　隨衆生性　所受不同
如彼草木　所稟各異　佛以此喻　方便開示
種種言辭　演說一法　於佛智慧　如海一渧
我雨法雨　充滿世間　一味之法　隨力脩行
如彼叢林　藥草諸樹　隨其大小　漸增茂好
諸佛之法　常以一味　令諸世間　普得具足
漸次脩行　皆得道果　聲聞緣覺　處於山林
住最後身　聞法得果　是名藥草　各得增長
若諸菩薩　智慧堅固　了達三界　求最上乘
是名小樹　而得增長　復有住禪　得神通力
聞諸法空　心大歡喜　放无數光　度諸衆生
是名大樹　而得增長　如是迦葉　佛所說法
譬如大雲　以一味雨　潤於人華　各得成實
迦葉當知　以諸因緣　種種譬喻　開示佛道
是我方便　諸佛亦然　今為汝等　說最實事
諸聲聞衆　皆非滅度　汝等所行　是菩薩道
漸漸脩學　悉當成佛

BD05953號　妙法蓮華經卷三

（27–4）

而得增長　如是迦葉　佛所說法
譬如大雲　以一味雨　潤於人華　各得成實
迦葉當知　以諸因緣　種種譬喻　開示佛道
是我方便　諸佛亦然　今為汝等　說最實事
諸聲聞衆　皆非滅度　汝等所行　是菩薩道
漸漸脩學　悉當成佛

妙法蓮華經授記品第六

尒時世尊說是偈已告諸大衆唱如是言我此弟子摩訶迦葉於未來世當得奉覲三百万億諸佛世尊供養恭敬尊重讚歎廣宣諸佛无量大法於最後身得成為佛名曰光明如來應供正遍知明行足善逝世間解无上士調御丈夫天人師佛世尊國名光德劫名大莊嚴佛壽十二小劫正法住世二十小劫像法亦住二十小劫國界嚴飾无諸穢惡瓦礫荊棘便利不淨其土平正无有高下坑坎堆阜琉璃為地寶樹行列黃金為繩以界道側散諸寶華周遍清淨其國菩薩无量千億諸聲聞衆亦復无數无有魔事雖有魔及魔民皆護佛法尒時世尊欲重宣此義而說偈言

告諸比丘　我以佛眼　見是迦葉　於未來世
過无數劫　當得作佛　而於來世　供養奉覲
三百万億　諸佛世尊　為佛智慧　淨脩梵行
供養最上　二足尊已　脩習一切　无上之慧
於最後身　得成為佛　其土清淨　琉璃為地

BD05953號　妙法蓮華經卷三

（27–5）

告諸比丘 我以佛眼 見是迦葉 於未來世
過无數劫 當得作佛 而於來世 供養奉覲
三百万億 諸佛世尊 為佛智慧 淨脩梵行
供養最上 二足尊已 脩習一切 无上之慧
於最後身 得成為佛 其土清淨 琉璃為地
多諸寶樹 行列道側 金繩界道 見者歡喜
常出好香 散衆名華 種種奇妙 以為莊嚴
其地平正 无有丘坑 諸菩薩衆 不可稱計
其心調柔 逮大神通 奉持諸佛 大乘經典
諸聲聞衆 无漏後身 法王之子 亦不可計
乃以天眼 不能數知 其佛當壽 十二小劫
正法住世 二十小劫 像法亦住 二十小劫
光明世尊 其事如是
尒時大目犍連須菩提摩訶迦旃延等皆悉
悚慄一心合掌瞻仰尊顏目不暫捨即共同
聲而說偈言
大雄猛世尊 諸釋之法王 哀愍我等故 而賜佛音聲
若知我深心 見為授記者 如以甘露灑 除熱得清涼
如從飢國來 忽遇大王饍 心猶懷疑懼 未敢即便食
若復得王教 然後乃敢食 我等亦如是 每惟小乘過
不知當云何 得佛无上慧 雖聞佛音聲 言我等作佛
心尚懷憂懼 如未敢便食 若蒙佛授記 尒乃快安樂
大雄猛世尊 常欲安世間 願賜我等記 如飢須教食
尒時世尊知諸大弟子心之所念告諸比丘是
須菩提於當來世奉覲三百萬億那由他佛

BD05953號　妙法蓮華經卷三　（27–6）

若復得王教 然後乃敢食 我等亦如是 每惟小乘過
不知當云何 得佛无上慧 雖聞佛音聲 言我等作佛
心尚懷憂懼 如未敢便食 若蒙佛授記 尒乃快安樂
大雄猛世尊 常欲安世間 願賜我等記 如飢須教食
尒時世尊知諸大弟子心之所念告諸比丘是
須菩提於當來世奉覲三百萬億那由他佛
供養恭敬尊重讚歎常脩梵行具菩薩道
於最後身得成為佛号曰名相如來應供正
遍知明行足善逝世間解无上士調御丈夫
天人師佛世尊劫名有寶國名寶生其土平
正頗梨為地寶樹莊嚴无諸丘坑沙礫荊棘
便利之穢寶華覆地周遍清淨其土人民皆
處寶臺珍妙樓閣聲聞弟子无量无邊筭數
譬喻所不能知諸菩薩衆无數千萬億那由他
佛壽十二小劫正法住世二十小劫像法亦住二
十小劫其佛常處虛空為衆說法度脫无量
菩薩及聲聞衆尒時世尊欲重宣此義而說偈言
諸比丘衆 今告汝等 皆當一心 聽我所說
我大弟子 須菩提者 當得作佛 号曰名相
當供无數 萬億諸佛 隨佛所行 漸具大道
最後身得 三十二相 端正殊妙 猶如寶山
其佛國土 嚴淨第一 衆生見者 无不愛樂
佛於其中 度无量衆 其佛法中 多諸菩薩
皆悉利根 轉不退輪 彼國常以 菩薩莊嚴

BD05953號　妙法蓮華經卷三　（27–7）

當供无數 萬億諸佛 隨佛所行 漸具大道
最後身得 三十二相 端正殊妙 猶如寶山
其佛國土 嚴淨第一 衆生見者 无不愛樂
佛於其中 度无量衆 其佛法中 多諸菩薩
皆悉利根 轉不退輪 彼國常以 菩薩莊嚴
諸聲聞衆 不可稱數 皆得三明 具六神通
住八解脫 有大威德 其佛說法 現於无量
神通變化 不可思議 諸天人民 數如恒沙
皆共合掌 聽受佛語 其佛當壽 十二小劫
正法住世 二十小劫 像法亦住 二十小劫
尒時世尊復告諸比丘衆我今語汝是大迦
旃延於當來世以諸供具供養奉事八千億
佛恭敬尊重諸佛滅後各起塔廟高千由旬
縱廣正等五百由旬以金銀琉璃車𤦲馬瑙真
珠玫瑰七寶合成衆華瓔珞塗香末香燒香
繒蓋幢幡供養塔廟過是已後當復供養
二萬億佛亦復如是供養是諸佛已具菩薩
道當得作佛号曰閻浮那提金光如來應供
正遍知明行足善逝世間解无上士調御丈夫
天人師佛世尊其土平正頗梨為地寶樹莊
嚴黃金為繩以界道側妙華覆地周遍清淨見
者歡喜无四惡道地獄餓鬼畜生阿脩羅道多
有天人諸聲聞衆及諸菩薩无量万億莊嚴
其國佛壽十二小劫正法住世二十小劫像法亦住
二十小劫尒時世尊欲重宣此義而說偈言

BD05953 號　妙法蓮華經卷三

(27–8)

嚴黃金為繩以界道側妙華覆地周遍清淨見
者歡喜无四惡道地獄餓鬼畜生阿脩羅道多
有天人諸聲聞衆及諸菩薩无量万億莊嚴
其國佛壽十二小劫正法住世二十小劫像法亦住
二十小劫尒時世尊欲重宣此義而說偈言
諸比丘衆 皆一心聽 如我所說 真實无異
是迦旃延 當以種種 妙好供具 供養諸佛
諸佛滅後 起七寶塔 亦以華香 供養舍利
其最後身 得佛智慧 成等正覺 國土清淨
度脫无量 萬億衆生 皆為十方 之所供養
佛之光明 无能勝者 其佛号曰 閻浮金光
菩薩聲聞 斷一切有 无量无數 莊嚴其國
尒時世尊復告大衆我今語汝是大目揵連
當以種種供具供養八千諸佛恭敬尊重諸
佛滅後各起塔廟高千由旬縱廣正等五百
由旬以金銀琉璃車𤦲馬瑙真珠玫瑰七寶
合成衆華瓔珞塗香末香燒香繒蓋幢幡以
用供養過是已後當復供養二百万億諸
佛亦復如是當得成佛号曰多摩羅跋栴檀香
如來應供正遍知明行足善逝世間解无上士
調御丈夫天人師佛世尊劫名喜滿國名意
樂其土平正頗梨為地寶樹莊嚴散真珠
華周遍清淨見者歡喜多諸天人菩薩聲聞
其數无量佛壽二十四小劫正法住世四十小劫
像法亦住四十小劫尒時世尊欲重宣此義而
說偈言

BD05953 號　妙法蓮華經卷三

(27–9)

調御丈夫天人師佛世尊劫名喜滿國名意
樂其土平正頗梨為地寶樹莊嚴散真珠
華周遍清淨見者歡喜多諸天人菩薩聲聞
其數无量佛壽二十四小劫正法住世四十小劫
像法亦住四十小劫尒時世尊欲重宣此義而
說偈言
我此弟子　大目揵連　捨是身已　得見八千
二百万億　諸佛世尊　為佛道故　供養恭敬
於諸佛所　常脩梵行　於无量劫　奉持佛法
諸佛滅後　起七寶塔　長表金剎　華香伎樂
而以供養　諸佛塔廟　漸漸具足　菩薩道已
於意樂國　而得作佛　号多摩羅　栴檀之香
其佛壽命　二十四劫　常為天人　演說佛道
聲聞无量　如恒河沙　三明六通　有大威德
菩薩无數　志固精進　於佛智慧　皆不退轉
佛滅度後　正法當住　四十小劫　像法亦尒
我諸弟子　威德具足　其數五百　皆當授記
於未來世　咸得成佛　我及汝等　宿世因緣
吾今當說　汝等善聽

妙法蓮華經化城喻品第七

佛告諸比丘乃往過去无量无邊不可思議
阿僧祇劫尒時有佛名大通智勝如來應
供正遍智明行足善逝世間解无上士調御
丈夫天人師佛世尊其國名好成劫名大相
諸比丘彼佛滅度已來甚大久遠譬如三千大

BD05953號　妙法蓮華經卷三

（27–10）

阿僧祇劫尒時有佛名大通智勝如來應
供正遍智明行足善逝世間解无上士調御
丈夫天人師佛世尊其國名好成劫名大相
諸比丘彼佛滅度已來甚大久遠譬如三千大
千世界所有地種假使有人磨以為墨過於
東方千國土乃下一點大如微塵又過千國
土復下一點如是展轉盡地種墨於汝等意
云何是諸國土若筭師若筭師弟子能得邊
際知其數不不也世尊諸比丘是人所經國土
若點不點盡末為塵一塵一劫彼佛滅度已
來復過是數无量无邊百千萬億阿僧祇
劫我以如來知見力故觀彼久遠猶若今日尒
時世尊欲重宣此義而說偈言
我念過去世　无量无邊劫　有佛兩足尊　名大通智勝
如人以力磨　三千大千土　盡此諸地種　皆悉以為墨
過於千國土　乃下一塵點　如是展轉點　盡此諸塵墨
如是諸國土　點與不點等　復盡末為塵　一塵為一劫
此諸微塵數　其劫復過是　彼佛滅度來　如是无量劫
如來无礙智　知彼佛滅度　及聲聞菩薩　如見今滅度
諸比丘當知　佛智淨微妙　无漏无所礙　通達无量劫
佛告諸比丘大通智勝佛壽五百四十萬億那
由他劫其佛本坐道場破魔軍已垂得阿耨多
羅三藐三菩提而諸佛法不現在前如是一小
劫乃至十小劫結跏趺坐身心不動而諸佛法猶
不在前尒時忉利諸天先為彼佛於菩提樹
下敷師子座高一由旬佛於此坐當得阿耨多

BD05953號　妙法蓮華經卷三

（27–11）

由他劫其佛本坐道場破魔軍已垂得阿耨多
羅三藐三菩提而諸佛法不現在前如是一小
劫乃至十小劫結跏趺坐身心不動而諸佛法猶
不在前尒時忉利諸天先為彼佛於菩提樹
下敷師子座高一由旬佛於此坐當得阿耨多
羅三藐三菩提適坐此座時諸梵天王雨衆天
華面百由旬香風時來吹去萎華更雨新者如
是不絶滿十小劫供養於常擊天鼓其餘諸
諸天作天伎樂滿十小劫至于滅度亦復如是
諸比丘大通智勝佛過十小劫諸佛之法乃現
在前成阿耨多羅三藐三菩提其佛未出家時
有十六子其第一者名曰智積諸子各有種種珎
異玩好之具聞父得成阿耨多羅三藐三菩提
皆捨所珎往詣佛所諸母涕泣而隨送之其祖
轉輪聖王與一百大臣及餘百千万億人民皆
共圍繞隨至道場咸欲親近大通知勝如來供
養恭敬尊重讚歎到已頭面礼足繞佛畢一心
合掌瞻仰世尊以偈頌曰

大威德世尊　為度衆生故　於无量億歲　尒乃得成佛
諸願已具足　善哉吉无上　世尊甚希有　一坐十小劫
身體及手足　靜然安不動　其心常惔怕　未曾有散亂
究竟永寂滅　安住无漏法　今者見世尊　安隱成佛道
我等得善利　稱慶大歡喜　衆生常苦惱　盲瞑无導師
不識苦盡道　不知求解脫　長夜增惡趣　減損諸天衆
從瞑入於瞑　永不聞佛名　今佛得最上　安隱无漏道
我等及天人　為得最大利　是故咸稽首　歸命无上尊

尒時十六王子偈讚佛已勸請世尊

BD05953 號　妙法蓮華經卷三　（27–12）

我等得善利　稱慶大歡喜　衆生常苦惱　盲瞑无導師
不識苦盡道　不知求解脫　長夜增惡趣　減損諸天衆
從瞑入於瞑　永不聞佛名　今佛得最上　安隱无漏道
我等及天人　為得最大利　是故咸稽首　歸命无上尊

尒時十六王子偈讚佛已勸請世尊轉於法輪咸
作是言世尊說法多所安隱憐愍饒益諸天
人民重說偈言

世雄无等倫　百福自莊嚴　得无上智慧　願為世間說
度脫於我等　及諸衆生類　為分別顯示　令得是智慧
若我等得佛　衆生亦復然　世尊知衆生　深心之所念
亦知所行道　又知智慧力　欲樂及脩福　宿命所行業
世尊悉知已　當轉无上輪

佛告諸比丘大通智勝佛得阿耨多羅三藐三菩
提時十方各五百萬億諸佛世尊六種震動其國
中間幽瞑之處日月威光所不能照而皆大明其中
衆生各得相見咸作是言此中云何忽生衆生
又其國界諸天宮殿乃至梵宮六種震動大光
普照遍滿世界勝諸天光尒時東方五百萬億
諸國土中梵天宮殿光明照曜倍於常明諸梵
天王各作是念今者宮殿光明昔所未有以何因
緣而現此相是時諸梵天王即各相詣共議此事時
彼衆中有一大梵天王名救一切為諸梵衆而說偈言

我等諸宮殿　光明昔未有　此是何因緣　宜各共求之
為大德天生　為佛出世間　而此大光明　遍照於十方

BD05953 號　妙法蓮華經卷三　（27–13）

天王各作是念今者宮殿光明昔所未有以何因
緣而現此相是時諸梵天王即各相詣共議此事時
彼衆中有一大梵天王名救一切爲諸梵衆而說偈言
我等諸宮殿　光明昔未有　此是何因緣　宜各共求之
爲大德天生　爲佛出世間　而此大光明　遍照於十方
尒時五百萬億國土諸梵天王與宮殿俱各以
衣裓盛諸天華共詣西方推尋是相見大通
智勝如來處于道場菩提樹下坐師子座
諸天龍王乾闥婆緊那羅摩睺羅伽人非人
等恭敬圍繞及見十六王子請佛轉法輪即
時諸梵天王頭面礼佛繞百千匝即以天華
而散佛上其所散華如須弥山并以供養佛
菩提樹其菩提樹高十由旬華供養已各以
宮殿奉上彼佛而作是言唯見哀愍饒益
我等所獻宮殿願垂納處時諸梵天王即於佛
前一心同聲以偈頌曰
世尊甚希有　難可得值遇　具无量功德　能救護一切
天人之大師　哀愍於世間　十方諸衆生　普皆蒙饒益
我等所從來　五百萬億國　捨深禪定樂　爲供養佛故
我等先世福　宮殿甚嚴飾　今以奉世尊　唯願哀納受
尒時諸梵天王偈讚佛已各作是言唯願世
尊轉於法輪度脫衆生開涅槃道時諸梵天
王一心同聲而說偈言

BD05953號　妙法蓮華經卷三　（27–14）

我等所從來　五百萬億國　捨深禪定樂　爲供養佛故
我等先世福　宮殿甚嚴飾　今以奉世尊　唯願哀納受
尒時諸梵天王偈讚佛已各作是言唯願世
尊轉於法輪度脫衆生開涅槃道時諸梵天
王一心同聲而說偈言
世雄兩足尊　唯願演說法　以大慈悲力　度苦惱衆生
尒時大通智勝如來默然許之又諸比丘東
南方五百萬億國土諸大梵王各自見宮殿
光明照曜昔所未有歡喜踊躍生希有心即
各相詣共議此事時彼衆中有一大梵天王
名曰大悲爲諸梵衆而說偈言
是事何因緣　而現如此相　我等諸宮殿　光明昔未有
爲大德天生　爲佛出世間　未曾見此相　當共一心求
過千萬億土　尋光共推之　多是佛出世　度脫苦衆生
尒時五百萬億諸梵天王與宮殿俱各以衣
裓盛諸天華共詣西北方推尋是相見大通
智勝如來處于道場菩提樹下坐師子座諸
天龍王乾闥婆緊那羅摩睺羅伽人非人等
恭敬圍繞及見十六王子請佛轉法輪時諸
梵天王頭面礼佛繞百千匝即以天華而散
佛上所散之華如須弥山并以供養佛菩提
樹華供養已各以宮殿奉上彼佛而作是言唯
見哀愍饒益我等所獻宮殿願垂納受尒時

BD05953號　妙法蓮華經卷三　（27–15）

梵天王頭面礼佛繞百千匝即以天華而散
佛上所散之華如須弥山并以供養佛菩提
樹華供養已各以宮殿奉上彼佛而作是言唯
見哀愍饒益我等所獻宮殿願垂納受尒時
諸梵天王即於佛前一心同聲以偈頌曰
聖主天中天　迦陵頻伽聲　哀愍衆生者　我等今敬礼
世尊甚希有　久遠乃一現　一百八十劫　空過无有佛
三惡道充滿　諸天衆減少　今佛出於世　為衆生作眼
世間所歸趣　救護於一切　為衆生之父　哀愍饒益者
我等宿福慶　今得值世尊
尒時諸梵天王偈讚佛已各作是言唯願世尊
哀愍一切轉於法輪度脫衆生時諸梵天王一
心同聲而說偈言
大聖轉法輪　顯示諸法相　度苦惱衆生　令得大歡喜
衆生聞此法　得道若生天　諸惡道減少　忍善者增益
尒時大通智勝如來默然許之又諸比丘南方
五百萬億國土諸大梵王各自見宮殿光明照
曜昔所未有歡喜踊躍生希有心即各相詣
共議此事以何因緣我等宮殿有此光曜而彼
衆中有一大梵天王名曰妙法為諸梵衆而說偈言
我等諸宮殿　光明甚威耀　此非无因緣　是相宜求之
過於百千劫　未曾見是相　為大德天生　為佛出世間
尒時五百万億諸梵天王與宮殿俱各以衣

BD05953號　妙法蓮華經卷三　（27–16）

共議此事以何因緣我等宮殿有此光曜而彼
衆中有一大梵天王名曰妙法為諸梵衆而說偈言
我等諸宮殿　光明甚威耀　此非无因緣　是相宜求之
過於百千劫　未曾見是相　為大德天生　為佛出世間
尒時五百万億諸梵天王與宮殿俱各以衣
裓盛諸天華共詣北方推尋是相見大通智
勝如來處于道場菩提樹下坐師子座諸天
龍王乾闥婆緊那羅摩睺羅伽人非人等恭
敬圍繞及見十六王子請佛轉法輪時諸梵
天王頭面礼佛繞百千匝即以天華而散佛
上所散之華如須弥山并以供養佛菩提樹
華供養已各以宮殿奉上彼佛而作是言唯
見哀愍饒益我等所獻宮殿願垂納受尒時
諸梵天王即於佛前一心同聲以偈頌曰
世尊甚難見　破諸煩惱者　過百三十劫　今乃得一見
諸飢渴衆生　以法雨充滿　昔所未曾覩　无量智慧者
如優曇鉢華　今日乃值遇　我等諸宮殿　蒙光故嚴飾
世尊大慈愍　唯願垂納受
尒時諸梵天王偈讚佛已各作是言唯願世
尊轉於法輪令一切世間諸天魔梵沙門婆
羅門皆獲安隱而得度脫時諸梵天王一心
同聲以偈頌曰
唯願天中尊　轉无上法輪　擊于大法鼓　而吹大法蠡

BD05953號　妙法蓮華經卷三　（27–17）

尊轉於法輪 令一切世間 諸天魔梵沙門婆
羅門皆獲安隱而得度脫時諸梵天王一心
同聲以偈頌曰
唯願天中尊 轉无上法輪 擊于大法鼓 而吹大法蠡
普雨大法雨 度无量衆生 我等咸歸請 當演深遠音
尒時大通智勝如來默然許之西南方乃至下
方亦復如是尒時上方五百万億國土諸大梵
王皆悉自覩所止宮殿光明威曜昔所未有
歡喜踊躍生希有心即各相詣共議此事以
何因緣我等宮殿有斯光明時彼衆中有一大
梵天王名曰尸棄為諸梵衆而說偈言
今以何因緣 我等諸宮殿 威德光明曜 嚴飾未曾有
如是之妙相 昔所未聞見 為大德天生 為佛出世間
尒時五百萬億諸梵天王與宮殿俱各以衣
裓盛諸天華共詣下方推尋是相見大通智
勝如來處于道場菩提樹下坐師子座諸天
龍王乾闥婆緊那羅摩睺羅伽人非人等恭
敬圍繞及見十六王子請佛轉法輪時諸梵
天王頭面礼佛繞百千匝即以天華而散佛
上所散之華如須弥山并以供養佛菩提樹
華供養已各以宮殿奉上彼佛而作是言唯
見哀愍饒益我等所獻宮殿願垂納處時
諸梵天王即於佛前一心同聲以偈頌曰

BD05953號　妙法蓮華經卷三　（27–18）

天王頭面礼佛繞百千匝即以天華而散佛
上所散之華如須弥山并以供養佛菩提樹
華供養已各以宮殿奉上彼佛而作是言唯
見哀愍饒益我等所獻宮殿願垂納處時
諸梵天王即於佛前一心同聲以偈頌曰
善哉見諸佛 救世之聖尊 能於三界獄 免出諸衆生
普智天人尊 愍哀羣萌類 能開甘露門 廣度於一切
於昔无量劫 空過无有佛 世尊未出時 十方常闇暝
三惡道增長 阿脩羅亦盛 諸天衆轉減 死多墮惡道
不從佛聞法 常行不善事 色力及智慧 斯等皆減少
罪業因緣故 失樂及樂想 住於邪見法 不識善儀則
不蒙佛所化 常墮於惡道 佛為世間眼 久遠時乃出
哀愍諸衆生 故現於世間 超出成正覺 我等甚欣慶
及餘一切衆 喜歎未曾有 我等諸宮殿 蒙光故嚴飾
今以奉世尊 唯垂哀納受 願以此功德 普及於一切
我等與衆生 皆共成佛道
尒時五百萬億諸梵天王偈讚佛已各白佛言
唯願世尊轉於法輪多所安隱多所度脫時諸
梵天王而說偈言
世尊轉法輪 擊甘露法鼓 度苦惱衆生 開示涅槃道
唯願受我請 以大微妙音 哀愍而敷演 无量劫習法
尒時大通智勝如來受十方諸梵天王及十六
王子請即時三轉十二行法輪若沙門婆羅
門若天魔梵及餘世間所不能轉謂是苦

BD05953號　妙法蓮華經卷三　（27–19）

唯願受我請　以大微妙音　哀愍而敷演　无量劫習法
尒時大通智勝如來受十方諸梵天王及十六
王子請即時三轉十二行法輪若沙門婆羅
門若天魔梵及餘世間所不能轉謂是苦
是苦集是苦滅是苦滅道及廣說十二因緣
法无明緣行行緣識識緣名色名色緣六入
六入緣觸觸緣受受緣愛愛緣取取緣有有
緣生生緣老死憂悲苦惱无明滅則行滅行
滅則識滅識滅則名色滅名色滅則六入滅
六入滅則觸滅觸滅則受滅受滅則愛滅愛滅
則取滅取滅則有滅有滅則生滅生滅則老死憂
悲苦惱滅佛於天人大衆之中說是法時六
六百萬億那由他人以不受一切法故而於諸
漏心得解脫皆得深妙禪定三明六通具八
解脫第二第三第四說法時千万億恒河沙
那由他等衆生亦以不受一切法故而於諸
漏心得解脫從是已後諸聲聞衆无量无
邊不可稱數尒時十六王子皆以童子出家
而為沙弥諸根通利智慧明了已曾供養百
千萬億諸佛淨脩梵行求阿耨多羅三藐三
菩提俱白佛言世尊是諸无量千万億大
德聲聞皆已成就世尊亦當為我等說阿耨
多羅三藐三菩提法我等聞已皆共脩學世
尊我等志願如來知見深心所念佛自證知

BD05953號　妙法蓮華經卷三　（27–20）

千萬億諸佛淨脩梵行求阿耨多羅三藐三
菩提俱白佛言世尊是諸无量千万億大
德聲聞皆已成就世尊亦當為我等說阿耨
多羅三藐三菩提法我等聞已皆共脩學世
尊我等志願如來知見深心所念佛自證知
尒時轉輪聖王所將衆中八万億人見十六王
子出家亦求出家王即聽許尒時彼佛受
沙弥請過二万劫已乃於四衆之中說是大
乘經名妙法蓮華教菩薩法佛所護念說是
經已十六沙弥為阿耨多羅三藐三菩提故
皆共受持諷誦通利說是經時十六菩薩沙
弥皆悉信受聲聞衆中亦有信解其餘衆
生千萬億種皆生疑惑佛說是經於八千劫
未曾休廢說此經已即入靜室住於禪定八
萬四千劫是時十六菩薩沙弥知佛入室寂
然禪定各昇法座亦於八万四千劫為四部
衆廣說分別妙法華經一一皆度六百万億
那由他恒河沙等衆生示教利喜令發阿耨
多羅三藐三菩提心大通智勝佛過八萬四
千劫已從三昧起往詣法座安詳而坐普告大
衆是十六菩薩沙弥甚為希有諸根通利智
慧明了已曾供養无量千萬億數諸佛於諸
佛所常脩梵行受持佛智開示衆生令入其中
汝等皆當數數親近而供養之所以者何若聲
聞辟支佛及諸菩薩能信是十六菩薩所說經法

BD05953號　妙法蓮華經卷三　（27–21）

衆是十六菩薩沙弥甚為希有諸根通利智
慧明了已曾供養无量千萬億數諸佛於諸
佛所常脩梵行受持佛智開示衆生令入其中
汝等皆當數數親近而供養之所以者何若聲
聞辟支佛及諸菩薩能信是十六菩薩所說經法
受持不毀者是人皆當得阿耨多羅三藐三菩提
如來之慧佛告諸比丘是十六菩薩常樂說是妙
法蓮華經一一菩薩所化六百万億那由他恒河
沙等衆生世世所生與菩薩俱從其聞法悉皆
信解以此因緣得值四万億諸佛世尊于今不盡諸
比丘我今語汝彼佛弟子十六沙弥今皆得阿耨
多羅三藐三菩提於十方國土現在說法有无
量百千万億菩薩聲聞以為眷屬其二沙弥
東方作佛一名阿閦在歡喜國二名須弥頂東
南方二佛一名師子音二名師子相南方二
佛一名虛空住二名常滅西南方二佛一名帝相二
名梵相西方二佛一名阿弥陁二名度一切世間苦
惱西北方二佛一名多摩羅跋栴檀香神通二名
須弥相北方二佛一名雲自在二名雲自在王東
北方佛名壞一切世間怖畏苐十六我釋迦牟尼
佛於娑婆國土成阿耨多羅三藐三菩提諸比丘
我等為沙弥時各各教化无量百千万億恒河
沙等衆生從我聞法為阿耨多羅三藐三菩提此
諸衆生于今有住聲聞地者我常教化阿耨
多羅三藐三菩提是諸人等應以是法漸入

我等為沙弥時各各教化无量百千万億恒河
沙等衆生從我聞法為阿耨多羅三藐三菩提此
諸衆生于今有住聲聞地者我常教化阿耨
多羅三藐三菩提是諸人等應以是法漸入
佛道所以者何如來智慧難信難解尒時所
化无量恒河沙等衆生者汝等諸比丘及我
滅度後未來世中聲聞弟子是也我滅度
後復有弟子不聞是經不知不覺菩薩所行
自於所得功德生滅度想當入涅槃我於餘國
作佛更有異名是人雖生滅度之想入於涅
槃而於彼土求佛智慧得聞是經唯以佛乘
而得滅度更无餘乘除諸如來方便說法諸比
丘若如來自知涅槃時到衆又清淨信解堅固
了達空法深入禪定便集諸菩薩及聲聞衆為
說是經世間无有二乘而得滅度唯一佛乘得
滅度耳比丘當知如來方便深入衆生之性知
其志樂小法深著五欲為是等故說於涅槃是
人若聞則便信受譬如五百由旬險難惡道曠
絕无人怖畏之處若有多衆欲過此道至珎寶
處有一導師聰慧明達善知險道通塞之相將
導衆人欲過此難所將人衆中路懈退白導師
言我等疲極而復怖畏不能復進前路猶遠今
欲退還導師多諸方便而作是念此等可愍云
何捨大珎寶而欲退還作是念已以方便力於險

絕无人怖畏之處若有多眾欲過此道至珍寶
處有一導師聰慧明達善知險道通塞之相將
導眾人欲過此難所將人眾中路懈退白導師
言我等疲極而復怖畏不能復進前路猶遠今
欲退還導師多諸方便而作是念此等可愍云
何捨大珍寶而欲退還作是念已以方便力於險
道中過三百由旬化作一城告眾人言汝等勿怖莫
得退還今此大城可於中止隨意所作若入是
城快得安隱若能前至寶所亦可得去是時疲
極之眾心大歡喜歎未曾有我等今者免斯
惡道快得安隱於是眾人前入化城生已度
想生安隱想尒時導師知此人眾既得止息无
復疲惓即滅化城語眾人言汝等去來寶處
在近向者大城我所化作為止息耳諸比丘如來
亦復如是今為汝等作大導師知諸生死煩
惱惡道險難長遠應去應度若眾生但聞一
佛乘者則不欲見佛不欲親近便作是念佛
道長遠久受勤苦乃可得成佛知是心怯弱
下劣以方便力而於中道為止息故說二涅槃
若眾生住於二地如來尒時即便為說汝等
所作未辦汝所住地近於佛慧當觀察籌
量所得涅槃非真實也但是如來方便之力
於一佛乘分別說三如彼導師為止息故化作
大城既知息已而告之言寶處在近此城非
實我化作耳尒時世尊欲重宣此義而說偈言

BD05953號　妙法蓮華經卷三　（27-24）

所作未辦汝所住地近於佛慧當觀察籌
量所得涅槃非真實也但是如來方便之力
於一佛乘分別說三如彼導師為止息故化作
大城既知息已而告之言寶處在近此城非
實我化作耳尒時世尊欲重宣此義而說偈言
大通智勝佛　十劫坐道場　佛法不現前　不得成佛道
諸天神龍王　阿脩羅眾等　常雨於天華　供養彼佛
諸天擊天鼓　并作眾伎樂　香風吹萎華　更雨新好者
過十小劫已　乃得成佛道　諸天及世人　心皆懷踊躍
彼佛十六子　皆與其眷屬　千萬億圍繞　俱行至佛所
頭面礼佛足　而請轉法輪　聖師子法雨　充我及一切
世尊甚難值　久遠時一現　為覺悟群生　震動於一切
東方諸世界　五百萬億國　梵宮殿光曜　昔所未曾有
諸梵見此相　尋來至佛所　散華以供養　并奉上宮殿
請佛轉法輪　以偈而讚歎　佛知時未至　受請默然坐
三方及四維　上下亦復尒　散華奉宮殿　請佛轉法輪
世尊甚難值　願以大慈悲　廣開甘露門　轉无上法輪
无量慧世尊　受彼眾人請　為宣種種法　四諦十二緣
无明至老死　皆從生緣有　如是眾過患　汝等應當知
宣暢是法時　六百萬億姟　得盡諸苦際　皆成阿羅漢
第二說法時　千萬恒沙眾　於諸法不受　亦得阿羅漢
從是後得道　其數无有量　萬億劫算數　不能得其邊
時十六王子　出家作沙彌　皆共請彼佛　演說大乘法
我等及營從　皆當成佛道　願得如世尊　慧眼第一淨
佛知童子心　宿世之所行　以无量因緣　種種諸譬喻

BD05953號　妙法蓮華經卷三　（27-25）

宣暢是法時 六百万億姟 得盡諸苦際 皆成阿羅漢
第二說法時 千万恒沙衆 於諸法不受 亦得阿羅漢
從是後得道 其數无有量 万億劫筭數 不能得其邊
時十六王子 出家作沙弥 皆共請彼佛 演說大乘法
我等及營從 皆當成佛道 願得如世尊 慧眼第一淨
佛知童子心 宿世之所行 以无量因緣 種種諸譬喻
說六波羅蜜 及諸神通事 分別真實法 菩薩所行道
說是法華經 如恒河沙偈 彼佛說經已 靜室入禪定
一心一處坐 八万四千劫 是諸沙弥等 知佛禪未出
為无量億衆 說佛无上慧 各各坐法座 說是大乘經
於佛宴寂後 宣揚助法化 一一沙弥等 所度諸衆生
有六百万億 恒河沙等衆 彼佛滅度後 是諸聞法者
在在諸佛土 常與師俱生 是十六沙弥 具足行佛道
今現在十方 各得成正覺 尔時聞法者 各在諸佛所
其有住聲聞 漸教以佛道 我在十六數 曾亦為汝說
是故以方便 引汝趣佛慧 以是本因緣 今說法華經
令汝入佛道 慎勿懷驚懼 譬如險惡道 迥絕多毒獸
又復无水草 人所怖畏處 无數千万衆 欲過此險道
其路甚曠遠 經五百由旬 時有一導師 强識有智慧
明了心決定 在險濟衆難 衆人皆疲惓 而白導師言
我等今頓乏 於此欲退還 導師作是念 此輩甚可愍
如何欲退還 而失大珍寶 尋時思方便 當設神通力
化作大城郭 莊嚴諸舍宅 周匝有園林 渠流及浴池
重門高樓閣 男女皆充滿 即作是化已 慰衆言勿懼
汝等入此城 各可隨所樂 諸人既入城 心皆大歡喜
皆生安隱想 自謂已得度 導師知息已 集衆而告言
汝等當前進 此是化城耳 我見汝疲極 中路欲退還

BD05953號　妙法蓮華經卷三　（27–26）

化作大城郭 莊嚴諸舍宅 周匝有園林 渠流及浴池
重門高樓閣 男女皆充滿 即作是化已 慰衆言勿懼
汝等入此城 各可隨所樂 諸人既入城 心皆大歡喜
皆生安隱想 自謂已得度 導師知息已 集衆而告言
汝等當前進 此是化城耳 我見汝疲極 中路欲退還
故以方便力 權化作此城 汝今勤精進 當共至寶所
我亦復如是 為一切導師 見諸求道者 中路而懈廢
不能度生死 煩惱諸險道 故以方便力 為息說涅槃
言汝等苦滅 所作皆已辦 既知到涅槃 皆得阿羅漢
尔乃集大衆 為說真實法 諸佛方便力 分別說三乘
唯有一佛乘 息處故說二 今為汝說實 汝所得非滅
為佛一切智 當發大精進 汝證一切智 十力等佛法
具三十二相 乃是真實滅 諸佛之導師 為息說涅槃
既知是息已 引入於佛慧

妙法蓮華經卷第三

BD05953號　妙法蓮華經卷三　（27–27）

弗摩訶

離婆多周利槃陀迦難陀

羅睺羅憍梵波提賓頭盧頗羅墮迦留陀夷摩訶劫賓那薄拘

羅阿㝹樓馱如是等諸大弟子并諸菩薩摩訶薩文殊師利

法王子阿逸多菩薩乾陀訶提菩薩常精進菩薩與如是等

諸大菩薩及釋提桓因等无量諸天大衆俱

尒時佛告長老舍利弗從是西方過十万億佛土有世界名曰

極樂其土有佛号阿弥陀今現在說法舍利弗彼土何故名

為極樂其國衆生无有衆苦但受諸樂故名極樂

又舍利弗極樂國土七重欄楯七重羅網七重行樹皆是四

寶周帀圍繞是故彼國名曰極樂

又舍利弗極樂國土有七寶池八功德水充滿其中池底純

BD05954號　阿彌陀經　（5–1）

尒時佛告長老舍利弗從是西方過十万億佛土有世界名曰

極樂其土有佛号阿弥陀今現在說法舍利弗彼土何故名

為極樂其國衆生无有衆苦但受諸樂故名極樂

又舍利弗極樂國土七重欄楯七重羅網七重行樹皆是四

寶周帀圍繞是故彼國名曰極樂

又舍利弗極樂國土有七寶池八功德水充滿其中池底純

以金沙布地四邊階道金銀瑠璃頗梨合成上有樓閣亦

以金銀瑠璃頗梨車渠馬瑙而嚴飾之池中蓮華大如車

輪青色青光黃色黃光赤色赤光白色白光微妙香潔舍利弗極

樂國土成就如是功德莊嚴

又舍利弗彼佛國土常作天樂黃金為地晝夜六時而雨曼陀羅

華其國衆生常以清旦各以衣裓盛衆妙華供養他方十万億

佛即以食時還到本國飯食經行舍利弗極樂國土成就如

是功德莊嚴

復次舍利弗彼國常有種種奇妙雜色之鳥白鵠孔雀鸚鵡

舍利迦陵頻伽共命之鳥是諸衆鳥晝夜六時出和雅音

其音演暢五根五力七菩提分八聖道分如是等法其土

衆生聞是音已皆悉念佛念法念僧

舍利弗汝勿謂此鳥實是罪報所生所以者何彼佛國土無三

惡趣舍利弗其佛國土尚无三惡道之名何况有實是諸

衆鳥皆是阿弥陀佛欲令法音宣流變化所作

舍利弗彼佛國土微風吹動諸寶行樹及寶羅網出微妙音譬如

百千種樂同時俱作聞是音者皆自然生念佛念法念僧之心舍利

弗其佛國土成就如是功德莊嚴

舍利弗於汝意云何彼佛何故号阿弥陀

舍利弗彼佛光明无量照十方國无所鄣礙是故号為阿弥陀

BD05954號　阿彌陀經　（5–2）

舍利弗彼佛國土微風吹動諸寶行樹及寶羅網出微妙音譬如
百千種樂同時俱作聞是音者皆自然生念佛念法念僧之心舍利
弗其佛國土成就如是功德莊嚴
舍利弗於汝意云何彼佛何故号阿弥陁
舍利弗彼佛光明无量照十方國无所鄣礙是故号為阿弥陁
又舍利弗彼佛壽命及其人民无量无邊阿僧祇劫故名阿弥陁舍
利弗阿弥陁佛成佛已來於今十劫
又舍利弗彼佛有无量无邊聲聞弟子皆阿羅漢非是筭數
之所能知諸菩薩亦如是
舍利弗彼佛國土成就如是功德莊嚴
又舍利弗極樂國土衆生生者皆是阿鞞跋致其中多有一生補
處其數甚多非是筭數所能知之但可以无量无邊阿僧祇劫說
舍利弗衆生聞者應當發願願生彼國所以者何得
與如是諸上善人俱會一處
舍利弗不可以少善根福德因緣得生彼國舍利弗若有
善男子善女人聞說阿弥陁佛執持名号若一日若
二日若三日若四日若五日若六日若七日一心不
亂其人臨命終時阿弥陁佛與諸聖衆現在其
前是人終時心不顛倒即得往生阿弥陁佛極
樂國土舍利弗我見是利故說此言若有衆生
聞是說者應當發願生彼國土
舍利弗如我今者讚歎阿弥陁佛不可思議功德
東方亦有阿閦鞞佛須弥相佛大須佛弥佛
須弥光佛妙音佛如是等恒河沙數諸佛各於
其國出廣長舌相遍覆三千大千世界說誠實言
汝等衆生當信是稱讚不可思議功德一切諸佛
所護念經
舍利弗南方世界有日月燈佛名聞光佛大焰
肩佛須弥燈佛无量精進佛如是等恒河沙

BD05954號　阿彌陀經

（5–3）

須弥光佛妙音佛如是等恒河沙數諸佛各於
其國出廣長舌相遍覆三千大千世界說誠實言
汝等衆生當信是稱讚不可思議功德一切諸佛
所護念經
舍利弗南方世界有日月燈佛名聞光佛大焰
肩佛須弥燈佛无量精進佛如是等恒河沙
數諸佛各於其國出廣長舌相遍覆三千大
千世界說誠實言汝等衆生當信是稱讚不
可思議功德一切諸佛所護念經
舍利弗西方世界有无量相佛无量幢佛大
光佛大明佛寶相佛淨光佛如是等恒沙河數
諸佛各於其國出廣長舌相遍覆三千大千
世界說誠實言汝等衆生當信是稱讚不可思
議功德一切諸佛所護念經
舍利佛北方世界有焰肩佛最勝音佛難阻佛日
生佛網明佛如是等恒河沙數諸佛各於其國出廣
長舌相遍覆三千大千世界說誠實言汝等衆
生當信是稱讚不可思議功德一切諸佛所護
念經
舍利弗下方世界有師子佛名聞佛名光佛達摩
佛法幢佛持法佛如是等恒河沙數諸佛各於
其國出廣長舌相遍覆三千大千世界說誠實言
汝等衆生當信是稱讚不可思議功德一切諸佛所
護念經
舍利弗上方世界有梵音佛宿王佛香上佛香
光佛大焰肩佛雜色寶華嚴身佛娑羅樹王佛
寶華德佛見一切義佛如須弥山佛如是等恒河
沙數諸佛各於其國出廣長相遍覆三千大世界說

BD05954號　阿彌陀經

（5–4）

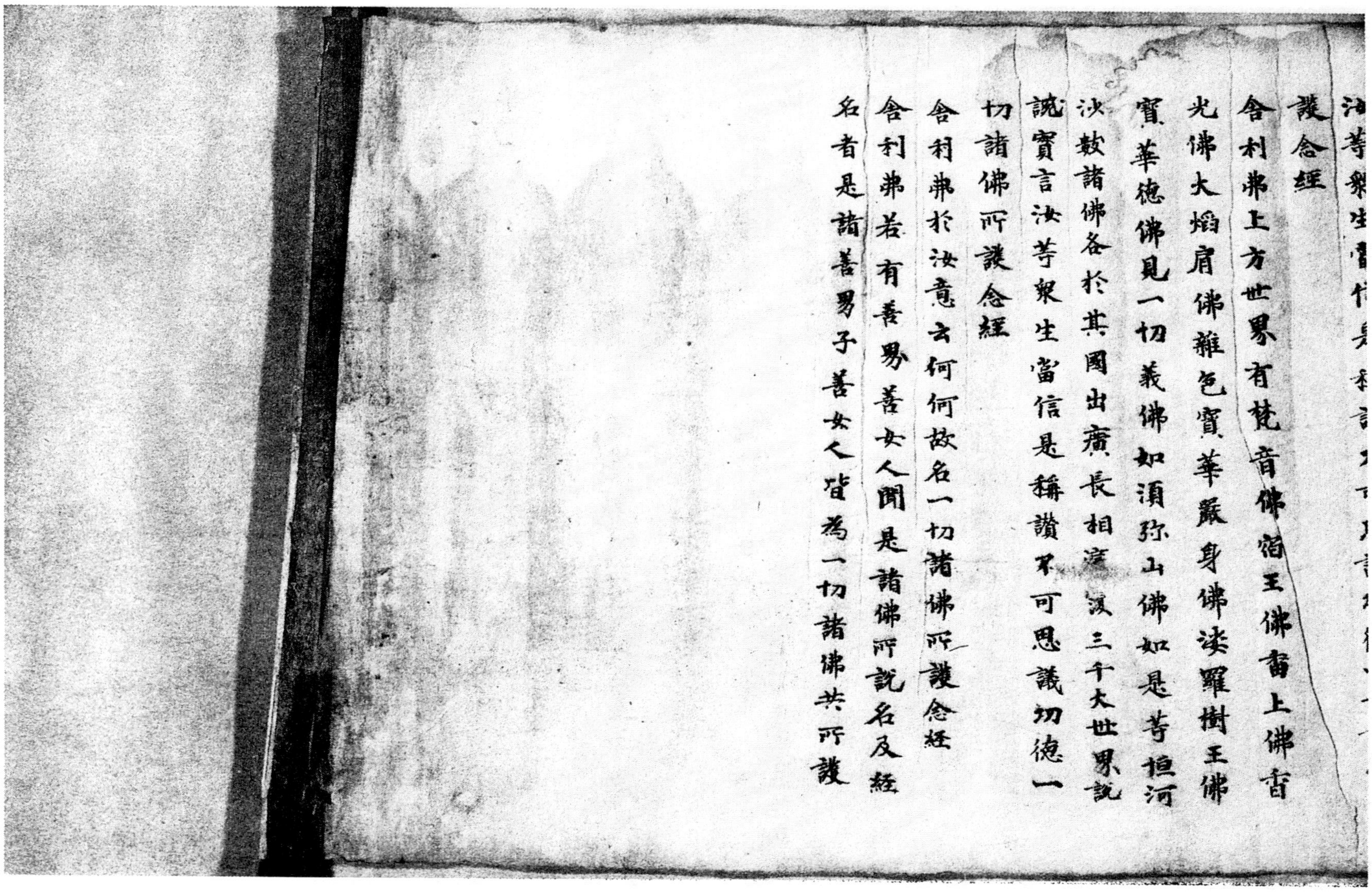
汝等衆生當信是稱

護念經

舍利弗上方世界有梵音佛宿王佛香上佛香

光佛大焰肩佛雜色寶華嚴身佛娑羅樹王佛

寶華德佛見一切義佛如須弥山佛如是等恒河

沙數諸佛各於其國出廣長舌相遍覆三千大世界說

誠實言汝等衆生當信是稱讚不可思議功德一

切諸佛所護念經

舍利弗於汝意云何何故名一切諸佛所護念經

舍利弗若有善男善女人聞是諸佛所說名及經

名者是諸善男子善女人皆為一切諸佛共所護

BD05954號　阿彌陀經　（5–5）

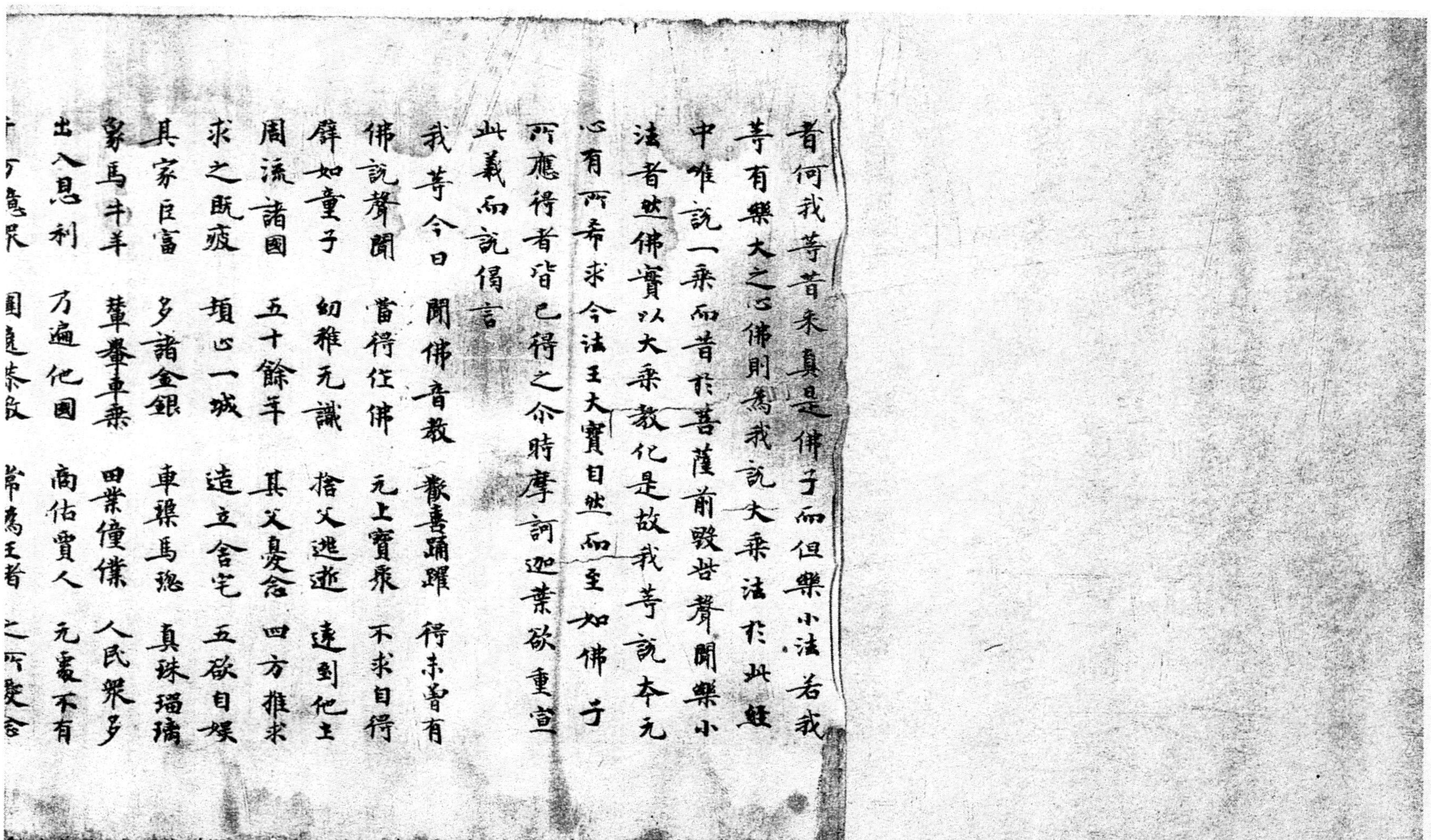
者何我等昔來真是佛子而但樂小法若我

等有樂大之心佛則為我說大乘法於此經

中唯說一乘而昔於菩薩前毀呰聲聞樂小

法者然佛實以大乘教化是故我等說本无

心有所希求今法王大寶自然而至如佛子

所應得者皆已得之尒時摩訶迦葉欲重宣

此義而說偈言

我等今日　聞佛音教　歡喜踊躍　得未曾有

佛說聲聞　當得作佛　无上寶聚　不求自得

譬如童子　幼稚无識　捨父逃逝　遠到他土

周流諸國　五十餘年　其父憂念　四方推求

求之既疲　頓止一城　造立舍宅　五欲自娛

其家巨富　多諸金銀　車璖馬瑙　真珠瑠璃

象馬牛羊　輦轝車乘　田業僮僕　人民衆多

出入息利　乃遍他國　商估賈人　无處不有

千万億衆　圍遶恭敬　常為王者　之所愛念

BD05955號　妙法蓮華經卷二　（2–1）

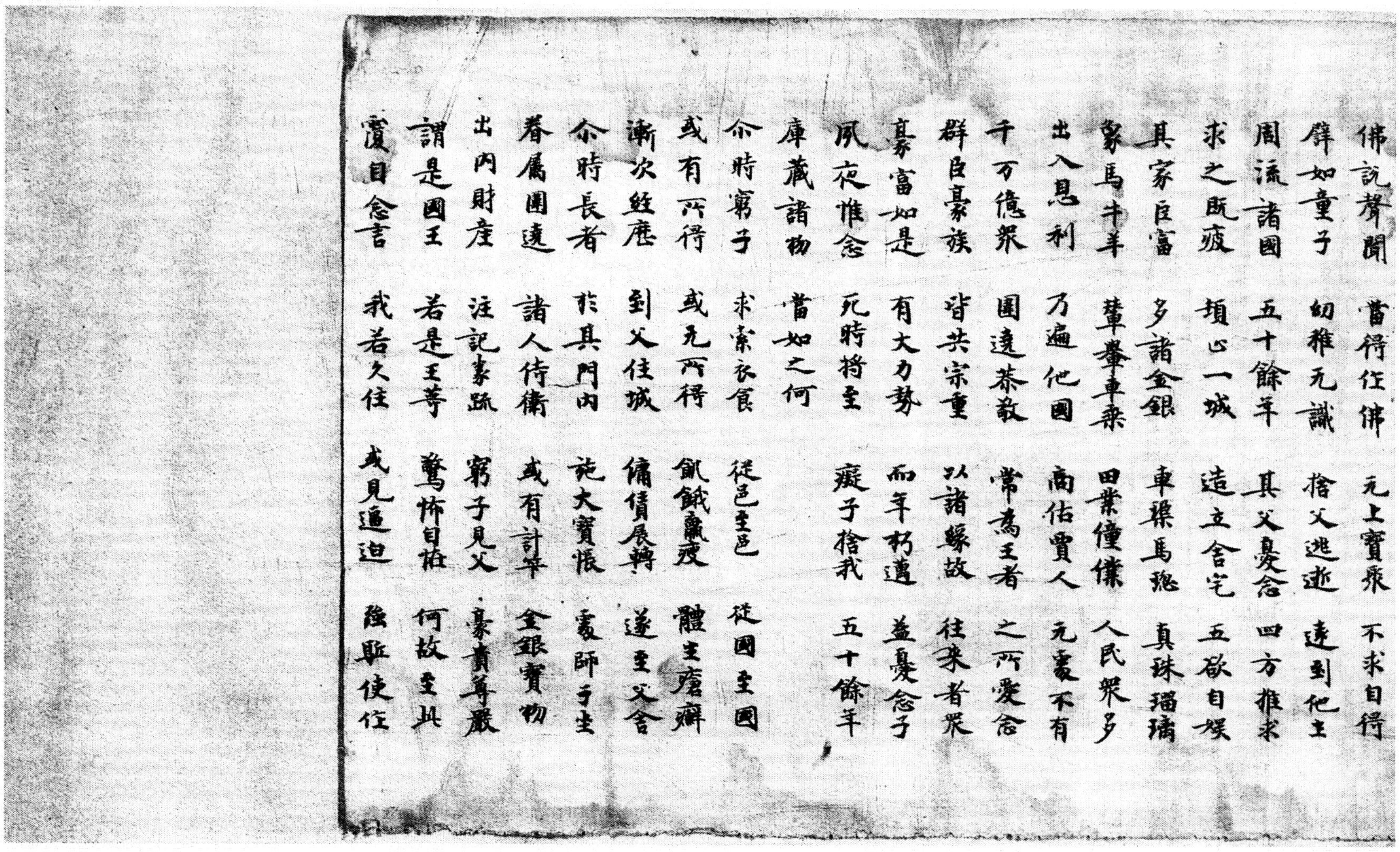

佛說聲聞　當得作佛　无上寶聚　不求自得
譬如童子　幼稚无識　捨父逃逝　遠到他土
周流諸國　五十餘年　其父憂念　四方推求
求之既疲　頓止一城　造立舍宅　五欲自娛
其家巨富　多諸金銀　車𤦲馬瑙　真珠瑠璃
象馬牛羊　輦輿車乘　田業僮僕　人民衆多
出入息利　乃遍他國　商估賈人　无處不有
千万億衆　圍遶恭敬　常為王者　之所愛念
群臣豪族　皆共宗重　以諸緣故　往來者衆
豪富如是　有大力勢　而年朽邁　益憂念子
夙夜惟念　死時將至　癡子捨我　五十餘年
庫藏諸物　當如之何
尒時窮子　求索衣食　從邑至邑　從國至國
或有所得　或无所得　飢餓羸瘦　體生瘡癬
漸次經歷　到父住城　傭賃展轉　遂至父舍
尒時長者　於其門內　施大寶帳　處師子座
眷屬圍遶　諸人侍衛　或有計筭　金銀寶物
出內財產　注記券疏　窮子見父　豪貴尊嚴
謂是國王　若是王等　驚怖自怪　何故至此
覆自念言　我若久住　或見逼迫　強驅使作

BD05955號　妙法蓮華經卷二　（2–2）

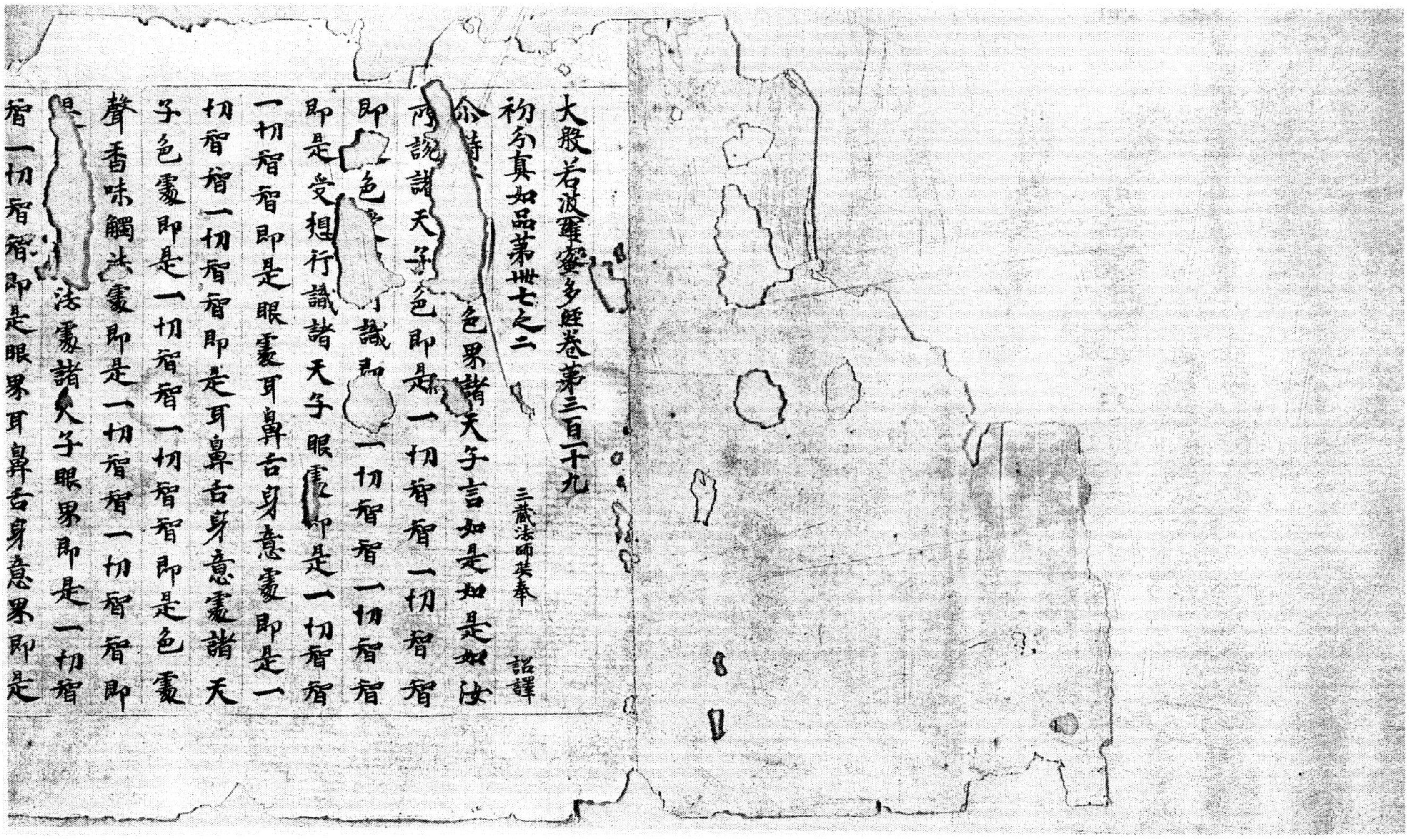

大般若波羅蜜多經卷第三百一十九
初分真如品第卌七之二　　三藏法師玄奘奉詔譯
尒時[illegible]色界諸天子言如是如是如汝
所說諸天子色即是一切智智一切智智
即[illegible]色[illegible]識即一切智智一切智智
即是受想行識諸天子眼處即是一切智智
一切智智即是眼處耳鼻舌身意處即是一
切智智一切智智即是耳鼻舌身意處諸天
子色處即是一切智智一切智智即是色處
聲香味觸法處即是一切智智一切智智即
是[illegible]法處諸天子眼界即是一切智
智一切智智即是眼界耳鼻舌身意界即是

BD05956號　大般若波羅蜜多經卷三一九　（22–1）

一切智智即是眼處耳鼻舌身意處即是一
切智智一切智智即是耳鼻舌身意處諸天
子色處即是一切智智一切智智即是色處
聲香味觸法處即是一切智智一切智智即
是□□□□法處諸天子眼界即是一切智
智一切智智即是眼界耳鼻舌身意界即是
一切智□智智即□耳鼻舌身意界諸
天子色界即是一切智智一切智智即是色
界聲香味觸法界即是一切智智一切智智
即是聲香味觸法界諸天子眼識界即是一
切智智一切智智即是眼識界耳鼻舌身意
識界即是一切智智一切智智即是耳鼻舌
身意□界諸天子眼觸即是一切智智一切
智□即是眼觸耳鼻舌身意觸即是一切智
智一切智智即是耳鼻舌身意觸諸天子眼
觸為緣所生諸受即是一切智智一切智智即
是眼觸為緣所生諸受耳鼻舌身意觸為
緣所生諸受即是一切智智一切智智即是
耳鼻舌身意觸為緣所生諸受諸天子地界
即□□□智一切智智即是地界水火風
空識界即是一切智智一切智智即是水火
風空識□□天子無明即是一切智智一切
智智即是無明行識名色六處觸受愛取有
生老死即是一切智智一切智智即是行乃
至老死諸天子布施波羅蜜多即是一切智
智一切智智即是布施波羅蜜多淨戒安忍
精進靜慮般若波羅蜜多即是一切智智一
切智智即是淨戒乃至般若波羅蜜多諸天

BD05956號　大般若波羅蜜多經卷三一九

（22–2）

智智即是無明行識名色六處觸受愛取有
生老死即是一切智智一切智智即是行乃
至老死諸天子布施波羅蜜多即是一切智
智一切智智即是布施波羅蜜多淨戒安忍
精進靜慮般若波羅蜜多即是一切智智一
切智智即是淨戒乃至般若波羅蜜多諸天
子內空即是一切智智一切智智即是內空
外空內外空空空大空勝義空有為空無為
空畢竟空無際空散空無變異空本性空自
相空共相空一切法空不可得空無性空自
性空無性自性空即是一切智智一切智智
即是外空乃至無性自性空諸天子真如即
是一切智智一切智智即是真如法界法性
不虛妄性不變異性平等性離生性法定法
住實際虛空界不思議界即是一切智智一
切智智即是法界乃至不思議界諸天子四
念住即是一切智智一切智智即是四念住四
正斷四神足五根五力七等覺支八聖道
支即是一切智智一切智智即是四正斷乃
至八聖道支諸天子苦聖諦即是一切智智
一切智智即是苦聖諦集滅道聖諦即是一
切智智一切智智即是集滅道聖諦諸天子
四靜慮即是一切智智一切智智即是四靜
慮諸天子四無量即是一切智智一切智智
即是四無量諸天子四無色定即是一切智
智一切智智即是四無色定諸天子八解脫
即是□□□智一切智智即是八解脫諸天

BD05956號　大般若波羅蜜多經卷三一九

（22–3）

切智智一切智智即是集滅道聖諦諸天子
四靜慮即是一切智智一切智智即是四靜
慮諸天子四無量即是一切智智一切智智
即是四無量諸天子四無色定即是一切智
智一切智智即是四無色定諸天子八解脫
即是一切智智一切智智即是八解脫諸天
子八勝處即是一切智智一切智智即是八
勝處諸天子九次第定即是一切智智一切
智智即是九次第定諸天子十遍處即是一
切智智一切智智即是十遍處諸天子空解
脫門即是一切智智一切智智即是空解脫
門無相無願解脫門即是一切智智一切智
智即是無相無願解脫門諸天子五眼即是
一切智智一切智智即是五眼諸天子六神
通即是一切智智一切智智即是六神通諸
天子三摩地門即是一切智智一切智智即是
三摩地門諸天子陁羅尼門即是一切智
智一切智智即是陁羅尼門諸天子佛十力
即是一切智智一切智智即是佛十力四無
所畏四無礙解大慈大悲大喜大捨十八佛
不共法即是一切智智一切智智即是四無
所畏乃至十八佛不共法諸天子預流果即
是一切智智一切智智即是預流果一來不
還阿羅漢果即是一切智智一切智智即是
一來不還阿羅漢果諸天子獨覺菩提即是
一切智智一切智智即是獨覺菩提諸天子一
切智即是一切智智一切智智即是一切智
道相智一切相智即是一切智智一切智

BD05956 號　大般若波羅蜜多經卷三一九　（22–4）

是一切智智一切智智即是預流果一來不
還阿羅漢果即是一切智智一切智智即是
一來不還阿羅漢果諸天子獨覺菩提即是
一切智智一切智智即是獨覺菩提諸天子一
切智即是一切智智一切智智即是一切智
道相智一切相智即是一切智智一切智智
即是道相智一切相智諸天子諸佛無上正
等菩提即是一切智智一切智智即是諸佛
無上正等菩提所以者何諸天子若色真如
若一切智智真如若一切法真如皆一真如
無二無別亦無窮盡若受想行識真如若一
切智智真如若一切法真如皆一真如無二
無別亦無窮盡諸天子若眼處真如若一切
智智真如若一切法真如皆一真如無二無
別亦無窮盡若耳鼻舌身意處真如若一切
智智真如若一切法真如皆一真如無二無
別亦無窮盡諸天子若色處真如若一切智
智真如若一切法真如皆一真如無二無別
亦無窮盡若聲香味觸法處真如若一切智
智真如若一切法真如皆一真如無二無別
亦無窮盡諸天子若眼界真如若一切智智
真如若一切法真如皆一真如無二無別亦
無窮盡若耳鼻舌身意界真如若一切智智
真如若一切法真如皆一真如無二無別亦
無窮盡諸天子若色界真如若一切智智真
如若一切法真如皆一真如無二無別亦無窮
盡若聲香味觸法界真如若一切智智真如
若一切法真如皆一真如無二無別亦無窮

BD05956 號　大般若波羅蜜多經卷三一九　（22–5）

真如若一切法真如皆一真如無二無別亦
無窮盡諸天子若色界真如若一切智智真
如若一切法真如皆一真如無二無別亦無窮
盡若聲香味觸法界真如若一切智智真如
若一切法真如皆一真如無二無別亦無窮
盡諸天子若眼識界真如若一切智智真如
若一切法真如皆一真如無二無別亦無窮
盡若耳鼻舌身意識界真如若一切智智真
如若一切法真如皆一真如無二無別亦無
窮盡諸天子若眼觸真如若一切智智真如
若一切法真如皆一真如無二無別亦無
窮盡若耳鼻舌身意觸真如若一切智智真
如若一切法真如皆一真如無二無別亦無
窮盡諸天子若眼觸為緣所生諸受真如若
一切智智真如若一切法真如皆一真如無
二無別亦無窮盡若耳鼻舌身意觸為緣所
生諸受真如若一切智智真如若一切法真如
皆一真如無二無別亦無窮盡諸天子若
地界真如若一切智智真如若一切法真如
皆一真如無二無別亦無窮盡若水火風空
識界真如若一切智智真如若一切法真如
皆一真如無二無別亦無窮盡諸天子若無
明真如若一切智智真如若一切法真如皆
一真如無二無別亦無窮盡若行識名色六
處觸受愛取有生老死真如若一切智智真
如若一切法真如皆一真如無二無別亦無
窮盡諸天子若布施波羅蜜多真如若一切

BD05956號　大般若波羅蜜多經卷三一九　（22–6）

一真如無二無別亦無窮盡若行識名色六
處觸受愛取有生老死真如若一切智智真
如若一切法真如皆一真如無二無別亦無
窮盡諸天子若布施波羅蜜多真如若一切
智智真如若一切法真如皆一真如無二無
別亦無窮盡若淨戒安忍精進靜慮般若波
羅蜜多真如若一切智智真如若一切法真
如皆一真如無二無別亦無窮盡諸天子若
內空真如若一切智智真如若一切法真如
皆一真如無二無別亦無窮盡若外空內外
空空空大空勝義空有為空無為空畢竟空
無際空散空無變異空本性空自相空共相
空一切法空不可得空無性空自性空無性
自性空真如若一切智智真如若一切法真
如皆一真如無二無別亦無窮盡諸天子若
真如真如若一切智智真如若一切法真如
皆一真如無二無別亦無窮盡若法界法性
不虛妄性不變異性平等性離生性法定法
住實際虛空界不思議界真如若一切智智
真如若一切法真如皆一真如無二無別亦
無窮盡諸天子若四念住真如若一切智智
真如若一切法真如皆一真如無二無別亦
無窮盡若四正斷四神足五根五力七等覺
支八聖道支真如若一切智智真如若一切
法真如皆一真如無二無別亦無窮盡諸天
子若苦聖諦真如若一切智智真如若一切
法真如皆一真如無二無別亦無窮盡若集

BD05956號　大般若波羅蜜多經卷三一九　（22–7）

真如若一切法真如皆一真如無二無別亦
無窮盡若四正斷四神足五根五力七等覺
支八聖道支真如若一切智智真如若一切
法真如皆一真如無二無別亦無窮盡諸天
子若苦聖諦真如若一切智智真如若一切
法真如皆一真如無二無別亦無窮盡若集
滅道聖諦真如若一切智智真如若一切法
真如皆一真如無二無別亦無窮盡諸天子
若四靜慮真如若一切智智真如若一切法
真如皆一真如無二無別亦無窮盡諸天子
若四無量真如若一切智智真如若一切法
真如皆一真如無二無別亦無窮盡諸天子
若四無色定真如若一切智智真如若一切
法真如皆一真如無二無別亦無窮盡諸天
子若八解脫真如若一切智智真如若一切
法真如皆一真如無二無別亦無窮盡諸天
子若八勝處真如若一切智智真如若一切
法真如皆一真如無二無別亦無窮盡諸天
子若九次第定真如若一切智智真如若一
切法真如皆一真如無二無別亦無窮盡諸
天子若十遍處真如若一切智智真如若一
切法真如皆一真如無二無別亦無窮盡諸
天子若空解脫門真如若一切智智真如若
一切法真如皆一真如無二無別亦無窮盡
若無相無願解脫門真如若一切智智真如
若一切法真如皆一真如無二無別亦無窮
盡諸天子若五眼真如若一切智智真如若一
切法真如皆一真如無二無別亦無窮盡諸

BD05956號　大般若波羅蜜多經卷三一九　（22–8）

天子若空解脫門真如若一切智智真如若
一切法真如皆一真如無二無別亦無窮盡
若無相無願解脫門真如若一切智智真如
若一切法真如皆一真如無二無別亦無窮
盡諸天子若五眼真如若一切智智真如若一
切法真如皆一真如無二無別亦無窮盡諸
天子若六神通真如若一切智智真如若一
切法真如皆一真如無二無別亦無窮盡諸
天子若三摩地門真如若一切智智真如若
一切法真如皆一真如無二無別亦無窮盡
諸天子若陁羅尼門真如若一切智智真如
若一切法真如皆一真如無二無別亦無
窮盡諸天子若佛十力真如若一切智智真
如若一切法真如皆一真如無二無別亦無
窮盡若四無所畏四無礙解大慈大悲大喜
大捨十八佛不共法真如若一切智智真如
若一切法真如皆一真如無二無別亦無窮
盡諸天子若預流果真如若一切智智真如
若一切法真如皆一真如無二無別亦無窮
盡若一來不還阿羅漢果真如若一切智智
真如若一切法真如皆一真如無二無別亦
無窮盡諸天子若獨覺菩提真如若一切智
智真如若一切法真如皆一真如無二無別
亦無窮盡諸天子若一切智真如若一切智
智真如若一切法真如皆一真如無二無別
亦無窮盡若道相智一切相智真如若一切
智智真如若一切法真如皆一真如無二無
別亦無窮盡諸天子若諸佛無上正等菩提

BD05956號　大般若波羅蜜多經卷三一九　（22–9）

無窮盡諸天子若獨覺菩提真如若一切智
智真如若一切法真如皆一真如無二無別
亦無窮盡諸天子若一切智真如若一切智
智真如若一切法真如皆一真如無二無別
亦無窮盡若道相智一切相智真如若一切
智智真如若一切法真如皆一真如無二無
別亦無窮盡諸天子若諸佛無上正等菩提
真如若一切智智真如若一切法真如皆一
真如無二無別亦無窮盡
諸天子我觀此義心恒趣寂不樂說法所以
者何此法甚深難見難覺不可尋思過尋思
境微妙沖寂聰敏智者之所能知非諸世間
卒能信受謂深般若波羅蜜多即是如來應
正等覺所證無上正等菩提諸天子如是無
上正等菩提無能證非所證無證處無證時
諸天子此法深妙不二現行非諸世間所能
比度諸天子虛空甚深故此法甚深真如甚
深故此法甚深法界甚深故此法甚深法性
甚深故此法甚深不虛妄性甚深故此法甚
深不變異性甚深故此法甚深平等性甚
深故此法甚深離生性甚深故此法甚深法定
甚深故此法甚深法住甚深故此法甚深實
際甚深故此法甚深虛空界甚深故此法甚
深不思議界甚深故此法甚深諸天子無量
無邊甚深故此法甚深無來無去甚深故此
法甚深無生無滅甚深故此法甚深無染無
淨甚深故此法甚深無知無得甚深故此法
甚深無造無作甚深故此法甚深諸天子我

BD05956號　大般若波羅蜜多經卷三一九　（22–10）

際甚深故此法甚深虛空界甚深故此法甚
深不思議界甚深故此法甚深諸天子無量
無邊甚深故此法甚深無來無去甚深故此
法甚深無生無滅甚深故此法甚深無染無
淨甚深故此法甚深無知無得甚深故此法
甚深無造無作甚深故此法甚深諸天子我
甚深故此法甚深有情甚深故此法甚深命
者甚深故此法甚深生者甚深故此法甚深
養者甚深故此法甚深士夫甚深故此法甚
深補特伽羅甚深故此法甚深意生甚深故
此法甚深儒童甚深故此法甚深作者甚深
故此法甚深受者甚深故此法甚深知者甚
深故此法甚深見者甚深故此法甚深
諸天子色甚深故此法甚深受想行識甚深
故此法甚深諸天子眼處甚深故此法甚深
耳鼻舌身意處甚深故此法甚深諸天子色
處甚深故此法甚深聲香味觸法處甚深故
此法甚深諸天子眼界甚深故此法甚深耳
鼻舌身意界甚深故此法甚深諸天子色界
甚深故此法甚深聲香味觸法界甚深故此
法甚深諸天子眼識界甚深故此法甚深耳
鼻舌身意識界甚深故此法甚深諸天子眼
觸甚深故此法甚深耳鼻舌身意觸甚深故
此法甚深諸天子眼觸為緣所生諸受甚深
故此法甚深耳鼻舌身意觸為緣所生諸受
甚深故此法甚深諸天子地界甚深故此法
甚深水火風空識界甚深故此法甚深諸天
子無明甚深故此法甚深行識名色六處觸

BD05956號　大般若波羅蜜多經卷三一九　（22–11）

觸甚深故此法甚深耳鼻舌身意觸甚深故
此法甚深諸天子眼觸為緣所生諸受甚深
故此法甚深耳鼻舌身意觸為緣所生諸受
甚深故此法甚深諸天子地界甚深故此法
甚深水火風空識界甚深故此法甚深諸天
子無明甚深故此法甚深行識名色六處觸
受愛取有生老死甚深故此法甚深諸天子
布施波羅蜜多甚深故此法甚深淨戒波羅
蜜多甚深故此法甚深安忍波羅蜜多甚深
故此法甚深精進波羅蜜多甚深故此法甚
深靜慮波羅蜜多甚深故此法甚深般若波
羅蜜多甚深故此法甚深諸天子內空甚深
故此法甚深外空內外空空空大空勝義空
有為空無為空畢竟空無際空散空無變異
空本性空自相空共相空一切法空不可得空
無性空自性空無性自性空甚深故此法甚
深諸天子四念住甚深故此法甚深四正斷
四神足五根五力七等覺支八聖道支甚深
故此法甚深諸天子苦聖諦甚深故此法甚
深集滅道聖諦甚深故此法甚深諸天子四
靜慮甚深故此法甚深四無量甚深故此法
甚深四無色定甚深故此法甚深諸天子八
解脫甚深故此法甚深八勝處甚深故此法
甚深九次第定甚深故此法甚深十遍處
甚深故此法甚深諸天子空解脫門甚深故
此法甚深無相無願解脫門甚深故此法甚
深諸天子五眼甚深故此法甚深六神通甚

BD05956號　大般若波羅蜜多經卷三一九　(22–12)

甚深九次第定甚深故此法甚深十遍處
甚深故此法甚深諸天子空解脫門甚深故
此法甚深無相無願解脫門甚深故此法甚
深諸天子五眼甚深故此法甚深六神通甚
深故此法甚深諸天子三摩地門甚深故此
法甚深陀羅尼門甚深故此法甚深諸天子
佛十力甚深故此法甚深四無所畏四無礙
解大慈大悲大喜大捨十八佛不共法甚深
故此法甚深諸天子預流果甚深故此法甚
深一來不還阿羅漢果甚深故此法甚深諸
天子獨覺菩提甚深故此法甚深諸天子一
切智甚深故此法甚深道相智一切相智甚
深故此法甚深諸天子一切佛法甚深故此
法甚深
時欲色界諸天子白佛言世尊此所說法甚
深微妙非諸世間率能信受世尊此深妙法
不為攝取色故說不為棄捨色故說不為攝
取受想行識故說不為棄捨受想行識故說
世尊此深妙法不為攝取眼處故說不為棄
捨眼處故說不為攝取耳鼻舌身意處故說
不為棄捨耳鼻舌身意處故說世尊此深妙
法不為攝取色處故說不為棄捨色處故說
不為攝取聲香味觸法處故說不為棄捨聲
香味觸法處故說世尊此深妙法不為攝取
眼界故說不為棄捨眼界故說不為攝取耳
鼻舌身意界故說不為棄捨耳鼻舌身意界
故說世尊此深妙法不為攝取色界故說不

BD05956號　大般若波羅蜜多經卷三一九　(22–13)

不為攝取聲香味觸法處故說不為棄捨聲
香味觸法處故說世尊此深妙法不為攝取
眼界故說不為棄捨眼界故說不為攝取耳
鼻舌身意界故說不為棄捨耳鼻舌身意界
故說世尊此深妙法不為攝取色界故說不
為棄捨色界故說不為攝取聲香味觸法界
故說不為棄捨聲香味觸法界故說世尊此
深妙法不為攝取眼識界故說不為棄捨眼
識界故說不為攝取耳鼻舌身意識界故說
不為棄捨耳鼻舌身意識界故說世尊此深
妙法不為攝取眼觸故說不為棄捨眼觸故
說不為攝取耳鼻舌身意觸故說不為棄捨
耳鼻舌身意觸故說世尊此深妙法不為攝
取眼觸為緣所生諸受故說不為棄捨眼觸
為緣所生諸受故說不為攝取耳鼻舌身意
觸為緣所生諸受故說不為棄捨耳鼻舌身
意觸為緣所生諸受故說世尊此深妙法不
為攝取地界故說不為棄捨地界故說不為
攝取水火風空識界故說不為棄捨水火風
空識界故說世尊此深妙法不為攝取無明
故說不為棄捨無明故說不為攝取行識名
色六處觸受愛取有生老死故說不為棄捨
行乃至老死故說世尊此深妙法不為攝取
布施波羅蜜多故說不為棄捨布施波羅蜜
多故說不為攝取淨戒波羅蜜多故說不為
棄捨淨戒波羅蜜多故說不為攝取安忍波
羅蜜多故說不為棄捨安忍波羅蜜多故說
不為攝取精進波羅蜜多故說不為棄捨精

布施波羅蜜多故說不為棄捨布施波羅蜜
多故說不為攝取淨戒波羅蜜多故說不為
棄捨淨戒波羅蜜多故說不為攝取安忍波
羅蜜多故說不為棄捨安忍波羅蜜多故說
不為攝取精進波羅蜜多故說不為棄捨精
進波羅蜜多故說不為攝取靜慮波羅蜜多
故說不為棄捨靜慮波羅蜜多故說不為攝
取般若波羅蜜多故說不為棄捨般若波羅
蜜多故說世尊此深妙法不為攝取內空故
說不為棄捨內空故說不為攝取外空內外
空空空大空勝義空有為空無為空畢竟空
無際空散空無變異空本性空自相空共相
空一切法空不可得空無性空自性空無性
自性空故說不為棄捨外空乃至無性自性
空故說世尊此深妙法不為攝取真如故說
不為棄捨真如故說不為攝取法界法性不
虛妄性不變異性平等性離生性法定法住
實際虛空界不思議界故說不為棄捨法界
乃至不思議界故說世尊此深妙法不為攝
取四念住故說不為棄捨四念住故說不為
攝取四正斷四神足五根五力七等覺支八
聖道支故說不為棄捨四正斷乃至八聖道
支故說世尊此深妙法不為攝取苦聖諦故
說不為棄捨苦聖諦故說不為攝取集滅道
聖諦故說不為棄捨集滅道聖諦故說世尊
此深妙法不為攝取四靜慮故說不為棄捨
四靜慮故說不為攝取四無量故說不為棄

支故說世尊此深妙法不為攝取苦聖諦故
說不為棄捨苦聖諦故說不為攝取集滅道
聖諦故說不為棄捨集滅道聖諦故說世尊
此深妙法不為攝取四靜慮故說不為棄捨
四靜慮故說不為攝取四無量故說不為棄
捨四無量故說不為攝取四無色定故說不
為棄捨四無色定故說世尊此深妙法不為
攝取八解脫故說不為棄捨八解脫故說不
為攝取八勝處故說不為棄捨八勝處故說
不為攝取九次第定故說不為棄捨九次第
定故說不為攝取十遍處故說不為棄捨十
遍處故說世尊此深妙法不為攝取空解脫
門故說不為棄捨空解脫門故說不為攝取
無相無願解脫門故說不為棄捨無相無願
解脫門故說世尊此深妙法不為攝取五眼
故說不為棄捨五眼故說不為攝取六神通
故說不為棄捨六神通故說世尊此深妙法
不為攝取三摩地門故說不為棄捨三摩地
門故說不為攝取陁羅尼門故說不為棄捨
陁羅尼門故說世尊此深妙法不為攝取佛
十力故說不為棄捨佛十力故說不為攝取
四無所畏四無礙解大慈大悲大喜大捨十
八佛不共法故說不為棄捨四無所畏乃至
十八佛不共法故說世尊此深妙法不為攝
取預流果故說不為棄捨預流果故說不為
攝取一來不還阿羅漢果故說不為棄捨一來
不還阿羅漢果故說世尊此深妙法不為

BD05956號　大般若波羅蜜多經卷三一九　（22–16）

八佛不共法故說不為棄捨四無所畏乃至
十八佛不共法故說世尊此深妙法不為攝
取預流果故說不為棄捨預流果故說不為
攝取一來不還阿羅漢果故說不為棄捨一來
不還阿羅漢果故說世尊此深妙法不為
攝取獨覺菩提故說不為棄捨獨覺菩提故
說世尊此深妙法不為攝取一切智故說不
為棄捨一切智故說不為攝取道相智一切
相智故說不為棄捨道相智一切相智故說
世尊此深妙法不為攝取一切佛法故說不
為棄捨一切佛法故說
世尊諸世間有情多行攝取行起我我所執
謂色是我是我所受想行識是我是我所眼
處是我是我所耳鼻舌身意處是我是我所
色處是我是我所聲香味觸法處是我是我
所眼界是我是我所耳鼻舌身意界是我是
我所色界是我是我所聲香味觸法界是我
是我所眼識界是我是我所耳鼻舌身意識
界是我是我所眼觸是我是我所耳鼻舌身
意觸是我是我所眼觸為緣所生諸受是我
是我所耳鼻舌身意觸為緣所生諸受是我
是我所地界是我是我所水火風空識界是
我是我所無明是我是我所行識名色六處
觸受愛取有生老死是我是我所布施波羅
蜜多是我是我所淨戒波羅蜜多是我是我
所安忍波羅蜜多是我是我所精進波羅蜜
多是我是我所靜慮波羅蜜多是我是我所
般若波羅蜜多是我是我所內空是我是我

BD05956號　大般若波羅蜜多經卷三一九　（22–17）

觸受愛取有生老死是我是我所布施波羅
蜜多是我是我所淨戒波羅蜜多是我是我
所安忍波羅蜜多是我是我所精進波羅蜜
多是我是我所靜慮波羅蜜多是我是我所
般若波羅蜜多是我是我所內空是我是我
所外空內外空空空大空勝義空有為空无
為空畢竟空无際空散空无變異空本性空
自相空共相空一切法空不可得空无性空
自性空无性自性空是我是我所真如是我
是我所法界法性不虛妄性不變異性平等
性離生性法定法住實際虛空界不思議界
是我是我所四念住是我是我所四正斷四
神足五根五力七等覺支八聖道支是我是
我所苦聖諦是我是我所集滅道聖諦是我
是我所四靜慮是我是我所四无量是我是
我所四无色定是我是我所八解脫是我是
我所八勝處是我是我所九次第定是我是
我所十遍處是我是我所空解脫門是我是
我所无相无願解脫門是我是我所五眼是
我是我所六神通是我是我所三摩地門是
我是我所陀羅尼門是我是我所佛十力是
我是我所四无所畏四无礙解大慈大悲大
喜大捨十八佛不共法是我是我所預流果
是我是我所一來不還阿羅漢果是我是我
所獨覺菩提是我是我所一切智是我是我
所道相智一切相智是我是我所
尒時佛告諸天子言如是如是如汝所說諸

BD05956 號　大般若波羅蜜多經卷三一九　（22–18）

喜大捨十八佛不共法是我是我所預流果
是我是我所一來不還阿羅漢果是我是我
所獨覺菩提是我是我所一切智是我是我
所道相智一切相智是我是我所
尒時佛告諸天子言如是如是如汝所說諸
天子此深妙法不為攝取色故說不為棄捨
色故說不為攝取受想行識故說不為棄捨
受想行識故說諸天子此深妙法不為攝取
眼處故說不為棄捨眼處故說不為攝取耳
鼻舌身意處故說不為棄捨耳鼻舌身意
處故說諸天子此深妙法不為攝取色處故說
不為棄捨色處故說不為攝取聲香味觸法
處故說不為棄捨聲香味觸法處故說諸天
子此深妙法不為攝取眼界故說不為棄捨
眼界故說不為攝取耳鼻舌身意界故說不
為棄捨耳鼻舌身意界故說諸天子此深妙
法不為攝取色界故說不為棄捨色界故說
不為攝取聲香味觸法界故說不為棄捨聲
香味觸法界故說諸天子此深妙法不為攝
取眼識界故說不為棄捨眼識界故說不為
攝取耳鼻舌身意識界故說不為棄捨耳鼻
舌身意識界故說諸天子此深妙法不為攝
取眼觸故說不為棄捨眼觸故說不為攝取
耳鼻舌身意觸故說不為棄捨耳鼻舌身
意觸故說諸天子此深妙法不為攝取眼觸為
緣所生諸受故說不為棄捨眼觸為緣所生
諸受故說不為攝取耳鼻舌身意觸為緣所
生諸受故說不為棄捨耳鼻舌身意觸為緣

BD05956 號　大般若波羅蜜多經卷三一九　（22–19）

耳鼻舌身意觸故說不爲棄捨耳鼻舌身
意觸故說諸天子此深妙法不爲攝取眼觸爲
緣所生諸受故說不爲棄捨眼觸爲緣所生
諸受故說不爲攝取耳鼻舌身意觸爲緣所
生諸受故說不爲棄捨耳鼻舌身意觸爲緣
所生諸受故說諸天子此深妙法不爲攝取
地界故說不爲棄捨地界故說不爲攝取水
火風空識界故說不爲棄捨水火風空識界
故說諸天子此深妙法不爲攝取无明故說
不爲棄捨无明故說不爲攝取行識名色六
處觸受愛取有生老死故說不爲棄捨行乃
至老死故說
諸天子此深妙法不爲攝取布施波羅蜜多
故說不爲棄捨布施波羅蜜多故說不爲攝
取淨戒波羅蜜多故說不爲棄捨淨戒波羅
蜜多故說不爲攝取安忍波羅蜜多故說不
爲棄捨安忍波羅蜜多故說不爲攝取精進
波羅蜜多故說不爲棄捨精進波羅蜜多故
說不爲攝取靜慮波羅蜜多故說不爲棄捨
靜慮波羅蜜多故說不爲攝取般若波羅蜜
多故說不爲棄捨般若波羅蜜多故說諸天
子此深妙法不爲攝取內空故說不爲棄捨
內空故說不爲攝取外空內外空空空大空
勝義空有爲空无爲空畢竟空无際空散空
无變異空本性空自相空共相空一切法空
不可得空无性空自性空无性自性空故說
不爲棄捨外空乃至无性自性空故說諸天
子此深妙法不爲攝取真如故說不爲棄捨

BD05956號　大般若波羅蜜多經卷三一九　（22–20）

勝義空有爲空无爲空畢竟空无際空散空
无變異空本性空自相空共相空一切法空
不可得空无性空自性空无性自性空故說
不爲棄捨外空乃至无性自性空故說諸天
子此深妙法不爲攝取真如故說不爲棄捨
真如故說不爲攝取法界法性不虛妄性不
變異性平等性離生性法定法住實際虛空
界不思議界故說不爲棄捨法界乃至不思
議界故說諸天子此深妙法不爲攝取四念
住故說不爲棄捨四念住故說不爲攝取四
正斷四神足五根五力七等覺支八聖道支
故說不爲棄捨四正斷乃至八聖道支故說
諸天子此深妙法不爲攝取苦聖諦故說不
爲棄捨苦聖諦故說不爲攝取集滅道聖諦
故說不爲棄捨集滅道聖諦故說諸天子此
深妙法不爲攝取四靜慮故說不爲棄捨四
靜慮故說不爲攝取四无量故說不爲棄捨
四无量故說不爲攝取四无色定故說不爲
棄捨四无色定故說諸天子此深妙法不爲
攝取八解脫故說不爲棄捨八解脫故說不
爲攝取八勝處故說不爲棄捨八勝處故說
不爲攝取九次第定故說不爲棄捨九次第
定故說不爲攝取十遍處故說不爲棄捨十
遍處故說諸天子此深妙法不爲攝取空解
脫門故說不爲棄捨空解脫門故說不爲攝
取无相无願解脫門故說不爲棄捨无相无
願解脫門故說諸天子此深妙法不爲攝取
五眼故說不爲棄捨五眼故說不爲攝取六

BD05956號　大般若波羅蜜多經卷三一九　（22–21）

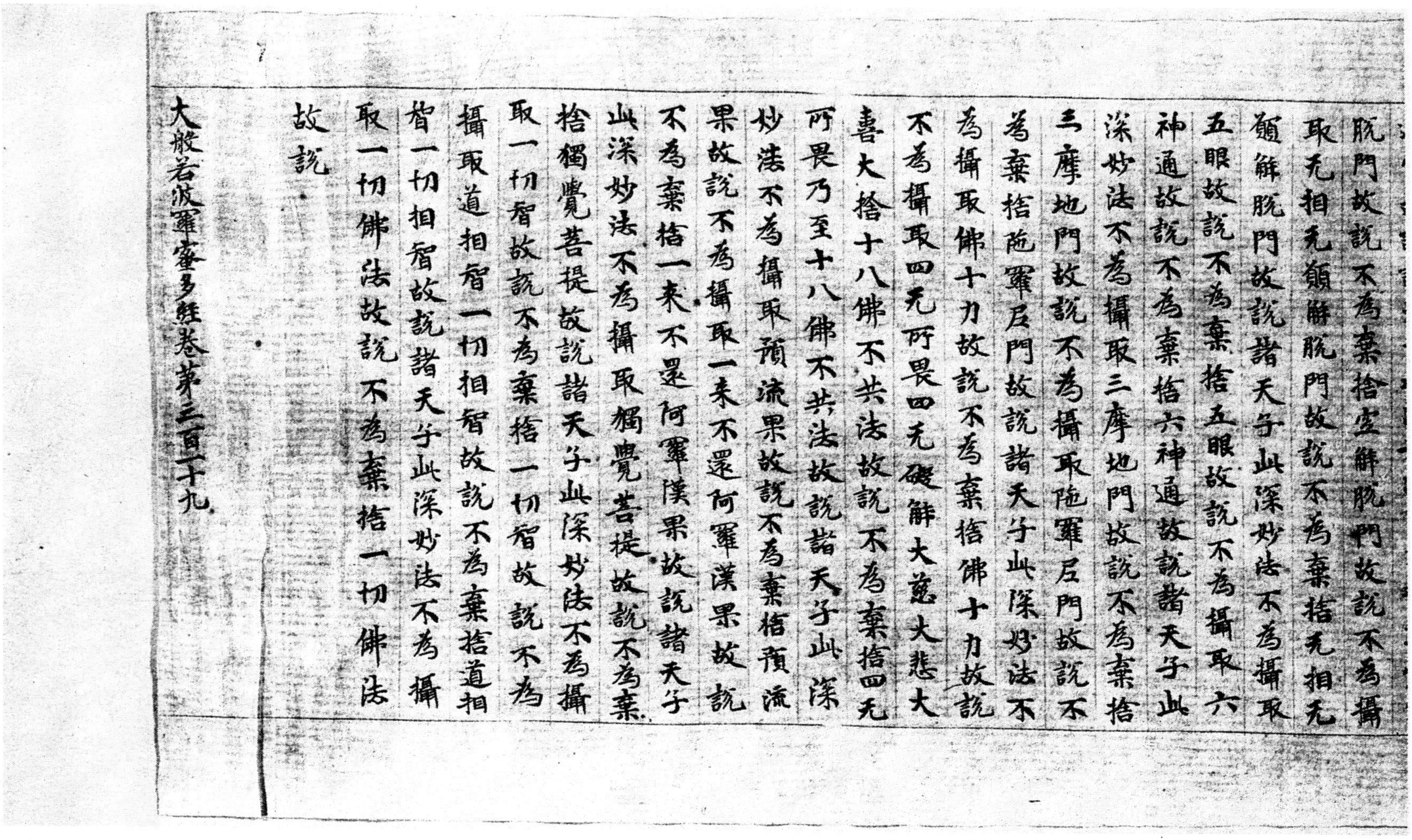
脫門故說不為棄捨空解脫門故說不為攝
取无相无願解脫門故說不為棄捨无相无
願解脫門故說諸天子此深妙法不為攝取
五眼故說不為棄捨五眼故說不為攝取六
神通故說不為棄捨六神通故說諸天子此
深妙法不為攝取三摩地門故說不為棄捨
三摩地門故說不為攝取陁羅尼門故說不
為棄捨陁羅尼門故說諸天子此深妙法不
為攝取佛十力故說不為棄捨佛十力故說
不為攝取四无所畏四无礙解大慈大悲大
喜大捨十八佛不共法故說不為棄捨四无
所畏乃至十八佛不共法故說諸天子此深
妙法不為攝取預流果故說不為棄捨預流
果故說不為攝取一来不還阿羅漢果故說
不為棄捨一来不還阿羅漢果故說諸天子
此深妙法不為攝取獨覺菩提故說不為棄
捨獨覺菩提故說諸天子此深妙法不為攝
取一切智故說不為棄捨一切智故說不為
攝取道相智一切相智故說不為棄捨道相
智一切相智故說諸天子此深妙法不為攝
取一切佛法故說不為棄捨一切佛法
故說

大般若波羅蜜多經卷第三百一十九

BD05956 號　大般若波羅蜜多經卷三一九　　(22–22)

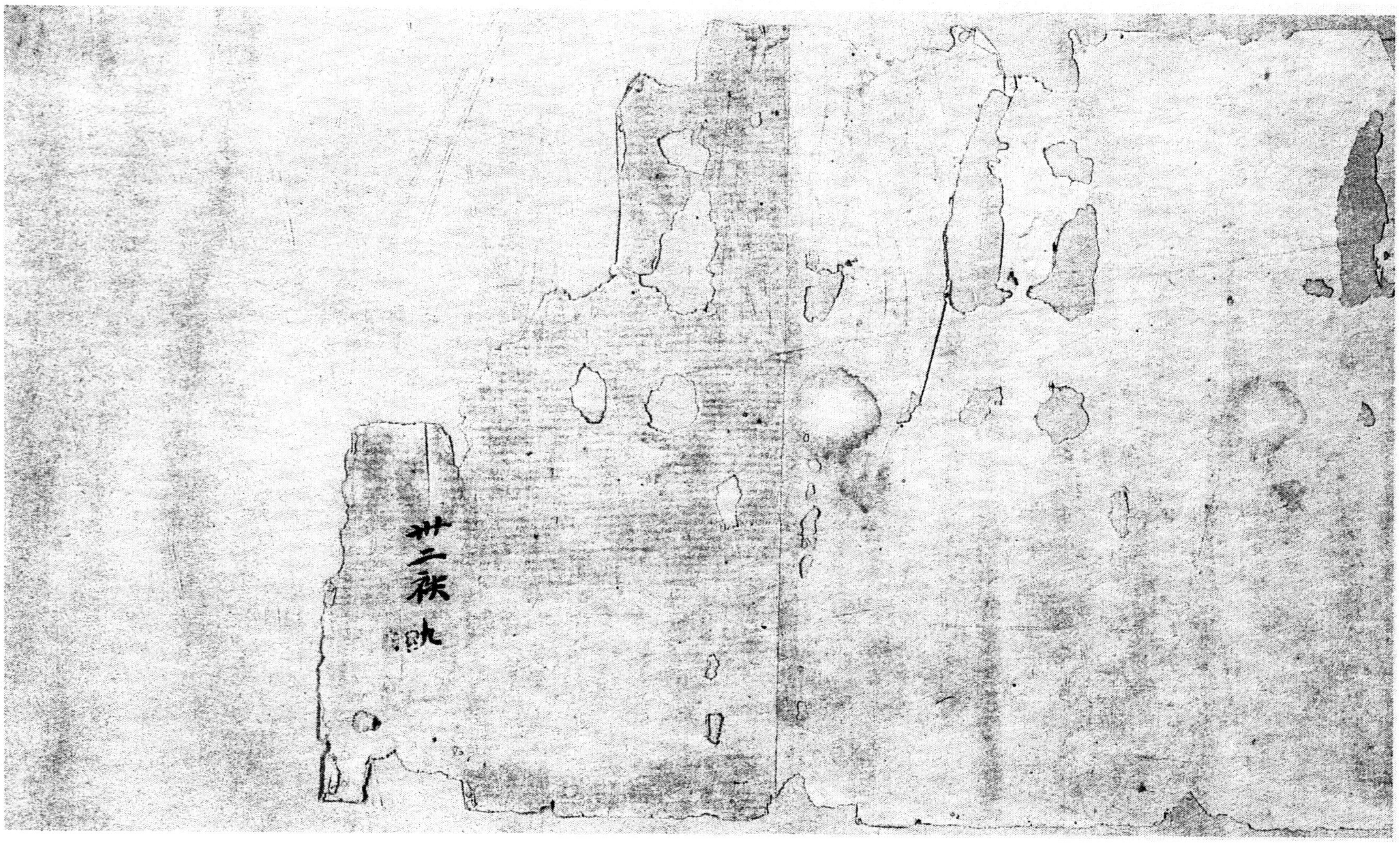

BD05956 號背　勘記　　(1–1)

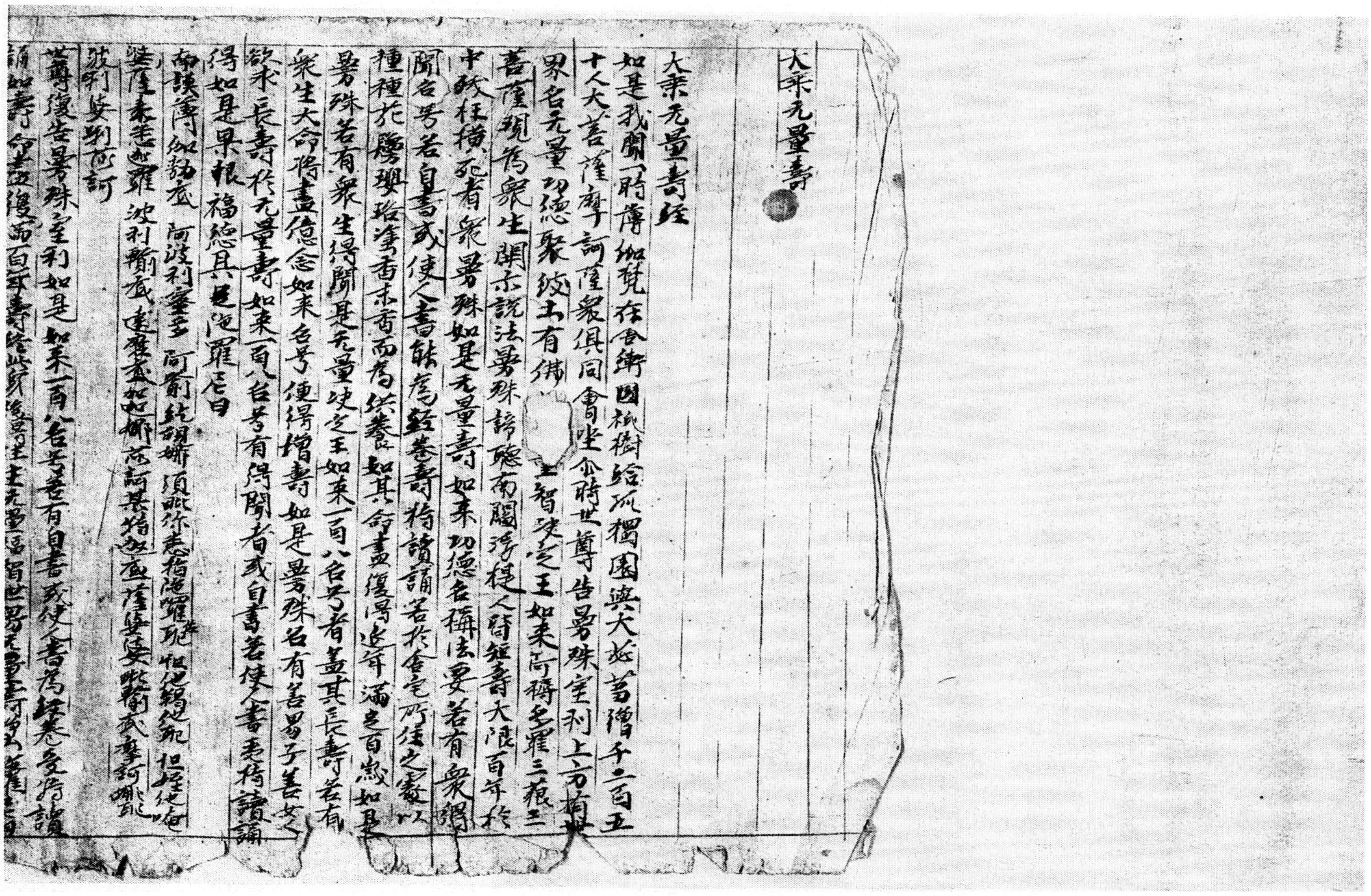

大乘无量壽

大乘无量壽經

如是我聞。一時薄伽梵在舍衛國祇樹給孤獨園，與大苾芻僧千二百五十人大菩薩摩訶薩眾俱，同會坐。尒時世尊告曼殊室利：上方有世界名无量功德聚，彼土有佛，名无量智決定王如來，阿羅訶三藐三菩提，現為眾生開示說法。曼殊諦聽，南閻浮提人，皆短壽，大限百年，於中夭枉橫死者眾。曼殊，如是无量壽如來功德名稱法要，若有眾生得聞名號，若自書、或使人書，能為經卷，受持讀誦，若於舍宅所住之處，以種種花鬘瓔珞塗香末香而為供養，如其命盡，復得延年，滿足百歲。如是曼殊，若有眾生得聞是无量壽決定王如來一百八名號者，益其長壽。若有眾生大命將盡，憶念如來名號，便得增壽。如是，曼殊，若有善男子善女欲求長壽，於无量壽如來一百八名號，有得聞者，或自書，若使人書，受持讀誦，得如是果報，福德具足。陀羅尼曰：

南謨薄伽勃底 阿波利蜜多 阿諭紇硯娜 須毗你悉指陀囉佐耶 怛他羯他耶 怛姪他唵 薩婆桑悉迦羅 波利輸底 達磨底 伽伽娜 莎訶某揭帝 莎婆婆 毗輸底 摩訶娜耶 波利婆利莎訶

曼殊復告曼殊室利，如是如來一百八名號，若有自書、或使人書，為經卷，受持讀誦，如壽命盡，復滿百年壽，終此身後，得往生无量福智世界，无量壽……

BD05957號　無量壽宗要經

（5–1）

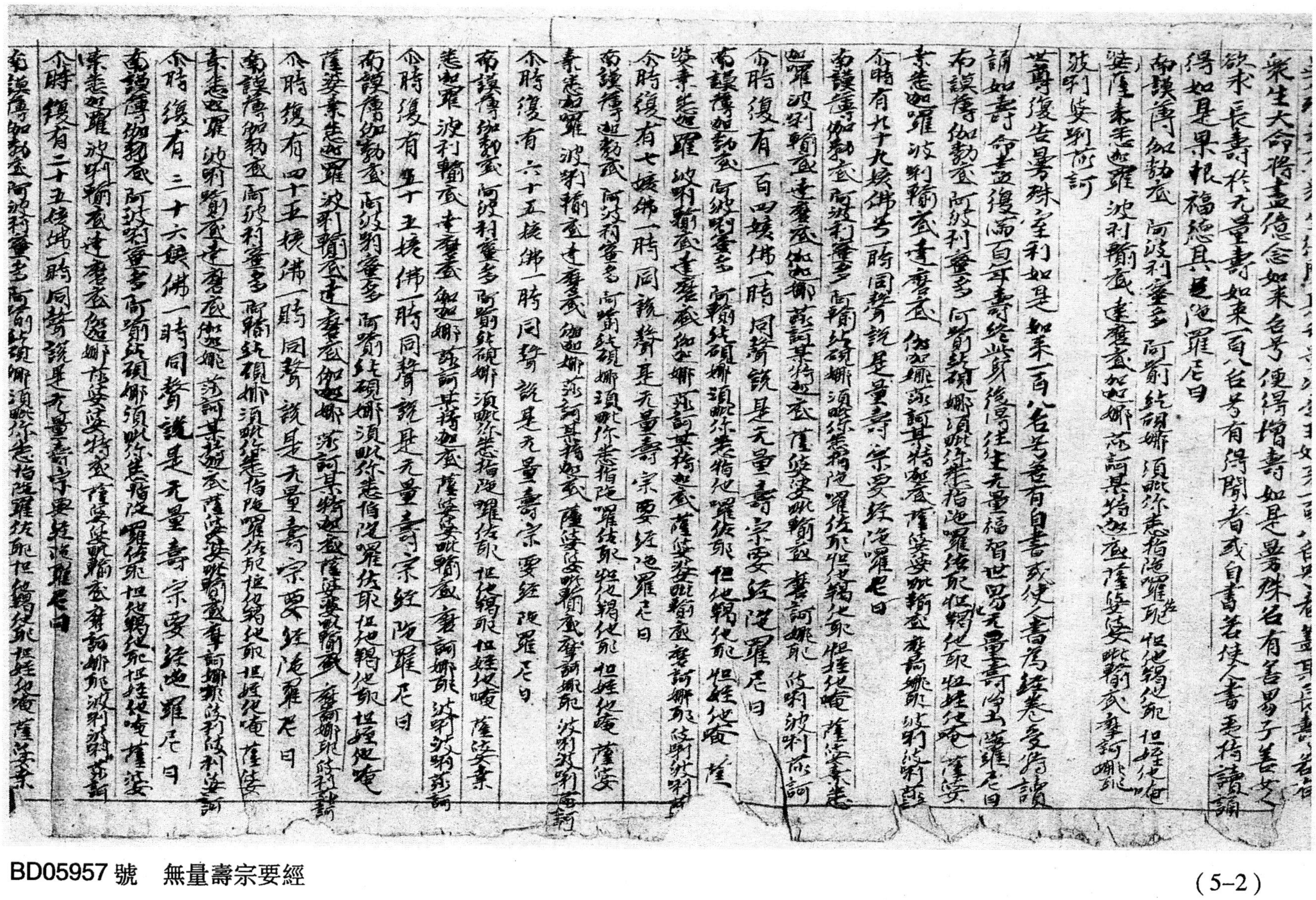

眾生大命將盡，憶念如來名號，便得增壽。如是，曼殊，若有善男子善女欲求長壽，於无量壽如來一百八名號，有得聞者，或自書，若使人書，受持讀誦，得如是果報，福德具足。陀羅尼曰：

南謨薄伽勃底 阿波利蜜多 阿諭紇硯娜 須毗你悉指陀囉佐耶 怛他羯他耶 怛姪他唵 薩婆桑悉迦羅 波利輸底 達磨底 伽伽娜 莎訶某揭帝 莎婆婆 毗輸底 摩訶娜耶 波利婆利莎訶

曼殊復告曼殊室利，如是如來一百八名號，若有自書、或使人書，為經卷，受持讀誦，如壽命盡，復滿百年壽，終此身後，得往生无量福智世界，无量壽淨土。陀羅尼曰：

南謨薄伽勃底 阿波利蜜多 阿諭紇硯娜 須毗你悉指陀囉佐耶 怛他羯他耶 怛姪他唵 薩婆桑悉迦羅 波利輸底 達磨底 伽伽娜 莎訶某揭帝 莎婆婆 毗輸底 摩訶娜耶 波利婆利莎訶

尒時有九十九殑伽沙佛一時同聲說是无量壽宗要經陀羅尼曰：

南謨薄伽勃底 阿波利蜜多 阿諭紇硯娜 須毗你悉指陀囉佐耶 怛他羯他耶 怛姪他唵 薩婆桑悉迦羅 波利輸底 達磨底 伽伽娜 莎訶某揭帝 莎婆婆 毗輸底 摩訶娜耶 波利婆利莎訶

尒時復有一百四殑伽沙佛一時同聲說是无量壽宗要經陀羅尼曰：

南謨薄伽勃底 阿波利蜜多 阿諭紇硯娜 須毗你悉指陀囉佐耶 怛他羯他耶 怛姪他唵 薩婆桑悉迦羅 波利輸底 達磨底 伽伽娜 莎訶某揭帝 莎婆婆 毗輸底 摩訶娜耶 波利婆利莎訶

尒時復有七殑伽沙佛一時同聲說是无量壽宗要經陀羅尼曰：

南謨薄伽勃底 阿波利蜜多 阿諭紇硯娜 須毗你悉指陀囉佐耶 怛他羯他耶 怛姪他唵 薩婆桑悉迦羅 波利輸底 達磨底 伽伽娜 莎訶某揭帝 莎婆婆 毗輸底 摩訶娜耶 波利婆利莎訶

尒時復有六十五殑伽沙佛一時同聲說是无量壽宗要經陀羅尼曰：

南謨薄伽勃底 阿波利蜜多 阿諭紇硯娜 須毗你悉指陀囉佐耶 怛他羯他耶 怛姪他唵 薩婆桑悉迦羅 波利輸底 達磨底 伽伽娜 莎訶某揭帝 莎婆婆 毗輸底 摩訶娜耶 波利婆利莎訶

尒時復有五十五殑伽沙佛一時同聲說是无量壽宗要經陀羅尼曰：

南謨薄伽勃底 阿波利蜜多 阿諭紇硯娜 須毗你悉指陀囉佐耶 怛他羯他耶 怛姪他唵 薩婆桑悉迦羅 波利輸底 達磨底 伽伽娜 莎訶某揭帝 莎婆婆 毗輸底 摩訶娜耶 波利婆利莎訶

尒時復有四十五殑伽沙佛一時同聲說是无量壽宗要經陀羅尼曰：

南謨薄伽勃底 阿波利蜜多 阿諭紇硯娜 須毗你悉指陀囉佐耶 怛他羯他耶 怛姪他唵 薩婆桑悉迦羅 波利輸底 達磨底 伽伽娜 莎訶某揭帝 莎婆婆 毗輸底 摩訶娜耶 波利婆利莎訶

尒時復有三十六殑伽沙佛一時同聲說是无量壽宗要經陀羅尼曰：

南謨薄伽勃底 阿波利蜜多 阿諭紇硯娜 須毗你悉指陀囉佐耶 怛他羯他耶 怛姪他唵 薩婆桑悉迦羅 波利輸底 達磨底 伽伽娜 莎訶某揭帝 莎婆婆 毗輸底 摩訶娜耶 波利婆利莎訶

尒時復有二十五殑伽沙佛一時同聲說是无量壽宗要經陀羅尼曰：

南謨薄伽勃底 阿波利蜜多 阿諭紇硯娜 須毗你悉指陀囉佐耶 怛他羯他耶 怛姪他唵 薩婆桑……

BD05957號　無量壽宗要經

（5–2）

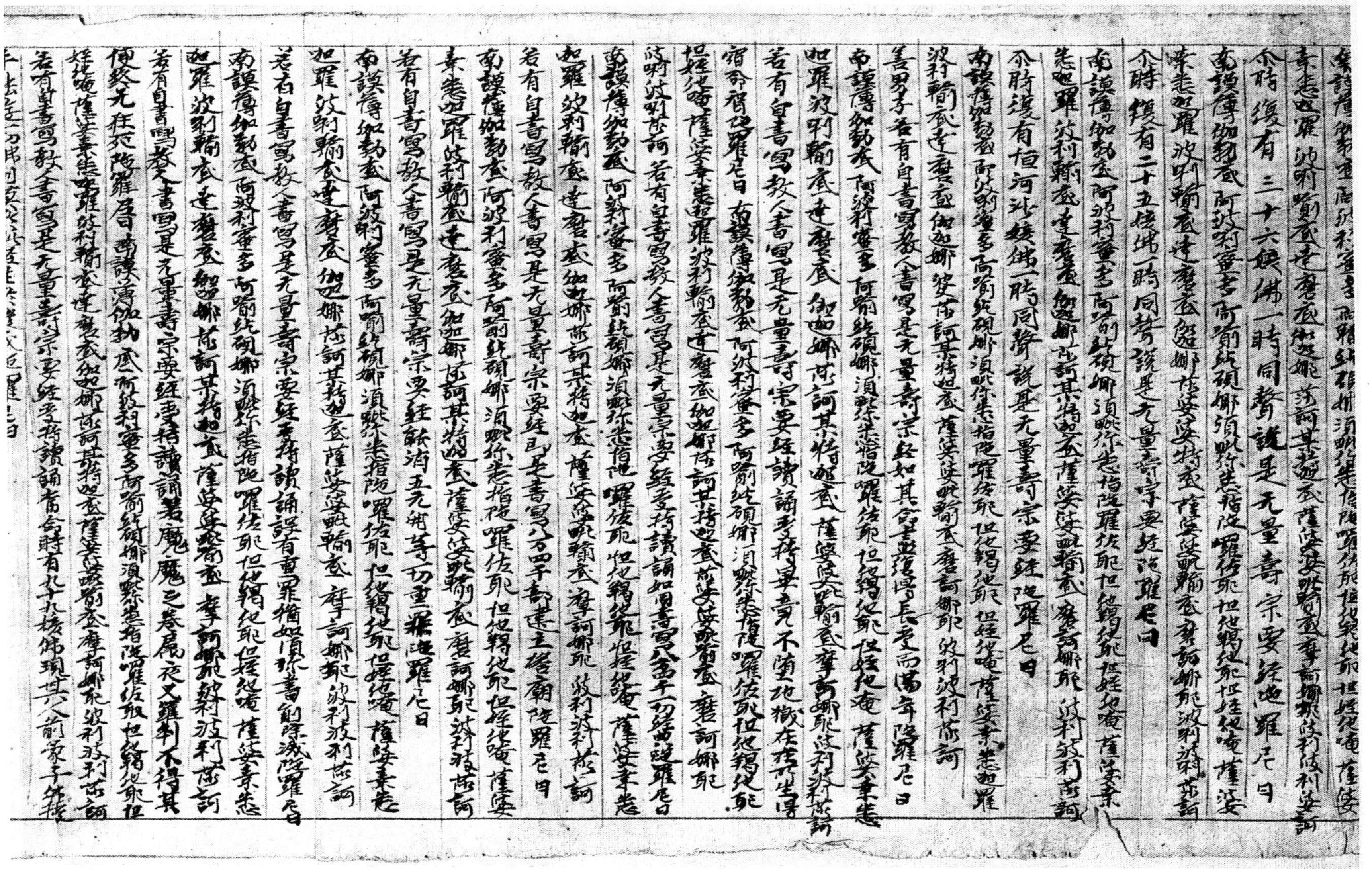

南謨薄伽勃底阿波利蜜多阿喻紇硯娜須毗你悉指陀囉佐耶怛他羯他耶怛姪他唵薩婆
桑悉迦羅波唎輸底達磨底伽伽娜莎訶其特迦底薩婆婆毗輸底摩訶娜耶波利婆利莎訶
爾時復有三十六俱胝佛一時同聲說是無量壽宗要經陀羅尼曰
南謨薄伽勃底阿波唎蜜多阿喻紇硯娜須毗你悉指陀囉佐耶怛他羯他耶怛姪他唵薩婆
桑悉迦羅波唎輸底達磨底伽伽娜莎訶其特迦底薩婆婆毗輸底摩訶娜耶波利婆利莎訶
爾時復有二十五俱胝佛一時同聲說是無量壽宗要經陀羅尼曰
南謨薄伽勃底阿波利蜜多阿喻紇硯娜須毗你悉指陀囉佐耶怛他羯他耶怛姪他唵薩婆桑
悉迦羅波利輸底達磨底伽伽娜莎訶其特迦底薩婆婆毗輸底摩訶娜耶波利婆利莎訶
爾時復有恒河沙俱胝佛一時同聲說是無量壽宗要經陀羅尼曰
南謨薄伽勃底阿波唎蜜多阿喻紇硯娜須毗你悉指陀囉佐耶怛他羯他耶怛姪他唵薩婆桑悉迦羅
波利輸底達磨底伽伽娜莎訶其特迦底薩婆婆毗輸底摩訶娜耶波利婆利莎訶
善男子若有自書寫教人書寫是無量壽宗要經如其命盡復得長壽滿百年陀羅尼曰
南謨薄伽勃底阿波利蜜多阿喻紇硯娜須毗你悉指陀囉佐耶怛他羯他耶怛姪他唵薩婆桑悉
迦羅波唎輸底達磨底伽伽娜莎訶其特迦底薩婆婆毗輸底摩訶娜耶波利婆利莎訶
若有自書寫教人書寫是無量壽宗要經讀誦受持畢竟不墮地獄在在所生得
宿命智陀羅尼曰　南謨薄伽勃底阿波利蜜多阿喻紇硯娜須毗你悉指陀囉佐耶怛他羯他耶
怛姪他唵薩婆桑悉迦羅波利輸底達磨底伽伽娜莎訶其特迦底薩婆婆毗輸底摩訶娜耶
波唎婆唎莎訶　若有自書寫教人書寫是無量壽宗要經受持讀誦如同書寫八萬四千一切經典陀羅尼曰
南謨薄伽勃底阿波利蜜多阿喻紇硯娜須毗你悉指陀囉佐耶怛他羯他耶怛姪他唵薩婆桑悉
迦羅波利輸底達磨底伽伽娜莎訶其特迦底薩婆婆毗輸底摩訶娜耶波利婆利莎訶
若有自書寫教人書寫是無量壽宗要經已是書寫八萬四千部建立塔廟陀羅尼曰
南謨薄伽勃底阿波利蜜多阿喻紇硯娜須毗你悉指陀囉佐耶怛他羯他耶怛姪他唵薩婆
桑悉迦羅波唎輸底達磨底伽伽娜莎訶其特迦底薩婆婆毗輸底摩訶娜耶波利婆利莎訶
南謨薄伽勃底阿波利蜜多阿喻紇硯娜須毗你悉指陀囉佐耶怛他羯他耶怛姪他唵薩婆
桑悉迦羅波利輸底達磨底伽伽娜莎訶其特迦底薩婆婆毗輸底摩訶娜耶波利婆利莎訶
若有自書寫教人書寫是無量壽宗要經能消五無間等一切重罪陀羅尼曰
南謨薄伽勃底阿波唎蜜多阿喻紇硯娜須毗你悉指陀囉佐耶怛他羯他耶怛姪他唵薩婆桑悉
迦羅波利輸底達磨底伽伽娜莎訶其特迦底薩婆婆毗輸底摩訶娜耶波利婆利莎訶
若有自書寫教人書寫是無量壽宗要經受持讀誦若有重罪猶如須彌盡能除滅陀羅尼曰
南謨薄伽勃底阿波利蜜多阿喻紇硯娜須毗你悉指陀囉佐耶怛他羯他耶怛姪他唵薩婆桑悉
迦羅波唎輸底達磨底伽伽娜莎訶其特迦底薩婆婆毗輸底摩訶娜耶波利婆利莎訶
若有自書寫教人書寫是無量壽宗要經受持讀誦若魔魔之眷屬夜叉羅刹不得其
便終無枉死陀羅尼曰　南謨薄伽勃底阿波利蜜多阿喻紇硯娜須毗你悉指陀囉佐耶怛他羯他耶怛
姪他唵薩婆桑悉迦羅波利輸底達磨底伽伽娜莎訶其特迦底薩婆婆毗輸底摩訶娜耶波利婆利莎訶
若有自書寫教人書寫是無量壽宗要經受持讀誦當命終時有九十九俱胝佛現其人前來手接
[illegible]一切佛刹[illegible]陀羅尼曰

BD05957號　無量壽宗要經　（5–3）

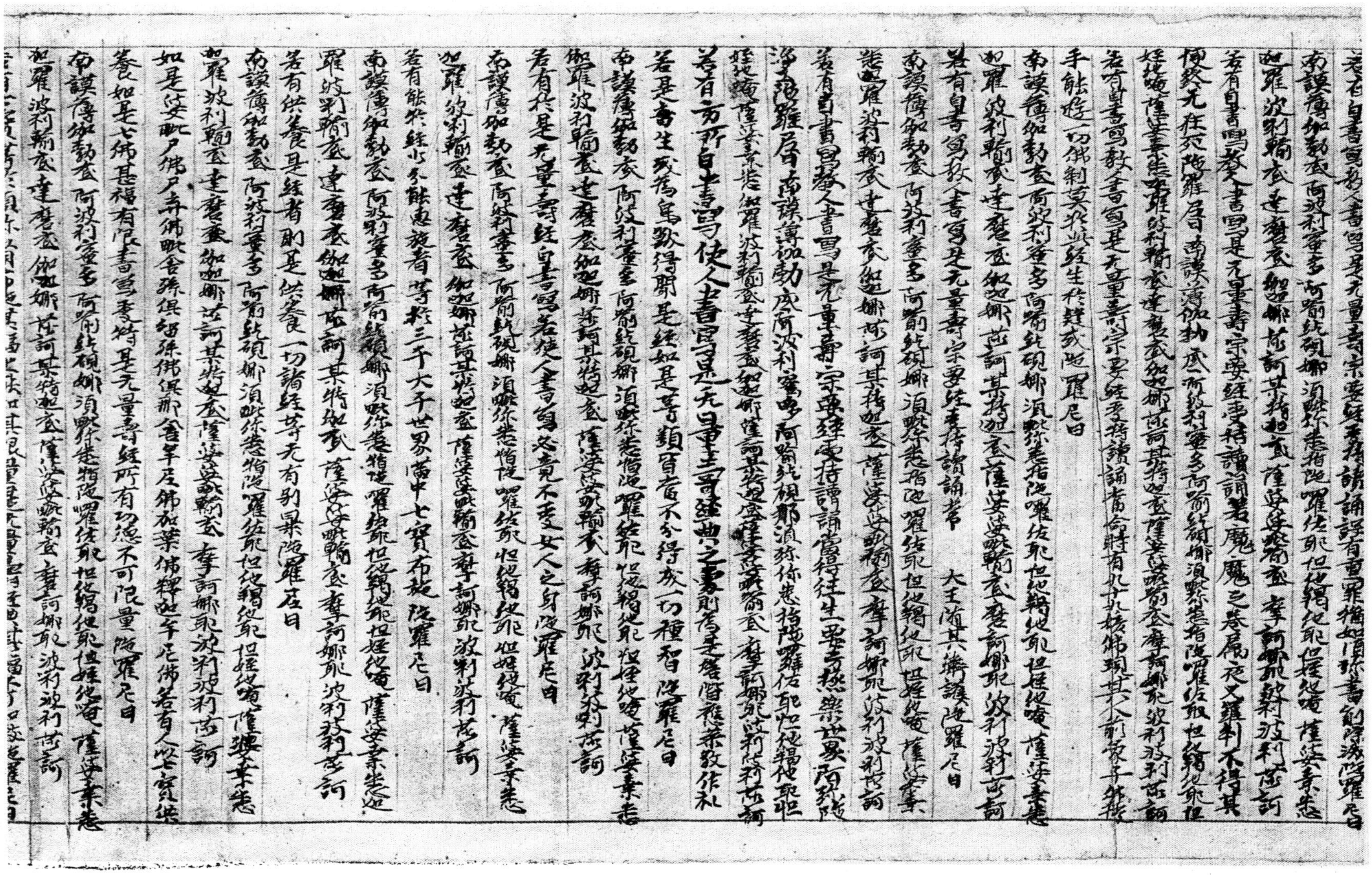

若有自書寫教人書寫是無量壽宗要經受持讀誦若有重罪猶如須彌盡能除滅陀羅尼曰
南謨薄伽勃底阿波利蜜多阿喻紇硯娜須毗你悉指陀囉佐耶怛他羯他耶怛姪他唵薩婆桑悉
迦羅波唎輸底達磨底伽伽娜莎訶其特迦底薩婆婆毗輸底摩訶娜耶波利婆利莎訶
若有自書寫教人書寫是無量壽宗要經受持讀誦若魔魔之眷屬夜叉羅刹不得其
便終無枉死陀羅尼曰　南謨薄伽勃底阿波利蜜多阿喻紇硯娜須毗你悉指陀囉佐耶怛他羯他耶怛
姪他唵薩婆桑悉迦羅波利輸底達磨底伽伽娜莎訶其特迦底薩婆婆毗輸底摩訶娜耶波利婆利莎訶
若有自書寫教人書寫是無量壽宗要經受持讀誦當命終時有九十九俱胝佛現其人前來手接
手能遊一切佛刹莫於此經生於疑惑陀羅尼曰
南謨薄伽勃底阿波利蜜多阿喻紇硯娜須毗你悉指陀囉佐耶怛他羯他耶怛姪他唵薩婆桑悉
迦羅波利輸底達磨底伽伽娜莎訶其特迦底薩婆婆毗輸底摩訶娜耶波利婆利莎訶
若有自書寫教人書寫是無量壽宗要經受持讀誦者　大王隨其衛護陀羅尼曰
南謨薄伽勃底阿波利蜜多阿喻紇硯娜須毗你悉指陀囉佐耶怛他羯他耶怛姪他唵薩婆桑
悉迦羅波利輸底達磨底伽伽娜莎訶其特迦底薩婆婆毗輸底摩訶娜耶波利婆利莎訶
若有自書寫教人書寫是無量壽宗要經受持讀誦當得往生西方極樂世界阿彌陀
淨土陀羅尼曰　南謨薄伽勃底阿波利蜜多阿喻紇硯娜須毗你悉指陀囉佐耶怛他羯他耶怛
姪他唵薩婆桑悉迦羅波利輸底達磨底伽伽娜莎訶其特迦底薩婆婆毗輸底摩訶娜耶波利婆利莎訶
若有方所自書寫使人書寫是無量壽宗要經典之處則為是塔皆應恭敬作禮
若是畜生飛鳥獸得聞是經如是等類皆不久得成一切種智陀羅尼曰
南謨薄伽勃底阿波利蜜多阿喻紇硯娜須毗你悉指陀囉佐耶怛他羯他耶怛姪他唵薩婆桑悉
迦羅波利輸底達磨底伽伽娜莎訶其特迦底薩婆婆毗輸底摩訶娜耶波利婆利莎訶
若有於是無量壽經自書寫若使人書寫畢竟不受女人之身陀羅尼曰
南謨薄伽勃底阿波利蜜多阿喻紇硯娜須毗你悉指陀囉佐耶怛他羯他耶怛姪他唵薩婆桑悉
迦羅波利輸底達磨底伽伽娜莎訶其特迦底薩婆婆毗輸底摩訶娜耶波利婆利莎訶
南謨薄伽勃底阿波利蜜多阿喻紇硯娜須毗你悉指陀囉佐耶怛他羯他耶怛姪他唵薩婆桑悉
迦羅波利輸底達磨底伽伽娜莎訶其特迦底薩婆婆毗輸底摩訶娜耶波利婆利莎訶
若有能於此經少分能惠施者等於三千大千世界滿中七寶布施陀羅尼曰
南謨薄伽勃底阿波利蜜多阿喻紇硯娜須毗你悉指陀囉佐耶怛他羯他耶怛姪他唵薩婆桑悉迦
羅波利輸底達磨底伽伽娜莎訶其特迦底薩婆婆毗輸底摩訶娜耶波利婆利莎訶
若有供養是經者則是供養一切諸經等無有別異陀羅尼曰
南謨薄伽勃底阿波利蜜多阿喻紇硯娜須毗你悉指陀囉佐耶怛他羯他耶怛姪他唵薩婆桑悉
迦羅波利輸底達磨底伽伽娜莎訶其特迦底薩婆婆毗輸底摩訶娜耶波利婆利莎訶
如是毗婆尸佛尸棄佛毗舍浮佛俱留孫佛俱那含牟尼佛迦葉佛釋迦牟尼佛若有人以七寶供
養如是七佛其福有限書寫受持是無量壽經所有功德不可限量陀羅尼曰
南謨薄伽勃底阿波利蜜多阿喻紇硯娜須毗你悉指陀囉佐耶怛他羯他耶怛姪他唵薩婆桑悉
迦羅波利輸底達磨底伽伽娜莎訶其特迦底薩婆婆毗輸底摩訶娜耶波利婆利莎訶
[illegible]

BD05957號　無量壽宗要經　（5–4）

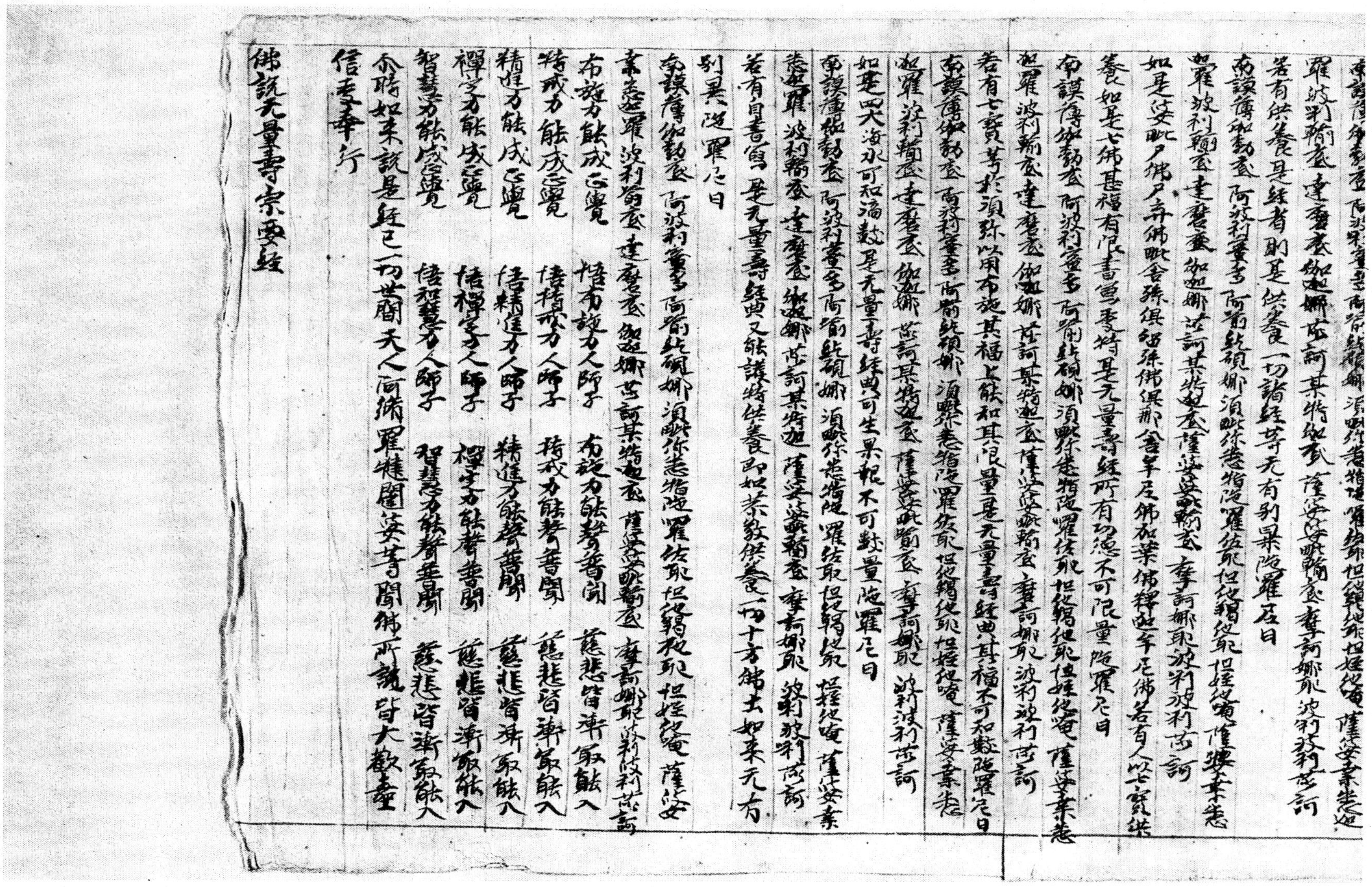
南謨薄伽勃底 阿波利蜜多 阿喻紇硯娜 須毗你悉指陀 羅佐耶 怛他羯他耶 怛姪他 唵 薩婆桑悉迦
羅 波利輸底 達摩底 伽伽娜 娑摩突伽底 娑婆婆 毗輸底 摩訶娜耶 波利婆利 娑訶
若有供養是經者 則是供養一切諸經等无有别異 陁羅尼曰
南謨薄伽勃底 阿波利蜜多 阿喻紇硯娜 須毗你悉指陀 羅佐耶 怛他羯他耶 怛姪他 唵 薩婆桑悉
迦羅 波利輸底 達摩底 伽伽娜 娑摩突伽底 娑婆婆 毗輸底 摩訶娜耶 波利婆利 娑訶
如是毗婆尸佛 尸棄佛 毗舍浮佛 俱留孫佛 俱那含牟尼佛 迦葉佛 釋迦牟尼佛 若有人以七寶供
養如是七佛 其福有限 書寫受持是无量壽經 所有功德不可限量 陁羅尼曰
南謨薄伽勃底 阿波利蜜多 阿喻紇硯娜 須毗你悉指陀 羅佐耶 怛他羯他耶 怛姪他 唵 薩婆桑悉
迦羅 波利輸底 達摩底 伽伽娜 娑摩突伽底 娑婆婆 毗輸底 摩訶娜耶 波利婆利 娑訶
若有七寶等於須弥 以用布施 其福上能知其限量 書是无量壽經 由其福不可數 陁羅尼曰
南謨薄伽勃底 阿波利蜜多 阿喻紇硯娜 須毗你悉指陀 羅佐耶 怛他羯他耶 怛姪他 唵 薩婆桑
悉迦羅 波利輸底 達摩底 伽伽娜 娑摩突伽底 娑婆婆 毗輸底 摩訶娜耶 波利婆利 娑訶
如是四大海水可知滴數 是无量壽經 所生果報不可數量 陁羅尼曰
南謨薄伽勃底 阿波利蜜多 阿喻紇硯娜 須毗你悉指陀 羅佐耶 怛他羯他耶 怛姪他 唵 薩婆桑
悉迦羅 波利輸底 達摩底 伽伽娜 娑摩突伽底 娑婆婆 毗輸底 摩訶娜耶 波利婆利 娑訶
若有自書寫是无量壽經典 又能讃嘆供養 即如禮敬供養一切十方佛土如來无有
别異 陁羅尼曰
南謨薄伽勃底 阿波利蜜多 阿喻紇硯娜 須毗你悉指陀 羅佐耶 怛他羯他耶 怛姪他 唵 薩婆
桑悉迦羅 波利輸底 達摩底 伽伽娜 娑摩突伽底 娑婆婆 毗輸底 摩訶娜耶 波利婆利 娑訶
布施力能成正覺 悟布施力人師子 布施力能聲普聞 慈悲皆漸能入
持戒力能成正覺 悟持戒力人師子 持戒力能聲普聞 慈悲皆漸能入
精進力能成正覺 悟精進力人師子 精進力能聲普聞 慈悲皆漸能入
禪定力能成正覺 悟禪定力人師子 禪定力能聲普聞 慈悲皆漸能入
智慧力能成正覺 悟智慧力人師子 智慧力能聲普聞 慈悲皆漸能入
尒時如來說是經已 一切世間天人阿脩羅揵闥婆等 聞佛所說 皆大歡喜
信受奉行
佛說无量壽宗要經

BD05957號　無量壽宗要經　（5–5）

妙法蓮華經觀世音菩薩普門品第廿五
尒時无盡意菩薩即從座起 偏袒右肩 合掌
向佛而作是言 世尊 觀世音菩薩以何因緣
名觀世音 佛告无盡意菩薩 善男子 若有无
量百千万億衆生 受諸苦惱 聞是觀世音菩
薩 一心稱名 觀世音菩薩即時觀其音聲 皆
得解脫
若有持是觀世音菩薩名者 設入大火 火不
能燒 由是菩薩威神力故 若為大水所漂 稱
其名号 即得淺處 若有百千万億衆生 為
求金銀瑠璃硨磲碼瑙珊瑚虎珀真珠等寶

BD05958號　觀世音經　（8–1）

得解脫
若有持是觀世音菩薩名者設入大火火不
能燒由是菩薩威神力故若為大水所漂稱
其名号即得淺處若有百千万億衆生為
求金銀瑠璃硨磲碼瑙珊瑚琥珀真珠等寶
入於大海假使黑風吹其舡舫漂墮羅刹鬼
國其中若有乃至一人稱觀世音菩薩名者
是諸人等皆得解脫羅刹之難以是因緣
名觀世音
若復有人臨當被害稱觀世音菩薩名者
彼所執刀杖尋段段壞而得解脫若三千大
千國土滿中夜叉羅刹欲來惱人聞其稱觀
世音菩薩名者是諸惡鬼尚不能以惡眼視
之况復加害設復有人若有罪若无罪杻械
枷鏁檢繫其身稱觀世音菩薩名者皆悉
斷壞即得解脫若三千大千國土滿中怨賊
有一商主將諸商人齎持重寶經過險路其
中一人作是唱言諸善男子勿得恐怖汝等
應當一心稱觀世音菩薩名号是菩薩能以
无畏施於衆生汝等若稱名者於此怨賊當
得解脫衆商人聞俱發聲言南无觀世音菩
薩稱其名故即得解脫无盡意觀世音菩
薩摩訶薩威神之力巍巍如是
若有衆生多於婬欲常念恭敬觀世音菩薩
便得離欲若多瞋恚常念恭敬觀世音菩薩

BD05958號　觀世音經　（8–2）

應當一心稱觀世音菩薩名号是菩薩能以
无畏施於衆生汝等若稱名者於此怨賊當
得解脫衆商人聞俱發聲言南无觀世音菩
薩稱其名故即得解脫无盡意觀世音菩
薩摩訶薩威神之力巍巍如是
若有衆生多於婬欲常念恭敬觀世音菩薩
便得離欲若多瞋恚常念恭敬觀世音菩薩
便得離瞋若多愚癡常念恭敬觀世音菩薩
便得離癡无盡意觀世音菩薩有如是大威
神力多所饒益是故衆生常應心念
若有女人設欲求男礼拜供養觀世音菩薩
便生福德智慧之男設欲求女便生端正有
相之女宿殖德本衆人愛敬无盡意觀世音
菩薩有如是力若有衆生恭敬礼拜觀世音
菩薩福不唐捐是故衆生皆應受持觀世
音菩薩名号
无盡意若有人受持六十二億恒河沙菩薩
名字復盡形供養飲食衣服卧具醫藥於
汝意云何是善男子善女人功德多不无
盡意言甚多世尊佛言若復有人受持觀
世音菩薩名号乃至一時礼拜供養是二人
福正等无異於百千萬億劫不可窮盡无
盡意受持觀世音菩薩名号得如是无量
无邊福德之利
无盡意菩薩白佛言世尊觀世音菩薩云何

BD05958號　觀世音經　（8–3）

世音菩薩名号乃至一時礼拜供養是二人
福正等无異於百千萬億劫不可窮盡无
盡意受持觀世音菩薩名号得如是无量
无邊福德之利
无盡意菩薩白佛言世尊觀世音菩薩云何
遊此娑婆世界云何而為衆生說法方便之
力其事云何佛告无盡意菩薩善男子若
有國土衆生應以佛身得度者觀世音菩薩
即現佛身而為說法應以辟支佛身得度者
即現辟支佛身而為說法應以聲聞身得度
者即現聲聞身而為說法應以梵王身得度
者即現梵王身而為說法應以帝釋身得度
者即現帝釋身而為說法應以自在天身得
度者即現自在天身而為說法應以大自在天
身得度者即現大自在天身而為說法應以
天大將軍身得度者即現天大將軍身而為
說法應以毗沙門身得度者即現毗沙門身
而為說法應以小王身得度者即現小王身
而為說法應以長者身得度者即現長者身
而為說法應以居士身得度者即現居士身
而為說法應以宰官身得度者即現宰官身
而為說法應以婆羅門身得度者即現婆羅
門身而為說法應以比丘比丘尼優婆塞優
婆夷身得度者即現比丘比丘尼優婆塞優
婆夷身而為說法應以長者居士宰官婆羅

BD05958號　觀世音經　（8–4）

而為說法應以宰官身得度者即現宰官身
而為說法應以婆羅門身得度者即現婆羅
門身而為說法應以比丘比丘尼優婆塞優
婆夷身得度者即現比丘比丘尼優婆塞優
婆夷身而為說法應以長者居士宰官婆羅
門婦女身得度者即現婦女身而為說法應
以童男童女身得度者即現童男童女身而
為說法應以天龍夜叉乾闥婆阿脩羅迦樓
羅緊那羅摩睺羅伽人非人等身得度者即
皆現之而為說法應以執金剛神得度者即
現執金剛神而為說法无盡意是觀世音菩
薩成就如是功德以種種形遊諸國土度脫
衆生是故汝等應當一心供養觀世音菩薩
是觀世音菩薩摩訶薩於怖畏急難之中能
施无畏是故此娑婆世界皆号之為施无畏
畏是故此娑婆世界皆号之為施無畏者
無盡意菩薩白佛言世尊我今當供養觀世
音菩薩即解頸衆寶珠瓔珞價直百千兩
金而以與之作是言仁者受此法施珍寶瓔珞
時觀世音菩薩不肯受之無盡意復白觀世
音菩薩言仁者愍我等故受此瓔珞尒時佛
告觀世音菩薩當愍此無盡意菩薩及四衆
天龍夜叉乾闥婆阿脩羅迦樓羅緊那羅摩
睺羅伽人非人等故受是瓔珞即時觀世音
菩薩愍諸四衆及於天龍人非人等受其瓔

BD05958號　觀世音經　（8–5）

時觀世音菩薩不肯受之無盡意復白觀世
音菩薩言仁者愍我等故受此瓔珞尒時佛
告觀世音菩薩當愍此無盡意菩薩及四衆
天龍夜叉乾闥婆阿脩羅迦樓羅緊那羅摩
睺羅伽人非人等故受是瓔珞即時觀世音
菩薩愍諸四衆及於天龍人非人等受其瓔
珞分作二分一分奉釋迦牟尼佛一分奉多
寶佛塔無盡意觀世音菩薩有如是自在神
力遊於娑婆世界尒時無盡意菩薩以偈問曰
世尊妙相具 我今重問彼 佛子何因緣 名為觀世音
具足妙相尊 偈荅無盡意 汝聽觀音行 善應諸方所
弘誓深如海 歷劫不思議 侍多千億佛 發大清淨願
我為汝略說 聞名及見身 心念不空過 能滅諸有苦
假使興害意 推落大火坑 念彼觀音力 火坑變成池
或漂流巨海 龍魚諸鬼難 念彼觀音力 波浪不能沒
或在須弥峯 為人所推墮 念彼觀音力 如日虛空住
或被惡人逐 墮落金剛山 念彼觀音力 不能損一毛
或值怨賊遶 各執刀加害 念彼觀音力 咸即起慈心
或遭王難苦 臨刑欲壽終 念彼觀音力 刀尋段段壞
或囚禁枷鎖 手足被杻械 念彼觀音力 釋然得解脫
呪咀諸毒藥 所欲害身者 念彼觀音力 還著於本人
或遇惡羅刹 毒龍諸鬼等 念彼觀音力 時悉不敢害
或惡獸圍遶 利牙爪可怖 念彼觀音力 疾走無邊方
蚖蛇及蝮蠍 氣毒烟火然 念彼觀音力 尋聲自迴去
雲雷鼓掣電 降雹澍大雨 念彼觀音力 應時得消散
衆生被困厄 無量苦逼身 觀音妙智力 能救世間苦
具足神通力 廣脩智方便 十方諸國土 無刹不現身

BD05958號　觀世音經　（8–6）

或遇惡羅刹 毒龍諸鬼等 念彼觀音力 時悉不敢害
或惡獸圍遶 利牙爪可怖 念彼觀音力 疾走無邊方
蚖蛇及蝮蠍 氣毒烟火然 念彼觀音力 尋聲自迴去
雲雷鼓掣電 降雹澍大雨 念彼觀音力 應時得消散
衆生被困厄 無量苦逼身 觀音妙智力 能救世間苦
具足神通力 廣脩智方便 十方諸國土 無刹不現身
種種諸惡趣 地獄鬼畜生 生老病死苦 以漸悉令滅
真觀清淨觀 廣大智慧觀 悲觀及慈觀 常願常瞻仰
無垢清淨光 慧日破諸闇 能伏災風火 普明照世間
悲體戒雷震 慈意妙大雲 澍甘露法雨 滅除煩惱炎
諍訟經官處 怖畏軍陣中 念彼觀音力 衆怨悉退散
妙音觀世音 梵音海潮音 勝彼世間音 是故須常念
念念勿生疑 觀世音淨聖 於苦惱死厄 能為作依怙
具一切功德 慈眼視衆生 福聚海無量 是故應頂礼
尒時持地菩薩即從座起前白佛言世尊若
有衆生聞是觀世音菩薩品自在之業普門
示現神通力者當知是人功德不少佛說是
普門品時衆中八万四千衆生皆發無等
等阿耨多羅三藐三菩提心

觀世經音一卷

BD05958號　觀世音經　（8–7）

諍訟經官處　怖畏軍陣中　念彼觀音力　衆怨悉退散
妙音觀世音　梵音海潮音　勝彼世間音　是故須常念
念念勿生疑　觀世音淨聖　於苦惱死厄　能為作依怙
具一切功德　慈眼視衆生　福聚海無量　是故應頂礼
尒時持地菩薩即從座起前白佛言世尊若
有衆生聞是觀世音菩薩品自在之業普門
示現神通力者當知是人功德不少佛説是
普門品時衆中八万四千衆生皆發無等
等阿耨多羅三藐三菩提心

觀世經音一卷

BD05958號　觀世音經

（8–8）

大乘无量壽經
如是我聞一時薄伽梵在舍衛國祇樹給孤獨園與大苾芻衆千二百五十人大菩薩摩訶薩
衆俱同會坐尒時世尊告曼殊室利童子曼殊上方有世界名无量功德聚彼土有佛
号无量智決定王如来阿耨多羅三藐三菩提現為衆生開示説法曼殊諦聽南
閻浮提人皆短壽大限百年於中殀枉横死者衆曼殊如是无量壽如来功德名稱
法要若有衆生得聞名号若自書若使書能為經卷受持讀誦者於舍宅所住
之處以種種花鬘瓔珞塗香末香而為供養如其命盡復得延年滿足百歲如是曼
殊若有衆生得聞是无量壽智決定王如来一百八名号者益其長壽若有衆生大命
將盡憶念是如来名号更得增壽如是曼殊若有善男子善女人欲求長壽於是无
量壽如来一百八名号有得聞者或自書若使人書受持讀誦得如是等果報福德具足陁羅
尼曰　南謨薄伽勃底一阿波唎蜜哆二阿喻紇硯娜三須毗你悉指陁四囉佐耶五怛他羯
他耶六怛姪他唵七薩婆桑悉迦囉八波唎輸底九達磨底十伽迦娜十一莎訶某持迦底十二
薩婆婆毗輸底十三摩訶娜耶十四波唎婆囉莎訶十五
世尊復告曼殊室利如是如来一百八名号若有自書或人使書能為經卷受持讀誦如
壽命盡復滿百年壽終此身後得往生无量福世界无量壽淨土陁羅尼曰
南謨薄伽勃底一阿波唎蜜哆二阿喻紇硯娜三須毗你悉指陁四囉佐耶五怛他羯他耶六
怛姪他唵七薩婆桑悉迦囉八波唎輸底九達磨底十伽迦娜十一莎訶某持迦底十二薩婆
婆毗輸底十三摩訶娜耶十四波唎婆囉莎訶十五
尒時復有九十九姟佛等一時同聲說是无量壽宗要經陁羅尼曰
南謨薄伽勃底一阿波唎蜜哆二阿喻紇硯娜三須毗你悉指陁四囉佐耶五怛他羯
他耶六怛姪他唵七薩婆桑悉迦囉八波唎輸底九達磨底十伽迦娜十一莎訶某持迦底

BD05959號　無量壽宗要經

（7–1）

壽命盡復滿百年壽終此身後得往生无量福智世界无量壽淨土[illegible]
南謨薄伽勃底一阿波唎蜜多二阿喻紇硯娜三須毗你悉指陀四囉佐耶五怛他羯他耶六
怛姪他唵七薩婆桑悉迦囉八波唎輸底九達磨底十伽迦娜十一莎訶某持迦底十二薩婆
婆毗輸底十三摩訶娜耶十四波唎婆羅莎訶十五
尒時復有九十九姟佛一時同聲說是无量壽宗要經陀羅尼曰
南謨薄伽勃底一阿波唎蜜多二阿喻紇硯娜三須毗你悉指陀四囉佐耶五怛他羯
他耶六怛姪他唵七薩婆桑悉迦囉八波唎輸底九達磨底十伽迦娜十一莎訶某持迦底
薩婆婆毗輸底十三摩訶娜耶十四波唎婆羅莎訶十五
尒時復有一百四姟佛一時同聲說是无量壽宗要經陀羅尼曰
南謨薄伽勃底一阿波唎蜜多二阿喻紇硯娜三須毗你悉指陀四囉佐耶五怛他羯他耶六
怛姪他唵七薩婆桑悉迦囉八波唎輸底九達磨底十伽迦娜十一莎訶某持迦底二十
薩婆婆毗輸底十三摩訶娜耶十四波唎婆羅莎訶十五
尒時復有有七姟佛一時同聲說是无量壽宗要經陀羅尼曰
南謨薄伽勃底一阿波唎蜜多二阿喻紇硯娜三須毗你悉指陀四囉佐耶五怛他羯他
耶六怛姪他唵七薩婆桑悉迦囉八波唎輸底九達磨底十伽迦娜十一莎訶某持迦底
薩婆婆毗輸底十三摩訶娜耶十四波唎婆羅莎訶十五
尒時復有六十五姟佛一時同聲說是无量壽宗要經陀羅尼曰
南謨薄伽勃底一阿波唎蜜多二阿喻紇硯娜三須毗你悉指陀四囉佐耶五怛他羯
他耶六怛姪他唵七薩婆桑悉迦囉八波唎輸底九達磨底十伽迦娜十一莎訶某持迦
底十二薩婆婆毗輸底十三摩訶娜耶十四波唎婆羅莎訶十五
尒時復有五十五姟佛一時同聲說是无量壽宗要經陀羅尼曰
南謨薄伽勃底一阿波唎蜜多二阿喻紇硯娜三須毗你悉指陀四囉佐耶五怛他羯
他耶六怛姪他唵七薩婆桑悉迦囉八波唎輸底九達磨底十伽迦娜十一莎訶某持迦底
薩婆婆毗輸底十三摩訶娜耶十四波唎婆羅莎訶十五
尒時復有四十五姟佛一時同聲說是无量壽宗要經陀羅尼曰
南謨薄伽勃底一阿波唎蜜多二阿喻紇硯娜三須毗你悉指陀四囉佐耶五怛他羯
他耶六怛姪他唵七薩婆桑悉迦囉八波唎輸底九達磨底十伽迦娜十一莎訶某持
底迦十二薩婆婆毗輸底十三摩訶娜耶十四波唎婆羅莎訶十五
尒時復有三十六姟佛一時同聲說是无量壽宗要經陀羅尼曰
南謨薄伽勃底一阿波唎蜜多二阿喻紇硯娜三須毗你悉指陀四囉佐耶五怛他羯他
耶六怛姪他唵七薩婆桑悉迦囉八波唎輸底九達磨底十伽迦娜十一莎訶某持迦底

BD05959號　無量壽宗要經　（7–2）

薩婆婆毗輸底十三摩訶娜耶十四波唎婆羅莎訶[illegible]
尒時復有四十五姟佛一時同聲說是无量壽宗要經陀羅尼曰
南謨薄伽勃底一阿波唎蜜多二阿喻紇硯娜三須毗你悉指陀四囉佐耶五怛他羯
他耶六怛姪他唵七薩婆桑悉迦囉八波唎輸底九達磨底十伽迦娜十一莎訶某持
底迦十二薩婆婆毗輸底十三摩訶娜耶十四波唎婆羅莎訶十五
尒時復有三十六姟佛一時同聲說是无量壽宗要經陀羅尼曰
南謨薄伽勃底一阿波唎蜜多二阿喻紇硯娜三須毗你悉指陀四囉佐耶五怛他羯他
耶六怛姪他唵七薩婆桑悉迦囉八波唎輸底九達磨底十伽迦娜十一莎訶某持迦底
薩婆婆毗輸底十三摩訶娜耶十四波唎婆羅莎訶十五
尒時復有二十五姟佛一時同聲說是无量壽宗要經陀羅尼曰
南謨薄伽勃底一阿波唎蜜多二阿喻紇硯娜三須毗你悉指陀四囉佐耶五怛他羯
他耶六怛姪他唵七薩婆桑悉迦囉八波唎輸底九達磨底十伽迦娜十一莎訶某持迦
底十二薩婆婆毗輸底十三摩訶娜耶十四波唎婆羅莎訶十五
尒時復有恒河沙姟佛一時同聲說是无量壽宗要經陀羅尼曰
南謨薄伽勃底一阿波唎蜜多二阿喻紇硯娜三須毗你悉指陀四囉佐耶五怛他羯他耶六
怛姪他唵七薩婆桑悉迦囉八波唎輸底九達磨底十伽迦娜十一莎訶某持迦底十二
薩婆婆毗輸底十三摩訶娜耶十四波唎婆唎莎訶十五
善男子若有自書寫教人書寫是无量壽宗要經如其命盡復得長壽百滿年陀羅尼曰
南謨薄伽勃底一阿波唎蜜多二阿喻紇硯娜三須毗你悉指陀四囉佐耶五怛他羯他耶六
怛姪他唵七薩婆桑悉迦囉八波唎輸底九達磨底十伽迦娜十一莎訶某持迦底十二
薩婆婆毗輸底十三摩訶娜耶十四波唎婆羅莎訶十五
若有自書寫教人書寫是无量壽宗要經讀誦受持畢竟不墮地獄
在在所生得宿命智陀羅尼曰
南謨薄伽勃底一阿波唎蜜多二阿喻紇硯娜三須毗你悉指陀四囉佐耶五怛他羯他耶六
怛姪他唵七薩婆桑悉迦囉八波唎輸底九達磨底十伽迦娜十一莎訶某持迦底十二薩
婆婆毗輸底十三摩訶娜耶十四波唎婆羅莎訶十五
若有自書寫教人書寫是无量壽宗要經受持讀誦如同書寫八万四千一切經典陀羅尼曰
南謨薄伽勃底一阿波唎蜜多二阿喻紇硯娜三須毗你悉指陀四囉佐耶五怛他羯他
耶六怛姪他唵七薩婆桑悉迦囉八波唎輸底九達磨底十伽迦娜十一莎訶某持
迦底十二薩婆婆毗輸底十三摩訶娜耶十四波唎婆羅莎訶十五
若有自書寫教人書寫是无量壽宗要經受持讀誦即是書寫八万四千部建立塔廟陀羅尼曰

BD05959號　無量壽宗要經　（7–3）

若有自書寫教人書寫是无量壽宗要經受持讀誦如同書寫八万四千一切經典陁羅尼日
南謨薄伽勃底一阿波唎蜜哆二阿喻紇硯娜三須毗你悉指陁四囉佐耶五怛他羯他
耶六怛姪他唵七薩婆桒悉迦囉八波唎輸底九達磨底十伽迦娜十一莎訶某持
迦底十二薩婆婆毗輸底十三摩訶娜耶十四波唎婆曬莎訶十五
若有自書寫教人書寫是无量壽宗要經受持讀誦即是書寫八万四千部建立塔廟陁羅尼日
南謨薄伽勃底一阿波唎蜜哆二阿喻紇硯娜三須毗你悉指陁四囉佐耶五怛他羯他耶
怛姪他唵七薩婆桒悉迦囉八波唎輸底九達磨底十伽迦娜十一莎訶某持迦底十二
薩婆婆毗輸底十三摩訶娜耶十四波唎婆曬莎訶十五
若有自書寫教人書寫是无量壽宗要經能消五无間等一切重罪陁羅尼日
南謨薄伽勃底一阿波唎蜜哆二阿喻紇硯娜三須毗你悉指陁四囉佐耶五怛他羯他耶
怛姪他唵七薩婆桒悉迦囉八波唎輸底九達磨底十伽迦娜十一莎訶某持迦底十二
薩婆婆毗輸底十三摩訶娜耶十四波唎婆曬莎訶十五
若有自書寫教人書寫是无量壽宗要經受持讀誦設有重罪猶如須弥盡能除滅陁羅尼日
南謨薄伽勃底一阿波唎蜜哆二阿喻紇硯娜三須毗你悉指陁四囉佐耶五怛他羯他耶
怛姪他唵七薩婆桒悉迦囉八波唎輸底九達磨底十伽迦娜十一莎訶某持迦底十二
薩婆婆毗輸底十三摩訶娜耶十四波唎婆曬莎訶十五
若有自書寫教人書寫是无量壽宗要經受持讀誦若魔魔之
眷屬夜叉羅刹不得其便終无枉死陁羅尼日
南謨薄伽勃底一阿波唎蜜哆二阿喻紇硯娜三須毗你悉指陁四囉佐耶五怛
他羯他耶六怛姪他唵七薩婆桒悉迦囉八波唎輸底九達磨底十伽迦娜十一莎訶
某持迦底十二薩婆婆毗輸底十三摩訶娜耶十四波唎婆曬莎訶十五
若有自書寫教人書寫是无量壽宗要經受持讀誦當命終時有九十九姟
佛現其人前授手佛接手能遊一切佛刹莫於此經生於疑惑陁羅尼日
南謨薄伽勃底一阿波唎蜜哆二阿喻紇硯娜三須毗你悉指陁四囉佐耶五怛他羯他耶
怛姪他唵七薩婆桒悉迦囉八波唎輸底九達磨底十伽迦娜十一莎訶某持迦底十二
薩婆婆毗輸底十三摩訶娜耶十四波唎婆曬莎訶十五　若有自書寫教人
書寫是无量壽宗要經受持讀誦常得四天大王隨其衛護陁羅尼日
南謨薄伽勃底一阿波唎蜜哆二阿喻紇硯娜三須毗你悉指陁四囉佐耶五怛他羯他耶
怛姪他唵七薩婆桒悉迦囉八波唎輸底九達磨底十伽迦娜十一莎訶某持迦底十二
薩婆婆毗輸底十三摩訶娜耶十四波唎婆曬莎訶十五

BD05959號　無量壽宗要經　（7–4）

怛姪他唵七薩婆桒悉迦囉八波唎輸底九達磨底十伽迦娜十一莎訶某持迦底十二
薩婆婆毗輸底十三摩訶娜耶十四波唎婆曬莎訶十五　若有自書寫教人
書寫是无量壽宗要經受持讀誦常得四天大王隨其衛護陁羅尼日
南謨薄伽勃底一阿波唎蜜哆二阿喻紇硯娜三須毗你悉指陁四囉佐耶五怛他羯他耶
怛姪他唵七薩婆桒悉迦囉八波唎輸底九達磨底十伽迦娜十一莎訶某持迦底十二
薩婆婆毗輸底十三摩訶娜耶十四波唎婆曬莎訶十五
若有自書寫教人書寫是无量壽宗要經受持讀誦當得往生西方極樂
世界阿弥陁淨土陁羅尼日
南謨薄伽勃底一阿波唎蜜哆二阿喻紇硯娜三須毗你悉指陁四囉佐耶五怛他羯
他耶六怛姪他唵七薩婆桒悉迦囉八波唎輸底九達磨底十伽迦娜十一莎訶某持迦
底十二薩婆婆毗輸底十三摩訶娜耶十四波唎婆曬莎訶十五
若有方所自書寫使人書寫是无量壽經典之處則為是塔皆應恭敬作礼　若
是畜生或為鳥獸得聞是經如是等類皆當不久得成一切種智陁羅尼日
南謨薄伽勃底一阿波唎蜜哆二阿喻紇硯娜三須毗你悉指陁四囉佐耶五怛他羯他耶六
怛姪他唵七薩婆桒悉迦囉八波唎輸底九達磨底十伽迦娜十一莎訶某持迦底十二
薩婆婆毗輸底十三摩訶娜耶十四波唎婆曬莎訶十五
若有於是无量壽經自書寫使人書寫畢竟不受女人之身陁羅尼日
南謨薄伽勃底一阿波唎蜜哆二阿喻紇硯娜三須毗你悉指陁四囉佐耶五怛他羯他耶
怛姪他唵七薩婆桒悉迦囉八波唎輸底九達磨底十伽迦娜十一莎訶某持迦底十二
薩婆婆毗輸底十三摩訶娜耶十四波唎婆曬莎訶十五
若有能於是經少分能惠施者等於三千大千世界滿中七寶布施陁羅尼日
南謨薄伽勃底一阿波唎蜜哆二阿喻紇硯娜三須毗你悉指陁四囉佐耶五怛他羯他耶
怛姪他唵七薩婆桒悉迦囉八波唎輸底九達磨底十伽迦娜十一莎訶某持迦底十二
薩婆婆毗輸底十三摩訶娜耶十四波唎婆曬莎訶十五
若有能供養是經者則是供養一切諸經等无有異陁羅尼日
南謨薄伽勃底一阿波唎蜜哆二阿喻紇硯娜三須毗你悉指陁四囉佐耶五怛他羯他
耶六怛姪他唵七薩婆桒悉迦囉八波唎輸底九達磨底十伽迦娜十一莎訶某持迦底
薩婆婆毗輸底十三摩訶娜耶十四波唎婆曬莎訶十五
如是毗婆尸佛　尸弃佛　毗舍浮佛　俱留孫佛　俱那含牟尼佛　迦葉佛　釋迦牟尼佛
若有以七寶供養如是七佛其福有限書寫受持是无量壽經典所有功德不可數量陁羅尼日

BD05959號　無量壽宗要經　（7–5）

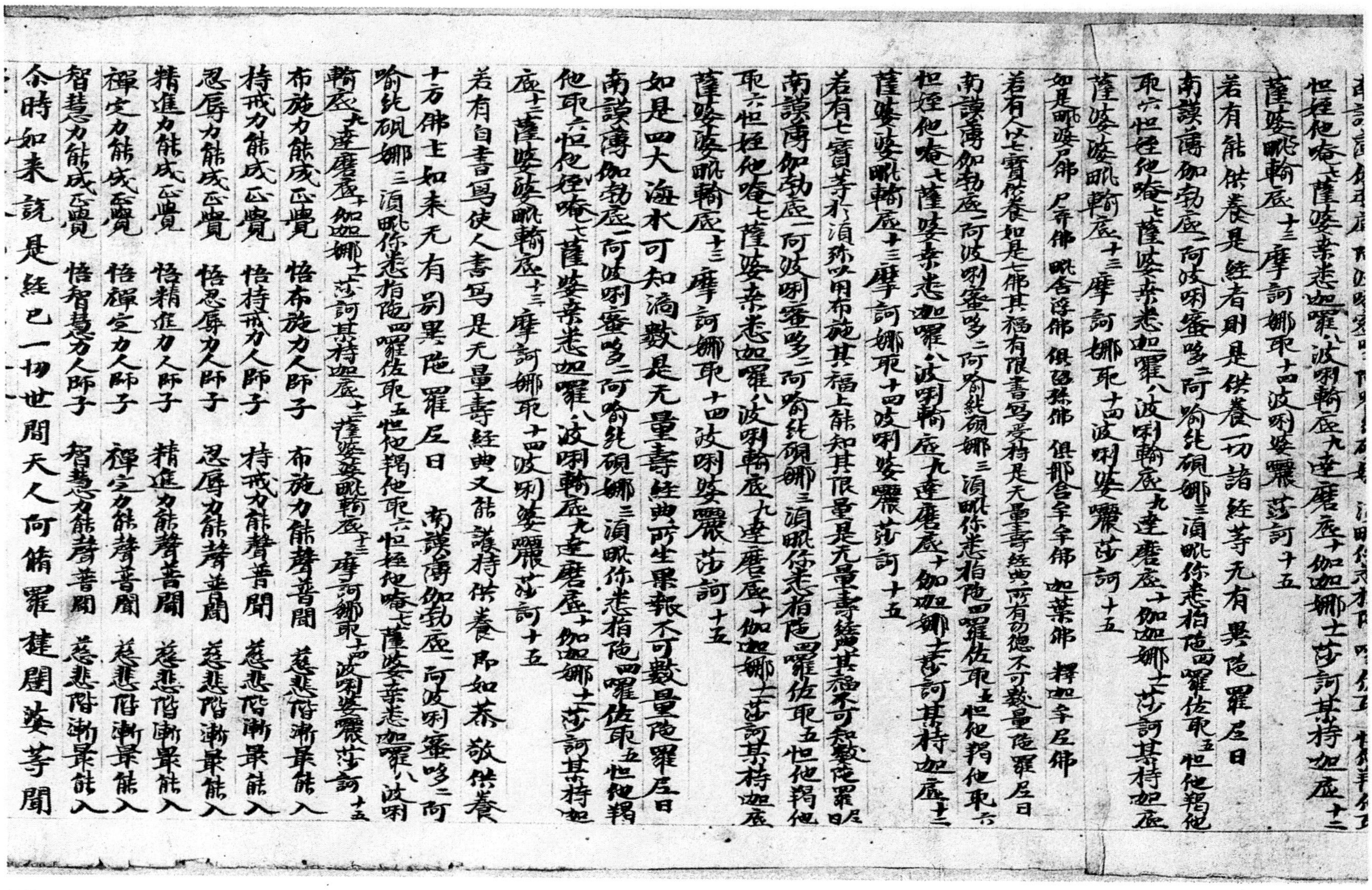

怛姪他唵七薩婆桑悉迦羅八波唎輸底九達磨底十伽迦娜十一莎訶其持迦底十二
薩婆毗輸底十三摩訶娜耶十四波唎婆囉莎訶十五
若有能供養是經者則是供養一切諸經等无有異陁羅尼曰
南謨薄伽勃底一阿波唎蜜哆二阿喻紇硯娜三須毗你悉指陁四囉佐耶五怛他羯他
耶六怛姪他唵七薩婆桑悉迦羅八波唎輸底九達磨底十伽迦娜十一莎訶其持迦底
薩婆婆毗輸底十三摩訶娜耶十四波唎婆囉莎訶十五
如是毗婆尸佛 尸弃佛 毗舍浮佛 俱留孫佛 俱那含牟尼佛 迦葉佛 釋迦牟尼佛
若有人以七寶供養如是七佛其福有限書寫受持是无量壽經典所有功德不可數量陁羅尼曰
南謨薄伽勃底一阿波唎蜜哆二阿喻紇硯娜三須毗你悉指陁四囉佐耶五怛他羯他耶六
怛姪他唵七薩婆桑悉迦羅八波唎輸底九達磨底十伽迦娜十一莎訶其持迦底十二
薩婆婆毗輸底十三摩訶娜耶十四波唎婆囉莎訶十五
若有七寶等於須弥以用布施其福上能知其限量是无量壽經典其福不可知數陁羅尼曰
南謨薄伽勃底一阿波唎蜜哆二阿喻紇硯娜三須毗你悉指陁四囉佐耶五怛他羯他
耶六怛姪他唵七薩婆桑悉迦羅八波唎輸底九達磨底十伽迦娜十一莎訶其持迦底
薩婆婆毗輸底十三摩訶娜耶十四波唎婆囉莎訶十五
如是四大海水可知滴數是无量壽經典所生果報不可數量陁羅尼曰
南謨薄伽勃底一阿波唎蜜哆二阿喻紇硯娜三須毗你悉指陁四囉佐耶五怛他羯
他耶六怛姪他唵七薩婆桑悉迦羅八波唎輸底九達磨底十伽迦娜十一莎訶其持迦
底十二薩婆婆毗輸底十三摩訶娜耶十四波唎婆囉莎訶十五
若有自書寫使人書寫是无量壽經典又能護持供養即如恭敬供養
十方佛土如來无有别異陁羅尼曰 南謨薄伽勃底一阿波唎蜜哆二阿
喻紇硯娜三須毗你悉指陁四囉佐耶五怛他羯他耶六怛姪他唵七薩婆桑悉迦羅八波唎
輸底九達磨底十伽迦娜十一莎訶其持迦底十二薩婆婆毗輸底十三摩訶娜耶十四波唎婆囉莎訶十五
布施力能成正覺 悟布施力人師子 布施力能聲普聞 慈悲階漸果能入
持戒力能成正覺 悟持戒力人師子 持戒力能聲普聞 慈悲階漸果能入
忍辱力能成正覺 悟忍辱力人師子 忍辱力能聲普聞 慈悲階漸果能入
精進力能成正覺 悟精進力人師子 精進力能聲普聞 慈悲階漸果能入
禪定力能成正覺 悟禪定力人師子 禪定力能聲普聞 慈悲階漸果能入
智慧力能成正覺 悟智慧力人師子 智慧力能聲普聞 慈悲階漸果能入
尒時如來說是經已一切世間天人阿脩羅揵闥婆等聞

BD05959 號　無量壽宗要經　（7–6）

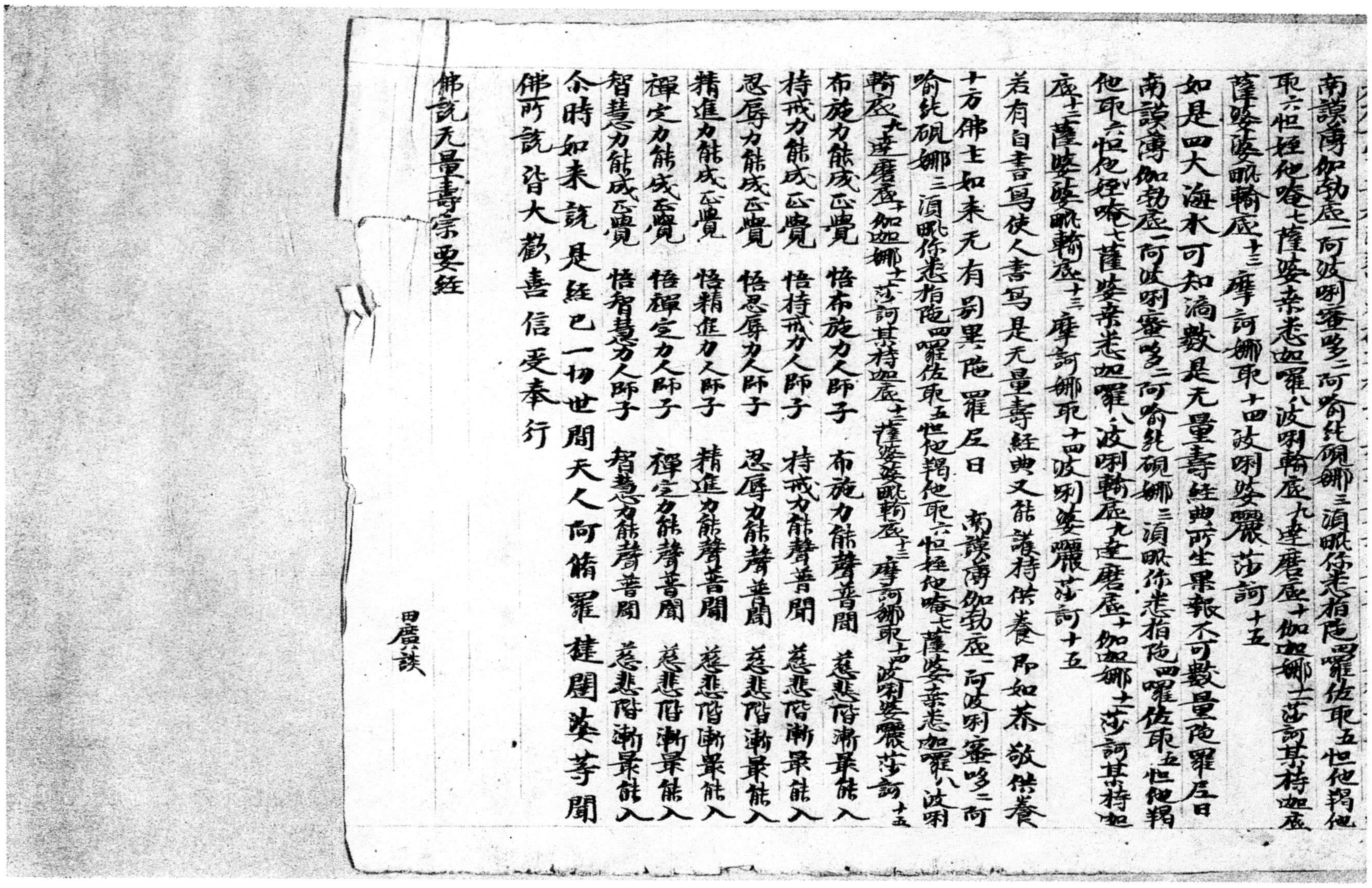

南謨薄伽勃底一阿波唎蜜哆二阿喻紇硯娜三須毗你悉指陁四囉佐耶五怛他羯他
耶六怛姪他唵七薩婆桑悉迦羅八波唎輸底九達磨底十伽迦娜十一莎訶其持迦底
薩婆婆毗輸底十三摩訶娜耶十四波唎婆囉莎訶十五
如是四大海水可知滴數是无量壽經典所生果報不可數量陁羅尼曰
南謨薄伽勃底一阿波唎蜜哆二阿喻紇硯娜三須毗你悉指陁四囉佐耶五怛他羯
他耶六怛姪他唵七薩婆桑悉迦羅八波唎輸底九達磨底十伽迦娜十一莎訶其持迦
底十二薩婆婆毗輸底十三摩訶娜耶十四波唎婆囉莎訶十五
若有自書寫使人書寫是无量壽經典又能護持供養即如恭敬供養
十方佛土如來无有别異陁羅尼曰 南謨薄伽勃底一阿波唎蜜哆二阿
喻紇硯娜三須毗你悉指陁四囉佐耶五怛他羯他耶六怛姪他唵七薩婆桑悉迦羅八波唎
輸底九達磨底十伽迦娜十一莎訶其持迦底十二薩婆婆毗輸底十三摩訶娜耶十四波唎婆囉莎訶十五
布施力能成正覺 悟布施力人師子 布施力能聲普聞 慈悲階漸果能入
持戒力能成正覺 悟持戒力人師子 持戒力能聲普聞 慈悲階漸果能入
忍辱力能成正覺 悟忍辱力人師子 忍辱力能聲普聞 慈悲階漸果能入
精進力能成正覺 悟精進力人師子 精進力能聲普聞 慈悲階漸果能入
禪定力能成正覺 悟禪定力人師子 禪定力能聲普聞 慈悲階漸果能入
智慧力能成正覺 悟智慧力人師子 智慧力能聲普聞 慈悲階漸果能入
尒時如來說是經已一切世間天人阿脩羅揵闥婆等聞
佛所說皆大歡喜信受奉行
佛說无量壽宗要經
田廣談

BD05959 號　無量壽宗要經　（7–7）

即語汝是人以一切樂具
祇世界六趣衆生又令
…不如是苐五十人聞
…及百分千分千万億分
…乃至笇數譬喻所不能知阿逸多
…苐五十人展轉聞法華經隨喜功德
尚无量无邊阿僧祇何況冣初於會中聞而
隨喜者其福復勝无量无邊阿僧祇不可得
比又阿逸多若人為是經故往詣僧房若坐
若立須臾聽受緣是功德轉身所生得好上
妙象馬車乘珎寶輦輿及乘天宮若復有人
於講法處坐更有人來勸令坐聽若分坐令
坐是人功德轉身得帝釋坐處若梵王坐處
若轉輪聖王所坐之處
阿逸多若復有人語餘人言有經名法華可
共往聽即受其教乃至須臾間聞是人功德
轉身得與陀羅尼菩薩共生一處利根智慧
百千万世終不瘖瘂口氣不臭舌常无病口
亦无病齒不垢黑不黄不踈亦不缺落不差
不曲脣不下垂亦不褰縮不麁澁不瘡緊亦
不缺壞亦不喎耶不厚不大亦不黧黑无諸

BD05960號　妙法蓮華經卷六　(31–1)

共往聽即受其教乃至須臾間聞是人功德
轉身得與陀羅尼菩薩共生一處利根智慧
百千万世終不瘖瘂口氣不臭舌常无病口
亦无病齒不垢黑不黄不踈亦不缺落不差
不曲脣不下垂亦不褰縮不麁澁不瘡緊亦
不缺壞亦不喎耶不厚不大亦不黧黑无諸
可惡鼻不匾𢏗亦不曲戾面色不黑亦不狹
長亦不窊曲无有一切不可喜相脣舌牙齒
悉皆嚴好鼻脩高直面貌圓滿眉高而長額
廣平正人相具足世世所生見佛聞法信受
教誨阿逸多汝且觀是勸於一人令往聽法
功德如此何況一心聽說讀誦而於大衆為
人分別如說脩行尒時世尊欲重宣此義而
說偈言
若人於法會　得聞是經典　乃至於一偈　隨喜為他說
如是展轉教　至于苐五十　冣後人獲福　今當分別之
如有大施主　供給无量衆　具滿八十歲　隨意之所欲
見彼衰老相　髮白而面皺　齒踈形枯竭　念其死不久
我今應當教　令得於道果　即為方便說　涅槃真實法
世皆不牢固　如水沫泡焰　汝等咸應當　疾生猒離心
諸人聞是法　皆得阿羅漢　具足六神通　三明八解脫
冣後苐五十　聞一偈隨喜　是人福勝彼　不可為譬喻
如是展轉聞　其福尚无量　何況於法會　初聞隨喜者
若有勸一人　將引聽法華　言此經深妙　千万劫難遇
即受教往聽　乃至須臾聞　斯人之福報　今當分別說

BD05960號　妙法蓮華經卷六　(31–2)

世皆不牢固　如水沫泡炎　汝等咸應當　疾生猒離心
諸人聞是法　皆得阿羅漢　具足六神通　三明八解脫
最後第五十　聞一偈隨喜　是人福勝彼　不可爲譬喻
如是展轉聞　其福尚无量　何況於法會　初聞隨喜者
若有勸一人　將引聽法華　言此經深妙　千万劫難遇
即受教往聽　乃至須臾聞　斯人之福報　今當分別說
世世无口患　齒不踈黃黑　脣不厚褰缺　无有可惡相
舌不乾黑短　鼻高脩且直　額廣而平正　面目悉端嚴
爲人所喜見　口氣无臭穢　優鉢華之香　常從其口出
若故詣僧房　欲聽法華經　須臾聞歡喜　今當說其福
後生天人中　得妙象馬車　珎寶之輦輿　及乘天宮殿
若於講法處　勸人坐聽法　是福因緣得　釋梵轉輪座
何況一心聽　解說其義趣　如說而脩行　其福不可量
妙法蓮華經法師功德品第十九
尒時佛告常精進菩薩摩訶薩若善男子善
女人受持是法華經若讀若誦若解說若書
寫是人當得八百眼功德千二百耳功德八百
鼻功德千二百舌功德八百身功德千二百意
功德以是功德莊嚴六根皆令清淨是善
男子善女人父母所生清淨肉眼見於三千
大千世界內外所有山林河海下至阿鼻地
獄上至有頂亦見其中一切衆生及業因緣
果報生處悉見悉知尒時世尊欲重宣此義
而說偈言

BD05960號　妙法蓮華經卷六　（31–3）

男子善女人父母所生清淨肉眼見於三千
大千世界內外所有山林河海下至阿鼻地
獄上至有頂亦見其中一切衆生及業因緣
果報生處悉見悉知尒時世尊欲重宣此義
而說偈言
若於大衆中　以无所畏心　說是法華經　汝聽其功德
是人得八百　功德殊勝眼　以是莊嚴故　其目甚清淨
父母所生眼　悉見三千界　內外弥樓山　須弥及鐵圍
并諸餘山林　大海江河水　下至阿鼻獄　上至有頂天
其中諸衆生　一切皆悉見　雖未得天眼　肉眼力如是
復次常精進若善男子善女人受持此經若
讀若誦若解說若書寫得千二百耳功德以
是清淨耳聞三千大千世界下至阿鼻地獄上
至有頂其中內外種種語言音聲象聲馬聲
牛聲車聲啼哭聲愁歎聲螺聲鼓聲鍾聲
鈴聲咲聲語聲男聲女聲童子聲童女聲法
聲非法聲苦聲樂聲凡夫聲聖人聲喜聲不
喜聲天聲龍聲夜叉聲乾闥婆聲阿脩羅聲
迦樓羅聲緊那羅聲摩睺羅伽聲火聲水聲
風聲地獄聲畜生聲餓鬼聲比丘聲比丘尼
聲聲聞聲辟支佛聲菩薩聲佛聲以要言
之三千大千世界中一切內外所有諸聲雖未
得天耳以父母所生清淨常耳皆悉聞知如
是分別種種音聲而不壞耳根尒時世尊欲

BD05960號　妙法蓮華經卷六　（31–4）

風聲地獄聲畜生聲餓鬼聲比丘聲比丘尼
聲聲聞聲辟支佛聲菩薩聲佛聲以要言
之三千大千世界中一切內外所有諸聲雖未
得天耳以父母所生清淨常耳皆悉聞知如
是分別種種音聲而不壞耳根尒時世尊欲
重宣此義而說偈言
父母所生耳　清淨无濁穢　以此常耳聞　三千世界聲
象馬車牛聲　鍾鈴螺鼓聲　琴瑟箜篌聲　簫笛之音聲
清淨好歌聲　聽之而不著　无數種人聲　聞悉能解了
又聞諸天聲　微妙之歌音　及聞男女聲　童子童女聲
山川嶮谷中　迦陵頻伽聲　命命等諸鳥　悉聞其音聲
地獄衆苦痛　種種楚毒聲　餓鬼飢渴逼　求索飲食聲
諸阿脩羅等　居在大海邊　自共語言時　出于大音聲
如是說法者　安住於世間　遙聞是衆聲　而不壞耳根
十方世界中　禽獸鳴相呼　其說法之人　於此悉聞之
其諸梵天上　光音及遍淨　乃至有頂天　言語之音聲
法師住於此　悉皆得聞之　一切比丘衆　及諸比丘尼
若讀誦經典　若為他人說　法師住於此　悉皆得聞之
復有諸菩薩　讀誦於經法　若為他人說　撰集解其義
如是諸音聲　悉皆得聞之　諸佛大聖尊　教化衆生者
於諸大會中　演說微妙法　持此法華者　悉皆得聞之
三千大千界　內外諸音聲　下至阿鼻獄　上至有頂天
皆聞其音聲　而不壞耳根　其耳聰利故　悉能分別知
持是法華者　雖未得天耳　但用所生耳　功德已如是
復次常精進若善男子善女人受持是經若讀

BD05960號　妙法蓮華經卷六

（31–5）

如是諸音聲　悉皆得聞之　諸佛大聖尊　教化衆生者
於諸大會中　演說微妙法　持此法華者　悉皆得聞之
三千大千界　內外諸音聲　下至阿鼻獄　上至有頂天
皆聞其音聲　而不壞耳根　其耳聰利故　悉能分別知
持是法華者　雖未得天耳　但用所生耳　功德已如是
復次常精進若善男子善女人受持是經若讀
若誦若解說若書寫成就八百鼻功德以是
清淨鼻根聞於三千大千世界上下內外種種
諸香須曼那華香闍提華香末利華香瞻
蔔華香波羅羅華香赤蓮華香青蓮華香
白蓮華香華樹香菓樹香栴檀香沉水香多
摩羅跋香多伽羅香及千万種和香若末若
丸若塗香持是經者於此間住悉能分別又
復別知衆生之香象香馬香牛羊等香男香
女香童子香童女香及草木叢林香若近若
遠所有諸香悉皆得聞分別不錯持是經者
雖住於此亦聞天上諸天之香波利質多羅
拘鞞陁羅樹香及曼陁羅華香摩訶曼陁羅
華香曼殊沙華香摩訶曼殊沙華香栴檀沉
水種種末香諸雜華香如是等天香和合所
出之香无不聞知又聞諸天身香釋提桓因在
勝殿上五欲娛樂嬉戲時香若在妙法堂上
為忉利諸天說法時香若於諸園遊戲時香
及餘天等男女身香皆悉遙聞如是展轉
乃至梵天上至有頂諸天身香亦皆聞之并

BD05960號　妙法蓮華經卷六

（31–6）

種種末香諸雜華香如是等天香和合所
出之香无不聞知又聞諸天身香釋提桓因在
勝殿上五欲娛樂嬉戲時香若在妙法堂上
為忉利諸天說法時香若於諸園遊戲時香
及餘天等男女身香皆悉遙聞如是展轉
乃至梵天上至有頂諸天身香亦皆聞之并
聞諸天所燒之香及聲聞香辟支佛香菩薩
香諸佛身香亦皆遙聞知其所在雖聞此香
然於鼻根不壞不錯若欲分別為他人說憶
念不謬爾時世尊欲重宣此義而說偈言
是人鼻清淨　於此世界中　若香若臭物　種種悉聞知
須曼那闍提　多摩羅栴檀　沉水及桂香　種種華菓香
及知眾生香　男子女人香　說法者遠住　聞香知所在
大勢轉輪王　小轉輪及子　羣臣諸宮人　聞香知所在
身所著珍寶　及地中寶藏　轉輪王寶女　聞香知所在
諸人嚴身具　衣服及瓔珞　種種所塗香　聞則知其身
諸天若行坐　遊戲及神變　持是法華者　聞香悉能知
諸樹華菓實　及酥油香氣　持經者住此　悉知其所在
諸山深嶮處　栴檀樹華敷　眾生在中者　聞香皆能知
鐵圍山大海　地中諸眾生　持經者聞香　悉知其所在
阿脩羅男女　及其諸眷屬　鬪諍遊戲時　聞香皆能知
曠野險隘處　師子象虎狼　野牛水牛等　聞香知所在
若有懷妊者　未辯其男女　无根及非人　聞香悉能知
以聞香力故　知其初懷妊　成就不成就　安樂產福子

BD05960號　妙法蓮華經卷六　（31–7）

鐵圍山大海　地中諸眾生　持經者聞香　悉知其所在
阿脩羅男女　及其諸眷屬　鬪諍遊戲時　聞香皆能知
曠野險隘處　師子象虎狼　野牛水牛等　聞香知所在
若有懷妊者　未辯其男女　无根及非人　聞香悉能知
以聞香力故　知其初懷妊　成就不成就　安樂產福子
以聞香力故　知男女所念　染欲癡恚心　亦知脩善者
地中眾伏藏　金銀諸珍寶　銅器之所盛　聞香悉能知
種種諸瓔珞　无能識其價　聞香知貴賤　出處及所在
天上諸華等　曼陀曼殊沙　波利質多樹　聞香悉能知
天上諸宮殿　上中下差別　眾寶華莊嚴　聞香悉能知
天園林勝殿　諸觀妙法堂　在中而娛樂　聞香悉能知
諸天若聽法　或受五欲時　來往行坐臥　聞香悉能知
天女所著衣　好華香莊嚴　周旋遊戲時　聞香悉能知
如是展轉上　乃至於梵世　入禪出禪者　聞香悉能知
光音遍淨天　乃至于有頂　初生及退沒　聞香悉能知
諸比丘眾等　於法常精進　若坐若經行　及讀誦經法
或在林樹下　專精而坐禪　持經者聞香　悉知其所在
菩薩志堅固　坐禪若讀經　或為人說法　聞香悉能知
在在方世尊　一切所恭敬　愍眾而說法　聞香悉能知
眾生在佛前　聞經皆歡喜　如法而脩行　聞香悉能知
雖未得菩薩　无漏法生鼻　而是持經者　先得此鼻相
復次常精進若善男子善女人受持是經若
讀若誦若解說若書寫得千二百舌功德若
好若醜若美不美及諸苦澁物在其舌根皆

BD05960號　妙法蓮華經卷六　（31–8）

在在方世尊　一切所恭敬　愍眾而說法　聞香悉能知
眾生在佛前　聞經皆歡喜　如法而脩行　聞香悉能知
雖未得菩薩　无漏法生鼻　而是持經者　先得此鼻相
復次常精進若善男子善女人受持是經若
讀若誦若解說若書寫得千二百舌功德若
好若醜若美不美及諸苦澁物在其舌根皆
變成上味如天甘露无不美者若以舌根於
大眾中有所演說出深妙聲能入其心皆令
歡喜快樂又諸天子天女釋梵諸天聞是深
妙音聲有所演說言論次第皆悉來聽及諸
龍龍女夜叉夜叉女乾闥婆乾闥婆女阿脩羅
阿脩羅女迦樓羅迦樓羅女緊那羅緊那
羅女摩睺羅伽摩睺羅伽女為聽法故皆來
親近恭敬供養及比丘比丘尼優婆塞優婆夷
國王王子群臣眷屬小轉輪王大轉輪王七
寶千子內外眷屬乘其宮殿俱來聽法以
是菩薩善說法故婆羅門居士國內人民盡
其形壽隨侍供養又諸聲聞辟支佛菩薩諸
佛常樂見之是人所在方面諸佛皆向其處
說法悉能受持一切佛法又能出於深妙法
音尒時世尊欲重宣此義而說偈言
是人舌清淨　終不受惡味　其有所食噉　悉皆成甘露
以深淨妙聲　於大眾說法　以諸因緣喻　引導眾生心
聞者皆歡喜　設諸上供養　諸天龍夜叉　及阿脩羅等

BD05960號　妙法蓮華經卷六　（31–9）

說法悉能受持一切佛法又能出於深妙法
音尒時世尊欲重宣此義而說偈言
是人舌清淨　終不受惡味　其有所食噉　悉皆成甘露
以深淨妙聲　於大眾說法　以諸因緣喻　引導眾生心
聞者皆歡喜　設諸上供養　諸天龍夜叉　及阿脩羅等
皆以恭敬心　而共來聽法　是說法之人　若欲以妙音
遍滿三千界　隨意即能至　大小轉輪王　及千子眷屬
合掌恭敬心　常來聽受法　諸天龍夜叉　羅剎毗舍闍
亦以歡喜心　常樂來供養　梵天王魔王　自在大自在
如是諸天眾　常來至其所　諸佛及弟子　聞其說法音
常念而守護　或時為現身
復次常精進若善男子善女人受持是經若
讀若誦若解說若書寫得八百身功德得清
淨身如淨瑠璃眾生憙見其身淨故三千大
千世界眾生生時死時上下好醜生善處惡
處悉於中現及鐵圍大鐵圍彌樓山摩訶彌
樓山等諸山及其中眾生悉於中現下至阿
鼻地獄上至有頂所有及眾生悉於中現若
聲聞辟支佛菩薩諸佛說法皆於身中現其
色像尒時世尊欲重宣此義而說偈言
若持法華者　其身甚清淨　如彼淨瑠璃　眾生皆憙見
又如淨明鏡　悉見諸色像　菩薩於淨身　皆見世所有
唯獨自明了　餘人所不見　三千世界中　一切諸群萌
天人阿脩羅　地獄鬼畜生　如是諸色像　皆於身中現

BD05960號　妙法蓮華經卷六　（31–10）

色像尒時世尊欲重宣此義而說偈言
若持法華者　其身甚清淨　如彼淨瑠璃　衆生皆喜見
又如淨明鏡　悉見諸色像　菩薩於淨身　皆見世所有
唯獨自明了　餘人所不見　三千世界中　一切諸羣萌
天人阿脩羅　地獄鬼畜生　如是諸色像　皆於身中現
諸天等宮殿　乃至於有頂　鐵圍及彌樓　摩訶彌樓山
諸大海水等　皆於身中現　諸佛及聲聞　佛子菩薩等
若獨若在衆　說法悉皆現　雖未得无漏　法性之妙身
以清淨常體　一切於中現
復次常精進若善男子善女人如來滅後受
持是經若讀若誦若解說若書寫得千二百
意功德以是清淨意根乃至聞一偈一句通
達无量无邊之義解是義已能演說一句一
偈至於一月四月乃至一歲諸所說法隨其
義趣皆與實相不相違背若說俗間經書治
世語言資生業等皆順正法三千大千世界
六趣衆生心之所行心所動作心所戲論皆
悉知之雖未得无漏智慧而其意根清淨如
此是人有所思惟籌量言說皆是佛法无不
真實亦是先佛經中所說尒時世尊欲重
宣此義而說偈言
是人意清淨　明利无穢濁　以此妙意根　知上中下法
乃至聞一偈　通達无量義　次第如法說　月四月至歲

BD05960號　妙法蓮華經卷六　（31–11）

此是人有所思惟籌量言說皆是佛法无不
真實亦是先佛經中所說尒時世尊欲重
宣此義而說偈言
是人意清淨　明利无穢濁　以此妙意根　知上中下法
乃至聞一偈　通達无量義　次第如法說　月四月至歲
是世界內外　一切諸衆生　若天龍及人　夜叉鬼神等
其在六趣中　所念若干種　持法華之報　一時皆悉知
十方无數佛　百福莊嚴相　為衆生說法　悉聞能受持
思惟无量義　說法亦无量　終始不忘錯　以持法華故
悉知諸法相　隨義識次第　達名字語言　如所知演說
此人有所說　皆是先佛法　以演此法故　於衆无所畏
持法華經者　意根淨若斯　雖未得无漏　先有如是相
是人持此經　安住希有地　為一切衆生　歡喜而愛敬
能以千万種　善巧之語言　分別而說法　持法華經故
妙法蓮華經常不輕菩薩品第廿
尒時佛告得大勢菩薩摩訶薩汝今當知若
比丘比丘尼優婆塞優婆夷持法華經者若
有惡口罵詈誹謗獲大罪報如前所說其所
得功德如向所說眼耳鼻舌身意清淨得大
勢乃往古昔過无量无邊不可思議阿僧祇
劫有佛名威音王如來應供正遍知明行足
善逝世間解无上士調御丈夫天人師佛世
尊劫名離衰國名大成其威音王佛於彼世
中為天人阿脩羅說法為求聲聞者說應四

BD05960號　妙法蓮華經卷六　（31–12）

乃往古昔過无量无邊不可思議阿僧祇
劫有佛名威音王如来應供正遍知明行足
善逝世間解无上士調御丈夫天人師佛世
尊劫名離衰國名大成其威音王佛於彼世
中為天人阿脩羅說法為求聲聞者說應四
諦法度生老病死究竟涅槃為求辟支佛者
說應十二因緣法為諸菩薩因阿耨多羅三
藐三菩提說應六波羅蜜法究竟佛慧得大
勢是威音王佛壽四十万億那由他恒河沙
劫正法住世劫數如一閻浮提微塵像法住
世劫數如四天下微塵其佛饒益衆生已然
後滅度正法像法滅盡之後於此國土復有
佛出亦号威音王如来應供正遍知明行足
善逝世間解无上士調御丈夫天人師佛世
尊如是次第有二万億佛皆同一号最初威
音王如来既已滅度正法滅後於像法中增
上慢比丘有大勢力
尒時有一菩薩比丘名常不輕得大勢以何
因緣名常不輕是比丘凡有所見若比丘比丘
尼優婆塞優婆夷皆悉礼拜讚嘆而作是言
我深敬汝等不敢輕慢所以者何汝等皆
行菩薩道當得作佛而是比丘不專讀誦經
典但行礼拜乃至遠見四衆亦復故往礼拜
讚嘆而作是言我不敢輕於汝等汝等皆當

BD05960 號　妙法蓮華經卷六　（31–13）

因緣名常不輕是比丘凡有所見若比丘比丘
尼優婆塞優婆夷皆悉礼拜讚嘆而作是言
我深敬汝等不敢輕慢所以者何汝等皆
行菩薩道當得作佛而是比丘不專讀誦經
典但行礼拜乃至遠見四衆亦復故往礼拜
讚嘆而作是言我不敢輕於汝等汝等皆當
作佛四衆之中有生瞋恚心不淨者惡口罵
詈言是无智比丘從何所来自言我不輕汝
而與我等受記當得作佛我等不用如是虛
妄受記如此經歷多年常被罵詈不生瞋恚
常作是言汝當作佛說是語時衆人或以杖
木瓦石而打擲之避走遠住猶高聲唱言我
不敢輕汝汝等皆當作佛以其常作是語故
增上慢比丘比丘尼優婆塞優婆夷号之為
常不輕是比丘臨欲終時於虛空中具聞威
音王佛先所說法華經二十千万億偈悉能
受持即得如上眼根清淨耳鼻舌身意根
清淨得是六根清淨已更增壽命二百万億
那由他歲廣為人說是法華經
於時增上慢四衆比丘比丘尼優婆塞優婆
夷輕賤是人為作不輕名者見其得大神通
力樂說辯力大善寂力聞其所說皆信伏
隨從是菩薩復化千万億衆令住阿耨多
羅三藐三菩提命終之後得值二千億佛皆

BD05960 號　妙法蓮華經卷六　（31–14）

於時增上慢四衆比丘比丘尼優婆塞優婆
夷輕賤是人為作不輕名者見其得大神通
力樂說辯力大善寂力聞其所說皆信伏
隨從是菩薩復化千万億衆令住阿耨多
羅三藐三菩提命終之後得值二千億佛皆
号日月燈明於其法中說是法華經以是因
緣復值二千億佛同号雲自在燈王於此諸佛
法中受持讀誦為諸四衆說此經典故得是
常眼清淨耳鼻舌身意諸根清淨於四衆中
說法心无所畏得大勢是常不輕菩薩摩訶
薩供養如是若干諸佛恭敬尊重讚嘆種諸
善根於後復值千万億佛亦於諸佛法中說
經典功德成就當得作佛
得大勢於意云何尒時常不輕菩薩豈異
人乎則我身是若我於宿世不受持讀誦此經
為他人說者不能疾得阿耨多羅三藐三菩
提我於先佛所受持讀誦此經為人說故疾
得阿耨多羅三藐三菩提得大勢彼時四衆
比丘比丘尼優婆塞優婆夷以瞋恚意輕賤
我故二百億劫常不值佛不聞法不見僧千
劫於阿鼻地獄受大苦惱畢是罪已復遇常
不輕菩薩教化阿耨多羅三藐三菩提得大
勢於汝意云何尒時四衆常輕是菩薩者豈
異人乎今此會中颰陁婆羅等五百菩薩師

我故二百億劫常不值佛不聞法不見僧千
劫於阿鼻地獄受大苦惱畢是罪已復遇常
不輕菩薩教化阿耨多羅三藐三菩提得大
勢於汝意云何尒時四衆常輕是菩薩者豈
異人乎今此會中颰陁婆羅等五百菩薩師
子月等五百比丘尼思佛等五百優婆塞皆
於阿耨多羅三藐三菩提不退轉者是得
大勢當知是法華經大饒益諸菩薩摩訶
薩能令至於阿耨多羅三藐三菩提是故諸
菩薩摩訶薩於如來滅後常應受持讀誦解
說書寫是經尒時世尊欲重宣此義而說偈言
過去有佛　号威音王　神智无量　將導一切
天人龍神　所共供養　是佛滅後　法欲盡時
有一菩薩　名常不輕　時諸四衆　計著於法
不輕菩薩　往到其所　而語之言　我不輕汝
汝等行道　皆當作佛　諸人聞已　輕毀罵詈
不輕菩薩　能忍受之　其罪畢已　臨命終時
得聞此經　六根清淨　神通力故　增益壽命
復為諸人　廣說是經　諸著法衆　皆蒙菩薩
教化成就　令住佛道　不輕命終　值无數佛
說是經故　得无量福　漸具功德　疾成佛道
彼時不輕　則我身是　時四部衆　著法之者
聞不輕言　汝當作佛　以是因緣　值无數佛

[illegible]
復為諸人　廣說是經　諸著法眾　皆蒙菩薩
教化成就　令住佛道　不輕命終　值无數佛
說是經故　得无量福　漸具功德　疾成佛道
彼時不輕　則我身是　時四部眾　著法之者
聞不輕言　汝當作佛　以是因緣　值无數佛
此會菩薩　五百之眾　并及四部　清信士女
今於我前　聽法者是　我於前世　勸是諸人
聽受斯經　第一之法　開示教人　令住涅槃
世世受持　如是經典　億億万劫　至不可議
時乃得聞　是法華經　億億万劫　至不可議
諸佛世尊　時說是經　是故行者　於佛滅後
聞如是經　勿生疑惑　應當一心　廣說此經
世世值佛　疾成佛道

妙法蓮華經如來神力品第廿一
尒時千世界微塵等菩薩摩訶薩從地踊出
者皆於佛前一心合掌瞻仰尊顏而白佛言
世尊我等於佛滅後世尊分身所在國土滅
度之處當廣說此經所以者何我等亦自欲
得是真淨大法受持讀誦解說書寫而供養
之尒時世尊於文殊師利等无量百千万億
舊住娑婆世界菩薩摩訶薩及諸比丘比丘
尼優婆塞優婆夷天龍夜叉乾闥婆阿脩羅
迦樓羅緊那羅摩睺羅伽人非人等一切眾

BD05960號　妙法蓮華經卷六　（31–17）

得是真淨大法受持讀誦解說書寫而供養
之尒時世尊於文殊師利等无量百千万億
舊住娑婆世界菩薩摩訶薩及諸比丘比丘
尼優婆塞優婆夷天龍夜叉乾闥婆阿脩羅
迦樓羅緊那羅摩睺羅伽人非人等一切眾
前現大神力出廣長舌上至梵世一切毛孔
放於无量无數色光皆悉遍照十方世界眾
寶樹下師子座上諸佛亦復如是出廣長舌
放无量光
釋迦牟尼佛及寶樹下諸佛現神力時滿百
千歲然後還攝舌相一時謦欬俱共彈指是
二音聲遍至十方諸佛世界地皆六種震動
其中眾生天龍夜叉乾闥婆阿脩羅迦樓羅
緊那羅摩睺羅伽人非人等以佛神力故皆
見此娑婆世界无量无邊百千万億眾寶樹
下師子座上諸佛及見釋迦牟尼佛共多寶
如來在寶塔中坐師子座又見无量无邊百
千万億菩薩摩訶薩及諸四眾恭敬圍遶釋
迦牟尼佛既見是已皆大歡喜得未曾有即
時諸天於虛空中高聲唱言過此无量无
邊百千万億阿僧祇世界有國名娑婆是中
有佛名釋迦牟尼今為諸菩薩摩訶薩說大
乘經名妙法蓮華教菩薩法佛所護念汝等
當深心隨喜亦當礼拜供養釋迦牟尼佛彼

BD05960號　妙法蓮華經卷六　（31–18）

邊百千万億阿僧祇世界有國名娑婆是中
有佛名釋迦牟尼今為諸菩薩摩訶薩說大
乘經名妙法蓮華教菩薩法佛所護念汝等
當深心隨喜亦當礼拜供養釋迦牟尼佛彼
諸衆生聞虛空中聲已合掌向娑婆世界作如
是言南无釋迦牟尼佛南无釋迦牟尼佛以
種種華香瓔珞幡蓋及諸嚴身之具珎寶妙
物皆共遥散娑婆世界所散諸物從十方來
譬如雲集變成寶帳遍覆此間諸佛之上于
時十方世界通達无㝵如一佛土
尒時佛告上行等菩薩大衆諸佛神力如是
无量无邊不可思議若我以是神力於无量
无邊百千万億阿僧祇劫為囑累故說此經
功德猶不能盡以要言之如來一切所有之
法如來一切自在神力如來一切秘要之藏
如來一切甚深之事皆於此經宣示顯說是
故汝等於如來滅後應一心受持讀誦解說
書寫如說脩行所在國土若有受持讀誦解
說書寫如說脩行若經卷所住之處若於園
中若於林中若於樹下若於僧房若白衣舍
若在殿堂若山谷曠野是中皆應起塔供養
所以者何當知是處即是道場諸佛於此得
阿耨多羅三藐三菩提諸佛於此轉于法輪
諸佛於此而般涅槃尒時世尊欲重宣此

說書寫如說脩行若經卷所住之處若於園
中若於林中若於樹下若於僧房若白衣舍
若在殿堂若山谷曠野是中皆應起塔供養
所以者何當知是處即是道場諸佛於此得
阿耨多羅三藐三菩提諸佛於此轉于法輪
諸佛於此而般涅槃尒時世尊欲重宣此
義而說偈言
諸佛救世者　住於大神通　為悅衆生故　現无量神力
舌相至梵天　身放无數光　為求佛道者　現此希有事
諸佛謦欬聲　及彈指之聲　周聞十方國　地皆六種動
以佛滅度後　能持是經故　諸佛皆歡喜　現无量神力
囑累是經故　讚美受持者　於无量劫中　猶故不能盡
是人之功德　无邊无有窮　如十方虛空　不可得邊際
能持是經者　則為已見我　亦見多寶佛　及諸分身者
又見我今日　教化諸菩薩　能持是經者　令我及分身
滅度多寶佛　一切皆歡喜　十方現在佛　并過去未來
亦見亦供養　亦令得歡喜　諸佛坐道場　所得秘要法
能持是經者　不久亦當得　能持是經者　於諸法之義
名字及言辭　樂說无窮盡　如風於空中　一切无鄣㝵
於如來滅後　知佛所說經　因緣及次第　隨義如實說
如日月光明　能除諸幽冥　斯人行世間　能滅衆生闇
教无量菩薩　畢竟住一乘　是故有智者　聞此功德利
於我滅度後　應受持斯經　是人於佛道　決定无有疑
妙法蓮華經囑累品第廿二

於如來滅後 知佛所說經 因緣及次第 隨義如實說
如日月光明 能除諸幽冥 斯人行世間 能滅衆生闇
教無量菩薩 畢竟住一乘 是故有智者 聞此功德利
於我滅度後 應受持斯經 是人於佛道 決定无有疑
妙法蓮華經囑累品第廿二
尒時釋迦牟尼佛從法坐起現大神力以右
手摩无量菩薩摩訶薩頂而作是言我於无
量百千万億阿僧祇劫脩集是難得阿耨多
羅三藐三菩提法今以付囑汝等汝等應當
一心流布此法廣令增益如是三摩諸菩薩
摩訶薩頂而作是言我於无量百千万億阿
僧祇劫脩集是難得阿耨多羅三藐三菩提
法今以付囑汝等汝等當受持讀誦廣宣此
法令一切衆生普得聞知所以者何如來有
大慈悲无諸慳悋亦无所畏能與衆生佛之
智慧如來智慧自然智慧如來是一切衆生
之大施主汝等亦應隨學如來之法勿生慳
悋於未來世若有善男子善女人信如來智
慧者當為演說此法華經使得聞知為令其
人得佛慧故若有衆生不信受者當於如來
餘深法中示教利喜汝等若能如是則為已
報諸佛之恩
時諸菩薩摩訶薩聞佛作是說已皆大歡喜

BD05960號 妙法蓮華經卷六 （31–21）

慧者當為演說此法華經使得聞知為令其
人得佛慧故若有衆生不信受者當於如來
餘深法中示教利喜汝等若能如是則為已
報諸佛之恩
時諸菩薩摩訶薩聞佛作是說已皆大歡喜
遍滿其身益加恭敬曲躬低頭合掌向佛俱
發聲言如世尊勑當具奉行唯然世尊願不
有慮諸菩薩摩訶薩衆如是三反俱發聲言
如世尊勑當具奉行唯然世尊願不有慮尒
時釋迦牟尼佛令十方來諸分身佛各還本
土而作是言諸佛各隨所安多寶佛塔還可
如故說是語時十方无量分身諸佛坐寶樹
下師子座上者及多寶佛并上行等无邊阿
僧祇菩薩大衆舍利弗等聲聞四衆及一切
世間天人阿脩羅等聞佛所說皆大歡喜
妙法蓮華經藥王菩薩本事品第廿三
尒時宿王華菩薩白佛言世尊藥王菩薩云
何遊於娑婆世界世尊是藥王菩薩有若干
百千万億那由他難行苦行善哉世尊願少
解說諸天龍神夜叉乾闥婆阿脩羅迦樓羅
緊那羅摩睺羅伽人非人等又他國土諸來菩
薩及此聲聞衆聞皆歡喜尒時佛告宿王
華菩薩乃往過去无量恒河沙劫有佛号日
月淨明德如來應供正遍知明行足善逝世間

BD05960號 妙法蓮華經卷六 （31–22）

緊那羅摩睺羅伽人非人等天他國王諸來菩
薩及此聲聞衆聞皆歡喜尒時佛告宿王
華菩薩乃往過去无量恒河沙劫有佛号日
月淨明德如來應供正遍知明行足善逝世間
解无上士調御丈夫天人師佛世尊其佛有八
十億大菩薩摩訶薩七十二恒河沙大聲
聞衆佛壽四万二千劫菩薩壽命亦等彼國
无有女人地獄餓鬼畜生阿脩羅等及以諸
難地平如掌瑠璃所成寶樹莊嚴寶帳覆上
垂寶華幡寶瓶香鑪周遍國界七寶為臺
一樹一臺其樹去臺盡一箭道此諸寶樹
皆有菩薩聲聞而坐其下諸寶臺上各有百
億諸天作天伎樂歌歎於佛以為供養
尒時彼佛為一切衆生喜見菩薩及衆菩薩
諸聲聞衆說法華經是一切衆生喜見菩薩
樂集苦行於日月淨明德佛法中精進經行
一心求佛滿万二千歲已得現一切色身三
昧得此三昧已心大歡喜即作念言我得現
一切色身三昧皆是得聞法華經力我今當
供養日月淨明德佛及法華經即時入是三
昧於虛空中雨曼陁羅華摩訶曼陁羅華
細末堅黑栴檀滿虛空中如雨而下又雨海此岸
栴檀之香此香六銖價直娑婆世界以供養

一切色身三昧皆是得聞法華經力我今當
供養日月淨明德佛及法華經即時入是三
昧於虛空中雨曼陁羅華摩訶曼陁羅華
細末堅黑栴檀滿虛空中如雨而下又雨海此岸
栴檀之香此香六銖價直娑婆世界以供養
佛作是供養已從三昧起而自念言我雖
以神力供養於佛不如以身供養即服諸香
栴檀薰陸兜樓婆畢力迦沉水膠香又飲瞻
蔔諸華香油滿千二百歲已香油塗身於日
月淨明德佛前以天寶衣而自纏身灌諸香
油以神通力願而自燃身光明遍照八十億
恒河沙世界其中諸佛同時讚言善哉善哉
善男子是真精進是名真法供養如來若以
華香瓔珞燒香末香天繒幡蓋及海此岸栴
檀之香如是等種種諸物供養所不能及假
使國城妻子布施亦所不及善男子是名第
一之施於諸施中最尊最上以法供養諸如
來故作是語已而各默然其身火燃千二百
歲過是已後其身乃盡一切衆生喜見菩薩
作如是法供養已命終之後復生日月淨明
德佛國中於淨德王家結跏趺坐忽然化生
即為其父而說偈言
大王今當知　我經行彼處　即時得一切　現諸身三昧
懃行大精進　捨所愛之身

作如是法供養已命終之後復生日月淨明
德佛國中於淨德王家結跏趺坐忽然化生
即為其父而說偈言
大王今當知　我經行彼處　即時得一切　現諸身三昧
懃行大精進　捨所愛之身
說是偈已而白父言日月淨明德佛今故現
在我先供養佛已得解一切衆生語言陁羅
尼復聞是法華經八百千万億那由他甄迦
羅頻婆羅阿閦婆等偈大王我今當還供養
此佛白已即坐七寶之臺上昇虛空高七多
羅樹往到佛所頭面禮足合十指爪以偈讚佛
容顏甚奇妙　光明照十方　我適曾供養　今復還親覲
尒時一切衆生喜見菩薩說是偈已而白佛
言世尊世尊猶故在世尒時日月淨明德佛
告一切衆生喜見菩薩善男子我涅槃時到
滅盡時至汝可安施床坐我於今夜當般涅
槃又勑一切衆生喜見菩薩善男子我以佛
法囑累於汝及諸菩薩大弟子并阿耨多羅
三藐三菩提法亦以三千大千七寶世界諸
寶樹寶臺及給侍諸天悉付於汝我滅度
後所有舍利亦付囑汝當令流布廣設供養應
起若干千塔如是日月淨明德佛勑一切衆
生喜見菩薩已於夜後分入於涅槃尒時一切

BD05960號　妙法蓮華經卷六

（31–25）

三藐三菩提法亦以三千大千七寶世界諸
寶樹寶臺及給侍諸天悉付於汝我滅度
後所有舍利亦付囑汝當令流布廣設供養應
起若干千塔如是日月淨明德佛勑一切衆
生喜見菩薩已於夜後分入於涅槃尒時一切
衆生喜見菩薩見佛滅度悲感懊惱戀慕於
佛即以海此岸栴檀為積供養佛身而以燒
之火滅已後收取舍利作八万四千寶瓶以起
八万四千塔高三世界表剎莊嚴垂諸幡
蓋懸衆寶鈴
尒時一切衆生喜見菩薩復自念言我雖作
是供養心猶未足我今當更供養舍利便語
諸菩薩大弟子及天龍夜叉等一切大衆汝
等當一心念我念供養日月淨明德佛舍利
作是語已即於八万四千塔前然百福莊嚴
臂七万二千歲而以供養令无數求聲聞衆
无量阿僧祇人發阿耨多羅三藐三菩提心
皆使得住現一切色身三昧尒時諸菩薩天
人阿脩羅等見其无臂憂惱悲哀而作是言
此一切衆生喜見菩薩是我等師教化我者
而今燒臂身不具足于時一切衆生喜見菩
薩於大衆中立此誓言我捨兩臂必當得佛
金色之身若實不虛令我兩臂還復如故作
是誓已自然還復由斯菩薩福德智慧淳

BD05960號　妙法蓮華經卷六

（31–26）

此一切衆生喜見菩薩是我等師教化我者
而今燒臂身不具足于時一切衆生喜見菩
薩於大衆中立此誓言我捨兩臂必當得佛
金色之身若實不虛令我兩臂還復如故作
是誓已自然還復由斯菩薩福德智慧淳
厚所致當尒之時三千大千世界六種震動天
雨寶華一切天人得未曾有
佛告宿王華菩薩於汝意云何一切衆生喜
見菩薩豈異人乎今藥王菩薩是也其所捨
身布施如是无量百千万億那由他數宿王
華若有發心欲得阿耨多羅三藐三菩提者
能燃手指乃至足一指供養佛塔勝以國城
妻子及三千大千國土山林河池諸珎寶物
而供養者若復有人以七寶滿三千大千世
界供養於佛及大菩薩辟支佛阿羅漢是
人所得功德不如受持此法華經乃至一四句
偈其福最多宿王華譬如一切川流江河諸
水之中海為第一此法華經亦復如是於諸
如來所說經中最為深大又如土山黑山小
鐵圍山大鐵圍山及十寶山衆山之中須弥
山為第一此法華經亦復如是於諸經中最
為其上又如衆星之中月天子最為第一此
法華經亦復如是於千万億種諸經法中最
為照明又如日天子能除諸闇此經亦復如

BD05960號　妙法蓮華經卷六　（31–27）

如來所說經中最為深大又如土山黑山小
鐵圍山大鐵圍山及十寶山衆山之中須弥
山為第一此法華經亦復如是於諸經中最
為其上又如衆星之中月天子最為第一此
法華經亦復如是於千万億種諸經法中最
為照明又如日天子能除諸闇此經亦復如
是能破一切不善之闇又如諸小王中轉輪
聖王最為第一此經亦復如是於衆經中最
為其尊又如帝釋於三十三天中王此經亦
復如是諸經中王
又如大梵天王一切衆生之父此經亦復如
是一切賢聖學无學及發菩薩心者之父又
如一切凡夫人中須陁洹斯陁含阿那含阿
羅漢辟支佛為第一此經亦復如是一切如
來所說若菩薩所說若聲聞所說諸經法
中最為第一有能受持是經典者亦復如是
於一切衆生中亦為第一一切聲聞辟支佛
中菩薩為第一此經亦復如是於一切諸經
法中最為第一如佛為諸法王此經亦復如是
諸經中王宿王華此經能救一切衆生者此
經能令一切衆生離諸苦惱此經能大饒益
一切衆生充滿其願如清涼池能滿一切諸
渴乏者如寒者得火如裸者得衣如商人得
主如子得母如渡得舩如病得醫如闇得燈

BD05960號　妙法蓮華經卷六　（31–28）

經能令一切衆生離諸苦惱此經能大饒益
一切衆生充滿其願如清涼池能滿一切諸
渴之者如寒者得火如裸者得衣如商人得
主如子得母如渡得船如病得醫如闇得燈
如貧得寶如民得王如賈客得海如炬除闇
此法華經亦復如是能令衆生離一切苦一
切病痛能解一切生死之縛若人得聞此法
華經若自書若使人書所得功德以佛智
慧籌量多少不得其邊若書是經卷華香瓔
珞燒香末香塗香幡蓋衣服種種之燈蘇燈
油燈諸香油燈瞻蔔油燈須曼那油燈波羅羅
油燈婆利師迦油燈那婆摩利油燈供養所得
功德亦復无量宿王華若有人聞是藥王菩薩
本事品者亦得无量无邊功德若有女人聞是
藥王菩薩本事品能受持者盡是女身後不復
受若如來滅後後五百歲中若有女人聞是經典
如說修行於此命終即往安樂世界阿彌陀佛
大菩薩衆圍遶住處生蓮華中寶座之上不復
為貪欲所惱亦復不為瞋恚愚癡所惱亦復
不為憍慢嫉妬諸垢所惱得菩薩神通无生法
忍得是忍已眼根清淨以是清淨眼根見七百
万二千億那由他恒河沙等諸佛如來
是時諸佛遙共讚言善哉善哉善男子汝
能於釋迦牟尼佛法中受持讀誦思惟是經

BD05960號　妙法蓮華經卷六　（31–29）

為貪欲所惱亦復不為瞋恚愚癡所惱亦復
不為憍慢嫉妬諸垢所惱得菩薩神通无生法
忍得是忍已眼根清淨以是清淨眼根見七百
万二千億那由他恒河沙等諸佛如來
是時諸佛遙共讚言善哉善哉善男子汝
能於釋迦牟尼佛法中受持讀誦思惟是經
為他人說所得福德无量无邊火不能燒水不
能漂汝之功德千佛共說不能令盡汝今已
能破諸魔賊壞生死軍諸餘怨敵皆悉摧
滅善男子百千諸佛以神通力共守護汝於一
切世間天人之中无如汝者唯除如來其諸
聲聞辟支佛乃至菩薩智慧禪定无有與汝
等者宿王華此菩薩成就如是功德智慧之
力若有人聞是藥王菩薩本事品能隨喜讚
善者是人現世口中常出青蓮華香身毛孔
中常出牛頭栴檀香所得功德如上所說是
故宿王華以此藥王菩薩本事品囑累於
汝我滅度後後五百歲中廣宣流布於閻浮
提无令斷絕惡魔魔民諸天龍夜叉鳩槃
荼等得其便也
宿王華汝當以神通之力守護是經所以者
何此經則為閻浮提人病之良藥若人有病
得聞是經病即消滅不老不死宿王華汝若
見有受持是經者應以青蓮華盛滿末香

BD05960號　妙法蓮華經卷六　（31–30）

提无令斷絶惡魔魔民諸天龍夜叉鳩槃
荼等得其便也
宿王華汝當以神通之力守護是經所以者
何此經則為閻浮提人病之良藥若人有病
得聞是經病即消滅不老不死宿王華汝若
見有受持是經者應以青蓮華盛滿末香
共散其上散已作是念言此人不久必當取草
坐於道場破諸魔軍當吹法螺擊大法鼓度
脫一切衆生老死病海是故求佛道者見有
受持是經典人應當如是生恭敬心說是藥
王菩薩本事品時八万四千菩薩得解一切
衆生語言陁羅尼多寶如來於寶塔中讃
宿王華菩薩言善哉善哉宿王華汝成就不
可思議功德乃能問釋迦牟尼佛如此之事
利益无量一切衆生

妙法蓮華經卷第六

BD05960號　妙法蓮華經卷六　（31–31）

覆三千大千世界說
是稱讃不可思議功德一切
子佛名聞佛名光佛達
如是等恒河沙數諸佛
廣長舌相遍覆三千大千世界說
誠實言　衆生當信是稱讃不可思議功
德一切諸佛所護念經
舍利弗上方世界有梵音佛宿王佛香上佛香
光佛大焰肩佛雜色寶華嚴身佛娑羅樹
佛寶華德佛見一切義佛如須彌山佛如是
等恒河沙數諸佛各於其國出廣長舌相遍
覆三千大千世界說誠實言汝等衆生當信
是稱讃不可思議功德一切諸佛所護念經
舍利弗於汝意云何何故名一切諸佛所護念

BD05961號　阿彌陀經　（4–1）

舍利弗上方世界有梵音佛宿王佛香上佛香
光佛大焰肩佛雜色寶華嚴身佛娑羅樹
佛寶華德佛見一切義佛如須弥山佛如是
等恒河沙數諸佛各於其國出廣長舌相遍
覆三千大千世界說誠實言汝等衆生當信
是稱讚不可思議功德一切諸佛所護念經
舍利弗於汝意云何何故名一切諸佛所護念
經舍利弗若有善男子善女人聞是諸佛所說
名及經名者是諸善男子善女人皆為一切諸
佛共所護念皆得不退轉於阿耨多羅三藐三
菩提是故舍利弗汝等皆當信受我語及諸佛
所說舍利弗若有人已發願今發願當發願欲
生阿弥陀佛國者是諸人等皆得不退轉於阿
耨多羅三藐三菩提於彼國土若已生若今
生若當生是故舍利弗諸善男子善女人若
有信者應當發願生彼國土
舍利弗如我今者稱讚諸佛不可思議功德
彼諸佛等亦稱說我不可思議功德而作是
言釋迦牟尼佛能為甚難希有之事能於娑婆
國土五濁惡世劫濁見濁煩惱濁衆生濁命濁
中得阿耨多羅三藐三菩提為諸衆生說是
一切世間難信之法舍利弗當知我於五濁惡
世行此難事得阿耨多羅三藐三菩提為一切
世間說此經已舍利弗及諸比丘一切世間天人
阿脩羅等聞佛所說歡喜信受作禮而去
佛說阿弥陀經

BD05961 號　阿彌陀經　（4–2）

一切世間難信之法舍利弗當知我於五濁惡
世行此難事得阿耨多羅三藐三菩提為一切
世間說此經已舍利弗及諸比丘一切世間天人
阿脩羅等聞佛所說歡喜信受作禮而去
佛說阿弥陀經

BD05961 號　阿彌陀經　（4–3）

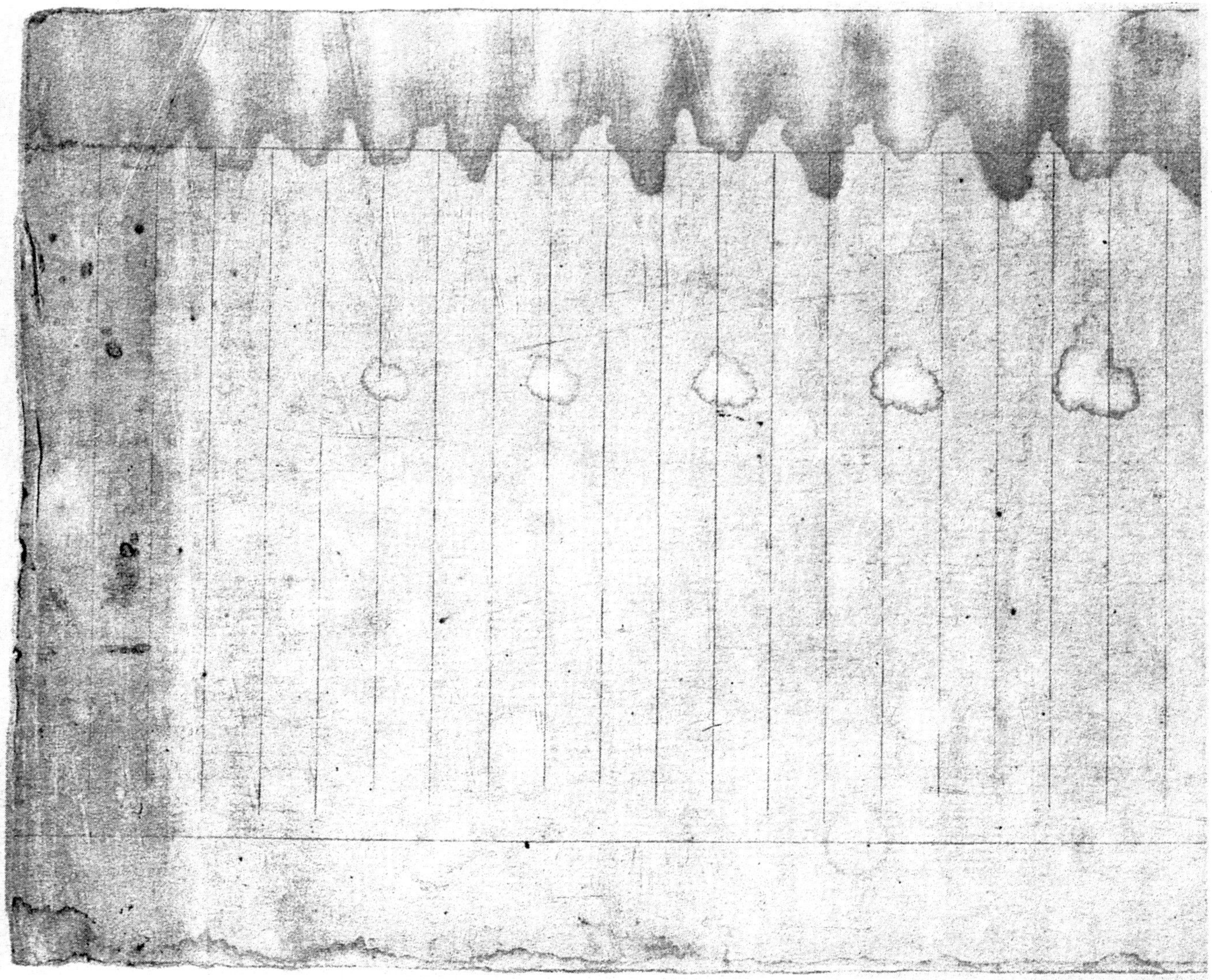

BD05961號　阿彌陀經　（4–4）

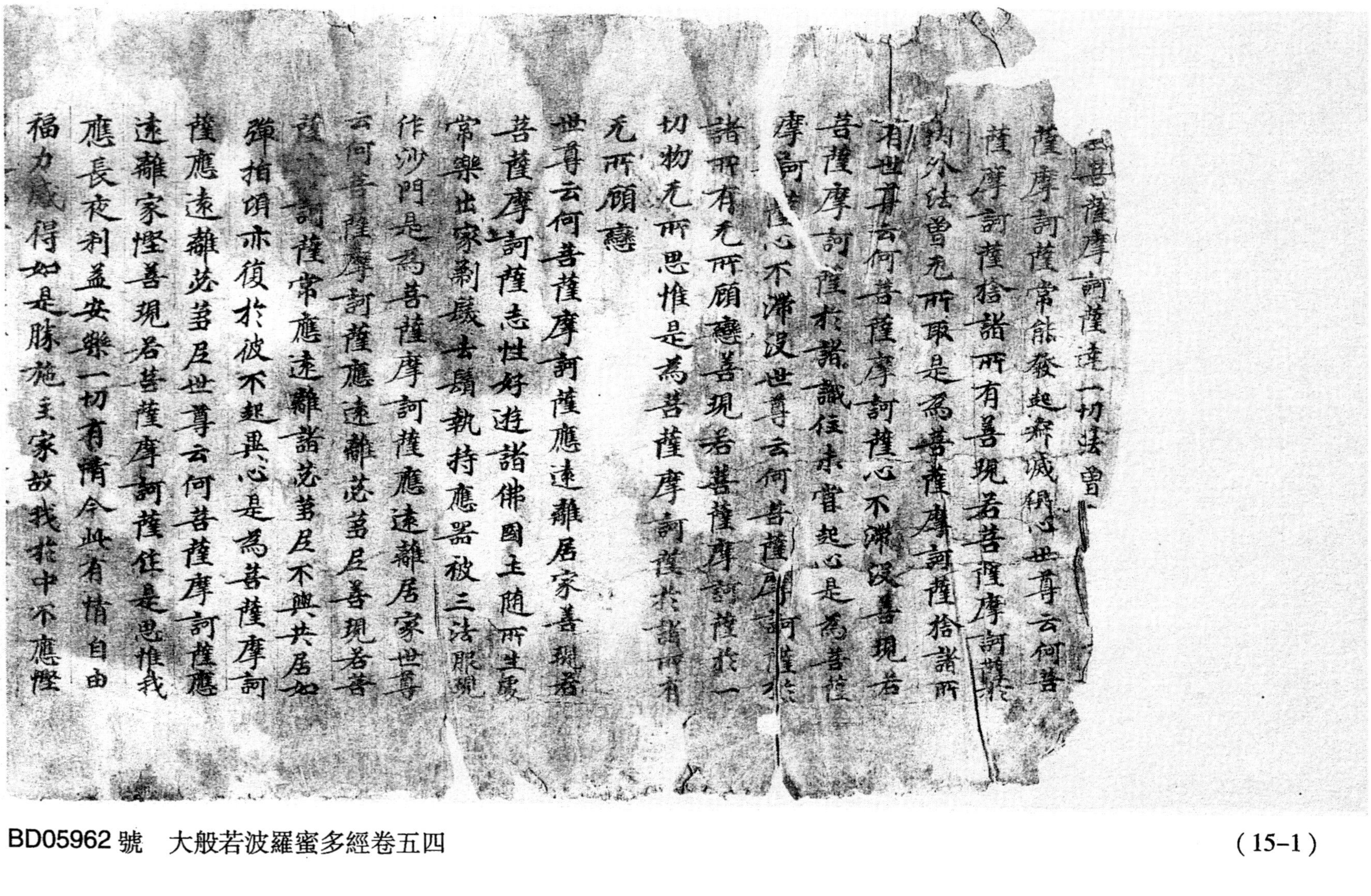

菩薩摩訶薩遠一切法曾
薩摩訶薩常能發起寂滅俱心世尊云何菩
薩摩訶薩捨諸所有善現若菩薩摩訶薩於
内外法曾无所取是為菩薩摩訶薩捨諸所
有世尊云何菩薩摩訶薩心不滯没善現若
菩薩摩訶薩於諸識住未曾起心是為菩薩
摩訶薩心不滯没世尊云何菩薩摩訶薩於
諸所有无所顧戀善現若菩薩摩訶薩於一
切物无所思惟是為菩薩摩訶薩於諸所有
无所顧戀
世尊云何菩薩摩訶薩應遠離居家善現若
菩薩摩訶薩志性好遊諸佛國土隨所生處
常樂出家剃除鬚髮執持應器被三法服現
作沙門是為菩薩摩訶薩應遠離居家世尊
云何菩薩摩訶薩應遠離苾芻尼善現若菩
薩摩訶薩常應遠離諸苾芻尼不與共居如
彈指頃亦復於彼不起異心是為菩薩摩訶
薩應遠離苾芻尼世尊云何菩薩摩訶薩應
遠離家慳善現若菩薩摩訶薩作是思惟我
應長夜利益安樂一切有情今此有情自由
福力感得如是勝施主家故我於中不應慳

BD05962號　大般若波羅蜜多經卷五四　（15–1）

薩摩訶薩常應遠離諸苾芻尼不與共居如
彈指頃亦復於彼不起異心是為菩薩摩訶
薩應遠離苾芻尼世尊云何菩薩摩訶薩應
遠離家慳善現若菩薩摩訶薩住是思惟我
應長夜利益安樂一切有情今此有情自由
福力感得如是勝施主家故我於中不應慳
嫉是為菩薩摩訶薩應遠離家慳世尊云
何菩薩摩訶薩應遠離衆會忿諍善現若菩
薩摩訶薩住是思惟若處衆會其中或有聲
聞獨覺或說彼乘相應法要令我退失大菩提
心是故定應遠離衆會復住是念諸忿諍者
能使有情發起瞋害造作種種惡不善業尚
違善趣況大菩提是故定應遠離忿諍是為
菩薩摩訶薩應遠離衆會忿諍世尊云何菩
薩摩訶薩應遠離自讚毀他善現若菩薩摩
訶薩於內外法都无所見故應遠離自讚毀
他是為菩薩摩訶薩應遠離自讚毀他世尊
云何菩薩摩訶薩應遠離十不善業道善現
若菩薩摩訶薩住是思惟此十惡法尚礙善
趣二乘聖道況大菩提故應遠離是為菩薩
摩訶薩應遠離十不善業道世尊云何菩薩
摩訶薩應遠離增上慢傲善現若菩薩摩訶
薩不見有法可起慢傲是為菩薩摩訶薩應
遠離增上慢傲世尊云何菩薩摩訶薩應遠
離顛倒善現若菩薩摩訶薩觀顛倒事都不

BD05962號　大般若波羅蜜多經卷五四　（15–2）

趣二乘聖道況大菩提故應遠離是為菩薩
摩訶薩應遠離十不善業道世尊云何菩薩
摩訶薩應遠離增上慢傲善現若菩薩摩訶
薩不見有法可起慢傲是為菩薩摩訶薩應
遠離增上慢傲世尊云何菩薩摩訶薩應遠
離顛倒善現若菩薩摩訶薩觀顛倒事都不
可得是為菩薩摩訶薩應遠離顛倒世尊云
何菩薩摩訶薩應遠離猶豫善現若菩薩摩
訶薩觀猶豫事都不可得是為菩薩摩訶薩
應遠離猶豫世尊云何菩薩摩訶薩應遠離
貪瞋癡善現若菩薩摩訶薩都不見有貪瞋
癡事是為菩薩摩訶薩應遠離貪瞋癡
世尊云何菩薩摩訶薩應圓滿六波羅蜜多
善現若菩薩摩訶薩圓滿六種波羅蜜多超
諸聲聞及獨覺地又住此六波羅蜜多佛及
二乘能度五種所知海岸何等為五一者過
去二者未來三者現在四者无為五者不可
說是為菩薩摩訶薩應圓滿六波羅蜜多世
尊云何菩薩摩訶薩應遠離聲聞心善現若
菩薩摩訶薩住如是念諸聲聞心非證无上
大菩提道故應遠離是為菩薩摩訶薩應遠
離聲聞心世尊云何菩薩摩訶薩應遠離獨
覺心善現若菩薩摩訶薩住如是念諸獨覺
心定不能得一切智智故我今者應遠離之
是為菩薩摩訶薩應遠離獨覺心世尊云何
菩薩摩訶薩應遠離勢惱心善現若菩薩摩

BD05962號　大般若波羅蜜多經卷五四　（15–3）

聲聞心世尊云何菩薩摩訶薩應遠離獨
覺心善現若菩薩摩訶薩作如是念諸獨覺
心定不能得一切智智故我今者應遠離之
是為菩薩摩訶薩應遠離獨覺心世尊云何
菩薩摩訶薩應遠離熱惱心善現若菩薩摩
訶薩作如是念怖畏生死熱惱之心非證无上
正等覺道故應遠離是為菩薩摩訶薩應
遠離熱惱心世尊云何菩薩摩訶薩見乞者
來心不猒慼善現若菩薩摩訶薩作如是念
此猒慼心於大菩提非能證道故我今者定
應遠離是為菩薩摩訶薩見乞者來心不猒
慼世尊云何菩薩摩訶薩捨所有物无憂悔
心善現若菩薩摩訶薩作如是念此憂悔心
於證无上正等菩提定為障礙故我應捨是
為菩薩摩訶薩捨所有物无憂悔心世尊云
何菩薩摩訶薩於來求者終不矯誑善現若
菩薩摩訶薩作如是念此矯誑心定非阿耨
多羅三藐三菩提道何以故菩薩摩訶薩初
發无上菩提心時作是誓言凡我所有施來
求者隨欲不空如何今時而矯誑彼是為菩
薩摩訶薩於來求者終不矯誑
世尊云何菩薩摩訶薩應遠離我執有情執
乃至知者執見者執善現若菩薩摩訶薩觀
我有情乃至知者見者畢竟不可得故是為
菩薩摩訶薩應遠離我執有情執乃至知者
執見者執世尊云何菩薩摩訶薩應遠離斷

BD05962號　大般若波羅蜜多經卷五四

（15–4）

薩摩訶薩於來求者終不矯誑
世尊云何菩薩摩訶薩應遠離我執有情執
乃至知者執見者執善現若菩薩摩訶薩觀
我有情乃至知者見者畢竟不可得故是為
菩薩摩訶薩應遠離我執有情執乃至知者
執見者執世尊云何菩薩摩訶薩應遠離斷
執善現若菩薩摩訶薩觀一切法畢竟不生
无斷義故是為菩薩摩訶薩應遠離斷執世
尊云何菩薩摩訶薩應遠離常執善現若菩
薩摩訶薩觀一切法无常性故是為菩薩摩
訶薩應遠離常執世尊云何菩薩摩訶薩應
遠離相想善現若菩薩摩訶薩觀離染性不
可得故是為菩薩摩訶薩應遠離相想世尊
云何菩薩摩訶薩應遠離因等見執善現若
菩薩摩訶薩都不見有諸見性故是為菩薩
摩訶薩應遠離因等見執世尊云何菩薩摩
訶薩應遠離名色執善現若菩薩摩訶薩觀
名色性都不可得是為菩薩摩訶薩應遠離
名色執世尊云何菩薩摩訶薩應遠離蘊執
善現若菩薩摩訶薩觀五蘊性都不可得是
為菩薩摩訶薩應遠離蘊執世尊云何菩薩
摩訶薩應遠離處執善現若菩薩摩訶薩觀
十二處性都不可得是為菩薩摩訶薩應遠
離處執世尊云何菩薩摩訶薩應遠離界執
善現若菩薩摩訶薩觀十八界等性都不可
得是為菩薩摩訶薩應遠離界執世尊云何

BD05962號　大般若波羅蜜多經卷五四

（15–5）

摩訶薩應遠離處執善現若菩薩摩訶薩觀
十二處性都不可得是為菩薩摩訶薩應遠
離處執世尊云何菩薩摩訶薩應遠離界執
善現若菩薩摩訶薩觀十八界等性都不可
得是為菩薩摩訶薩應遠離界執世尊云何
菩薩摩訶薩應遠離諦執善現若菩薩摩訶
薩觀諸諦性都不可得是為菩薩摩訶薩應
遠離諦執世尊云何菩薩摩訶薩應遠離緣
起執善現若菩薩摩訶薩觀諸緣起性不可
得故是為菩薩摩訶薩應遠離緣起執世尊
云何菩薩摩訶薩應遠離住著三界執善現
若菩薩摩訶薩觀三界性都不可得是為菩
薩摩訶薩應遠離住著三界執世尊云何菩
薩摩訶薩應遠離一切法執善現若菩薩摩
訶薩觀諸法性皆如虛空都不可得是為菩
薩摩訶薩應遠離一切法執世尊云何菩薩
摩訶薩應遠離於一切法如理不如理執善
現若菩薩摩訶薩觀諸法性都不可得无有
如理不如理性是為菩薩摩訶薩應遠離於
一切法如理不如理執世尊云何菩薩摩訶
薩應遠離依佛見執善現若菩薩摩訶薩知
依佛見執不得見佛故是為菩薩摩訶薩應
遠離依佛見執世尊云何菩薩摩訶薩應遠
離依法見執善現若菩薩摩訶薩達真法性
不可見故是為菩薩摩訶薩應遠離依法見

BD05962號　大般若波羅蜜多經卷五四　（15–6）

薩應遠離依佛見執善現若菩薩摩訶薩知
依佛見執不得見佛故是為菩薩摩訶薩應
遠離依佛見執世尊云何菩薩摩訶薩應遠
離依法見執善現若菩薩摩訶薩達真法性
不可見故是為菩薩摩訶薩應遠離依法見
執世尊云何菩薩摩訶薩應遠離依僧見執
善現若菩薩摩訶薩知和合衆无相无為不
可見故是為菩薩摩訶薩應遠離依僧見執
世尊云何菩薩摩訶薩應遠離依戒見執善
現若菩薩摩訶薩知罪福性俱非有故是為
菩薩摩訶薩應遠離依戒見執世尊云何菩
薩摩訶薩應遠離怖畏空法善現若菩薩摩
訶薩觀諸空法皆无自性所怖畏事畢竟非
有是為菩薩摩訶薩應遠離怖畏空法世尊
云何菩薩摩訶薩應遠離違背空性善現若
菩薩摩訶薩觀一切法自性皆空非空与空有
違背故是為菩薩摩訶薩應遠離違背空
性
世尊云何菩薩摩訶薩應圓滿通達空善現
若菩薩摩訶薩達一切法自相皆空是為菩
薩摩訶薩應圓滿通達空世尊云何菩薩摩
訶薩應圓滿證无相善現若菩薩摩訶薩不
思惟一切相是為菩薩摩訶薩應圓滿證无
相世尊云何菩薩摩訶薩應圓滿知无願善現
若菩薩摩訶薩於三界法心无所住是為菩
薩摩訶薩應圓滿知无願世尊云何菩薩

BD05962號　大般若波羅蜜多經卷五四　（15–7）

訶薩應圓滿證无相善現若菩薩摩訶薩不
思惟一切相是為菩薩摩訶薩應圓滿證无
相世尊云何菩薩摩訶薩應圓滿知无願善現
若菩薩摩訶薩於三界法心无所住是為菩
薩摩訶薩應圓滿知无願世尊云何菩薩
摩訶薩應圓滿三輪清淨善現若菩薩摩訶
薩具足清淨十善業道是為菩薩摩訶薩應
圓滿三輪清淨世尊云何菩薩摩訶薩應圓
滿悲愍有情及於有情无所執著善現若菩
薩摩訶薩已得大悲及嚴淨土是為菩薩摩
訶薩應圓滿悲愍有情及於有情无所執著
世尊云何菩薩摩訶薩應圓滿一切法平等
見及於此中无所執著善現若菩薩摩訶薩
於一切法不增不減及於此中无取无住是
為菩薩摩訶薩應圓滿一切法平等見及於
此中无所執著世尊云何菩薩摩訶薩應圓
滿一切有情平等見及於此中无所執著善
現若菩薩摩訶薩於諸有情不增不減及於
此中无取无住是為菩薩摩訶薩應圓滿一
切有情平等見及於此中无所執著世尊云
何菩薩摩訶薩應圓滿通達真實理趣及於
此中无所執著善現若菩薩摩訶薩於一切
法真實理趣雖如實通達而无所通達及於
此中无取无住是為菩薩摩訶薩應圓滿通
達真實理趣及於此中无所執著世尊云何
菩薩摩訶薩應圓滿无生忍智善現若菩薩

BD05962 號　大般若波羅蜜多經卷五四　（15–8）

何菩薩摩訶薩應圓滿通達真實理趣及於
此中无所執著善現若菩薩摩訶薩於一切
法真實理趣雖如實通達而无所通達及於
此中无取无住是為菩薩摩訶薩應圓滿通
達真實理趣及於此中无所執著世尊云何
菩薩摩訶薩應圓滿无生忍智善現若菩薩
摩訶薩忍一切法无生无滅无所造作及知
名色畢竟不生是為菩薩摩訶薩應圓滿无
生忍智世尊云何菩薩摩訶薩應圓滿說一
切法一相理趣善現若菩薩摩訶薩於一切
法行不二相是為菩薩摩訶薩應圓滿說一
切法一相理趣世尊云何菩薩摩訶薩應圓
滿滅除分別善現若菩薩摩訶薩於一切法
不起分別是為菩薩摩訶薩應圓滿滅除分
別世尊云何菩薩摩訶薩應圓滿遠離諸想
善現若菩薩摩訶薩遠離一切小大无量想
是為菩薩摩訶薩應圓滿遠離諸想世尊云
何菩薩摩訶薩應圓滿遠離諸見善現若菩
薩摩訶薩遠離一切聲聞獨覺等見是為菩
薩摩訶薩應圓滿遠離諸見世尊云何菩薩
摩訶薩應圓滿遠離煩惱善現若菩薩摩訶
薩棄捨一切有漏煩惱習氣相續是為菩薩
摩訶薩應圓滿遠離煩惱世尊云何菩薩摩
訶薩應圓滿奢摩他毗鉢舍那地善現若菩
薩摩訶薩脩一切智道相智一切相智是為
菩薩摩訶薩應圓滿奢摩他毗鉢舍那地世

BD05962 號　大般若波羅蜜多經卷五四　（15–9）

薩棄捨一切有漏煩惱習氣相續是為菩薩
摩訶薩應圓滿遠離煩惱世尊云何菩薩摩
訶薩應圓滿奢摩他毗鉢舍那地善現若菩
薩摩訶薩脩一切智道相智一切相智是為
菩薩摩訶薩應圓滿奢摩他毗鉢舍那地世
尊云何菩薩摩訶薩應圓滿調伏心性善現
若菩薩摩訶薩於三界法不樂不動是為菩
薩摩訶薩應圓滿調伏心性世尊云何菩薩
摩訶薩應圓滿寂静心性善現若菩薩摩訶
薩善攝六根是為菩薩摩訶薩應圓滿寂静
心性世尊云何菩薩摩訶薩應圓滿无礙智
性善現若菩薩摩訶薩脩得佛眼是為菩薩
摩訶薩應圓滿无礙智性世尊云何菩薩摩
訶薩應圓滿无所愛染善現若菩薩摩訶薩
於外六處能善棄捨是為菩薩摩訶薩應圓
滿无所愛染世尊云何菩薩摩訶薩應圓滿
隨心所欲往諸佛土於佛衆會自現其身善
現若菩薩摩訶薩脩勝神通從一佛國趣一
佛國供養恭敬尊重讃歎諸佛世尊請轉法
輪饒益一切是為菩薩摩訶薩應圓滿隨心
所欲往諸佛土於佛衆會自現其身
世尊云何菩薩摩訶薩應圓滿悟入一切有
情心行善現若菩薩摩訶薩以一心智如實
遍知一切有情心心所法是為菩薩摩訶薩
應圓滿悟入一切有情心行世尊云何菩薩
摩訶薩應圓滿遊戲諸神通善現若菩薩摩

世尊云何菩薩摩訶薩應圓滿悟入一切有
情心行善現若菩薩摩訶薩以一心智如實
遍知一切有情心心所法是為菩薩摩訶薩
應圓滿悟入一切有情心行世尊云何菩薩
摩訶薩應圓滿遊戲諸神通善現若菩薩摩
訶薩遊戲種種自在神通為見佛故從一佛
國趣一佛國亦復不生遊佛國想是為菩薩
摩訶薩應圓滿遊戲諸神通世尊云何菩薩
摩訶薩應圓滿見諸佛土如其所見而自嚴
淨種種佛土善現若菩薩摩訶薩住一佛土
能見十方无邊佛國亦能示現而曾不生佛
國土想又為成熟諸有情故現處三千大千
世界轉輪王位而自莊嚴亦能棄捨而无所
執是為菩薩摩訶薩應圓滿見諸佛土如其
所見而自嚴淨種種佛土世尊云何菩薩摩
訶薩應圓滿供養承事諸佛世尊於如來身
如實觀察善現若菩薩摩訶薩為欲饒益諸
有情故於法義趣如實分別如是名為以法
供養承事諸佛又諦觀察諸佛法身是為菩
薩摩訶薩應圓滿供養承事諸佛世尊於如
來身如實觀察
世尊云何菩薩摩訶薩應圓滿知諸有情根
勝劣智善現若菩薩摩訶薩住佛十力如實
了知一切有情諸根勝劣是為菩薩摩訶薩
應圓滿知諸有情根勝劣智世尊云何菩薩

來身如實觀察
世尊云何菩薩摩訶薩應圓滿知諸有情根
勝劣智善現若菩薩摩訶薩住佛十力如實
了知一切有情諸根勝劣是為菩薩摩訶薩
應圓滿知諸有情根勝劣智世尊云何菩薩
摩訶薩應圓滿嚴淨佛土善現若菩薩摩訶
薩以无所得而為方便嚴淨一切有情心行
是為菩薩摩訶薩應圓滿嚴淨佛土世尊云
何菩薩摩訶薩應圓滿如幻等持數入諸定
善現若菩薩摩訶薩住此等持雖能成辦一
切事業而心不動又脩等持極成熟故不作
加行數數現前是為菩薩摩訶薩應圓滿如
幻等持數入諸定世尊云何菩薩摩訶薩應
圓滿隨諸有情善根應熟故入諸有自現化
生善現若菩薩摩訶薩為欲成熟諸有情類
殊勝善根隨其所宜故入諸有而現受生是
為菩薩摩訶薩隨諸有情善根應熟故入諸
有自現化生
世尊云何菩薩摩訶薩應圓滿攝受无邊處
所大願隨有所願皆令圓滿善現若菩薩摩訶
薩已具脩六波羅蜜多極圓滿故或為嚴
淨諸佛國土或為成熟諸有情類隨心所願
皆得圓滿是為菩薩摩訶薩應圓滿攝受无
邊處所大願隨有所願皆令圓滿世尊云何
菩薩摩訶薩應圓滿隨諸天龍藥叉健達縛
阿素洛揭路荼緊捺洛莫呼洛伽人非人等異

淨諸佛國土或為成熟諸有情類隨心所願
皆得圓滿是為菩薩摩訶薩應圓滿攝受无
邊處所大願隨有所願皆令圓滿世尊云何
菩薩摩訶薩應圓滿隨諸天龍藥叉健達縛
阿素洛揭路荼緊捺洛莫呼洛伽人非人等異
類音智善現若菩薩摩訶薩脩習殊勝詞无
礙解善知有情言音差別是為菩薩　摩訶
薩應圓滿隨諸天龍藥叉健達縛阿素洛揭
路荼緊捺洛莫呼洛伽人非人等異類音智
世尊云何菩薩摩訶薩應圓滿无礙辯說智
善現若菩薩摩訶薩脩習殊勝辯无礙解為
諸有情能无盡說是為菩薩摩訶薩應圓滿
无礙辯說智世尊云何菩薩摩訶薩應圓滿
入胎具足善現若菩薩摩訶薩雖一切生處
實恒化生而為益有情現入胎藏於中具足
種種勝事是為菩薩摩訶薩應圓滿入胎具
足世尊云何菩薩摩訶薩應圓滿出生具足
善現若菩薩摩訶薩於出胎時示現種種希
有勝事令諸有情見者歡喜獲大利樂是為
菩薩摩訶薩應圓滿出生具足世尊云何菩
薩摩訶薩應圓滿家族具足善現若菩薩摩
訶薩或生剎帝利大族姓家或生婆羅門大
族姓家所稟父母无可譏嫌是為菩薩摩訶
薩應圓滿家族具足世尊云何菩薩摩訶薩
應圓滿種姓具足善現若菩薩摩訶薩常預

薩摩訶薩應圓滿家族具足善現若菩薩摩
訶薩或生刹帝利大族姓家或生婆羅門大
族姓家所稟父母无可譏嫌是爲菩薩摩訶
薩應圓滿家族具足世尊云何菩薩摩訶薩
應圓滿種姓具足善現若菩薩摩訶薩常預
過去諸大菩薩種姓中生是爲菩薩摩訶薩
應圓滿種姓具足世尊云何菩薩摩訶薩應
圓滿眷屬具足善現若菩薩摩訶薩純以无
量无數菩薩而爲眷屬非諸雜類是爲菩薩
摩訶薩應圓滿眷屬具足世尊云何菩薩摩
訶薩應圓滿生身具足善現若菩薩摩訶薩
於初生時其身具足一切相好放大光明遍
照无邊諸佛世界亦令彼界六種變動有情
遇者无不蒙益是爲菩薩摩訶薩應圓滿生
身具足世尊云何菩薩摩訶薩應圓滿出家
具足善現若菩薩摩訶薩於出家時无量无
數天龍藥叉人非人等之所翼從往詣道場
剃除鬚髮服三法衣受持應器引導无量无
數有情令乘三乘而趣圓寂是爲菩薩摩訶
薩應圓滿出家具足世尊云何菩薩摩訶薩
應圓滿莊嚴菩提樹具足善現若菩薩摩訶
薩殊勝善根廣大願力感得如是妙菩提樹
吠瑠璃寶以爲其莖真金爲根枝葉花菓皆
以上妙七寶所成其樹高廣遍覆三千大千佛
土光明照耀周遍十方殑伽沙等諸佛世
界是爲菩薩摩訶薩應圓滿莊嚴菩提樹具

BD05962號　大般若波羅蜜多經卷五四　（15–14）

剃除鬚髮服三法衣受持應器引導无量无
數有情令乘三乘而趣圓寂是爲菩薩摩訶
薩應圓滿出家具足世尊云何菩薩摩訶薩
應圓滿莊嚴菩提樹具足善現若菩薩摩訶
薩殊勝善根廣大願力感得如是妙菩提樹
吠瑠璃寶以爲其莖真金爲根枝葉花菓皆
以上妙七寶所成其樹高廣遍覆三千大千佛
土光明照耀周遍十方殑伽沙等諸佛世
界是爲菩薩摩訶薩應圓滿莊嚴菩提樹具
足世尊云何菩薩摩訶薩應圓滿一切功德
具足善現若菩薩摩訶薩滿足殊勝福慧資
粮成熟有情嚴淨佛土是爲菩薩摩訶薩應
圓滿一切功德具足

大般若波羅蜜多經卷第五十四

BD05962號　大般若波羅蜜多經卷五四　（15–15）

因以了因故
者了因能生法者是名
了因煩惱諸結是名生
因如糞子等是名生因
復有生因謂六波羅蜜阿耨多羅
提復有了因謂佛性阿耨多羅三藐三菩提
復有了因謂六波羅蜜佛性復有生因謂首
楞嚴三昧阿耨多羅三藐三菩提復有了因謂
八正道阿耨多羅三藐三菩提復有生因所
謂信心六波羅蜜師子吼菩薩言世尊如佛
所說見於如來及以佛性是義云何世尊如
來之身无有相貌非長非短非白非黑无有

BD05963號　大般涅槃經（北本　思溪本）卷二八　（19–1）

復有了因謂六波羅蜜佛性復有生因謂首
楞嚴三昧阿耨多羅三藐三菩提復有了因謂
八正道阿耨多羅三藐三菩提復有生因所
謂信心六波羅蜜師子吼菩薩言世尊如佛
所說見於如來及以佛性是義云何世尊如
來之身无有相貌非長非短非白非黑无有
方所不在三界非有為相非眼識識云何可
見佛性之尒佛言善男子佛身二種一者常
二者无常无常者為欲度脫一切眾生方便
示現是名眼見常者如來世尊解脫之身亦
名眼見亦名聞見佛性亦二種一者可見二
不可見可見者十住菩薩諸佛世尊不可見
者一切眾生眼見者謂十住菩薩諸佛如來
眼見眾生所有佛性聞見者一切眾生九住
菩薩聞有佛性如來之身復有二種一者是
色二者非色色者如來解脫非色者如來永
斷諸色相故佛性二種一者是色二者非色
色者阿耨多羅三藐三菩提非色者凡夫乃
至十住菩薩十住菩薩見不了了故名非色
善男子佛性者復有二種一者是色二者非
色色者謂佛菩薩非色者一切眾生色者名
為眼見非色者名為聞見佛性者非內非外
雖非內外然非失壞故名眾生悉有佛性師
子吼菩薩言世尊如佛所說一切眾生悉有
佛性如乳中有酪金剛力士諸佛佛性如清

BD05963號　大般涅槃經（北本　思溪本）卷二八　（19–2）

為眼見非色者名為聞見佛性者非內非外
雖非內外然非失壞故名眾生悉有佛性師
子吼菩薩言世尊如佛所說一切眾生悉有
佛性如乳中有酪金剛力士諸佛佛性如清
提湖云何如來說言佛性非內非外佛言善
男子我亦不說乳中有酪酪從乳生故言有
酪世尊一切生法各有時節善男子乳時無
酪亦無生蘇熟蘇提湖一切眾生亦謂是乳
是故我言乳中無酪如其有者何故不得二
種名字如人二能言金鐵師酪時無乳生蘇
熟蘇及以提湖眾生亦謂是酪非乳非生熟
蘇及以提湖乃至提湖亦復如是善男子因
有二種一者正因二者緣因正因者如乳生
酪緣因者如燸醪等從乳生故故言乳中而
有酪性師子吼菩薩言世尊若乳無酪性角
中亦無何故不從角中生耶善男子角亦生
酪何以故我亦說言緣因有二一醪二燸角
性燸故亦能生酪師子吼言世尊若角能生
酪求酪之人何故求乳而不取角佛言善男
子是故我說正因緣因師子吼菩薩言若使
乳中本無酪性今方有者乳中本無菴摩羅
樹何故不生二俱無故善男子乳亦能生菴
摩羅樹若以乳溉一夜之中增長五尺以是
義故我說二因善男子若一切法一因生者

BD05963號　大般涅槃經（北本　思溪本）卷二八　（19–3）

樹何故不生二俱無故善男子乳亦能生菴
摩羅樹若以乳溉一夜之中增長五尺以是
義故我說二因善男子若一切法一因生者
可得難言乳中何故不能出生菴摩羅樹善
男子猶如四大為一切色而作因緣然色各
異差別不同以是義故乳中不生菴摩羅樹
世尊如佛所說有二因者正因緣因眾生佛
性為是何因善男子眾生佛性亦二種因一
者正因二者緣因正因者謂諸眾生緣因者
謂六波羅蜜師子吼言世尊我今定知乳有
酪性何以故我見世間求酪之人唯取於乳
終不取水是故當知乳有酪性善男子如汝
所問是義不然何以故譬如有人欲見面像
即便取刀師子吼言世尊以是義故乳有酪
性若刀無面像何故取刀佛言善男子若此
刀中定有面像何故顛倒豎則見長橫則見
闊若是自面何故見長若是他面何得稱言
是己面像若因己面見他面者何故不見驢
馬面像師子吼言世尊眼光到彼故見面長
佛言善男子而此眼光實不到彼何以故近
遠一時俱得見故不見中間所有物故善男
子光若到彼而得見者一切眾生悉見於火
何故不燒如人遠見白物不應生疑鵠耶幡
耶人耶樹耶若光到者云何得見水精中物

BD05963號　大般涅槃經（北本　思溪本）卷二八　（19–4）

佛言善男子而此眼光實不到彼何以故近
遠一時俱得見故不見中間所有物故善男
子光若到彼而得見者一切眾生悉見於火
何故不燒如人遠見白物不應生疑鵠耶幡
耶人耶樹耶若光到者云何得見水精中物
淵中魚石若不到見何故得見水精中物而
不得見壁外之色是故若言眼光到彼而見
長者是義不然善男子如汝所言乳有酪者
何故賣乳之人但取乳買不責酪直賣草馬
者但取馬賈不責駒直善男子世間之人无
子息故故求娉婦婦若懷任不得言女若言
是女有兒姓故故應娉者是義不然何以故
若有兒性之應有孫若有孫者則是兄弟何
以故一腹生故是故我言女无兒性若其乳
中有酪性者何故一時不見五味若樹子中
有尼拘陁五丈質者何故一時不見功莖枝
葉華菓形色之異善男子乳色時異味異果
異乃至提湖之復如是云何可說乳有酪性
善男子譬如有人明當服蘇令已患皃若言
乳中定有酪性之復如是善男子譬如有人
有筆紙墨和合成字而是紙中本无有字以
本无故假緣而成若本有者何須衆緣譬如
青黃合成綠色當知是二本无綠性若本有
者何須合成善男子譬如衆生因食得命而
此食中實无有命若本有命未食之時食應

BD05963號　大般涅槃經（北本　思溪本）卷二八

（19–5）

……墨和合成字而是紙中本无有字以
本无故假緣而成若本有者何須衆緣譬如
青黃合成綠色當知是二本无綠性若本有
者何須合成善男子譬如衆生因食得命而
此食中實无有命若本有命未食之時食應
是命善男子一切諸法本无有性以是義故
我說是偈
本无今有　本有今无　三世有法　无有是處
善男子一切諸法因緣故生因緣故滅善男
子若衆生內有佛性者一切衆生應有佛身
如我今也衆生佛性不破不壞不牽不捉不
繫不縛如衆生中所有虛空一切衆生悉有
虛空无罣导故各不自見有此虛空若使衆
生无虛空者則无去來行住坐卧不生不長
以是義故我經中說一切衆生有虛空界虛
空界者是名虛空衆生佛性之復如是十住
菩薩少能見之如金剛珠善男子衆生佛性
諸佛境界非是聲聞緣覺所知一切衆生不
見佛性是故常為煩惱繫縛流轉生死見佛
性故諸結煩惱所不能繫解脫生死得大涅
槃師子吼菩薩言世尊一切衆生有佛性性
如乳中酪性若乳无酪性云何佛說有二種
因一者正因二者緣因因者一醪二煗盧
空无性故无緣因佛言善男子若使乳中定
有性者何須緣因師子吼菩薩言世尊以有

BD05963號　大般涅槃經（北本　思溪本）卷二八

（19–6）

槃師子吼菩薩言世尊一切衆生有佛性性
如乳中酪性若乳无酪性云何佛說有二種
因一者正因二者緣因緣因者一醪二煖虛
空无性故无緣因佛言善男子若使乳中定
有性者何須緣因師子吼菩薩言世尊以有
性故故須緣因何以故欲明見故緣因者即
是了因世尊譬如闇中先有諸物為欲見故
以燈照了若本无者燈何所照如土中有瓶
故須人水輪繩杖等而為了因如尼拘陁子
須地水糞而作了因乳中醪煖亦復如是須
作了因是故雖先有性要假了因然後得見
以是義故定知乳中先有酪性善男子若使
乳中定有酪性者即是了因若是了因復何
須了善男子若是了因性是了者常應自了
若自不了何能了他若言了因有二種性一
者自了二者了他是義不然何以故了因一
法云何有二若有二者乳亦應二若使乳中
无二相者云何了因而獨有二師子吼言世
尊如世人言我共八人了因亦尒自了了他
佛言善男子了因若尒則非了因何以故數者
能數自色他色故得言八而此色性自无了
相无了相故要須智性乃數自他是故了因
不能自了亦不了他善男子一切衆生有佛
性性者何故脩集无量功德若言脩集是了
因者已同酪壞若言因中定有果者戒定智

BD05963號　大般涅槃經（北本　思溪本）卷二八　（19–7）

能數自色他色故得言八而此色性自无了
相无了相故要須智性乃數自他是故了因
不能自了亦不了他善男子一切衆生有佛
性性者何故脩集无量功德若言脩集是了
因者已同酪壞若言因中定有果者戒定智
慧則无增長我見世人本无禁戒禪定智慧
從師受已漸漸增益若言師教是了因者當
師教時受者未有戒定智慧若是了者應了
未有云何乃了戒定智慧令得增長師子吼
菩薩言世尊若了因无者云何得名有乳有
酪善男子世間答難凡有三種一者轉答如
先所說何故名戒以不悔故乃至為得大涅
槃故二者嘿然答如有梵志來問我言我是
常耶我時嘿然三者疑答如此經中若了因
有二乳中何故不得有二善男子我今轉答
如世人言有乳酪者以定得故是故得名有
乳有酪佛性亦尒有衆生有佛性以當見故
師子吼言世尊如佛所說是義不然過去已
滅未來未到云何名有若言當有名為有者
是義不然如世間人見无兒息便言无兒一
切衆生无佛性者云何說言一切衆生悉有
佛性佛言善男子過去名有譬如種橘牙生
子滅牙之甘甜乃至生果味亦如是熟已乃
酢善男子而是酢味子牙乃至生菓悉无隨

BD05963號　大般涅槃經（北本　思溪本）卷二八　（19–8）

是義不然如世間人見无兒息便言无兒一
切衆生无佛性者云何說言一切衆生悉有
佛性佛言善男子過去名有譬如種橘牙生
子滅牙亦甘甜乃至生果味亦如是熟已乃
酢善男子而是酢味子牙乃至生菓悉无隨
本熟時形色相貌則生酢味而是酢味本无
今有雖本无今有非不因本如是本子雖復
過去故得名有以是義故過去名有云何復
名未來為有譬如有人種殖胡麻有人問言
何故種此荅言有油實未有油胡麻熟已收
子熬之擣押然後乃得出油當知是人非虛
妄也以是義故名未來有云何復名過去有
耶善男子譬如有人私屛罵王逕歷年歲王
乃聞之聞已即問何故見罵荅言大王我不
罵也何以故罵者以滅王言罵者我身二俱
存在云何言滅以是因緣喪失身命善男子
是二實无而果不滅是名過去有云何復名
未來有耶譬如有人往陶師所問有瓶不荅
言有瓶而是陶師實未有瓶以有泥故故言
有瓶當知是人非妄語也乳中有酪衆生佛
性亦復如是欲見佛性應當觀察時節形色
是故我說一切衆生悉有佛性實不虛妄師
子吼言一切衆生无佛性者云何而得阿耨
多羅三藐三菩提以正因故故令衆生得阿

BD05963號　大般涅槃經（北本　思溪本）卷二八　（19–9）

性亦復如是欲見佛性應當觀察時節形色
是故我說一切衆生悉有佛性實不虛妄師
子吼言一切衆生无佛性者云何而得阿耨
多羅三藐三菩提以正因故故令衆生得阿
耨多羅三藐三菩提何等正因所謂佛性世
尊若尼拘陁子无尼拘陁樹者何故名為尼
拘陁子而不名為佉陁羅子世尊如瞿曇姓
不得稱為阿坻耶姓阿坻耶姓亦復不得稱
名瞿曇姓尼拘陁子亦復如是不得稱為佉
陁羅子佉陁羅子不得稱為尼拘陁子猶如
世尊不得捨離瞿曇種姓衆生佛性亦復如
是以是義故當知衆生悉有佛性佛言善男
子若言子中有尼拘陁者是義不然如其有
者何故不見善男子如世間物有因緣故不
可得見云何因緣謂遠不可見如空中鳥迹
近不可見如人眼睫壞故不見如根敗者亂
想故不見如心不專一細故不見如小微塵
鄣故不見如雲表星多故不見如稻聚中麻
相似故不見如豆在豆聚尼拘陁樹不同如
是八種因緣如其有者何故不見若言細鄣
故不見者是義不然何以故樹相麁故若言
性細云何增長若鄣故不可見者常應不見
本无麁相今則見麁當知是麁本无其性本
无見性今則可見當知是見亦本无性子亦

BD05963號　大般涅槃經（北本　思溪本）卷二八　（19–10）

是八種因緣如其有者何故不見若言細鄣
故不見者是義不然何以故樹相麁故若言
性細云何增長若鄣故不可見者常應不見
本无麁相今則見麁當知是麁本无其性本
无見性今則可見當知是見亦本无性子亦
如是本无有樹今則有之當有何咎師子吼
言如佛所說有二種因一者正因二者了因
尼拘陀子以地水糞作了因故令細得麁佛
言善男子若本有者何須了因若本无性了
何所了若尼拘陀中本无麁相以了因故乃
生麁者何故不生佉陀羅樹二俱无故善男
子若細不見者麁應可見譬如一塵則不可
見多塵和合則應可見如是子中麁應可見
何以故是中已有芽莖華葉一一葉中有无
量子一一子中有无量樹是故名麁有是麁
故故應可見善男子若尼拘陀子有尼拘陀
性而生樹者眼見是子為火所燒如是燒性
亦應本有若本有者樹不應生若一切法本
有生滅何故先生後滅不一時耶以是義故
當知无性師子吼菩薩言世尊若尼拘陀子
本无樹性而生樹者是子何故不出於油二
俱无故善男子如是子中亦應出油雖无本
性因緣故有師子吼言何故不名胡麻油耶
善男子非胡麻故善男子如火緣生火水緣
生水雖俱從緣不能相有尼拘陀子及胡麻

BD05963號　大般涅槃經（北本　思溪本）卷二八　（19–11）

本无樹性而生樹者是子何故不出於油二
俱无故善男子如是子中亦應出油雖无本
性因緣故有師子吼言何故不名胡麻油耶
善男子非胡麻故善男子如火緣生火水緣
生水雖俱從緣不能相有尼拘陀子及胡麻
油亦復如是雖俱從緣各不相生尼拘陀子
性能治冷胡麻油者性能治風善男子譬如
甘蔗因緣故生石蜜黑蜜雖俱一緣色相各
異石蜜治熱黑蜜治冷師子吼菩薩言世尊
如其乳中无有酪性麻无油性尼拘陀子无
有樹性泥无瓶性一切眾生无佛性者如佛
先說一切眾生悉有佛性是故應得阿耨多
羅三藐三菩提者是義不然何以故人天无
性以无性故人可作天天可作人以業因緣
不以性故菩薩摩訶薩以業緣故得阿耨多
羅三藐三菩提若諸眾生有佛性者何因緣
故一闡提等斷諸善根墮于地獄若菩提心
是佛性者一闡提等不應能斷若可斷者云
何得言佛性是常若非常者不名佛性若諸
眾生有佛性者何故名為初發心耶云何而
言是毗跋致阿毗跋致毗跋致者當知是人
无有佛性世尊菩薩摩訶薩一心趣向阿耨
多羅三藐三菩提大慈大悲見生老死煩惱
過患觀大涅槃无生老死煩惱諸過信於三
寶及業果報受持禁戒如是等法名為佛性

BD05963號　大般涅槃經（北本　思溪本）卷二八　（19–12）

言[illegible]致者當知是人
无有佛性世尊菩薩摩訶薩一心趣向阿耨
多羅三藐三菩提大慈大悲見生老死煩惱
過患觀大涅槃无生老死煩惱諸過信於三
寶及業果報受持禁戒如是等法名為佛性
若離是法有佛性者何須是法而作因緣世
尊如乳不假緣必當成酪生蘇不尒要待因
緣所謂人功水瓶攢繩衆生亦尒有佛性者
應離因緣得阿耨多羅三藐三菩提若定有
者行人何故見三惡苦生老病死而生退心
亦不須脩六波羅蜜即應得成阿耨多羅三
藐三菩提如乳非緣而得成酪然非不因六
波羅蜜而得成於阿耨多羅三藐三菩提以
是義故當知衆生悉无佛性如佛先說僧寶
是常如其常者則非无常非无常者云何而
得阿耨多羅三藐三菩提僧若常者云何復
言一切衆生悉有佛性世尊若使衆生從本
以來无菩提心亦无阿耨多羅三藐三菩提
後方有者衆生佛性亦應如是本无後有以
是義故一切衆生應无佛性佛言善哉善哉
善男子汝已久知佛性之義為衆生故作如
是問一切衆生實有佛性汝言衆生若有佛
性不應有初發心者善男子心非佛性何以
故心是无常佛性常故汝言何故有退心者
實无退心心若有退終不能得阿耨多羅三

BD05963號　大般涅槃經（北本　思溪本）卷二八　（19–13）

善男子汝已久知佛性之義為衆生故作如
是問一切衆生實有佛性汝言衆生若有佛
性不應有初發心者善男子心非佛性何以
故心是无常佛性常故汝言何故有退心者
實无退心心若有退終不能得阿耨多羅三
藐三菩提以遲得故名之為退此菩提心實
非佛性何以故一闡提等斷於善根墮地獄
故若菩提心是佛性者一闡提輩則不得名
一闡提也菩提之心亦不得名為无常也是
故定知菩提之心實非佛性善男子汝言衆
生若有佛性不應假緣如乳成酪者是義不
然何以故若言五緣成於生蘇當知佛性亦
復如是譬如衆石有金有銀有銅有鐵俱稟
四大一名一實而其所出各各不同要假因
緣衆生福德爐冶人功然後出生是故當知
本无金性衆生佛性不名為佛以諸功德因
緣和合得見佛性然後得佛汝言衆生悉有
佛性何故不見者是義不然何以故以諸因
緣未和合故善男子以是義故我說二因正
因緣因正因者名為佛性緣因者發菩提心
以二因緣得阿耨多羅三藐三菩提如石出
金善男子汝言僧常一切衆生无佛性者善
男子僧名和合和合有二一者世和合二者
第一義和合世和合者名聲聞僧義和合者
名菩薩僧世僧无常佛性是常如佛性常義

BD05963號　大般涅槃經（北本　思溪本）卷二八　（19–14）

以二因緣得阿耨多羅三藐三菩提如石出
金善男子汝言僧常一切衆生无佛性者善
男子僧名和合和合有二一者世和合二者
第一義和合世和合者名聲聞僧義和合者
名菩薩僧世僧无常佛性是常如佛性常義
僧亦尒復次有僧謂法和合法和合者謂十
二部經十二部經常是故我說法僧是常善
男子僧名和合和合者名十二因緣十二緣
中亦有佛性十二緣常佛性亦尒是故我說
僧有佛性有復僧者謂諸佛和合是故我說
僧有佛性善男子汝言衆生若有佛性云何
有退有不退者諦聽諦聽我當為汝分別解
說善男子菩薩摩訶薩有十三法則便退轉
何等十三一者心不信二者不作心三者疑
心四者悋惜身財五者於涅槃中生大怖畏
云何乃令衆生永滅六者心不堪忍七者心
不調柔八者愁惱九者不樂十者放逸十一
者自輕己身十二者自見煩惱无能壞者十
三者不樂進趣菩提之法善男子是名十三
法令諸菩薩退轉菩提復有六法壞菩提心
何等為六一者悋法二者於諸衆生起不善
心三者親近惡友四者不懃精進五者自大
憍慢六者營務世業如是六法則能破壞菩
提之心善男子有人得聞諸佛世尊是人天
師於衆生中最上无比勝於聲聞辟支佛等

BD05963號　大般涅槃經（北本　思溪本）卷二八　（19–15）

何等為六一者悋法二者於諸衆生起不善
心三者親近惡友四者不懃精進五者自大
憍慢六者營務世業如是六法則能破壞菩
提之心善男子有人得聞諸佛世尊是人天
師於衆生中最上无比勝於聲聞辟支佛等
法眼明了見法无导能度衆生於大苦海聞
已即復發大誓願如其世間有如是人我亦
當得以是因緣發阿耨多羅三藐三菩提心
或復為他之所教誨發菩提心或聞菩薩阿
僧祇劫脩行苦行然後乃得阿耨多羅三藐
三菩提聞已思惟我今不堪如是苦行云何
能得是故有退善男子復有五法退菩提心
何等為五一者樂在外道出家二者不脩大
慈之心三者好求法師過罪四者常樂處在
生死五者不憙受持讀誦書寫解說十二部
經是名五法退菩提心復有二法退菩提心
何等為二一者貪樂五欲二者不能恭敬尊
重三寶以如是等衆因緣故退菩提心云何
復名不退之心有人聞佛能度衆生生老病
死不從師諮自然脩集得阿耨多羅三藐三
菩提若菩提道是可得者我當脩集必令
得之以是因緣發菩提心所作功德若多若
少悉以迴向阿耨多羅三藐三菩提作是誓
願願我常得親近諸佛及弟子常聞深法五

BD05963號　大般涅槃經（北本　思溪本）卷二八　（19–16）

三菩提若菩提道是可得者我當脩集必令
得之以是因緣發菩提心所作功德若多若
少悉以迴向阿耨多羅三藐三菩提作是誓
願願我常得親近諸佛及弟子常聞深法五
情完具若遇苦難不失是心復願諸佛及諸
弟子常於我所生歡喜心具五善根若諸衆生
斫伐我身斬截手足頭目支節當於是人生
大慈心深自欣慶如是諸人為我增長菩提
因緣若无是者我當何緣而得成就阿耨多
羅三藐三菩提復發是願莫令我得无根二
根女人之身不繫屬人不遭惡主不屬惡王
不生惡國若得好身種姓真正多饒財寶不
生憍慢令我常聞十二部經受持讀誦書寫
解說若為衆生有所演說願令受者敬信无
疑常於我所不生惡心寧當少聞多解義味
不願多聞於義不了願作心師不師於心身
口意業不与惡交能施一切衆生安樂戒定
慧心不動如山為欲受持无上正法於身命
財不生慳悋不淨之物不為福業正命自活
心无耶謟受恩常念小恩大報善知世中所
有事藝善解衆生方俗之言讀誦書寫十二
部經不生懈怠懶墯之心若諸衆生不樂聽
聞方便引接令彼樂聞言常柔濡口不宣惡
不和合衆能令和合有憂怖者令離憂怖飢
饉之世令得豊足疫病之世作大醫王病藥

心无耶謟受恩常念小恩大報善知世中所
有事藝善解衆生方俗之言讀誦書寫十二
部經不生懈怠懶墯之心若諸衆生不樂聽
聞方便引接令彼樂聞言常柔濡口不宣惡
不和合衆能令和合有憂怖者令離憂怖飢
饉之世令得豊足疫病之世作大醫王病藥
所須財寶自在令疾病者悉得除愈刀兵之
劫有大力勢斷其殘害令无遺餘能斷衆生
種種怖畏所謂若死閇繫打擲水火王賊貧
窮破戒惡名惡道如是等畏悉當斷之父母
師長深生恭敬怨憎之中生大慈心常脩六
念空三昧門十二因緣生滅等觀出息入息
天行梵行及以聖行金剛三昧首楞嚴定无
三寶處令我自得寂靜之心若其身心受大
苦時莫失无上菩提之心莫以聲聞辟支佛
心而生知足无三寶處常在外道法中出家
為破耶見不習其道得法自在得心自在於
有為法了了見過令我怖畏二乘道果如惜
命者怖畏捨身為衆生故樂處三惡如諸衆
生樂忉利天為一一人於无量劫受地獄苦
心不生悔見他得利不生妬心常生歡喜如
自得樂若值三寶當以衣服飲食卧具房舍
醫藥燈明花香伎樂幡蓋七寶供養若受佛
戒堅固護持終不生於毀犯之想若聞菩薩

心而生知足无三寶處常在外道法中出家
為破耶見不習其道得法自在得心自在於
有為法了了見過命我怖畏二乘道果如惜
命者怖畏捨身為衆生故樂處三惡如諸衆
生樂忉利天為一一人於无量劫受地獄苦
心不生悔見他得利不生妬心常生歡喜如
自得樂若值三寶當以衣服飲食卧具房舍
醫藥燈明花香伎樂幡蓋七寶供養若受佛
戒堅固護持終不生於毀犯之想若聞菩薩
難行苦行其心歡喜不生悔恨自識往世宿
命之事終不造作貪瞋癡業不為果報而集
回緣於現在樂不生貪著善男子若有能發
如是願者是名菩薩終不退失菩提之心又
名施主能見如來明了佛性能調衆生度脫
生死善能護持无上正法能得具足六波羅
蜜善男子以是義故不退之心不名佛性

大般涅槃經卷第廿八

BD05963 號　大般涅槃經（北本　思溪本）卷二八　　（19–19）

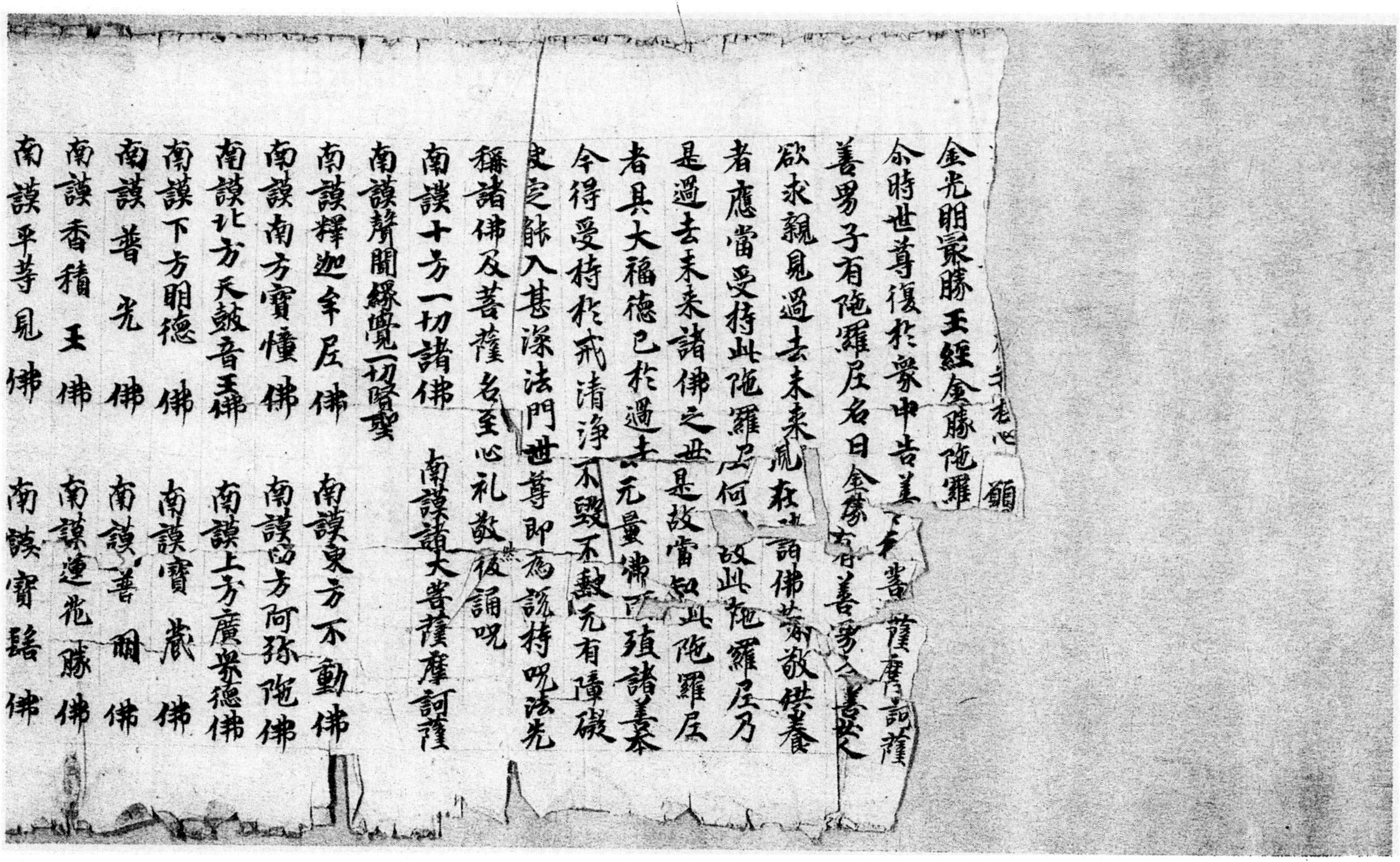

金光明最勝王經金勝陀羅
尒時世尊復於衆中告善住菩薩摩訶薩
善男子有陀羅尼名曰金勝若有善男子善女人
欲求親見過去未來現在諸佛恭敬供養
者應當受持此陀羅尼何以故此陀羅尼乃
是過去未來諸佛之母是故當知此陀羅尼
者具大福德已於過去无量佛所殖諸善本
今得受持於戒清淨不毀不缺无有障礙
決定能入甚深法門世尊即為說持呪法先
稱諸佛及菩薩名至心礼敬後誦呪
南謨十方一切諸佛　南謨諸大菩薩摩訶薩
南謨聲聞緣覺一切賢聖
南謨釋迦牟尼佛　南謨東方不動佛
南謨南方寶幢佛　南謨西方阿弥陀佛
南謨北方天鼓音王佛　南謨上方廣衆德佛
南謨下方明德佛　南謨寶嚴佛
南謨普光佛　南謨善[illegible]佛
南謨香積王佛　南謨蓮花勝佛
南謨平等見佛　南謨寶髻佛

BD05964 號　金光明最勝王經卷五　　（16–1）

南謨南方寶幢佛　南謨西方阿弥陁佛
南謨北方天鼓音王佛　南謨上方廣衆德佛
南謨下方明德佛　南謨寶藏佛
南謨普光佛　南謨普明佛
南謨香積王佛　南謨蓮花勝佛
南謨平等見佛　南謨寶髻佛
南謨寶上佛　南謨寶光佛
南謨无垢光明佛　南謨辯才莊嚴思惟佛
南謨淨月光稱相王佛　南謨華嚴光佛
南謨光明王佛　南謨善光无垢稱王佛
南謨觀察无畏自在王佛　南謨无畏名稱佛
南謨最勝王佛
南謨觀自在菩薩摩訶薩　南謨地藏菩薩摩訶薩
南謨虛空藏菩薩摩訶薩　南謨妙吉祥菩薩摩訶薩
南謨金剛手菩薩摩訶薩　南謨普賢菩薩摩訶薩
南謨无盡意菩薩摩訶薩　南謨大勢至菩薩摩訶薩
南謨慈氏菩薩摩訶薩　南謨善惠菩薩摩訶薩
陁羅尼曰
南謨曷喇怛娜怛喇夜也　怛姪他
君睇　君睇　矩折囇矩折囇
壹窒里蜜窒哩　莎訶
佛告善住菩薩此陁羅尼是三世佛世若有
善男子善女人持此呪者能生无量无量
福德之聚即是供養恭敬尊重讚歎无數諸
佛如是諸佛皆與此人授阿耨多羅三藐三菩
提記善住若有人能持此呪者隨其所欲衣

BD05964 號　金光明最勝王經卷五　（16–2）

善男子善女人持此呪者能生无量无量
福德之聚即是供養恭敬尊重讚歎无數諸
佛如是諸佛皆與此人授阿耨多羅三藐三菩
提記善住若有人能持此呪者隨其所欲衣
食時寶多聞聰慧无病長壽獲福甚多隨
所願求无不遂意持住持是呪者乃至未證无
上菩提常與金城山菩薩慈氏菩薩大海菩
薩觀自在菩薩妙吉祥菩薩大氷伽羅菩
薩等而共居止為諸菩薩之所攝護善住當
知持此呪時作如是法先應誦持滿一万八遍
為前方便次於闇室莊嚴道場黑月一日清
淨洗浴著鮮潔衣燒香散花種種供養并諸
飲食入道場中先當稱礼如前所說諸佛菩
薩至心慇重悔先罪已右膝著地可誦前呪
滿一千八遍端坐思惟念其所願日未出時
於道場中食淨黑食日唯一食至十五日方
出道場能令此人福德威力不可思議隨所
願求无不圓滿若不遂意重入道場既稱心
已常持莫忘
金光明最勝王經顯空性品第九
尒時世尊說此呪已為欲利益菩薩摩訶薩
人天大衆令得悟解甚深真實第一義故重
明空性而說頌曰
我已於餘甚深經　應說真空微妙法
今復於此經王內　略說空法不思議
於諸廣大甚深法　有情无智不能解

BD05964 號　金光明最勝王經卷五　（16–3）

尒時世尊說此咒已為欲利益菩薩摩訶薩
人天大眾令得悟解甚深真實第一義故重
明空性而說頌曰
我已於餘甚深經　廣說真空微妙法
今復於此經王內　略說空法不思議
於諸廣大甚深法　有情无智不能解
故我於斯重敷演　令於空法得開悟
大悲哀愍有情故　以善方便勝因緣
我今於此大眾中　演說令彼明空義
當知此身如空聚　六賊依心不相知
六塵諸賊別依根　各不相知亦如是
眼根常觀於色處　耳根聽聲不斷絕
鼻根恒齅於香境　舌根鎮嘗於美味
身根受於輕耎觸　意根了法不知猒
此等六根隨事起　各於自境生分別
識如幻化非真實　依止根處妄貪求
如人奔走空聚中　六賊依根亦如是
心遍馳求隨處轉　託根緣境了諸事
常愛色聲香味觸　於法尋思无暫停
隨緣遍行於六根　如鳥飛空无障礙
藉此諸根作依處　方能了別於外境
此身无知无作者　體不堅固託緣成
皆從虛妄分別生　譬如機關由業轉
地水火風共成身　隨彼因緣招異果
同在一處相違害　如四毒蛇居一篋
此四大蛇性各異　雖居一處有昇沈
或上或下遍於身　斯等終歸之滅去

BD05964號　金光明最勝王經卷五　（16–4）

此身无知无作者　體不堅固託緣成
皆從虛妄分別生　譬如機關由業轉
地水火風共成身　隨彼因緣招異果
同在一處相違害　如四毒蛇居一篋
此四大蛇性各異　雖居一處有昇沈
或上或下遍於身　斯等終歸於滅法
於此四種毒蛇中　地水二蛇多沈下
風火二蛇性輕舉　由此乖違眾病生
心識依止於此身　造作種種善惡業
當往人天三惡趣　隨其業力受身形
遭諸疾病身死後　大小便利悉盈流
膿爛蟲蛆不可樂　棄在屍林如朽木
汝等當觀法如是　云何執有我眾生
一切諸法盡无常　悉從无明緣力起
彼諸大種咸虛妄　本非實有體无生
故說大種性皆空　知此浮虛非實有
无明自性本是无　藉眾緣力和合有
於一切時失正慧　故我說彼為无明
行識為緣有名色　六處及觸受隨生
愛取有緣生老死　憂悲苦惱恒隨逐
眾苦惡業常纏迫　生死輪迴无息時
本來非有體是空　由不如理生分別
我斷一切諸煩惱　常以正智現前行
了五蘊宅悉皆空　求證菩提真實處
我開甘露大城門　示現甘露微妙器
既得甘露真實味　常以甘露施群生
我擊最勝大法鼓　我吹最勝大法螺

BD05964號　金光明最勝王經卷五　（16–5）

[illegible]　愍悲苦惱恒隨逐
衆苦惡業常纏迫　生死輪迴无息時
本來非有體是空　由不如理生分別
我斷一切諸煩惱　常以正智現前行
了五蘊宅悉皆空　求證菩提真實處
我開甘露大城門　亦現甘露微妙器
既得甘露真實味　常以甘露施群生
我擊最勝大法鼓　我吹最勝大法螺
我然最勝大明燈　我降最勝大法雨
降伏煩惱諸怨結　建立无上大法幢
於生死海濟群迷　我當關閉三惡趣
煩惱熾火燒衆生　无有救護无依止
清涼甘露充足彼　身心熱惱並皆除
由是我於无量劫　恭敬供養諸如來
堅持禁戒趣菩提　求證法身安樂處
施他眼耳及手足　妻子僮僕心无悋
財寶七珎並嚴具　隨來求者咸供給
忍等諸度皆遍修　十地圓滿成正覺
故我得稱一切智　无有衆生度量者
假使三千大千界　盡此土地生長物
所有叢林諸樹木　稻麻竹葦及枝條
此等諸物皆伐取　並悉細末作微塵
隨處積集量難知　乃至充滿虛空界
一切十方諸剎土　所有三千大千界
地土皆悉末為塵　此微塵量不可數
假使一切衆生智　以此智慧與一人
如是智者量无邊　容可知彼微塵數
牟尼世尊一念智　令彼智人共度量

BD05964號　金光明最勝王經卷五　（16–6）

此等諸物皆伐取　並悉細末作微塵
隨處積集量難知　乃至充滿虛空界
一切十方諸剎土　所有三千大千界
地土皆悉末為塵　此微塵量不可數
假使一切衆生智　以此智慧與一人
如是智者量无邊　容可知彼微塵數
牟尼世尊一念智　令彼智人共度量
於多俱胝劫數中　不能筭知其少分
時諸大衆聞佛說此甚深空性有无量衆
生悉能了達四大五蘊體性俱空六根六
境妄生繫縛願捨輪迴正修出離深心慶
喜如說奉持

金光明最勝王經依空滿願品第十

尒時如意寶光耀天女於大衆中聞說深法
歡喜踊躍從座而起偏袒右肩右膝著地
合掌恭敬白佛言世尊唯願為說於甚深
理修行之法而說頌言
我問照世界　兩足最勝尊　菩薩正行法　唯願哀聽許
佛言善女天　若有疑惑者　隨汝意所問　吾當分別說
是時天女請世尊曰
云何諸菩薩　行菩提正行　離生死涅槃　饒益自他故
佛告善女天依於法界行菩提法修平等行
云何依於法界行菩提法修平等行謂於五
蘊能現法界法界即是五蘊五蘊不可說非
五蘊亦不可說何以故若法界是五蘊即是
斷見若離五蘊即是常見離於二相不著二
邊不可見過所見无名无相是則名為說於

BD05964號　金光明最勝王經卷五　（16–7）

佛告善女天依於法界行菩提法修平等行
云何依於法界行菩提法修平等行謂於五
蘊能現法界法界即是五蘊五蘊不可說非
五蘊亦不可說何以故若法界是五蘊即是
斷見若離五蘊即是常見離於二相不著二
邊不可見過所見无名无相是則名為說於
法界善女天云何五蘊能現法界如是五蘊
不從因緣生何以故若從因緣生者為已生
故生為未生故生若已生生者何用因緣若
未生生者不可得生何以故未生諸法即是
非有无名无相非校量譬喻之所能及非是
因緣之所生故善女天譬如鼓聲依木依皮
及桴手等故得出聲如是鼓聲過去亦空未
來亦空現在亦空何以故是鼓音聲不從木
生不從皮生及桴手生不於三世生是則不
生若不可生則不可滅若不可滅无所從
來若无所從來亦无所去若无所去則非常
非斷若非常非斷則不一不異何以故此若是
一則不異法界若如是者凡夫之人應見真
諦得於无上安樂涅槃既不如是是故不一
若言異者一切諸佛菩薩行相即是執著未
得解脫煩惱繫縛即不證阿耨多羅三藐三
菩提何以故一切聖人於行非行同真實性
是故不異故知五蘊非有非无不從因緣生
非无因緣生是聖所知非餘境故亦非言說
之所能及无名无相无因緣亦无譬喻始

BD05964號　金光明最勝王經卷五　（16–8）

菩提何以故一切聖人於行非行同真實性
是故不異故知五蘊非有非无不從因緣生
非无因緣生是聖所知非餘境故亦非言說
之所能及无名无相无因緣亦无譬喻始
終寂靜本來自空是故五蘊能現法界善
女天若善男子善女人欲求阿耨多羅三藐
三菩提異真異俗難可思量於凡聖境體非一
異不捨於俗不離於真依於法界行菩提行
爾時世尊作是語已時善女天踊躍歡喜即
從座起偏袒右肩右膝著地合掌恭敬一心
頂禮而白佛言世尊如上所說菩提正行我今
當學是時索訶世界主大梵天王於大眾
中問如意寶光耀善女天曰此菩提行難
可修行汝今云何於菩提行而得自在爾時
善女天答梵王曰大梵王如佛所說實是甚深
一切異生不解其義是聖境界微妙難知若
使我今依於此法得安樂住是實語者願
令一切五濁惡世无量无數无邊眾生皆得
金色卅二相非男非女坐寶蓮花受无量
樂雨天妙花諸天音樂不鼓自鳴一切供養皆
悉具足時善女天說是語已一切五濁惡世所
有眾生皆悉金色具大人相非男非女坐寶
蓮花受无量樂猶如他化自在天宮无諸惡
道寶樹行列七寶蓮花遍滿世界又雨七
寶上妙花作天伎樂如意寶光耀善女天即
轉女身作梵天身時大梵王問如意寶光

BD05964號　金光明最勝王經卷五　（16–9）

蓮花受无量樂猶如他化自在天宮无諸惡
道寶樹行列七寶蓮華遍滿世界又雨七
寶上妙花作天伎樂如意寶光耀善女天即
轉女身作梵天身時大梵王問如意寶光
耀菩薩言仁者如何行菩提行荅言梵王若
水中月行菩提行我亦行菩提行若夢中行
菩提行我亦行菩提行若陽燄行菩提行我
亦行菩提行若谷響行菩提行我亦行菩
提行時大梵王聞此說已白菩薩言仁依何義
而說此語荅言梵王无有一法是實相者但由
因緣而得成故梵王言若如是者諸凡夫人
皆悉應得阿耨多羅三藐三菩提荅言以
何意而作是說愚癡人異智慧人異菩提
異非菩提異解脫異非解脫異梵王如是諸
法平等无異於此法界真如不異无有中間而可
執著无增无減梵王譬如幻師及幻弟子善
解幻術於四衢道取諸沙土草木葉等聚
在一處作諸幻術使人觀見象眾馬眾車
兵等眾七寶之聚種種倉庫若有眾生愚
癡无智不能思惟不知幻本若見若聞作是
思惟我所見聞象馬等眾此是實有餘皆虛
妄於後更不審察思惟有智之人則不如是了
於幻本若見若聞作如是念如我所見象
馬等眾非是真實唯有幻事惑人眼目妄謂
象等及諸倉庫有名无實如我見聞不執為
實後時思惟知其虛妄是故智者了一切法皆无

BD05964 號　金光明最勝王經卷五　（16–10）

妄於後更不審察思惟有智之人則不如是了
於幻本若見若聞作如是念如我所見象
馬等眾非是真實唯有幻事惑人眼目妄謂
象等及諸倉庫有名无實如我見聞不執為
實後時思惟知其虛妄是故智者了一切法皆无
實體但隨世俗如見如聞表宣其事思惟
諦理則不如是復由假說顯實義故梵王愚
癡異生未得出世聖慧之眼未知一切諸法真
如不可說故是諸凡愚若見若聞行非行法
如是思惟便生執著謂以為實於第一義不
能了知諸法真如是不可說是諸聖人若見
若聞行非行法隨其力能不生執著以為實
有了知一切无實行法无實非行法但妄思
量行非行相唯有名字无有實體是諸聖
人隨世俗說為欲令他知真實義如是梵王是
諸聖人以聖智見了法真如不可說故行非
行法亦復如是令他證知故說種種世俗名
言時大梵王問如意寶光耀菩薩言有幾
眾生能解如是甚深正法荅言梵王有眾幻
人心心數法能解如是甚深正法梵王曰此幻
化人體是非有此之心數從何而生荅曰若
知法界不有不无如是眾生能解深義
尒時梵王白佛言世尊如是意寶光耀菩
薩不可思議通達如是甚深之義佛言如是如
是梵王如汝所言此如意寶光耀已教汝等
發心修學无生法忍是時大梵天王與諸
梵眾從座而起偏袒右肩合掌恭敬頂礼以

BD05964 號　金光明最勝王經卷五　（16–11）

佘時梵王白佛言世尊如是意寶光耀菩
薩不可思議通達如是甚深之義佛言如是如
是梵王如汝所言此如意寶光耀已教汝等
發心修學无生法忍是時大梵天王與諸
梵衆從座而起偏袒右肩合掌恭敬頂禮如
意寶光耀菩薩足作如是言希有希有我
等今日幸遇大士得聞正法
佘時世尊告梵王言是如意寶光耀於未
來世當得作佛号寶燄吉祥藏如來應正
遍知明行圓滿善逝世間解无上士調御丈夫
天人師佛世尊說是品時有三千億菩薩於阿
耨多羅三藐三菩提得不退轉八千億天子
无量无數國王臣民遠塵離垢得法眼淨
佘時會中有五十億苾芻行菩薩行欲退菩
提心聞如意寶光耀菩薩說是法時皆得堅
固不可思議滿足上願更復發起菩提之心
各自脫衣供養菩薩重發无上勝進之心作
如是願願令我等功德善根悉皆不退迴
向阿耨多羅三藐三菩提梵王是諸苾芻依
此功德如說修行過九十大劫當得解悟出離
生死佘時世尊即為授記汝等苾芻過卅阿
僧祇劫當得作佛名難勝光王國名无垢
光同時皆得阿耨多羅三藐三菩提皆同一
号名願莊嚴聞師王十号具足梵王是金光
明微妙經典若正聞持有大威力假使有人
於百千大劫行六波羅蜜无有方便若有善

BD05964號　金光明最勝王經卷五　（16–12）

僧祇劫當得作佛名難勝光王國名无垢
光同時皆得阿耨多羅三藐三菩提皆同一
号名願莊嚴聞師王十号具足梵王是金光
明微妙經典若正聞持有大威力假使有人
於百千大劫行六波羅蜜无有方便若有善
男子善女人書寫如是金光明經半月半月
專心讀誦是功德聚於前功德百分不及一
乃至筭數譬喻所不能及梵王是故我令
汝修學憶念受持為他廣說何以故我於往
昔行菩薩道時猶如勇士入於戰陣不惜身
命流通如是微妙經王受持讀誦為他解說
梵王譬如轉輪聖王若王在世七寶不滅王
若命終所有七寶自然滅盡梵王是金光明
微妙經王若現在世无上法寶悉皆不滅若
无是經隨處隱沒是故應當於此經王專心
聽聞受持讀誦為他解說勸令書寫行精
進波羅蜜不惜身命不憚疲勞功德中勝
我諸弟子應當如是精勤修學
佘時大梵天王與无量梵衆帝釋四天及諸
藥叉俱從座起偏袒右肩右膝著地合掌
恭敬而白佛言世尊我等皆願守護流通是
金光明微妙經典及說法師若有諸難我當
除遣令具衆善色力充足辯才无礙身意
泰然時會聽者皆受安樂所在國土若有飢
饉怨賊非人為惱害者我等天衆皆為擁護使
其人民安隱豊樂无諸枉橫皆是我等天衆
之力若有供養是經典者我等亦當恭敬供

BD05964號　金光明最勝王經卷五　（16–13）

除遣令其衆善日日增長无破身意
泰然時會聽者皆受安樂所在國土若有飢
饉怨賊非人為惱害者我等天衆皆為擁護使
其人民安隱豐樂无諸枉橫皆是我等天衆
之力若有供養是經典者我等亦當恭敬供
養如佛不異尒時佛告大梵天王及諸梵衆
乃至四王諸藥叉等善哉善哉汝等得聞
甚深妙法復能於此微妙經王發心擁護及
持經者當獲无邊殊勝之福速成无上正等
菩提時梵王等聞佛語已歡喜頂受
金光明最勝王經四天王觀察人天品第十一
尒時多聞天王持國天王增長天王廣目天
王俱從座起偏袒右肩右膝著地合掌向佛
礼佛足已白言世尊是金光明最勝王經一
切諸佛常念觀察一切菩薩之所恭敬一切
天龍常所供養及諸天衆常生歡喜一切護
世稱揚讚歎聲聞獨覺皆共受持悉能明照
諸天宮殿能與一切衆生殊勝安樂止息地
獄餓鬼傍生諸趣苦惱一切怖畏悉能除殄
所有怨敵尋即退散飢饉惡時皆令豐稔疾
疫病苦皆令蠲愈一切災變百千苦惱咸悉
消滅世尊是金光明最勝王經能為如是安
隱利樂饒益我等唯願世尊於大衆中廣
為宣說我等四王并諸眷屬聞此甘露无上
法味氣力充實增威光精進勇猛神通倍
勝世尊我等四王脩行正法常說正法以法化
世我等令彼天龍藥叉揵闥婆阿蘇羅揭路

BD05964 號　金光明最勝王經卷五　（16–14）

消滅世尊是金光明最勝王經能為如是安
隱利樂饒益我等唯願世尊於大衆中廣
為宣說我等四王并諸眷屬聞此甘露无上
法味氣力充實增威光精進勇猛神通倍
勝世尊我等四王脩行正法常說正法以法化
世我等令彼天龍藥叉揵闥婆阿蘇羅揭路
茶俱槃茶緊那羅莫呼洛伽及諸人王常以
正法而化於世遮去諸惡所有鬼神吸人精氣
无慈悲者悉令遠去世尊我等四王與二十
八部藥叉大將并與无量百千藥叉以淨天
眼過於世人觀察擁護此贍部洲世尊以此
因緣我等諸王名護世者又復於此洲中若
有國王被他怨賊常來侵擾及多飢饉疾
疫流行无量百千災厄之事世尊我等四王
於此金光明最勝王經恭敬供養若有苾芻
法師受持讀誦我等四王共往覺悟勸請其
人時彼法師由我神通覺悟力故往彼國界
廣宣流布是金光明微妙經典由經力故令
彼无量百千衰惱災厄之事悉皆除遣世尊
若諸人王於其國內有持是經苾芻法師至
彼國時當知此經亦至其國世尊時彼國王
應往法師處聽其所說聞已歡喜於彼法師
恭敬供養深心擁護令无憂惱演說此經利益
一切世尊以是緣故我等四王皆共一心護是
人王及國人民令離災患常得安隱世尊若
有苾芻苾芻尼鄔波索迦鄔波斯迦持是
經者時彼人王隨其所須供給供養令无乏

BD05964 號　金光明最勝王經卷五　（16–15）

[illegible]
彼无量百千衰惱灾厄之事悉皆除遣世尊
若諸人王於其國內有持是□□苾芻法師至
彼國時當知此經亦至其國□尊時彼國王
應往法師處聽其所說聞已□□於彼法師
恭敬供養深心擁護令无憂惱演□此經利益
一切世尊以是緣故我等四王皆共一心護是
人及國人民令離灾患常得安隱世尊若
有苾芻尼鄔波索迦鄔波斯迦持是
經者時彼人王隨其所須供給供養令無乏
少我等四王令彼國主及以國人悉得安隱遠
離灾患世尊若有受持讀誦是經典者人王
於此供養恭敬尊重讚歎我等當令彼王
於諸王中恭敬尊重最為第一諸餘國王共
所稱歎大衆聞已歡喜受持

金光明最勝王經卷第五

奕盈薈 齅許救 窒丁結 稔甚任

BD05964號　金光明最勝王經卷五　（16–16）

[illegible]
世尊金剛體　權現於化身　是故佛舍
佛非血肉身　云何有舍利　方便留身
法身是正覺　法界即如來　此是佛真
尒時會中三万二千天子聞說如
來壽量皆發阿耨多羅三藐三菩提
得未曾有異口同音而說頌曰
佛不般涅槃　正法亦不滅　為利衆生故
世尊不思議　妙體无異相　為利衆生故
尒時妙幢菩薩親於佛前及四如
諸天子所聞說釋迦牟尼如來壽量
從座起合掌恭敬白佛言世尊若實如是
諸佛如來不般涅槃无舍利者云何經中說有
涅槃及佛舍利令諸人天恭敬供養過去
諸佛現有身骨流布於世人天供養得福无
邊今復言无致生疑惑唯願世尊哀愍我等
廣為分別

BD05965號　金光明最勝王經卷一　（7–1）

從座起合掌恭敬白佛言世尊若實如是
諸佛如來不般涅槃无舍利者云何經中說有
涅槃及佛舍利令諸人天恭敬供養過去
諸佛現有身骨流布於世人天供養得福无
邊今復言无致生疑惑唯願世尊哀愍我等
廣為分別
尒時佛告妙幢菩薩及諸大衆汝等當知云
般涅槃有舍利者是密意說如是之義當一
心聽善男子菩薩摩訶薩如是應知有其十
法能解如來應正等覺真實理趣說有究竟
大般涅槃云何為十一者諸佛如來究竟斷
盡諸煩惱障所知障故名為涅槃二者諸佛
如來善能解了有情无性及法无性故名為
涅槃三者能轉身依及法依故名為涅槃四
者於諸有情任運休息化因緣故名為涅槃
五者證得真實无差別相平等法身故名為
涅槃六者了知生死及以涅槃无二性故名
為涅槃七者於一切法了其根本證清淨故
名為涅槃八者於一切法无生无滅善修行
故名為涅槃九者真如法界實際平等得正
智故名為涅槃十者於諸法性及涅槃性得
无差別故名為涅槃是謂十法說有涅槃
復次善男子菩薩摩訶薩如是應知復有十
法能解如來應正等覺真實理趣說有究竟
大般涅槃云何為十一者一切煩惱以樂欲為
本從樂欲生諸佛世尊斷樂欲故名為涅槃
二者以諸如來斷諸樂欲不取一法以不
取故无去无来无所取故名為涅槃三者以

BD05965號　金光明最勝王經卷一　（7–2）

復次善男子菩薩摩訶薩如是應知復有十
法能解如來應正等覺真實理趣說有究竟
大般涅槃云何為十一者一切煩惱以樂欲為
本從樂欲生諸佛世尊斷樂欲故名為涅槃
二者以諸如來斷諸樂欲不取一法以不
取故无去无来无所取故名為涅槃三者以
无去来及无所取是則法身不生不滅无生
滅故名為涅槃四者此无生滅非言所宣言
語斷故名為涅槃五者無有我人唯法生滅得
轉依故名為涅槃六者煩惱隨惑皆是客塵
法性是主无来无去佛了知故名為涅槃七
者真如是實餘皆虛妄實性體者即是真
如真如性者即是如來名為涅槃八者實際
之性无有戲論唯獨如來證實際法戲論永
斷名為涅槃九者无生是實生是虛妄愚癡
之人漂溺生死如來體實无有虛妄名為涅
槃十者不實之法是從緣生真實之法不從
緣起如來法身體是真實名為涅槃善男子
是謂十法說有涅槃
復次善男子菩薩摩訶薩如是應知復有十
法能解如來應正等覺真實理趣說有究竟
大般涅槃云何為十一者如來善知施及施果
无我我所此施及果不正分別永除滅故
名為涅槃二者如來善知戒及戒果无我我
所此戒及果不正分別永除滅故名為涅槃
三者如來善知忍及忍果无我我所此忍及
果不正分別永除滅故名為涅槃四者如來
善知勤及勤果无我我所此勤及果不正分

BD05965號　金光明最勝王經卷一　（7–3）

无我我所此施及果不正分別永除滅故
名為涅槃二者如來善知戒及戒果无我我
所此戒及果不正分別永除滅故名為涅槃
三者如來善知忍及忍果无我我所此忍及
果不正分別永除滅故名為涅槃四者如來
善知勤及勤果无我我所此勤及果不正分
別永除滅故名為涅槃五者如來善知定及
定果无我我所此定及果不正分別永除滅
故名為涅槃六者如來善知慧及慧果无我
我所此慧及果不正分別永除滅故名為涅
槃七者諸佛如來善能了知一切有情非有
情一切諸法皆无性不正分別永除滅故名
為涅槃八者若自愛著便起追求由追求故
受衆苦惱諸佛如來除自愛故永絕追求无
追求故名為涅槃九者有為之法皆有數量
无為法者數量皆除佛離有為證无為法无
數量故名為涅槃十者如來了知有情及法
體性皆空離空非有空性即是真法身故名
為涅槃善男子是謂十法說有涅槃
復次善男子豈唯如來不般涅槃是為希
有復有十種希有之法是如來行云何為十一
者生死過失涅槃寂靜由於生死及以涅槃
證平等故不處流轉不住涅槃於諸有情
不生厭背是如來行二者佛於衆生不作是念
此諸愚夫行顛倒見為諸煩惱之所纏迫我
今開悟令得解脫然由往昔慈善根力於彼
有情隨其根性意樂勝解不起分別任運濟
度示教利喜盡未來際无有窮

BD05965號　金光明最勝王經卷一　（7–4）

不生厭背是如來行二者佛於衆生不作是念
此諸愚夫行顛倒見為諸煩惱之所纏迫我
今開悟令得解脫然由往昔慈善根力於彼
有情隨其根性意樂勝解不起分別任運濟
度示教利喜盡未來際无有窮
三者佛无是念我今演說十二分
情然由往昔慈善根力於彼有
盡未來際无有窮盡是如來行
念我今於彼邑聚落王及大臣婆羅門剎帝
利薜舍戍達羅等舍從其乞食然由往昔
身語意行串習力故任運詣彼為利益而
行乞食是如來行五者如來之身无有飢渴
亦无便利羸憊之相雖行乞食而无所食亦
无分別然為任運利益有情是有食相是如
來行六者佛无是念此諸衆生有上中下隨
彼根性而為說法然佛世尊无有分別隨其
器量善應機緣為彼說法是如來行七者佛
无是念此類有情不恭敬我常於我所出呵
罵言不能與彼共為言論彼類有情恭敬於
我常於我所共相讚歎我當與彼共為言說
然而如來起慈悲心平等无二是如來行八
者諸佛如來无有愛憎憍慢貪惜及諸煩惱
然而如來常樂寂靜讚歎少欲離諸諠鬧是
如來行九者如來无有一法不知不善通達
於一切處鏡智現前无有分別然而如來見
彼有情所作事業隨彼意轉方便誘引令得
出離是如來行十者如來若見一分有情得
富盛時不生歡喜見其衰損不起憂慼然

BD05965號　金光明最勝王經卷一　（7–5）

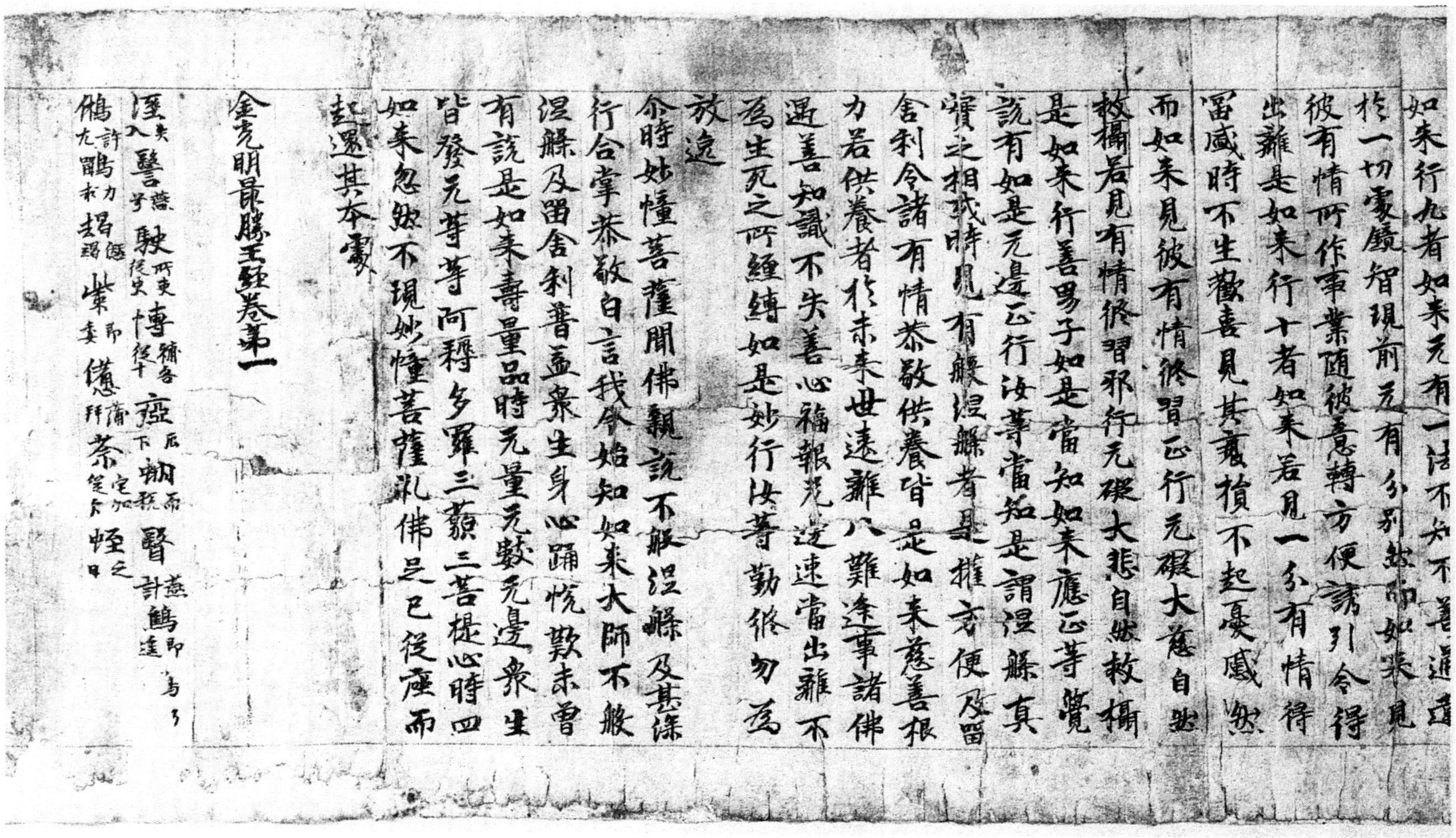

如來行九者如來无有一法不知不善通達
於一切處鏡智現前无有分別然而如來見
彼有情所作事業隨彼意轉方便誘引令得
出離是如來行十者如來若見一分有情得
冨盛時不生歡喜見其衰損不起憂慼然
而如來見彼有情修習正行无礙大慈自然
救攝若見有情修習邪行无礙大悲自然救攝
是如來行善男子如是當知如來應正等覺
說有如是无邊正行汝等當知是謂涅槃真
實之相或時見有般涅槃者是權方便及留
舍利令諸有情恭敬供養皆是如來慈善根
力若供養者於未來世遠離八難逢事諸佛
遇善知識不失善心福報无邊速當出離不
爲生死之所纏縛如是妙行汝等勤修勿爲
放逸
爾時妙幢菩薩聞佛親說不般涅槃及甚深
行合掌恭敬白言我今始知如來大師不般
涅槃及留舍利普益衆生身心踊悅歎未曾
有說是如來壽量品時无量无數无邊衆生
皆發无等等阿耨多羅三藐三菩提心時四
如來忽然不現妙幢菩薩禮佛足已從座而
起還其本處

金光明最勝王經卷第一

涅 譬 駛所吏 博補各 瘂 蜘 瞖於計 鵄
鵂許尤 鶹力求 揭 紫 懡 荼宅加 姪

BD05965 號　金光明最勝王經卷一　（7–6）

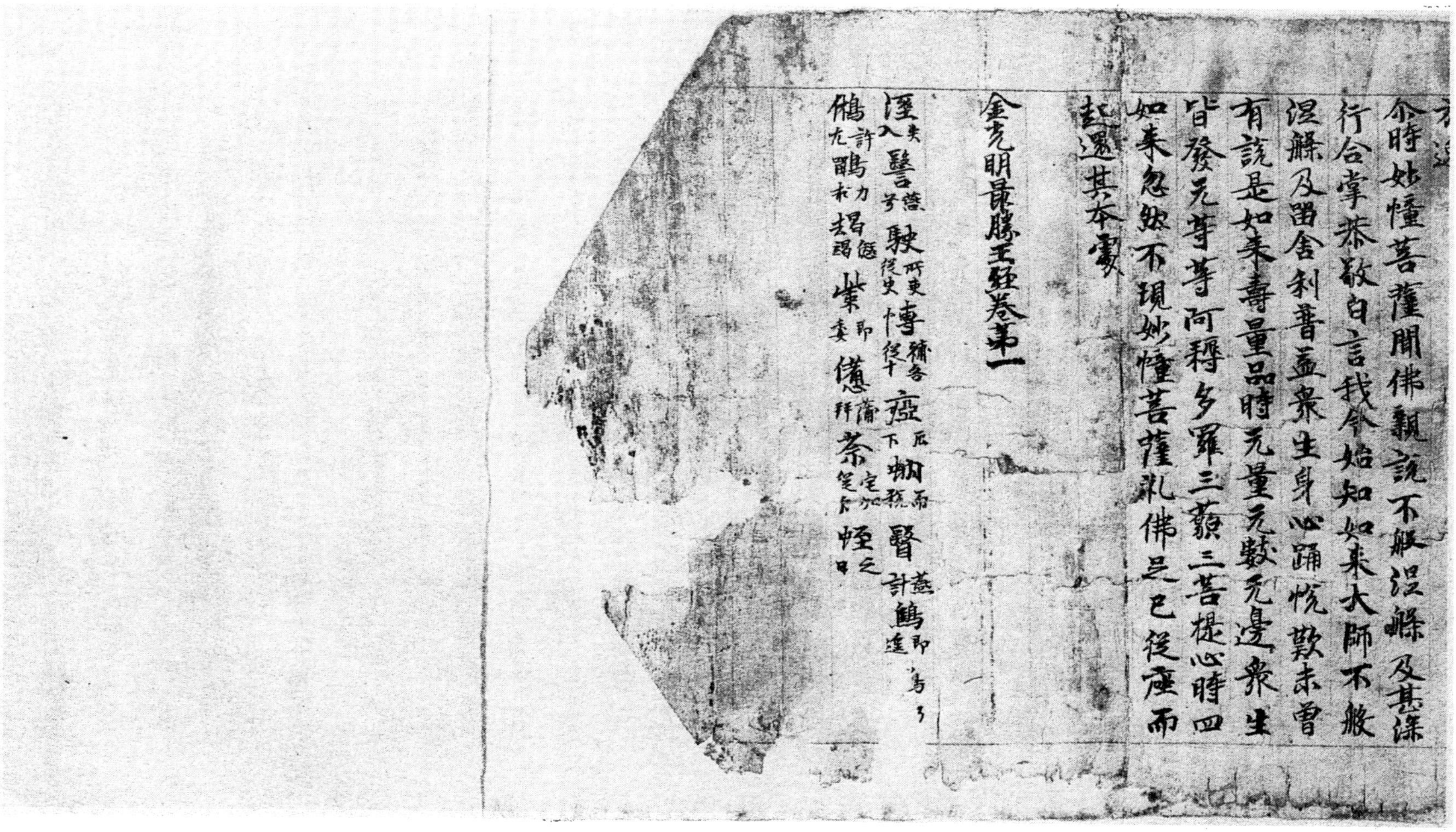

放逸
爾時妙幢菩薩聞佛親說不般涅槃及甚深
行合掌恭敬白言我今始知如來大師不般
涅槃及留舍利普益衆生身心踊悅歎未曾
有說是如來壽量品時无量无數无邊衆生
皆發无等等阿耨多羅三藐三菩提心時四
如來忽然不現妙幢菩薩禮佛足已從座而
起還其本處

金光明最勝王經卷第一

涅 譬 駛所吏 博補各 瘂 蜘 瞖於計 鵄
鵂許尤 鶹力求 揭 紫 懡 荼宅加 姪

BD05965 號　金光明最勝王經卷一　（7–7）

BD05965號背　雜寫　（1–1）

菩薩成佛時不諂衆生
来生其國深心是菩薩淨土菩薩成佛時
具足功德衆生来生其國大乘心是菩薩淨
土菩薩成佛時大乘衆生来生其國布施是
菩薩淨土菩薩成佛時一切能捨衆生来生
其國持戒是菩薩淨土菩薩成佛時行十善
道滿願衆生来生其國忍辱是菩薩淨土
菩薩成佛時卅二相莊嚴衆生来生其國精
進是菩薩淨土菩薩成佛時懃脩一切功德衆
生来生其國禪定是菩薩淨土菩薩成佛時
攝心不亂衆生来生其國智慧是菩薩淨
土菩薩成佛時正定衆生来生其國四无量心
是菩薩淨土菩薩成佛時成就慈悲喜捨衆
生来生其國四攝法是菩薩淨土菩薩成佛
時解脫所攝衆生来生其國方便是菩薩淨
土菩薩成佛時於一切法方便无閡衆生来
生其國三十七道品是菩薩淨土菩薩成佛
時念處正懃神足根力覺道衆生来生其國

BD05966號　維摩詰所說經卷上　（5–1）

是菩薩淨土菩薩成佛[illegible]
生來生其國四攝法是菩薩淨土菩薩成佛
時解脫所攝衆生來生其國方便是菩薩淨
土菩薩成佛時於一切法方便无閡衆生來
生其國三十七道品是菩薩淨土菩薩成佛
時念處正懃神足根力覺道衆生來生其國
迴向心是菩薩淨土菩薩成佛時得一切具
足功德國土說除八難是菩薩淨土菩薩成
佛時國土无有三惡八難自守戒行不譏彼
闕是菩薩淨土菩薩成佛時國土无有犯禁
之名十善是菩薩淨土菩薩成佛時命不中
夭大富梵行所言誠諦常以柔語眷屬不離
善和諍訟言必饒益不嫉不恚正見衆生來
生其國如是寶積菩薩隨其直心則能發行
隨其發行則得深心隨其深心則意調伏隨
意調伏則如說行隨如說行則能迴向隨其
迴向則有方便隨其方便則成就衆生隨成
就衆生則佛土淨隨佛土淨則說法淨隨說
法淨則智慧淨隨智慧淨則其心淨隨其心
淨則一切功德淨是故寶積若菩薩欲得淨
土當淨其心隨其心淨則佛土淨
尒時舍利弗承佛聖旨作是念若菩薩心淨
則佛土淨者我世尊本為菩薩時意豈不淨
而是佛土不淨若此佛知其念即告之言於意
云何日月豈不淨耶而盲者不見對曰不也
世尊是盲者過非日月咎舍利佛衆生罪
故不見如來佛國嚴淨非如來咎舍利弗我

BD05966 號　維摩詰所說經卷上　（5–2）

尒時舍利弗承佛聖旨作是念若菩薩心淨
則佛土淨者我世尊本為菩薩時意豈不淨
而是佛土不淨若此佛知其念即告之言於意
云何日月豈不淨耶而盲者不見對曰不也
世尊是盲者過非日月咎舍利佛衆生罪
故不見如來佛國嚴淨非如來咎舍利弗我
此土淨而汝不見尒時螺髻梵王語舍利弗
勿作是意謂此佛土以為不淨所以者何我見
釋迦牟尼佛土清淨譬如自在天宮舍利
弗言我見此土丘陵坑坎荊棘沙礫土石諸
山穢惡充滿螺髻梵言仁者心有高下不依
佛慧故見此土為不淨耳舍利弗菩薩於一
切衆生悉皆平等深心清淨依佛智慧則能
見此佛土清淨於是佛以足指案地即時三千
大千世界若干百千珍寶嚴飾譬如寶莊
嚴佛无量功德寶莊嚴土一切大衆歎未曾
有而皆自見坐寶蓮華佛告舍利弗汝且觀
是佛土嚴淨舍利弗言唯然世尊本所不見
本所不聞今佛國土嚴淨悉現佛語舍利弗
我佛國土常淨若此為欲度斯下劣人故示
是衆惡不淨土耳譬如諸天共寶器食隨
其福德飯色有異如是舍利弗若人心淨便
見此土功德莊嚴當佛現此國土嚴淨之時寶
積所將五百長者子皆得无生法忍八万四
千人發阿耨多羅三藐三菩提心佛攝神足
於是世界還復如故求聲聞乘三万二千天

BD05966 號　維摩詰所說經卷上　（5–3）

積所將五百長者子皆得无生法忍八万四
千人發阿耨多羅三藐三菩提心佛攝神足
於是世界還復如故求聲聞乘三万二千天
及人知有為法皆悉无常遠塵離垢得法
眼淨八千比丘不受諸法漏盡意解
方便品第二
尒時毗耶離大城中有長者名維摩詰已曾
供養无量諸佛深殖善本得无生忍辯
才无閡遊戲神通逮諸揔持獲无所畏降
魔勞怨入深法門善於智度通達方便大願成
就明了衆生心之所趣又能分別諸根利鈍久
於佛道心已純淑決定大乘諸有所作能善思
量住佛威儀心大如海諸佛咨嗟弟子釋梵
世主所敬欲度人故以善方便居毗耶離資財
无量攝諸貧民奉戒清淨攝諸毀禁以忍
調行攝諸恚怒以大精進攝諸懈怠一心禪
定攝諸亂意以決定慧攝諸无智雖為白衣
奉持沙門清淨律行雖處居家不著三界示
有妻子常脩梵行現有眷屬常樂遠離雖服
寶飾而以相好嚴身雖復飲食而以禪悅為
味若至博弈戲處輒以度人受諸異道不毀
正信雖明世典常樂佛法一切見敬為供養
中最執持正法攝諸長幼一切治生諧偶雖
獲俗利不以喜悅遊諸四衢饒益衆生入治
正法救護一切入講論處導以大乘入諸學
堂誘開童蒙入諸婬舍示欲之過入諸酒肆
能立其志若在長者長者中尊為說勝法若

BD05966號　維摩詰所說經卷上　　（5–4）

就明了衆生心之所趣又能分別諸根利鈍久
於佛道心已純淑決定大乘諸有所作能善思
量住佛威儀心大如海諸佛咨嗟弟子釋梵
世主所敬欲度人故以善方便居毗耶離資財
无量攝諸貧民奉戒清淨攝諸毀禁以忍
調行攝諸恚怒以大精進攝諸懈怠一心禪
定攝諸亂意以決定慧攝諸无智雖為白衣
奉持沙門清淨律行雖處居家不著三界示
有妻子常脩梵行現有眷屬常樂遠離雖服
寶飾而以相好嚴身雖復飲食而以禪悅為
味若至博弈戲處輒以度人受諸異道不毀
正信雖明世典常樂佛法一切見敬為供養
中最執持正法攝諸長幼一切治生諧偶雖
獲俗利不以喜悅遊諸四衢饒益衆生入治
正法救護一切入講論處導以大乘入諸學
堂誘開童蒙入諸婬舍示欲之過入諸酒肆
能立其志若在長者長者中尊為說勝法若
在居士居士中尊斷其貪著若在剎利剎利
中尊教以忍辱若在婆羅門婆羅門中尊除

BD05966號　維摩詰所說經卷上　　（5–5）

不

九窮沉溺无邊巨夜大海爲諸煩
惱難剎所食未來生死冥然无崖設使報者
轉輪聖王四王天下飛行自在七寶具足命
終之後不免惡趣四空果報三界尊極福盡
還作牛領中虫況復其餘无福德者而復懈
怠不懃懺悔此亦譬如抱石沉淵求出良難
第三觀我自身雖有正因靈覺之性而爲煩
惱黑暗叢林之所覆蔽无了因力不能得顯
我今應當發起勝心破裂无明顛倒重障斷
滅生死虛僞苦因顯發如來大明覺慧建立
无上涅槃妙果
第四觀如來身无爲寂照離四句絕百非衆
德具足湛然常住雖復方便入於滅度慈悲
救接未曾暫捨生如是心可謂滅罪之良津
除障之要行是故弟子今日至誠歸命
東方勝藏珠光佛　南方寶積示現佛

BD05967號　佛名經（十六卷本）卷二　（18–1）

滅生死虛僞苦因顯發如來大明覺慧建立
无上涅槃妙果
第四觀如來身无爲寂照離四句絕百非衆
德具足湛然常住雖復方便入於滅度慈悲
救接未曾暫捨生如是心可謂滅罪之良津
除障之要行是故弟子今日至誠歸命
東方勝藏珠光佛　南方寶積示現佛
西方法界智燈佛　南无北方最勝降伏佛
東南方龍自在王佛　西南方轉一切生死佛
西北方无邊智自在佛　東北方无邊功德月佛
下方海智神通佛　上方一切勝王佛
如是十方盡虛空界一切三寶
弟子等无始以來至於今日長養煩惱日深
日厚日滋日茂覆盖慧眼令无所見斷除衆
善不得相續起障不得見佛不聞法正不值
聖僧煩惱起障不見過去未來一切善惡業
行之煩惱障受人天尊貴之煩惱障生色无
色界禪定福樂之煩惱障不得自在神通飛
騰隱顯遍至十方諸佛淨土聽法之煩惱障
學安那般那數息不淨觀諸煩惱障學慈悲
喜捨因緣煩惱障學七方便三觀義煩惱障
學四念處煖頂忍煩惱障學聞思脩第一法
煩惱障學空平等中道解煩惱障學八正道
示相之煩惱障學七學支不示相煩惱障學
於道品因緣觀煩惱障學八解脫九空之煩
惱障學於十智三三昧煩惱障學三明六通
四无㝵煩惱障學六度四等煩惱障學四攝
去廣化之煩惱障學大乘心四弘誓願煩惱

BD05967號　佛名經（十六卷本）卷二　（18–2）

煩惱障學空平等中道解煩惱障學八正道
示相之煩惱障學七覺支不示相煩惱障學
於道品因緣觀煩惱障學八解脫九空之煩
惱障學於十智三三昧煩惱障學三明六通
四无畏煩惱障學六度四等煩惱障學四攝
法廣化之煩惱障學大乘心四弘誓願煩惱
障學十明十行之煩惱障學十迴向十願之
煩惱障初地二地三地四地明解之煩惱障
五地六地七地諸知見煩惱障學八地九地
十地雙照之煩惱障如是乃至障學佛果百
万阿僧祇諸行上煩惱如是行障无量无邊
弟子今日至到誓懇向十方佛尊法聖衆慚
愧懺悔願皆消滅　願藉此懺悔障於諸行一
切煩惱願弟子在在處處自在受生不為結
業之所迴轉以如意通於一念頃遍至十方
淨諸佛土化衆生於諸禪定甚深境界及
无导心能普同一切諸法樂說
心自在得法自在慧智普
自在令此煩惱及无始結習畢竟永
斷不復相續无漏聖道朗然如日　礼一拜

南无安隱聲佛　南无樂聲佛
南无妙鼓聲佛　南无天聲佛
南无月聲佛　南无日聲佛
南无師子聲佛　南无波頭摩聲佛
南无福德聲佛　南无金剛聲佛
南无自在聲佛　南无慧聲佛
南无妙聲佛　南无選擇聲佛
[illegible]

南无月聲佛　南无日聲佛
南无師子聲佛　南无波頭摩聲佛
南无福德聲佛　南无金剛聲佛
南无自在聲佛　南无慧聲佛
南无妙聲佛　南无選擇聲佛
南无甘露聲佛　南无淨幢佛
南无金剛幢佛　南无法幢佛
南无住持法佛　南无樂法佛
南无護法佛　南无量无竭佛
南无法蓋迅佛　南无法界華佛
南无護法眼佛　南无然法建燎佛
南无法自在佛　南无人自在佛
南无世自在佛　南无觀世自在佛
南无无量自在佛　南无意住持佛
南无地住持佛　南无尼弥持佛
南无羅住持佛　南无功德住持佛
南无勝色佛　南无轉發起佛
南无一切觀示佛　南无一切无散足行佛
南无發成就佛　南无善護佛
南无善思惟佛　南无善喜佛
南无善處佛　南无禪普佛
南无甘露功德佛　南无善眼佛
南无師子化佛　南无佛眼佛
南无合聚佛　南无疾智勇佛
南无善住佛　南无寶行佛
南无師子手佛　南无海滿佛
南无善思惟佛　南无稱王佛

南无師子化佛　南无佛眼佛
南无合聚佛　南无疾智勇佛
南无善住佛　南无寶行佛
南无師子手佛　南无海滿佛
南无善思惟佛　南无稱王佛
南无住慈佛　南无善夜摩佛
南无善行佛　南无善功德佛
南无善色佛　南无善識佛
南无善心佛　南无善光佛
從此以上一千五百佛十二部經一切賢聖
南无師子月佛　南无不可勝佛
南无不可勝无畏佛　南无无量佛
南无速与佛　南无不動心佛
南无應稱佛　南无應不怯弱聲佛
南无不厭足藏佛　南无不盡佛
南无不可動佛　南无名无畏佛
南无名自在讓世間佛　南无名龍自在聲佛
南无名法行廣慧佛　南无名妙勝自在相通稱佛
南无名法界莊嚴佛　南无名大乘莊嚴佛
南无名寂靜王佛　南无解脫行佛
南无大海弥留起王佛　南无合聚那羅延王佛
南无散壞堅魔輪佛　南无精進根寶王佛
南无佛法波頭摩佛　南无得佛眼分陁利佛
南无隨前覺佛　南无平等作佛
南无名初發心念遠離一切驚怖无煩惱起
切德佛　南无教化菩薩佛
南无金剛釜盍迅佛

BD05967號　佛名經（十六卷本）卷二　（18-5）

南无佛法波頭摩佛　南无得佛眼分陁利佛
南无隨前覺佛　南无平等作佛
南无名初發心念遠離一切驚怖无煩惱起
切德佛　南无教化菩薩佛
南无金剛釜盍迅佛
南无名寶像光明釜盍迅佛
南无破壞魔輪佛
南无初發心成就不退勝輪稱佛
南无寶蓋起无畏光明佛
南无初發心念斷疑斷煩惱佛
南无名光明破闇起三昧王佛
善男子善女人若有得聞是諸佛名者永離
業障不隨惡道若有者眼誦必得眼
南无千千同名星宿佛　南无一切同名星宿佛
南无二千同名釋迦牟尼佛　南无一切同名釋迦牟尼佛
南无一切同名拘隣佛
南无二億同名拘隣佛
南无十八億同名寶法決定佛
南无一切同名寶法決定佛
南无十八億同名日月燈佛
南无一切同名日月燈佛
南无千五百同名大威德佛
南无一切同名大威德佛
南无千五百同名日佛
南无一切同名日佛
南无四万四千同名面佛
南无万千同名堅固自在佛

BD05967號　佛名經（十六卷本）卷二　（18-6）

南无千五百同名日佛
南无一切同名日佛
南无四万四千同名面佛
南无万千同名堅固自在佛
南无一切同名堅固佛
南无万八千同名普護佛
南无一切同名普護佛
南无千八百同名金摩他佛
南无一切同名舍摩他佛
劫名善眼彼劫中有七十二那由他如来成
佛我悉歸命彼諸如来
劫名善見彼劫中有七十二億如来成佛我
悉歸命彼諸如来
劫名淨讚嘆彼劫中有一万八千如来成佛
我悉歸命彼諸如来
劫名善行彼劫中有三万二千如来成佛我
悉歸命彼諸如来
劫名莊嚴彼劫中有八万四千如来成佛我
悉歸命彼諸如来
南无現在十方世界不捨命說諸法佛所謂
安樂世界中阿弥陀佛為上首
南无樂世界中阿閦佛如来為上首
南无袈裟幢世界中碎金剛佛為上首
南无不退輪吼世界中清淨光波頭摩花身
如来為上首
南无无垢世界中法幢如来為上首
南无善燈世界中師子如来為上首
南无善住世界中盧舍那藏為上首

BD05967號　佛名經（十六卷本）卷二　（18–7）

南无袈裟幢世界中碎金剛佛為上首
南无不退輪吼世界中清淨光波頭摩花身
如来為上首
南无无垢世界中法幢如来為上首
南无善燈世界中師子如来為上首
南无善住世界中盧舍那藏為上首
南无難過世界中功德花身如来為上首
南无莊嚴慧世界中一切通光明佛為上首
南无鏡輪光明世界中月智慧佛為上首
南无花勝世界中波頭摩勝如来為上首
南无波頭摩勝世界中賢勝如来為上首
南无不瞬世界普賢如来為上首
南无普賢世界中自在王如来為上首
南无不可勝世界中成就一切義如来為上
首
南无娑婆世界中釋迦牟尼佛為上首
南无善說佛為上首　南无自在幢王佛
南无住火光佛　南无无畏觀佛
如是等上首諸佛我以身口業業意遍滿十
方一時礼拜讚歎供養彼諸如来所
深境界不可量境界不可思議境无量境界
等我悉以身口意業遍滿十方礼拜讚歎供
養彼佛世界中不退菩薩僧不退聲聞僧我
悉以身口意業遍滿十方頭面礼足讚歎供
養
南无降伏魔自在佛　南无降伏貪自在佛
南无降伏瞋自在佛　南无降伏自在佛
南无降伏火恐自在佛　南无降伏見自在佛

BD05967號　佛名經（十六卷本）卷二　（18–8）

等我悉以身口意業遍滿十方礼拜讃歎供
養彼佛世界中不退菩薩僧不退聲聞僧我
悉以身口意業遍滿十方頭面礼足讃歎供
養
南无降伏魔自在佛　南无降伏貪自在佛
南无降伏瞋自在佛　南无降伏自在佛
南无降伏怒自在佛　南无降伏見自在佛
南无降伏諸戲自在佛　南无了達法自在佛
南无得神通自在稱佛　南无得勝業自在稱佛
南无起施自在稱佛　南无起清淨戒自在稱佛
南无起忍辱自在稱佛　南无起精進自在稱佛
從此以上一千六百佛十二部經一切賢聖
南无起禪那自在稱佛　南无福德清淨光明自在佛
南无起陀羅尼自在稱佛　南无高勝佛
南无光明勝佛　南无大勝佛
南无散香上佛　南无多寶勝佛
南无月上勝佛　南无賢上勝佛
南无摩上勝佛　南无无量上勝佛
南无波頭摩上勝佛　南无三昧手上勝佛
南无善說名稱佛　南无大海深勝佛
南无阿僧祇精進住勝佛　南无樂說一切莊嚴勝佛
南无寶輪滅德上稱佛　南无日輪上光明勝佛
南无无量慚愧金色上勝佛
南无功德海琉璃金山金色光明勝佛
南无寶花普照勝佛　南无起无邊功德
南无起多羅王勝佛　南无樹王吼勝佛
南无法海潮勝佛　南无智清淨功德勝佛
南无樂劫火勝佛　南无不可思議光明勝佛

BD05967 號　佛名經（十六卷本）卷二　（18–9）

南无无量慚愧金色上勝佛
南无功德海琉璃金山金色光明勝佛
南无寶花普照勝佛　南无起无邊功德
南无起多羅王勝佛　南无樹王吼勝佛
南无法海潮勝佛　南无智清淨功德勝佛
南无樂劫火勝佛　南无不可思議光明勝佛
南无寶月光明勝佛　南无寶賢幢勝
南无成就義勝佛　南无寶成就
南无寶集勝佛　南无盡
南无不空勝佛　南无聞勝
南无海勝佛　南无住持勝佛
南无善行勝佛　南无龍勝佛
南无波頭摩勝佛　南无福得勝佛
南无智勝佛　南无妙勝佛
南无賢勝佛　南无勝賢勝佛
南无栴檀勝佛　南无勝栴檀勝佛
南无无量光明佛　南无幢勝佛
南无勝幢勝佛　南无无憂勝佛
南无離一切憂勝佛　南无寶杖如來
南无善寶杖佛　南无拘蘇摩勝佛
南无花勝佛
南无三昧奮迅勝佛　南无樹提勝佛
南无火勝佛　南无廣功得勝佛
南无衆勝佛　南无清淨光世界有佛號
積清淨增長勝上王佛
南无普光世界普花无畏王如來
南无普蓋世界名均寶莊嚴如來彼如來

BD05967 號　佛名經（十六卷本）卷二　（18–10）

南无三□□□□佛　南无□□□勝佛
南无火勝佛　南无廣功得勝佛
南无衆勝佛　南无清淨光世界有佛号
積清淨増長勝上王佛
南无普光世界普花光畏王如来
南无普盖世界名均寶莊嚴如来彼如来
授羅网光菩薩阿耨多羅三藐三菩提記
南无一寶髻世界名无量寶境界如来彼
如来授不空奮迅境界菩薩阿耨多羅三藐
三菩提記
南无相威德王世界名无量聲如来彼如来
授即發心轉法輪菩薩阿耨多羅三藐三菩
提記
南无名稱世界名須弥留聚集如来彼如来
授光明輪勝威德菩薩阿耨多羅三藐三菩
提記
南无善住世界名虚空鄉如来彼如来授月
光菩薩阿耨多羅三藐三菩提記
南无地輪世界稱力王如来彼如来授智稱
菩薩阿耨多羅三藐三菩提記
南无月起光世界放光明如来彼如来授光
明輪菩薩阿耨多羅三藐三菩提記
南无袈裟幢世界名雜袈裟如来彼如来授
无量寶救菩薩阿耨多羅三藐三菩提記
南无波頭摩花世界種種花勝成就如来彼
如来授名无量精進菩薩阿耨多羅三藐三
菩提記
南无一盖世界名遠離諸怖毛竪如来彼如

BD05967號　佛名經（十六卷本）卷二　（18–11）

南无袈裟幢世界名雜袈裟如来彼如来授
无量寶救菩薩阿耨多羅三藐三菩提記
南无波頭摩花世界種種花勝成就如来彼
如来授名无量精進菩薩阿耨多羅三藐三
菩提記
南无一盖世界名遠離諸怖毛竪如来彼如
来授羅网光明菩薩阿耨多羅三藐三菩提
南无種種幢世界名須弥留聚如来彼如来
授大勝菩薩阿耨多羅三藐三菩提記
南无普光世界名无障导眼如来彼如来授
名智勝菩薩阿耨多羅三藐三菩提記
南无賢世界名稱擅屋如来授名智功德幢
菩薩阿耨多羅三藐三菩提記
南无賢慧世界名合聚如来彼如来授名妙
智菩薩阿耨多羅三藐三菩提記
南无寶首世界名羅网光明如来如来授名
智功德菩薩阿耨多羅三藐三菩提記
南无安樂首世界名寶蓮華勝如来彼如来
授名波頭摩勝功德菩薩阿耨多羅三藐
菩提記
南无稱世界名智花寶光明勝如来彼如来
授第一莊嚴菩薩阿耨多羅三藐三菩提記
南无賢辟世界名起賢光明如来彼如来授
名寶光明菩薩阿耨多羅三藐三菩提記
南无无畏世界名滅散一怖畏如来彼如来
授名畏菩薩阿耨多羅三藐三菩提記
南无弥留幢世界名弥留厚如来彼如来授合
聚菩薩阿耨多羅三藐三菩提記

BD05967號　佛名經（十六卷本）卷二　（18–12）

授[illegible]
南无賢辟世界名赿賢光明如来彼如来授
名寶光明菩薩阿耨多羅三藐三菩提記
南无无畏世界名滅散一怖畏如来彼如来
授名畏菩薩阿耨多羅三藐三菩提記
南无弥留幢世界名弥留辱如来彼如来授合
聚菩薩阿耨多羅三藐三菩提記
南无遠離一切憂惱障导世界名无畏王如
来彼如来授名聲菩薩阿耨多羅三藐三菩
提記
南无法世界名住法如来彼如来授名智住
菩薩阿耨多羅三藐三菩提記
南无善住世界名百一十光明如来彼如来
授名勝光明菩薩阿耨多羅三藐三菩提
記
南无共光明世界名千上光明如来彼如来
授名善光明菩薩阿耨多羅三藐三菩提
南无多伽羅世界名智光明如来彼如来授
名善眼菩薩阿耨多羅三藐三菩提記
南无香世界名寶勝光明如来彼如来授
无量光明菩薩阿耨多羅三藐三菩提記
次礼十二部尊經大藏法輪　南无首楞嚴經
南无菩薩神通變化經　南无法界體性經
南无密藏經　南无般若
從此以上一千七百佛十二部經一切賢聖
南无超日月經　南无中本赿經
南无无量壽經　南无百論經
南无寶梁經　南无善王皇帝經

BD05967號　佛名經（十六卷本）卷二　（18–13）

南无菩薩神通變化經　南无法界體性經
南无密藏經　南无般若
從此以上一千七百佛十二部經一切賢聖
南无超日月經　南无中本赿經
南无无量壽經　南无百論經
南无寶梁經　南无善王皇帝經
南无數菩提心經　南无決罪福經
南无大乘方便經　南无法句經
南无密蜂王經　南无虛空藏經
南无辟支佛緣經　南无淨業障經
南无溫室洗浴經　南无太子讃經
南无睒經　南无光瑞經
南无法句辟喻經　南无衆要阿毗曇經
南无三受經　南无三乘无當經
捴礼十方諸大菩薩
南无妙光菩薩　南无无邊光菩薩
南无无量明菩薩　南无勇力菩薩
南无普賢菩薩　南无勇知菩薩
南无度難菩薩　南无濟神菩薩
南无開化菩薩　南无淨智菩薩
南无安神菩薩　南无尊通菩薩
南无无邊光菩薩　南无金剛慧菩薩
南无寶首菩薩　南无調慧菩薩
南无法藏菩薩　南无龍樹菩薩
南无淨藏菩薩　南无淨眼
南无大勢志菩薩　南无童真菩薩
南无成道菩薩　南无度難菩薩

BD05967號　佛名經（十六卷本）卷二　（18–14）

南无寶首菩薩　南无調慧菩薩
南无法藏菩薩　南无龍樹菩
南无淨藏菩薩　南无淨眼、
南无大勢志菩薩　南无童真菩
南无成道菩薩　南无度難菩
南无弥陁羅菩薩
復次應稱辟支佛名
南无見人飛騰辟支佛　南无可波羅
南无秦摩利辟支佛　南无月淨
南无善智辟支佛　南无脩陁
南无善法辟支佛　南无
南无語求辟支佛　南无
南无脩不著辟支佛　南无難
歸命如是等无量无邊辟支佛
礼三寶已次復懺悔
弟子等略懺煩惱障竟今當次
夫業能莊飾世趣在在處處
世解脫所以六道果報種種不
當知皆是業力所作所以佛
深凡夫之人多於此中好起疑或何以
現見世間行善之人觸向轗軻為惡
事諸偽謂言天下善惡无分如此計
不能深達業理何以故尒經中說言有
業何等為三一者現報二者生報三者後
現報業者現在作善作惡現身受報生
者此生作善作惡來生受報後報業者
過去无量生中作善作惡或於此生

BD05967號　佛名經（十六卷本）卷二　（18–15）

事諸偽謂言天下善惡无分如此計
不能深達業理何以故尒經中說言有
業何等為三一者現報二者生報三者後
現報業者現在作善作惡現身受報生
者此生作善作惡來生受報後報業者
過去无量生中作善作惡或於此生
在未來无量生中方受其報向者
現在見好此是過去生報後報善業孰
以現在有此樂果豈關現在作諸惡
好報行善之人現在見苦者是過去
報後報惡業熟故現在善根力弱不能
是故得此苦報豈關現在作善而招惡
以知然現見世間為善之者為人所讚
所尊重故知未來必招樂果過去既
惡業所以諸佛菩薩教令親近善行
悔善知識者於得道中則為令利是
等今日至誠歸依
東方无量離垢佛　南方樹根
西方蓮華自在佛　北方金剛能破佛
東南方慧幢義勝佛　西南方金海自在王佛
西北方无邊法自在王佛　東北方无㝵香象王佛
下方无㝵慧幢佛　上方甘露上王佛
如是十方盡虛空界一切三寶弟子等无始以
來至於今日積惡如恒沙造罪滿天地捨
身與受身不覺亦不知或作五逆深厚濁纏
无間罪業或造一闡提斷善根業輕誣佛語
謗方等業破滅三寶毀正法業不信罪福起

BD05967號　佛名經（十六卷本）卷二　（18–16）

下方无㝵慧幢佛　上方甘露上王佛
如是十方盡虗空界一切三寶弟子等无始以
来至於今日積惡如恒沙造罪滿天地捨
身與受身不覺亦不知或作五逆深厚濁纏
无間罪業或造一闡提斷善根業輕誣佛語
謗方等業破滅三寶毀正法業不信罪福起
十惡業迷真返正癡或之業不孝二親反戾
之業輕慢師長无禮敎業朋友不信不義之
業或作四重六重八重障聖道業毀犯五戒
破八齋業五邁七聚多數犯業優婆塞戒輕
重垢業或菩薩戒不能清淨如說行業前後
方便汙梵行業月无六齋懈怠之業年三長
齋不常循業三千威儀不如法業八万律儀
微細罪業不循身戒心慧之業春秋八王造
衆罪業行十六種惡律儀於業業衆生无慜
傷業不矜不念无矜慜業不救不濟无救護
業心懷嫉忌无度彼業於怨親境不平等業
耽荒五欲不厭離業因衣食園林池沼生蕩
逸業或以盛年放恣情欲造衆罪業或善有
漏迴向三有障出世業如是等業无量无邊
今日發露向十方佛尊法聖衆皆悉懺悔
願弟子等承是懺悔无間等罪諸業所生福
善願生生世世滅五逆罪除闡提或如是輕
重諸罪從今以去乃至道場誓不更犯恒習
出世清淨善法精持律行守護威儀如度海
者愛惜浮囊六度四等擲行首戒定慧
品轉得增明速成如来卅二相八十種好十力无
畏大悲三念常樂妙智八自在我礼一

BD05967號　佛名經（十六卷本）卷二　（18-17）

[illegible]
傷業不矜不念无矜慜業不救不濟无救護
業心懷嫉忌无度彼業於怨親境不平等業
耽荒五欲不厭離業因衣食園林池沼生蕩
逸業或以盛年放恣情欲造衆罪業或善有
漏迴向三有障出世業如是等業无量无邊
今日發露向十方佛尊法聖衆皆悉懺悔
願弟子等承是懺悔无間等罪諸業所生福
善願生生世世滅五逆罪除闡提或如是輕
重諸罪從今以去乃至道場誓不更犯恒習
出世清淨善法精持律行守護威儀如度海
者愛惜浮囊六度四等擲行首戒定慧
品轉得增明速成如来卅二相八十種好十力无
畏大悲三念常樂妙智八自在我礼一拜

佛名經卷第二

BD05967號　佛名經（十六卷本）卷二　（18-18）

南无大
南无光東
南无一切德華佛　南无多供養佛
南无无邊德王佛　南无增長善佛
南无師子龍奮迅佛　南无莎羅藏勝多王佛
南无觀諸法佛　南无法華智佛
南无時法清淨佛　南无堅固精進善稱佛
南无聲精進佛　南无大摩尼佛
南无山光明佛　南无清淨无垢藏佛
南无无垢月佛　南无清淨根佛
南无多智佛　南无能作智佛
南无廣智佛　南无力意佛
南无勝意佛　南无法堅固歡喜佛
南无堅固行自在佛　南无等須彌面佛
南无觀成就佛　南无清淨藏佛
南无烏自在佛　南无現摩業淨葉佛
南无智自在佛　南无精進奮迅佛
南无无等精進佛　南无世間自在佛

BD05968號　佛名經（十六卷本）卷一三　（33–1）

南无堅固行自在佛　南无等須彌面佛
南无觀成就佛　南无清淨藏佛
南无烏自在佛　南无現摩業淨葉佛
南无智自在佛　南无精進奮迅佛
南无无等精進佛　南无世間自在佛
南无法行廣意佛　南无福德成就佛
南无不怯弱成就佛　南无勝成就佛
南无龍觀佛　南无須彌積佛
南无作戒王佛　南无聚集寶佛
南无龍王聲佛　南无大智精進佛
南无无孤獨精進佛
從此以上九千七百佛十二部經一切賢聖
南无不減莊嚴佛　南无不動尼他佛
南无百功德莊嚴佛　南无自在諸相好稱佛
南无自在因陀羅月佛　南无法華山佛
南无法界莊嚴佛　南无滿足願佛
南无大師莊嚴佛　南无師子平等精進佛
南无脩行自在堅固佛　南无樂法脩行佛
南无勝慧佛　南无海步佛
南无大如脩行佛　南无高光明佛

BD05968號　佛名經（十六卷本）卷一三　（33–2）

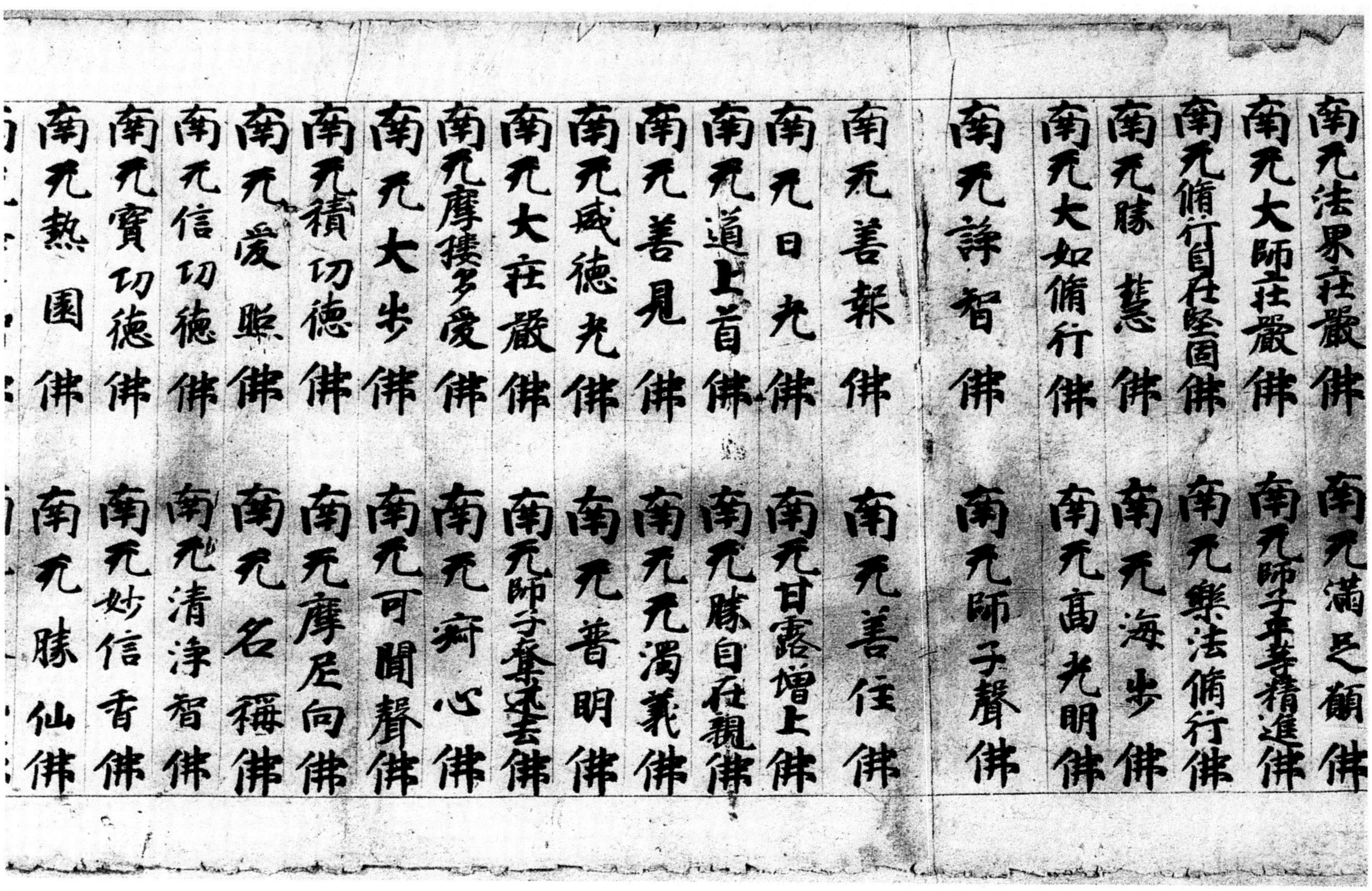

南无法界莊嚴佛　南无滿足願佛
南无大師莊嚴佛　南无師子平等精進佛
南无脩行自在堅固佛　南无樂法脩行佛
南无勝慧佛　南无海步佛
南无大如脩行佛　南无高光明佛
南无諍智佛　南无師子聲佛
南无善業佛　南无善住佛
南无日光佛　南无甘露增上佛
南无道上首佛　南无勝自在親佛
南无善見佛　南无无濁義佛
南无威德光佛　南无普明佛
南无大莊嚴佛　南无師子奮迅去佛
南无摩樓多愛佛　南无齊心佛
南无大步佛　南无可聞聲佛
南无積功德佛　南无摩尼向佛
南无愛照佛　南无名稱佛
南无信功德佛　南无清淨智佛
南无寶功德佛　南无妙信香佛
南无熱園佛　南无勝仙佛

BD05968號　佛名經（十六卷本）卷一三　（33–3）

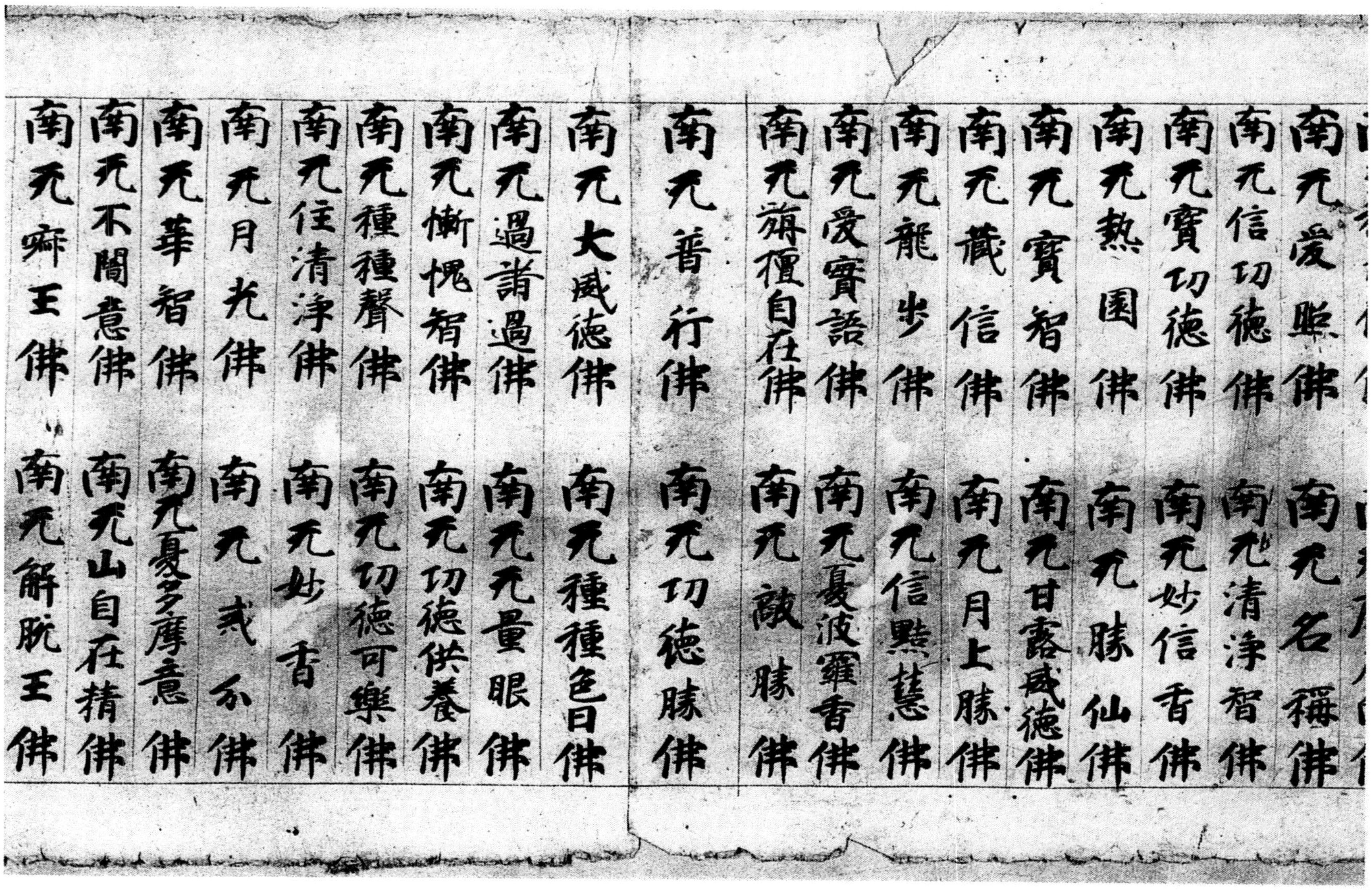

南无愛照佛　南无名稱佛
南无信功德佛　南无清淨智佛
南无寶功德佛　南无妙信香佛
南无熱園佛　南无勝仙佛
南无寶智佛　南无甘露威德佛
南无藏信佛　南无月上勝佛
南无龍步佛　南无信點慧佛
南无愛寶語佛　南无憂波羅香佛
南无蒱種自在佛　南无敵勝佛
南无普行佛　南无功德勝佛
南无大威德佛　南无種種色日佛
南无過諸過佛　南无无量眼佛
南无慚愧智佛　南无功德供養佛
南无種種聲佛　南无功德可樂佛
南无住清淨佛　南无妙香佛
南无月光佛　南无式分佛
南无華智佛　南无憂多摩意佛
南无不闇意佛　南无山自在精佛
南无齊王佛　南无解脫王佛

BD05968號　佛名經（十六卷本）卷一三　（33–4）

南无[illegible]佛　南无[illegible]香佛
南无月光佛　南无式分佛
南无華智佛　南无憂多摩意佛
南无不闇意佛　南无山自在精佛
南无瘀王佛　南无解脫王佛
南无阿隧弥留王佛　南无如意力釋去佛
南无娃阿提遮佛　南无不讃歎世間勝佛
南无法滌佛　南无寶星宿解脫王佛
南无白寶勝佛　南无法行自在佛
南无陁羅尼自在佛　南无阿難陁聲佛
從此以上九千八百佛十二部經一切賢聖
南无智步王佛　南无弥留平等奮迅王佛
南无智奮迅佛　南无法華通衢提佛
南无步波尼體佛　南无阿尼伽陁路摩勝佛
南无憂多羅勝法佛　南无大智念縛佛
南无闍伽提自在一切世間禮佛
南无見无畏佛　南无自畏作佛
南无自在量佛
舍利弗我見南方如是等无量佛種種名種種
娃種種佛國土汝等應當至心歸命舍利弗應當
歸命西方无量佛

BD05968號　佛名經（十六卷本）卷一三　（33-5）

南无見无畏佛　南无自畏作佛
南无自在量佛
舍利弗我見南方如是等无量佛種種名種種
娃種種佛國土汝等應當至心歸命舍利弗應當
歸命西方无量佛
南无阿娑羅娑娑羅華佛　南无摩訶沙口聲去佛
南无智勝增長稱佛　南无莎湯多波尸佛
南无歌羅毗羅奈華无佛　南无法行燈佛
南无无等勝佛　南无智奮迅名稱王佛
南无梵聲奮迅妙鼓聲佛　南无彼頭摩尸利藏眼佛
南无阿僧伽意炎佛　南无千月光明藏佛
南无樂法行佛　南无摩尼婆他九佛
南无師子廣明佛　南无十力生勝佛
南无智作佛　南无无邊精進降佛
南无一切諸怨佛　南无大勝起法佛
南无阿无荷見佛　南无无邊命佛
南无不利他意佛　南无觀法智佛
南无无号精進日善思惟奮迅王佛
南无无見佛　南无智見法佛
南无一切善根種子佛　南无憂多智勝發行功德佛

BD05968號　佛名經（十六卷本）卷一三　（33-6）

南无不利他意佛　南无觀法智佛
南无无号精進日善思惟奮迅王佛
南无无見佛　南无智見法佛
南无一切善根種子佛　南无叐多智勝發行功德佛
南无智香勝佛　南无智上尸弃王佛
南无福德勝智喜佛　南无不思議法華吼王佛
南无法清淨勝佛　南无不可思議稱留勝佛
南无能開法門佛　南无毗盧遮那法海香王佛
南无力王善住法王佛　南无勝力散一切惡王佛
南无見无邊樂佛　南无善化功德炎華王佛
南无見彼岸佛　南无善化莊嚴佛
南无見樂處佛　南无尼拘律王勝佛
南无妙勝佛　南无大力智思奮迅王佛
南无法樹提佛　南无堅固蓋成就佛
南无一切種智資生勝佛　南无入勝智自在山佛
南无一切世間得自在有橋梁勝佛
南无盡合勝佛　南无清淨戒功德王佛
南无波頭摩散湯㵼智多莊嚴佛
南无二勝聲功德佛　南无圓堅佛

南无一切世間得自在有橋梁勝佛
南无盡合勝佛　南无清淨戒功德王佛
南无波頭摩散湯㵼智多莊嚴佛
南无二勝聲功德佛　南无圓堅佛
南无力王佛　南无寶來尼大佛
南无大海稱留佛　南无勝王佛
南无不住佛　南无不空功德佛
南无稱遠離不濁王佛　南无虛空行佛
南无无号稱佛　南无聲山佛
南无不可思議長三昧稱佛　南无諸天梵王難見佛
南无示无義王佛　南无讙垢王佛
南无照功德佛　南无自在眼佛
南无智稱成就住佛　南无无障智成就佛
南无說决定義佛　南无莊嚴法燈妙稱佛
南无二寶法燈佛　南无火炎藏佛
南无自師子上身莊嚴佛　南无智寶因緣莊嚴佛
南无眼諸根清淨眼佛　南无善香隨香波頭摩佛
南无法佛　南无廣佛
從此以上九千九百佛十二部經一切賢聖
南无戒功德佛　南无常鏡佛

南无眼諸根清淨眼佛　南无善音隨音波頭摩佛
南无法佛　南无廣佛
從此以上九千九百佛十二部經一切賢聖
南无式功德佛　南无常鏡佛
南无隨順稱佛　南无法自在佛
南无如意莊嚴佛　南无藏佛
南无情會佛　南无思好義堅固願佛
南无一切德輪光佛　南无法吼智明佛
南无甘露光佛　南无无邊莊嚴佛
南无勝福田佛　南无善[illegible]諸佛法莊嚴佛
舍利弗西方如是等无量无邊佛汝當至心歸命
次礼十二部經大藏法輪
南无治身經　南无菩首章經
南无衆祐經　南无泓芳等經
南无獨居思惟自念經　南无長者須達經
南无獨思惟章中念聖經　南无无本經
南无檀若經　南无月明童子經
南无无憂施經　南无无思議孩童經
南无墮藍經　南无法律三昧經
南无給孤獨罣家門受施經　南无禪行法相經

南[illegible]經　南无无本經
南无檀若經　南无月明童子經
南无无憂施經　南无无思議孩童經
南无墮藍經　南无法律三昧經
南无給孤獨罣家門受施經　南无禪行法相經
南无法受塵經　南无頻多和多經
南无羅云母經　南无嚴調經
南无七處三觀經　南无貧女經
次礼十方諸大菩薩
南无金剛色世界法首菩薩　南无頗梨色世界智首菩薩
南无如寶色世界賢首菩薩　南无因陀羅世界法慧菩薩
南无蓮華世界一切慧菩薩　南无衆寶世界勝慧菩薩
南无憂鉢羅世界功德慧菩薩　南无妙行世界精進慧菩薩
南无善行世界善慧菩薩　南无徽音世界智慧菩薩
南无星宿世界真實菩薩　南无无歡慧世界无上慧菩薩
南无虛空世界堅固慧菩薩　南无衆寶金剛藏世界觀
勝法妙清淨王菩薩　南无无量慧世界功德菩薩
南无幢慧世界惠林菩薩　南无地慧世界勝林菩薩
南无燈慧世界慚愧林菩薩　南无金剛慧世界精進菩薩
南无安樂慧世界力成就林菩薩　南无日慧世界堅固林菩薩
南[illegible]

南无憧慧世界恵林菩薩　南无地慧世界勝林菩薩
南无燈慧世界慙愧林菩薩　南无金剛慧世界精進菩薩
南无安樂慧世界力成就林菩薩　南无日慧世界堅固林菩薩
南无清淨慧世界梵林菩薩　南无梵慧世界智菩薩
次礼聲聞緣覺一切賢聖
南无善吉辟支佛　南无不可心辟支佛
南无善住辟支佛　南无无比辟支佛
南无憍慢辟支佛　南无勳多辟支佛
南无斷愛辟支佛　南无耳辟支佛
南无心得解脫辟支佛　南无優波耳辟支佛
南无吉辟支佛　南无善摩辟支佛
歸命如是等无量无邊辟支佛
礼三寶已次復懺悔
已懺地獄報竟今當復次懺悔三惡道報經中佛
説多欲之人多求利故苦惱亦多足之人雖卧地
上猶以為樂不知足者雖處天堂猶不稱意但世
間人忽有急難便能捨財不計多少而不知此身
臨於三塗深坑之上一息不還便應墮落忽有知
識勸營功德令脩未來善法貪報執心慳心无
肯作理夫如此者猴為凰或可以故尒經中佛說

間人忽有急難便能捨財不計多少而不知此身
臨於三塗深坑之上一息不還便應墮落忽有知
識勸營功德令脩未來善法貪報執心慳心无
肯作理夫如此者猴為凰或何以故尒經中佛說
生時不賫一文而來死亦不持一文而去苦身積
聚為之憂惱於已无益徒為他有无善可恃无
德可怙致使命終墮諸惡道是故弟子等今
日稽顙懇到歸依佛
南无東方大光明曜佛　南无南方虛空住佛
南无西方金剛步佛　南无北方无邊力佛
南无東南方无邊王佛　南无西南方壞諸怨賊佛
南无西北方離垢光佛　南无東北方金色光香佛
南无下方師子遊戲佛　南无上方月憧王佛
如是十方盡虛空界一切三寶至心歸命常住三寶
弟子等今日次復懺悔畜生道中无量罪
報懺悔畜生道中負重牽犁償他宿債罪報懺
悔畜生道中不得自在為他斫刺屠割罪報懺悔
畜生道中无足二足四足多足罪報懺悔畜生道
中身諸毛羽鱗甲之內為諸小虫之所唼食罪報
[illegible]懺悔

報懺悔畜生道中負重牽犁償他宿債罪報懺
悔畜生道中不得自在為他所刺屠割罪報懺悔
畜生道中无足二足四足多足罪報懺悔畜生道
中身諸毛羽鱗甲之內為諸小虫之所唼食罪報
如是畜生道中有无量罪今日至誠皆悉懺悔
至心歸命常住三寶
次復懺悔餓鬼道中長飢罪報懺悔餓鬼百千万
歲初不曾聞漿水之名罪報懺悔餓鬼食噉膿血糞
穢罪報懺悔餓鬼動身之時一切支節火燃罪報
懺悔餓鬼腹大咽小罪報如是餓鬼道中无量苦
報今日稽顙皆悉至心頂礼常住三寶
次復懺悔一切鬼神脩羅道中諂誑罪報懺
悔鬼神道中擔沙負石填河塞海罪報懺悔鬼神
羅剎鳩槃荼等諸惡鬼神生噉肉血受此醜陋罪
報如是鬼神道中无量无邊一切罪報今日稽顙
向十方佛大地菩薩求哀懺悔悉令消滅至心頂礼
常住三寶　願弟子等承是懺悔畜生等報
所生功德生生世世滅愚癡垢自識業緣智慧明照
斷惡道身願以懺悔餓鬼等報所生功德生生世
世永離慳貪飢渴之苦常飡甘露解脫之味願以

向十方佛大地菩薩求哀懺悔悉令消滅至心頂礼
常住三寶　願弟子等承是懺悔畜生等報
所生功德生生世世滅愚癡垢自識業緣智慧明照
斷惡道身願以懺悔餓鬼等報所生功德生生世
世永離慳貪飢渴之苦常飡甘露解脫之味願以
懺悔鬼神脩羅等報所生功德生生世世質直无諂
離耶命因除醜陋果福利人天願弟子等從今以去
乃至道場決定不受四惡道報唯除大悲為衆生
故以誓願力處之无猒至心頂礼常住三寶
舍利弗汝當至心歸命北方佛
南无勝藏佛　南无自在藏佛
南无无邊華龍俱稱摩王佛　南无降伏諸魔勇猛佛
南无定諸魔佛　南无法像佛
南无功德勝佛　南无山降伏佛
南无法王佛　南无普恭敬燈佛
從此以上一万佛十二部經一切賢聖
南无他勝佛　南无成就如來家佛
南无一切寶成就佛　南无陁羅尼文句決定義佛
南无恩自在王佛　南无成就一切稱佛
南无三世智自在佛　南无勝歸依德善住佛
[illegible]

南无他勝佛　南无成就如來家佛
南无一切寶成就佛　南无陁羅尼文句决定義佛
南无忍自在王佛　南无成就一切稱佛
南无三世智自在佛　南无勝歸依德善住佛
南无種種摩尼光佛　南无勝切德佛
南无佛切德勝佛　南无无餘證佛
南无得佛眼佛　南无隨過去佛
南无大慈成就悲勝佛　南无住師子智佛
南无无量衆生住寶際王佛　南无自家法得成就佛
南无大智莊嚴身佛　南无智稱佛
南无佛法首佛　南无一切衆生德佛
南无過一切法聞佛　南无自在因陁羅佛
南无滿足意佛　南无大瑠璃佛
南无菩提光明佛　南无不可思議法智光明佛
南无真實不空王佛　南无不染波頭摩幢佛
南无法財聲王佛　南无釋法善知稱佛
南无智髻劫佛　南无佛眼清淨分陁利佛
南无智自在稱佛　南无斷无邊疑佛
南无衆生方便自在王佛　南无无邊覺奮迅无畏思惟佛
南无法行地善住佛　南无普衆生界廣佛

BD05968 號　佛名經（十六卷本）卷一三　（33–15）

南无智髻劫佛　南无佛眼清淨分陁利佛
南无智自在稱佛　南无斷无邊疑佛
南无衆生方便自在王佛　南无无邊覺奮迅无畏思惟佛
南无法行地善住佛　南无普衆生界廣佛
南无降伏諸魔力堅固佛　南无天王自在寶合王佛
南无如寶脩行藏佛　南无能生一切歡喜月見佛
南无大迅覺迅佛　南无種種摩尼聲吼王佛
南无佛土莊嚴身佛　南无智根本華幢佛
南无化身无量稱佛　南无一切龍摩尼藏佛
南无法聲自在佛　南无法甘露莎剎柰佛
南无无邊寶福德藏佛　南无清淨華行佛
南无大法王華勝佛　南无一切盡无盡藏佛
南无花山藏佛　南无智虛空山佛
南无智力不可破壞佛　南无无量堅固隨順智佛
南无无邊大海藏佛　南无智王无盡稱佛
南无奮迅心意王佛　南无自清淨智佛
南无智自在法王佛　南无勝行佛
南无金剛見佛　南无法滿足隨香見佛
南无龍月佛　南无日陁羅園佛
南无无量王佛　南无寶因陁羅輪王佛

BD05968 號　佛名經（十六卷本）卷一三　（33–16）

南无[illegible]佛　南无自[illegible]佛
南无智自在法王佛　南无勝行佛
南无金剛見佛　南无法滿足之隨香見佛
南无龍月佛　南无目陁羅園佛
南无无导王佛　南无寶因陁羅輪王佛
南无能生一切衆生敬稱佛　南无大威德光明輪王佛
南无无障导波羅佛　南无无垢語佛
南无放光明佛　南无山力月藏佛
南无心自在王佛　南无堅固无畏上首佛
南无堅固勇猛寶佛　南无堅固心善住王佛
南无能破闇障王佛　南无勝丈夫分陁利佛
南无百聖藏佛　南无妙蓮華藏佛
南无見平等法身佛　南无衆生月佛
南无師子去佛　南无大威德佛
南无妙聲佛　南无无邊光佛
南无勝首佛　南无樂聲佛
南无見寶佛　南无清稱佛
從此以上一万一百佛十二部經一切賢聖
南无師子慧佛　南无德聲佛
南无脩樓毗香佛　南无電燈佛
南无波頭摩光佛　南[无火光佛]

BD05968號　佛名經（十六卷本）卷一三　（33–17）

南无見寶佛　南无清稱佛
從此以上一万一百佛十二部經一切賢聖
南无師子慧佛　南无德聲佛
南无脩樓毗香佛　南无電燈佛
南无波頭摩光佛　南无火光佛
南无梵聲佛　南无无疑佛
南无无邊勢力佛　南无月面佛
南无无邊光佛　南无愛威德佛
南无散疑佛　南无一切德燈佛
南无不藏威德佛　南无无邊藏佛
南无光明奮迅王佛　南无廣稱佛
南无遠離幢佛　南无增長聖佛
南无普見佛　南无不可勝佛
南无堅固步佛　南无威德聚佛
南无摩尼勝稱佛　南无无邊色佛
南无大光明佛　南无妙聲佛
南无不動步佛　南无无邊莊嚴佛
南无大清淨佛　南无威德聚光明佛
南无住智佛　南无堅佛
南无愛解脫佛　南无愛无畏佛

BD05968號　佛名經（十六卷本）卷一三　（33–18）

南无大光明佛　南无妙聲佛
南无不動步佛　南无无邊莊嚴佛
南无大清淨佛　南无威德聚光明佛
南无任智佛　南无堅佛
南无愛解脫佛　南无愛无畏佛
南无甘露藏佛　南无普觀察佛
南无大脩行佛　南无細威德佛
南无十方恭敬佛　南无光明勝佛
南无重說佛　南无光明莊嚴佛
南无師子奮迅佛　南无善見佛
南无甘露步佛　南无月光明佛
南无功德稱佛　南无去根佛
南无清淨聲佛　南无无尋輪佛
南无甘露聲佛　南无衆生可敬佛
南无如意威德佛　南无无邊色佛
南无大力佛　南无決莊嚴佛
南无普照觀佛　南无奮迅德佛
南无妙色佛　南无稱意佛
南无寶莊嚴佛　南无高光明佛
南无解脫步佛　南无功德莊嚴佛
[illegible]

BD05968號　佛名經（十六卷本）卷一三　（33–19）

南无普照觀佛　南无奮迅德佛
南无妙色佛　南无稱意佛
南无寶莊嚴佛　南无高光明佛
南无解脫步佛　南无功德莊嚴佛
南无畢竟智佛　南无生難兜佛
南无不動智佛　南无生難兜佛
南无妙色佛　南无色佛
南无大聲佛　南无善思惟佛
南无功德華佛　南无思惟世間佛
南无大高光佛　南无无譬喻奮迅佛
南无清淨覺佛　南无无月重佛
南无月燈佛　南无无邊光佛
南无種種日佛　南无天城佛
南无心清淨佛　南无波頭摩藏佛
南无常擇智佛　南无師子聲佛
南无无邊光佛　南无勝聲佛
南无可樂意智光佛　南无功德光佛
南无自在光佛　南无淨嚴身佛
南无无濁義佛　南无應威德佛
[illegible]

BD05968號　佛名經（十六卷本）卷一三　（33–20）

南无可樂意賀光佛　南无切德光佛
南无自在光佛　南无淨嚴身佛
南无濁義佛　南无應威德佛
南无氏飢義智佛　南无得大聲佛
南无婆藪陁聲佛　南无壽哆光佛
從此以上一万二百佛十二部經一切賢聖
南无決定思惟佛　南无薩遮娑羅佛
南无鳴闍光明佛　南无毗弗彼威德佛
南无長多羅魔吒佛　南无夜舍難兜佛
南无切德清淨佛　南无法燈佛
南无勝功德佛　南无仙荷波提愛面佛
南无心荷步去佛　南无思惟衆生佛
南无莎伽羅智佛　南无波頭摩藏佛
南无蓋仙佛　南无莎羅王佛
南无脩利耶光佛　南无菩提味佛
南无寂諸根光佛　南无婆羅光佛
南无芥陁利光佛　南无祢留光佛
南无稱陁面佛　南无莎利荼去佛
南无諸方眼佛　南无法光明佛
南无尸羅波散那佛　南无阿難陁智佛

BD05968號　佛名經（十六卷本）卷一三　（33-21）

南无芥陁利光佛　南无祢留光佛
南无稱陁面佛　南无莎利荼去佛
南无諸方眼佛　南无法光明佛
南无尸羅波散那佛　南无阿難陁智佛
南无阿難陁色佛　南无地荼毗梨邪佛
南无提婆祢多佛　南无莎湯多智佛
南无寂靜光佛　南无摩羅舍威德佛
南无善分若提他佛　南无稱聖佛
南无稱幢佛　南无輪面佛
南无普清淨佛　南无摩訶提闍佛
南无阿羅訶應佛　南无優多那勝佛
南无悉達他思惟佛　南无愛供養佛
南无三湯多護佛　南无尼祢佛
南无信菩提佛　南无破意佛
南无出智佛　南无勝聲佛
南无質多羅婆羅佛　南无祢荷聲佛
南无大炎奮陁佛　南无勝狗吒佛
南无阿舒加愛佛　南无國土佛
南无師子難提狗沙佛　南无阿難陁波頭佛
南无見愛佛　南无波提波王佛

BD05968號　佛名經（十六卷本）卷一三　（33-22）

南无大炎奮陁佛　南无勝拘吒佛
南无阿舒加愛佛　南无國土佛
南无師子難提拘沙佛　南无阿難陁波頭佛
南无見愛佛　南无波提波王佛
南无勝難兜佛　南无方聞聲佛
南无愛明佛　南无翔陁難兜佛
南无阿婆夜達多佛　南无耶剎多王佛
南无蘇摩提婆佛　南无日光明佛
南无大稱佛　南无真聲佛
南无訖愛佛　南无稱憂多羅佛
南无摩頭羅光明佛　南无脩佉聲佛
南无質多意佛　南无婆藪陁清淨佛
南无瞬瞋佛　南无破意佛
南无宿王佛　南无毗伽陁畏佛
南无勝憂多摩佛　南无彼薩那智佛
南无慈勝種光佛　南无普見佛
南无見月佛　南无降伏諸魔威德佛
南无摩訶羅佛　南无心荷步去佛
南无樂光佛　南无普讓佛
南无清淨意佛　南无成就義佛

BD05968號　佛名經（十六卷本）卷一三　（33–23）

南无見月佛　南无降伏諸魔威德佛
南无摩訶羅佛　南无心荷步去佛
南无樂光佛　南无普讓佛
南无清淨意佛　南无成就義佛
南无香山佛　南无摩尼清淨佛
南无功德光佛　南无日光佛
南无成就光佛　南无見愛佛
南无善思惟佛　南无婆濕多見佛
從此以上一万三百佛十二部經一切賢聖
南无師子幢佛　南无普行佛
南无大步佛　南无阿羅頻頭波頭摩眼佛
南无日光佛　南无阿称多清淨佛
南无阿難多獲波佛　南无蓋天佛
南无羅多那光佛　南无莎羅梯羅多佛
南无善見佛　南无親味佛
南无婆耆羅莎佛　南无脩利耶那那佛
南无无障㝵眼佛　南无莎荷去佛
南无大然燈佛　南无盧荷伽佛
南无清淨功德佛　南无功德藏佛
南无法佛　南无摩擾多愛佛

BD05968號　佛名經（十六卷本）卷一三　（33–24）

南无无障㝵眼佛　南无莎荷去佛
南无大然燈佛　南无盧荷伽佛
南无清淨功德佛　南无功德藏佛
南无法佛　南无摩婁多愛佛
南无阿婆邪愛佛　南无慧幢佛
南无威德光佛　南无月德佛
南无求那婆藪佛　南无无邊光佛
南无安樂佛　南无彌維兜佛
南无光明吼佛　南无善功德佛
南无勝雞兜佛　南无那羅延佛
南无寶清淨佛　南无普心佛
南无善意佛
南无不量威德佛　南无師子蹲佛
南无光明意佛　南无那羅延天佛
南无薩遮雞兜佛　南无善住意佛
南无阿彌多天佛　南无大慧德佛
南无大幢佛　南无光明日佛
南无法佛　南无善法佛
南无旃陁婆堯佛　南无菴摩羅勝佛

BD05968號　佛名經（十六卷本）卷一三　（33-25）

南无大幢佛　南无光明日佛
南无法佛　南无善法佛
南无旃陁婆堯佛　南无菴摩羅勝佛
南无解脫觀佛　南无羅多那光佛
南无无羅聲佛　南无普心擇佛
南无成就光佛　南无甘露眼佛
南无彌愛佛　南无善讓佛
南无天信佛　南无善量步佛
南无提婆多羅佛　南无深智佛
南无斯那步佛　南无旃陁䟦陁佛
南无提闍積佛　南无大勝佛
南无大步佛　南无闍耶天佛
南无憂達他意佛　南无質多身佛
南无師子聲佛　南无信提舍那佛
南无智光佛　南无拘蘇摩提闍佛
南无提闍羅尸佛　南无如意光佛
南无无邊威德佛　南无无邊光佛
南无勝藏佛　南无盧遮那稱佛
南无寶雞兜佛　南无耶伽提闍佛

BD05968號　佛名經（十六卷本）卷一三　（33-26）

南无智光佛　南无狗蘇摩提闍佛
南无提闍羅尸佛　南无如意光佛
南无无邊威德佛　南无无邊光佛
南无勝藏佛　南无盧遮那稱佛
南无寶雞兜佛　南无耶伽提闍佛
南无日雞兜佛　南无摩訶彌留佛
南无摩訶頻荷佛　南无世間得名佛
南无耶伽德佛　南无憂多摩稱佛
南无成就義步佛　南无提婆摩醯多佛
次礼十二部經大藏法輪
南无決德持經　南无七智經
南无阿祇經　南无七車經
南无耆闍崛山解經　南无留多經
南无未生王經　南无三乘經
從此以上一万四百佛十二部經一切賢聖
南无便賢者嫡經　南无颰陁海過經
南无三轉月明經　南无聽施經
南无是時自梵自守經　南无三品脩行經
南无句義經　南无鷹王經
南无須摩經　南无弘道三昧經

BD05968號　佛名經（十六卷本）卷一三　（33–27）

南无三轉月明經　南无聽施經
南无是時自梵自守經　南无三品脩行經
南无句義經　南无鷹王經
南无須摩經　南无弘道三昧經
南无義決律經　南无須耶越國貧人經
南无齋經　南无等入法嚴經
次礼十方諸大菩薩
南无堅固寶世界金剛幢菩薩
南无堅固寶王世界勇猛幢菩薩
南无堅固樂世界堅固幢菩薩
南无堅固金世界夜光幢菩薩
南无堅固摩世界智幢菩薩
南无堅固金剛世界寶幢菩薩
南无堅固蓮華世界精進幢菩薩
南无堅固青蓮華世界離垢幢菩薩
南无堅固旃檀世界宜寶菩薩
南无堅固香世界法幢菩薩
南无南方善思議菩薩
現在西方菩薩名
南无善去世界成一切利菩薩

BD05968號　佛名經（十六卷本）卷一三　（33–28）

南无堅固香世界法幢菩薩
南无南方善思議菩薩
現在西方菩薩名
南无善去世界成一切利菩薩
南无善去世界金光齊菩薩
南无寶樹世界精進首菩薩
南无寶揚世界明首菩薩
南无善觀照世界思於大衆菩薩
南无无優世界普曜菩薩
南无香勝離垢光明世界普智光明惠燈菩薩
南无金剛慧世界淨光菩薩　南无善行世界无勝意菩薩
南无善吉世界明星菩薩　南无寶樹世界光言菩薩
南无歡喜世界蓮華菩薩　南无歡喜世界山王菩薩
次礼聲聞緣覺一切賢聖
南无十同名婆羅辟支佛　南无大身辟支佛
南无同菩提辟支佛　南无摩訶界辟支佛
南无心上辟支佛　南无騃淨辟支佛
南无善伏辟支佛　南无園施辟支佛
南无吉沙辟支佛　南无優波吉沙辟支佛

BD05968號　佛名經（十六卷本）卷一三　（33–29）

南无十同名婆羅辟支佛　南无大身辟支佛
南无同菩提辟支佛　南无摩訶界辟支佛
南无心上辟支佛　南无騃淨辟支佛
南无善伏辟支佛　南无園施辟支佛
南无吉沙辟支佛　南无優波吉沙辟支佛
南无斫有辟支佛　南无優波羅辟支佛
南无斫愛辟支佛　南无施婆羅辟支佛
礼三寶已次復懺悔
已懺三塗等報今當復次稽顙懺悔人天餘報
相与禀此閻浮壽命雖曰百歲滿者无幾於其
中間夭年枉天其數无量但有衆苦煎迫形心愁
憂怖懼未曾暫離如此皆是善根微弱惡業滋
多致使現在心有所爲皆不稱意當知悉是過去
已來惡業餘報是故弟子今日至誠歸依佛
南无東方蓮華上佛　南无南方調伏佛
南无西方无量明佛　南无北方勝諸根佛
南无東南方蓮華尊佛　南无西南方无量華佛
南无西北方自在智佛　南无東北方香蓮華花德佛
南无下方分別佛　南无上方伏怨智佛
如是十方盡虛空界一切三寶至心歸命常住三寶

BD05968號　佛名經（十六卷本）卷一三　（33–30）

南无西方无量明佛　南无北方勝諸根佛
南无東南方蓮華尊佛　南无西南方无量華佛
南无西北方自在智佛　南无東北方垂蓮華花德佛
南无下方分別佛　南无上方伏怨智佛
如是十方盡虛空界一切三寶至心歸命常住三寶
弟子等无始以來至於今日所有現在及以未來人之
中无量餘報流殃宿對瘂殘百疾六根不具罪
報懺悔人間邊地邪見三惡八難罪報懺悔人間多
病消瘦促命夭枉罪報懺悔人間六親眷屬不能
得常相保守罪報懺悔人間親舊朋友愛別離苦
罪報懺悔人間怨家聚會愁憂怖畏罪報懺悔
人間水火盜賊刀兵危險驚恐怯弱罪報懺悔人間
孤獨困苦流離波迸亡失國土罪報懺悔人間牢獄
繫閉幽執倒立鞭撻考楚抂理不中罪報懺悔
人間公私口舌更相羅染更相誣謗罪報懺悔人間
惡病連年累月不差枕臥床席不能起居罪報
懺悔人間冬溫夏疫毒厲傷寒罪報懺悔人間賊
風腫滿悶塞罪報懺悔人間為諸惡神伺求其便
欲作禍崇罪報懺悔人間有鳥鳴百怪飛屍邪鬼
為作妖異罪報懺悔人間為虎豺狼水陸一切諸
惡禽獸所傷罪報懺悔人間自經自剋自煞罪報

BD05968號　佛名經（十六卷本）卷一三　（33–31）

……床席不能起居罪報
懺悔人間冬溫夏疫毒厲傷寒罪報懺悔人間賊
風腫滿悶塞罪報懺悔人間為諸惡神伺求其便
欲作禍崇罪報懺悔人間有鳥鳴百怪飛屍邪鬼
為作妖異罪報懺悔人間為虎豺狼水陸一切諸
惡禽獸所傷罪報懺悔人間自經自剋自煞罪報
投樹赴水自沉自墜罪報懺悔人間无有威德名
聞罪報懺悔人間衣服資生不稱心罪報懺悔人
間行來出入有所云為值惡知識為作留難罪報
如是現在未來人天之中无量禍橫災疫厄難衰
惱罪報弟子今日向十方佛尊法聖僧求哀懺悔
至心頂禮常住三寶
願弟子等承是懺悔人天餘報所生功德願弟子
現身福命長遠禍橫消滅多餘七珎眷屬成就於
未來世在在處處遠離八難常生中國見佛聞
法信受教誨截生死險道輪轉種植无上之根栽
身心自在无諸緣鄣智慧方便所作不空衆生
見者畢定作佛至心頂禮常住三寶

佛名經卷第十三

BD05968號　佛名經（十六卷本）卷一三　（33–32）

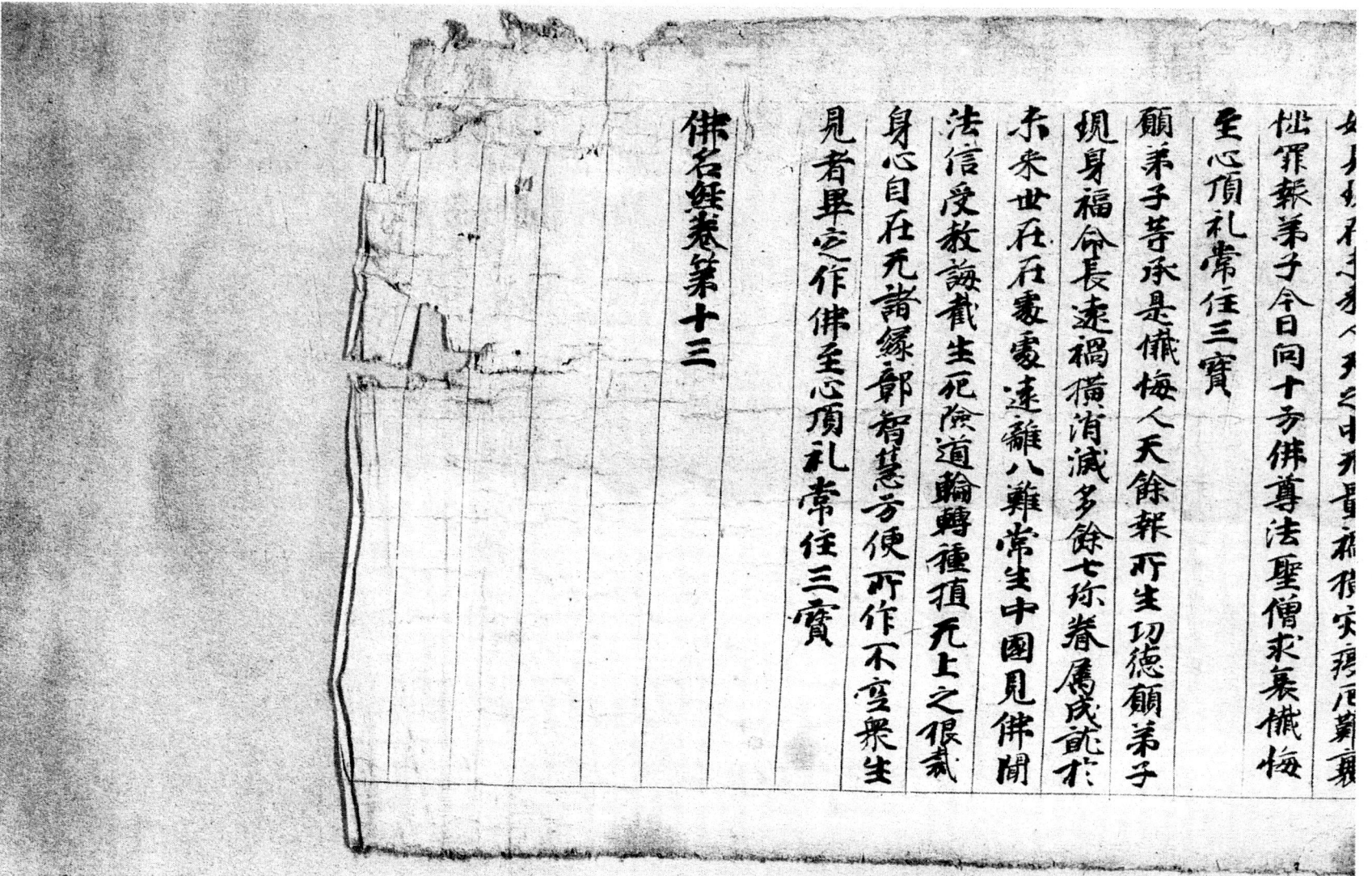

如是如在之衆〻天之中无量福[illegible]
拙罪報弟子今日向十方佛尊法聖僧求哀懺悔
至心頂礼常住三寶
願弟子等承是懺悔〻天餘報所生功德願弟子
現身福命長遠禍横消滅多餘七珎眷屬成就於
未來世在在處處遠離八難常生中國見佛聞
法信受教誨截生死險道輪轉種殖无上之根栽
身心自在无諸緣鄣智慧方便所作不空衆生
見者畢定作佛至心頂礼常住三寶

佛名經卷第十三

BD05968 號　佛名經（十六卷本）卷一三　（33–33）

地[illegible]
化我苦
之人不稱
子辟如孩兒[illegible]
母去者便生[illegible]
生善善男子我今[illegible]
業緣受報好醜故服[illegible]
衆生而說偈言
水流不常滿　火盛不久燃　日出須[illegible]
尊榮豪貴者　无常復過此　念當勤[illegible]
尒時世尊說斯偈已諸受罪衆生
尊作何善行得離斯苦佛言當勤
母敬事師長歸奉三尊懃行布施持
精進禪定智慧慈悲喜捨惡親平等[illegible]
无二不欺孤老不輕下賤護彼如己汝等
能如是循行則為已得報佛之恩永離衆

BD05969 號　罪業應報教化地獄經　（2–1）

尊榮豪貴者　无常復過此　念當勤
介時世尊說斯偈已諸受罪衆生
尊作何善行得離斯苦佛言當勤
毋敬事師長歸奉三尊懃行布施持
精進禪定智慧慈悲喜捨慈親平等因
无二不欺孤老不輕下賤護彼如己汝若
能如是循行則為已得報佛之恩永離衆
苦說是經已菩薩摩訶薩即得阿耨多羅
三藐三菩提聲聞緣覺即得六通三明解脫
有得法眼淨者若有衆生得聞是經不墮
三塗八難之處地獄休息苦痛安寧信相菩
薩白佛言當何名此經云何奉持佛告信
相菩薩善男子此經名罪業應報教化地獄
經當奉持之廣令流布功德无量諸大衆聞
經歡喜五體投地作礼奉行

罪業應報教化地獄經一卷

BD05969號　罪業應報教化地獄經　（2–2）

根五力七等覺支八聖道支空亦有出住然
四正斷空乃至八聖道支空不能從三界中
出亦不能至一切智智中住何以故四正斷
空四正斷空自性空乃至八聖道支空八聖
道支空自性空故善現諸有欲令無相之法
有出住者則為欲令乃至佛十力空亦有出
住然佛十力空不能從界中出亦不能至
一切智智中住何以故佛十力空佛十力空
自性空故善現諸有欲令無相之法有出住
者則為欲令四無所畏四無礙解大慈大悲
大喜大捨十八佛不共法空亦有出住然四
無所畏乃至十八佛不共法空不能從三界
中出亦不能至一切智智中住何以故四無
所畏空四無所畏空自性空乃至十八佛不
共法空十八佛不共法空自性空故善現諸

BD05970號　大般若波羅蜜多經卷四一六　（2–1）

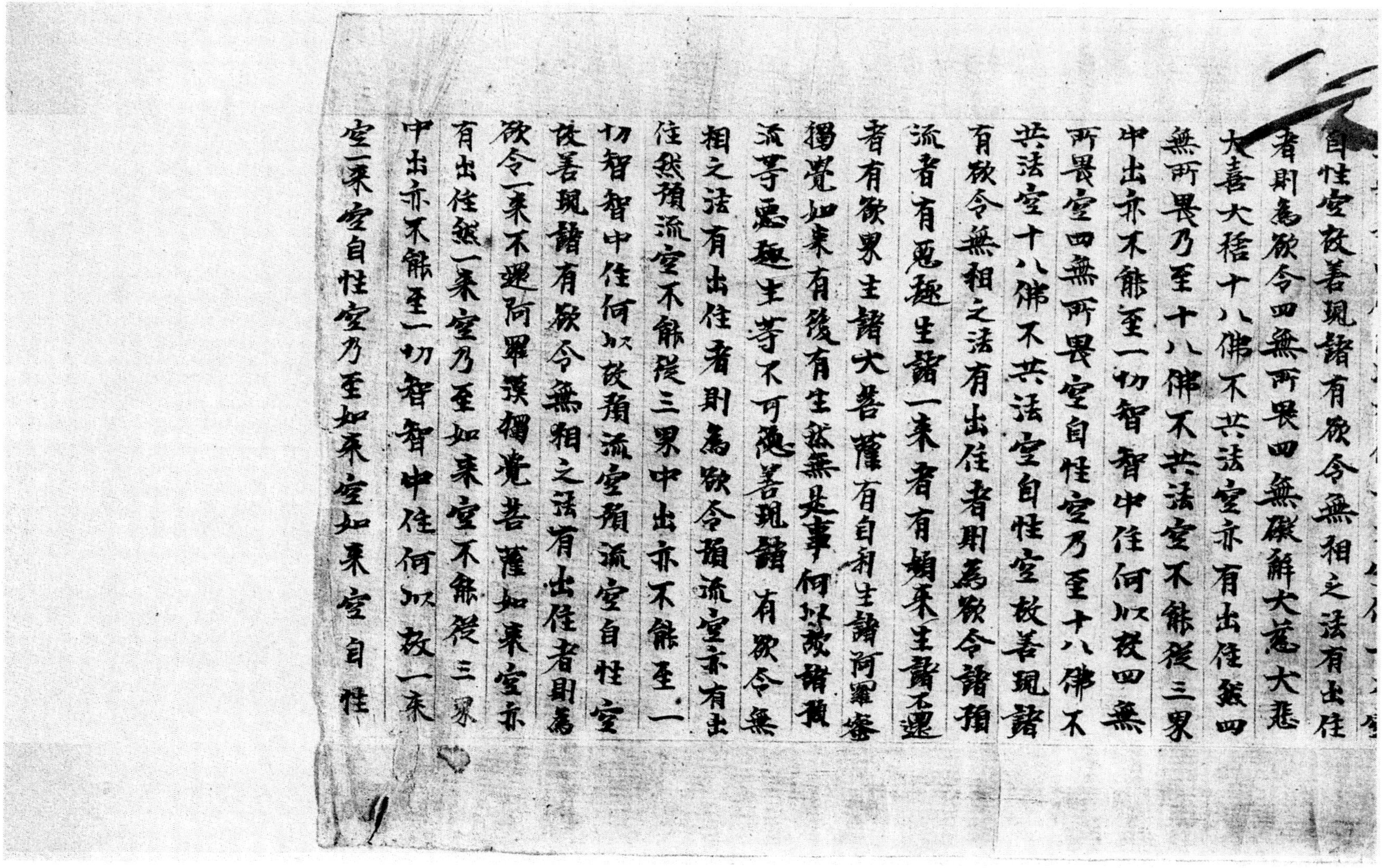
自性空故善現諸有欲令無相之法有出住
者則為欲令四無所畏四無礙解大慈大悲
大喜大捨十八佛不共法空亦有出住然四
無所畏乃至十八佛不共法空不能從三界
中出亦不能至一切智智中住何以故四無
所畏空四無所畏空自性空乃至十八佛不
共法空十八佛不共法空自性空故善現諸
有欲令無相之法有出住者則為欲令諸預
流者有惡趣生諸一來者有頻來生諸不還
者有欲界生諸大菩薩有自利生諸阿羅漢
獨覺如來有後有生然無是事何以故諸預
流等惡趣生等不可得故善現諸有欲令無
相之法有出住者則為欲令預流空亦有出
住然預流空不能從三界中出亦不能至一
切智智中住何以故預流空預流空自性空
故善現諸有欲令無相之法有出住者則為
欲令一來不還阿羅漢獨覺菩薩如來空亦
有出住然一來空乃至如來空不能從三界
中出亦不能至一切智智中住何以故一來
空一來空自性空乃至如來空如來空自性

BD05970號　大般若波羅蜜多經卷四一六　（2–2）

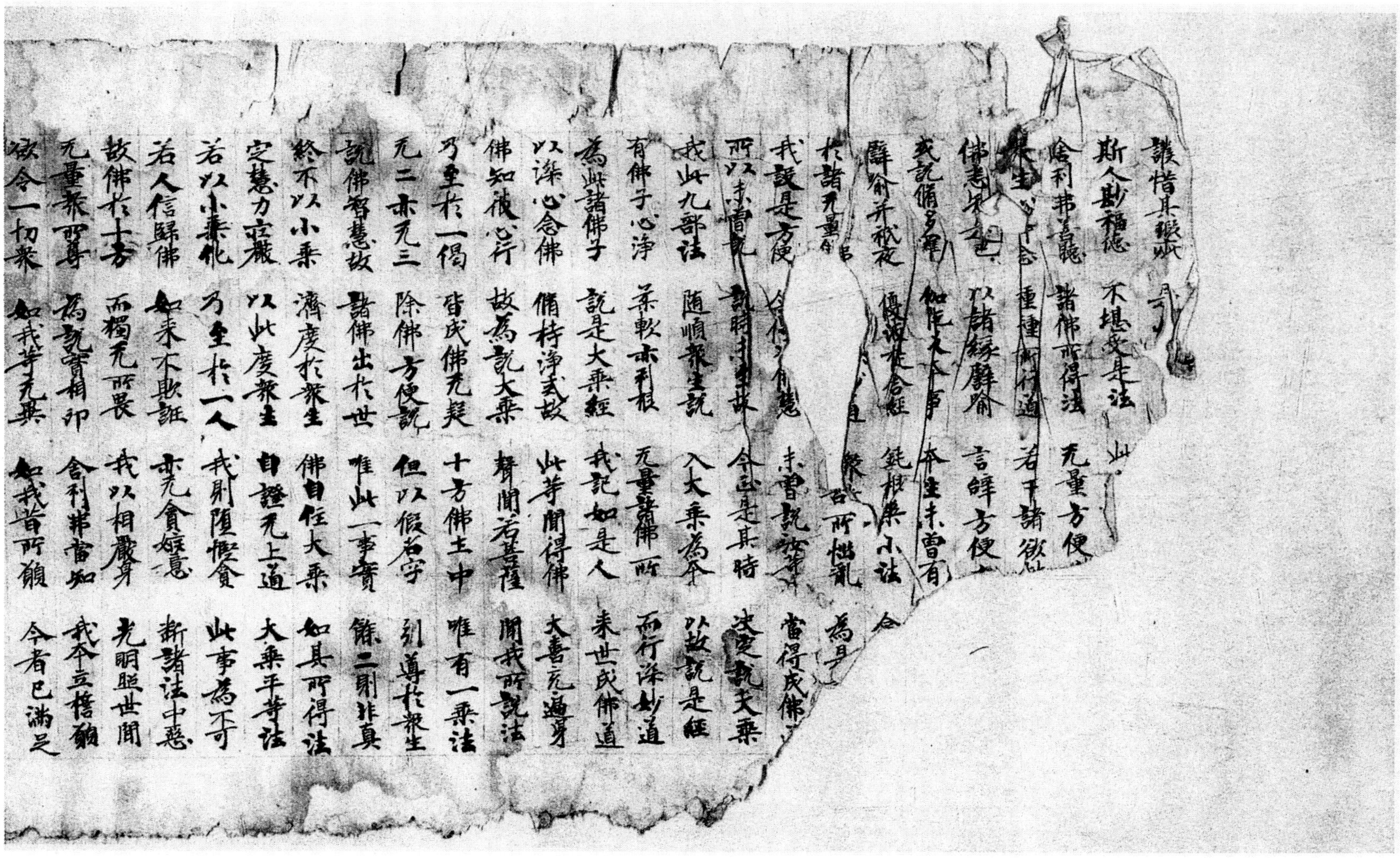
護惜其瑕疵 [illegible]
斯人尠福德　不堪受是法　此[illegible]
舍利弗善聽　諸佛所得法　无量方便[illegible]
[illegible]　種種所行道　若干諸欲[illegible]
佛悉知是已　以諸緣譬喻　言辭方便[illegible]
或說修多羅　伽陀及本事　本生未曾有
亦說於因緣　譬喻并祇夜　優波提舍經　鈍根樂小法
於諸无量[illegible]　[illegible]所惱亂　為是[illegible]
我設是方便　[illegible]　未曾說汝等　當得成佛道
所以未曾說　說時未至故　今正是其時　決定說大乘
我此九部法　隨順衆生說　入大乘為本　以故說是經
有佛子心淨　柔軟亦利根　无量諸佛所　而行深妙道
為此諸佛子　說是大乘經　我記如是人　來世成佛道
以深心念佛　修持淨戒故　此等聞得佛　大喜充遍身
佛知彼心行　故為說大乘　聲聞若菩薩　聞我所說法
乃至於一偈　皆成佛无疑　十方佛土中　唯有一乘法
无二亦无三　除佛方便說　但以假名字　引導於衆生
說佛智慧故　諸佛出於世　唯此一事實　餘二則非真
終不以小乘　濟度於衆生　佛自住大乘　如其所得法
定慧力莊嚴　以此度衆生　自證无上道　大乘平等法
若以小乘化　乃至於一人　我則墮慳貪　此事為不可
若人信歸佛　如來不欺誑　亦无貪嫉意　斷諸法中惡
故佛於十方　而獨无所畏　我以相嚴身　光明照世間
无量衆所尊　為說實相印　舍利弗當知　我本立誓願
欲令一切衆　如我等无異　如我昔所願　今者已滿足

BD05971號　妙法蓮華經卷一　（6–1）

終不以小乘 濟度於眾生 佛自住大乘 如其所得法
定慧力莊嚴 以此度眾生 自證无上道 大乘平等法
若以小乘化 乃至於一人 我則墮慳貪 此事為不可
若人信歸佛 如來不欺誑 亦无貪嫉意 斷諸法中惡
故佛於十方 而獨无所畏 我以相嚴身 光明照世間
无量眾所尊 為說實相印 舍利弗當知 我本立誓願
欲令一切眾 如我等无異 如我昔所願 今者已滿足
化一切眾生 皆令入佛道 若我遇眾生 盡教以佛道
无智者錯亂 迷惑不受教 我知此眾生 未曾脩善本
堅著於五欲 癡愛故生惱 以諸欲因緣 墜墮三惡道
輪迴六趣中 備受諸苦毒 受胎之微形 世世常增長
薄德少福人 眾苦所逼迫 入邪見稠林 若有若无等
依止此諸見 具足六十二 深著虛妄法 堅受不可捨
我慢自矜高 諂曲心不實 於千萬億劫 不聞佛名字
亦不聞正法 如是人難度 是故舍利弗 我為設方便
說諸盡苦道 示之以涅槃 我雖說涅槃 是亦非真滅
諸法從本來 常自寂滅相 佛子行道已 來世得作佛
我有方便力 開示三乘法 一切諸世尊 皆說一乘道
今此諸大眾 皆應除疑惑 諸佛語无異 唯一无二乘
過去无數劫 无量滅度佛 百千萬億種 其數不可量
如是諸世尊 種種緣譬喻 无數方便力 演說諸法相
是諸世尊等 皆說一乘法 化无量眾生 令入於佛道
又諸大聖主 知一切世間 天人群生類 深心之所欲
更以異方便 助顯第一義 若有眾生類 值諸過去佛
若聞法布施 或持戒忍辱 精進禪智等 種種脩福慧
如是諸人等 皆已成佛道 諸佛滅度已 若人善軟心
如是諸眾生 皆已成佛道 諸佛滅度已 供養舍利者
起万億種塔 金銀及頗梨 車𤦲與馬瑙 玫瑰瑠璃珠
清淨廣嚴飾 莊校於諸塔 或有起石廟 栴檀及沉水

BD05971號　妙法蓮華經卷一 （6–2）

更以異方便 助顯第一義 若有眾生類 值諸過去佛
若聞法布施 或持戒忍辱 精進禪智等 種種脩福慧
如是諸人等 皆已成佛道 諸佛滅度已 若人善軟心
如是諸眾生 皆已成佛道 諸佛滅度已 供養舍利者
起万億種塔 金銀及頗梨 車𤦲與馬瑙 玫瑰瑠璃珠
清淨廣嚴飾 莊校於諸塔 或有起石廟 栴檀及沉水
木蜜并餘材 塼瓦泥土等 若於曠野中 積土成佛廟
乃至童子戲 聚沙為佛塔 如是諸人等 皆已成佛道
若人為佛故 建立諸形像 刻彫成眾相 皆已成佛道
或以七寶成 鍮石赤白銅 白鑞及鉛錫 鐵木及與泥
或以膠漆布 嚴飾作佛像 如是諸人等 皆已成佛道
綵畫作佛像 百福莊嚴相 自作若使人 皆已成佛道
乃至童子戲 若草木及筆 或以指爪甲 而畫作佛像
如是諸人等 漸漸積功德 具足大悲心 皆已成佛道
但化諸菩薩 度脫无量眾 若人於塔廟 寶像及畫像
以華香幡蓋 敬心而供養 若使人作樂 擊鼓吹角貝
簫笛琴箜篌 琵琶鐃銅鈸 如是眾妙音 盡持以供養
或以歡喜心 歌唄頌佛德 乃至一小音 皆已成佛道
若人散亂心 乃至以一華 供養於畫像 漸見无數佛
或有人禮拜 或復但合掌 乃至舉一手 或復小低頭
以此供養像 漸見无量佛 自成无上道 廣度无數眾
入无餘涅槃 如薪盡火滅 若人散亂心 入於塔廟中
一稱南无佛 皆已成佛道 於諸過去佛 在世或滅後
若有聞是法 皆已成佛道 未來諸世尊 其數无有量
是諸如來等 亦方便說法 一切諸如來 以无量方便
度脫諸眾生 入佛无漏智 若有聞法者 无一不成佛
諸佛本誓願 我所行佛道 普欲令眾生 亦同得此道
未來世諸佛 雖說百千億 无數諸法門 其實為一乘
諸佛兩足尊 知法常无性 佛種從緣起 是故說一乘

BD05971號　妙法蓮華經卷一 （6–3）

一稱南无佛 皆已成佛道 於諸過去佛 在世或滅度
若有聞是法 皆已成佛道 未來諸世尊 其數无有量
是諸如來等 亦方便說法 一切諸如来 以无量方便
度脫諸眾生 入佛无漏智 若有聞法者 无一不成佛
諸佛本誓願 我所行佛道 普欲令眾生 亦同得此道
未來世諸佛 雖說百千億 无數諸法門 其實為一乘
諸佛兩足尊 知法常无性 佛種從緣起 是故說一乘
是法住法位 世間相常住 於道場知已 導師方便說
天人所供養 現在十方佛 其數如恒沙 出現於世間
安隱眾生故 亦說如是法 知第一寂滅 以方便力故
雖示種種道 其實為佛乘 知眾生諸行 深心之所念
過去所習業 欲性精進力 及諸根利鈍 以種種因緣
譬喻亦言辭 隨應方便說 今我亦如是 安隱眾生故
以種種法門 宣示於佛道 我以智慧力 知眾生性欲
方便說諸法 皆令得歡喜 舍利弗當知 我以佛眼觀
見六道眾生 貧窮无福慧 入生死險道 相續苦不斷
深著於五欲 如犛牛愛尾 以貪愛自蔽 盲瞑无所見
不求大勢佛 及與斷苦法 深入諸邪見 以苦欲捨苦
為是眾生故 而起大悲心 我始坐道場 觀樹亦經行
於三七日中 思惟如是事 我所得智慧 微妙最第一
眾生諸根鈍 著樂癡所盲 如斯之等類 云何而可度
尒時諸梵王 及諸天帝釋 護世四天王 及大自在天
并餘諸天眾 眷屬百千万 恭敬合掌礼 請我轉法輪
我即自思惟 若但讚佛乘 眾生沒在苦 不能信是法
破法不信故 墜於三惡道 我寧不說法 疾入於涅槃
尋念過去佛 所行方便力 我今所得道 亦應說三乘
作是思惟時 十方佛皆現 梵音慰喻我 善哉釋迦文
第一之導師 得是无上法 隨諸一切佛 而用方便力
我等亦皆得 最妙第一法 為諸眾生類 分別說三乘

BD05971號　妙法蓮華經卷一　（6–4）

我即自思惟 若但讚佛乘 眾生沒在苦 不能信是法
破法不信故 墜於三惡道 我寧不說法 疾入於涅槃
尋念過去佛 所行方便力 我今所得道 亦應說三乘
作是思惟時 十方佛皆現 梵音慰喻我 善哉釋迦文
第一之導師 得是无上法 隨諸一切佛 而用方便力
我等亦皆得 最妙第一法 為諸眾生類 分別說三乘
少智樂小法 不自信作佛 是故以方便 分別說諸果
雖復說三乘 但為教菩薩 舍利弗當知 我聞聖師子
深淨微妙音 喜稱南无佛 復作如是念 我出濁惡世
如諸佛所說 我亦隨順行 思惟是事已 即趣波羅柰
諸法寂滅相 不可以言宣 以方便力故 為五比丘說
是名轉法輪 便有涅槃音 及以阿羅漢 法僧差別名
從久遠劫來 讚示涅槃法 生死苦永盡 我常如是說
舍利弗當知 我見佛子等 志求佛道者 无量千万億
咸以恭敬心 皆來至佛所 曾從諸佛聞 方便所說法
我即作是念 如來所以出 為說佛慧故 今正是其時
舍利弗當知 鈍根小智人 著相憍慢者 不能信是法
今我喜无畏 於諸菩薩中 正直捨方便 但說无上道
菩薩聞是法 疑網皆已除 千二百羅漢 悉亦當作佛
如三世諸佛 說法之儀式 我今亦如是 說无分別法
諸佛興出世 懸遠值遇難 正使出于世 說是法復難
无量无數劫 聞是法亦難 能聽是法者 斯人亦復難
譬如優曇華 一切皆愛樂 天人所希有 時時乃一出
聞法歡喜讚 乃至發一言 則為已供養 一切三世佛
是人甚希有 過於優曇華 汝等勿有疑 我為諸法王
普告諸大眾 但以一乘道 教化諸菩薩 无聲聞弟子
汝等舍利弗 聲聞及菩薩 當知是妙法 諸佛之祕要
以五濁惡世 但樂著諸欲 如是等眾生 終不求佛道
當來世惡人 聞佛說一乘 迷惑不信受 破法墮惡道

BD05971號　妙法蓮華經卷一　（6–5）

无量无數劫　聞是法亦難　能聽是法者　斯人亦復難
譬如優曇華　一切皆愛樂　天人所希有　時時乃一出
聞法歡喜讚　乃至發一言　則為已供養　一切三世佛
是人甚希有　過於優曇華　汝等勿有疑　我為諸法王
普告諸大眾　但以一乘道　教化諸菩薩　无聲聞弟子
汝等舍利弗　聲聞及菩薩　當知是妙法　諸佛之祕要
以五濁惡世　但樂著諸欲　如是等眾生　終不求佛道
當來世惡人　聞佛說一乘　迷惑不信受　破法墮惡道
有慚愧清淨　志求佛道者　當為如是等　廣讚一乘道
舍利弗當知　諸佛法如是　以万億方便　隨宜而說法
其不習學者　不能曉了此　汝等既已知　諸佛世之師
隨宜方便事　无復諸疑惑　心生大歡喜　自知當作佛
妙法蓮華經卷第一

BD05971號　妙法蓮華經卷一　（6–6）

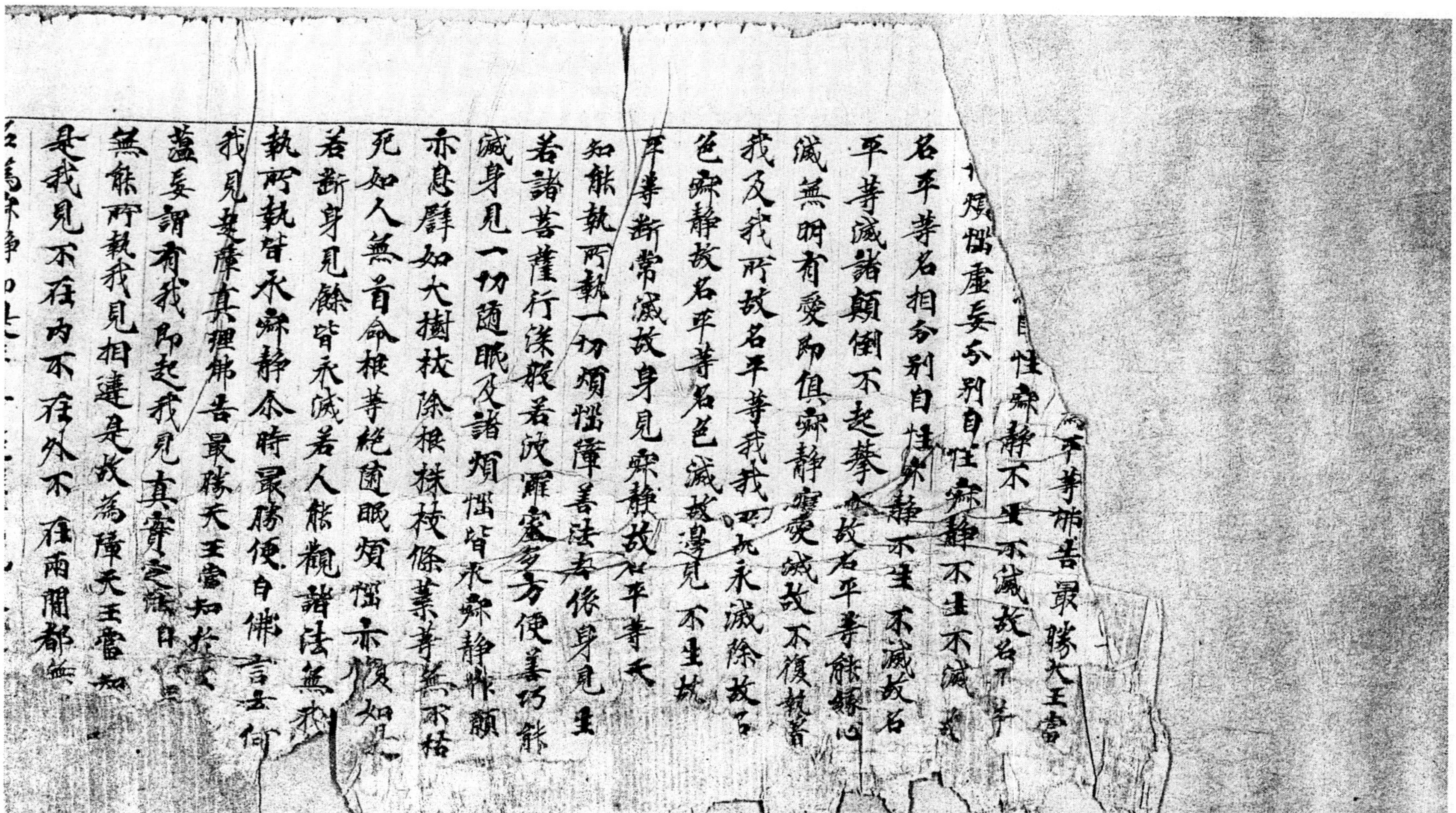
為平等佛告最勝天王當
自性寂靜不生不滅故名平等
煩惱虛妄分別自性寂靜不生不滅故
名平等名相分別自性寂靜不生不滅故名
平等滅諸顛倒不起攀緣故名平等能緣心
滅無明有愛即俱寂靜癡愛滅故不復執著
我及我所故名平等我我所永滅除故名
色寂靜故名平等名色滅故邊見不生故
平等斷常滅故身見寂靜故名平等天
知能執所執一切煩惱障善法者依身見生
若諸菩薩行深般若波羅蜜多方便善巧能
滅身見一切隨眠及諸煩惱皆永寂靜譬如
亦息譬如大樹枝除根株枝條葉等無不枯
死如人無首命根等絕隨眠煩惱亦復如是
若斷身見餘皆永滅若人能觀諸法無我
執所執皆永寂靜爾時最勝便白佛言云何
我見安庠真理佛告最勝天王當知於
蘊妄謂有我即起我見真實之我自
無能所執我見相違是故為障天王當知
是我見不在內不在外不在兩間都無

BD05972號　大般若波羅蜜多經卷五七〇　（22–1）

……若人能觀諸法無我
執所執皆永寂靜尒時最勝便白佛言云何
我見起障真理佛告最勝天王當知於五
蘊妄謂有我即起我見真實之理
無能所執我見相違是故為障天王當知
是我見不在內不在外不在兩間都無
名為寂靜即是平等遠離我見通達
真實空觀察此空無相無願自性寂
不滅不取不著遠離我見故名平等天王當
知所言我者無來無去無有真實虛妄分別
法從妄生亦是虛妄若諸菩薩行深般若波
羅蜜多方便善巧觀如是法遠離虛妄是故
名為寂靜平等天王當知能執所執名為熾
然離名寂靜諸煩惱障名為熾然離名寂靜
若諸菩薩行深般若波羅蜜多方便善巧能
如實知能執所執諸煩惱滅為增善法斷能
所執及諸煩惱不見可生不見可滅故名平
等脩一切種波羅蜜多遠離魔障不見可脩
不見可離故名平等菩薩常緣菩提分法不
起聲聞獨覺作意於菩提分聲聞獨覺不見
異相故名平等緣一切智心不休息常脩空
行由大悲力不捨有情故名平等天王當知
若諸菩薩行深般若波羅蜜多方便善巧於
一切法心緣自在心緣無相而脩菩提不見
無相及菩提異故名平等心緣無願不捨三
界不見無願及三界異故名平等觀身不淨
心住清淨觀行無常心緣生死而不猒捨觀

BD05972號　大般若波羅蜜多經卷五七〇　（22–2）

行由大悲力不捨有情故名平等天王當知
若諸菩薩行深般若波羅蜜多方便善巧於
一切法心緣自在心緣無相而脩菩提不見
無相及菩提異故名平等心緣無願不捨三
界不見無願及三界異故名平等觀身不淨
心住清淨觀行無常心緣生死而不猒捨觀
有情苦住涅槃樂觀法無我於有情類起大
悲心常為有情說不淨藥不見貪病常說大
慈不見瞋病常說緣起不見癡病為等病者
說無常藥不見等病及無常異如是菩薩行
深般若波羅蜜多方便善巧於一切法心緣
自在緣離貪法為化聲聞緣離瞋法為化獨
覺緣離癡法為化菩薩緣一切色願得如來
清淨妙色無所得故緣一切聲為得諸佛微
妙音聲無所得故緣一切香願得諸佛清淨
戒香無所得故緣一切味願得如來味中第
一大士夫相無所得故緣一切觸願得如來
柔耎手掌無所得故緣一切法願得如來寂
靜之心無所得故緣諸布施為得成就佛相
妙身緣諸淨戒為得圓滿嚴淨佛土緣諸安
忍願得諸佛大梵音聲及得諸佛淨光明身
緣諸精進為度有情常無間斷緣諸靜慮為
欲成就廣大神通緣諸般若為斷一切妄見
煩惱緣諸大慈平等無礙諸有情皆得安
樂緣諸大悲為護正法救拔有情生死大苦
緣諸大喜為得說法無礙自在悅樂有情緣
諸大捨……

BD05972號　大般若波羅蜜多經卷五七〇　（22–3）

欲成就大神通緣諸般若為斷一切妄見
煩惱緣諸大慈平等無礙諸有情皆得安
樂緣諸大悲為護正法救拔有情生死大苦
緣諸大喜為得辯法無礙自在悅樂有情緣
諸大捨為不執見有情煩惱結縛隨眠天王
當知若諸菩薩行深般若波羅蜜多方便善巧
不見二事名平等行緣四攝法為化有情
緣慳嫉過為捨資財脩行布施緣破戒失為
保淨戒緣瞋忿失為得安忍緣懈怠失為成
如來大精進力緣散亂失為得如來寂靜勝
定緣惡慧失為成如來無礙智慧緣三乘法
為欲成就無上大乘緣諸惡趣為欲濟拔一
切有情緣諸善趣為欲令知諸人天果皆當
敗壞緣諸有情為令了達都無堅實唯有虛
妄緣佛隨念為得成就助道勝定緣法隨念
為得通達諸法秘藏緣僧隨念為和念眾心
無退轉緣捨隨念為無愛著緣戒隨念為得
淨戒緣天隨念為成菩提諸天讚歎緣自身
相為得佛身緣自語相為得佛語緣自意相
為得諸佛平等之心緣有為法為成佛智緣
無為法為得寂靜天王當知若諸菩薩行深
般若波羅蜜多方便善巧無有一心一行空
過而不迴向一切智者如是菩薩行深般若
波羅蜜多方便善巧雖遍緣法而能不著是
故名為方便善巧觀一切法無不趣向大菩
提者譬如三千大千世界所出諸物無不皆

BD05972號　大般若波羅蜜多經卷五七〇　（22–4）

過而不迴向一切智者如是菩薩行深般若
波羅蜜多方便善巧雖遍緣法而能不著是
故名為方便善巧觀一切法無不趣向大菩
提者譬如三千大千世界所出諸物無不皆
為有情受用如是菩薩行深般若波羅蜜多
方便善巧所緣境界無不能益趣向菩提譬
如眾色無有不因四大種者如是菩薩所緣
境界無有一法不趣菩提何以故菩薩脩行
皆因外緣而得成立謂諸菩薩因慳嫉者成就
布施波羅蜜多因背恩者成就淨戒波羅
蜜多因惡性者成就安忍波羅蜜多因懈怠
者成就精進波羅蜜多因散亂者成就靜慮
波羅蜜多因愚癡者成就般若波羅蜜多
若諸有情損惱菩薩菩薩因彼伏斷瞋恚菩薩
若見脩行善法向菩提者生已子心如是菩
薩讚不生喜毀不生瞋見無樂者起大慈心
見有苦者起大悲心見有樂者起大喜心見
無苦者起大捨心因難化者發奢摩他因易
化者發毗鉢舍那因信行者起知恩智若見
有情外惡緣勝外善緣劣則勤守護若見
因力有強勝者種種方便令受教法若見智
慧開悟有情則為宣說甚深法要若見有情
廣說乃悟則為次第宣說諸法若諸有情執
著文字為說句義令得開曉若已覺上為說
妙觀若已覺觀為說寂止若執持戒為說地
識持戒無執則不說之若執聞慧為說思脩

BD05972號　大般若波羅蜜多經卷五七〇　（22–5）

□有□根未熟種種方便令受教法若見智
慧開悟有情則為宣說甚深法要若見有情
廣說乃悟則為次第宣說諸法若諸有情執
著文字為說句義令得開曉若已覺上為說
妙觀若已覺觀為說寂止若執持戒為說地
獄持戒無執則不說之若執聞慧為說思脩
若執等持為說般若若有受樂阿練若者
即為彼說心遠離法若有樂聞佛功德者即為
彼說無上聖智為貪欲者說不淨法為瞋恚
者說慈悲法為愚癡者說緣起法為等分者
說種種法或說不淨或說慈悲或說緣起已
調伏者為說淨戒勝定妙慧應入佛乘而受
化者為次第說波羅蜜多應以神性而受化
者先析其詞後為說法應種種言而受化者
即為彼說因緣譬喻令得開解應以深法而
受化者為說般若波羅蜜多方便善巧無我
無法著諸見者為說法空多尋伺者為說無
相著有為者為說無願著諸蘊者為如幻
著諸界者為說無性著諸處者為說如夢著
欲界者為說熾然著色界者為說行苦著無
色界者為說行無常數化有情為讚聖種易
化有情為說靜慮及無量心若關生天而受
化者為說快樂因聲聞法而受化者為說聖
諦因獨覺法而受化者為說緣起因菩薩法而
受化者為說淨心大慈悲法脩行菩薩為說
福慧不退菩薩為說淨土一生所繫菩薩

化有情為說靜慮及無量心若關生天而受
化者為說快樂因聲聞法而受化者為說聖
諦因獨覺法而受化者為說緣起因菩薩法而
受化者為說淨心大慈悲法脩行菩薩為說
福慧不退菩薩為說淨土一生所繫菩薩
為說嚴菩提座應以佛說而受化者為其相
續次第而說天王當知如是菩薩脩行清淨
甚深般若波羅蜜多方便善巧得諸自在說
法利益無有空過說是菩薩自在法時三万
天人俱發無上正等覺心五千菩薩得無生
忍尒時世尊即便微笑諸佛法尒現微笑時
種種色光從面門出青黃赤白紫頗胝迦□
十方無邊世界現希有事還至佛所右遶三
帀入佛頂中時舍利子覩斯瑞相心懷猶豫
即從座起偏覆左肩右膝著地合掌恭敬而
白佛言世尊何緣現此瑞相尒時佛告舍利子
言此最勝天王曾過去無量無數無邊大
劫於諸佛所脩行一切波羅蜜多為諸菩薩
守護般若波羅蜜多由此因緣令得值我諸
受般若波羅蜜多於未來世復經無量無數
大劫脩習無上菩提資粮然後證得所求無
上正等菩提十号具足佛名功德莊嚴土名
衆橑嚴淨劫名清淨其土豐樂人衆熾盛純
菩薩僧無聲聞衆彼土大地七寶合成衆寶
莊嚴平坦如掌香花軟草而嚴飾之無諸山
陵塠阜荊棘幢幡花蓋種種莊嚴有大都城
名為難伏七寶羅網弥覆其上金繩交絡角

最極嚴淨劫名清淨其土豐樂人衆熾盛純
菩薩僧無聲聞衆彼土大地七寶合成衆寶
莊嚴平坦如掌香花耎草而嚴飾之無諸山
陵堆阜荊棘幢幡花蓋種種莊嚴有大都城
名爲難伏七寶羅網弥覆其上金繩交絡角
懸金鈴晝夜六時空天奏樂及散種種天妙
香花其土人衆歡娛受樂勝妙超彼他化天
宮人天往來不相隔礙無三惡趣及二乘名彼
土有情唯求佛智其佛恒爲諸大菩薩宣
說種種清淨法要無量無邊菩薩眷屬無耶
見執破戒耶命亦無聾瘖瘂背僂及根缺
等諸醜惡事二十八相莊嚴其身彼土如來
壽八小劫諸人天衆有中夭者佛有如是無
量功德若欲說法先放光明諸菩薩衆遇斯
光已即知世尊將欲說法我等今者宜應往
聽時天爲佛敷師子座其量高廣百踰繕那
種種莊嚴無量供養世尊昇座爲衆說法彼
諸菩薩聰明利根一聞領悟離我我所資具飲
食應念即至佛說最勝受記法時五万天
人深心歡喜俱發無上正等覺心皆願未來
生彼佛土爾時最勝聞佛所說歡喜踊躍得
未曾有上昇虛空七多羅樹時三千界六種
震動諸天伎樂不鼓自鳴散衆天花以供養
佛及大菩薩最勝天王持彼天王從空而下
礼佛雙足退坐一面
第六分現相品第八

BD05972 號　大般若波羅蜜多經卷五七〇　（22-8）

未曾有上昇虛空七多羅樹時三千界六種
震動諸天伎樂不鼓自鳴散衆天花以供養
佛及大菩薩最勝天王持彼天王從空而下
礼佛雙足退坐一面
第六分現相品第八
時舍利子問最勝言菩薩脩行甚深般若波
羅蜜多方便善巧通達法性爾時即應坐菩
提座證得無上正等菩提轉妙法輪度有情
衆何緣先現苦行六年降伏天魔後成正覺
最勝答曰大德當知菩薩脩行甚深般若波
羅蜜多方便善巧通達法性實無苦行爲伏
外道故示現之而彼天魔是欲界主稟性調善
實不應壞爲化有情故示降伏謂諸外道自
稱能脩苦行第一是故菩薩示現能脩過彼
苦行謂諸有情或見菩薩蹺一脚立或見菩
薩舉兩手立或見菩薩視日而立或見菩薩
五熱炙身或見菩薩倒懸其身或見菩薩卧
於棘刺或卧牛糞或坐於石或復卧地或卧
其杖或卧杵上或卧灰土或見菩薩唯著板
衣或著芭衣或著草衣或著樹皮或著茅衣
或復露形或面向日隨日而轉或見菩薩唯
食稗子或復食麦或食草根或食樹葉或花
或果或食署預或芋或藕或豆或穀或麻或
米或六日一食或飲水度日或於一日食一滴
糞或一滴蜜或一滴乳或無所食或恒熟
眠現如是等種種苦行經於六年一無虧失
然實菩薩無斯苦行應度有情而自見有苦

BD05972 號　大般若波羅蜜多經卷五七〇　（22-9）

或果或食署預或芋或麻或豆或穀或麻或
麥或六日一食或飲水度日或於一日食一滿
掬或一滿蜜或一滿乳或無所食或恒熟
眠現如是等種種苦行經於六年一無虧失
然實菩薩無斯苦行應度有情而自見有苦
薩如是現苦行時有六十那庾多諸天人衆
因見此事安住三乘復有天人宿善根力深
樂大乘則見菩薩坐七寶臺身心不動舒顏
含笑入勝等持時經六年方從定起有天人
衆深樂大乘欲聽聞者則見菩薩端坐說法經
於六年大德當知如是菩薩方便善巧行深
般若波羅蜜多能降天魔伏諸外道大悲
化度一切有情既經六年從定而起隨順世
法詣無垢河洗浴出已於河邊立有牧牛女
構百乳牛以飲一牛構此牛乳用作乳糜奉
獻菩薩復有六億天龍藥叉健達縛等各持
種種香美飲食而來奉獻咸作是言大士正
士唯願受我飲食供養菩薩愍之皆悉爲受
時牧牛女天龍藥叉健達縛等不相見各見
菩薩獨受其供時有無量諸天人等日見
受供咸得悟道是故菩薩爲示現之菩薩亦
時實不洗浴亦不受彼人天等供大德當知
如是菩薩行深般若波羅蜜多方便善巧亦
現行詣菩提座時有地居天名曰妙地與天
神衆周遍掃飾灑以香水散以妙花時此三
千大千世界四大天王領自天衆雨天妙花
供養菩薩天主帝釋時分天王領自天衆住

時實不洗浴亦不受彼人天等供大德當知
如是菩薩行深般若波羅蜜多方便善巧亦
現行詣菩提座時有地居天名曰妙地與天
神衆周遍掃飾灑以香水散以妙花時此三
千大千世界四大天王領自天衆雨天妙花
供養菩薩天主帝釋時分天王領自天衆住
虛空中奏天樂音讚歎菩薩喜足天王領自
天衆持七寶網弥覆世界其網四角懸紫金
鈴皆雨衆寶供養菩薩善化天王領自天衆
持紫金網弥覆世界作諸天樂雨種種花供
養菩薩自在天王領自天衆諸龍藥叉健達
縛等各持種種上妙供具供養菩薩堪忍界
主大梵天王既見菩薩詣菩提座即告一切
梵天衆言汝等當知今此菩薩堅固甲冑而
自莊嚴不違本誓心無厭怠諸菩薩行皆已
滿之通達無量化有情法諸菩薩地皆得自
在於諸有情其心清淨善知一切根性差別
通達如來甚深秘藏超覺一切魔之事業集
諸善本不待外緣一切如來共所護念普爲
含識開解脫門大將導師摧魔軍敵於大千
界獨稱勇猛善施法藥爲大醫王解脫灌頂
受法王位放智慧光普照一切八法不染譬
如蓮花諸總持門無不通達深廣難測猶若
大海安固不動如妙高山智慧清淨無諸垢
濁內外皎潔如末尼珠於諸法相皆得自在
梵行清白已到究竟如是菩薩行深般若波羅

勇猛精勇猛善施法藥為大醫王解脫灌頂
受法王位放智慧光普照一切八法不染譬
如蓮花諸總持門無不通達深廣難測猶若
大海安固不動如妙高山智慧清淨無諸垢
濁內外皎潔如末尼珠於諸法相皆得自在
梵行清白已到究竟如是菩薩行深般若波羅
蜜多方便善巧為度有情詣菩提座結跏
趺坐降伏魔怨為成十力四無所畏四無礙解
及十八佛不共法等無量無邊諸佛功德轉
大法輪作師子吼以法普施一切有情各隨所
宜皆令滿足為諸有情法眼清淨以無上法
降伏外道欲示諸佛本願成熟於一切法
而得自在汝等可往供養菩薩大德當知
如是菩薩行深般若波羅蜜多方便善巧示
現行詣菩提座時於雙足下千輻輪相各放
無量微妙光明普照地獄傍生鬼界其中有
情遇斯光者即皆離苦身心安樂時龍宮內
有大龍王名迦履迦遇斯光已生大歡喜告
諸龍言此妙光明來照我等令我等輩身心
安樂我於往昔曾見此光時有如來出興于
世今既有此微妙光明定知世間有佛出現
宜共嚴辦種種香花衆妙珍財幢幡花蓋作
諸伎樂往詣供養於是龍王將諸眷屬齎持
供具奮興大雲降灑香雨往詣菩薩作諸伎
樂施設供養右遶菩薩而讚歎言微妙光明
普令歡樂決定最勝佛出無疑種種奇珍莊

BD05972號　大般若波羅蜜多經卷五七〇　（22–12）

宜共嚴辦種種香花衆妙珍財幢幡花蓋作
諸伎樂往詣供養於是龍王將諸眷屬齎持
供具奮興大雲降灑香雨往詣菩薩作諸伎
樂施設供養右遶菩薩而讚歎言微妙光明
普令歡樂決定最勝佛出無疑種種奇珍莊
嚴大地所生草木悉變成寶江河皆靜叢
林聲唯此定知佛出於世釋梵日月光明不
現惡趣清淨佛出無疑譬如有人少失父母
年既長大忽然還得歡喜踊躍不能自勝一
切世間覩佛出現各共歡慶亦復如是我等
過去曾供諸佛今值法王人中師子是則我
等生不空過大德當知如是菩薩行深般若
波羅蜜多方便善巧菩提樹下受草敷座右
遶七帀正念端坐下劣有情見如是相諸大
菩薩見有八万四千天子各別敷一大師子
座諸師子座衆寶合成七寶羅網彌覆其上
各於四角懸妙金鈴幢幡繒蓋處處羅列菩
薩遍此八万四千師子座上俱各安坐而諸天
子互不相見各謂菩薩獨坐我座證得無
上正覺菩提以是因緣深生歡喜於無上覺
皆得不退大德當知如是菩薩行深般若波
羅蜜多方便善巧眉間毫相放大光明普照
三千大千世界諸魔宮殿皆失威光時諸魔
王咸作是念以何緣故有此光明映蔽我等
威光宮殿詎非菩薩坐菩提座將證無上正
等菩提念已共觀方見菩薩菩提樹下坐金

BD05972號　大般若波羅蜜多經卷五七〇　（22–13）

三千大千世界諸魔宮殿皆失威光時諸魔
王咸作是念以何緣故有此光明映蔽我等
威光宮殿詎非菩薩坐菩提座將證無上正
等菩提念已共觀方見菩薩菩提樹下坐金
剛座見已驚怖召集魔軍無量百千種種形
貌持種種仗種種幢幡出種種聲能令聞者
竅穴毛孔並皆流血菩薩爾時以大悲力令魔
軍衆不能出聲是名菩薩行深般若波羅
蜜多方便善巧大德當知如是菩薩行深般
若波羅蜜多方便善巧憶念過去無量億劫
精進脩行布施淨戒安忍精進靜慮般若慈
悲喜捨念住正斷神足根力覺支道支寂止
妙觀三明八解皆悉圓滿念已即申金色右
手自摩其頂乃至遍身作如是言我欲濟拔
有情衆苦而起大悲時諸魔王及彼眷屬聞
菩薩語即皆顛仆菩薩爾時以大悲力令諸
魔衆聞空中聲汝可歸依能施無畏救護一
切淨戒大仙魔及眷屬聞此聲已猶伏在地
作如是言唯願大仙救濟我命是時菩薩依
深般若波羅蜜多方便善巧放大光明其有
遇者皆離怖畏魔及眷屬都斯神變悲怖歡
喜二事交懷大德當知如是菩薩行深般若
波羅蜜多方便善巧令諸有情所見各別謂
或有見如是降魔或有情不見斯事或見
菩薩但居草座或見菩薩處師子臺或見菩
薩在地而坐或見空中坐師子座見菩提樹
其相亦別謂或見是蓽鉢羅樹或有見是

喜二事交懷大德當知如是菩薩行深般若
波羅蜜多方便善巧令諸有情所見各別謂
或有見如是降魔或有情不見斯事或見
菩薩但居草座或見菩薩處師子臺或見菩
薩在地而坐或見空中坐師子座見菩提樹
其相亦別謂或見是蓽鉢羅樹或有見是天
圓彩樹或見此樹衆寶合成或見此樹高七
多羅或見此樹八萬四千踰繕那量有師子
座四萬二千踰繕那量在此樹下菩薩坐之
或見菩薩遊戲空中或見坐於菩提樹下如
是菩薩行深般若波羅蜜多方便善巧示現
種種神通變化度諸有情大德當知如是菩
薩行深般若波羅蜜多方便善巧坐菩提座
十方各如殑伽沙界無量無數無邊菩薩皆
悉來集住虛空中發種種聲安慰菩薩令身安
樂心生歡喜善哉大士勇猛精進速疾成辦廣
大吉祥心如金剛勿生怖懼神通遊戲利樂
有情能一剎那證一切智如是菩薩處菩提座
魔來擾亂都不生瞋一剎那心方便善巧能
與般若波羅蜜多理趣相應已至究竟通達
一切所知見覺大德當知如是菩薩行深般
若波羅蜜多方便善巧坐菩提座十方各如
殑伽沙界所有諸佛異口同音讚言善哉善
哉大士乃能通達自然智無礙智平等智無
師智大悲莊嚴大德當知如是菩薩行深般
若波羅蜜多方便善巧能作如是種種示現

若波羅蜜多方便善巧坐菩提座十方各如
殑伽沙界所有諸佛異口同音讚言善哉善
哉大士乃能通達自然智無礙智平等智無
師智大悲莊嚴大德當知如是菩薩行深般
若波羅蜜多方便善巧能作如是種種示現
諸有情類或見菩薩今得菩提或見菩薩久
已成佛或有但見一世界中四大天王各奉
獻鉢或復有見十方各如殑伽沙界四大天王
各奉獻鉢尒時菩薩為有情故總受衆鉢重
疊掌中以手按之令合成一諸四天王各不相
見皆謂世尊獨受我鉢尒時便有六万天
子乘宿願力先來獻供彼於過去作是願言
若此菩薩當成佛時願受我等最初供養說
是法時三萬菩薩得無生忍復有三萬六千
菩薩皆於無上正等菩提得不退轉八萬人
天遠塵離垢生淨法眼無量無邊諸有情類
俱發無上正等覺心
大德當知尒時菩薩依深般若波羅蜜多方
便善巧將欲示現轉大法輪堪忍界主持髻
梵王應時便與六十八萬諸梵天衆來至
佛所頂禮雙足合掌恭敬右遶七帀而三請
唯願大悲哀愍我等轉大法輪唯願大悲哀
愍我等轉大法輪唯願大悲哀愍我等轉大
法輪既三請已即便化作大師子座其座高
廣四万二千踰繕那量種種莊嚴堅固安隱
時十方界各有無量天主帝釋皆為如來敷

法輪既三請已即便化作大師子座其座高
廣四万二千踰繕那量種種莊嚴堅固安隱
時十方界各有無量天主帝釋皆為如來敷
師子座量及莊嚴亦復如是菩薩尒時現神
通力令彼諸天各見菩薩坐其座上而轉法
輪菩薩既坐此師子座入無邊境三摩地門
放大光明照十方面各如殑伽沙等世界復
尒彼界六種變動其中有情衆苦暫息身心
安樂亦暫遠離貪瞋癡等惡不善法慈心相
向猶如母子時此三千大千世界廉有間隙
如一毛孔天龍藥叉健達縛阿素洛揭路荼
緊捺洛莫呼洛伽人非人等充滿其中若諸
有情應聞善法而受化者聞佛說善應聞無
我寂靜遠離無常空法而受化者亦復如是
應聞如幻而受化者聞說如幻應聞如夢響
像光影陽焰變化尋香城法而受化者亦復
如是應聞空無相無願解脫門而受化者聞
佛說空無相無願時有情類或聞如來說一
切法從因緣生或聞說蘊或聞說界或聞說
處或聞說苦或聞說集或聞說滅或聞說道
或有聞說念住正斷神足根力覺支道支或
有聞說寂止妙觀或有聞說諸聲聞法或有
聞說諸獨覺法或有聞說諸菩薩法如是菩
薩行深般若波羅蜜多方便善巧示現種種
轉法輪相隨諸有情根性差別各得利樂深
心歡喜時舍利子謂最勝言[illegible]

有聞說寂正妙觀或有聞說諸聲聞法
聞說諸獨覺法或有聞說諸菩薩法如是善
薩行深般若波羅蜜多方便善巧亦現種種
轉法輪相隨諸有情根性差別各得利樂深
心歡喜時舍利子謂最勝言天王菩薩行深
般若波羅蜜多方便善巧所有境界極爲甚
深難思難議難知難入最勝報言大德菩薩
行深般若波羅蜜多方便善巧功德勝事無
量無邊我今所說百分千分乃至鄔波尼殺曇
分不得其一唯有如來乃能盡說我今所
說彼少分者皆承如來威神之力何以故諸
佛境界不可思議一生所繫諸菩薩衆說其
功德尚不能盡况餘菩薩大德當知諸佛境
界寂靜離說無分別智及後所得之所能了
大德當知若菩薩摩訶薩欲得證入諸佛境
界應學般若波羅蜜多方便善巧究竟通達
健行三摩地知幻三摩地金剛喻三摩地金
剛輪三摩地無動慧三摩地遍通達三摩地
不緣境界三摩地師子自在三摩地三摩地
王三摩地功德莊嚴三摩地寂靜慧三摩地
普超越三摩地無染著三摩地慧莊嚴王三
摩地無等等三摩地等覺三摩地正覺三摩
地悅意三摩地歡喜三摩地清淨三摩地火
焰三摩地光明三摩地難勝三摩地常現前
三摩地不合和三摩地無生三摩地通達三
摩地最勝三摩地超過魔境三摩地一地智
慧三摩地

摩地無等等三摩地等覺三摩地正覺三摩
地悅意三摩地歡喜三摩地清淨三摩地火
焰三摩地光明三摩地難勝三摩地常現前
三摩地不合和三摩地無生三摩地通達三
摩地最勝三摩地超過魔境三摩地一地智
慧三摩地幢相三摩地大悲三摩地安樂三
摩地愛念三摩地及不見法三摩地等大德
當知若菩薩摩訶薩能覺般若波羅蜜多方
便善巧能究竟通達此等無量無邊殑伽
沙數三摩地門乃能證入諸佛境界其心安
隱無所怖畏如師子王不畏禽獸何以故若
菩薩摩訶薩備如是等諸三摩地凡有所行
皆無怖畏不見其前有一怨敵何以故舍利子
是菩薩摩訶薩行深般若波羅蜜多方便
善巧心無所緣亦無所住譬如有人生無色
界八万大劫唯有一識無有住處亦無所緣
如是菩薩行深般若波羅蜜多方便善巧心
無所緣亦無所住何以故是諸菩薩心不行
無行處心不想無想處心不緣無緣處心不
著無著處心不亂無亂處心無高下心無違
順無憂無喜無分別離分別離奢摩他毗鉢
舍那心不隨智心不自住亦不住他不依眼住
不依耳鼻舌身意住不依色住不依聲香
味觸法住心不在內亦不在外不在兩間心
不緣法亦不緣智不住三世不住離世大德
當知是諸菩薩行深般若波羅蜜多方便善
巧不取一法而於諸法智見無礙心行

不依耳鼻舌身意住不依色住不依聲香
味觸法住心不在内亦不在外不在兩間心
不緣法亦不緣智不住三世不住離世大德
當知是諸菩薩行深般若波羅蜜多方便善
巧不取一法而於諸法智見無礙心行淨故見
一切法皆悉無垢不取見相見無分別離
諸戲論大德當知是諸菩薩行深般若波羅
蜜多方便善巧不與一切肉眼天眼慧眼法
眼佛眼相應非不相應亦復不與一切天耳
他心宿住神境漏盡諸智相應非不相應大
德當知甚深般若波羅蜜多方便善巧與一
切法皆非相應非不相應諸菩薩摩訶薩
行深般若波羅蜜多方便善巧於一切法得平
等智能觀一切有情心行一切深淨皆如實
知於佛十力四無所畏四無礙解及十八佛
不共法等無量無邊諸佛功德皆不失念是
諸菩薩行深般若波羅蜜多方便善巧無功
用心達一切法無心意識常在寂定不起寂
定教化有情施作佛事常不休息於諸佛法
得無礙智心無染著譬如化佛化作如來所
化如來無心意識無身無身業無語無語業
無意無意業而能施作一切佛事饒益有情
何以故佛神力故如是菩薩行深般若波羅
蜜多方便善巧之所化作無身無身業無語
無語業無意無意業無功用心常作佛事饒
益有情何以故舍利子諸菩薩摩訶薩行深

得無礙智心無染著譬如化佛化作如來所
化如來無心意識無身無身業無語無語業
無意無意業而能施作一切佛事饒益有情
何以故佛神力故如是菩薩行深般若波羅
蜜多方便善巧之所化作無身無身業無語
無語業無意無意業無功用心常作佛事饒
益有情何以故舍利子諸菩薩摩訶薩行深
般若波羅蜜多方便善巧通達諸法皆如幻
等心無分別而諸有情恒聞說法大德當知
是諸菩薩所有智慧不住有為不住無為不
住諸蘊及諸界處不住内外及兩中間不住
善惡及世出世不住染淨有漏無漏有為無
為不住三世及離三世不住虛空釋非釋滅
是諸菩薩行深般若波羅蜜多方便善巧離
常如是心無所住而能通達諸法性相以無礙智
無功用心為諸有情宣說諸法常在寂靜而
教化事無有休息是諸菩薩肩頭力強無功
用心為他說法是諸菩薩由深般若波羅蜜
多方便善巧常無怖畏何以故執金剛神若行
若立若坐若卧恒常隨逐而守衛故大德
當知若菩薩摩訶薩聞說如是甚深般若波
羅蜜多心不驚怖無惑無疑當知已得受菩
提記何以故信受般若波羅蜜多方便善巧近
佛境界以此一心即能通達一切佛法達
佛法故利樂有情不見有情與佛法異何以
故有情佛法理無二故

常如是心無所住而能通達諸法性相以無礙智
無功用心為諸有情宣說諸法常在寂靜而
教化事無有休息是諸菩薩由願力強無功
用心為他說法是諸菩薩由深般若波羅蜜
多方便善巧常無怖畏何以故執金剛神若行
若立若坐若卧恒常隨逐而守衛故大德
當知若菩薩摩訶薩聞說如是甚深般若波
羅蜜多心不驚怖無惑無疑當知已得受菩
提記何以故信受般若波羅蜜多方便善巧近
佛境界以一心即能通達一切佛法達
佛法故利樂有情不見有情與佛法異何以
故有情佛法理無二故

大般若波羅蜜多經卷第五百七十

BD05972 號　大般若波羅蜜多經卷五七〇　（22–22）

諸求三乘人　若有疑悔者　□□為除斷　令盡无有餘

妙法蓮華經方便品第二

尒時世尊從三昧安詳而起告舍利弗諸佛
智慧甚深无量其智慧門難解難入一切聲
聞辟支佛所不能知所以者何佛曾親近百
千万億无數諸佛盡行諸佛无量道法勇猛
精進名稱普聞成就甚深未曾有法隨宜所
說意趣難解舍利弗吾從成佛已來種種因
緣種種譬喻廣演言教无數方便引導衆生
令離諸著所以者何如來方便知見波羅蜜
皆已具足舍利弗如來知見廣大深遠无量
无导力无所畏禪定解脫三昧深入无際成
就一切未曾有法舍利弗如來能種種分別
巧說諸法言辭柔耎悅可衆心舍利弗取要
言之无量无邊未曾有法佛悉成就止舍利
弗不須復說所以者何佛所成就第一希有
難解之法唯佛與佛乃能究盡諸法實相所

BD05973 號　妙法蓮華經卷一　（6–1）

就一切未曾有法舍利弗如来能種種分别
巧説諸法言辞柔耎悦可衆心舍利弗取要
言之无量无邊未曾有法佛悉成就止舍利
弗不須復説所以者何佛所成就第一希有
難解之法唯佛與佛乃能究盡諸法實相所
謂諸法如是相如是性如是體如是力如是
作如是因如是縁如是果如是報如是本末
究竟等尒時世尊欲重宣此義而説偈言
世雄不可量 諸天及世人 一切衆生類 无能知佛者
佛力无所畏 解脱諸三昧 及佛諸餘法 无能測量者
本從无數佛 具足行諸道 甚深微妙法 難見難可了
於无量億劫 行此諸道已 道場得成果 我已悉知見
如是大果報 種種性相義 我及十方佛 乃能知是事
是法不可示 言辞相寂滅 諸餘衆生類 无有能得解
除諸菩薩衆 信力堅固者 諸佛弟子衆 曾供養諸佛
一切漏已盡 住是冣後身 如是諸人等 其力所不堪
假使滿世間 皆如舍利弗 盡思共度量 不能測佛智
正使滿十方 皆如舍利弗 及餘諸弟子 亦滿十方刹
盡思共度量 亦復不能知 辟支佛利智 无漏冣後身
亦滿十方界 其數如竹林 斯等共一心 於億无量劫
欲思佛實智 莫能知少分 新發意菩薩 供養无數佛
了達諸義趣 又能善説法 如稲麻竹葦 充滿十方刹
一心以妙智 於恒河沙劫 咸皆共思量 不能知佛智
不退諸菩薩 其數如恒沙 一心共思求 亦復不能知
又告舍利弗 无漏不思議 甚深微妙法 我今已具得
唯我知是相 十方佛亦然 舍利弗當知 諸佛語无異
於佛所説法 當生大信力 世尊法久後 要當説真實

BD05973號　妙法蓮華經卷一　（6–2）

一心以妙智 於恒河沙劫 咸皆共思量 不能知佛智
不退諸菩薩 其數如恒沙 一心共思求 亦復不能知
又告舍利弗 无漏不思議 甚深微妙法 我今已具得
唯我知是相 十方佛亦然 舍利弗當知 諸佛語无異
於佛所説法 當生大信力 世尊法久後 要當説真實
告諸聲聞衆 及求縁覺乘 我令脱苦縛 逮得涅槃者
佛以方便力 示以三乘教 衆生處處著 引之令得出
尒時大衆中有諸聲聞漏盡阿羅漢阿若憍
陳如等千二百人及發聲聞辟支佛心比丘
比丘尼優婆塞優婆夷各作是念今者世尊
何故慇懃稱歎方便而作是言佛所得法甚
深難解有所言説意趣難知一切聲聞辟支
佛所不能及佛説一解脱義我等亦得此法
到於涅槃而今不知是義所趣尒時舍利弗
知四衆心疑自亦未了而白佛言世尊何因
何縁慇懃稱歎諸佛第一方便甚深微妙難
解之法我自昔來未曾從佛聞如是説今者
四衆咸皆有疑唯願世尊敷演斯事世尊
何故慇懃稱歎甚深微妙難解之法尒時舍
利弗欲重宣此義而説偈言
慧日大聖尊 久乃説是法 自説得如是 力无畏三昧
禪定解脱等 不可思議法 道場所得法 无能發問者
我意難可測 亦无能問者 无問而自説 稱歎所行道
智慧甚深妙 諸佛之所得 无漏諸羅漢 及求涅槃者
今皆墮疑網 佛何故説是 其求縁覺者 比丘比丘尼
諸天龍鬼神 及乾闥婆等 相視懷猶豫 瞻仰兩足尊
是事為云何 願佛為解説 於諸聲聞衆 佛説我第一
我今自於智 疑惑不能了 為是究竟法 為是所行道

BD05973號　妙法蓮華經卷一　（6–3）

我意難可測　亦无能問者　无問而自說　稱歎所行道
智慧甚微妙　諸佛之所得　无漏諸羅漢　及求涅槃者
今皆墮疑網　佛何故說是　其求緣覺者　比丘比丘尼
諸天龍鬼神　及乾闥婆等　相視懷猶豫　瞻仰兩足尊
是事為云何　願佛為解說　於諸聲聞眾　佛說我第一
我今自於智　疑惑不能了　為是究竟法　為是所行道
佛口所生子　合掌瞻仰待　願出微妙音　時為如實說
諸天龍神等　其數如恒沙　求佛諸菩薩　大數有八万
又諸万億國　轉輪聖王至　合掌以敬心　欲聞具足道
尒時佛告舍利弗止止不須復說若說是事
一切世間諸天及人皆當驚疑舍利弗重白
佛言世尊唯願說之唯願說之所以者何是
會无數百千万億阿僧祇眾生曾見諸佛諸
根猛利智慧明了聞佛所說則能敬信尒時
舍利弗欲重宣此義而說偈言
法王无上尊　唯說願勿慮　是會无量眾　有能敬信者
佛復止舍利弗若說是事一切世間天人阿脩
羅皆當驚疑增上慢比丘將墜於大坑尒
時世尊重說偈言
止止不須說　我法妙難思　諸增上慢者　聞必不敬信
尒時舍利弗重白佛言世尊唯願說之唯願
說之今此會中如我等比百千万億世世已
曾從佛受化如此人等必能敬信長夜安隱
多所饒益尒時舍利弗欲重宣此義而說偈言
无上兩足尊　願說第一法　我為佛長子　唯垂分別說
是會无量眾　能敬信此法　佛已曾世世　教化如是等
皆一心合掌　欲聽受佛語　我等千二百　及餘求佛者
願為此眾故　唯垂分別說　是等聞此法　則生大歡喜

BD05973號　妙法蓮華經卷一　（6–4）

多所饒益尒時舍利弗欲重宣此義而說偈言
无上兩足尊　願說第一法　我為佛長子　唯垂分別說
是會无量眾　能敬信此法　佛已曾世世　教化如是等
皆一心合掌　欲聽受佛語　我等千二百　及餘求佛者
願為此眾故　唯垂分別說　是等聞此法　則生大歡喜
尒時世尊告舍利弗汝已慇懃三請豈得不
說汝今諦聽善思念之吾當為汝分別解說說
此語時會中有比丘比丘尼優婆塞優婆夷
五千人等即從坐起礼佛而退所以者何此輩
罪根深重及增上慢未得謂得未證謂證
有如此失是以不住世尊默然而不制止尒
時佛告舍利弗我今此眾无復枝葉純有貞
實舍利弗如是增上慢人退亦佳矣汝今善
聽當為汝說舍利弗言唯然世尊願樂欲聞
佛告舍利弗如是妙法諸佛如來時乃說之
如優曇鉢華時一現耳舍利弗汝等當信佛
之所說言不虛妄舍利弗諸佛隨宜說法意
趣難解所以者何我以无數方便種種因緣
譬喻言辭演說諸法是法非思量分別之所
能解唯有諸佛乃能知之所以者何諸佛世
尊唯以一大事因緣故出現於世舍利弗云何
名諸佛世尊唯以一大事因緣故出現於
世諸佛世尊欲令眾生開佛知見使得清淨
故出現於世欲示眾生佛之知見故出現於世
欲令眾生悟佛知見故出現於世欲令眾生
入佛知見道故出現於世舍利弗是為諸佛
以一大事因緣故出現於世
佛告舍利弗諸佛如來但教化菩薩諸有所

BD05973號　妙法蓮華經卷一　（6–5）

世諸佛世尊欲令衆生開佛知見使得清淨
故出現於世欲示衆生佛之知見故出現於世
欲令衆生悟佛知見故出現於世欲令衆生
入佛知見道故出現於世舍利弗是為諸佛
以一大事因緣故出現於世
佛告舍利弗諸佛如來但教化菩薩諸有所
作常為一事唯以佛之知見示悟衆生舍利
弗如來但以一佛乘故為衆生說法无有餘
乘若二若三舍利弗一切十方諸佛法亦如
是舍利弗過去諸佛以无量无數方便種種
因緣譬喻言辭而為衆生演說諸法是法皆
為一佛乘故是諸衆生從諸佛聞法究竟皆
得一切種智舍利弗未來諸佛當出於世亦
以无量无數方便種種因緣譬喻言辭而為
衆生演說諸法是法皆為一佛乘故是諸衆
生從佛聞法究竟皆得一切種智舍利弗現
在十方无量百千万億佛土中諸佛世尊多
所饒益安樂衆生是諸佛亦以无量无數方
便種種因緣譬喻言辭而為衆生演說諸法
是法皆為一佛乘故是諸衆生從佛聞法究
竟皆得一切種智舍利弗是諸佛但教化菩
薩欲以佛之知見示衆生故欲以佛之知見
悟衆生故令衆生入佛知見故舍利弗我今
亦復如是知諸衆生有種種欲深心所著隨

BD05973 號　妙法蓮華經卷一　（6–6）

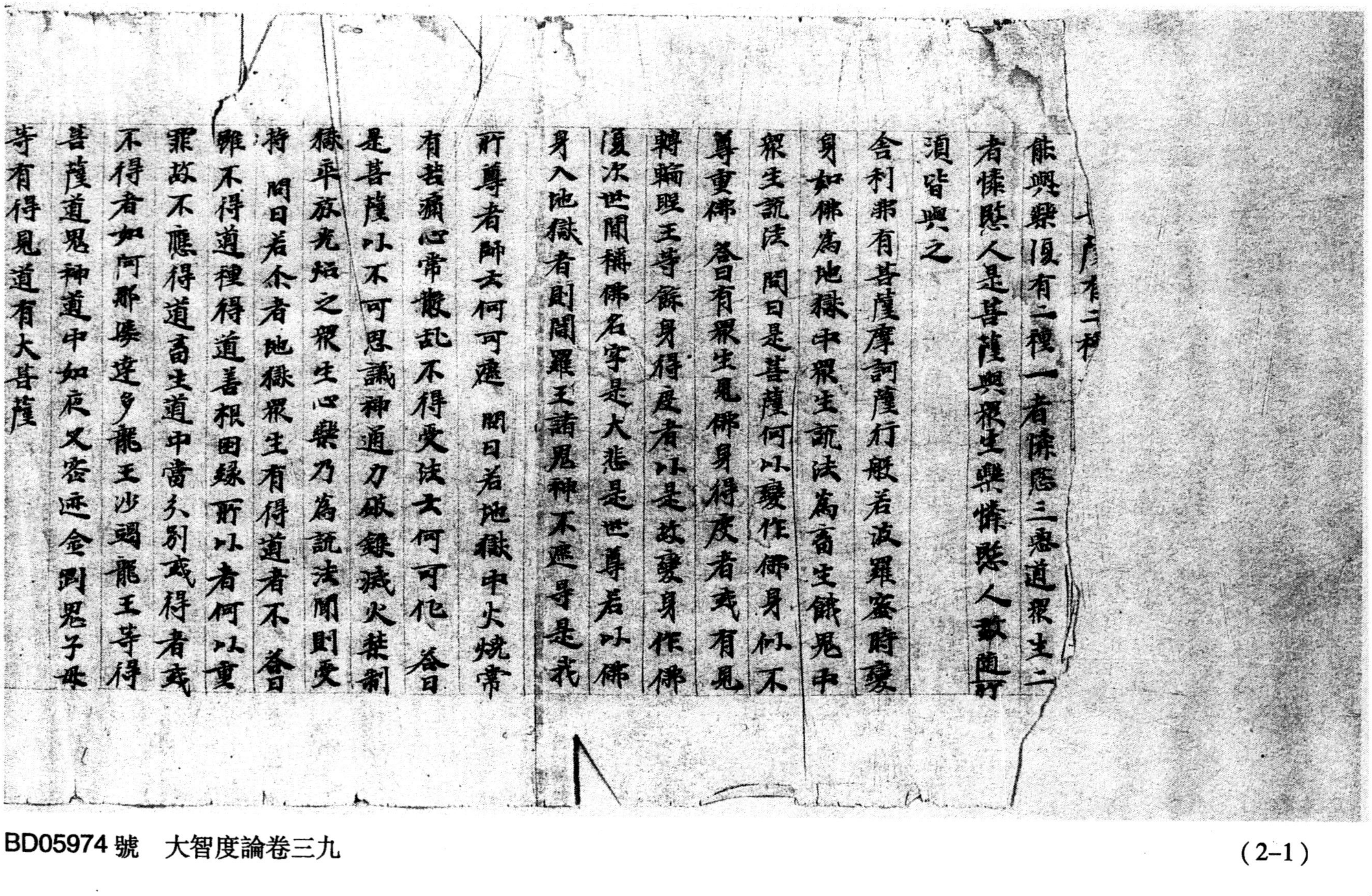

能興樂復有二種一者慈愍三惡道衆生二
者慈愍人是菩薩與衆生樂慈愍人欲隨行
須皆興之
舍利弗有菩薩摩訶薩行般若波羅蜜時變
身如佛為地獄中衆生說法為畜生餓鬼中
衆生說法　問曰是菩薩何以變作佛身似不
尊重佛　答曰有衆生見佛身得度者或有見
轉輪聖王等諸身得度者以是故變身作佛
復次世間稱佛名字是大悲是世尊若以佛
身入地獄者閻羅王諸鬼神不遮身是我
所尊者師云何可遮　問曰若地獄中火燒常
有苦痛心常散亂不得受法云何可化　答曰
是菩薩以不可思議神通力破鑊滅火猛制
獄卒放光照之衆生心樂乃為說法聞則受
持　問曰若尒者地獄衆生有得道者不　答曰
雖不得道種得道善根因緣所以者何以重
罪故不應得道畜生道中當分別或得者或
不得者如阿那婆達多龍王沙竭龍王等得
菩薩道鬼神道中如夜叉毗沙門金剛鬼子母
等有得見道有大菩薩

BD05974 號　大智度論卷三九　（2–1）

持　問曰若尒者地獄衆生有得道者不　荅
雖不得道種得道善根因緣所以者何以重
罪故不應得道畜生道中當分別或得者或
不得者如阿那婆達多龍王沙竭龍王等得
菩薩道鬼神道中如夜叉密迹金剛鬼子母
等有得見道有大菩薩
舍利弗有菩薩摩訶薩行六波羅蜜時變身
如佛遍至十方如恒河沙等諸佛世界為衆
生說法亦供養諸佛及淨佛世界聞諸佛說
法觀採十方淨妙佛國相而以自起殊勝世
界其中菩薩摩訶薩皆是一生補處釋曰是
菩薩遍為六道說法以佛身為十方衆生說
法若衆生聞弟子教者不能信受若聞佛獨
尊自在者說法信受其語是菩薩二事因緣
故供養諸佛莊嚴世界聞莊嚴世界法到十
方佛國取清淨世界相行業因緣轉復殊勝
光明亦多所以者何此國中皆一生補處菩
薩　問曰若先已說兜率天上一生補處菩薩
今云何說他方世界菩薩皆一生補處　荅
曰兜率天上一生補處者是三千世界常法餘
處不定所謂第一清淨者轉身成佛道故
舍利弗有菩薩摩訶薩行六波羅蜜時成就
卅二相諸根淨利諸根淨利故衆人愛敬以
愛敬故漸以三乘法而度脫之如是舍利弗
菩薩摩訶薩行般若波羅蜜時

BD05974號　大智度論卷三九　（2–2）

第十大願願我來世得菩
法所纏縛錄鞭撻繫閉牢獄或當
无量災難陵辱悲愁煎迫身心
若以我福德威神力故皆得解
第十一大願願我來世得菩提
飢渴所惱為求食故造諸惡業
念受持我當先以上妙飲食飽
法味畢竟安樂而建立之
第十二大願願我來世得菩提
貧无衣服蚊虻寒熱晝夜逼惱
念受持如其所好即得種種上妙
一切寶莊嚴具華鬘塗香鼓樂
翫皆令滿足
曼殊室利是為彼世尊藥師瑠
正等覺行菩薩道時所發十二微
復次曼殊室利彼世尊藥師
菩薩道時所發大願及彼佛土功
若一劫若一劫餘說不能盡
清淨无有女人亦无惡趣及苦

BD05975號　藥師琉璃光如來本願功德經　（12–1）

曼殊室利是為彼世尊藥師瑠
正等覺行菩薩道時所發十二微
復次曼殊室利彼世尊藥師瑠
菩薩道時所發大願及彼佛土功
若一劫若一劫餘說不能盡
清淨无有女人亦无惡趣及苦
地金繩界道城闕宮閣軒窓羅
亦如西方極樂世界功德莊嚴
其國中有二菩薩摩訶薩一名
名月光遍照是彼无量无數
悉能持彼世尊藥師瑠璃光
是故曼殊室利諸有信心善男子
應當願生彼佛世界
尒時世尊復告曼殊室利童子言
有諸衆生不識善惡唯懷貪悋不知
施果報愚癡无智闕於信根多聚財
守護見乞者來其心不喜設不獲已
時如割身肉深生痛惜復有无量慳
積集資財於其自身尚不受用何況
母妻子奴婢作使及來乞者彼諸有情從
終生餓鬼界或傍生趣由昔人間曾
藥師瑠璃光如來名故今在惡趣暫
念彼如來名即於尒時從彼處沒還生
得宿命念畏惡趣苦不樂欲樂好行惠
歎施者一切所有悉无貪惜漸次尚能
目手足血肉身分施來求者況餘財物

BD05975 號　藥師琉璃光如來本願功德經　（12–2）

藥師瑠璃光如來名故今在惡趣暫
念彼如來名即於尒時從彼處沒還生
得宿命念畏惡趣苦不樂欲樂好行惠
歎施者一切所有悉无貪惜漸次尚能
目手足血肉身分施來求者況餘財物
復次曼殊室利若諸有情雖於如來受諸學
處而破尸羅有雖不破尸羅而破軌則有於
尸羅軌則雖得不壞然毀正見有雖不毀正
見而棄多聞於佛所說契經深義不能解了
有雖多聞而增上慢由增上慢覆蔽心故自
是非他嫌謗正法為魔伴黨如是愚人自行
耶見復令无量俱胝有情墮大險坑此諸有
情應於地獄傍生鬼趣流轉无窮若得聞此
藥師瑠璃光如來名号便捨惡行脩諸善法
不墮惡趣設有不能捨諸惡行脩行善法墮
惡趣者以彼如來本願威力令其現前暫聞
名号從彼命終還生人趣得正見精進善調
意樂便能捨家趣於非家如來法中受持學
處无有毀犯正見多聞解甚深義離增上慢
不謗正法不為魔伴漸次脩行諸菩薩行速
得圓滿
復次曼殊室利若諸有情慳貪嫉妬自讚毀
他當墮三惡趣中无量千歲受諸劇苦受劇
苦已從彼命終還生人間作牛馬駝驢恒被
鞭撻飢渴逼惱又常負重隨路而行或得為
人生居下賤作人奴婢受他驅役恒不自在
若昔人中曾聞世尊藥師瑠璃光如來名号

BD05975 號　藥師琉璃光如來本願功德經　（12–3）

他當墮三惡趣中无量千歲受諸劇苦受劇
苦已從彼命終還生人間作牛馬駝驢恒被
鞭撻飢渴逼惱又常負重隨路而行或得為
人生居下賤作人奴婢受他驅役恒不自在
若昔人中曾聞世尊藥師瑠璃光如來名号
由此善因今復憶念至心歸依以佛神力衆
苦解脫諸根聰利智慧多聞恒求勝法常遇
善友永斷魔羂破无明㲉竭煩惱河解脫一
切生老病死憂悲苦惱
復次曼殊室利若諸有情好喜乖離更相鬪
訟惱乱自他以身語意造作增長種種惡業
展轉常為不饒益事互相謀害告召山林樹
塚等神殺諸衆生取其血肉祭祀藥叉羅剎
娑等書怨人名作其形像以惡呪術而呪咀
之厭媚蠱道呪起屍鬼令斷彼命及壞其身
是諸有情若得聞此藥師瑠璃光如來名号
彼諸惡事悉不能害一切展轉皆起慈心利
益安樂无損惱意及嫌恨心各各歡悅於自
所受生於喜足不相侵陵互為饒益
復次曼殊室利若有四衆苾芻苾芻尼鄔波
索迦鄔波斯迦及餘淨信善男子善女人等
有能受持八分齋戒或經一年或復三月受
持學處以此善根願生西方極樂世界无量
壽佛所聽聞正法而未定者若聞世尊藥師
瑠璃光如來名号臨命終時有八菩薩乘神
通來示其道路即於彼界種種雜色衆寶華

BD05975 號　藥師琉璃光如來本願功德經　（12–4）

有能受持八分齋戒或經一年或復三月受
持學處以此善根願生西方極樂世界无量
壽佛所聽聞正法而未定者若聞世尊藥師
瑠璃光如來名号臨命終時有八菩薩乘神
通來示其道路即於彼界種種雜色衆寶華
中自然化生或有因此生於天上雖生天中
而本善根亦未窮盡不復更生諸餘惡趣天
上壽盡還生人間或為輪王統攝四洲威德
自在安立无量百千有情於十善道或生剎
帝利婆羅門居士大家多饒財寶倉庫盈溢
形相端嚴眷屬具足聰明智慧勇健威猛如
大力士若是女人得聞世尊藥師瑠璃光如
來名号至心受持於後不復更受女身
尒時曼殊室利童子白佛言世尊我當誓於
像法轉時以種種方便令諸淨信善男子善
女人等得聞世尊藥師瑠璃光如來名号乃
至睡中亦以佛名覺悟其耳世尊若於此經
受持讀誦或復為他演說開示若自書若使
人書恭敬尊重以種種華香塗香抹香燒香
華鬘瓔珞幡蓋伎樂而為供養以五色綵作
囊盛之掃灑淨處敷設高座而用安處尒時
四大天王與其眷屬及餘无量百千天衆皆
詣其所供養守護世尊若此經寶流行之處
有能受持以彼世尊藥師瑠璃光如來本願
功德及聞名号當知是處无復橫死亦復不
為諸惡鬼神奪其精氣設已奪者還得如故
身心安樂

BD05975 號　藥師琉璃光如來本願功德經　（12–5）

詣其所供養守護世尊若此經寶流行之處
有能受持以彼世尊藥師瑠璃光如來本願
功德及聞名号當知是處无復橫死亦復不
為諸惡鬼神奪其精氣設已奪者還得如故
身心安樂
佛告曼殊室利如是如是如汝所說曼殊室
利若有淨信善男子善女人等欲供養彼世
尊藥師瑠璃光如來者應先造立彼佛形像
敷清淨座而安處之散種種華燒種種香以
種種幢幡莊嚴其處七日七夜受八分齋戒
食清淨食澡浴香潔著新衣應生无垢濁
心无怒害心於一切有情起利益安樂慈悲
喜捨平等之心鼓樂歌讚右遶佛像復應念
彼如來本願功德讀誦此經思惟其義演說
開示隨所樂願一切皆遂求長壽得長壽求
冨饒得冨饒求官位得官位求男女得男女
若復有人忽得惡夢見諸惡相或恠鳥來集
或於住處百恠出現此人若以衆妙資具恭
敬供養彼世尊藥師瑠璃光如來者惡夢惡
相諸不吉祥皆悉隱沒不能為患或有水火
刀毒懸嶮惡象師子虎狼熊羆毒虵惡蝎蜈
蚣蚰蜒蚊虻等怖若能至心憶念彼佛恭敬
供養一切怖畏皆得解脫若他國侵擾盜賊
反乱憶念恭敬彼如來者亦皆解脫
復次曼殊室利若有淨信善男子善女人等
乃至盡形不事餘天唯當一心歸佛法僧受

BD05975 號　藥師琉璃光如來本願功德經　（12–6）

蚣蚰蜒蚊虻等怖若能至心憶念彼佛恭敬
供養一切怖畏皆得解脫若他國侵擾盜賊
反乱憶念恭敬彼如來者亦皆解脫
復次曼殊室利若有淨信善男子善女人等
乃至盡形不事餘天唯當一心歸佛法僧受
持禁戒若五戒十戒菩薩四百戒苾芻二百
五十戒苾芻尼五百戒於所受中或有毀犯
怖墮惡趣若能專念彼佛名号恭敬供養者
必定不受三惡趣生或有女人臨當產時受
於極苦若能至心稱名礼讚恭敬供養彼如
來者衆苦皆除所生之子身分具足形色端
正見者歡喜利根聡明安隱少病无有非人
奪其精氣
尒時世尊告阿難言如我稱揚彼佛世尊藥
師瑠璃光如來所有功德此是諸佛甚深行
處難可解了汝為信不阿難白言大德世尊
我於如來所說契經不生疑惑所以者何一
切如來身語意業无清淨世尊此日月輪可
令墮落妙高山王可使傾動諸佛所言无有
異也世尊有諸衆生信根不具聞說諸佛甚
深行處作是思惟云何但念藥師瑠璃光如
來一佛名号便獲尒所功德勝利由此不信
返生誹謗彼於長夜失大利樂墮諸惡趣流
轉无窮佛告阿難是諸有情若聞世尊藥師
瑠璃光如來名号至心受持不生疑惑墮惡
趣者无有是處阿難此是諸佛甚深所行難
可信解汝今能受當知皆是如來威力阿難

BD05975 號　藥師琉璃光如來本願功德經　（12–7）

返生誹謗彼於長夜失大利樂墮諸惡趣流
轉无窮佛告阿難是諸有情若聞世尊藥師
瑠璃光如來名号至心受持不生疑惑墮惡
趣者无有是處阿難此是諸佛甚深所行難
可信解汝今能受當知皆是如來威力阿難
一切聲聞獨覺及未登地諸菩薩等皆悉不
能如實信解唯除一生所繫菩薩阿難人身
難得於三寶中信敬尊重亦難可得聞世尊
藥師瑠璃光如來名号復難於是阿難彼藥
師瑠璃光如來无量菩薩行无量巧方便无
量廣大願我若一劫若一劫餘而廣說者劫
可速盡彼佛行願善巧方便无有盡也
尒時衆中有一菩薩摩訶薩名日救脫即從座
起偏袒一肩右膝著地曲躬合掌而白佛言大
德世尊像法轉時有諸衆生為種種患之所
困厄長病羸瘦不能飲食喉脣乾燥見諸方
暗死相現前父母親屬朋友知識啼泣圍遶
然彼自身卧在本處見琰魔使引其神識至
于琰魔法王之前然諸有情有俱生神隨其
所作若罪若福皆具書之盡持授與琰魔法王
尒時彼王推問其人筭計所作隨其罪福處
斷之時彼病人親屬知識若能為彼歸依世
尊藥師瑠璃光如來請諸衆僧轉讀此經然
七層之燈懸五色續命神幡或有是處神識
得還如在夢中明了自見或經七日或二十
一日或三十五日或四十九日彼識還時如
從夢覺皆自憶知善不善業所得果報由自

BD05975號　藥師琉璃光如來本願功德經

(12–8)

斷之時彼病人親屬知識若能為彼歸依世
尊藥師瑠璃光如來請諸衆僧轉讀此經然
七層之燈懸五色續命神幡或有是處神識
得還如在夢中明了自見或經七日或二十
一日或三十五日或四十九日彼識還時如
從夢覺皆自憶知善不善業所得果報由自
證見業果報故乃至命難亦不造作諸惡之
業是故淨信善男子善女人等皆應受持藥
師瑠璃光如來名号隨力所能恭敬供養
尒時阿難問救脫菩薩曰善男子應云何恭
敬供養彼世尊藥師瑠璃光如來續命幡燈
復云何造救脫菩薩言大德若有病人欲脫
病苦當為其人七日七夜受持八分齋戒應
以飲食及餘資具隨力所辦供養苾芻僧晝
夜六時礼拜供養彼世尊藥師瑠璃光如來
讀誦此經四十九遍然四十九燈造彼如來
形像七軀一一像前各置七燈一一燈量大
如車輪乃至四十九日光明不絕造五色綵幡
長四十九搩手應放雜類衆生至四十九可
得過度危厄之難不為諸橫惡鬼所持
復次阿難若刹帝利灌頂王等災難起時所
謂人衆疾疫難他國侵逼難自界叛逆難星
宿變怪難日月薄蝕難非時風雨難過時不
雨難彼刹帝利灌頂王等尒時應於一切有情
起慈悲心赦諸繫閉依前所說供養之法供養
彼世尊藥師瑠璃光如來由此善根及彼如
[illegible]

BD05975號　藥師琉璃光如來本願功德經

(12–9)

謂人衆疾疫難他國侵逼難自界叛逆難星
宿變怪難日月薄蝕難非時風雨難過時不
雨難彼刹帝利灌頂王等尒時應於一切有情
起慈悲心赦諸繫閉依前所説供養之法供養
彼世尊藥師瑠璃光如來由此善根及彼如
來本願力故令其國界即得安隱風雨順時
穀稼成熟一切有情无病歡樂於其國中无
有暴惡藥叉等神惱有情者一切惡相皆即
隱没而刹帝利灌頂王等壽命色力无病自
在皆得增益阿難若帝后妃主儲君王子大
臣輔相中宮綵女百官黎庶為病所苦及餘
厄難亦應造立五色神幡然燈續明放諸生
命散雜色華燒衆名香病得除愈衆難解脱
尒時阿難問救脱菩薩言善男子云何已盡
之命而可增益救脱菩薩言大德汝豈不聞
如來説有九横死耶是故勸造續命幡燈脩
諸功德以脩福故盡其壽命不經苦患阿難
問言九横云何救脱菩薩言若諸有情得病
雖輕然无醫藥及看病者設復遇醫授以非
藥實不應死而便横死又信世間邪魔外道
妖孽之師妄説禍福便生恐動心不自正卜
問覓禍殺種種衆生解奏神明呼諸魍魎請
乞福祐欲冀延年終不能得愚癡迷惑信邪
倒見遂令横死入於地獄无有出期是名初
横二者横被王法之所誅戮三者畋獵嬉戲
耽婬嗜酒放逸无度横為非人奪其精氣四
皆黃為之赤[illegible]皆黃為卜[illegible]六皆黃為腫腫

BD05975號　藥師琉璃光如來本願功德經　（12–10）

問覓禍殺種種衆生解奏神明呼諸魍魎請
乞福祐欲冀延年終不能得愚癡迷惑信邪
倒見遂令横死入於地獄无有出期是名初
横二者横被王法之所誅戮三者畋獵嬉戲
耽婬嗜酒放逸无度横為非人奪其精氣四
者横為火焚五者横為水溺六者横為種種
惡獸所噉七者横墮山崖八者横為毒藥厭
禱呪咀起屍鬼等之所中害九者飢渴所困
不得飲食而便横死是為如來略説横死有
此九種其餘復有无量諸横難可具説
復次阿難彼琰魔王主領世間名籍之記若
諸有情不孝五逆破辱三寶壞君臣法毀於
信戒琰魔法王隨罪輕重考而罰之是故我
今勸諸有情然燈造幡放生脩福令度苦厄
不曹衆難
尒時衆中有十二藥叉大將俱在會坐所謂
宮毗羅大將　伐折羅大將　迷企羅大將　安底羅大將
頞你羅大將　珊底羅大將　因達羅大將　波夷羅大將
摩虎羅大將　真達羅大將　招杜羅大將　毗羯羅大將
此十二藥叉大將一一各有七千藥叉以為
眷屬同時舉聲白佛言世尊我等今者蒙佛
威力得聞世尊藥師瑠璃光如來名号不復
更有惡趣之怖我等相率皆同一心乃至盡
形歸佛法僧誓當荷負一切有情為作義利
饒益安樂隨於何等村城國邑空閑林中若
有流布此經或復受持藥師瑠璃光如來名
号恭敬供養者我等眷屬衛護是人皆使解

BD05975號　藥師琉璃光如來本願功德經　（12–11）

更有惡趣之怖我等相率皆同一心乃至盡
形歸佛法僧誓當荷負一切有情為作義利
饒益安樂隨於何等村城國邑空閑林中若
有流布此經或復受持藥師瑠璃光如來名
號恭敬供養者我等眷屬衛護是人皆使解
脫一切苦難諸有願求悉令滿足或有疾厄
求度脫者亦應讀誦此經以五色縷結我名
字得如願已然後解結
爾時世尊讚諸藥叉大將言善哉善哉大藥
叉將汝等念報世尊藥師瑠璃光如來恩德
者常應如是利益安樂一切有情
爾時阿難白佛言世尊當何名此法門我等
云何奉持佛告阿難此法門名說藥師瑠璃
光如來本願功德亦名說十二神將饒益有
情結願神咒亦名拔除一切業鄣應如是持
時薄伽梵說是語已諸菩薩摩訶薩及大聲
聞國王大臣婆羅門居士天龍藥叉揵達縛
阿素洛揭路荼緊捺洛莫呼洛伽人非人等
一切大衆聞佛所說皆大歡喜信受奉行

佛說藥師瑠璃光如來本願功德經

BD05975號　藥師琉璃光如來本願功德經　（12–12）

提言甚多世尊何以故是福德即非福德性
是故如来說福德多若復有人於此經中受
持乃至四句偈等為他人說其福勝彼何以
故須菩提一切諸佛及諸佛阿耨多羅三藐
三菩提法皆從此經出須菩提所謂佛法
者即非佛法
須菩提於意云何須陀洹能作是念我得須
陀洹果不須菩提言不也世尊何以故須陀
洹名為入流而无所入不入色聲香味觸法
是名須陀洹須菩提於意云何斯陀含能作
是念我得斯陀含果不須菩提言不也世尊
何以故斯陀含名一往来而實无往来是名
斯陀含須菩提於意云何阿那含能作是念
我得阿那含果不須菩提言不也世尊何以
故阿那含名為不来而實无来是故名阿那
含須菩提於意云何阿羅漢能作是念我得

BD05976號　金剛般若波羅蜜經　（4–1）

是名須陁洹須菩提於[illegible]
是念我得斯陁含果不須菩提言不也世尊
何以故斯陁含名一往来而實无往来是名
斯陁含須菩提於意云何阿那含能作是念
我得阿那含果不須菩提言不也世尊何以
故阿那含名為不来而實无来是故名阿那
含須菩提於意云何阿羅漢能作是念我得
阿羅漢道不須菩提言不也世尊何以故實
无有法名阿羅漢世尊若阿羅漢作是念我
得阿羅漢道即為著我人衆生壽者世尊佛
說我得无諍三昧人中最為第一是第一離
欲阿羅漢我不作是念我是離欲阿羅漢世
尊我若作是念我得阿羅漢道世尊則不說
須菩提是樂阿蘭那行者以須菩提實无
所行而名須菩提樂阿蘭那行
佛告須菩提於意云何如来昔在然燈佛所
於法有所得不世尊如来在然燈佛所於法
實无所得
須菩提於意云何菩薩莊嚴佛土不不也世
尊何以故莊嚴佛土者則非莊嚴是名莊嚴
是故須菩提諸菩薩摩訶薩應如是生清淨
心不應住色生心不應住聲香味觸法生
心應无所住而生其心須菩提譬如有人身
如須弥山王於意云何是身為大不須菩提
言甚大世尊何以故佛說非身是名大身
[illegible]

BD05976號　金剛般若波羅蜜經

（4–2）

是故須菩提諸菩薩摩訶薩應如是生清淨
心不應住色生心不應住聲香味觸法生
心應无所住而生其心須菩提譬如有人身
如須弥山王於意云何是身為大不須菩提
言甚大世尊何以故佛說非身是名大身
須菩提如恒河中所有沙數如是沙等恒河
於意云何是諸恒河沙寧為多不須菩提言
甚多世尊但諸恒河尚多无數何況其沙須
菩提我今實言告汝若有善男子善女人以
七寶滿尒所恒河沙數三千大千世界以用
布施得福多不須菩提言甚多世尊佛告須
菩提若善男子善女人於此經中乃至受持
四句偈等為他人說而此福德勝前福德
復次須菩提隨說是經乃至四句偈等當知
此處一切世間天人阿脩羅皆應供養如佛
塔廟何況有人盡能受持讀誦須菩提當知
是人成就最上第一希有之法若是經典所
在之處則為有佛若尊重弟子
尒時須菩提白佛言世尊當何名此經我等
云何奉持佛告須菩提是經名為金剛般若
波羅蜜以是名字汝當奉持所以者何須菩
提佛說般若波羅蜜則非般若波羅蜜須菩
提於意云何如来有所說法不須菩提白佛
言世尊如来无所說須菩提於意云何三千
大千世界所有微塵是為多不須菩提言甚
[illegible]

BD05976號　金剛般若波羅蜜經

（4–3）

七寶滿合所恒河沙數三千大千世界以用
布施得福多不須菩提言甚多世尊佛告須
菩提若善男子善女人於此經中乃至受持
四句偈等為他人說而此福德勝前福德
復次須菩提隨說是經乃至四句偈等當知
此處一切世間天人阿脩羅皆應供養如佛
塔廟何況有人盡能受持讀誦須菩提當知
是人成就最上第一希有之法若是經典所
在之處則為有佛若尊重弟子
尒時須菩提白佛言世尊當何名此經我等
云何奉持佛告須菩提是經名為金剛般若
波羅蜜以是名字汝當奉持所以者何須菩
提佛說般若波羅蜜則非般若波羅蜜須菩
提於意云何如來有所說法不須菩提白佛
言世尊如來无所說須菩提於意云何三千
大千世界所有微塵是為多不須菩提言甚
多世尊須菩提諸微塵如來說非微塵是名
微塵如來說世界非世界是名世界須菩提

BD05976號　金剛般若波羅蜜經　（4–4）

南无淨聲佛　南无破疑佛
南无无邊威德佛　南无賒尸面佛
南无无量名佛　南无妙威德佛
南无散異疑佛　南无福德燈佛
南无善見佛　南无愛威德佛
南无不可降伏威德佛　南无无量藏佛
南无光明盡迷佛　南无廣稱佛
南无異幢佛　南无不可勝佛
南无威德王佛　南无堅固佛
南无妙稱佛　南无无量色佛
南无大信佛　南无妙聲佛
南无不動步佛　南无无量莊嚴佛
南无威德王聚光明佛　南无住智慧佛
南无堅佛　南无愛解脫佛
從此以上四千一百佛十二部經一切賢聖
南无能與无畏佛　南无甘露藏佛
南无普觀佛　南无大須佛
……德佛　……天供養佛

BD05977號　佛名經（十六卷本）卷五　（5–1）

南无威德王衆光明佛　南无住智慧佛
南无堅佛　南无愛解脫佛
南无能與无畏佛　南无甘露藏佛
從此以上四千一百佛十二部經一切賢聖
南无普觀佛　南无大須佛
南无山威德佛　南无天供養佛
南无光明勝佛　南无說重佛
南无莊嚴光明佛　南无師子奮迅佛
南无異見佛　南无見佛
南无甘露步佛　南无月光明佛
南无稱供養佛　南无護相佛
南无清淨聲佛　南无障㝵輪佛
南无甘露聲佛　南无生佛
南无空威德佛　南无功德王佛
南无无量色佛　南无大力佛
南无黠慧莊嚴佛　南无見无障㝵佛
南无師子香佛　南无普見佛
南无普德佛　南无善見佛
南无善色佛　南无慧稱佛
南无寶莊嚴佛　南无妙光佛
南无解脫奮迅佛　南无功德莊嚴佛
南无畢竟智佛　南无智高佛
南无不動智佛　南无善威德佛
南无快色佛　南无寶聲佛
南无大聲佛　南无善見佛
南无无量威德佛　南无妙思惟佛

BD05977 號　佛名經（十六卷本）卷五　（5–2）

南无畢竟智佛　南无智高佛
南无不動智佛　南无善威德佛
南无快色佛　南无寶聲佛
南无大聲佛　南无善見佛
南无无量威德佛　南无妙思惟佛
南无愛稱佛　南无功德華佛
南无俱蘇摩王佛　南无難降伏佛
南无妙聲吼佛　南无善見佛
南无衆生可敬佛　南无大明佛
南无无比步佛　南无清淨智佛
南无快聲佛　南无大照佛
南无月照佛　南无智化佛
南无功德莊嚴佛　南无福光明佛
南无智作佛　南无斷有見佛
南无見愛佛　南无无量光佛
南无勝聲佛　南无種種日佛
南无成步佛　南无天佛
南无放蓋佛　南无波婆婆佛
南无星宿佛　南无覺慧佛
南无濟上師子種種鳥吼聲佛
南无吼佛　南无梵聲佛
南无龍吼佛　南无勢自在佛
南无世間自在王佛
南无无量命佛　南无然燈佛
南无无垢蓋佛　南无寶光明佛
[illegible]

BD05977 號　佛名經（十六卷本）卷五　（5–3）

南无龍吼佛
南无世間自在王佛　南无勢自在佛
南无无量命佛　南无然燈佛
南无无垢蓋佛　南无寶光明佛
南无天威德面佛　南无然燈佛
南无光明勝王佛　南无普照佛
南无智慧盡迅王佛　南无可量華佛
南无下華佛　南无嚴勝散華佛
南无盧舍那智慧莊嚴盡迅王佛
南无无量華佛　南无无量衆上首佛
南无有摩尼光羅網佛　南无无垢威德佛
南无勝成就佛　南无安隱佛
南无高行佛　南无歡喜佛
南无堅固佛
從此以上四千二百佛十二部經一切賢聖
南无善眼佛　南无善意佛
南无六十二同名尸棄佛
南无善生佛　南无淨聖佛
南无梵勝佛　南无善見佛
南无上勝佛　南无上脩佛
南无妙勝佛　南无寂靜命佛
南无不獸之法佛　南无得切德佛
南无陽炎佛　南无稱上佛
南无吉妙佛　南无星宿佛
南无了見佛　南无量命佛

南无有摩尼光羅網佛　南无无垢威德佛
南无勝成就佛　南无安隱佛
南无高行佛　南无歡喜佛
南无堅固佛
從此以上四千二百佛十二部經一切賢聖
南无善眼佛　南无善意佛
南无六十二同名尸棄佛
南无善生佛　南无淨聖佛
南无梵勝佛　南无善見佛
南无上勝佛　南无上脩佛
南无妙勝佛　南无寂靜命佛
南无不獸之法佛　南无得切德佛
南无陽炎佛　南无稱上佛
南无吉妙佛　南无星宿佛
南无了見佛　南无量命佛
南无見義佛　南无高山佛
南无金聖佛　南无一切處自在佛
南无自在幢佛　南无淨聲佛
南无妙聲佛　南无人聲佛
南无寶上佛　南无寶炎佛

無別無斷故一切相智清淨故色界眼識界
及眼觸眼觸為緣所生諸受清淨色界乃至
眼觸為緣所生諸受清淨故一切智智清淨
何以故若一切相智清淨若色界乃至眼觸
為緣所生諸受清淨若一切智智清淨無二
無二分無別無斷故善現一切相智清淨故
耳界清淨耳界清淨故一切智智清淨何以
故若一切相智清淨若耳界清淨若一切智
智清淨無二無二分無別無斷故一切相智清
淨故聲界耳識界及耳觸耳觸為緣所生諸
受清淨聲界乃至耳觸為緣所生諸受清淨
故一切智智清淨何以故若一切相智清淨
若聲界乃至耳觸為緣所生諸受清淨若一
切智智清淨無二無二分無別無斷故善現
一切相智清淨故鼻界清淨鼻界清淨故一
切智智清淨何以故若一切相智清淨若鼻
界清淨若一切智智清淨無二無二分無別
無斷故一切相智清淨故香界鼻識界及鼻
觸鼻觸為緣所生諸受清淨香界乃至鼻觸
為緣所生諸受清淨故一切智智清淨何以
故若一切相智清淨若香界乃至鼻觸為緣
所生諸受清淨若一切智智清淨無二無二

BD05978號　大般若波羅蜜多經卷二三九　（3–1）

若聲界乃至耳觸為緣所生諸受清淨若一
切智智清淨無二無二分無別無斷故善現
一切相智清淨故鼻界清淨鼻界清淨故一
切智智清淨何以故若一切相智清淨若鼻
界清淨若一切智智清淨無二無二分無別
無斷故一切相智清淨故香界鼻識界及鼻
觸鼻觸為緣所生諸受清淨香界乃至鼻觸
為緣所生諸受清淨故一切智智清淨何以
故若一切相智清淨若香界乃至鼻觸為緣
所生諸受清淨若一切智智清淨無二無二
分無別無斷故善現一切相智清淨故舌界
清淨舌界清淨故一切智智清淨何以故若
一切相智清淨若舌界清淨若一切智智清
淨無二無二分無別無斷故一切相智清淨
故味界舌識界及舌觸舌觸為緣所生諸受
清淨味界乃至舌觸為緣所生諸受清淨故
一切智智清淨何以故若一切相智清淨若
味界乃至舌觸為緣所生諸受清淨若一切
智智清淨無二無二分無別無斷故

大般若波羅蜜多經卷第二百卅九

勝威勘

BD05978號　大般若波羅蜜多經卷二三九　（3–2）

故若一切相智清淨若香界乃至鼻觸爲緣
所生諸受清淨若一切智智清淨無二無二
分無別無斷故善現一切相智清淨故舌界
清淨舌界清淨故一切智智清淨何以故若
一切相智清淨若舌界清淨若一切智智清
淨無二無二分無別無斷故一切相智清淨
故味界舌識界及舌觸舌觸爲緣所生諸受
清淨味界乃至舌觸爲緣所生諸受清淨故
一切智智清淨何以故若一切相智清淨若
味界乃至舌觸爲緣所生諸受清淨若一切
智智清淨無二無二分無別無斷故

大般若波羅蜜多經卷第二百卅九

勝威

BD05978號　大般若波羅蜜多經卷二三九　（3–3）

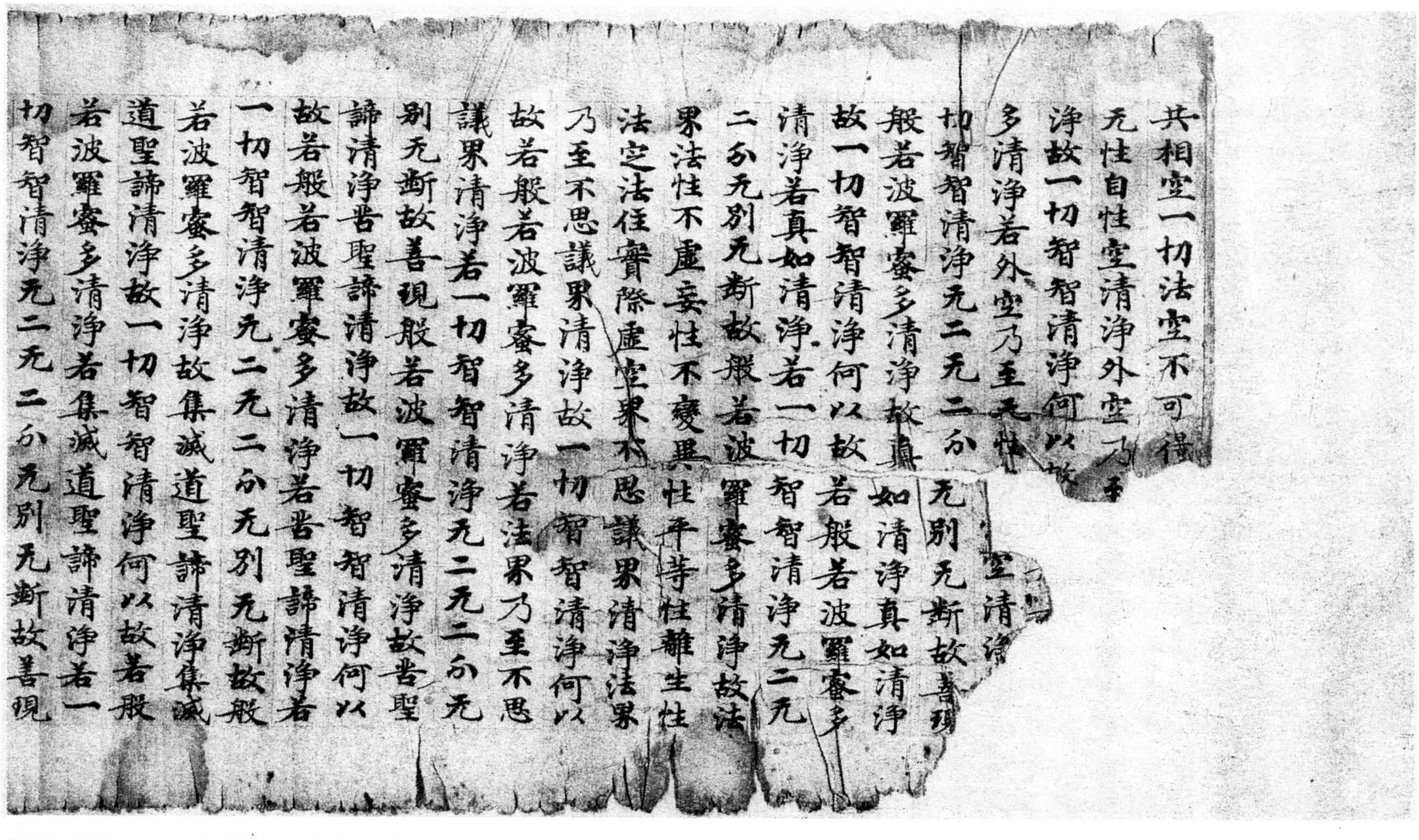

共相空一切法空不可得
无性自性空清淨外空乃至
淨故一切智智清淨何以故
多清淨若外空乃至无性　空清淨
切智智清淨无二无二分　无別无斷故善現
般若波羅蜜多清淨故真如清淨真如清淨
故一切智智清淨何以故若般若波羅蜜多
清淨若真如清淨若一切智智清淨无二无
二分无別无斷故般若波羅蜜多清淨故法
界法性不虛妄性不變異性平等性離生性
法定法住實際虛空界不思議界清淨法界
乃至不思議界清淨故一切智智清淨何以
故若般若波羅蜜多清淨若法界乃至不思
議界清淨若一切智智清淨无二无二分无
別无斷故善現般若波羅蜜多清淨故苦聖
諦清淨苦聖諦清淨故一切智智清淨何以
故若般若波羅蜜多清淨若苦聖諦清淨若
一切智智清淨无二无二分无別无斷故般
若波羅蜜多清淨故集滅道聖諦清淨集滅
道聖諦清淨故一切智智清淨何以故若般
若波羅蜜多清淨若集滅道聖諦清淨若一
切智智清淨无二无二分无別无斷故善現

BD05979號　大般若波羅蜜多經卷二〇五　（5–1）

故若般若波羅蜜多清淨若苦聖諦清淨若
一切智智清淨无二无二分无別无斷故般
若波羅蜜多清淨故集滅道聖諦清淨集滅
道聖諦清淨故一切智智清淨何以故若般
若波羅蜜多清淨若集滅道聖諦清淨若一
切智智清淨无二无二分无別无斷故善現
般若波羅蜜多清淨故四靜慮清淨四靜慮
清淨故一切智智清淨何以故若般若波羅
蜜多清淨若四靜慮清淨若一切智智清淨
无二无二分无別无斷故般若波羅蜜多清
淨故四无量四无色定清淨四无量四无色
定清淨故一切智智清淨何以故若般若波
羅蜜多清淨若四无量四无色定清淨若一
切智智清淨无二无二分无別无斷故善現
般若波羅蜜多清淨故八解脫清淨八解脫
清淨故一切智智清淨何以故若般若波羅
蜜多清淨若八解脫清淨若一切智智清淨
无二无二分无別无斷故般若波羅蜜多清
淨故八勝處九次第定十遍處清淨八勝處
九次第定十遍處清淨故一切智智清淨何
以故若般若波羅蜜多清淨若八勝處九次
第定十遍處清淨若一切智智清淨无二无
二分无別无斷故善現般若波羅蜜多清淨
故四念住清淨四念住清淨故一切智智清
淨何以故若般若波羅蜜多清淨若四念住
清淨若一切智智清淨无二无二分无別无

BD05979號　大般若波羅蜜多經卷二〇五　(5–2)

九次第定十遍處清淨故一切智智清淨何
以故若般若波羅蜜多清淨若八勝處九次
第定十遍處清淨若一切智智清淨无二无
二分无別无斷故善現般若波羅蜜多清淨
故四念住清淨四念住清淨故一切智智清
淨何以故若般若波羅蜜多清淨若四念住
清淨若一切智智清淨无二无二分无別无
斷故般若波羅蜜多清淨故四正斷四神足
五根五力七等覺支八聖道支清淨四正斷
乃至八聖道支清淨故一切智智清淨何以
故若般若波羅蜜多清淨若四正斷乃至八
聖道支清淨若一切智智清淨无二无二分
无別无斷故善現般若波羅蜜多清淨故空
解脫門清淨空解脫門清淨故一切智智清
淨何以故若般若波羅蜜多清淨若空解脫
門清淨若一切智智清淨无二无二分无別
无斷故般若波羅蜜多清淨故无相无願解
脫門清淨无相无願解脫門清淨故一切智
智清淨何以故若般若波羅蜜多清淨若无
相无願解脫門清淨若一切智智清淨无二
无二分无別无斷故善現般若波羅蜜多清
淨故菩薩十地清淨菩薩十地清淨故一切
智智清淨何以故若般若波羅蜜多清淨若
菩薩十地清淨若一切智智清淨无二无二
分无別无斷故
善現般若波羅蜜多清淨故五眼清淨五眼

BD05979號　大般若波羅蜜多經卷二〇五　(5–3)

淨故菩薩十地清淨菩薩十地清淨故一切
智智清淨何以故若般若波羅蜜多清淨若
菩薩十地清淨若一切智智清淨无二无二
分无別无斷故
善現般若波羅蜜多清淨故五眼清淨五眼
清淨故一切智智清淨何以故若般若波羅
蜜多清淨若五眼清淨若一切智智清淨无
二无二分无別无斷故般若波羅蜜多清淨
故六神通清淨六神通清淨故一切智智清
淨何以故若般若波羅蜜多清淨若六神通
清淨若一切智智清淨无二无二分无別无
斷故善現般若波羅蜜多清淨故佛十力清
淨佛十力清淨故一切智智清淨何以故若
般若波羅蜜多清淨若佛十力清淨若一切
智智清淨无二无二分无別无斷故般若波
羅蜜多清淨故四无所畏四无礙解大慈大
悲大喜大捨十八佛不共法清淨四无所畏
乃至十八佛不共法清淨故一切智智清淨
何以故若般若波羅蜜多清淨若四无所畏
乃至十八佛不共法清淨若一切智智清淨
无二无二分无別无斷故善現般若波羅蜜
多清淨故无忘失法清淨无忘失法清淨故
一切智智清淨何以故若般若波羅蜜多清
淨若无忘失法清淨若一切智智清淨无二
无二分无別无斷故般若波羅蜜多清淨故恒
住捨性清淨恒住捨性清淨故一切智智

BD05979 號　大般若波羅蜜多經卷二〇五　（5–4）

故六神通清淨六神通清淨故一切智智清
淨何以故若般若波羅蜜多清淨若六神通
清淨若一切智智清淨无二无二分无別无
斷故善現般若波羅蜜多清淨故佛十力清
淨佛十力清淨故一切智智清淨何以故若
般若波羅蜜多清淨若佛十力清淨若一切
智智清淨无二无二分无別无斷故般若波
羅蜜多清淨故四无所畏四无礙解大慈大
悲大喜大捨十八佛不共法清淨四无所畏
乃至十八佛不共法清淨故一切智智清淨
何以故若般若波羅蜜多清淨若四无所畏
乃至十八佛不共法清淨若一切智智清淨
无二无二分无別无斷故善現般若波羅蜜
多清淨故无忘失法清淨无忘失法清淨故
一切智智清淨何以故若般若波羅蜜多清
淨若无忘失法清淨若一切智智清淨无二
无二分无別无斷故般若波羅蜜多清淨故恒
住捨性清淨恒住捨性清淨故一切智智
清淨何以故若般若波羅蜜多清淨若恒住
捨性清淨若一切智智清淨无二无二分无

BD05979 號　大般若波羅蜜多經卷二〇五　（5–5）

別无斷故善現般若波羅蜜多清淨故一切
智清淨一切智清淨故一切智智清淨何以
故若般若波羅蜜多清淨若一切智清淨若
一切智智清淨无二无二分无別无斷故般
若波羅蜜多清淨故道相智一切相智清淨
道相智一切相智清淨故一切智智清淨何
以故若般若波羅蜜多清淨若道相智一切
相智清淨若一切智智清淨无二无二分无
別无斷故善現般若波羅蜜多清淨故一切
陁羅尼門清淨一切陁羅尼門清淨故一切
智智清淨何以故若般若波羅蜜多清淨若
一切陁羅尼門清淨若一切智智清淨无二
无二分无別无斷故般若波羅蜜多清淨故
一切三摩地門清淨一切三摩地門清淨故
一切智智清淨何以故若般若波羅蜜多清
淨若一切三摩地門清淨若一切智智清淨
无二无二分无別无斷故善現般若波羅蜜

BD05980 號　大般若波羅蜜多經卷二〇五　（10–1）

一切陁羅尼門清淨若一切智智清淨无二
无二分无別无斷故般若波羅蜜多清淨故
一切三摩地門清淨一切三摩地門清淨故
一切智智清淨何以故若般若波羅蜜多清
淨若一切三摩地門清淨若一切智智清淨
无二无二分无別无斷故善現般若波羅蜜
多清淨故預流果清淨預流果清淨故一切
智智清淨何以故若般若波羅蜜多清淨若
預流果清淨若一切智智清淨无二无二分
无別无斷故般若波羅蜜多清淨故一來不
還阿羅漢果清淨一來不還阿羅漢果清淨
故一切智智清淨何以故若般若波羅蜜多
清淨若一來不還阿羅漢果清淨若一切智
智清淨无二无二分无別无斷故善現般若
波羅蜜多清淨故獨覺菩提清淨獨覺菩提
清淨故一切智智清淨何以故若般若波羅蜜
多清淨若獨覺菩提清淨若一切智智清
淨无二无二分无別无斷故善現般若波羅
蜜多清淨故一切菩薩摩訶薩行清淨一切
菩薩摩訶薩行清淨故一切智智清淨何以
故若般若波羅蜜多清淨若一切菩薩摩訶
薩行清淨若一切智智清淨无二无二分无
別无斷故善現般若波羅蜜多清淨故諸佛
无上正等菩提清淨諸佛无上正等菩提清
淨故一切智智清淨何以故若般若波羅蜜
多清淨若諸佛无上正等菩提清淨若一切

BD05980 號　大般若波羅蜜多經卷二〇五　（10–2）

薩行清淨若一切智智清淨无二无二分无
別无斷故善現般若波羅蜜多清淨故諸佛
无上正等菩提清淨諸佛无上正等菩提清
淨故一切智智清淨何以故若般若波羅蜜
多清淨若諸佛无上正等菩提清淨若一切
智智清淨无二无二分无別无斷故
復次善現靜慮波羅蜜多清淨故色清淨色
清淨故一切智智清淨何以故若靜慮波羅
蜜多清淨若色清淨若一切智智清淨无二
无二分无別无斷故靜慮波羅蜜多清淨故
受想行識清淨受想行識清淨故一切智智
清淨何以故若靜慮波羅蜜多清淨若受想
行識清淨若一切智智清淨无二无二分无
別无斷故善現靜慮波羅蜜多清淨故眼處
清淨眼處清淨故一切智智清淨何以故若
靜慮波羅蜜多清淨若眼處清淨若一切智
智清淨无二无二分无別无斷故靜慮波羅
蜜多清淨故耳鼻舌身意處清淨耳鼻舌身
意處清淨故一切智智清淨何以故若靜慮
波羅蜜多清淨若耳鼻舌身意處清淨若一
切智智清淨无二无二分无別无斷故善現
靜慮波羅蜜多清淨故色處清淨色處清
淨故一切智智清淨何以故若靜慮波羅蜜
多清淨若色處清淨若一切智智清淨无二
无二分无別无斷故靜慮波羅蜜多清淨故
聲香味觸法處清淨聲香味觸法處清淨故

BD05980號　大般若波羅蜜多經卷二〇五　（10–3）

靜慮波羅蜜多清淨故色處清淨色處清
淨故一切智智清淨何以故若靜慮波羅蜜
多清淨若色處清淨若一切智智清淨无二
无二分无別无斷故靜慮波羅蜜多清淨故
聲香味觸法處清淨聲香味觸法處清淨故
一切智智清淨何以故若靜慮波羅蜜多清
淨若聲香味觸法處清淨若一切智智清淨
无二无二分无別无斷故善現靜慮波羅蜜多
清淨故眼界清淨眼界清淨故一切智智清
淨何以故若靜慮波羅蜜多清淨若眼界清
淨若一切智智清淨无二无二分无別无斷
故靜慮波羅蜜多清淨故色界眼識界及眼
觸眼觸為緣所生諸受清淨色界乃至眼觸
為緣所生諸受清淨故一切智智清淨何以
故若靜慮波羅蜜多清淨若色界乃至眼觸
為緣所生諸受清淨若一切智智清淨无二
无二分无別无斷故善現靜慮波羅蜜多清
淨故耳界清淨耳界清淨故一切智智清淨
何以故若靜慮波羅蜜多清淨若耳界清淨
若一切智智清淨无二无二分无別无斷故
靜慮波羅蜜多清淨故聲界耳識界及耳觸
耳觸為緣所生諸受清淨聲界乃至耳觸為
緣所生諸受清淨故一切智智清淨何以故
若靜慮波羅蜜多清淨若聲界乃至耳觸為
緣所生諸受清淨若一切智智清淨无二无二

BD05980號　大般若波羅蜜多經卷二〇五　（10–4）

静慮波羅蜜多清淨故聲界耳識界及耳觸
耳觸為緣所生諸受清淨聲界乃至耳觸為
緣所生諸受清淨故一切智智清淨何以故
若静慮波羅蜜多清淨若聲界乃至耳觸為
緣所生諸受清淨若一切智智清淨无二无二
分无別无斷故善現静慮波羅蜜多清淨故
鼻界清淨鼻界清淨故一切智智清淨何以
故若静慮波羅蜜多清淨若鼻界清淨若一
切智智清淨无二无二分无別无斷故静慮
波羅蜜多清淨故香界鼻識界及鼻觸鼻觸
為緣所生諸受清淨香界乃至鼻觸為緣所
生諸受清淨故一切智智清淨何以故若静
慮波羅蜜多清淨若香界乃至鼻觸為緣所
生諸受清淨若一切智智清淨无二无二分
无別无斷故善現静慮波羅蜜多清淨故舌
界清淨舌界清淨故一切智智清淨何以故
若静慮波羅蜜多清淨若舌界清淨若一切
智智清淨无二无二分无別无斷故静慮波
羅蜜多清淨故味界舌識界及舌觸舌觸為
緣所生諸受清淨味界乃至舌觸為緣所生
諸受清淨故一切智智清淨何以故若静慮
波羅蜜多清淨若味界乃至舌觸為緣所生
諸受清淨若一切智智清淨无二无二分无
別无斷故善現静慮波羅蜜多清淨故身界
清淨身界清淨故一切智智清淨何以故若
静慮波羅蜜多清淨若身界清淨若一切智

BD05980號　大般若波羅蜜多經卷二〇五　（10–5）

…何以故若静慮
波羅蜜多清淨若味界乃至舌觸為緣所生
諸受清淨若一切智智清淨无二无二分无
別无斷故善現静慮波羅蜜多清淨故身界
清淨身界清淨故一切智智清淨何以故若
静慮波羅蜜多清淨若身界清淨若一切智
智清淨无二无二分无別无斷故静慮波羅
蜜多清淨故觸界身識界及身觸身觸為緣
所生諸受清淨觸界乃至身觸為緣所生諸
受清淨故一切智智清淨何以故若静慮波
羅蜜多清淨若觸界乃至身觸為緣所生諸
受清淨若一切智智清淨无二无二分无別
无斷故善現静慮波羅蜜多清淨故意界清
淨意界清淨故一切智智清淨何以故若静
慮波羅蜜多清淨若意界清淨若一切智智
清淨无二无二分无別无斷故静慮波羅蜜
多清淨故法界意識界及意觸意觸為緣所
生諸受清淨法界乃至意觸為緣所生諸受
清淨故一切智智清淨何以故若静慮波羅
蜜多清淨若法界乃至意觸為緣所生諸受
清淨若一切智智清淨无二无二分无別无
斷故善現静慮波羅蜜多清淨故地界清淨
地界清淨故一切智智清淨何以故若静慮
波羅蜜多清淨若地界清淨若一切智智清
淨无二无二分无別无斷故静慮波羅蜜多
清淨故水火風空識界清淨水火風空識界
清淨故一切智智清淨何以故若静慮波羅

BD05980號　大般若波羅蜜多經卷二〇五　（10–6）

地界清淨故一切智智清淨何以故若靜慮
波羅蜜多清淨若地界清淨若一切智智清
淨无二无二分无別无斷故靜慮波羅蜜多
清淨故水火風空識界清淨水火風空識界
清淨故一切智智清淨何以故若靜慮波羅
蜜多清淨若水火風空識界清淨若一切智
智清淨无二无二分无別无斷故善現靜慮
波羅蜜多清淨故无明清淨无明清淨故一
切智智清淨何以故若靜慮波羅蜜多清淨
若无明清淨若一切智智清淨无二无二分
无別无斷故靜慮波羅蜜多清淨故行識名
色六處觸受愛取有生老死愁歎苦憂惱清
淨行乃至老死愁歎苦憂惱清淨故一切智
智清淨何以故若靜慮波羅蜜多清淨若行
乃至老死愁歎苦憂惱清淨若一切智智清
淨无二无二分无別无斷故善現靜慮波羅
蜜多清淨故布施波羅蜜多清淨布施波羅
蜜多清淨故一切智智清淨何以故若靜慮
波羅蜜多清淨若布施波羅蜜多清淨若一
切智智清淨无二无二分无別无斷故靜慮
波羅蜜多清淨故淨戒安忍精進般若波羅
蜜多清淨淨戒乃至般若波羅蜜多清淨故
一切智智清淨何以故若靜慮波羅蜜多清
淨若淨戒乃至般若波羅蜜多清淨若一切
智智清淨无二无二分无別无斷故善現靜

BD05980 號　大般若波羅蜜多經卷二〇五　　（10–7）

蜜多清淨淨戒乃至般若波羅蜜多清淨故
一切智智清淨何以故若靜慮波羅蜜多清
淨若淨戒乃至般若波羅蜜多清淨若一切
智智清淨无二无二分无別无斷故善現靜
慮波羅蜜多清淨故內空清淨內空清淨故
一切智智清淨何以故若靜慮波羅蜜多清
淨若內空清淨若一切智智清淨无二无二
分无別无斷故靜慮波羅蜜多清淨故外空
內外空空空大空勝義空有為空无為空畢
竟空无際空散空无變異空本性空自相空
共相空一切法空不可得空无性空自性空
无性自性空清淨外空乃至无性自性空清
淨故一切智智清淨何以故若靜慮波羅蜜
多清淨若外空乃至无性自性空清淨若一切
智智清淨无二无二分无別无斷故善現靜慮
波羅蜜多清淨故真如清淨真如清淨故一
切智智清淨何以故若靜慮波羅蜜多清淨
若真如清淨若一切智智清淨无二无二分
无別无斷故靜慮波羅蜜多清淨故法界法
性不虛妄性不變異性平等性離生性法定
法住實際虛空界不思議界清淨法界乃至
不思議界清淨故一切智智清淨何以故若
靜慮波羅蜜多清淨若法界乃至不思議界
清淨若一切智智清淨无二无二分无別无
斷故善現靜慮波羅蜜多清淨故苦聖諦清

BD05980 號　大般若波羅蜜多經卷二〇五　　（10–8）

法住實際虛空界不思議界清淨法界乃至
不思議界清淨故一切智智清淨何以故若
靜慮波羅蜜多清淨若法界乃至不思議界
清淨若一切智智清淨无二无二分无別无
斷故善現靜慮波羅蜜多清淨故苦聖諦清
淨苦聖諦清淨故一切智智清淨何以故若
靜慮波羅蜜多清淨若苦聖諦清淨若一切
智智清淨无二无二分无別无斷故靜慮波
羅蜜多清淨故集滅道聖諦清淨集滅道聖
諦清淨故一切智智清淨何以故若靜慮波
羅蜜多清淨若集滅道聖諦清淨若一切智
智清淨无二无二分无別无斷故善現靜慮
波羅蜜多清淨故四靜慮清淨四靜慮清淨
故一切智智清淨何以故若靜慮波羅蜜多清
淨若四靜慮清淨若一切智智清淨无二无
二分无別无斷故靜慮波羅蜜多清淨故四
无量四无色定清淨四无量四无色定清淨
故一切智智清淨何以故若靜慮波羅蜜多
清淨若四无量四无色定清淨若一切智智
清淨无二无二分无別无斷故善現靜慮波
羅蜜多清淨故八解脫清淨八解脫清淨故
一切智智清淨何以故若靜慮波羅蜜多清
淨若八解脫清淨若一切智智清淨无二无二
分无別无斷故靜慮波羅蜜多清淨故八勝
處九次第定十遍處清淨八勝處九次第定
十遍處清淨故一切智智清淨何以故若靜

BD05980號　大般若波羅蜜多經卷二〇五　（10–9）

清淨若四无量四无色定清淨若一切智智
清淨无二无二分无別无斷故善現靜慮波
羅蜜多清淨故八解脫清淨八解脫清淨故
一切智智清淨何以故若靜慮波羅蜜多清
淨若八解脫清淨若一切智智清淨无二无二
分无別无斷故靜慮波羅蜜多清淨故八勝
處九次第定十遍處清淨八勝處九次第定
十遍處清淨故一切智智清淨何以故若靜
慮波羅蜜多清淨若八勝處九次第定十遍
處清淨若一切智智清淨无二无二分无別
无斷故善現靜慮波羅蜜多清淨故四念住
清淨四念住清淨故一切智智清淨何以故
若靜慮波羅蜜多清淨若四念住清淨若一
切智智清淨无二无二分无別无斷故靜慮
波羅蜜多清淨故四正斷四神足五根五力
七等覺支八聖道支清淨四正斷乃至八聖
道支清淨故一切智智清淨何以故若靜慮
波羅蜜多清淨若四正斷乃至八聖道支清
淨若一切智智清淨无二无二分无別无斷
故善現靜慮波羅蜜多清淨故空解脫門清
淨空解脫門清淨故一切智智清淨何以故
若靜慮波羅蜜多清淨若空解脫門清淨若一

BD05980號　大般若波羅蜜多經卷二〇五　（10–10）

於一切……現前
有情所住事業隨彼……
雖是如來行十者如來若見一分有情
盛時不生歡喜見其衰損不起憂感……
來見彼有情修習正行无礙大慈自然救攝
若見有情修習邪行无礙大悲自然救攝是
如來行善男子如是當知如來應正等覺說
有如是无邊正行汝等當知是謂涅槃真實
之相或時見有般涅槃者是權方便及留舍
利令諸有情恭敬供養皆是如來慈善根力
若供養者於未來世遠離八難逢事諸佛
遇善知識不失善心福報无邊速當出離不為
生死之所纏縛如是妙行汝等勤修勿為放逸
尒時妙幢菩薩聞佛親說不般涅槃及甚深
行合掌恭敬白言我今始知如來大師不般涅
槃及留舍利普益眾生身心踊悅歎未曾有
說是如來壽量品時无量无數无邊眾生
皆發无等等阿耨多羅三藐三菩提心時四如
來忽然不現妙幢菩薩禮佛足已從座而起還
其本處

BD05981號　金光明最勝王經卷一　（2–1）

之相或時見有般涅槃者是權方便及留舍
利令諸有情恭敬供養皆是如來慈善根力
若供養者於未來世遠離八難逢事諸佛
遇善知識不失善心福報无邊速當出離不為
生死之所纏縛如是妙行汝等勤修勿為放逸
尒時妙幢菩薩聞佛親說不般涅槃及甚深
行合掌恭敬白言我今始知如來大師不般涅
槃及留舍利普益眾生身心踊悅歎未曾有
說是如來壽量品時无量无數无邊眾生
皆發无等等阿耨多羅三藐三菩提心時四如
來忽然不現妙幢菩薩禮佛足已從座而起還
其本處

金光明最勝王經卷第一

[illegible] 謦 [illegible] 馱 [illegible] 傅 [illegible] 瘂 烏下反 蚋 而稅反 瞖 於計反 [illegible] 鶹 [illegible]
[illegible] 力求反 [illegible] 即妻反 儕 [illegible] 荼 宅加反 蛭 之日反

BD05981號　金光明最勝王經卷一　（2–2）

白佛言世尊陁羅
尼者非方處非非方處作是語已佛告舍利
善哉善哉舍利子汝於大乘已能發趣作解
大乘尊重大乘如汝所說陁羅尼者非方處
非非方處非法非非法非過去非未來非現
在非事非非事非緣非非緣非行非非行无
有法生亦无法滅然為利益諸菩薩故作如
是說於此陁羅尼功用正道理趣勢力安立
即是諸佛功德諸佛禁戒諸佛所學諸佛
秘意諸佛生處故名无染著陁羅尼最妙法
門作是語已舍利子白佛言世尊唯願善逝為
我說此陁羅尼法若諸菩薩能安住者於无
上菩提不復退轉成就正願得无所依自性
辯才獲希有事安住聖道皆由得此陁羅尼
故佛告舍利子善哉善哉如是如是如汝所
說若有菩薩得此陁羅尼者應知是人与佛

BD05982 號　金光明最勝王經卷七

（19–1）

門作是語已舍利子白佛言世尊唯願善逝為
我說此陁羅尼法若諸菩薩能安住者於无
上菩提不復退轉成就正願得无所依自性
辯才獲希有事安住聖道皆由得此陁羅尼
故佛告舍利子善哉善哉如是如是如汝所
說若有菩薩得此陁羅尼者應知是人与佛
无異若有供養尊重承事供給此菩薩者應
知即是供養於佛舍利子若有餘人聞此陁
羅尼受持讀誦生信解者亦應如是恭敬供
養与佛无異以是因緣獲无上果爾時世尊
即為演說陁羅尼曰
怛姪他　那陁喇你　昷多喇你　蘇三鉢囉底瑟恥哆
蘇那耆　蘇鉢喇底瑟恥哆　鼻逝也跋囉　薩底也
鉢喇底慎若　蘇阿　嚧訶　慎若那末　底
嗢波彈你　阿代那末你　阿毗師彈　你
阿韓毗耶　訶囉　輸婆　代底　蘇尼室
唎多　薄虎郡社　阿毗　婆馱
莎訶
佛告舍利子此无染著陁羅尼句若有菩
薩能善安住能正受持者當知是人若於一
劫若百劫若千劫若百千劫所發正願无有
窮盡身亦不被刀杖毒藥水火猛獸之所損
害何以故舍利子此无染著陁羅尼是過去諸
佛母未來諸佛母現在諸佛母舍利子若復
有人以十阿僧企耶三千大千世界滿中七
寶奉施諸佛及以上妙衣服飲食種種供養
經无數劫若復有人於此陁羅尼乃至一句能
受持者所生之福倍多於彼何以故舍利子此

BD05982 號　金光明最勝王經卷七

（19–2）

者何以故舍利子此无染著陀羅尼是過去諸
佛母未來諸佛母現在諸佛母舍利子若復
有人以十阿僧企耶三千大千世界滿中七
寶奉施諸佛及以上妙衣服飲食種種供養
經无數劫若復有人於此陀羅尼乃至一句能
受持者所生之福倍多於彼何以故舍利子此
无染著陀羅尼甚深法門是諸佛母故時
具壽舍利子及諸大衆聞是法已皆大歡
喜咸願受持
金光明最勝王經如意寶珠品第十四
尒時世尊於大衆中告阿難陀曰汝等當知
有陀羅尼名如意寶珠遠離一切災厄亦能
遮止諸惡雷電過去如來應正等覺所共宣
說我於今時於此經中亦為汝等大衆宣說
能於人天為大利益哀愍世間擁護一切令
得安樂時諸大衆及阿難陀聞佛語已各各
至誠瞻仰世尊聽受神呪佛言汝等諦聽於
此東方有光明電王名阿揭多南方有光明電
王名設羝嚕西方有光明電王名主多光
北方有光明電王名蘇多末尼若有善男子
善女人得聞如是電王名字及知方處者此
人即便遠離一切怖畏之事及諸災橫悉皆
消殄若於住處書此四方電王名者於所住
處无雷電怖亦无災厄及諸障惱非時枉死
悉皆遠離尒時世尊即說呪曰
怛 姪 他 你弭 你弭 你弭
尼 民 達 哩 窒哩盧迦盧羯你
窒哩輸攞波儞 曷咯叉 曷咯叉

BD05982 號　金光明最勝王經卷七　（19–3）

處无雷電怖亦无災厄及諸障惱非時枉死
悉皆遠離尒時世尊即說呪曰
怛 姪 他 你弭 你弭 你弭
尼 民 達 哩 窒哩盧迦盧羯你
窒哩輸攞波儞 曷咯叉 曷咯叉
我某甲及此住處一切恐怖所有苦惱雷
電霹靂乃至枉死悉皆遠離莎訶
尒時觀自在菩薩摩訶薩在大衆中即從
座起偏袒右肩合掌恭敬白佛言世尊我今
亦於佛前略說如意寶珠神呪於諸人天為
大利益哀愍世間擁護一切令得安樂有大
威力所求如願即說呪曰
怛姪他 喝 帝 毗喝帝 你 喝 帝
鉢喇窒體 雞 鉢喇底丁耶 蜜窒麗
戍提目羝 毗末麗 鉢喇婆莎蘇活 囇
安荼入羅 囇般荼囇 鋭平聲 帝
般荼囉婆死你 喝囇羯荼丑 囇
劫 畢 囇 冰揭羅惡綺
達 地 目 企 曷咯叉 曷咯叉
我某甲及此住處一切恐怖所有苦惱乃
至枉死悉皆遠離願我莫見罪惡之事常
蒙聖觀自在菩薩大悲威光之所護念莎訶
尒時執金剛秘密主菩薩即從座起合掌恭
敬白佛言世尊我今亦說陀羅尼呪名曰无
勝於諸人天為大利益哀愍世間擁護一切
有大威力所求如願即說呪曰
怛姪他 毋你 毋 你 毋尼囇 末底 末底
蘇末底 莫訶末底 呵呵呵 耆婆以

BD05982 號　金光明最勝王經卷七　（19–4）

尒時執金剛秘密主菩薩即從座起合掌恭
敬白佛言世尊我今亦說陀羅尼呪名曰无
勝於諸人天為大利益哀愍世間擁護一切
有大威力所求如願即說呪曰
怛姪他 毋你 毋你 毋尼癡末底 末底
蘇末底 莫訶末底 呵呵呵 磨 婆以
那悉底帝 波跛 哎祈攞 波 你
遝䵺 姪嘌 荼上 莎訶
世尊我此神呪名曰无勝擁護若有男女一
心受持書寫讀誦憶念不妄我於晝夜常
護是人於一切恐怖乃至枉死悉皆遠離
尒時索訶世界主梵天王即從座起合掌
恭敬白佛言世尊我亦有陀羅尼㪍妙法門
於諸人天為大利益哀愍世間擁護一切有
大威力所求如願即說呪曰
怛 姪 他 甌里弭里地里 莎訶
跋囉甜 魔 布 㰟 跋囉甜 末 泥
跋囉甜 磨 羯 鞞 補澀跋憎悉怛䍘莎訶
世尊我此神呪名曰梵治悉能擁護 持是
呪者令離憂惱及諸罪業乃至枉死悉皆
遠離 尒時帝釋天主即從座起合掌恭敬白
佛言世尊我亦有陀羅尼名跋折羅肩你是
大明呪能除一切恐怖厄難乃至枉死悉皆
遠離苦与樂利益人天即說呪曰
怛姪他毗你婆喇 你 畔䙆磨 彈 㵒
磨膩你𦤺 尔瞿哩 健陁哩𥘵 荼 哩
磨登耆上 羯 死 薩囉跋 喇 鞞去

BD05982號　金光明最勝王經卷七　（19–5）

大明呪能除一切恐怖厄難乃至枉死悉皆
遠離苦与樂利益人天即說呪曰
怛姪他毗你婆喇 你 畔䙆磨 彈 㵒
磨膩你𦤺 尔瞿哩 健陁哩𥘵 荼 哩
磨登耆上 羯 死 薩囉跋 喇 鞞去
呬娜末佳吝蜜嗢多剌絺 莫呼剌你達剌你計
斫羯 囉 婆 枳 捨伐哩奢伐哩莎訶
尒時多聞天王持國天王增長天王廣目天
王俱從座起合掌恭敬白佛言世尊我今亦
有神呪名施一切衆生无畏於諸苦惱常為
擁護令得安樂增益壽命无諸患苦乃至
枉死悉皆遠離即說呪曰
怛姪他 補 澀 閉 蘇 補 澀 閉
度查鉢喇呵 㰟 阿難耶鉢喇設悉帝
扇帝 涅 日 帝 扗羯倒寧 覩 帝
悉哆 鼻 帝 莎訶
尒時復有諸大龍王所謂末那斯龍王電
光龍王无熱池龍王電舌龍王妙光龍王俱從
座起合掌恭敬白佛言世尊我亦有如意
寶珠陀羅尼能遮惡電除諸恐怖能於人天
為大利益哀愍世間擁護一切有大威力所求
如願乃至枉死悉皆遠離一切毒藥皆令止息
一切造作蠱道呪術不吉祥事悉令除滅我
今以此神呪奉獻世尊唯願哀愍慈悲納
受當令我等離此龍趣永捨慳貪何以故由
此慳貪於生死中受諸苦惱我等願斷慳貪
種子即說呪曰

BD05982號　金光明最勝王經卷七　（19–6）

令以此神呪奉獻世尊唯願哀愍慈悲納
受當令我等離此龍趣永捨慳貪何以故由
此慳貪於生死中受諸苦惱我等願斷慳貪
種子即說呪曰
怛姪他 阿折麗 阿末麗 阿蜜㗚嘌
惡叉裹 阿弊裹 奔尼鉢唎耶法帝
薩婆 波跛 鉢喇苫摩尼裹莎訶
阿 離 裹 般豆蘇波尼裹莎訶
世尊若有善男子善女人口中說此陀羅尼
明呪或書經卷受持讀誦恭敬供養者終无
雷電霹靂及諸恐怖苦惱憂患乃至枉死悉
皆遠離所有毒藥蠱魅厭禱害人虎狼師子
毒虵之類乃至蚊䖟悉不為害
尒時世尊普告大眾善哉善哉此等神呪
皆有大力能隨眾生心所求事悉令圓滿為
大利益除不至心汝等勿疑時諸大眾聞佛
語已歡喜信受
金光明最勝王經大辯才天女品第十五
尒時大辯才天女於大眾中即從座起頂礼
佛足白佛言世尊若有法師說是金光明
最勝王經者我當益其智慧具足莊嚴言說
之辯若彼法師於此經中文字句義所有忘失
皆令憶持能善開悟復與陀羅尼總持无礙
又此金光明最勝王經為彼有情已於百千佛
所種諸善根當受持者持贍部洲廣行流
布不速隱沒復令无量有情聞是經典皆得
不可思議捷利辯才无盡大慧善解眾論及

BD05982號　金光明最勝王經卷七　（19–7）

之辯若彼法師於此經中文字句義所有忘失
皆令憶持能善開悟復與陀羅尼總持无礙
又此金光明最勝王經為彼有情已於百千佛
所種諸善根當受持者持贍部洲廣行流
布不速隱沒復令无量有情聞是經典皆得
不可思議捷利辯才无盡大慧善解眾論及
諸伎術能出生死速趣无上正等菩提於現
世中增益壽命資身之具悉令圓滿世尊我
當為彼持經法師及餘有情於此經典樂聽
聞者說其呪藥洗浴之法彼人所有惡星災
變與初生時星屬相違疫病之苦鬪諍戰陣
惡夢鬼神蠱毒厭魅呪術起屍如是諸惡為
障難者悉令除滅諸有智慧作如是洗浴
之法當取香藥三十二味所謂
菖蒲（跋者） 牛黄（瞿盧折娜） 苜蓿香（塞畢力迦）
麝香（莫訶婆伽） 雄黄（末捺眵羅） 合昏樹（尸利灑）
白及（因達囉喝悉哆） 芎藭（闍莫迦） 枸杞根（苫弭）
松脂（室利薛瑟得迦） 桂皮（咄者） 香附子（目窣哆）
沈香（惡揭嚕） 栴檀（栴檀娜） 零凌香（多揭羅）
丁子（索瞿者） 鬱金（茶矩麼） 婆律膏（揭羅娑）
葦香（捺剌柁） 竹黄（鵝路戰娜） 細豆蔻（蘇泣迷羅）
甘松（苫弭哆） 藿香（鉢怛羅） 茅根香（嗢尸羅）
叱脂（薩洛計） 艾納（世黎也） 安息香（窶具攞）
芥子（薩利殺跛） 馬芹（葉婆你） 龍花鬚（那伽雞薩羅）
白膠（薩折羅婆） 青木（矩瑟侘） 皆等分
以布灑星日一處擣篩取其香末當以此呪
呪一百八遍呪曰
怛姪他 蘇訖栗帝 訖栗帝 訖栗計

BD05982號　金光明最勝王經卷七　（19–8）

艾納　　安息香（窶具攞）
芥子（薩利殺跛）　馬芹（葉婆你）　龍花鬚（那伽雞薩羅）
白膠（薩折羅婆）　青木（矩瑟侘）　皆等分
以布灑星日一處擣篩取其香末當以此咒
一百八遍咒曰
怛姪他蘇訖栗帝　訖栗帝訖栗計
劫摩怛里　繕怒羯囒滯
郝羯喇滯　因達羅闍利膩
鑠羯囒滯　鉢設姪囇
阿伐底羯細　計娜矩覩矩覩
脚迦鼻麗　劫鼻麗劫鼻麗
劫毗羅末底　尸羅末底
那底度羅末底里　波伐雉畔雉　㘑
室囇室囇　薩底悉體羯莎訶
若樂如法洗浴時　應作壇場方八肘
可於寂靜安隱處　念所求事不離心
應塗牛糞作其壇　於上普散諸花彩
當以淨潔金銀器　盛滿美味并乳蜜
於彼壇場四門所　四人守護法如常
令四童子好嚴身　各於一角持瓶水
於此常燒安息香　五音之樂聲不絕
幡蓋莊嚴懸繒綵　安在壇場之四邊
復於壇內置明鏡　利刀兼箭各四枚
於壇中心埋大盆　應以漏版安其上
用前香末以和湯　亦復安在於壇內
既作如斯布置已　然後誦咒結其壇
結界咒曰

BD05982號　金光明最勝王經卷七　　（19–9）

於壇中心埋大盆　利刀兼箭各四枚
用前香末以和湯　應以漏版安其上
既作如斯布置已　亦復安在於壇內
結界咒曰　然後誦咒結其壇
怛姪他頞喇計　娜也泥　呬
頞囇　祇囇　企企囇莎訶
如是結界已　方入於壇內　咒水三七遍　散灑於四方
次可咒香湯　滿一百八遍　四邊安幔障　然後洗浴身
咒水咒湯咒曰
怛姪他一　索揭智（上聲下同二）　毗揭智
毗揭茶伐底四　莎訶五
若洗浴訖其洗浴湯及壇場中供養飲食棄
河池內餘皆收攝如是浴已方著淨衣既出
壇場入淨室內咒師教其發弘誓願永斷衆
惡常修諸善於諸有情興大悲心以是因緣
當獲无量隨心福報復說頌曰
若有病苦諸衆生　種種方藥治不差
若依如是洗浴法　并復讀誦斯經典
常於日夜念不散　專想殷懃生信心
所有患苦盡消除　解脫貧窮足財寶
四方星辰及日月　威神擁護得延年
吉祥安隱福德增　災變厄難皆除遣
次誦護身咒三七遍咒曰
怛姪他三謎　毗三謎莎訶
索揭滯　毗揭滯莎訶
毗揭茶（亭耶反）伐底　莎訶
娑揭囉　三步多也　莎訶

BD05982號　金光明最勝王經卷七　　（19–10）

吉祥安隱福德增　災變厄難皆除遣
次誦護身呪三七遍呪曰
怛姪他　三謎　毗三謎　莎訶
索揭滯　毗揭滯　莎訶
毗揭茶(亭耶反)伐底　莎訶
娑揭囉　三步多也　莎訶
塞建陁　摩多也　莎訶
尼攞建佗也　莎訶
阿鉢囉市哆　毗喇耶也　莎訶
呬摩槃哆　三步多也　莎訶
阿你蜜攞　薄怛囉也　莎訶
南无薄伽伐都　跋囉甜摩寫　莎訶
南无薩囉酸底　莫訶提鼻裔　莎訶
悉甸覩漫　曼怛囉鉢拕　莎訶
怛喇覩仳姪哆　跋囉甜摩怒末覩　莎訶
爾時大辯才天女說洗浴法壇場呪已前礼
佛足白佛言世尊若有苾芻苾芻尼鄔波索
迦鄔波斯迦受持讀誦書寫流布是妙經王
如說行者若在城邑聚落曠野山林僧尼住
處我為是人將諸眷屬作天伎樂來詣其所
而為擁護除諸病苦流星變怪疾疫鬪諍王
法所拘惡夢惡神為障礙者蠱道厭術悉
皆除殄饒益是等持經之人苾芻等眾及諸
聽者皆令速渡生死大海不退菩提
爾時世尊聞是說已讚辯才天女言善哉善
哉天女汝能安樂利益无量无邊有情說此
神呪及以香水壇場法式果報難思汝當擁
護最勝經王勿令隱沒常得流通爾時大

BD05982 號　金光明最勝王經卷七　（19–11）

法所拘惡夢惡神為障礙者蠱道厭術悉
皆除殄饒益是等持經之人苾芻等眾及諸
聽者皆令速渡生死大海不退菩提
爾時世尊聞是說已讚辯才天女言善哉善
哉天女汝能安樂利益无量无邊有情說此
神呪及以香水壇場法式果報難思汝當擁
護最勝經王勿令隱沒常得流通爾時大
辯才天女礼佛足已還復本座
爾時法師授記憍陳如婆羅門承佛威力於
大眾前讚請辯才天女曰
聰明勇進辯才天　人天供養悉應受
名聞世間遍充滿　能與一切眾生願
依高山頂勝住處　葺茅為室在中居
恒結耎草以為衣　在處常翹於一足
諸天大眾皆來集　咸同一心申讚請
唯願智慧辯才天　以妙言詞施一切
爾時辯才天女即便受請為說呪曰
怛姪他　慕囉只囉　阿伐帝　阿伐吒伐底
馨遇隸名具隸　名具羅伐底
鴦具師末只三末底　毗三末底　惡近(入)喇
莫近喇　怛囉只　怛囉者伐底
質哩質哩室里蜜里　末難地曇(去)
末喇只　八囉婆畢喇囊
盧迦逝瑟跐　盧迦失囉瑟恥
盧迦畢喇囊　悉馱跋喇帝
毗麼目企輸只　輸只折喇
阿鉢喇底喝帝　阿鉢喇底喝多勃地
南母只南母只　莫訶提鼻

BD05982 號　金光明最勝王經卷七　（19–12）

末剌只　八囉婢畢喇囊
盧迦逝瑟泄　盧迦夹驃瑟恥
盧迦畢喇囊　毖敢跋喇帝
毗底目企軽　輪只析喇
阿鉢喇底唱帝　阿鉢喇底冒吟勃地
南母只南母只　莫訶提鼻
鉢喇底逝喇底　南摩塞迦囉
我某甲勃地　達哩奢　四
勃地阿鉢喇底唱步　婆　跋　覩
帝婆誰毗論姪覩　舍毖怛囉輪路迦
曷怛囉畢薩迦　迦婢耻地數
怛　姪地　莫訶鉢喇婆鼻
呬里蜜里呬里蜜里　毗析喇覩誐勃地
我某甲勃地輪提　薄伽伐點提毗觖
薩羅酸　點　羯囉滞雞由蠶
雞由囉　末底　呬里蜜里呬里蜜里
阿婆訶　恥弭　莫訶　揭鼻
勃陁　薩帝娜　達摩　薩帝娜
僧伽　薩帝娜　因達囉薩帝娜
跋嘍婢薩帝娜　囊盧雞薩底婆地娜
鞞歙　薩帝娜　薩底伐者泣娜
阿婆訶　耶弭　莫訶　提鼻
呬里蜜里呬里蜜里　毗析喇覩
我某甲勃地　南无薄伽伐底
莫訶提鼻薩囉酸底　毖　卸　覩
曷怛囉鉢陁弥　莎訶
尒時辯才天女說是呪已告婆羅门言善
哉大士能為衆生求妙辯才及諸珎寶神通

BD05982號　金光明最勝王經卷七　（19–13）

呬里蜜里呬里蜜里　毗析喇覩
我某甲勃地　南无薄伽伐底　覩
莫訶提鼻薩囉酸底　毖　卸　覩
曷怛囉鉢陁弥　莎訶
尒時辯才天女說是呪已告婆羅门言善
哉大士能為衆生求妙辯才及諸珎寶神通
智慧廣利一切速證菩提如是應知受持法
式即說頌曰
先可誦此陁羅尼　令使純熟无謬失
歸敬三寶諸天衆　請求加護願隨心
敬礼諸佛及法寶　菩薩獨覺聲聞衆
次礼梵王并帝釋　及護世者四天王
一切常修梵行人　悉可至誠慇重敬
可於寂靜蘭若處　大聲誦前呪讚法
應在佛像天龍前　隨其所有修供養
於彼一切衆生類　發起慈悲哀愍心
世尊妙相紫金身　繫想正念心无亂
世尊護念說教法　隨彼根機令習定
於其句義善思惟　復深空性而脩習
應在世尊形像前　一心正念而安坐
即得妙智三摩地　并獲最勝陁羅尼
如來金口演說法　妙響調伏諸人天
舌相隨緣現希有　廣長能覆三千界
如是諸佛妙音聲　至誠憶念心无畏
諸佛皆由發弘願　得此舌相不思議
宣說諸法皆非有　譬如虛空无所著
諸佛音聲及舌相　繫念思量願圓滿
若見供養辯才天　或見弟子隨師教

BD05982號　金光明最勝王經卷七　（19–14）

如是諸佛妙音聲　至誠憶念心無畏
諸佛皆由發弘願　得此舌相不思議
宣說諸法皆非有　譬如虛空無所著
諸佛音聲及舌相　繫念思量願圓滿
若見供養辯才天　或見弟子隨師教
授此秘法令脩學　尊重隨心皆得成
若人欲得最上智　應當一心持此法
增長福智諸功德　必定成就勿生疑
若求財者得多財　求名稱者獲名稱
求出離者得解脫　必定成就勿生疑
無量無邊諸功德　隨其內心之所願
若能如是依行者　必定成就勿生疑
當於淨處著淨衣　應作壇場隨大小
以四淨瓶盛美味　香花供養可隨時
懸諸繒綵并幡蓋　塗香末香遍嚴飾
供養佛及辯才天　求見天身皆遂願
應三七日誦前呪　可對大辯天神前
若其不見此天神　應更用心經九日
於後夜中猶不見　更求清淨勝妙處
如法應畫辯才天　供養誦持心無捨
晝夜不生於懈怠　自利利他無窮盡
所獲果報施群生　於所求願皆成就
若不遂意經三月　六月九月或一年
慇懃求請心不移　天眼他心皆悉得

爾時憍陳如婆羅門聞是說已歡喜踊躍
歎未曾有告諸大衆作如是言汝等人天一
切大衆如是當知皆一心聽我今更欲依世諦
法讚彼勝妙辯才天女即說頌曰

BD05982號　金光明最勝王經卷七　（19–15）

若不遂意經三月　六月九月或一年
慇懃求請心不移　天眼他心皆悉得

爾時憍陳如婆羅門聞是說已歡喜踊躍
歎未曾有告諸大衆作如是言汝等人天一
切大衆如是當知皆一心聽我今更欲依世諦
法讚彼勝妙辯才天女即說頌曰

敬礼天女那羅延　於世界中得自在
我今讚歎彼尊者　皆如往昔仙人說
吉祥成就心安隱　聡明慚愧有名聞
為母能生於世間　勇猛常行大精進
於軍陣處戰恒勝　長養調伏心慈忍
現為閻羅之長姊　常著青色野蠶衣
好醜容儀皆具有　眼目能令見者怖
無量勝行超世間　歸信之人咸攝受
或在山巖深險處　或居坎窟及河邊
或在大樹諸叢林　天女多依此中住
假使山林野人輩　亦常供養於天女
以孔雀羽作幢旗　於一切時常護世
師子虎狼恒圍遶　牛羊雞等亦相依
振大鈴鐸出音聲　頻陀山衆皆聞響
或執三戟頭圓髻　左右恒持日月旗
黑月九日十一日　於此時中當供養
或現婆蘇大天妹　見有鬪戰心常愍
觀察一切有情中　天女最勝無過者
權現牧牛歡喜女　與天戰時常得勝
能久安住於世間　亦為和忍及暴惡
大婆羅門四明法　幻化呪等悉皆通

BD05982號　金光明最勝王經卷七　（19–16）

或現婆蘇大天妹　見有鬪戰心常愍
觀察一切有情中　天女最勝无過者
權現牧牛歡喜女　与天戰時常得勝
能久安住於世間　亦為和忍及暴惡
大婆羅門四明法　幻化呪等悉皆通
於天仙中得自在　能為種子及大地
諸天女等集會時　如大海潮必來應
於諸龍神藥叉衆　咸為上首能調伏
於諸女中最梵行　出言猶如世間主
於王住處如蓮花　若在河津喻橋栰
面貌猶如盛滿月　具足多聞作依處
辯才勝出若高峯　念者皆与為洲渚
阿蘇羅等諸天衆　咸共稱讚其功德
乃至千眼帝釋主　以慇重心而觀察
衆生若有希求事　悉能令彼速得成
亦令聡辯具聞持　於大地中為第一
於此十方世界中　如大燈明常普照
乃至神鬼諸禽獸　咸皆遂彼所求心
於諸女中若山峯　同昔仙人久住世
如少女天常離欲　實語猶如大世主
普見世間差別類　乃至欲界諸天宮
唯有天女獨稱尊　不見有情能勝者
若於戰陣恐怖處　或見墮在火坑中
河津險難賊盜時　悉能令彼除怖畏
或被王法所枷縛　或為怨讎行殺害
若能專注心不移　決定解脫諸憂苦
於善惡人皆擁護　慈悲愍念常現前
是故我以至誠心　稽首歸依大天女

BD05982號　金光明最勝王經卷七　（19–17）

若於戰陣恐怖處　或見墮在火坑中
河津險難賊盜時　悉能令彼除怖畏
或被王法所枷縛　或為怨讎行殺害
若能專注心不移　決定解脫諸憂苦
於善惡人皆擁護　慈悲愍念常現前
是故我以至誠心　稽首歸依大天女
尒時婆羅門復以呪讚天女曰
敬礼敬礼世間尊　於諸母中最勝者
三種世間咸供養　面貌容儀人樂觀
種種妙德以嚴身　目如脩廣青蓮葉
福智光明名稱滿　譬如无價末尼珠
我今讚嘆最勝者　悉能成辦所求心
真實功德妙吉祥　譬如蓮花極清淨
身色端嚴皆樂見　衆相希有不思議
能放无垢智光明　於諸念中為最勝
猶如師子獸中上　常以八臂自莊嚴
各持弓箭刀矟斧　長杵鐵輪并羂索
端正樂觀如滿月　言詞无滯出和音
若有衆生心願求　善士隨念令圓滿
帝釋諸天咸供養　皆共稱讚可歸依
衆德能生不思議　一切時中起恭敬
莎訶（此上呪頌亦是讚　必用誦之）
若欲祈請辯才天　依此呪讚言詞白
晨朝清淨至誠誦　於所求事悉隨心
尒時佛告婆羅門善哉善哉汝能如是利益
衆生施与安樂讚彼天女請求加護獲福无邊
此品呪法有略有廣或開或合前後不同
梵本既多但依一譯後勘者知之

BD05982號　金光明最勝王經卷七　（19–18）

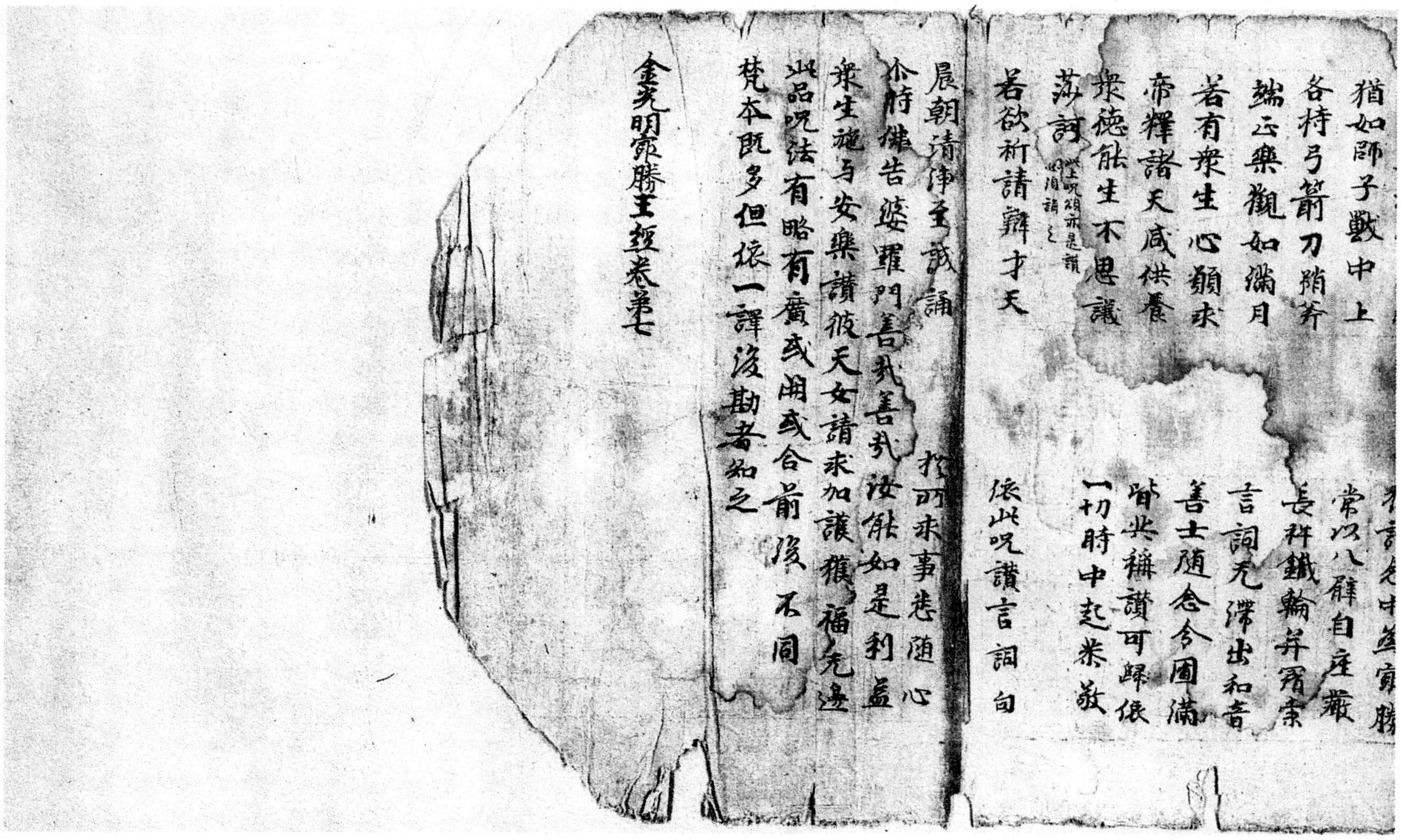
於諸念中為最勝
猶如師子獸中上　常以八臂自莊嚴
各持弓箭刀矟斧　長杵鐵輪并羂索
端正樂觀如滿月　言詞无滯出和音
若有衆生心願求　善士隨念令圓滿
帝釋諸天咸供養　皆共稱讚可歸依
衆德能生不思議　一切時中起恭敬
莎訶 此上呪頌亦是讚 以相請之
若欲祈請辯才天　依此呪讚言詞句
晨朝清淨至誠誦　於所求事悉隨心
尒時佛告婆羅門善哉善哉汝能如是利益
衆生施与安樂讚彼天女請求加護獲福无邊
此品呪法有略有廣或開或合前後不同
梵本既多但依一譯後勘者知之
金光明最勝王經卷第七

BD05982 號　金光明最勝王經卷七　（19–19）

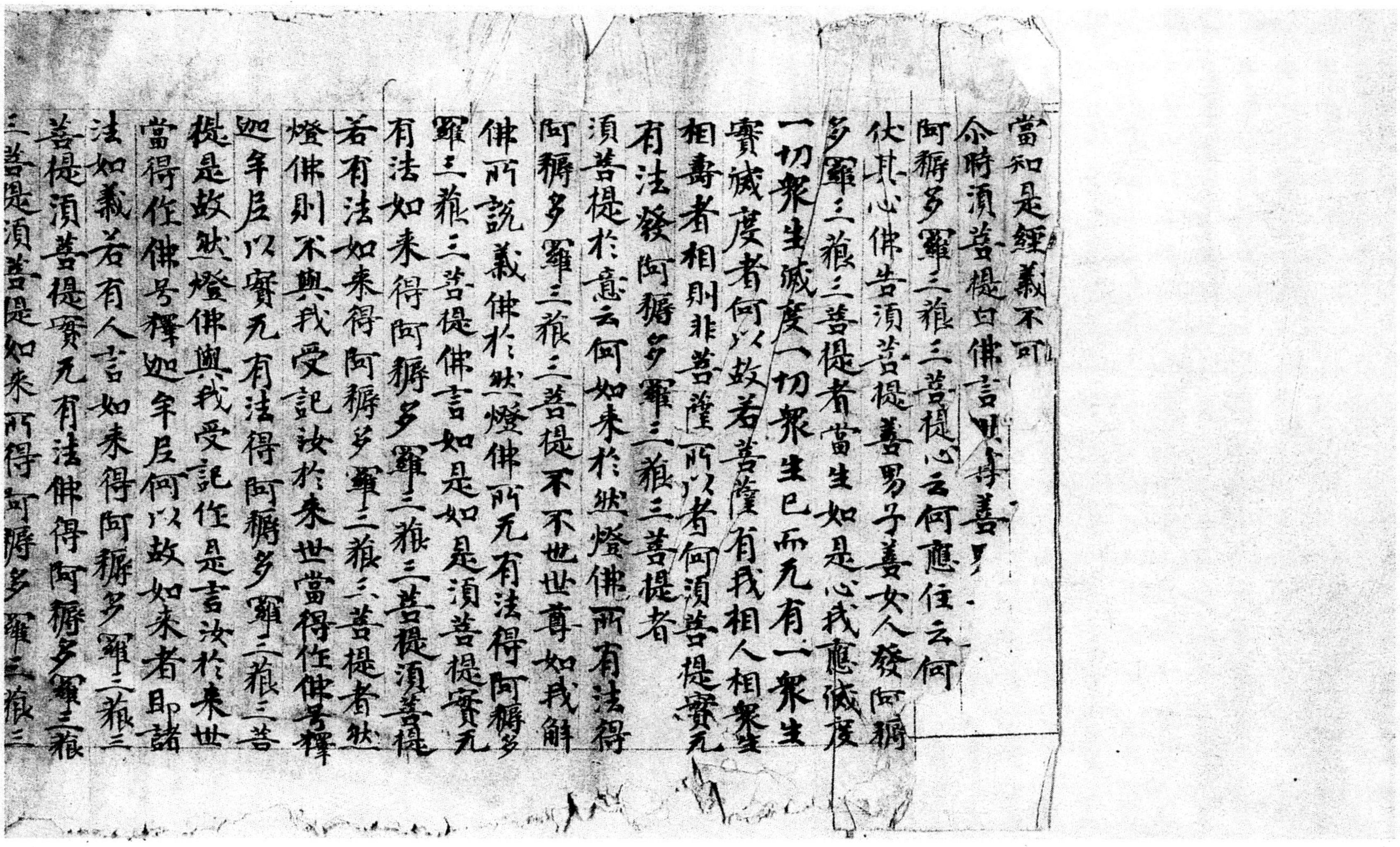
當知是經義不可
尒時須菩提白佛言世尊善男
阿耨多羅三藐三菩提心云何應住云何
伏其心佛告須菩提善男子善女人發阿耨
多羅三藐三菩提者當生如是心我應滅度
一切衆生滅度一切衆生已而无有一衆生
實滅度者何以故若菩薩有我相人相衆生
相壽者相則非菩薩所以者何須菩提實无
有法發阿耨多羅三藐三菩提者
須菩提於意云何如來於然燈佛所有法得
阿耨多羅三藐三菩提不不也世尊如我解
佛所說義佛於然燈佛所无有法得阿耨多
羅三藐三菩提佛言如是如是須菩提實无
有法如來得阿耨多羅三藐三菩提須菩提
若有法如來得阿耨多羅三藐三菩提者然
燈佛則不與我受記汝於來世當得作佛号釋
迦牟尼以實无有法得阿耨多羅三藐三菩
提是故然燈佛與我受記作是言汝於來世
當得作佛号釋迦牟尼何以故如來者即諸
法如義若有人言如來得阿耨多羅三藐三
菩提須菩提實无有法佛得阿耨多羅三藐
三菩提須菩提如來所得阿耨多羅三藐三

BD05983 號　金剛般若波羅蜜經　（6–1）

迦牟尼以實无有法得阿耨多羅三藐三菩
提是故然燈佛與我受記作是言汝於來世
當得作佛号釋迦牟尼何以故如來者即諸
法如義若有人言如來得阿耨多羅三藐三
菩提須菩提實无有法佛得阿耨多羅三藐
三菩提須菩提如來所得阿耨多羅三藐三
菩提於是中无實无虛是故如來說一切法
皆是佛法須菩提所言一切法者即非一切
法是故名一切法
須菩提譬如人身長大須菩提言世尊如來
說人身長大則為大身是名大身
須菩提菩薩亦如是若作是言我當滅度无
量衆生則不名菩薩何以故須菩提實无有
法名為菩薩是故佛說一切法无我无人无
衆生无壽者須菩提若菩薩作是言我當莊
嚴佛土是不名菩薩何以故如來說莊嚴佛
土者即非莊嚴是名莊嚴須菩提若菩薩通
達无我法者如來說名真是菩薩
須菩提於意云何如來有肉眼不如是世尊
如來有肉眼須菩提於意云何如來有天眼
不如是世尊如來有天眼須菩提於意云何
如來有慧眼不如是世尊如來有慧眼須菩
提於意云何如來有法眼不如是世尊如來
有法眼須菩提於意云何如來有佛眼不如
是世尊如來有佛眼須菩提於意云何恒河
中所有沙佛說是沙不如是世尊如來說是
沙須菩提於意云何如一恒河中所有沙有
如是等恒河是諸恒河所有沙數佛世界如
是寧為多不甚多世尊佛告須菩提尒所國

BD05983號　金剛般若波羅蜜經　（6–2）

有法眼須菩提於意云何如來有佛眼不如
是世尊如來有佛眼須菩提於意云何恒河
中所有沙佛說是沙不如是世尊如來說是
沙須菩提於意云何如一恒河中所有沙有
如是等恒河是諸恒河所有沙數佛世界如
是寧為多不甚多世尊佛告須菩提尒所國
土中所有衆生若干種心如來悉知何以故
如來說諸心皆為非心是名為心所以者何
須菩提過去心不可得現在心不可得未來
心不可得須菩提於意云何若有人滿三千
大千世界七寶以用布施是人以是因緣得
福多不如是世尊此人以是因緣得福甚多
須菩提若福德有實如來不說得福德多以
福德无故如來說得福德多
須菩提於意云何佛可以具足色身見不不
世世尊如來不應以具足色身見何以故如
來說具足色身即非具足色身是名具足色
身須菩提於意云何如來可以具足諸相見
不不世世尊如來不應以具足諸相見何以
故如來說諸相具足即非具足是名諸相具足
須菩提汝勿謂如來作是念我當有所說法
莫作是念何以故若人言如來有所說法即
為謗佛不能解我所說故須菩提說法者无
法可說是名說法
須菩提白佛言世尊佛得阿耨多羅三藐三
菩提為无所得耶如是如是須菩提我於阿
耨多羅三藐三菩提乃至无有少法可得是
名阿耨多羅三藐三菩提復次須菩提是法

BD05983號　金剛般若波羅蜜經　（6–3）

爲謗佛不能解我所說故須菩提說法者无
法可說是名說法
須菩提白佛言世尊佛得阿耨多羅三藐三
菩提爲无所得邪如是如是須菩提我於阿
耨多羅三藐三菩提乃至无有少法可得是
名阿耨多羅三藐三菩提復次須菩提是法
平等无有高下是名阿耨多羅三藐三菩提
以无我无人无衆生无壽者脩一切善法則
得阿耨多羅三藐三菩提須菩提所言善法
者如來說非善法是名善法
須菩提若三千大千世界中所有諸須弥山
王如是等七寶聚有人持用布施若人以此
般若波羅蜜經乃至四句偈等受持讀誦爲
他人說於前福德百分不及一百千万億分
乃至筭數譬喻所不能及
須菩提於意云何汝等勿謂如來作是念我
當度衆生須菩提莫作是念何以故實无有
衆生如來度者若有衆生如來度者如來則
有我人衆生壽者須菩提如來說有我者則
非有我而凡夫之人以爲有我須菩提凡夫
者如來說則非凡夫
須菩提於意云何可以卅二相觀如來不須
菩提言如是如是以卅二相觀如來佛言須
菩提若以卅二相觀如來者轉輪聖王則是
如來須菩提白佛言世尊如我解佛所說義
不應以卅二相觀如來尒時世尊而說偈言
若以色見我　以音聲求我　是人行邪道　不能見如來
須菩提汝若作是念如來不以具足相故得

BD05983號　金剛般若波羅蜜經　（6–4）

菩提言如是如是以卅二相觀如來佛言須
菩提若以卅二相觀如來者轉輪聖王則是
如是須菩提白佛言世尊如我解佛所說義
不應以卅二相觀如來尒時世尊而說偈言
若以色見我　以音聲求我　是人行邪道　不能見如來
須菩提汝若作是念如來不以具足相故得
阿耨多羅三藐三菩提須菩提莫作是念如
來不以具足相故得阿耨多羅三藐三菩提
須菩提汝若作是念發阿耨多羅三藐三菩
提者說諸法斷滅莫作是念何以故發阿耨
多羅三藐三菩提者於法不說斷滅相須菩
提若菩薩以滿恒河沙等世界七寶布施若
復有人知一切法无我得成於忍此菩薩勝
前菩薩所得功德須菩提以諸菩薩不受福
德故須菩提白佛言世尊云何菩薩不受福
德故須菩提菩薩所作福德不應貪著是故說不受福
德須菩提若有人言如來若來若去若坐若卧
是人不解我所說義何以故如來者无所從
來亦无所去故名如來
須菩提若善男子善女人以三千大千世界
碎爲微塵於意云何是微塵衆寧爲多不甚
多世尊何以故若是微塵衆實有者佛則不
說是微塵衆所以者何佛說微塵衆則非微
塵衆是名微塵衆世尊如來所說三千大千
世界則非世界是名世界何以故若世界實
有者則是一合相如來說一合相則非一合
相是名一合相須菩提一合相者則是不可說
但凡夫之人貪著其事須菩提若人言佛說
我見人見衆生見壽者見須菩提於意云何

BD05983號　金剛般若波羅蜜經　（6–5）

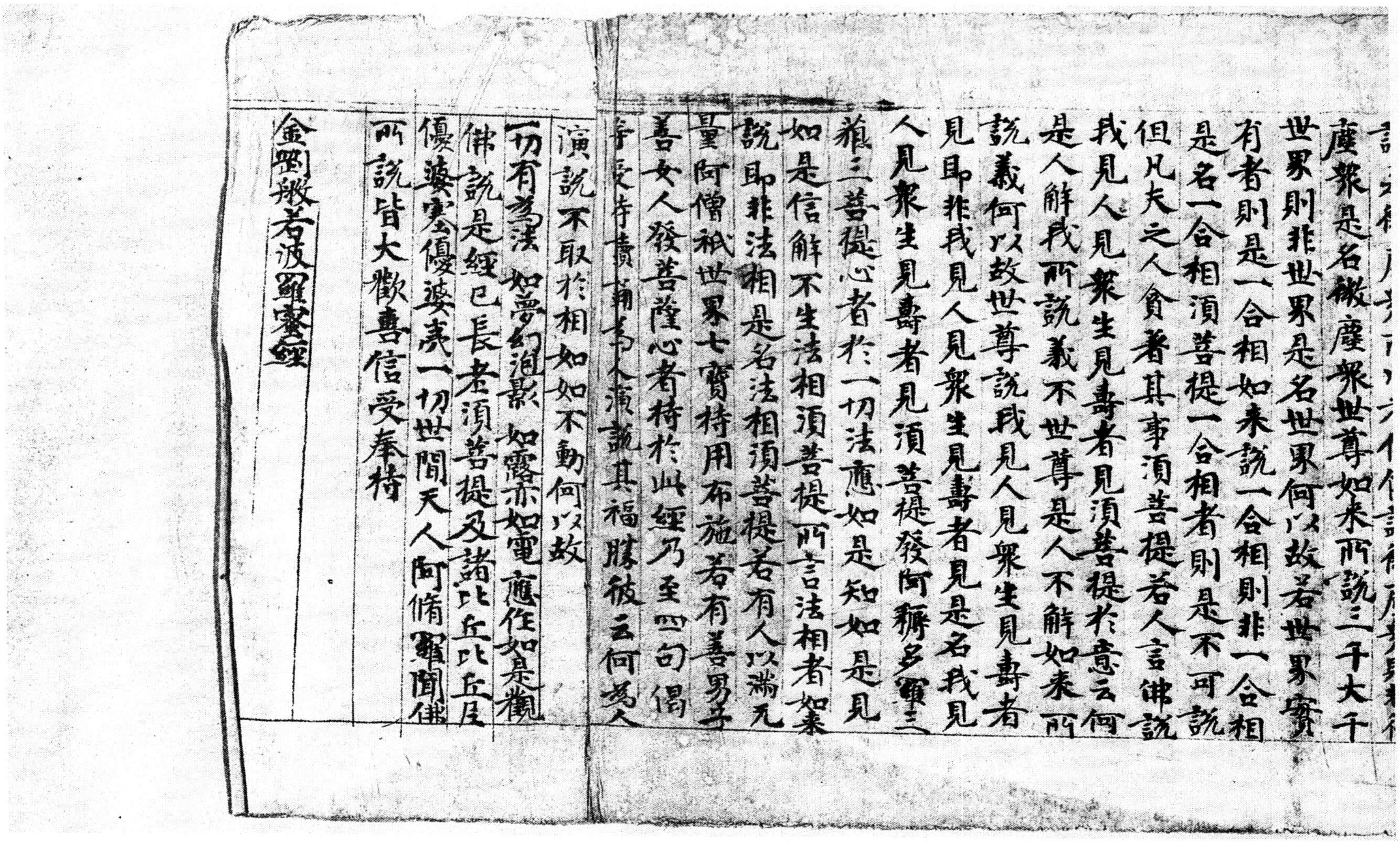

塵衆是名微塵衆世尊如來所說三千大千
世界則非世界是名世界何以故若世界實
有者則是一合相如來說一合相則非一合相
是名一合相須菩提一合相者則是不可說
但凡夫之人貪著其事須菩提若人言佛說
我見人見衆生見壽者見須菩提於意云何
是人解我所說義不世尊是人不解如來所
說義何以故世尊說我見人見衆生見壽者
見即非我見人見衆生見壽者見是名我見
人見衆生見壽者見須菩提發阿耨多羅三
藐三菩提心者於一切法應如是知如是見
如是信解不生法相須菩提所言法相者如來
說即非法相是名法相須菩提若有人以滿无
量阿僧祇世界七寶持用布施若有善男子
善女人發菩薩心者持於此經乃至四句偈
等受持讀誦為人演說其福勝彼云何為人
演說不取於相如如不動何以故
一切有為法　如夢幻泡影　如露亦如電　應作如是觀
佛說是經已長老須菩提及諸比丘比丘尼
優婆塞優婆夷一切世間天人阿脩羅聞佛
所說皆大歡喜信受奉持

金剛般若波羅蜜經

BD05983 號　金剛般若波羅蜜經　（6–6）

事尊重百千万億那庾多諸佛世尊
超越如是劫數生死之苦復於來世如是數劫
當受輪王殊勝尊位隨其步步亦於現世福
德增長自在為王感應難思衆所欽重當於
無量百千億劫人天受用七寶宮殿所在生
處常德為王增益壽命言詞辯了人天信受
無所畏懼有大名稱咸共瞻仰天上人中受
勝妙樂獲大力勢有大威德身相奇妙端嚴
無比值天人師遇善知識成就具足無量福
聚四王當知彼諸人王見如是等種種無量
功德利益故應自往奉迎法師若一踰繕那
乃至百千踰繕那於說法師應生佛想還至
城邑作如是念今日釋迦牟尼如來應正等
覺入我宮中受我供養為我說法我聞法已
即於阿耨多羅三藐三菩提不復退轉即是
值遇百千万億那庾多諸佛世尊我於今日
即是種種廣大殊勝上妙樂具供養過去未
來現在諸佛我於今日即是永拔琰摩王界
地獄餓鬼傍生之苦便為已種無量百千万

BD05984 號　金光明最勝王經卷六　（13–1）

[illegible]
即於阿耨多羅三藐三菩提不復退轉即是
值遇百千万億那庾多諸佛世尊我於今日
即是種種廣大殊勝上妙樂具供養過去未
来現在諸佛我於今日即是永拔琰摩王界
地獄餓鬼傍生之苦便為已種無量百千万
億轉輪聖王釋梵天主善根種子當令無量
百千万億衆生出生死苦得涅槃樂積集無
量無邊不可思議福德之聚後宮眷屬及諸
人民皆蒙安隱國土清泰無諸災厄毒害惡
人他方怨敵不来侵擾遠離憂患四王當知
時彼人王應作如是尊重正法亦於受持是
妙經典苾芻苾芻尼鄔波索迦鄔波斯迦供
養恭敬尊重讚歎所獲善根先以勝福施與
汝等及諸眷屬彼之人王有大福德善業因
緣於現世中得大自在增益威光吉祥妙相
皆悉莊嚴一切怨敵能以正法而摧伏之
尒時四天王白佛言世尊若有人王能作如
是恭敬正法聽此經王并於四衆持經之人
恭敬供養尊重讚歎時彼人王欲為我等生
歡喜故在一邊近於法座香水灑地散衆
名花安置處所設四王座我与彼王共聽正
法其王所有自利善根亦以福分施及我等
世尊時彼人王請說法者昇座之時便為我
等燒衆名香供養是經世尊時彼香烟於
一念頃上昇虛空即至我等諸天宮殿於虛
空中變成香蓋我等天衆聞彼妙香香有金
光照曜我等所居宮殿乃至梵宮及以帝釋大
辯才天大吉祥天堅牢地神正了知大将二十
八部諸藥叉神大自在天金剛密主寶賢

BD05984號　金光明最勝王經卷六　（13–2）

等燒衆名香供養是經世尊時彼香烟於
一念頃上昇虛空即至我等諸天宮殿於虛
空中變成香蓋我等天衆聞彼妙香香有金
光照曜我等所居宮殿乃至梵宮及以帝釋大
辯才天大吉祥天堅牢地神正了知大将二十
八部諸藥叉神大自在天金剛密主寶賢
大将訶利底母五百眷屬無熱惱池龍王大
海龍王所居之處世尊如是等衆於自宮殿
見彼香烟一刹那頃變成香蓋聞香芬馥覩
色光明遍至一切諸天神宮佛告四天王是
香光明非但至此宮殿變成香蓋放大光明
由彼人王手執香爐燒衆名香供養經時其
香烟氣於一念頃遍至三千大千世界百億
日月百億妙高山王百億四洲於此三千大千
世界一切天龍藥叉健闥婆阿蘇羅揭路
荼緊那羅莫呼洛伽宮殿之所於虛空中
充滿而住種種香烟變成雲蓋其蓋金色普
照天宮如是三千大千世界所有種種香雲香
蓋皆是金光明最勝王經威神之力是諸人
王手持香爐供養經時種種香氣非但遍
此三千大千世界於一念頃亦遍十方無量無
邊恒河沙等百千万億諸佛國土於諸佛上
虛空之中變成香蓋金色普照亦復如是時
彼諸佛聞此妙香覩斯雲蓋及以金色於十
方界恒河沙等諸佛世尊現神變已彼諸世
尊悉共觀察異口同音讚法師曰善哉善哉
汝大丈夫能廣流布如是甚深微妙經典則
為成就無量無邊不可思議福德之聚若有
聽聞如是經者所獲功德其量甚多何况書
寫受持讀誦為他敷演如說修行何以故善

BD05984號　金光明最勝王經卷六　（13–3）

方界恒河沙等諸佛世尊現神變已彼諸世
尊悉共觀察異口同音讚法師曰善哉善哉
汝大丈夫能廣流布如是甚深微妙經典則
為成就無量無邊不可思議福德之聚若有
聽聞如是經者所獲功德其量甚多何况書
寫受持讀誦為他敷演如說修行何以故善
男子若有衆生聞此金光明最勝王經者即
於阿耨多羅三藐三菩提不復退轉
尒時十方有百千俱胝那庾多無量無數恒
河沙等諸佛剎土彼諸剎土一切如來異口同
音於法座上讚彼法師言善哉善哉善男
子汝於來世以精勤力當修無量百千苦行
具足資糧超諸聖衆出過三界為最勝尊當
坐菩提樹王之下殊勝莊嚴能救三千大千
世界有緣衆生善能摧伏可畏形儀諸魔軍
衆覺了諸法最勝清淨甚深無上正等菩提
善男子汝當坐於金剛之座轉於無上諸佛
所讚十二妙行甚深法輪能擊無上最大法
鼓能吹無上極妙法螺能建無上殊勝法幢
能然無上極明法炬能降無上甘露法雨能
斷無量煩惱怨結能令無量百千万億那庾
多有情度於無涯可畏大海解脫生死無際
輪迴值遇無量百千万億那庾多佛
尒時四天王復白佛言世尊是金光明最勝王
經能於未來現在成就如是無量功德是
故人王若得聞是微妙經典即是已於百千
万億無量佛所種諸善根於彼人王我當護
念復見無量福德利故我等四王及餘眷屬
無量百千万億諸神於自宮殿見是種種香
烟雲蓋神變之時我當隱蔽不現其身為聽

BD05984號　金光明最勝王經卷六　（13–4）

故人王若得聞是微妙經典即是已於百千
万億無量佛所種諸善根於彼人王我當護
念復見無量福德利故我等四王及餘眷屬
無量百千万億諸神於自宮殿見是種種香
烟雲蓋神變之時我當隱蔽不現其身為聽
法故當至是王清淨嚴飾所止宮殿講法之
處如是乃至　宮帝釋大辯才天吉祥天
堅牢地神正了知神大將二十八部諸藥叉神
大自在天金剛密主寶賢大將訶利底母
五百眷屬無熱惱池龍王大海龍王無量百
千万億那庾多諸天藥叉如是等衆為聽法
故皆不現身至彼人王殊勝宮殿莊嚴高座
說法之所世尊我等四王及餘眷屬藥叉諸
神皆當一心共彼人王為善知識因是無上
大法施主以甘露味充足於我是故我等當
護是王除其衰患令得安隱及其宮殿城邑
國土諸惡災變悉令消滅尒時四天王俱共
合掌白佛言世尊若有人王於其國土雖
有此經未甞流布心生捨離不樂聽聞亦不
供養尊重讚歎見四部衆持經之人亦復不
能尊重供養遂令我等及餘眷屬無量諸
天不得聞此甚深妙法背甘露味失正法流無有
威光及以勢力增長惡趣損減人天墜生死河
乖涅槃路世尊我等四王并諸眷屬及藥叉
等見如斯事捨其國土無擁護心非但我等
捨棄是王亦有無量守護國土諸大善神悉
皆捨去既捨離已其國當有種種災禍喪失
國位一切人衆皆無善心唯有繫縛殺害瞋
諍互相讒諂枉及無辜疾疫流行彗星數出
兩日並現薄蝕無恒黑白二虹表不祥相星

BD05984號　金光明最勝王經卷六　（13–5）

等見如斯事捨其國土無擁護心非但我等
捨棄是王亦有無量守護國土諸大善神悉
皆捨去既捨離已其國當有種種災禍喪失
國位一切人衆皆無善心唯有繫縛殺害瞋
諍互相讒諂枉及無辜疾疫流行彗星數出
兩日並現薄蝕無恒黑白二虹表不祥相星
流地動井内發聲暴雨惡風不依時節常遭
飢饉苗實不成多有他方怨賊侵掠國内人
民受諸苦惱土地無有可樂之處世尊我等
四王及與無量百千天神并護國土諸舊善
神遠離去時生如是等無量百千災恠惡事
世尊若有人王欲護國土常受快樂欲令衆
生咸蒙安隱欲得摧伏一切外敵於自國境
永得昌盛欲令正教流布世間苦惱惡法皆
除滅者世尊是諸國主必當聽受是妙經王
亦應恭敬供養讀誦受持經者我等及餘無
量天衆以是聽法善根威力得服無上甘露
法味增益我等所有眷屬并餘天神皆得勝
利何以故以是人王至心聽受是經典故世尊
如大梵天於諸有情常為宣說世出世論
帝釋復說種種諸論五通神仙亦說諸論世
尊梵天帝釋五通仙人雖有百千俱胝那庾
多無量諸論然佛世尊慈悲哀愍為人天衆
說金光明微妙經典比前所說勝彼百千俱
胝那庾多倍不可為喻何以故由此能令諸贍
部洲所有王等以正法化世能與衆生安樂之
事為護自身及諸眷屬令無苦惱又無他
方怨賊侵害所有諸惡悉皆遠去亦令國土
災厄屏除化以正法無有諍訟是故人王各
於國土當然法炬明照無邊增益天衆并諸眷

BD05984 號　金光明最勝王經卷六　（13–6）

說金光明微妙經典比前所說勝彼百千俱
胝那庾多倍不可為喻何以故由此能令諸贍
部洲所有王等以正法化世能與衆生安樂之
事為護自身及諸眷屬令無苦惱又無他
方怨賊侵害所有諸惡悉皆遠去亦令國土
災厄屏除化以正法無有諍訟是故人王各
於國土當然法炬明照無邊增益天衆并諸
眷屬世尊我等四王無量天神藥叉之衆贍
部洲内所有天神以是因緣得服無上甘露
法味獲大威德勢力光明無不具足一切衆
生皆得安隱復於來世無量百千不可思議
那庾多劫常受快樂復得值遇無量諸佛種
諸善根然後證得阿耨多羅三藐三菩提如
是無量無邊勝利皆是如來應正等覺以大
慈悲過諸梵衆以大智慧愈帝釋修諸苦行勝
五通仙百千万億那庾多倍不可稱計為諸
衆生演說如是微妙經典令贍部洲一切國
主及諸人衆明了世間所有法式治國化人勸
導之事由此經王流通力故普得安樂此等
福利皆是釋迦大師於此經典廣為流通
慈悲力故世尊以是因緣諸人王等皆應受
持供養恭敬尊重讚歎此妙經王何以故以
如是等不可思議殊勝功德利益一切是故
名曰最勝經王
尒時世尊復告四天王汝等四王及餘眷屬
無量百千俱胝那庾多諸天大衆見彼人王
若能至心聽是經典供養恭敬尊重讚歎者
應當擁護除其衰患能令汝等亦受安樂
若四部衆能廣流布是經王者於人天中廣作

BD05984 號　金光明最勝王經卷六　（13–7）

如是著不可思議殊勝功德利益一切是故
名曰最勝經王
尒時世尊復告四天王汝等四王及餘眷屬
無量百千俱胝那庾多諸天大衆見彼人王
若能至心聽是經典供養恭敬尊重讚歎者
應當擁護除其衰惱令汝等亦受安樂
若四部衆能廣流布是經王者於人天中廣作
佛事普能利益無量衆生如是之人汝等四
王常當擁護如是四衆勿使他緣共相侵擾
令彼身心寂靜安樂於此經王廣宣流布令不
斷絶利益有情盡未來際
尒時多聞天王從座而起白佛言世尊我有
如意寶珠陁羅尼法若有衆生樂受持者
功德無量我常擁護令彼衆生離苦得樂能
成福智二種資糧欲受持者先當誦此護身
之呪即說呪曰
南謨薜室囉末拏也莫訶曷羅闍也
怛姪他 囉囉囉囉 矩怒矩怒
區怒區怒 窶怒窶怒 颯縛颯縛
羯囉羯囉 莫訶毗羯喇麼 莫訶毗羯喇麼
莫訶曷囉社 曷喀叉曷喀叉 覩漫 自稱乙名
薩婆薩埵難者 莎訶
世尊誦此呪者當以白線呪之七遍一遍一
結繫之肘後其事必成應取諸香所謂安息
栴檀龍腦蘇合多揭羅薰陸皆須等分和
合一處手執香爐燒香供養清淨澡浴著
鮮潔衣於一靜室可誦神呪
請我薜室囉末拏天王即說呪曰
南謨薜室囉 末拏引也 南謨檀那馱也
檀泥說羅引也 阿揭 榆 阿鉢唎須多

BD05984號　金光明最勝王經卷六　（13–8）

栴檀龍腦蘇合多揭羅薰陸皆須等分和
合一處手執香爐燒香供養清淨澡浴著
鮮潔衣於一靜室可誦神呪
請我薜室囉末拏天王即說呪曰
南謨薜室囉 末拏引也 南謨檀那馱也
檀泥說羅引也 阿揭 榆 阿鉢唎須多
檀泥說囉鉢囉麼 迦留尼迦
薩婆薩埵 呬 多振 多 麼麼乙名 檀那
末奴鉢喇拽榆 碎闍摩揭榆 莎訶
此呪誦滿一七遍已次誦本呪欲誦呪持先
當稱名敬礼三寶及薜室羅末拏天王能
施財物令諸衆生所求願滿悉能成就与其
安樂如是礼已次誦薜室羅末拏王如意末
尼寶心神呪能施衆生隨意安樂尒時多聞天
王即於佛前說如意末尼寶心呪曰
南謨曷喇怛那怛喇夜引也
南謨薜室囉末拏引也莫訶囉闍也
怛姪他 四弭四弭 蘇母蘇母
旃荼旃荼 析囉析囉 薩囉薩囉
羯囉羯囉 枳哩枳哩 矩嚕矩嚕
母嚕母嚕 主嚕主嚕 娑大也 頞貪
我名某甲 昵店頻他 達達覩莎訶
南謨薜室囉末拏也莎訶檀那馱也莎訶
曼奴喇他鉢唎脯喇迦引也莎訶
受持呪時先誦千遍然後於淨室中瞿摩塗
地作小壇場隨時飲食一心供養常然妙香
令烟不絶誦前心呪晝夜繫心唯自耳聞勿
令他解時有薜室囉末拏王子名禪膩師現
童子形來至其所問言何故須喚我父即可
報言我為供養三寶事須財物願當施与時

BD05984號　金光明最勝王經卷六　（13–9）

曷奴喇他鉢唎脯喇迦(引)也莎訶
受持呪時，先誦千遍，然後於淨室中瞿摩塗
地，作小壇場，隨時飲食，一心供養，常然妙香，
令烟不絕，誦前心呪，晝夜繫心，唯自耳聞，勿
令他解。時有薛室囉末拏王子，名禪膩師，現
童子形，來至其所，問言：何故須喚我父？即可
報言：我為供養三寶事，須財物，願當施與。時
禪膩師聞是語已，即還父所，白其父言：今有
善人發至誠心，供養三寶，少乏財物，為斯請
召。其父報曰：汝可速去，日日與彼一百迦利沙
波拏。此是根本梵音，唯目貝齒，而隨方不定，或是貝齒，或是金銀銅鐵等錢，然摩揭陀現今通用一迦利沙波拏，有一千六百貝齒，總數可以准知。若准物直，隨處不定。若人持呪得成就者，獲物之時，自知其數，有本云每日與一百陳那羅，即金錢也，乃至盡形，日日常得。西方求者多有神驗，除不至心也。
其持呪者見是相已，知事得成，當須獨處淨
室，燒香而卧，可於牀邊置一香篋，每至天曉，
觀其篋中，獲所求物。每得物時，當日即須供
養三寶，香花飲食，兼施貧乏，皆令罄盡，不
得停留。於諸有情起慈悲念，勿生瞋誑諂害
之心。若起瞋者，即失神驗。常可護心，勿令瞋
恚。又持此呪者，於每日中憶我多聞天王及男
女眷屬，稱揚讚歎，恒以十善共相資助，令彼
天等福力增明，衆善普臻，證菩提處。彼諸天
衆見是事已，皆大歡喜，共來擁衛持呪之人。
又持呪者，壽命長遠，經無量歲，永離三塗，常
無災厄，亦令獲得如意寶珠及以伏藏，神通
自在，所願皆成，若求官榮，無不稱意，亦解一
切禽獸之語。
世尊，若持呪時，欲得見我自身現者，可於月
八日或十五日，於白疊上畫佛形像，當用木
膠雜彩莊飾，其畫像人為受八戒，於佛左邊

BD05984 號　金光明最勝王經卷六　（13–10）

自在，所願皆成，若求官榮，無不稱意，亦解一
切禽獸之語。
世尊，若持呪時，欲得見我自身現者，可於月
八日或十五日，於白疊上畫佛形像，當用木
膠雜彩莊飾，其畫像人為受八戒，於佛左邊
作吉祥天女像，於佛右邊作我多聞天像，并
畫男女眷屬之類，安置坐處，咸令如法，布列
花彩，燒衆名香，然燈續明，晝夜無歇，上妙
飲食，種種珍奇，發慇重心，隨時供養，受持神
呪，不得輕心。請召我時，應誦此呪：
南謨室唎健那也　勃陁(引)也
南謨薛室囉末拏也　藥叉囉闍(引)也
莫訶囉闍　阿地囉闍也
南麼室唎耶(去)裔　莫訶提鞞(引)裔
怛姪他　怛囉怛囉　咄嚕咄嚕
末囉末囉　窣窣吐窣窣吐
漢娜漢娜　末尼羯諾迦
跋折囉薛瑠璃也　目底迦楞訖嘌哆
設唎囉囊　蒲(引)薩婆薩埵
呬哆迦摩　薛室囉末拏
室唎夜提鼻　跋臘婆也
醫呬醫呬麼毗藍婆　瞿嘌拏瞿嘌拏
社(去入)唎波袜唎婆　達䭾呬麼麼
阿目迦那末寫(自稱己名)　達哩設那迦末寫
達哩設南　麼麼末那
鉢喇曷羅大也　莎訶
世尊，我若見此誦呪之人，復見如是盛興供
養，即生慈愛歡喜之心，我即變身作小兒形，
或作老人苾芻之像，手持如意末尼寶珠，并
持金囊，入道場內，身現恭敬，口稱佛名，語持

BD05984 號　金光明最勝王經卷六　（13–11）

阿曰迦那末寫（自稱己名） 達哩設那迦末寫
達哩 設 南 麼 麼 末 那
鉢喇呂羅大也 莎訶
世尊我若見此誦呪之人復見如是廣興供
養即生慈愛歡喜之心我即變身作小兒形
或作老苾芻之像手持如意末尼寶珠并
持金囊入道場內身現恭敬口稱佛名語持
呪者曰隨汝所求皆令如願或隱林藪或造
寶珠或欲衆人愛寵或求金銀等物欲持諸
呪皆令有驗或欲神通壽命長遠及勝妙樂
無不稱心我今且說如是之事若更求餘皆
隨所願悉得成就寶藏無盡功德無窮假
使日月墜墮于地或可大地有時移轉我此
實語終不虛然常得安隱隨心快樂世尊
若有人能受持讀誦是經王者誦此呪時不假
疲勞法速成就世尊我今為彼貧窮困厄苦
惱衆生說此神呪令獲大利皆得富樂自在無
患乃至盡形我當擁護隨逐是人為除災厄
亦復令此持金光明最勝王經流通之者及
持呪人於百步內光明照燭我之所有千藥叉
神亦常侍衛隨欲驅使無不遂心我說實語
無有虛誑唯佛證知時多聞天王說此呪已
佛言善哉大王汝能破裂一切衆生貧窮
苦網令得富樂說是神呪復令此經廣行於
世時四天王俱從座起偏袒一肩頂禮雙足
右膝著地合掌恭敬以妙伽他讚佛功德
佛面猶如淨滿月　亦如千日放光明
目淨脩廣若青蓮　齒白齊密猶珂雪
佛德無邊如大海　無限妙寶積其中
智慧德水鎮恒盈　百千勝定咸充滿

BD05984號　金光明最勝王經卷六　（13–12）

佛言善哉大王汝能破裂一切衆生貧窮
苦網令得富樂說是神呪復令此經廣行於
世時四天王俱從座起偏袒一肩頂禮雙足
右膝著地合掌恭敬以妙伽他讚佛功德
佛面猶如淨滿月　亦如千日放光明
目淨脩廣若青蓮　齒白齊密猶珂雪
佛德無邊如大海　無限妙寶積其中
智慧德水鎮恒盈　百千勝定咸充滿
足下輪相皆嚴飾　轂輞千輻悉齊平
手足網縵遍莊嚴　猶如鵝王相具足
佛身光曜等金山　清淨殊特無倫匹
亦如妙高功德滿　故我稽首佛山王
相好如空不可測　逾於千月放光明
皆如焰幻不思議　故我稽首心無著
爾時四天王讚歎佛已世尊亦以伽他而
答之曰
此金光明最勝經　無上十力之所說
汝等四王常擁衛　應生勇猛不退心
此妙經寶極甚深　能與一切有情樂
由彼有情安樂故　常得流通贍部洲
於此大千世界中　所有一切有情類
餓鬼傍生及地獄　如是苦趣悉皆除
住此南洲諸國王　及餘一切有情類
由經威力常歡喜　皆蒙擁護得安寧
亦使此中諸有情　除衆病苦無賊盜

BD05984號　金光明最勝王經卷六　（13–13）

……佛　南无寶積佛
南无見種種佛　南无藥王佛
南无最上佛　南无賢勝佛
南无香妙佛　南无香勝雞兜佛
南无旃檀屋佛　南无香雞兜佛
南无无邊精進佛　南无過十光佛
南无佛波頭摩妙佛　南无无邊境界佛
南无鶩怖波頭摩成就勝王佛
南无寶羅網佛　南无善住王佛
南无最勝香王佛　南无能與一切樂佛
南无能現一切念佛　南无不空名稱佛
南无寶光明佛　南无安隱與一切衆生樂佛
南无无邊虛空莊嚴勝佛
南无善莊嚴佛　南无虛空雞兜佛
南无普華成就勝佛　南无可樂勝佛
南无多寶佛　南无髻相佛
南无无邊境界來佛　南无淨眼佛

BD05985 號　佛名經（十六卷本）卷一五　（26–1）

南无寶光明佛　南无安隱與一切衆生樂佛
南无无邊虛空莊嚴勝佛
南无善莊嚴佛　南无虛空雞兜佛
南无普華成就勝佛　南无可樂勝佛
南无多寶佛　南无髻相佛
南无无邊境界來佛　南无淨眼佛
南无高佛　南无不可降伏幢佛
南无可詣佛　南无无邊无際諸山佛
南无月輪莊嚴王佛　南无最勝弥留佛
南无樂成就德佛　南无清淨諸弥留佛
南无安樂德佛　南无梵德佛
南无无㝵目佛　南无作无邊功德佛
南无善思惟成就願佛　南无清淨輪王佛
南无智高佛　南无勇猛仙佛
南无智積佛　南无作方佛
南无能忍佛　南无離諸有佛
南无智護佛　南无妙功德佛
南无隨衆生心現境界佛
南无鏡佛　南无无邊寶佛
南无離一切受境界无畏佛
南无无㝵寶光明佛　南无无㝵照佛
南无念一切佛境界佛　南无能現一切佛像佛
南无无相體佛　南无化髻佛
南无化髻善髻佛　南无寶成就勝功德佛
南无海弥留佛　南无无垢意佛
南无智華成就佛　南无高威德山佛

BD05985 號　佛名經（十六卷本）卷一五　（26–2）

南无念一切佛境界佛　南无能現一切[illegible]
南无无相體佛　南无化聲佛
南无化聲善聲佛　南无寶成就勝功德佛
南无海彌留佛　南无无垢意佛
南无智華成就佛　南无高威德山佛
南无齊佛　南无離恨佛
南无斷一切諸道佛　南无成就不可量功德佛
南无樂成就勝境界佛　南无求无畏香佛
南无无障导香光明佛　南无雲妙鼓聲佛
南无須彌山堅佛　南无勝香須彌佛
南无无邊光佛　南无普見佛
南无得无畏佛　南无月燈佛
南无火燈佛　南无勢燈佛
南无高脩佛　南无金剛生佛
南无智自在王佛　南无智力稱佛
南无无畏上王佛　南无功德王佛
南无波婆婆佛　南无善眼佛
南无妙莊嚴佛　南无寶蓋佛
南无香爲佛
從此以上一万一千六百佛十二部經一切賢聖
南无无邊境界不空稱佛
南无不可思議功德王光明佛
南无種種華佛　南无无畏王佛
南无常歡喜佛　南无妙藥樹王佛
南无常求安樂佛　南无无邊意行佛
南无无邊境界佛　南无无邊光佛

南无種種華佛　南无无畏王佛
南无常歡喜佛　南无妙藥樹王佛
南无常求安樂佛　南无无邊意行佛
南无无邊境界佛　南无无邊光佛
南无无邊目佛　南无无邊虛空境界佛
南无聲色境界佛　南无香上勝佛
南无虛空勝佛　南无勝功德佛
南无現諸方佛　南无妙彌留佛
南无无障眼佛　南无沙伽羅佛
南无庭燎佛　南无然難兜佛
南无无垢月威德光佛　南无智山佛
南无稱力王佛　南无功德王光明佛
南无智見佛　南无波頭勝成就佛
南无寶火佛　南无寶蓮華勝佛
南无斷諸疑佛　南无領勝衆佛
南无難兜王佛　南无華勝佛
南无放光明佛　南无照波頭摩光明佛
南无方主法難兜佛　南无无邊步佛
南无娑伽羅山佛　南无向荷見佛
南无无障导吼聲佛　南无无邊功德稱光明佛
南无世間涅槃无差別脩行佛
南无无邊照佛　南无善眼佛
南无一蓋藏佛　南无放光明佛
南无過去未來現在發脩行佛
南无无邊華佛　南无无邊淨佛
南无无邊光佛　南无无邊照佛

南无一蓋藏佛　南无放光明佛
南无過去未來現在發脩行佛
南无无邊華佛　南无无邊淨佛
南无无邊光佛　南无无邊照佛
南无无邊明佛　南无妙明佛
南无无邊境界佛　南无无邊步佛
南无華蓋行佛　南无寶蓋佛
南无星宿王佛　南无蓋星宿佛
南无光明輪佛　南无光明王佛
南无勝光明功德佛　南无不可量光佛
南无勝佛　南无不可量境界佛
南无无㝵聲吼佛　南无大雲光佛
南无闍梨尼山佛　南无佛華光明佛
南无波頭摩勝華山王佛
南无星宿上首佛　南无放光明佛
南无三周單那豎佛
南无不空見佛　南无須勝功德佛
南无波頭須勝功德佛　南无无癡佛
南无能度佛　南无无迷步佛
南无離愚境界佛　南无闇光明佛
南无无邊精進佛　南无婆羅自在王佛
南无寶婆羅佛　南无一蓋佛
南无蓋莊嚴佛　南无寶聚佛
南无旃聚香佛　南无旃檀屋佛
南无无邊光明佛　南无光輪佛
南无山莊嚴佛　南无无障㝵眼佛

BD05985號　佛名經（十六卷本）卷一五　（26–5）

南无寶婆羅佛　南无一蓋佛
南无蓋莊嚴佛　南无寶聚佛
南无旃聚香佛　南无旃檀屋佛
南无无邊光明佛　南无光輪佛
南无山莊嚴佛　南无无障㝵眼佛
南无善眼佛　南无寶成佛
從此以上一万一千七百佛十二部經一切賢聖
南无一切功德勝佛　南无成就佛華功德佛
南无善住意佛　南无无邊方便佛
南无不空功德佛　南无寶勢佛
南无无邊脩行佛　南无嚴无邊功德佛
南无虛空輪光佛　南无无相聲佛
南无衆王佛　南无不怯弱佛
南无離諸畏毛豎佛　南无功德王光明佛
南无觀智起華佛　南无虛空窮佛
南无虛空聲佛　南无虛空莊嚴佛
南无大眼佛　南无勝功德佛
南无成佛　南无佛波頭摩德佛
南无成功德佛　南无師子勝佛
南无成就義佛　南无師子護佛
南无善住王佛　南无梵山佛
南无淨目佛　南无不空跡步佛
南无香鳥佛　南无香德佛
南无香弥留佛　南无无邊眼佛
南无財屋佛　南无香山佛
南无寶師子佛　南无堅固衆生佛

BD05985號　佛名經（十六卷本）卷一五　（26–6）

南无善任王佛　南无梵山佛
南无淨目佛　南无不定跡步佛
南无香烏佛　南无香德佛
南无香弥留佛　南无无邊眼佛
南无肽屋佛　南无香山佛
南无寶師子佛　南无堅固衆生佛
南无妙勝任王佛　南无无邊境界勝王佛
南无勝精進王佛　南无无疑佛
南无善星宿王佛　南无然燈佛
南无能作光明佛　南无光明山佛
南无光明輪佛　南无妙蓋佛
南无香蓋佛　南无寶蓋佛
南无香去蓋佛　南无旃檀勝佛
南无須弥山積聚佛　南无種種寶光明佛
南无堅固自在王佛　南无淨勝佛
南无淨眼佛　南无不弱佛
南无寶勝佛　南无施羅王佛
南无發脩行轉女根佛　南无无邊脩行佛
南无最妙光佛　南无闍梨尼光明山佛
南无因王佛　南无梵勝佛
南无稱身佛　南无華山佛
南无轉胎佛　南无轉難佛
南无斷諸念佛　南无發起諸念佛
南无常脩行佛　南无善任佛
南无一藏佛　南无一山佛
南无无邊身佛　南无无邊精進佛

BD05985 號　佛名經（十六卷本）卷一五　（26–7）

南无轉胎佛　南无轉難佛
南无斷諸念佛　南无發起諸念佛
南无常脩行佛　南无善任佛
南无一藏佛　南无一山佛
南无无邊身佛　南无无邊精進佛
南无光明輪佛　南无无邊功德王佛
南无降伏一切諸怨佛　南无過一切魔境界佛
南无不可量華佛　南无不可量香佛
南无不可量聲佛　南无光明頂佛
南无光明勝佛　南无不離二佛
次礼十二部尊經大藏法輪
南无梵聲經　南无須陁洹四功德經
南无持戒而人數王經　南无蓮華女經
南无國王薩經　南无阿毗曇經
南无金剛蜜經　南无持世經
南无阿那律八念經　南无等集經
南无迦羅越經　南无阿難問因緣持戒經
從此以上一万一千八百佛十二部經一切賢聖
南无薩和達王經　南无阿難邠邪四時施經
南无阿闍世王經　南无阿閦佛經
南无德光太子經　南无小阿闍經
南无阿陁三昧經　南无胞藏經
南无阿鳩留經　南无漸備一切智經
次礼十方諸大菩薩
南无滅惡世界威意菩薩　南无音樂世界莊嚴菩薩
南无音樂世界大賢菩薩

BD05985 號　佛名經（十六卷本）卷一五　（26–8）

南无阿陁三昧經　南无胞藏經
南无阿鳩留經　南无漸備一切智經
次礼十方諸大菩薩
南无滅惡世界饒意菩薩　南无普樂世界華莊嚴菩薩
南无普樂世界大智菩薩
南无安樂世界賢日光明菩薩
南无安樂世界師子吼身菩薩
南无蓮華樹世界寶首菩薩
南无安樂世界大勢至菩薩　南无香氣世界法首菩薩
南无香氣世界法英菩薩　南无妙樂世界香首菩薩
南无妙樂世界衆香首菩薩
南无照明世界師子意菩薩
南无照明世界師子菩薩
南无不瞬世界尊御菩薩　南无光曜世界寶場菩薩
南无樂御世界慧步菩薩　南无樂御世界慧見菩薩
南无光察世界雨王菩薩　南无光察世界法王菩薩
南无愛見世界退魔菩薩
南无愛見世界右魔王菩薩
南无照曜世界蜀音熱王菩薩
南无寶燈須弥山幢世界无上香妙德王菩薩
南无一切香集世界虛空藏菩薩
次礼聲聞緣覺一切賢聖
南无復放羅辟支佛　南无波頭辟支佛
南无善賢辟支佛　南无賢德辟支佛
南无須摩辟支佛　南无輸那辟支佛
南无留闍辟支佛　南无復留闍辟支佛

南无復放羅辟支佛　南无波頭辟支佛
南无善賢辟支佛　南无賢德辟支佛
南无須摩辟支佛　南无輸那辟支佛
南无留闍辟支佛　南无復留闍辟支佛
南无毗沙辟支佛　南无牛齒辟支佛
南无滿盡辟支佛　南无最後身辟支佛
歸命如是等无量无邊辟支佛
礼三寶已次復懺悔
衆等相與即今身心寂靜无諠无障正是生善滅惡
之時復應各起四種觀行以為滅罪作前方便何等為
四一者觀於因緣二者觀於果報三者觀我自身四者觀
如來身第一觀因緣者知我此罪藉以无明不善思惟无
正觀力不識其過遠離善友諸佛菩薩隨逐魔道行
邪嶮逕如魚吞鉤不知其患如蚕作繭自纏自縛如蛾赴火
自燒自爛以是因緣不能自出
第二觀於果報者所有諸惡不善之業三世流轉苦
果无窮沉溺无邊巨夜不悔為諸煩惱羅剎所食未來
生死寘然无崖設使報得轉輪聖王王四天下飛行自在
七寶具足命終之後不免惡趣四空果報三界尊極福盡
還作牛領中虫況復其餘无福德者而復懈怠不勤
懺悔此亦譬如抱石沉淵求出良難
第三觀我自身雖有正因靈覺之性而為煩惱黑暗叢
林之所覆蔽无了因力不能得顯我今應當發起勝心破
裂无明顛倒重障斷滅生死虛偽苦因顯發如來大明覺慧
建立无上涅槃妙果　第四觀如來身无為寂照離

懺悔此亦譬如抱石沉淵求出良難
第三觀我自身雖有正因靈覺之性而為煩惱黑闇藂
林之所覆蔽无了因力不能得顯我今應當發起勝心破
裂无明顛倒重障斷滅生死虛偽苦因顯發如來大明覺慧
建立无上涅槃妙果　第四觀如來身无為寂照離
四句絕百非衆德具足湛然常住雖復方便入於滅度慈
悲救接未曾暫捨如是等心可謂滅罪之良津除障
之要行是故弟子今日至到稽首歸依於佛
南无東方勝藏珠光佛　南无南方寶積示現佛
南无西方法界智燈佛　南无北方嚴勝降伏佛
南无東南方龍自在佛　南无西南方轉一切生死佛
南无西北方无邊智自在佛　南无東北方无邊功德月佛
南无下方海智神通佛　南无上方一切勝王佛
如是十方盡虛空界一切三寶至心歸命常住三寶
弟子等无始以來至於今日長養煩惱日深日厚日
茲日茂覆蓋慧眼令无所見斷障衆善不得相續
起障不得見佛不聞正法不值聖僧煩惱起障不見
過去未來一切世中善惡業行之煩惱障受人天尊
貴之煩惱障生色无色界禪定福樂之煩惱不得自在
神通飛騰隱顯遍至十方諸佛淨土聽法之煩惱障
學安那般那數息不淨觀諸煩惱障學慈悲喜捨
因緣煩惱障學七方便三觀義煩惱障學四念處煖
頂忍煩惱障學聞思脩第一法煩惱障學空平等中道
解煩惱障學八正道示相之煩惱障學七覺枝不示
相煩惱障學於道品因緣觀煩惱障學八解脫九空之
煩惱障學於十智三三昧煩惱障學三明六通四无㝵

因緣煩惱障學七方便三觀義煩惱障學四念處煖
頂忍煩惱障學聞思脩第一法煩惱障學空平等中道
解煩惱障學八正道示相之煩惱障學七覺枝不示
相煩惱障學於道品因緣觀煩惱障學八解脫九空之
煩惱障學於十智三三昧煩惱障學三明六通四无㝵
煩惱障學六度四等煩惱障學四攝法廣化之煩惱障學
大乘心四弘誓願煩惱障學十明十之煩惱障學十迴向十
願之煩惱障初地二地三地四地明解之煩惱障五地六地七
地諸知見煩惱障學八地九地十地雙照之煩惱障如是乃
至障學佛果百万阿僧祇諸行上煩惱如是行障无量无
邊弟子今日至到稽顙向十方佛尊法聖衆慚愧懺悔
願皆消滅至心歸命常住三寶
願藉此懺悔障於諸行一切煩惱願弟子在在處處自
在受生不為結業之所迴轉以如意通於一念頃遍至十方淨
諸佛土攝化衆生於諸禪定甚深境界及諸知見通達无
㝵心能普周一切諸法樂說无窮而不染著得心自在
得法自在智慧自在方便自在令此煩惱及无智結習畢
竟永斷不復相續无漏聖道朗然如日至心歸命常住三寶
佛說罪業報應教化地獄經
復有衆生吃噉瘖瘂口不能言若有所說不能明了何
罪所致佛言以前世時坐誹謗三尊輕毀聖道論他好
惡求人長短強誣良善憎嫉賢人故獲斯罪
復有衆生腹大頸細不能下食若有所食變為膿血何
罪所致佛言以前世時偷盜僧食或為大會施設餚饍
故取麻米屏處食之慳惜己物但貪他有常行惡心与

罪所致佛言已前世時坐誹謗三尊輕毀聖道論他…
惡求人長短强謗良善憎疾賢人故獲斯罪
復有衆生腹大頸細不能下食若有所食變爲膿血何
罪所致佛言已前世時偷盜僧食或爲大會施設餚饍
故取麻米屏處食之悋惜己物但貪他有常行惡心与
人毒藥氣息不通故獲斯罪
復有衆生常爲獄卒燒熱鐵丁釘之百節釘之以訖自然
火生焚燒其身悉皆爛壞何罪所致佛言以前世時坐爲
針師傷人身體不能差病誑他取物徒苦衆生故獲斯罪

南无輪佛　南无不可量佛華光明佛
南无不可量聲佛　南无光明山佛
南无婆羅自在王佛　南无日面佛
南无善目佛　南无虛空佛
南无寶華佛　南无寶成佛
南无月華佛　南无發諸行佛
南无斷諸世間佛　南无无邊樂說佛
南无離諸覺畏佛　南无樂說一切境界佛
南无普香光明佛　南无香光佛
南无香弥留佛　南无香勝佛
南无香鳥佛　南无香林佛
南无香王佛　南无波頭摩勝王佛
南无佛境界佛　南无寂妙佛
南无妙勝佛　南无散華佛
南无華蓋踊佛　南无華尼佛
南无金色華佛　南无香華佛
南无弥留王佛　南无導師佛
南…

BD05985號　佛名經（十六卷本）卷一五　（26-13）

南无佛境界佛　南无寂…
南无妙勝佛　南无散華佛
南无華蓋踊佛　南无華尼佛
南无金色華佛　南无香華佛
南无弥留王佛　南无導師佛
南无勝諸衆生佛　南无斷阿叉那佛
南无發善行佛　南无善華佛
南无无邊香佛　南无普散香光明佛
南无普散香佛　南无普散佛
從此以上一万一千九百佛十二部經一切賢聖
南无普散頭摩勝佛　南无寶闍梨尼手佛
南无起王佛　南无普佛國土一蓋佛
南无善住王佛　南无妙香佛
南无无邊智境界佛　南无不空發佛
南无不空見佛　南无无障目佛
南无不動佛　南无發生菩提佛
南无无量眼佛　南无有燈佛
南无普照佛　南无光明佛
南无一切佛國土佛　南无不斷惡一切衆生樂說
南无无垢步佛　南无无跡步佛
南无離一切憂佛　南无能離一切衆生有佛
南无勝山佛　南无香面佛
南无俱隣佛　南无大力勝佛
南无寶復波頭羅勝佛　南无拘牟頭成佛
南无高聲眼佛　南无上首佛
南无華成佛　南无无邊光明佛

BD05985號　佛名經（十六卷本）卷一五　（26-14）

南无勝山佛　南无香面佛
南无俱隣佛　南无大力勝佛
南无寶優波頭羅勝佛　南无拘牟頭成佛
南无高聲眼佛　南无上首佛
南无華成佛　南无无邊光明佛
南无月出光佛　南无十方稱佛
南无多羅歌王增上佛　南无无邊光明佛
南无最勝香山佛　南无无畏佛
南无成就无畏德佛　南无成就見邊類功德佛
南无一切功德莊嚴佛　南无華王佛
南无不可降伏幢佛　南无增上讃光佛
南无鶖鷺怖波頭摩勝王佛　南无不畏心成就勝佛
南无一切上佛　南无盧蜜輪清淨王佛
南无相聲吼佛　南无寶起功德佛
南无梵勝佛　南无陣尋香手佛
南无弥留山光明佛　南无波頭摩勝光佛
南无能作稱名佛　南无稱歡佛
南无堅固自在王佛
南无過去如是等无量无邊佛
南无現在積聚无畏佛　南无寶功德光明佛
南无普讃佛　南无寶光明佛
南无月莊嚴寶光明智威德聲王佛
南无拘蘇摩樹提不謀王通佛
南无清淨月輪佛　南无寂靜月聲佛
南无阿僧祇億功德精進勝佛

BD05985號　佛名經（十六卷本）卷一五　（26–15）

南无普讃佛　南无寶光明佛
南无月莊嚴寶光明智威德聲王佛
南无拘蘇摩樹提不謀王通佛
南无清淨月輪佛　南无寂靜月聲佛
南无阿僧祇億功德精進勝佛
南无善稱名勝佛　南无因陀羅雞兜幢星宿王
南无普光明莊嚴勝佛　南无降伏敵對步佛
南无无畏藥王樹勝佛　南无普功德光明莊嚴勝佛
南无波頭摩步佛　南无師子佛
南无寶波頭摩善住娑羅王佛
南无日光佛　南无大光佛
南无无邊光佛　南无波頭摩王佛
南无阿偈多羅佛　南无波頭摩勝佛
南无善華佛　南无寶心佛
南无无畏光佛　南无山幢佛
南无寶幢佛　南无寶炎佛
南无大炎聚佛　南无旃檀香佛
南无善利光佛　南无波頭摩敷身佛
南无依止无邊功德佛　南无寶體法決定聲王佛
南无阿僧精進聚集勝佛
南无智通佛　南无弥留山積佛
南无然燈佛　南无大威德力佛
南无日月佛
從此以上一万二千佛十二部經一切賢聖
南无旃檀佛　南无須弥劫佛
南无月色佛　南无不染佛

BD05985號　佛名經（十六卷本）卷一五　（26–16）

南无然燈佛　南无大威德力佛
南无日月佛
從此以上一万二千佛十二部經一切賢聖
南无旃檀佛　南无須彌劫佛
南无月色佛　南无不染佛
南无降伏龍佛　南无龍天佛
南无金色鏡像佛　南无山聲自在王佛
南无供養光佛　南无須彌藏佛
南无山積佛　南无勝覺佛
南无地山佛　南无瑠璃華佛
南无妙瑠璃金色像佛　南无降伏月佛
南无日聲佛　南无散華莊嚴佛
南无海山智奮迅通佛
南无水光佛　南无大香鏡象佛
南无不動山佛　南无寶集佛
南无勝山佛　南无勇猛山佛
南无多功德法住持得通佛
南无日月瑠璃光佛　南无勝瑠璃光佛
南无心開智多拘蘇摩勝佛
南无月光佛　南无日光佛
南无旃檀月光佛　南无破无明闇佛
南无散華王拘蘇通佛　南无普蓋波娑羅佛
南无星宿佛　南无非沙佛
南无法慧增上佛　南无師子騎王山吼佛
南无梵聲龍奮迅佛
南无世間因陁羅佛　南无世間自在王佛

南无星宿佛　南无非沙佛
南无法慧增上佛　南无師子騎王山吼佛
南无梵聲龍奮迅佛
南无世間因陁羅佛　南无世間自在王佛
南无可得報佛　南无甘露聲佛
南无樹提光佛　南无那延首龍佛
南无力天佛　南无師子佛
南无毗羅閒光佛　南无世間最上佛
南无山岳佛　南无人自在王佛
南无寶勝威德王劫佛　南无不可嬈身佛
南无稱護佛　南无稱威德佛
南无稱名聲佛　南无稱聲供養佛
南无勇猛稱佛　南无聲不清淨佛
南无智勝善點慧佛　南无智勝成就佛
南无智炎佛　南无妙智佛
南无智炎聚佛　南无智勇猛佛
南无梵聲佛　南无梵勝佛
南无淨天佛　南无善解佛
南无華勝佛　南无得四无畏佛
南无善淨天佛　南无梵聲佛
南无淨自在佛　南无淨善眼佛
南无淨聲自在王佛　南无善淨德佛
南无威德力增上佛　南无善勢自在佛
南无威德大勢力佛　南无勝威德佛
南无毗摩勝佛　南无毗摩意佛
南无善毗摩佛　南无毗摩面佛

南无淨聲自在王佛　南无善淨德佛
南无威德力增上佛　南无善勢自在佛
南无威德大勢力佛　南无勝威德佛
南无毗摩勝佛　南无毗摩意佛
南无善毗摩佛　南无毗摩面佛
南无毗摩成就佛　南无毗摩妙佛
南无見寶佛　南无須尼多佛
南无善眼清淨佛　南无无邊眼佛
南无普眼佛　南无无等眼佛
南无勝眼佛　南无不可降伏眼佛
南无不動勝佛　南无寂勝佛
南无善寂佛　南无善寂諸根佛
從此以上一万二千一百佛十二部經一切賢聖
南无寂勝佛　南无寂功德佛
南无寂彼岸佛　南无善住佛
南无寂心佛　南无寂意佛
南无寂靜然佛　南无自在王佛
南无衆勝佛　南无寂王佛
南无大衆自在勇猛佛　南无衆勝解勝佛
南无法幢佛　南无法難兜佛
南无法起佛　南无法體勝佛
南无力自在勝佛　南无法勇猛佛
南无樂說山佛　南无寶火佛
南无樂說莊嚴雲吼佛　南无勝聲佛
南无妙眼佛　南无成就意佛
[illegible]

[illegible]
南无力自在勝佛　南无法勇猛佛
南无樂說山佛　南无寶火佛
南无樂說莊嚴雲吼佛　南无勝聲佛
南无妙眼佛　南无成就意佛
南无清淨面月勝藏威德佛
南无滿足心佛　南无无比慧佛
南无淨迦羅迦火定威德佛
南无无邊精進佛　南无甘露光佛
南无大威德佛　南无月光佛
南无旃檀香佛　南无須彌劫佛
南无山積佛　南无无垢色佛
南无无染佛　南无龍勝佛
南无金色佛　南无山吼自在王佛
南无金藏佛　南无火光佛
南无火自在佛　南无瑠璃華佛
南无月勝佛　南无月聲佛
南无散華莊嚴光佛　南无大香去聰明佛
南无離一切染意王佛　南无聚集寶佛
南无德山佛　南无勇猛山佛
南无梵聲龍奮迅佛　南无世間勝上佛
南无師子奮迅吼佛　南无華勝佛
南无山勝佛　南无成就娑羅自在王佛
南无吼聲佛　南无普光明佛
南无等蓋佛　南无无憂佛
南无智王佛　南无智山佛
[illegible]

南无師子奮迅明佛　南无華勝佛
南无山勝佛　南无成就娑羅自在王佛
南无吼聲佛　南无普光明佛
南无華蓋佛　南无无憂佛
南无智王佛　南无智山佛
南无月光佛　南无善光佛
南无聲德佛　南无无勿成就佛
南无火幢佛　南无智自在佛
南无大自在佛　南无梵聲佛
次礼十二部尊经大藏法輪
南无菩薩悔過经　南无阿闍世女经
南无曉所諍不解耆经　南无菩薩十遍稱经
南无阿拔经　南无惡人经
南无菩薩等行分然国经　南无阿毗曇九十八結经
南无趣度世道经　南无推權经
南无五十五法式经　南无受欲聲经
南无推明经　南无五蓋離疑经
南无一切義要经　南无慧行经
南无五陰喻经　南无恩道经
南无王舍城靈鷲山经　南无賢劫五百佛经
南无五百弟子本起经　南无權變经
次礼十方諸大菩薩
南无寶燈須弥山幢世界蓋海天子菩薩
南无光明莊嚴世界淨眼菩薩　南无光明世界淨藏菩薩
南无光莊嚴世界妙莊嚴王菩薩
從此以上一万二千二百佛十二部经一切賢聖

BD05985 號　佛名經（十六卷本）卷一五　（26–21）

次礼十方諸大菩薩
南无寶燈須弥山幢世界蓋海天子菩薩
南无光明莊嚴世界淨眼菩薩　南无光明世界淨藏菩薩
南无光莊嚴世界妙莊嚴王菩薩
從此以上一万二千二百佛十二部经一切賢聖
南无淨世界光頂菩薩　南无淨世界慧聚菩薩
南无淨世界具足四无閡智菩薩
南无金色世界文殊師利菩薩
南无樂色世界覺首菩薩
南无華色世界財首菩薩
南无青蓮華色世界德首菩薩
南无瞻蔔華色世界寶首菩薩
南无金色世界目首菩薩
南无寶色世界進首菩薩
南无金剛色世界法首菩薩
南无頗梨色世界智首菩薩
南无如實色世界賢首菩薩
南无无量慧世界功德林菩薩
南无幢慧世界林慧菩薩　南无地慧世界勝林菩薩
南无勝慧世界无畏林菩薩
南无燈慧世界慚愧林菩薩
南无金剛慧世界精進林菩薩
南无安樂惠世界力成就林菩薩
次礼聲聞緣覺一切賢聖
南无阿利多辟支佛　南无婆梨多辟支佛
南无多伽樓辟支佛　南无稱辟支佛

BD05985 號　佛名經（十六卷本）卷一五　（26–22）

南无金剛慧世界精進林菩薩
南无安樂惠世界力成就林菩薩
次礼辟闍縁覺一切賢聖
南无阿利多辟支佛　南无婆梨多辟支佛
南无多伽樓辟支佛　南无彌辟支佛
南无見辟支佛　南无愛見辟支佛
南无覺辟支佛　南无乹陁羅辟支佛
南无无妻辟支佛　南无梨沙婆辟支佛
南无闍辟支佛　南无身辟支佛
南无毗耶梨辟支佛　南无俱薩羅辟支佛
南无波藪陁羅辟支佛　南无善淨心辟支佛
南无寶无垢辟支佛　南无福德辟支佛
南无里辟支佛　南无唯里辟支佛
南无直福德辟支佛　南无識辟支佛
礼三寶已次復懺悔
弟子等略懺煩惱障竟今當次第懺悔業障夫業能
莊飾世趣在在處處是以思惟求離世解脫所以六道果
報種種不同形類各異當知皆是業力所作所以佛十力中業
力甚深凡夫之人多於此中好起疑惑何以故今現見世間行
善之者觸向轗軻為惡之者是事諧偶謂言天下善惡无
分如此計者皆是不能深達業理何以故爾經中說言有三
種業何等為三一者現報二者生報三者後報現報業
者現在作善作惡現身受報生報業者此生作善作惡
来生受報後報業者或是過去无量生中作善作惡或於
此生中受或在未来无量生中方受其報向者行惡之人現
在見好此是過去生報後報善業熟故所以現在有此樂

BD05985號　佛名經（十六卷本）卷一五　（26–23）

分如此計者皆是不能深達業理何以故爾經中說言有三
種業何等為三一者現報二者生報三者後報現報業
者現在作善作惡現身受報生報業者此生作善作惡
来生受報後報業者或是過去无量生中作善作惡或於
此生中受或在未来无量生中方受其報向者行惡之人現
在見好此是過去生報後報善業熟故所以現在有此樂
果豈關現在作諸惡業而得好報後報惡業熟故現在善
根力弱不能排遣是故得此苦報豈關現在作善而招惡
報何以知然現見世間為善之者為人所讃嘆人所尊重故
知未来必招樂果過去既有如此惡業所以諸佛菩薩教令
親近善友共行懺悔善知識者於得道中則為舍利是
故弟子等今日至誠歸依於佛
南无東方无量離垢佛　南无南方樹根花王佛
南无西方蓮華自在佛　南无北方金剛能破佛
南无東南方悲檀義藏佛　南无西南方金海自在王佛
南无西北方无邊自在王佛　南无東北方无量青烏王佛
南无下方无量慧幢佛　南无上方甘露上王佛
如是十方盡虛空界一切三寶至心歸命常住三寶
弟子等无始以来至於今日積惡如恒河沙造罪滿天地捨
身與身不覺亦不知或作五逆深厚濁纏无間罪業
或造一闡提斷善根業輕誑佛語謗方等業破滅三寶
毀正法業不信罪福起十惡業違真返正癡惑之業不孝二
親反戾之業輕慢師長无礼敬業朋友无信不義之業或作
四重六重八重障聖道業毀犯五戒破八齋業五篇七聚多
缺犯業優婆塞戒輕重垢業或菩薩戒不能清淨如說行
業前後方便汙梵行業月无六齋懈怠之業年三長齋不常

BD05985號　佛名經（十六卷本）卷一五　（26–24）

或造一闡提斷善根業輕誣佛語謗方等業破滅三寶
毀四法業不信罪福起十惡業違真返正癡惑之業不孝二
親反戾之業輕慢師長无礼敬業朋友无信不義之業或作
四重六重八重障聖道業毀犯五戒破八齋業五篇七聚多
缺犯業優婆塞戒輕重垢業或菩薩戒不能清淨如說行
業前後方便汙梵行業月无六齋懈怠之業年三長齋不常
脩業三千威儀不如法業八万律行不如法業八万律儀微
細罪業不脩身戒心慧之業春秋八王造衆罪業行十六種
惡律儀業於苦衆生无愍傷業不怜不念无憐愍業不救
不濟无救護業心懷嫉妒无度彼業於怨親境不平等業
耽荒五欲不厭離業或因衣食園林池沼生蕩逸業或以
盛年放恣情欲造衆罪業或善有漏迴向三有障出世業如是
等業无量无邊今日發露向十方佛尊法聖衆皆悉懺
悔至心歸命常住三寶
願弟子等承是懺悔无間等諸業所生福善願生生
世世滅五逆罪除一闡提或如是輕重諸罪從今以去乃至
道場誓不更犯恒脩出世清淨善法精持律行守護威
儀如度海者愛惜浮囊六度四等常摽行首戒定慧品
轉得增明速成如來卅二相八十種好十力无畏大悲三念常
樂妙智八自在我心歸命常住三寶
佛說罪業報應教化地獄經
復有衆生常在鑊中牛頭向傍手捉鐵叉拿著鑊中
湯之命續還即吹活而復湯之何罪所致佛言以前世時屠
煞衆生湯灌撏毛不可限量故獲斯罪
復有衆生在火城中熅燎齊心四門雖開到則閉之東西
馳走不能自免為火燒盡何罪所致佛言以前世時焚燒

BD05985號　佛名經（十六卷本）卷一五　（26–25）

儀如度海者愛惜浮囊六度四等常摽行首戒定慧品
轉得增明速成如來卅二相八十種好十力无畏大悲三念常
樂妙智八自在我心歸命常住三寶
佛說罪業報應教化地獄經
復有衆生常在鑊中牛頭向傍手捉鐵叉拿著鑊中
湯之命續還即吹活而復湯之何罪所致佛言以前世時屠
煞衆生湯灌撏毛不可限量故獲斯罪
復有衆生在火城中熅燎齊心四門雖開到則閉之東西
馳走不能自免為火燒盡何罪所致佛言以前世時焚燒
山澤決穴破藪延及諸衆生沒溺而死故獲斯罪
復有衆生常在雪山中寒風所吹皮肉剝裂求死不得何
罪所致佛言以前世時橫道作賊剝脫人衣冬月降寒令他
凍死刻剝牛羊苦痛難堪故獲斯罪
復有衆生常在刀山劍樹之上若有所捉即便傷割支節
斷壞何罪所致佛言以前世時屠煞為業烹害衆生刀割
切剝骨肉分離頭腳星散挂於高格稱量而賣或復生懸
痛不可堪故獲斯罪
佛名經卷第十五

BD05985號　佛名經（十六卷本）卷一五　（26–26）

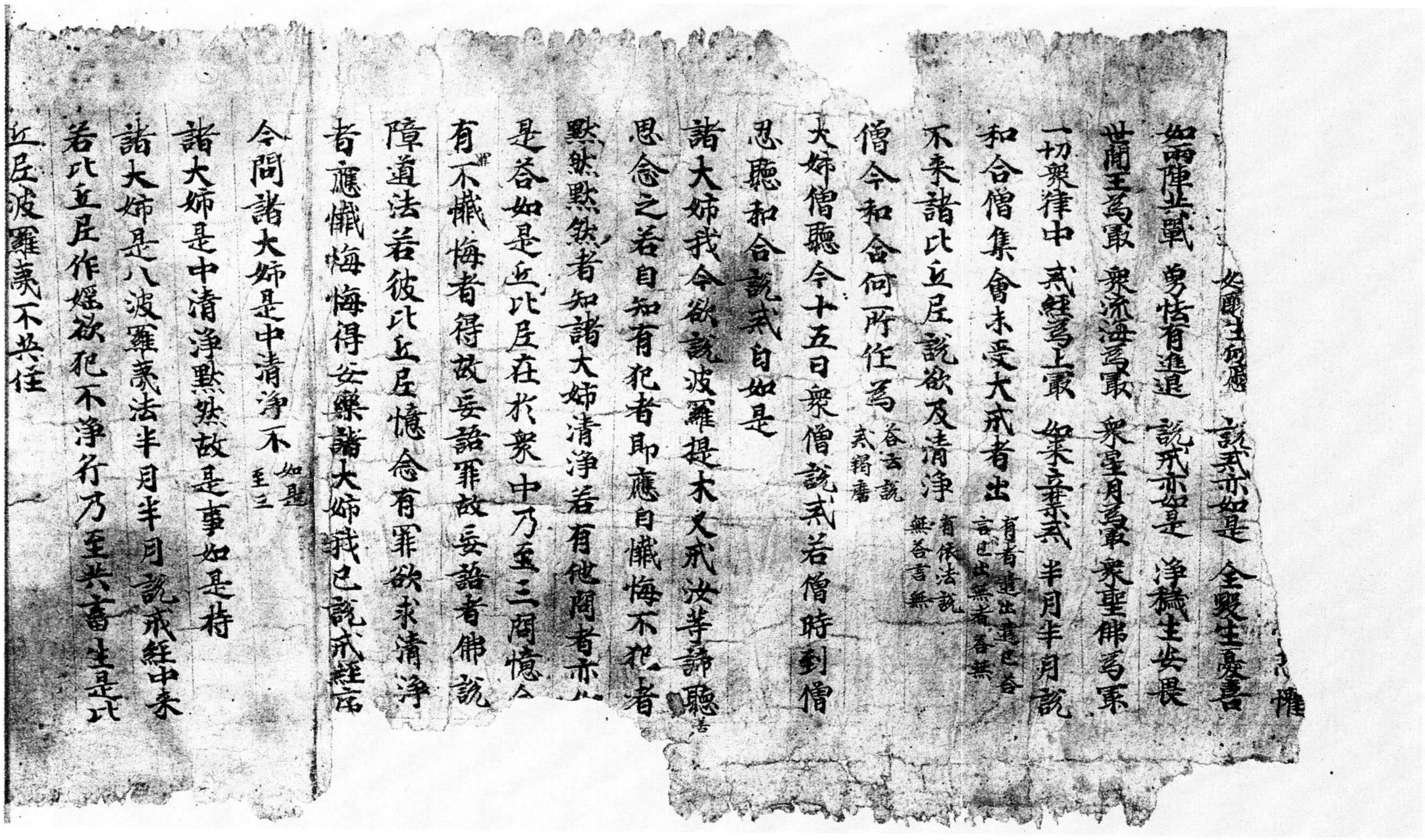
……惟
好醜生欣戚 說戒亦如是 全毀生憂喜
如兩陣共戰 勇怯有進退 說戒亦如是 淨穢生安畏
世間王為最 眾流海為最 眾星月為最 眾聖佛為最
一切眾律中 戒經為上最 如來立禁戒 半月半月說
和合僧集會未受大戒者出 有者遣出遣已答言已出無者答無
不來諸比丘尼說欲及清淨 有依法說無答言無
僧今和合何所作為 答云說戒羯磨
大姊僧聽今十五日眾僧說戒若僧時到僧
忍聽和合說戒白如是
諸大姊我今欲說波羅提木叉戒汝等諦聽善
思念之若自知有犯者即應自懺悔不犯者
默然默然者知諸大姊清淨若有他問者亦如
是答如是比丘尼在於眾中乃至三問憶念
有罪不懺悔者得故妄語罪故妄語者佛說
障道法若彼比丘尼憶念有罪欲求清淨
者應懺悔懺悔得安樂諸大姊我已說戒經序
今問諸大姊是中清淨不 如是至三
諸大姊是中清淨默然故是事如是持
諸大姊是八波羅夷法半月半月說戒經中來
若比丘尼作婬欲犯不淨行乃至共畜生是比
丘尼波羅夷不共住

BD05986 號　四分比丘尼戒本

（38–1）

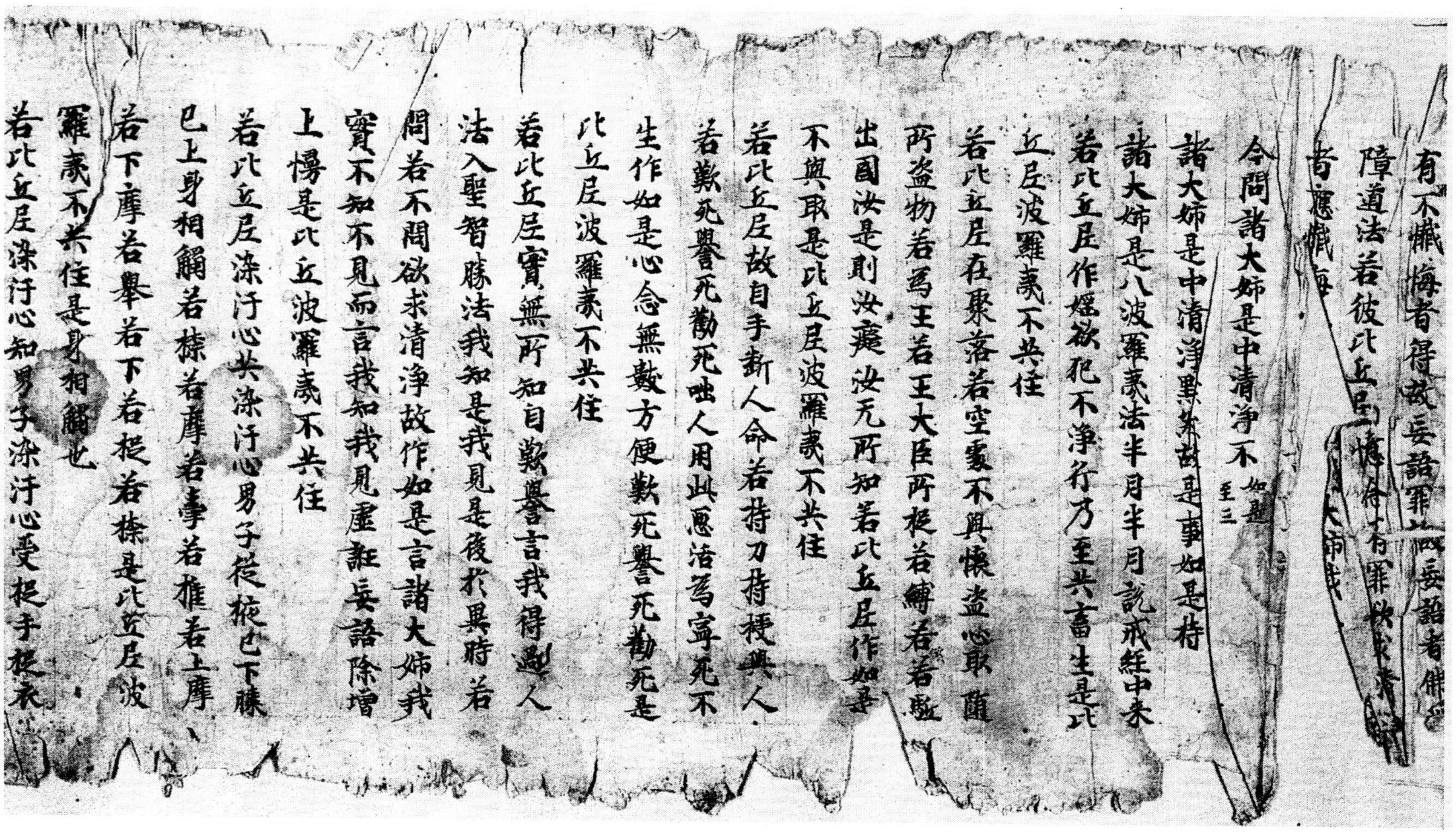
有不懺悔者得故妄語罪故妄語者佛……
障道法若彼比丘尼憶念有罪欲求清……
者應懺悔……大姊我……
今問諸大姊是中清淨不 如是至三
諸大姊是中清淨默然故是事如是持
諸大姊是八波羅夷法半月半月說戒經中來
若比丘尼作婬欲犯不淨行乃至共畜生是比
丘尼波羅夷不共住
若比丘尼在聚落若空靜處不與懷盜心取隨
所盜物若為王若王大臣所捉若縛若殺若驅
出國汝是賊汝癡汝無所知若比丘尼作如是
不與取是比丘尼波羅夷不共住
若比丘尼故自手斷人命若持刀持授與人
若歎死譽死勸死咄人用此惡活為寧死不
生作如是心念無數方便歎死譽死勸死是
比丘尼波羅夷不共住
若比丘尼實無所知自歎譽言我得過人
法入聖智勝法我知是我見是後於異時若
問若不問欲求清淨故作如是言諸大姊我
實不知不見而言我知我見虛誑妄語除增
上慢是比丘尼波羅夷不共住
若比丘尼染汙心共染汙心男子從腋已下膝
已上身相觸若捉若摩若牽若推若上摩
若下摩若舉若下若捉若捺是比丘尼波
羅夷不共住是身相觸也
若比丘尼染汙心知男子染汙心受捉手捉衣

BD05986 號　四分比丘尼戒本

（38–2）

上愓是比丘波羅夷不共住
若比丘尼染汙心共染汙心男子從腋已下膝
已上身相觸若捺若摩若牽若推若上摩
若下摩若舉若下若捉若捺是比丘尼波
羅夷不共住是身相觸也
若比丘尼染汙心知男子染汙心受捉手捉衣
入屏處共立共語共行或身相倚或共期是
是比丘波羅夷不共住犯此八事故
若比丘尼知比丘尼犯波羅夷不自舉不語衆
人不白大衆若於異時彼比丘尼或命終或
衆中舉或休道或入外道衆後作是言我
先知有如是如是罪是比丘尼波羅夷不共
住覆藏重罪故
若比丘尼知比丘僧爲作舉如法如律如佛所
教不順從不懺悔僧未與作共住而順從諸
比丘尼語言大姊此比丘尼爲僧所舉如法如
律如佛所教不順從不懺悔僧未與作共住
汝莫順從如是比丘尼諫彼比丘尼時是事
堅持不捨彼比丘尼應乃至第二第三諫令
捨此事故若乃至三諫捨者善若不捨者是
比丘尼波羅夷不共住犯隨舉
諸大姊我已説八波羅夷法若比丘尼犯一一
波羅夷法不得與諸比丘尼共住如前後亦
如是是比丘尼得波羅夷不應共住今問諸大
姊是中清淨不 如是至三

BD05986號　四分比丘尼戒本

（38–3）

捨此事故若乃至三諫捨者善若不捨者是
比丘尼波羅夷不共住犯隨舉
諸大姊我已説八波羅夷法若比丘尼犯一一
波羅夷法不得與諸比丘尼共住如前後亦
如是是比丘尼得波羅夷不應共住今問諸大
姊是中清淨不 如是至三
諸大姊是中清淨默然故是事如是持
諸大姊是十七僧伽婆尸沙法半月半月説戒經中來
若比丘尼媒嫁持男語語女持女語語男若
爲成婦事若爲私通事乃至須臾頃是比丘
尼犯初法應捨僧伽婆尸沙
若比丘尼瞋恚不喜以無根波羅夷法謗欲
破彼清淨行後於異時若問若不問知是事
無根説我瞋恚故作是語是比丘尼犯初法
應捨僧伽婆尸沙
若比丘尼瞋恚不喜於異分事中取片非波羅
夷比丘尼以無根波羅夷法謗欲破彼人梵
行後於異時若問若不問知是異分事中取
片彼比丘尼住瞋恚法作如是説是比丘尼犯
初法應捨僧伽婆尸沙
若比丘尼詣官言人若居士居士兒若奴若
客作人若晝若夜若一念頃若彈指頃若須
臾頃是比丘尼犯初法應捨僧伽婆尸沙
若比丘尼知是賊女罪應死多人所知不問王大
臣不問種姓便度出家受具足戒是比丘尼犯

BD05986號　四分比丘尼戒本

（38–4）

初法應捨僧伽婆尸沙
若比丘尼詣官言人若居士居士兒若奴若
客作人若晝若夜若一念頃若彈指頃若須
臾頃是比丘尼犯初法應捨僧伽婆尸沙
若比丘尼知是賊女罪應死多人所知不問王大
臣不問種姓便度出家受具足戒是比丘尼犯
初法應捨僧伽婆尸沙
若比丘尼知比丘尼為僧所舉如法如律如佛所
教不順從未懺悔僧未與作共住羯磨為愛故
不問僧僧不約勅出界外作羯磨與解罪是比
丘尼犯初法應捨僧伽婆尸沙
若比丘尼獨渡水獨入村獨宿獨在後行是比
丘尼犯初法應捨僧伽婆尸沙
若比丘尼染汙心知染汙心男子從彼受可食
者及食并餘物是比丘尼犯初法應捨僧伽婆尸沙
若比丘尼教比丘尼作如是語大姊彼有染汙心
無染汙心能那汝何汝自無染汙心於彼若得
食以時清淨受取此比丘尼犯初法應捨僧伽
婆尸沙
若比丘尼欲壞和合僧方便受破僧法堅持不
捨是比丘尼應諫彼比丘尼言大姊汝莫壞和
合僧莫方便壞和合僧莫受破僧法堅持不
捨大姊應與僧和合與僧和合歡喜不諍同一
師學如水乳合於佛法有增益安樂住是
比丘尼諫彼比丘尼時堅持不捨是比丘尼應
三諫捨此事故乃至三諫捨者善不捨者是比

捨是比丘尼應諫彼比丘尼言大姊汝莫壞和
合僧莫方便壞和合僧莫受破僧法堅持不
捨大姊應與僧和合與僧和合歡喜不諍同一
師學如水乳合於佛法有增益安樂住是
比丘尼諫彼比丘尼時堅持不捨是比丘尼應
三諫捨此事故乃至三諫捨者善不捨者是比
丘尼犯三法應捨僧伽婆尸沙
若比丘尼有餘比丘尼群黨若一若二若三乃
至無數彼比丘尼語是比丘尼言大姊汝莫諫
此比丘尼此比丘尼法語比丘尼律語比丘尼此
比丘尼所說我等心喜樂此比丘尼所說我等
忍可是比丘尼語彼比丘尼言大姊莫作是說
言此比丘尼是法語比丘尼律語比丘尼此比丘
尼所說我等喜樂此比丘尼所說我等忍可
何以故此比丘尼所說非法語非律語大姊莫
欲破壞和合僧當樂欲和合僧大姊與僧和合
歡喜不諍同一師學如水乳合於佛法有增
益安樂住是比丘尼諫彼比丘尼時堅持不
捨是比丘尼應三諫捨此事故乃至三諫捨
者善不捨者是比丘尼犯三法應捨僧伽婆尸沙
若比丘尼依城邑若村落住汙他家行惡行
行惡行亦見亦聞汙他家亦見亦聞是比丘尼
彼比丘尼言大姊汝汙他家行惡行行惡行亦
見亦聞汙他家亦見亦聞大姊汝汙他家行惡
行今可離此村落去不須住此彼比丘尼語此
比丘尼作如是言大姊諸比丘尼有愛有恚有
怖有癡有如是同罪比丘尼有驅者有不驅者

若比丘尼依城邑若村落住汙他家行惡行
行惡行亦見亦聞汙他家亦見亦聞是比丘尼諫
彼比丘尼言大姊汝汙他家行惡行行惡行亦
見亦聞汙他家亦見亦聞大姊汝汙他家行惡
行今可離此村落去不須住此彼比丘尼語此
比丘尼作如是言大姊諸比丘尼有愛有恚有
怖有癡有如是同罪比丘尼驅者有不驅者
是諸比丘尼語彼比丘尼言大姊莫作是語有
愛有恚有怖有癡亦莫言有如是同罪比
丘尼有驅者有不驅者何以故而諸比丘尼不
愛不恚不怖不癡有如是同罪比丘尼有驅
者有不驅者大姊汙他家行惡行行惡行亦
見亦聞汙他家亦見亦聞是比丘尼諫彼比
丘尼時堅持不捨是比丘尼應三諫捨者
此事故乃至三諫捨者善不捨者是比丘尼
犯三法應捨僧伽婆尸沙
若比丘尼惡性不受人語於戒法中諸比丘
尼如法諫已自身不受諫語言大姊汝莫
向我說若好若惡我亦不向汝說若好若惡
諸大姊且止莫諫我是比丘尼當諫彼比丘尼
言大姊汝莫自身不受諫語大姊自身當
受諫語大姊如法諫諸比丘尼諸比丘尼亦當
如法諫大姊如是佛弟子衆得增益展轉相
諫展轉相教展轉懺悔是比丘尼如是諫時
堅持不捨是比丘尼應三諫捨此事故乃至
三諫捨者善不捨者是比丘尼犯三法應捨

BD05986 號　四分比丘尼戒本　　（38–7）

……諫我是比丘尼當諫彼比丘尼
言大姊汝莫自身不受諫語大姊自身當
受諫語大姊如法諫諸比丘尼諸比丘尼亦當
如法諫大姊如是佛弟子衆得增益展轉相
諫展轉相教展轉懺悔是比丘尼如是諫時
堅持不捨是比丘尼應三諫捨此事故乃至
三諫捨者善不捨者是比丘尼犯三法應捨
僧伽婆尸婆
若比丘尼相親近住共作惡行惡聲
轉共相覆罪是比丘尼當諫彼比丘尼言大
姊汝等莫相親近共作惡行惡聲流布共相
覆罪汝等若不相親近於佛法中得增益安
樂住是比丘尼諫彼比丘尼時堅持不捨是
比丘尼應三諫捨此事故乃至三諫捨者
善不捨者是比丘尼犯三法應捨僧伽婆尸沙
若比丘尼比丘尼僧爲作呵諫時餘比丘尼
教作如是言汝等莫別住當共住我亦見餘
比丘尼不別住共作惡行惡聲流布共相覆
罪僧以恚故教汝別住是比丘尼應諫彼比
丘尼言大姊汝莫教餘比丘尼言汝等莫別住
我亦見餘比丘尼共住共作惡行惡聲流布
共相覆罪僧以恚故教汝別住今正有此二
比丘尼共住共作惡行惡聲流布共相覆罪
更無有餘若此比丘尼別住於佛法中有增
益安樂住是比丘尼諫彼比丘尼時堅持不
捨是比丘尼應三諫令捨此事故乃至三諫

BD05986 號　四分比丘尼戒本　　（38–8）

共相覆罪僧以恚故教汝別住令正有此二
比丘尼共住共作惡行惡聲流布共相覆罪
更無有餘若此比丘尼別住於佛法中有增
益安樂住是比丘尼諫彼比丘尼時堅持不
捨是比丘尼應三諫令捨此事故乃至三諫
捨者善不捨者是比丘尼犯三法應捨僧伽
婆尸沙
若比丘尼趣以一小事瞋恚不憙便作是語
我捨佛捨法捨僧不獨有此沙門釋子亦更
有餘沙門婆羅門修梵行者我等亦可於
彼修梵行是比丘尼當諫彼比丘尼言大姊
汝莫趣以一小事瞋恚不憙便作是語我捨
佛捨法捨僧不獨有此沙門釋子亦更有沙
門婆羅門修梵行者我等亦可於彼修梵
行若是比丘尼諫彼比丘尼時堅持不捨
彼比丘尼應三諫捨此事故乃至三諫捨者
善不捨者是比丘犯三法應捨僧伽婆尸沙
若比丘尼喜鬪諍不善憶持諍事後瞋恚
作是語僧有愛有恚有怖有癡是比丘尼應
諫彼比丘尼言妹汝莫憙鬪諍不善憶持諍
事後瞋恚故作是語僧有愛有恚有怖有癡
而僧不愛不恚不怖不癡汝自有愛有恚有
怖有癡是比丘尼諫彼比丘尼時堅持不
捨彼比丘尼應三諫捨此事故乃至三諫捨
者善不捨者是比丘尼犯三法應捨僧伽婆尸沙

BD05986 號　四分比丘尼戒本　（38–9）

事後瞋恚故作是語僧有愛有恚有怖有癡
而僧不愛不恚不怖不癡汝自有愛有恚有
怖有癡是比丘尼諫彼比丘尼時堅持不
捨彼比丘尼應三諫捨此事故乃至三諫捨
者善不捨者是比丘尼犯三法應捨僧伽婆尸沙
諸大姊我已說十七僧伽婆尸沙法九初犯罪
八乃至三諫若比丘尼犯一一法應半月二部
僧行摩那埵行摩那埵已餘有出罪應二部
四十人僧中出是比丘尼罪若少一人不滿四十
衆出是比丘尼罪是比丘尼罪不得除諸比丘尼
亦可呵此是時今問諸大姊是中清淨不如是至三
諸大姊是中清淨默然故是事如是持
諸大姊是三十尼薩耆波逸提法半月半月說
戒經中來
若比丘尼衣已竟迦絺那衣已捨畜長衣經十
日不淨施得畜若過者尼薩耆波逸提
若比丘尼衣已竟迦絺那衣已捨五衣中若
離一一衣異處宿經一夜除僧羯磨尼薩耆
波逸提
若比丘尼衣已竟迦絺那衣已捨若得非時衣
欲須便受受已疾疾成衣若足者善若不足
者得畜一月爲滿足故若過畜者尼薩耆波
逸提
若比丘尼從非親里居士居士婦乞衣除餘時
尼薩耆波逸提餘時者若比丘尼奪衣失衣燒

BD05986 號　四分比丘尼戒本　（38–10）

欲須便受受已疾疾成衣若足者善若不足
者得畜一月為滿足故若過畜者尼薩耆波
逸提
若比丘尼從非親里居士居士婦乞衣除餘時
尼薩耆波逸提餘時者若比丘尼奪衣失衣燒
衣漂衣是名時
若比丘尼奪衣失衣燒衣漂衣若非親里居
士若居士婦自恣請多與衣是比丘尼當知足
受衣若過受尼薩耆波逸提
若比丘尼居士居士婦為比丘尼辦衣價具如
是衣價與某甲比丘尼是比丘尼先不受自恣
請到居士家作如是說善哉居士為我辦如
是如是衣價與我為好故若得衣者尼薩耆
波逸提
若比丘尼二居士居士婦與比丘尼辦衣價我
曹辦如是衣價與某甲比丘尼是比丘尼先不
受自恣請到二居士家作如是言善哉居士辦
如是如是衣價與我共作一衣為好故若得衣
者尼薩耆波逸提
若比丘尼若王若大臣若婆羅門若居士居
士婦遣使為比丘尼送衣價持如是衣價與某
甲比丘尼彼使至比丘尼所語言阿姨為汝送
衣價受取是比丘尼語彼使如是言我不應受
此衣價我若須衣合時清淨當受彼使語比
丘尼言阿姨有執事人不須衣比丘尼應言
有若僧伽藍民若優婆塞此是比丘尼執

BD05986號　四分比丘尼戒本　（38–11）

士婦遣使為比丘尼送衣價持如是衣價與某
甲比丘尼彼使至比丘尼所語言阿姨為汝送
衣價受取是比丘尼語彼使如是言我不應受
此衣價我若須衣合時清淨當受彼使語比
丘尼言阿姨有執事人不須衣比丘尼應言
有若僧伽藍民若優婆塞此是比丘尼執
事人常為比丘尼執事彼使至執事人所與
衣價已還到比丘尼所如是言阿姨所示某甲
執事人我已與衣價大姊知時往彼當得衣比
丘尼若須衣者當往執事人所二反三反語言
我須衣若二反三反為作憶念得衣者善若不
得衣四反五反六反在前默然立令彼憶念若
四反五反六反在前默然住得衣者善若不得
衣過是求得衣者尼薩耆波逸提若不得衣
隨彼使所來處若自往若遣使往語言汝先
遣使持衣價與某甲比丘尼是比丘尼竟不
得衣汝還取莫使失此是時
若比丘尼自取金銀若錢若教人取若口可受
者尼薩耆波逸提
若比丘尼種種買賣寶物者尼薩耆波逸提
若比丘尼鉢減五綴不漏更求新鉢為好故尼
薩耆波逸提是比丘尼當持此鉢於尼眾中
捨從次第貿至下坐以下坐鉢與此比丘尼言妹
持此鉢乃至破此是時
若比丘尼自求縷使非親里織師織作衣者

BD05986號　四分比丘尼戒本　（38–12）

若比丘尼鉢減五綴不漏更求新鉢為好故尼
薩耆波逸提是比丘尼當持此鉢於尼衆中
捨從次第貿至下坐以下坐鉢與此比丘尼言妹
持此鉢乃至破此是時
若比丘尼自求縷使非親里織師織作衣者
尼薩耆波逸提
若比丘尼居士居士婦使織師為比丘尼織作
衣彼比丘尼先不受自恣請便往到彼所語織
師言此衣為我織極好織令廣長堅緻齊整
好我當少多與汝價若比丘尼與價乃至一食
直得衣者尼薩耆波逸提
若比丘尼與比丘尼衣已後瞋恚若自奪若
教人奪取還我衣來不與汝是比丘尼應還衣
彼取衣者尼薩耆波逸提
若比丘尼有病畜藥蘇油生蘇蜜石蜜得
食殘宿乃至七日得服若過七日服尼薩耆
波逸提
若比丘尼十日未滿夏三月若有急施衣比
丘尼知是急施衣應受受已乃至衣時應畜
若過畜者尼薩耆波逸提
若比丘尼知物向僧自求入已者尼薩耆波逸提
若比丘尼欲索是更索彼者尼薩耆波逸提
若比丘尼知檀越所為僧施異迴作餘用者尼
薩耆波逸提
若比丘尼所為施物異自求為僧迴作餘用
若丘薩耆波逸提

BD05986號　四分比丘尼戒本　（38–13）

若比丘尼欲索是更索彼者尼薩耆波逸提
若比丘尼知檀越所為僧施異迴作餘用者尼
薩耆波逸提
若比丘尼所為施物異自求為僧迴作餘用
者尼薩耆波逸提
若比丘尼檀越所施物異迴作餘用者尼薩耆
波逸提
若比丘尼檀越所為施物異自求為僧迴作
餘用者尼薩耆波逸提
若比丘尼畜長鉢者尼薩耆波逸提
若比丘尼多畜好色器者尼薩耆波逸提
若比丘尼許他比丘尼病衣後不與者尼薩耆
波逸提
若比丘尼以非時衣受作時衣者尼薩耆波逸提
若比丘尼與比丘尼貿易衣後瞋恚還自奪
取若使人奪妹還我衣來我不與汝汝衣屬
汝我衣還我者尼薩耆波逸提
若比丘尼乞重衣齊價直四張氎過者尼薩
耆波逸提
若比丘尼欲乞輕衣極重價直兩張半氎過者
尼薩耆波逸提
諸大姊我已說三十尼薩耆波逸提法今問諸
大姊是中清淨不 如是至三
諸大姊是中清淨默然故是事如是持
諸大姊是一百七十八波逸提法半月半月說戒經
中來

BD05986號　四分比丘尼戒本　（38–14）

諸大姊我已說三十尼薩耆波逸提法今問諸
大姊是中清淨不 如是至三
諸大姊是中清淨默然故是事如是持
諸大姊是一百七十八波逸提法半月半月說戒經
中來
若比丘尼故妄語者波逸提
若比丘尼毀呰語者波逸提
若比丘尼兩舌語者波逸提
若比丘尼與男子同室宿者波逸提
若比丘尼共未受大戒女人同一室宿若過三
宿波逸提
若比丘尼與未受具戒人共誦法者波逸提
若比丘尼知他有麁惡罪向未受大戒人說除
僧羯磨波逸提
若比丘尼向未受大戒人說過人法言我知是
我見是實者波逸提
若比丘尼與男子說法過五六語除有知女人
波逸提
若比丘尼自掘地若教人掘波逸提 十
若比丘尼壞鬼神村波逸提
若比丘尼妄作異語惱他者波逸提
若比丘尼嫌罵他者波逸提
若比丘尼取僧繩床若木床若臥具坐褥
露地自敷若教人敷捨去不自舉不教人舉
波逸提
若比丘尼於僧房中取僧臥具自敷若教

BD05986號　四分比丘尼戒本　（38–15）

若比丘尼嫌罵他者波逸提
若比丘尼取僧繩床若木床若臥具坐褥
露地自敷若教人敷捨去不自舉不教人舉
波逸提
若比丘尼於僧房中取僧臥具自敷若教
人敷在中若坐若臥從彼處捨去不自舉不
教人舉者波逸提
若比丘尼知比丘尼住處後來於中間敷臥
具止宿念言彼若嫌迮者自當避我去作如
是因緣非餘非威儀波逸提
若比丘尼瞋他比丘尼不喜衆僧房中自牽
出若教人牽出者波逸提
若比丘尼若在重閣上脫腳繩床若木床
若坐若臥波逸提
若比丘尼知水有虫自用澆泥若草若教
人澆者波逸提
若比丘尼作大房戶扉窗牖及餘莊飾具
指授覆苫齊二三節若過者波逸提 二十
若比丘尼施一食處無病比丘尼應一食若
過受者波逸提
若比丘尼別衆食除餘時波逸提餘時者
病時作衣時施衣時道行時舡上時大會時
沙門施食時此是時
若比丘尼至檀越家慇懃請與餅麨飯比
丘尼欲須者當二三鉢應受持至寺內分與
餘比丘尼食若比丘尼無病過三鉢受持至

BD05986號　四分比丘尼戒本　（38–16）

若比丘尼別衆食除[illegible]
病時作衣時施衣時道行時船上時大會時
沙門施食時此是時
若比丘尼至檀越家慇懃請與餅麨飯比
丘尼欲須者當二三鉢應受持至寺內分與
餘比丘尼食若比丘尼無病過三鉢受持至
寺中不分與餘比丘尼食者波逸提
若比丘尼非時噉食者波逸提
若比丘尼殘宿食噉者波逸提
若比丘尼不受食及藥著口中除水楊枝波
逸提
若比丘尼先受請已若前食後食行詣餘
家不囑餘比丘尼除餘時波逸提餘時者
病時作衣時施衣時此是時
若比丘尼食家中有寶强安坐者波逸提
若比丘尼食家中有寶在屏處坐者波逸提
若比丘尼獨與男子露地一處共坐者波逸提 三十
若比丘尼語比丘尼如是語大姊共汝至聚落
當與汝食彼比丘尼竟不教與是比丘尼食如
是言大姊去我與汝一處共坐共語不樂我
獨坐獨語樂以是因緣非餘方便遣去波逸
提
若比丘尼請比丘尼四月與藥無病比丘尼
應受若過受除常請更請分請盡形請波
逸提
若比丘尼往觀軍陣除時因緣波逸提

BD05986號　四分比丘尼戒本　（38–17）

提
若比丘尼請比丘尼四月與藥無病比丘尼
應受若過受除常請更請分請盡形請波
逸提
若比丘尼往觀軍陣除時因緣波逸提
若比丘尼有因緣至軍中若二宿三宿過者
波逸提
若比丘尼軍中住若二宿三宿或時觀軍陣
鬪戰若觀遊軍象馬力勢波逸提
若比丘尼飲酒者波逸提
若比丘尼水中嬉戲者波逸提
若比丘尼以指相擊攊者波逸提
若比丘尼不受諫者波逸提
若比丘尼恐怖他比丘尼者波逸提 四十
若比丘尼半月洗浴無病比丘尼應受若過
受除餘時波逸提餘時者熱時病時作時
風雨時遠行時此時是
若比丘尼無病爲炙身故露地然火若教人
然除餘時波逸提
若比丘尼藏他比丘尼若鉢若衣若坐具
針筒若自藏教人藏下至戲笑者波逸提
若比丘尼淨施比丘比丘尼式叉摩那尼沙彌
沙彌尼衣後不問主取著者波逸提
若比丘尼得新衣當作三種染壞色青黑木
蘭若比丘尼得衣不作三種染壞色青黑木
蘭新衣時者波逸提

BD05986號　四分比丘尼戒本　（38–18）

針筒若自藏教人藏下至戲笑者波逸提
若比丘尼淨施比丘比丘尼式叉摩那尼沙弥
沙弥尼衣後不問主取著者波逸提
若比丘尼得新衣當作三種染壞色青黑木
蘭若比丘尼得衣不作三種染壞色青黑木
蘭新衣持者波逸提
若比丘尼故斷畜生命者波逸提
若比丘尼知水有蟲飲者波逸提
若比丘尼故惱他比丘尼乃至少時不樂波逸提
若比丘尼知比丘尼有麁惡罪覆藏者波逸提
若比丘尼知僧有諍事如法懺悔已後更發
舉者波逸提 五十
若比丘尼知是賊伴共期一道行乃至一聚
落波逸提
若比丘尼作如是語我知佛所說法行婬欲非
是障道法彼比丘尼諫此比丘尼言大姊莫作
是語莫謗世尊謗世尊者不善世尊不作
是語世尊無數方便說婬欲是障道法犯婬
者是鄣道法彼比丘尼諫此比丘尼時堅
持不捨彼比丘尼乃至三諫令捨是事乃至
三諫時捨者善不捨者波逸提
若比丘尼知如是語人未作法如是邪見而不
捨若畜同一羯磨同一止宿波逸提
若比丘尼知沙弥尼作如是語我知佛所說法
行婬欲非障道法彼比丘尼諫此沙弥尼言
汝莫作是語莫誹謗世尊誹謗世尊不善世

若比丘尼知如是語人未作法如是邪見而不
捨若畜同一羯磨同一止宿波逸提
若比丘尼知沙弥尼作如是語我知佛所說法
行婬欲非障道法彼比丘尼諫此沙弥尼言
汝莫作是語莫誹謗世尊誹謗世尊不善世
尊不作是語沙弥尼世尊無數方便說婬欲
是鄣道法犯婬欲者是障道法彼比丘尼諫
此沙弥尼時堅持不捨彼比丘尼應乃至三
呵諫捨此事故乃至三諫時若捨者善不
捨者彼比丘尼應語是沙弥尼言汝自今已
去非佛弟子不得隨餘比丘尼行如諸沙弥
尼得與比丘尼二三宿汝今無是事汝去滅
去不須此中住若比丘尼知是被擯沙弥尼
若畜共同止宿者波逸提
若比丘尼如法諫時作如是語我今不學是
戒乃至問智慧持律者當難問波逸提若
為求解應當難問
若比丘尼說戒時如是語大姊用是雜碎戒
為說是戒時令人惱愧懷疑輕毀戒故波逸
提
若比丘尼說戒時作如是語大姊我今始知
是戒半月半月說戒經中來餘比丘尼知
是比丘尼若二若三說戒中坐何況多彼比
丘尼無知無解若犯罪應如法治更重增無
知法大姊汝無利得不善汝說戒時不用心

提
若比丘尼說戒時作如是語大姊我今始知
是戒半月半月說戒經中來餘比丘尼知
是比丘尼若二若三說戒中坐何況多彼比
丘尼無知無解若罪應如法治更重增無
知法大姊汝無利得不善汝說戒時不用心
念不一心兩耳聽法彼無知故波逸提
若比丘尼共同羯磨已後作如是說諸比丘尼
隨親厚以衆僧物與者波逸提
若比丘尼僧斷事時不與欲而起去者波逸提
若比丘尼與欲竟後更呵者波逸提 六十
若比丘尼比丘尼共鬪諍後聽此語已欲向
彼說者波逸提
若比丘尼瞋恚故不喜打彼比丘尼者波逸提
若比丘尼瞋恚故不喜以手搏比丘尼者波逸提
若比丘尼瞋恚故不喜以無根僧伽婆尸沙法
謗者波逸提
若比丘尼刹利水澆頭王王未出未藏寶若
入宮過門閫者波逸提
若比丘尼若寶及寶莊飾具自捉若教人捉
除僧伽藍中及寄宿處波逸提若僧伽藍
中若寄宿處若寶若以寶莊飾具自捉若
教人捉若識者當取如是因緣非餘
若比丘尼非時入聚落又不囑比丘尼者波逸提
若比丘尼作繩牀若木牀足應高如來八指
除入梐孔上若截竟過者波逸提

BD05986號　四分比丘尼戒本

(38–21)

教人捉若識者當取如是因緣非餘
若比丘尼非時入聚落又不囑比丘尼者波逸提
若比丘尼作繩牀若木牀足應高如來八指
除入梐孔上若截竟過者波逸提
若比丘尼持兜羅綿貯作繩牀木牀若臥具
坐具波逸提
若比丘尼噉蒜者波逸提 七十
若比丘尼剃三處毛者波逸提
若比丘尼以水作淨應齊兩指各一節若過
者波逸提
若比丘尼以胡膠作男根者波逸提
若比丘尼共相拍者波逸提
若比丘尼比丘尼無病時供給水以扇扇者
波逸提
若比丘尼乞生穀者波逸提
若比丘尼在生草上大小便者波逸提
若比丘尼夜大小便器中晝不看牆外棄者
波逸提
若比丘尼往觀看伎樂者波逸提
若比丘尼入村内與男子在屏處共立共語
者波逸提 八十
若比丘尼與男子共入屏障處者波逸提
若比丘尼入村内巷陌中遣伴遠去在屏處
與男子共立耳語者波逸提
若比丘尼入白衣家内坐不語主人捨去者波逸提
若比丘尼入白衣家内不語主人輒自敷坐宿者

BD05986號　四分比丘尼戒本

(38–22)

若比丘尼與男子共入屏障處者波逸提
若比丘尼入村內巷陌中遣伴遠去在屏處
與男子共立耳語者波逸提
若比丘尼入白衣家內坐不語主人捨去者波逸提
若比丘尼入白衣家內不語主人輒自敷坐宿者
波逸提
若比丘尼與男子共入闇室中者波逸提
若比丘尼不審諦受師語便向人說者波逸提
若比丘尼有小因緣事便祝詛墮三惡道不
生佛法中若汝有如是事亦墮三惡道不生
佛法中波逸提
若比丘尼共鬭諍不善憶持諍事搥胸啼
者波逸提
若比丘尼無病二人共牀臥者波逸提
若比丘尼共同一褥一被臥除時者波逸提
若比丘尼知先住後至知後至先住為惱故
在前誦經問義教授者波逸提
若比丘尼同活比丘尼病不瞻視者波逸提
若比丘尼安居初聽餘比丘尼在房中安牀
後瞋恚駈出者波逸提
若比丘尼春夏冬一切時人間遊行除餘
因緣者波逸提
若比丘尼夏安居訖不去者波逸提
若比丘尼邊界有疑恐怖處人間遊行者波
逸提
若比丘尼於界內有疑恐怖處在人間遊行

BD05986號　四分比丘尼戒本　（38–23）

若比丘尼夏安居訖不去者波逸提
若比丘尼邊界有疑恐怖處人間遊行者波
逸提
若比丘尼於界內有疑恐怖處在人間遊行
波逸提
若比丘尼親近居士居士兒共住作不隨順
行餘比丘尼諫此比丘尼言妹汝莫親近居
士居士兒共住作不隨順行大姊可別住若
別住於佛法中有增益安樂住彼比丘尼
諫此比丘尼時堅持不捨彼比丘尼應三諫
捨此事故乃至三諫捨此事者善若不捨
者波逸提
若比丘尼往觀王宮文飾畫堂園林浴池
者波逸提 一百
若比丘尼露身形在河水泉流水池水中浴
者波逸提
若比丘尼作浴衣應量作應量作者長佛
六磔手廣二磔手半若過者波逸提
若比丘尼縫僧伽梨過五日者波逸提
若比丘尼過五日不看僧伽梨波逸提
若比丘尼與眾僧衣作留難者波逸提
若比丘尼不問主便著他衣者波逸提
若比丘尼持沙門衣施與外道白衣者波逸提
若比丘尼作如是意眾僧如法分衣遮令不分
恐弟子不得者波逸提
若比丘尼作如是意令眾僧令不得出迦絺那

BD05986號　四分比丘尼戒本　（38–24）

若比丘尼[illegible]
若比丘尼不問主便著他衣者波逸提
若比丘尼持沙門衣施與外道白衣者波逸提
若比丘尼作如是意衆僧如法分衣遮令不分
恐弟子不得者波逸提
若比丘尼作如是意令衆僧令不得出迦絺那
衣後當出欲令五事久得放捨者波逸提
若比丘尼作如是意遮比丘尼僧不出迦絺
那衣欲令久得五事放捨者波逸提 一百下
若比丘尼餘比丘尼語言爲我滅此諍事而
不與作方便令滅者波逸提
若比丘尼自手持食與白衣入外道食者波逸
提
若比丘尼爲白衣作使者波逸提
若比丘尼自手紡縷者波逸提
若比丘尼入白衣舍内在小床大床上若坐若
臥者波逸提
若比丘尼至白衣舍語主人敷座止宿明日不
辭主人而去者波逸提
若比丘尼自誦習世俗呪術者波逸提
若比丘尼教人誦習世俗呪術者波逸提
若比丘尼知女人任身度與受具足戒者波逸提
若比丘尼知婦女乳兒與受具足戒者波逸提
若比丘尼知年不滿二十與受具足戒者波逸提
若比丘尼年十八童女不與二歲學戒年二十便
與受具足戒者波逸提
若比丘尼年十八童女與二歲學戒不與六法

若比丘尼知婦女乳兒與受具足戒者波逸提
若比丘尼知年不滿二十與受具足戒者波逸提
若比丘尼年十八童女不與二歲學戒年二十便
與受具足戒者波逸提
若比丘尼年十八童女與二歲學戒不與六法
滿二十便與受具足戒者波逸提
若比丘尼年十八童女與二歲學戒與六法滿
二十衆僧不聽便與受具足戒者波逸提
若比丘尼度曾嫁婦女年十歲與二歲學
戒年滿十二聽與受具足戒若減十二與受具
足戒者波逸提
若比丘尼度他小年曾嫁婦女與二歲學戒
年滿十二不白衆僧便與受具足戒波逸提
若比丘尼知如是人與受具足戒者波逸提
若比丘尼多度弟子不教二歲學戒不以二
法攝取者波逸提
若比丘尼不二歲隨和上尼者波逸提
若比丘尼僧不聽而授人具足戒者波逸提
若比丘尼年未滿十二歲授人具足戒者波逸提
若比丘尼年滿十二歲衆僧不聽便授人具足
戒者波逸提
若比丘尼僧不聽授人具足戒便言衆僧有
愛有恚有怖有癡欲聽者便聽不欲聽者
便不聽如是語者波逸提
若比丘尼父母夫主不聽與受具足戒者波
逸提

若比丘尼僧不聽授人具足戒便言衆僧有
愛有恚有怖有癡欲聽者便聽不欲聽者
便不聽如是語者波逸提
若比丘尼父母夫主不聽與受具足戒者波
逸提
若比丘尼知女人與童男男子相敬愛愁
憂瞋恚女人度令出家授具足戒者波逸提
若比丘尼語式叉摩那言汝妹捨是學當
與汝受具足戒若不方便與受具足戒者波
逸提
若比丘尼語式叉摩那言持衣來與我我
當與汝受具足戒而不方便與受具足戒者
波逸提
若比丘尼不滿一歲授人具足戒者波逸提
若比丘尼與人受具足戒已經宿方往比丘僧
中與受具足戒者波逸提
若比丘尼不病不往受教授者波逸提 一百卌
若比丘尼半月應往比丘僧中求教授若不
求者波逸提
若比丘尼僧夏安居竟應往比丘僧中說
三事自恣見聞疑若不往者波逸提
若比丘尼在無比丘處夏安居者波逸提
若比丘尼知有比丘僧伽藍不白而入者波
逸提
若比丘尼罵比丘者波逸提
若比丘尼喜鬪諍不善憶持諍事後瞋

若比丘尼在無比丘處夏安居者波逸提
若比丘尼知有比丘僧伽藍不白而入者波
逸提
若比丘尼罵比丘者波逸提
若比丘尼喜鬪諍不善憶持諍事後瞋
恚不喜罵比丘尼衆者波逸提
若比丘尼身生癰及種種瘡不白衆及餘
人輒使男子破若裹者波逸提
若比丘尼先受請若足食已後食飯麨乾
飯魚及肉者波逸提
若比丘尼於家生嫉妒心者波逸提
若比丘以香塗摩身者波逸提 一百五十
若比丘尼以故麻滓塗摩身者波逸提
若比丘尼使比丘尼塗摩身者波逸提
若比丘尼使式叉摩那塗摩身者波逸提
若比丘尼使沙彌尼塗摩身者波逸提
若比丘尼使白衣婦女塗摩身者波逸提
若比丘尼着貯䙅衣者波逸提
若比丘尼畜婦女莊嚴身具除時因緣波
逸提
若比丘尼着草屣持蓋行除時因緣波逸提
若比丘尼無病乘乘行除時因緣波逸提
若比丘尼不着僧祇支入村者波逸提 一百六十
若比丘尼向暮至白衣家先不被喚者波逸提
若比丘尼向暮開僧伽藍門不囑授餘比丘
尼而出者波逸提

若比丘尼[illegible]波逸提

若比丘尼不著僧祇支入村者波逸提 一百六十

若比丘尼向暮至白衣家先不被喚者波逸提

若比丘尼向暮開僧伽藍門不囑授餘比丘

尼而出者波逸提

若比丘尼日沒開僧伽藍門不囑授而出

者波逸提

若比丘尼不前安居不後安居者波逸提

若比丘尼知女人常漏大小便涕唾常出者

與受具足戒者波逸提

若比丘尼知二形人與受具足戒者波逸提

若比丘尼知二道合者與受具足戒波逸提

若比丘尼知有負債難者病難者與受具

足戒波逸提

若比丘尼學世俗伎術以自活命者波逸提

若比丘尼以世俗伎術教授白衣者波逸提

若比丘尼被擯不去者波逸提

若比丘尼欲問比丘義先不求而問者波逸提

若比丘尼知先住後至後至先住欲惱彼故

在前經行若立若坐若臥者波逸提

若比丘尼在有比丘僧伽藍內起塔者波逸提

若比丘尼見新受戒比丘應起迎送恭敬禮

拜問訊請與坐不者除時因緣波逸提

若比丘尼爲好故搖身趨行者波逸提

若比丘尼作婦女莊嚴香塗摩身者波逸

提

[illegible]提

拜問訊請與坐不者除時因緣波逸提

若比丘尼爲好故搖身趨行者波逸提

若比丘尼作婦女莊嚴香塗摩身者波逸

提

若比丘尼使外道女香塗身者波逸提

諸大姊我已說一百七十八波逸提今問諸

大姊是中清淨不 如是至三

諸大姊是中清淨默然故是事如是持

諸大姊是八波羅提提舍尼法半月半月說戒

經中來

若比丘尼無病乞蘇而食者犯應懺悔可

呵法應向餘比丘尼說言大姊我犯可呵法所

不應爲我今向大姊懺悔是名悔過法

若比丘尼不病乞油而食者犯應懺悔可

呵法應向餘比丘尼說言大姊我犯可呵法所

不應爲我今向大姊懺悔是名悔過法

若比丘尼不病乞蜜食者犯應懺悔可呵法

應向餘比丘尼說言大姊我犯可呵法所不應

爲我今向大姊懺悔是名悔過法

若比丘尼不病乞黑石蜜食者犯應懺悔可

呵法應向餘比丘尼說言大姊我犯可呵法

所不應爲我今向大姊懺悔是名悔過法

若比丘尼不病乞乳而食者犯應懺悔可呵

法應向餘比丘尼說言大姊我犯可呵法所

不應爲我今向大姊懺悔是名悔過法

若比丘尼不病乞酪而食者犯應懺悔可

所不應爲我今向大姊懺悔是名悔過法
若比丘尼不病乞乳而食者犯應懺悔可呵
法應向餘比丘尼說言大姊我犯可呵法所
不應爲我今向大姊懺悔是名悔過法
若比丘尼不病乞酪而食者犯應懺悔可
呵法應向餘比丘尼說言大姊我犯可呵法
所不應爲我今向大姊懺悔是名悔過法
若比丘尼不病乞魚食者犯應懺悔可呵
法應向餘比丘尼說言大姊我犯可呵法所
不應爲我今向大姊懺悔是名悔過法
若比丘尼不病乞肉食犯應懺悔可呵法應
向餘比丘尼說大姊我犯可呵法所不應爲
我今向大姊懺悔是名悔過法
諸大姊我已說八波羅提提舍尼法今問諸
大姊是中清淨不 如是至三
諸大姊是中清淨默然故是事如是持
諸大姊是衆學戒法半月半月說戒經中來
當齊整著涅槃僧應當學
當齊整著三衣應當學
不得反抄衣入白衣舍應當學
不得反抄衣入白衣舍坐應當學
不得衣纏頸入白衣舍應當學
不得衣纏頸入白衣舍坐應當學
不得覆頭入白衣舍應當學
不得覆頭入白衣舍坐應當學

BD05986號　四分比丘尼戒本　（38–31）

不得衣纏頸入白衣舍應當學
不得衣纏頸入白衣舍坐應當學
不得覆頭入白衣舍應當學
不得覆頭入白衣舍坐應當學
不得跳行入白衣舍應當學
不得跳行入白衣舍坐應當學 十
不得白衣舍內蹲坐應當學
不得叉腰行入白衣舍應當學
不得叉腰行入白衣舍坐應當學
不得搖身行入白衣舍應當學
不得搖身行入白衣舍坐應當學
不得掉臂行入白衣舍應當學
不得掉臂行入白衣舍坐應當學
好覆身入白衣舍應當學
好覆身入白衣舍坐應當學
不得左右顧視行入白衣舍應當學 二十
不得左右顧視行入白衣舍坐應當學
靜默入白衣舍應當學
靜默入白衣舍坐應當學
不得戲笑行入白衣舍應當學
不得戲笑行入白衣舍坐應當學
用意受食應當學
平鉢受食應當學
平鉢受羹應當學
羹飯等食應當學
以次食應當學 三十

BD05986號　四分比丘尼戒本　（38–32）

不得戲笑行入白衣舍坐應當學
用意受食應當學
平鉢受食應當學
平[鉢]受羹飯應當學
羹飯等食應當學
次以食應當學 三十
不得挑鉢中而食應當學
不得自為己索羹飯應當學
不得以飯覆羹更望得應當學
不得覗比坐[鉢]中食應當學
當繫鉢想食應當學
不得大摶飯食應當學
不得大張口待飯食應當學
不得含飯語應當學
不得摶飯遥擲口中應當學
不得遺落飯食應當學 四十
不得頰食食應當學
不得嚼飯作聲食應當學
不得大噏飯食應當學
不得舌舐食應當學
不得振手食應當學
不得手把散飯食應當學
不得汙手捉飲器應當學
不得洗鉢水棄白衣舍内應當學
不得生草菜上大小便涕唾除病應當學
不得淨水中大小便涕唾除病應當學 五十

BD05986號　四分比丘尼戒本

（38–33）

不得振手食應當學
不得手把散飯食應當學
不得汙手捉飲器應當學
不得洗鉢水棄白衣舍内應當學
不得生草菜上大小便涕唾除病應當學
不得淨水中大小便涕唾除病應當學 五十
不得立大小便除病應當學
不得與叉抄衣不恭敬人說法除病應當學
不得為衣纏頸者說法除病應當學
不得為覆頭者說法除病應當學
不得為裹頭者說法除病應當學
不得為叉腰者說法除病病應當學
不得為著草屣者說法除病應當學
不得為著木屐者說法除病應當學
不得為騎乘者說法除病應當學
不得在佛塔中止宿除為守護應當學 六十
不得藏財物置佛塔中除為堅牢應當學
不得著草屣入佛塔中應當學
不得手捉草屣入佛塔中應當學
不得著草屣繞佛塔行應當學
不得著富羅入佛塔中應當學
不得手捉富羅入佛塔中應當學
不得塔下坐食留草及食汙地應當學
不得擔死尸從塔下過應當學
不得塔裡下死屍應當學
不得在塔下燒死屍應當學 七十

BD05986號　四分比丘尼戒本

（38–34）

不得手捉富羅入佛塔中應當學
不得塔下坐食留草及食汙地應當學
不得擔死尸從塔下過應當學
不得塔裡下死屍應當學
不得在塔下燒死屍應當學 七十
不得向塔燒死屍應當學
不得佛塔四邊燒死屍臭氣來入應當學
不得持死人衣及牀從塔下過除染浣熏香應當學
不得佛塔下大小便應當學
不得向佛塔大小便應當學
不得遶佛塔四邊大小便使臭氣來入應當學
不得持佛像至大小便處應當學
不得在佛塔下嚼楊枝應當學
不得向佛塔嚼楊枝應當學
不得佛塔四邊嚼楊枝應當學
不得在佛塔下涕唾應當學
不得向佛塔涕唾應當學
不得塔四邊涕唾應當學
不得向塔舒腳坐應當學
不得安佛塔在下房已在上房住應當學
人坐已立不得為說法除病應當學
人臥已坐不得為說法除病應當學
人在坐已在非坐不得為說法除病應當學
人在高坐已在下坐不得為說法除病應當學
人在前行已在後行不得為說法除病應當學

人臥已坐不得為說法除病應當學
人在坐已在非坐不得為說法除病應當學
人在高坐已在下坐不得為說法除病應當學
人在前行已在後行不得為說法除病應當學
人在高經行處已在下經行處不應為說法除病
應當學
人在道已在非道不應為說法除病應當學
不得攜手在道行應當學
不得上樹過人頭除時因緣應當學
不得絡囊盛鉢貫杖頭著肩上而行應當學
人持杖不恭敬不應為說法除病應當學
人持劍不應為說法除病應當學
人持鉾不應為說法除病應當學
人持刀不應為說法除病應當學
人持蓋不應為說法除病應當學
諸大姉我已說眾學戒法今問諸大姉是中清淨
不 如是至三
諸大姉是中清淨默然故是事如是持
諸大姉是七滅諍法半月半月說戒經中來
若比丘尼有諍事起即應除滅
應與現前毗尼 當與現前毗尼 當與憶念毗尼
當與憶念毗尼 應與不癡毗尼 當與不癡毗尼
應與自言治 當與自言治 應與覓罪相
當與覓罪相 應與多人語 當與多人語

若比丘尼有諍事起即應除滅
應與現前毗尼 當與現前毗尼 當與憶念毗尼
當與憶念毗尼 應與不癡毗尼 當與不癡毗尼
應與自言治 當與自言治 應與覓罪相
當與覓罪相 應與多人語 當與多人語
應與如草覆地 當與如草覆地
諸大姊我已說七滅諍法今問諸大姊是中清淨不
諸大姊是中清淨默然故是事如是持
諸大姊我已說戒經序已說八波羅夷法已說十
七僧伽婆尸沙法已說三十尼薩耆波逸提法已
說一百七十八波逸提法已說八波羅提提舍尼
法已說衆學戒法已說七滅諍法此是佛所說
戒經半月半月說戒經中來若更有餘佛法
是中皆共和合應當學
忍辱第一道 佛說無為最 出家惱他人 不名為沙門
此是毗婆尸如来無所著等正覺說是戒經
譬如明眼人 能避險惡道 世有聰明人 能遠離惡諸
此是尸棄如来無所著等正覺說是戒經
不謗亦不嫉 當奉行於戒 飲食知止足 常樂在空閑
心定樂精進 是名諸佛教
此是毗葉羅如来無所著等正覺說是戒經
譬如蜂採花 不壞色与香 但取其味去 比丘入聚然
不違戾他事 不觀作不作 但自觀身行 若正若不正
此是拘樓孫如来無所著等正覺說是戒經
[illegible]

忍辱第一道 佛說無為最 出家惱他人 不名為沙門
此是毗婆尸如来無所著等正覺說是戒經
譬如明眼人 能避險惡道 世有聰明人 能遠離惡諸
此是尸棄如来無所著等正覺說是戒經
不謗亦不嫉 當奉行於戒 飲食知止足 常樂在空閑
心定樂精進 是名諸佛教
此是毗葉羅如来無所著等正覺說是戒經
譬如蜂採花 不壞色与香 但取其味去 比丘入聚然
不違戾他事 不觀作不作 但自觀身行 若正若不正
此是拘樓孫如来無所著等正覺說是戒經
心莫作放逸 聖法當勤學 如是無愁憂 心定入涅槃
此是拘那含牟尼如来無所著等正覺說是戒經
一切惡莫作 當奉行諸善 自淨其志意 是則諸佛教
此是迦葉如来無所著等正覺說是經戒
善護於口言 自淨其志意 身莫作諸惡 此三業道淨
能得如是行 是大仙人道
此是釋迦牟尼如来無所著等正覺於十二年中為
[illegible]說是戒經從是已後廣分別說諸比丘
[illegible]門者有慚有愧樂學戒者

佛以一音演說法　衆生隨類各得解
皆謂世尊同其語　斯則神力不共法
佛以一音演說法　衆生各各隨所解
普得受行獲其利　斯則神力不共法
佛以一音演說法　或有恐畏或歡喜
或生厭離或斷疑　斯則神力不共法
稽首十力大精進　稽首已得无所畏
稽首住於不共法　稽首一切大導師
稽首能斷衆結縛　稽首已到於彼岸
稽首能度諸世間　稽首永離生死道
悉知衆生來去相　善於諸法得解脫
不著世間如蓮華　常善入於空寂行
達諸法相无罣礙　稽首如空无所依
尒時長者子寶積說此偈以白佛言世尊是
五百長者子皆已發阿耨多羅三藐三菩

BD05987 號　維摩詰所說經卷上　（26–1）

稽首能斷衆結縛　稽首已到於彼岸
稽首能度諸世間　稽首永離生死道
悉知衆生來去相　善於諸法得解脫
不著世間如蓮華　常善入於空寂行
達諸法相无罣礙　稽首如空无所依
尒時長者子寶積說此偈以白佛言世尊是
五百長者子皆已發阿耨多羅三藐三菩
提心願聞得佛國土清淨唯願世尊說諸菩
薩淨土之行佛言善哉寶積乃能為諸菩
薩問於如來淨土之行諦聽諦聽善思念之
當為汝說於是寶積及五百長者子受教而
聽佛言寶積衆生之類是菩薩佛土所以者
何菩薩隨所化衆生而取佛土隨所調伏衆
生而取佛土隨諸衆生應以何國入佛智慧
而取佛土隨諸衆生應以何國起菩薩根而
取佛土所以者何菩薩取於淨國皆為饒益
諸衆生故譬如有人欲於空地造立宮室隨
意无礙若於虛空終不能成菩薩如是為成
就衆生故願取佛國願取佛國者非於空也寶
積當知直心是菩薩淨土菩薩成佛時不諂
衆生來生其國深心是菩薩淨土菩薩成
佛時具足功德衆生來生其國大乘心是菩
薩淨土菩薩成佛時大乘衆生來生其國
布施是菩薩淨土菩薩成佛時一切能捨衆
生來生其國持戒是菩薩淨土菩薩成佛時

BD05987 號　維摩詰所說經卷上　（26–2）

佛時其足功德衆生来生其國大乘心是菩
薩淨土菩薩成佛時大乘衆生来生其國
布施是菩薩淨土菩薩成佛時一切能捨衆
生来生其國持戒是菩薩淨土菩薩成佛時
行十善道滿願衆生来生其國忍辱是菩
薩淨土菩薩成佛時卅二相莊嚴衆生来生
其國精進是菩薩淨土菩薩成佛時懃脩一
切功德衆生来生其國禪定是菩薩淨土菩薩
成佛時攝心不亂衆生来生其國智慧是菩
薩淨土菩薩成佛時正定衆生来生其國四
无量心是菩薩淨土菩薩成佛時成就慈悲喜
捨衆生来生其國四攝法是菩薩淨土菩薩
成佛時解脫所攝衆生来生其國方便是菩
薩淨土菩薩成佛時於一切法方便无礙衆
生来生其國卅七道品是菩薩淨土菩薩成
佛時念處正懃神足根力覺道衆生来生其
國迴向心是菩薩淨土菩薩成佛時得一切具
足功德國土說除八難是菩薩淨土菩薩成佛
時國土无有三惡八難自守戒行不譏彼闕
是菩薩淨土菩薩成佛時國土无有犯禁之
名十善道是菩薩淨土菩薩成佛時命不中
夭大富梵行所言誠諦常以濡語眷屬不離
善和諍訟言必饒益不嫉不恚正見衆生来
生其國如是寶積菩薩隨其直心則能發行
隨其發行則得深心隨其深心則意調伏隨

BD05987 號　維摩詰所說經卷上　（26–3）

名十善道是菩薩淨土菩薩成佛時命不中
夭大富梵行所言誠諦常以濡語眷屬不離
善和諍訟言必饒益不嫉不恚正見衆生来
生其國如是寶積菩薩隨其直心則能發行
隨其發行則得深心隨其深心則意調伏隨
意調伏則如說行隨如說行則能迴向隨其迴
向則有方便隨其方便則成就衆生隨成就
衆生則佛土淨隨其佛土淨則說法淨隨說法
淨則智慧淨隨智慧淨則其心淨隨其心淨
則一切功德淨是故寶積若菩薩欲得淨土
當淨其心隨其心淨則佛土淨
尒時舍利佛承佛威神作是念若菩薩心淨
則佛土淨者我世尊本為菩薩時意豈不淨
而是佛土不淨若此佛知其念即告之言於意
云何日月豈不淨耶而盲者不見對曰不也世
尊是盲者過非日月咎舍利弗衆生罪故不
見如来佛國嚴淨非如来咎舍利弗我見此土
清淨而汝不見尒時螺髻梵王語舍利弗勿作
是意謂此佛土以為不淨所以者何我見釋
迦牟尼佛土清淨譬如自在天宮舍利弗言我
見此土丘陵坑坎荊棘沙礫土石諸山穢惡充
滿螺髻梵言仁者心有高下不依佛慧故見
此土為不淨耳舍利弗菩薩於一切衆生悉
皆平等深心清淨依佛智慧則能見此佛土
清淨於是佛以足指案地即時三千大千世界

BD05987 號　維摩詰所說經卷上　（26–4）

見此土丘陵坑坎荊棘沙礫土石諸山穢惡充
滿螺髻梵言仁者心有高下不依佛慧故見
此土為不淨耳舍利弗菩薩於一切眾生悉
皆平等深心清淨依佛智慧則能見此佛土
清淨於是佛以足指案地即時三千大千世界
若干百千珎寶嚴飾譬如寶莊嚴佛无量
功德寶莊嚴土一切大眾嘆未曾有而皆自
見坐寶蓮華佛告舍利弗汝且觀是佛土嚴
淨舍利弗言唯然世尊本所不見本所不聞
今佛國土嚴淨悉現佛語舍利弗我佛國土
常淨若此為欲度斯下劣人亦是眾惡不
淨土耳譬如諸天共寶器食隨其福德飯色
有異如是舍利弗若人心淨便見此土功德莊
嚴當佛現此國土嚴淨之時寶積所將五百
長者子皆德无生法忍八万四千人發阿耨多
羅三藐三菩提心佛攝神足於是世界還復
如故求聲聞乘三万二千天及人知有為法皆
悉无常遠塵離垢得法眼淨八千比丘不受
諸法漏盡意解

維摩詰經方便品第二

尒時毗耶離大城中有長者名維摩詰已曾
供養无量諸佛深殖善本得无生法忍辯才
无礙遊戲神通逮諸總持獲无所畏降魔勞
怨入深法門善於智度通達方便大願成就明
了眾生心之所趣又能分別諸根利鈍久於佛

尒時毗耶離大城中有長者名維摩詰已曾
供養无量諸佛深殖善本得无生法忍辯才
无礙遊戲神通逮諸總持獲无所畏降魔勞
怨入深法門善於智度通達方便大願成就明
了眾生心之所趣又能分別諸根利鈍久於佛
道心已淳淑決定大乘諸有所作能善思量
住佛威儀心大如海諸佛咨嗟弟子釋梵世主
所敬欲度人故以善方便居毗耶離資財无
量攝諸貧民奉戒清淨攝諸毀禁以忍調
行攝諸恚怒以大精進攝諸懈怠一心禪寂
攝諸亂意以決定慧攝諸无智雖為白衣
奉持沙門清淨律行雖處居家不著三界示
有妻子常脩梵行現有眷屬常樂遠離雖
服寶飾而以相好嚴身雖服飲食而以禪悅為
味若至博弈戲處輒以度人受諸異道不毀
正信雖明世典常樂佛法一切見敬為供養
中最執持正法攝諸長幼一切治生諧偶雖獲
俗利不以喜悅遊諸四衢饒益眾生入治政
法救護一切入講論處道以大乘入諸學堂
誘開童蒙入諸婬舍示欲之過入諸酒肆能立
其志若在長者長者中尊為說勝法若在居
士居士中尊斷其貪著若在剎利剎利中尊
教以忍辱若在婆羅門婆羅門中尊除其
我慢若在大臣大臣中尊教以正法若在王
子王子中尊示以忠孝若在內官內官中尊

其志若長者長者中尊為說勝法若在
士居士中尊斷其貪着若在剎利剎利中尊
教以忍辱若在婆羅門婆羅門中尊除其
我慢若在大臣大臣中尊教以正法若在王
子王子中尊示以忠孝若在內官內官中尊
化政宮女若在庶人庶民中尊令興福力若
在梵天梵天中尊誨以慧勝若在帝釋帝
釋中尊示現无常若在護世護世中尊護
諸衆生長者維摩詰以如是等无量方便
饒益衆生其以方便現身有疾以其疾故國王
大臣長者居士婆羅門等及諸王子并餘官屬
无數千人皆往問疾其往者維摩詰因以身
疾廣為說法諸仁者是身无常无強无力无
堅速朽之法不可信也為苦為惱衆病所集諸
仁者如此身明智者不怙是身如聚沫不可
撮摩是身如泡不得久立是身如炎從渴
愛生是身如芭蕉中无有堅是身如幻從顛
倒起是身如夢為虛妄見是身如影從業
緣現是身如響屬諸因緣是身如浮雲須臾
變滅是身如電念念不住是身无主為如地
是身无我為如火是身无壽為如風是身无
人為如水是身不實四大為家是身為空離
我我所是身无知如草木瓦礫是身无作風力
所轉是身不淨穢惡充滿是身為虛偽雖假
以澡浴衣食必歸磨滅是為災百一病惱是
身如丘井為老所逼是身无定為要當死

我我所是身无知如草木瓦礫是身无作風力
所轉是身不淨穢惡充滿是身為虛偽雖假
以澡浴衣食必歸磨滅是為災百一病惱是
身如丘井為老所逼是身无定為要當死
是身如毒蛇如怨賊如空聚陰界諸入所共合
成諸仁者此可患厭當樂佛身所以者何
佛身者即法身也從无量功德智慧生從
戒定慧解脫解脫知見生從慈悲喜捨生從
布施持戒忍辱柔和勤行精進禪定解脫三
昧多聞智慧諸波羅蜜生從方便生從六通
生從三明生從卅七道品生從正觀生從十力四无
所畏十八不共法生從斷一切不善法集一切善
法生從真實生從不放逸生從如是无量清
淨法生如來身諸仁者欲得佛身斷一切衆
生病者當發阿耨多羅三藐三菩提心如是
長者維摩詰為諸問疾者如應說法令无
數千人皆發阿耨多羅三藐三菩提心

維摩詰經弟子品第三

爾時長者維摩詰自念寢疾于床世尊大慈
寧不垂愍佛知其意即告舍利弗汝行詣維
摩詰問疾舍利弗白佛言世尊我不堪任詣
彼問疾所以者何憶念我昔曾於林中宴坐
樹下時維摩詰來謂我言唯舍利弗不必是
坐為宴坐也夫宴坐者不於三界現身意是
為宴坐不起滅定而現諸威儀是為宴坐不

摩詰問疾舍利弗白佛言世尊我不堪任詣
彼問疾所以者何憶念我昔曾於林中宴坐
樹下時維摩詰来謂我言唯舍利弗不必是
坐為宴坐也夫宴坐者不於三界現身意是
為宴坐不起滅定而現諸威儀是為宴坐不
捨道法而現凡夫事是為宴坐心不住内亦不
住外是為宴坐於諸見不動而脩行三十七品
是為宴坐不斷煩惱而入涅槃是為宴坐若
能如是坐者佛所印可時我世尊聞是語嘿
然而止不能加報故我不任詣彼問疾
佛告大目揵連汝行詣維摩詰問疾目連白佛
言世尊我不堪任詣彼問疾所以者何憶念我
昔入毗耶離大城於里巷中為諸居士說法時
維摩詰来謂我言唯大目連為白衣居士
說法不當如仁者所說夫說法者當如法
說法无衆生離衆生垢故法无有我離我垢
故法无壽命離生死故法无有人前後際斷
故法常寂然滅諸相故法離於相无所緣故
法无名字言語斷故法无有說離覺觀故
法无形相如虛空故法无戲論畢竟空故法
无我所離我所故法无分別離諸識故法无
有比无相待故法不屬因不在緣故法同法
性入諸法故法隨於如无所隨故法住實際諸
邊不動故法无動搖不依六塵故法无去来
常不住故法順空隨无相應无作法離好醜

BD05987號　維摩詰所說經卷上　（26–9）

无我所離我所故法无分別離諸識故法无
有比无相待故法不屬因不在緣故法同法
性入諸法故法隨於如无所隨故法住實際諸
邊不動故法无動搖不依六塵故法无去来
常不住故法順空隨无相應无作法離好醜
法无增損法无生滅法无所歸法過眼耳鼻
舌身心法无高下法常住不動法離一切觀
行唯大目連法相如是豈可說乎夫說法者
无說无示其聽法者无聞无得譬如幻士為
幻人說法當建是意而為說法當了衆生根
有利鈍善於知見无所罣㝵以大悲心讚于大
乘念報佛恩不斷三寶然後說法維摩詰
說是法時八百居士發阿耨多羅三藐三菩
提心我无所辯是故不任詣彼問疾
佛告大迦葉汝行詣維摩詰問疾迦葉白佛
言世尊我不堪任詣彼問疾所以者何憶念我
昔於貧里而行乞食時維摩詰来謂我言
唯大迦葉有慈悲心而不能普捨豪富從貧
乞迦葉住平等法應次行乞食為不食故應
行乞食為壞和合相故應取揣食為不受故
應受彼食以空聚想入於聚落所見色與盲
等所聞聲與響等所嗅香與風等所食味不分
別受諸觸如智證知諸法如幻相无自性无他
性本自不然今則无滅迦葉若能不捨八邪入
八解脫以邪相入正法以一食施一切供養諸佛
及衆賢聖然後可食如是食者非有煩惱非

BD05987號　維摩詰所說經卷上　（26–10）

等所聞聲與響等所嗅香與風等所食味不分
別受諸觸如智證知諸法如幻相无自性无他
性本自不然今則无滅迦葉若能不捨八耶入
八解脫以耶相入正法以一食施一切供養諸佛
及衆賢聖然後可食如是食者非有煩惱非
離煩惱非入定意非起定意非住世間非住
涅槃其有施者无大福无小福不為益不為
損是為正入佛道不依聲聞迦葉若如是食
為不空食人之施也時我世尊聞說是語得
未曾有即於一切菩薩深起敬心復作是念
斯有家名辯才智慧乃能如是其誰不
發阿耨多羅三藐三菩提心我從是來不復
勸人以聲聞辟支佛行是故不任詣彼問疾
佛告須菩提汝行詣維摩詰問疾須菩提白佛
言世尊我不堪任詣彼問疾所以者何憶念我
昔入其舍從乞食時維摩詰取我鉢盛滿
飯謂我言唯須菩提若能於食等者諸法亦
等諸法等者於食亦等如是行乞乃可取食
若須菩提不斷婬怒癡亦不與俱不壞於身
而隨一相不滅癡愛起於明脫以五逆相而得
解脫亦不解不縛不見四諦非不見諦非得
果非不得果非凡夫非離凡夫法非聖人非不
聖人雖成就一切法而離諸法相乃可取食
若須菩提不見佛不聞法彼外道六師富蘭
那迦葉末迦梨拘賖梨子刪闍夜毗羅胝子
阿耆多翅舍欽婆羅迦羅鳩馱迦栴延尼揵

BD05987 號　維摩詰所說經卷上　（26–11）

果非不得果非凡夫非離凡夫法非聖人非不
聖人雖成就一切法而離諸法相乃可取食
若須菩提不見佛不聞法彼外道六師富蘭
那迦葉末迦梨拘賖梨子刪闍夜毗羅胝子
阿耆多翅舍欽婆羅迦羅鳩馱迦栴延尼揵
陁若提子等是汝之師因其出家彼師所墮
汝亦隨墮乃可取食若須菩提入諸邪見
不到彼岸住於八難不得无難同於煩惱離清
淨法汝得无諍三昧一切衆生亦得是定其施
汝者不名福田供養汝者墮三惡道為與衆
魔共一手作諸勞侶汝與衆魔及諸塵勞等
无有異於一切衆生而有怨心謗諸佛毀於法
不入衆數終不得滅度汝若如是乃可取食
時我世尊聞此茫然不識是何言不知以何
荅便置鉢欲出其舍維摩詰言唯須菩提
取鉢勿懼於意云何如來所作化人若以是
事詰寧有懼不我言不也維摩詰言一切諸
法如幻化相汝今不應有所懼也所以者何一
切言說不離是相至於智者不著文字故无
所懼何以故文字性離无有文字是則解脫
解脫相者則諸法也維摩詰說是法時二百
天子得法眼淨故我不任詣彼問疾
佛告富樓那彌多羅尼子汝行詣維摩詰問
疾富樓那白佛言世尊我不堪任詣彼問疾
所以者何憶念我昔於大林中在一樹下為諸
新學比丘說法時維摩詰來謂我言唯富
樓那先當入定觀此人心然後說法无以穢食

BD05987 號　維摩詰所說經卷上　（26–12）

佛告富樓那彌多羅尼子汝行詣維摩詰問
疾富樓那白佛言世尊我不堪任詣彼問疾
所以者何憶念我昔於大林中在一樹下為諸
新學比丘說法時維摩詰来謂我言唯富
樓那先當入定觀此人心然後說法无以穢食
置於寶器當知是比丘心之所念无以琉璃同
彼水精汝不能知衆生根源无得發起以小
乘法彼自无創勿傷之也欲行大道莫示小
徑无以大海内於牛跡无以日光等彼螢火富
樓那此比丘久發大乘心中忘此意如何以小
乘法而教導之我觀小乘智慧微浅猶如
盲人不能分別一切衆生根之利鈍時維摩
詰即入三昧令此比丘自識宿命曾於五百佛
所殖衆德本迴向阿耨多羅三藐三菩提即
時豁然還得本心於是諸比丘稽首礼維摩
詰足時維摩詰因為說法於阿耨多羅三
藐三菩提不復退轉我念聲聞不觀人根不
應說法是故不任詣彼問疾
佛告摩訶迦旃延汝行詣維摩詰問疾迦旃
延白佛言世尊我不堪任詣彼問疾所以者
何憶念昔者佛為諸比丘略說法要我即於
後敷演其義謂无常義苦義空義无我義
寂滅義時維摩詰来謂我言唯迦旃延无以生
滅心行說實相法迦旃延諸法畢竟不生不滅
是无常義五受陰通達空无所起是苦義諸
法究竟无所有是空義於我无我而不二是

後敷演其義謂无常義苦義空義无我義
寂滅義時維摩詰来謂我言唯迦旃延无以生
滅心行說實相法迦旃延諸法畢竟不生不滅
是无常義五受陰通達空无所起是苦義諸
法究竟无所有是空義於我无我而不二是
无我義法本不然今則无滅是滅義說是
法時彼諸比丘心得解脫故我不任詣彼
問疾
佛告阿那律汝行詣維摩詰問疾阿那律白
佛言世尊我不堪任詣彼問疾所以者何憶念
我昔於一處經行時有梵王名曰嚴淨與万
梵俱放淨光明来詣我所稽首作礼問我言
幾何阿那律天眼所見我即荅言仁者吾見
釋迦牟尼佛土三千大千世界如觀掌中阿
摩勒菓時維摩詰来謂我言唯阿那律天
眼為作相耶无作相耶假使作相則與外道
五通等若无作相即是无為不應有見世
尊我嘿然彼諸梵等聞其言得未曾有即
為作礼而問曰世孰有真天眼者維摩詰言
有佛世尊得真天眼常在三昧悉見諸佛國
土不以二相於是嚴淨梵王及其眷屬五百梵天
皆發阿耨多羅三藐三菩提心礼維摩詰足已
忽然不現故我不任詣彼問疾
佛告優波離汝行詣維摩詰問疾優波離白
佛言世尊我不堪任詣彼問疾所以者何憶

皆發阿耨多羅三藐三菩提心礼維摩詰足已
忽然不現故我不任詣彼問疾
佛告優波離汝行詣維摩詰問疾優波離白
佛言世尊我不堪任詣彼問疾所以者何憶
念昔者有二比丘犯律行以為恥不敢問佛
来問我言唯優波離我等犯律誠以為恥不
敢問佛願解疑悔得免斯咎我即為其如法
解說時維摩詰来謂我言唯優波離无重增
此二比丘罪當直除滅勿擾其心所以者何彼
罪性不在內不在外不在中間如佛所說心垢
故衆生垢心淨故衆生淨心亦不在內不在外
不在中間如其心然罪垢亦然諸法亦然不出
於如如優波離以心相得解脫時寧有垢不我言
不也維摩詰言一切衆生心相无垢亦復如是
唯優波離妄想是垢无妄想是淨顛倒是
垢无顛倒是淨取我是垢不取我是淨優
波離一切法生滅不住如幻如電諸法不相
待乃至一念不住諸法皆妄見如夢如炎如
水中月如鏡中像以妄想生其知此者是
名奉律其知此者是名善解於是二比丘
言上智哉是優波離所不能及持律之上而
不能說我答言自捨如来未有聲聞及菩
薩能制其樂說之辯其智慧明達為若此也
時二比丘疑悔即除發阿耨多羅三藐三菩
提心作是願言令一切衆生皆得是辯故我不

不能說我答言自捨如来未有聲聞及菩
薩能制其樂說之辯其智慧明達為若此也
時二比丘疑悔即除發阿耨多羅三藐三菩
提心作是願言令一切衆生皆得是辯故我不
任詣彼問疾
佛告羅睺羅汝行詣維摩詰問疾羅睺羅白
佛言世尊我不堪任詣彼問疾所以者何憶
念昔時毗耶離諸長者子来詣我所稽首作礼
問我言唯羅睺羅汝佛之子捨轉輪王位出
家為道其出家者有何等利我即如法
為說出家功德之利時維摩詰来謂我言唯
羅睺羅不應說出家功德之利所以者何无利
无功德是為出家有為法可說有利有功
德夫出家者為无為法无為法中无利无功
德羅睺羅出家者无彼无此亦无中間離六
十二見處於涅槃智者所受聖所行處降伏
衆魔度五道淨五眼得五力立五根不惱於彼
離衆雜惡摧諸外道超越假名出淤泥无繫
着无我所无所受无擾亂內懷喜護彼意
隨禪定離衆過若能如是是真出家於是
維摩詰語諸長者子汝等於正法中宜共出家
所以者何佛世難值諸長者子言居士我聞佛
言父母不聽不得出家維摩詰言然汝等便
發阿耨多羅三藐三菩提心是即出家是即
具足尒時卅二長者子皆發阿耨多羅三藐三
菩提心故我不任詣彼問疾

所以者何佛世難值諸長者子言居士我聞佛
言父母不聽不得出家維摩詰言然汝等便
發阿耨多羅三藐三菩提心是即出家是即
具足尒時卅二長者子皆發阿耨多羅三藐三
菩提心故我不任詣彼問疾
佛告阿難汝行詣維摩詰問疾阿難白佛言
世尊我不堪任詣彼問疾所以者何憶念昔
時世尊身小有疾當用牛乳我即持鉢詣大
婆羅門家門下立時維摩詰来謂我言唯阿
難何謂晨朝持鉢住此我居士世尊身小有
疾當用牛乳故来至此維摩詰言止止阿難
莫作是語如来身者金剛之體諸惡已斷
衆善普會當有何疾當有何惱嘿往阿難勿
謗如来莫使異人聞此麁言无令大威德諸天
及他方淨土諸来菩薩得聞斯語阿難轉輪
聖王以少福故尚得无病豈况如来无量福會
普勝者我行矣阿難勿我等受斯耻也外
道梵志若聞此語當作是念何名為師自疾
不能救而能救諸疾人可密速去勿使人聞
當知阿難諸如来身即是法身非思欲身佛
為世尊過於三界佛身无漏諸漏已盡佛身
无為不墮諸數如此之身當有何病時我
世尊實懷慙愧得无近佛而謬聽耶即問
空中聲曰阿難居士言但為佛出五濁惡世
現行斯法度脫衆生行矣阿難取乳勿慙世

BD05987號　維摩詰所說經卷上

（26–17）

无為不墮諸數如此之身當有何病時我
世尊實懷慙愧得无近佛而謬聽耶即問
空中聲曰阿難居士言但為佛出五濁惡世
現行斯法度脫衆生行矣阿難取乳勿慙世
尊維摩詰智慧辯才為若此也是故不任詣彼
問疾如是五百大弟子各各向佛說其本緣稱
述維摩詰所言皆曰不任詣彼問疾
維摩詰經菩薩品第四
於是佛告弥勒菩薩汝行詣維摩詰問疾弥
勒白佛言世尊我不堪任詣彼問疾所以者何
憶念我昔為兜率天王及其眷屬說不退
轉地之行時維摩詰来謂我言弥勒世尊授
仁者記一生當得阿耨多羅三藐三菩提為用
何生得受記乎過去耶未来耶現在耶若
過去生過去生已滅若未来生未来生未至
若現在生現在生无住如佛所說比丘汝今即
時亦生亦老亦滅若以无生得受記者无生
即是正位於正位中亦无受記亦无得阿耨
多羅三藐三菩提云何弥勒受一生記乎為從
如生得受記耶為從如滅得受記耶若以如
生得受記者如无有生若以如滅得受記
者如无有滅一切衆生皆如也一切法亦如也
衆賢聖亦如也至於弥勒亦如也若弥勒得
受記者一切衆生亦應受記所以者何夫如

BD05987號　維摩詰所說經卷上

（26–18）

如[illegible]
生得受記者如无有生若以如滅得受記
者如无有滅一切衆生皆如也一切法亦如也
衆賢聖亦如也至於弥勒亦如也若弥勒得
受記者一切衆生亦應受記所以者何夫如
者不二不異若弥勒得阿耨多羅三藐三菩提
者一切衆生皆亦應得所以者何一切衆生即菩
提相若弥勒得滅度者一切衆生亦當滅度
所以者何諸佛知一切衆生畢竟寂滅即涅槃
相不復更滅是故弥勒无以此法誘諸天子實
无發阿耨多羅三藐三菩提心者亦无退者
弥勒令此諸天子捨於分別菩提之見所以者
何菩提者不可以身得不可以心得寂滅是菩
提滅諸相故不觀是菩提離諸緣故不行是菩
提无憶念故斷是菩提捨諸見故離是菩提
離諸妄相故鄣是菩提鄣諸願故不入是菩
提无貪着故順是菩提順於如故住是菩提
住法性故至是菩提至實際故不二是菩提離
意法故等是菩提等虛空故无為是菩提无
生住滅故智是菩提了衆生心行故不會是
菩提諸入不會故不合是菩提離煩惱故无
處是菩提无形色故假名是菩提名字空故如
化是菩提无取捨故无亂是菩提常自靜故
善寂是菩提性清淨故无取是菩提離攀緣
故无異是菩提諸法等故无比是菩提不可
喻故微妙是菩提諸法難知故世尊維摩詰

化是菩提无取捨故无亂是菩提常自靜故
善寂是菩提性清淨故无取是菩提離攀緣
故无異是菩提諸法等故无比是菩提不可
喻故微妙是菩提諸法難知故世尊維摩詰
說是法時二百天子得无生法忍故我不任
詣彼問疾
佛告光嚴童子汝行詣維摩詰問疾光嚴白
佛言世尊我不堪任詣彼問疾所以者何憶
念我昔出毗耶離大城時維摩詰方入城我
即為作礼而問言居士從何所来荅我言吾
從道場来我問道場者何所是荅曰直心是
道場无虛假故發行是道場能辯事故深心
是道場增益功德故菩提心是道場无錯謬
故布施是道場不望報故持戒是道場得願
具足故忍辱是道場於諸衆生心无导故精
進是道場不懈怠故禪定是道場心調柔故
智慧是道場現見諸法故慈是道場等心衆
生故悲是道場忍疲苦故喜是道場悅樂法故
捨是道場憎愛斷故神通是道場成就六通
故解脫是道場能背捨故方便是道場教化
衆生故四攝法是道場攝衆生故多聞是道
場如聞行故伏心是道場正觀諸法故卅七品
是道場捨有為法故諦是道場不誑世間故
緣起是道場无明乃至老死皆无盡故諸煩
惱是道場知如實故衆生是道場知无我故
一切法是道場知諸法空故降魔是道場不

場如聞行故伏心是道場正觀諸法故世七品
是道場捨有爲法故諦是道場不誑世間故
緣起是道場无明乃至老死皆无盡故諸煩
惱是道場知如實故衆生是道場知无我故
一切法是道場知諸法空故降魔是道場不
傾動故三界是道場无所趣故師子吼是道場
无所畏故力无畏不共法是道場无諸過故
三明是道場无餘㝵故一念知一切法是道場
成就一切智故如是善男子菩薩若應諸波羅
蜜教化衆生諸有所作舉足下足當知皆從
道場來住於佛法矣說是法時五百天人皆
發阿耨多羅三藐三菩提心故我不任詣彼問疾
佛告持世菩薩汝行詣維摩詰問疾持世白
佛言世尊我不堪任詣彼問疾所以者何憶念
我昔住於靜室時魔波旬從二千天女狀如帝
釋鼓樂弦歌來詣我所與其眷屬稽首我
足合掌恭敬於一面立我意謂是帝釋而
語之言善來憍尸迦雖福應有不當自恣當
觀五欲无常以求善本於身命財而脩堅法
即語我言正士受是万二千天女可備掃灑我
言憍尸迦无以此非法之物要我沙門釋子此非
我宜所言未訖時維摩詰來謂我言非帝、
釋也是爲魔來嬈故汝耳即語魔言是諸
女等可以與我如我應受魔即驚懼念維摩
詰將无惱我欲隱形去而不能隱盡其神力亦

BD05987號　維摩詰所說經卷上　（26–21）

言憍尸迦无以此非法之物要我沙門釋子此非
我宜所言未訖時維摩詰來謂我言非帝、
釋也是爲魔來嬈故汝耳即語魔言是諸
女等可以與我如我應受魔即驚懼念維摩
詰將无惱我欲隱形去而不能隱盡其神力亦
不得去即聞空中聲曰波旬以女與之乃可
得去魔以畏故俛仰而與尒時維摩詰語女
言魔以汝等與我今汝等皆當發阿耨多
羅三藐三菩提心即隨所應而爲說法令發
道意復言汝等已發道意有法樂可以自娛
不應復樂五欲樂也天女即問何謂法樂答
言樂常信佛樂欲聽法樂供養衆樂離
五欲樂觀五陰如怨賊樂觀四大如毒蛇樂
觀內入如空聚樂隨護道意樂饒益衆生
樂供養師長樂廣行施樂堅持戒樂忍
辱柔和樂懃集善根樂禪定不亂樂離垢
明慧樂廣菩提心降伏衆魔樂斷諸煩惱樂
淨佛國土樂成就相好故脩諸功德樂莊嚴
道場樂聞深法不畏樂三解脫門不樂非時
樂近同學不樂於非同學中心无恚㝵樂將
護惡知識近善知識樂心喜清淨樂脩无量
道品之法是爲菩薩法樂於是波旬告諸女
言我欲與汝俱還天宮諸女言以我等與此
居士有法樂我等甚樂不復樂五欲樂也
魔言居士可捨此女一切所有施於彼者是爲

BD05987號　維摩詰所說經卷上　（26–22）

道品之法是為菩薩法樂於是波旬告諸女
言我欲與汝俱還天宮諸女言以我等與此
居士有法樂我等甚樂不復樂五欲樂也
魔言居士可捨此女一切所有施於彼者是為
菩薩維摩詰言我以捨矣汝便持去令一切
衆生得法願具足故於是諸女問維摩詰我
等云何止於魔宮維摩詰言諸姉有法門
名无盡燈汝等當學无盡燈者辟如一燈
燃百千之燈瞑者皆明明終不盡如是諸姉夫
一菩薩開道百千衆生令發阿耨多羅三藐
三菩提心於其道意亦不滅盡隨所說法
而自增益一切善法是名无盡燈也汝等雖
住魔宮以是无盡燈令无數天子天女皆發阿
耨多羅三藐三菩提心者為報佛恩亦大饒
益一切衆生尒時天女頭面礼維摩詰足隨魔
還宮忽然不見世尊維摩詰有如是自在
神力智慧辯才故我不任詣彼問疾
佛告長者子善德汝行詣維摩詰問疾善
德白佛言世尊我不堪任詣彼問疾所以者何
憶念我昔自於父舍設大施會供養一切沙門
婆羅門及諸外道貧窮下賤孤獨乞人期滿
七日時維摩詰来入會中謂我言長者子夫
汝施會不當如汝所設當為法施之會何用
是財施會為我言居士何為法施之會法施
會者无前无後一時供養一切衆生是名法施

BD05987 號　維摩詰所說經卷上　　（26–23）

七日時維摩詰来入會中謂我言長者子夫
汝施會不當如汝所設當為法施之會何用
是財施會為我言居士何為法施之會法施
會者无前无後一時供養一切衆生是名法施
之會何謂也謂以菩提起於慈心以救衆生起
大悲心以持正法起於喜心以攝智慧行於捨心
以攝慳貪起檀波羅蜜以化犯戒起尸波羅
蜜以无我法起羼提波羅蜜以離身心相起
毗離梨耶波羅蜜以菩提相起禪波羅蜜以一
切智起般若波羅蜜教化衆生而起於空不
捨有為法而起无相示現受生而起无作護
持正法起方便力以度衆生起四攝法以敬事
一切法起除慢法於身命財起三堅法於六念
中起思念法於六和敬起質直心正行善法
起於淨命心淨歡喜起近賢聖不憎惡人起
調伏心以出家法起於深心以如說行起於多
聞以无諍法起空閑處起向佛慧起於宴
坐解衆生縛起脩行地以具相好及淨佛土
起福德業知一切衆生心應如說法起於智
業知一切法不取不捨入一相門起於慧業斷
一切煩惱一切鄣导一切不善法起一切善業
以得一切智慧一切善法起於一切助佛道法
如是善男子是為法施之會若菩薩住是
法施會者為大施主亦為一切世間福田世尊
維摩詰說是法時婆羅門衆中二百人皆
發阿耨多羅三藐三菩提心我時心得清淨

BD05987 號　維摩詰所說經卷上　　（26–24）

以得一切智慧一切善法起於一切助佛道法
如是善男子是爲法施之會若菩薩住是
法施會者爲大施主亦爲一切世間福田世尊
維摩詰說是法時婆羅門衆中二百人皆
發阿耨多羅三藐三菩提心我時心得清淨
嘆未曾有稽首礼維摩詰足即解瓔珞
價百千以上之不肯取我言居士願必納受隨
意所與維摩詰乃受瓔珞分作二分持一分
施此會中一最下乞人持一分奉彼難勝如來一
切衆會皆見光明國土難勝如來又見珠瓔
在彼佛土變成四柱寶臺四面嚴餝不相鄣
蔽時維摩詰現神變已作是言若施主等心
施一最下乞人猶如如來福田之相无所分別等
于大悲不求果報是則名曰具足法施城中
一最下乞人見是神力聞其所說皆發阿耨多
羅三藐三菩提心故我不堪任詣彼問疾如是
諸菩薩各各向佛說其本緣稱述維摩詰
所言皆曰不任詣彼問疾

維摩詰經卷上

BD05987 號　維摩詰所說經卷上　（26–25）

于大悲不求果報是則名曰具足法施城中
一最下乞人見是神力聞其所說皆發阿耨多
羅三藐三菩提心故我不堪任詣彼問疾如是
諸菩薩各各向佛說其本緣稱述維摩詰
所言皆曰不任詣彼問疾

維摩詰經卷上

BD05987 號　維摩詰所說經卷上　（26–26）

BD05987 號背　藏文雜寫　　（1–1）

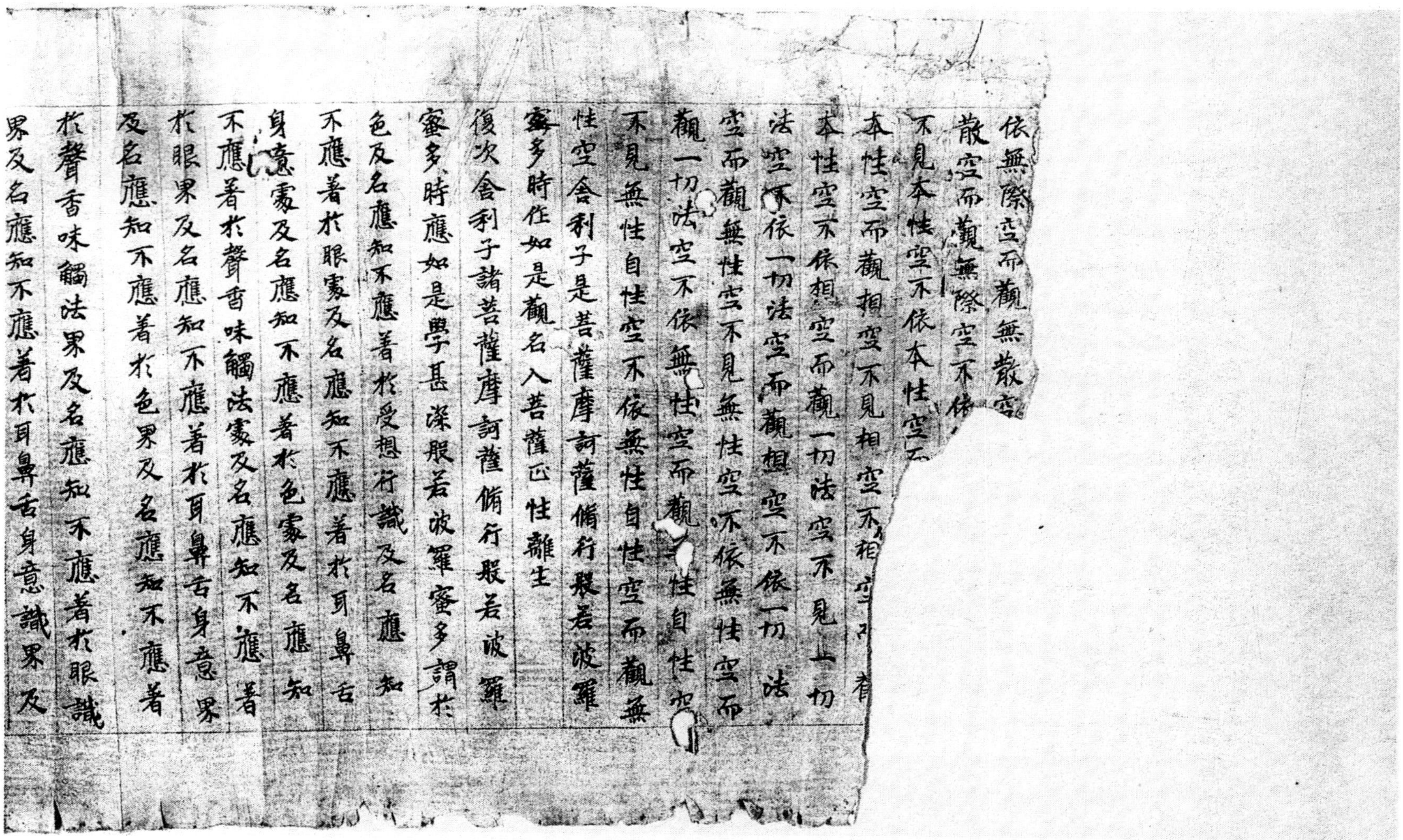

依無際空而觀無散空
散空而觀無際空不依
不見本性空不依本性空不
本性空而觀相空不見相空不相空不著
本性空不依相空而觀一切法空不見一切
法空不依一切法空而觀相空不依一切法
空而觀無性空不見無性空不依無性空而
觀一切法空不依無性空而觀□性自性空
不見無性自性空不依無性自性空而觀無
性空舍利子是菩薩摩訶薩脩行般若波羅
蜜多時住如是觀名入菩薩正性離生
復次舍利子諸菩薩摩訶薩脩行般若波羅
蜜多時應如是學甚深般若波羅蜜多謂於
色及名應知不應著於受想行識及名應知
不應著於眼處及名應知不應著於耳鼻舌
身意處及名應知不應著於色處及名應知
不應著於聲香味觸法處及名應知不應著
於眼界及名應知不應著於耳鼻舌身意界
及名應知不應著於色界及名應知不應著
於聲香味觸法界及名應知不應著於眼識
界及名應知不應著於耳鼻舌身意識界及

BD05988 號　大般若波羅蜜多經卷四八四　　（3–1）

色及名應知不應著於受想行識及名應知
不應著於眼處及名應知不應著於耳鼻舌
身意處及名應知不應著於色處及名應知
不應著於聲香味觸法處及名應知不應著
於眼界及名應知不應著於耳鼻舌身意界
及名應知不應著於色界及名應知不應著
於聲香味觸法界及名應知不應著於眼識
界及名應知不應著於耳鼻舌身意識界及
名應知不應著於布施波羅蜜多及名應知
不應著於淨戒安忍精進靜慮般若波羅蜜
多及名應知不應著於四靜慮及名應知不
應著於四無量四無色定及名應知不應著
於四念住及名應知不應著於四正斷四神足
五根五力七等覺支八聖道支及名應知
不應著於五眼及名應知不應著於六神通
及名應知不應著於佛十力及名應知不應
著於四無所畏四無礙解大慈大悲大喜大
捨十八佛不共法及名應知不應著如是舍
利子諸菩薩摩訶薩脩行般若波羅蜜多時
於菩提心及名應知不應著於無等等心及
名應知不應著於廣大心及名應知不應著
何以故舍利子是心非心本性淨故
時舍利子問善現言云何是心本性清淨善
現荅言是心本性非貪相應非不相應非瞋
相應非不相應非癡相應非不相應非諸纏
結隨眠見趣及障相應非不相應與諸聲聞
獨覺心亦非相應非不相應舍利子諸菩
薩摩訶薩知心如是本性清淨尒時舍利子

現荅言是心本性非貪相應非不相應非瞋
相應非不相應非癡相應非不相應非諸纏
結隨眠見趣及障相應非不相應與諸聲聞
獨覺心亦非相應非不相應舍利子諸菩
薩摩訶薩知心如是本性清淨尒時舍利子
復問善現言是心為有非心性不善現詰言
非心性中有性無性為可得不舍利子言不
也善現善現荅言非心性中有性無性既不
可得云何可問是心為有非心性不時舍利
子問善現言何等名為非心性耶善現荅言
於一切法無變異無分別是名非心性舍利子
言為但心無變異無分別為所餘法亦無變
異無分別耶善現荅言如心無變異無分別
色受想行識亦無變異無分別如心無變異
無分別眼處乃至意處亦無變異無分別如
心無變異無分別色處乃至法處亦無變異
無分別如心無變異無分別眼界乃至意
界亦無變異無分別如心無變異無分別色
界乃至法界亦無變異無分別如心無變異
無分別眼識界乃至意識界亦無變異無分
別如心無變異無分別地界乃至識界亦無
無分別如心無變異無分別無明乃至
異無分別如心無變異無分別
至般若波羅蜜多亦無變
無分別四念住乃至
變異無

…果…欲相應
…應心異一切外道
亦相應心異疑或相應
進心威儀其心亦異善男子心若常者亦復
不能分…色所謂青黃赤白紫色善男子
心若常者不憶念法不應忘失善男子心若
常者凡所讀誦不應增長…
常者應說言已作…
當作當知是心必定…
者則无怨親非怨非知…
言我物他物若死若生…
應增長善男子以是義
異有別異故當知无常善
色法中演說无常其義已顯
无常是色常本无有生生已滅故
胎歌羅 羅時本无有生生已變故外之牙莖
本亦无生生已變故是故當知一切色法悉
皆无常善男子所有內色隨時而變歌羅羅

BD05989號　大般涅槃經（南本）卷一三　（14–1）

…
色法中演說无常其義已顯
无常是色常本无有生生已滅故
胎歌羅 羅時本无有生生已變故外之牙莖
本亦无生生已變故是故當知一切色法悉
皆无常善男子所有內色隨時而變歌羅羅
時異安浮陀時異伽那異閉手時異諸皰時
異初生時異嬰孩異童子時異乃至老
時各各變異所謂外色亦復如是牙異莖異
枝異葉異華異菓異復次善男子內味亦異
歌羅羅時乃至老時各各變異外味亦尒牙
莖枝葉華菓味異歌羅羅力異乃至老時力
異歌羅羅時狀貌異乃至老時狀貌亦異歌
羅羅時果報異乃至老時異報亦異歌羅羅
時名字異乃至老時名字亦異所謂內色壞
已還合故知无常外之樹木亦壞已還合故
知无常次第漸生故知无常次第生歌羅羅
時乃至老時次第生牙乃至菓子故知无常
諸色可滅故知无常歌羅羅滅時異乃至老
滅時異牙滅時異乃至果滅時異故知无常
凡夫无智見相似生計以為常以是義故名
曰无常若无常即是苦若苦即是不淨善男
子我曰迦葉先問是事於彼已荅
復次善男子諸行无我善男子總一切法謂
色非色色非我也何以故可破可壞可裂可
打生增長故我者不可破壞裂打生長以是
義故知色非我非色之法亦復非我何以故

BD05989號　大般涅槃經（南本）卷一三　（14–2）

子我曰迦葉先問是事於彼已荅
復次善男子諸行无我善男子揔一切法謂
色非色色非我也何以故可破可壞可裂可
打生增長故我者不可破壞裂打生長以是
義故知色非我非色之法亦復非我何以故
因緣生故善男子若諸外道以專念故知有
我者專念之性實非我也若以專念為我性
者過去之事則有忘失有忘失故定知无我
善男子若諸外道以憶想故知有我者无憶
想故定知无我如說見人手有六指即問言
我先何處共相見耶若有我者不應復問
以相問故定知无我善男子若諸外道以有
遮故知有我者善男以有遮故定知无我
如言調達終不發言非調達也我亦如是若
定是我終不遮我以遮我故定知无我若以
遮故知有我者今不遮定應无我善男
子若諸外道以伴非伴知有我者以无伴故
應无有我有法无伴所謂如來虛空佛性我
亦是實无有伴以是義故定知无我復次善
男子若諸外道以名字故知有我者无我法
中亦有我名如貧賤人名字富貴如言我死
若我死者我財數我而我實不可數假名數
我亦如是人名為長者以是義故定知无我
復次善男子若諸外道生已求乳知有我者
善男子若有我者一切嬰兒不應執持糞
穢火蛇毒藥以是義故定知无我復次善男子

BD05989 號　大般涅槃經（南本）卷一三　（14–3）

中亦有我名如貧賤人名字富貴如言我死
若我死者我財數我而我實不可數假名數
我亦如是人名為長者以是義故定知无我
復次善男子若諸外道生已求乳知有我者
善男子若有我者一切嬰兒不應執持糞
穢火蛇毒藥以是義故定知无我復次善男子
一切衆生於三法中悉有等智所謂婬欲飲
食恐怖是故无我復次善男子若諸外道以
相貌故知有我者善男子相故无我无相故
亦无我若人睡時不能進止俯仰視眴不覺
苦樂不應有我若以進止俯仰視眴知有我
者機關木人亦應有我善男子如來亦不
進不止不俯不仰不視不眴不苦不樂不貪
不恚不癡不行如來如是真實有我復次善
男子若諸外道以見他食菓口中生涎知有
我者善男子以憶念故見則生涎涎非我也
我亦非涎非喜非悲非欠非咲非臥非起非
飢非以是義故定知无我善男子是諸外
道癡如小兒无慧方便不能了達常与无
常苦樂淨不淨我无我壽命非壽命衆生非衆
生實非實有非有於佛法中取少許分虛妄
計有常樂我淨而實不知常樂我淨如生盲
人不識乳色便問他言乳色何似他人荅言
色白如貝盲人復問是乳色者如貝聲耶荅
言不也復問貝色為何似耶荅言如稻米末
盲人復問乳色柔軟如稻米末耶稻米末

BD05989 號　大般涅槃經（南本）卷一三　（14–4）

計有常樂我淨而實不知常樂我淨如生盲
人不識乳色便問他言乳色何似他人答言
色白如貝盲人復問是乳色者如貝聲耶答
言不也復問貝色爲何似耶答言如稻米末
盲人復問乳色柔濡如稻米末耶稻米末
者復何所似答言如雪盲人復言彼稻米末
冷如雪耶雪復何似答言猶如白鶴是生盲人
雖聞如是四種譬喻終不能得識乳真色是
諸外道亦復如是終不能識常樂我淨善男
子以是義故我佛法中有真實諦非於外道
文殊師利白佛言世尊如來於今臨般
涅槃方便轉於无上法輪乃作如是分別真
諦佛告文殊師利汝今云何於如來生涅
槃想善男子如來實是常住不變不般涅槃
善男子若有計我是佛我成阿耨多羅三藐
三菩提我即是法法是我所我即是道道是
我所我即世尊世尊即是我所我即聲聞聲
聞即是我所我能說法令他聽受我轉法輪
餘人不能如來終不作如是計是故如來不
轉法轉善男子若有人作如是妄計我即是
眼眼即我所耳鼻舌身意亦復如是我即是
色色是我所乃至法亦如是我即是地地即
我所水火風等亦如是善男子若人計言我
即是信信是我所我是多聞多聞即是我所
我是檀波羅蜜檀波羅蜜即是我所我是尸

色色是我所乃至法亦如是我即是地地即
我所水火風等亦如是善男子若人計言我
即是信信是我所我是多聞多聞即是我所
我是檀波羅蜜檀波羅蜜即是我所我是尸
波羅蜜尸波羅蜜即是我所我是羼提波羅
蜜羼提波羅蜜即是我所我是毗梨耶波羅
蜜毗梨耶波羅蜜即是我所我是禪波羅蜜
禪波羅蜜即是我所我是般若波羅蜜般若
波羅蜜即是我所我是念處四念處即是
我所四正勤四如意足五根五力七覺分八
聖道分亦復如是善男子如來終不作如是
計是故如來不轉法輪善男子若言常住无
有變易者何說言佛轉法輪是故汝今不應
說言如來方更轉於法輪善男子譬如因眼
緣色緣明緣思惟因緣和合得生眼識善男
子眼不念言我能生識色乃至思惟終不念
言我眼識亦復不作念言我能自生
善男子如是等法因緣和合得名爲見善男子
如來亦尒因六波羅蜜卅七助菩提之法覺了
諸法復因咽喉舌齒脣口言語音聲爲憍陳
如初始說法名轉法輪以是義故如來不名
轉法輪也善男子若不轉者即名爲法法即
如來善男子譬如因燧因鑽因手因乾牛糞
而得生火燧亦不言我能生火鑽手牛糞各
不念言我能生火火亦不言我能自生如來
亦尒因六波羅蜜乃至爲憍陳如[illegible]

轉法輪也善男子若不轉者即名為法法即
如來善男子譬如因燧因鑽因手因乾牛糞
而得生火燧亦不言我能生火鑽手牛糞各
不念言我能生火火亦不言我能自生如來
亦介因六波羅蜜乃至憍陳如名轉法輪如
來亦復不生念言我轉法輪善男子若不生
者是則名為轉正法輪是轉是法輪即名如來
善男子譬如因酪因水因攢因瓶因繩因人
手捉而得出蘇酪不念言我能出蘇乃至人
手亦不念言我能出蘇蘇亦不言我能自
衆緣和合故得出蘇如來亦介終不念言我
轉法輪善男子若不出者是則名為轉正法
輪是轉法輪即是如來善男子譬如因子因
地因水因火因風因糞因時因人作業而牙
得生善男子子亦不言我能生牙乃至作業
亦不念言我能生牙牙亦不言我能自生如
來亦介終不念言我轉法輪善男子若不作
者是則名為轉正法輪是轉法輪即是如來
善男子譬如因鼓因空因皮因人因桴和合
出聲而鼓不念言我能出聲乃至桴亦如是
聲亦不言我能自生善男子如來亦介終不
念言我轉法輪善男子轉法輪者名為不作
不作者即轉法輪轉法輪者即是如來善男
子轉法輪者乃是諸佛世尊境界非諸聲聞
緣覺所知善男子虛空非生非出非作非造

聲亦不言我能自生善男子如來亦介終不
念言我轉法輪善男子轉法輪者名為不作
不作者即轉法輪轉法輪者即是如來善男
子轉法輪者乃是諸佛世尊境界非諸聲聞
緣覺所知善男子虛空非生非出非作非造
非有為法如來亦介非生非出非作非造非
有為法如如來性佛性亦介非生非出非作
非造非有為法善男子諸佛世尊語有種
一者世語二者出世語善男子如來為諸聲
聞緣覺說於世語為諸菩薩說出世語善男
子是諸大眾復有二種一者求小乘二者求
大乘我於昔日波羅捺城為諸聲聞轉于
輪今始於此拘尸那城為諸菩薩轉大法輪
復次善男子復有二人中根上根為中根人
於波羅捺轉於法輪為上根人人中象王迦
葉菩薩等今於此閒拘尸那城轉大法輪善
男子極下根者如來終不為轉法輪極下根
者即一闡提復次善男子求佛道者復有二
種一中精進二上精進於波羅捺為中精進
轉於法輪今於此城為上精進轉大法輪復
次善男子我昔於彼波羅捺城初轉法輪八
万天人得須陁洹果今於此閒拘尸那城八
十万億人不退轉於阿耨多羅三藐三菩提
復次善男子波羅捺城大梵天王稽首請我
轉於法輪今於此閒拘尸那城迦葉菩薩稽

次善男子我昔於彼波羅㮈城初轉法輪八
万天人得須陁洹果今於此間拘尸那城八
十万億人不退轉於阿耨多羅三藐三菩提
復次善男子彼波羅㮈城大梵天王稽首請我
轉於法輪今於此間拘尸那城迦葉菩薩稽
首請我轉大法輪復次善男子我昔於彼波
羅㮈城轉法輪時演說无常苦空无我今於
此間拘尸那城轉法輪時說常樂我淨復次
善男子我昔於彼波羅㮈城轉法輪時所出
音聲聞于梵天如來今於拘尸那城轉法輪
時所出音聲遍於東方廿恒河沙等諸佛世
界南西北方四維上下亦復如是復次善男
子諸佛世尊凡有所說皆悉名為轉法輪也
善男子譬如聖王所有輪寶未降伏者能
降伏已降伏者能令安隱善男子諸佛世尊
凡所說法亦復如是无量煩惱未調伏者能
令調伏已調伏者令生善根善男子譬如聖
王所有輪寶則能消滅一切怨賊如來演法
亦復如是能令一切諸煩惱賊皆悉寂靜復
次善男子譬如聖王所有輪寶下上迴轉如來
說法亦復如是能令下趣諸惡衆生上生人
天乃至佛道善男子是故汝今不應讚言
如來於此更轉法輪尒時文殊師利白佛言
世尊我於此義非為不知所以問者為欲利
益諸衆生故世尊我已久知轉法輪者實是
諸佛如來境界非是聲聞緣覺所及尒時世

天乃至佛道善男子是故汝今不應讚言
如來於此更轉法輪尒時文殊師利白佛言
世尊我於此義非為不知所以問者為欲利
益諸衆生故世尊我已久知轉法輪者實是
諸佛如來境界非是聲聞緣覺所及尒時世
尊告迦葉菩薩善男子是名菩薩住於大乘
大涅槃經所行聖行
迦葉菩薩白佛言世尊復以何義名為聖行
善男子聖名諸佛世尊以是義故名為聖行
世尊若是諸佛之所行者則非聲聞緣覺菩
薩所能脩行義男子諸佛世尊安住於此大
般涅槃而作如是開示分別演說其義以是
義故名曰聖行聲聞緣覺及諸菩薩如是聞
已則能奉行故聖行善男子是菩薩摩訶
薩得是行已則得住於无所畏地善男子若
有菩薩得住如是无所畏地則不復畏貪恚
愚癡生老病死亦復不畏惡道地獄畜生餓
鬼善男子惡有二種一者阿脩羅二者人中
人中有三種惡一者一闡提二者誹謗方等
經典三者犯四重禁善男子住是地中諸菩
薩等終不畏墮如是惡中亦復不畏沙門婆
羅門外道邪見天魔波旬亦復不畏受廿五
有是故此地名无所畏善男子菩薩摩訶薩
住无畏地得廿五三昧壞廿五有善男子得
无垢三昧能壞地獄有得无退三昧能壞畜
生有得心樂三昧能壞餓鬼有得歡喜三昧
能壞阿脩羅有得日光三昧能斷東弗婆提有

薩等終不畏墮如是惡中亦復不畏沙門婆
羅門外道耶見天魔波旬亦復不畏受廿五
有是故此地名无所畏善男子菩薩摩訶薩
住无畏地得廿五三昧壞廿五有善男子得
无垢三昧能壞地獄有得无退三昧能壞畜
生有得心樂三昧能壞餓鬼有得歡喜三昧
能壞阿脩羅有得日光三昧能斷弗婆提有
得月光三昧能斷瞿耶尼有得熱炎三昧能
斷欝單越有得如幻三昧能斷閻浮提有得
一切法不動三昧能斷四天處有得難伏三
昧能斷三十三天處有得悅意三昧能斷炎
摩天有得青色三昧能斷兜率天有得黃
色三昧能斷化樂天有得赤色三昧能斷他化
自在天有得白色三昧能斷初禪有得種種
三昧能斷大梵王有得雙三昧能斷二禪有
得雷音三昧能斷三禪有得澍雨三昧能斷
四禪有得如虛空三昧能斷无想有得照鏡
三昧能斷淨居阿那含有得无閡三昧能斷
空處有得常三昧能斷識處有得樂三昧能
斷不用處有我三昧能斷非想非非想處
有善男子是名菩薩得廿五三昧斷廿五有
善男子如是廿五三昧名諸三昧王善男子
菩薩摩訶薩入如是等諸三昧王若欲吹壞
須弥山王隨意即能欲知三千大千世界所
有衆生心之所念亦悉能知欲以三千大千
世界所有衆生內於己身一毛孔中隨意即
能亦令衆生无迫迮想若欲化作无量衆生

有善男子是名菩薩得廿五三昧斷廿五有
善男子如是廿五三昧名諸三昧王善男子
菩薩摩訶薩入如是等諸三昧王若欲吹壞
須弥山王隨意即能欲知三千大千世界所
有衆生心之所念亦悉能知欲以三千大千
世界所有衆生內於己身一毛孔中隨意即
能亦令衆生无迫迮想若欲化作无量衆生
悉令充滿三千大千世界中者亦能隨意能
分一身以為多身復合多身以為一身雖作
如是心无所著猶如蓮華善男子菩薩摩
訶薩得入如是三昧王已即得住於自在之地
菩薩住是自在地者得自在力隨欲生處即
得往生善男子譬如聖王領四天下隨意所
行无能障閡菩薩摩訶薩亦復如是一切生
處若欲生者隨意往生善男子菩薩摩訶
薩若見地獄一切衆生有可得令住善根者菩
薩即往而生其中菩薩雖生非本業果菩薩
摩訶薩住自在地力因緣故而生其中善男
子菩薩摩訶薩雖在地獄不受燋然碎身等
苦善男子菩薩摩訶薩所可成就如是功德
无量无邊百千万億尚不可說何況諸佛所
有功德而當可說
尒時衆中有一菩薩名住无垢藏王有大威
德成就神通得大揔持三昧具足得无所畏
即從座起偏袒右肩右膝著地長跪合掌白

尒時衆中有一菩薩名住无垢藏王有大威
德成就神通得大惣持三昧具足得无所畏
即從座起偏袒右肩右膝著地長跪合掌白
佛言世尊如佛所說諸佛菩薩所可成就功
德智慧无量无邊百千万億實不可說我意
猶謂故不如是大乘經典何以故因是大乘
方等經力故能出生諸佛世尊阿耨多羅三
藐三菩提時佛讚言善哉善哉善男子如是
如是如汝所說是諸大乘方等經典雖復成
就无量功德欲比是經不得為譬百倍千倍
百千万億乃至筭數譬喻所不能及善男子
譬如從牛出乳從乳出酪從酪出生蘇從生
蘇出熟蘇從熟蘇出醍醐醍醐最上若有服
者衆病皆除所有諸藥悉入其中善男子佛
亦如是從佛出於十二部經從十二部經出
脩多羅從脩多羅出方等經從方等經出般
若波羅蜜從般若波羅蜜出大涅槃猶如醍
醐言醍醐者譬於佛性佛性者即是如來善
男子以是義故說言如來所有功德无量
无邊不可稱計
迦葉菩薩白佛言世尊如佛所讚大涅槃
經如醍醐最上最妙若有能服衆病悉除一
切諸藥悉入其中我聞是已竊復思念若有
不能聽受是經當知是人為大愚癡无有善
心世尊我於今者實能堪忍剝皮為紙刺血

譬如從牛出乳從乳出酪從酪出生蘇從生
蘇出熟蘇從熟蘇出醍醐醍醐最上若有服
者衆病皆除所有諸藥悉入其中善男子佛
亦如是從佛出於十二部經從十二部經出
脩多羅從脩多羅出方等經從方等經出般
若波羅蜜從般若波羅蜜出大涅槃猶如醍
醐言醍醐者譬於佛性佛性者即是如來善
男子以是義故說言如來所有功德无量
无邊不可稱計
迦葉菩薩白佛言世尊如佛所讚大涅槃
經如醍醐最上最妙若有能服衆病悉除一
切諸藥悉入其中我聞是已竊復思念若有
不能聽受是經當知是人為大愚癡无有善
心世尊我於今者實能堪忍剝皮為紙刺血
為墨以髓為水折骨為筆書寫如是大涅槃
經書已讀誦令其通利然後為人廣說其義
世尊若有衆生貪著財物我當施財然後以

瑜伽師地論卷第七十七　彌勒菩薩說　三藏法師玄奘奉　詔譯
攝決擇分中菩薩地之六
復次依法假安立分別解說瑜伽所攝奢摩
他毗鉢舍那道當知如解深密經中慈氏菩
薩曰佛言世尊菩薩何依何住於大乘中
奢摩他毗鉢舍那佛告慈氏菩薩曰善男
子當知菩薩法假安立及不捨无上正等覺願
為依為住於大乘中脩奢摩他毗鉢舍那
世尊如說四種所緣境事一有分別影像所
緣境事二无分別影像所緣境事三事邊
際所緣境事四所作成辦所緣境事於此四中
幾是奢摩他所緣境事幾是毗鉢舍那所緣
境事幾是俱所緣境事善男子一是奢摩
他所緣境事謂无分別影像一是毗鉢舍那所緣
境事謂有分別影像二是俱所緣境事謂
事邊際所作成辦

BD05990號　瑜伽師地論卷七七　（2–1）

子當知菩薩法假安立及不捨无上正等覺願
為依為住於大乘中脩奢摩他毗鉢舍那
世尊如說四種所緣境事一有分別影像所
緣境事二无分別影像所緣境事三事邊
際所緣境事四所作成辦所緣境事於此四中
幾是奢摩他所緣境事幾是毗鉢舍那所緣
境事幾是俱所緣境事善男子一是奢摩
他所緣境事謂无分別影像一是毗鉢舍那所緣
境事謂有分別影像二是俱所緣境事謂
事邊際所作成辦
世尊云何菩薩依此四種奢摩他毗鉢舍那所
緣境事能求奢摩他能善毗鉢舍那善男
子如我為諸菩薩所說法假安立所謂契經
應誦記別諷誦自說因緣譬喻本事本生方
廣希法論議菩薩於此善聽善受言善通
利意善尋思見善通達即於如所善思惟法獨
處空閑作意思惟復即於此能思惟心內心
相續作意思惟如是正行多安住故起身輕
安及心輕安是名奢摩他如是菩薩能求奢
摩他彼由獲得身心輕安為所依故即於如
所善思惟法內三摩地所行影像觀察勝解
捨離心相即於如是三摩地影像所知義中
能正思擇最極思擇周遍尋思周遍伺察若

BD05990號　瑜伽師地論卷七七　（2–2）

友界[illegible]訶薩[illegible]信解[illegible]甚深般若[illegible]
蜜多具壽善現復白佛言世尊齊何應知是
菩薩摩訶薩久已脩行布施淨戒安忍精進
靜慮般若波羅蜜多久植善根多供養佛事
多善友佛告善現若菩薩摩訶薩脩行般若
波羅蜜多時於色不起分別無異分別於受
想行識不起分別無異分別於色相不起分
別無異分別於受想行識相不起分別無異
分別於色自性不起分別無異分別於受想
行識自性不起分別無異分別於眼處不起
分別無異分別於耳鼻舌身意處不起分別
無異分別於眼處相不起分別無異分別於
耳鼻舌身意處相不起分別無異分別於眼處
自性不起分別無異分別於耳鼻舌身意處
自性不起分別無異分別於色處不起分別
無異分別於聲香味觸法處不起分別無異
分別於色處相不起分別無異分別於聲香
味觸法處相不起分別無異分別於色處自
性不起分別無異分別於聲香味觸法處自
性不起分別無異分別於眼界不起分別異
異分別於耳鼻舌身意界不起分別
別於眼界相不起分別無異分別於

BD05991號　大般若波羅蜜多經卷四三九　（4–1）

分別於色處相不起分別無異分別於聲香
味觸法處相不起分別無異分別於色處自
性不起分別無異分別於聲香味觸法處自
性不起分別無異分別於眼界不起分別異
異分別於耳鼻舌身意界不起分別
別於眼界相不起分別無異分別於
舌身意界相不起分別無異分別於眼界自
性不起分別無異分別於耳鼻舌身意界自
性不起分別無異分別於色界不起分別無
異分別於聲香味觸法界不起分別無異分
別於色界相不起分別無異分別於聲香味
觸法界相不起分別無異分別於色界自性
不起分別無異分別於聲香味觸法界自性
不起分別無異分別於眼識界不起分別無
異分別於耳鼻舌身意識界不起分別無異
分別於眼識界相不起分別無異分別於耳
鼻舌身意識界相不起分別無異分別於眼
識界自性不起分別無異分別於耳鼻舌身
意識界自性不起分別無異分別於眼觸不
起分別無異分別於耳鼻舌身意觸不起分
別無異分別於眼觸相不起分別無異分別
於耳鼻舌身意觸相不起分別無異分別於眼
觸自性不起分別無異分別於耳鼻舌身意
觸自性不起分別無異分別於眼觸為緣所
生諸受不起分別無異分別於耳鼻舌身意
觸為緣所生諸受不起分別無異分別於眼
觸為緣所生諸受相不起分別無異分別於

BD05991號　大般若波羅蜜多經卷四三九　（4–2）

觸自性不起分別無異分別於耳鼻舌身意
觸自性不起分別無異分別於眼觸為緣所
生諸受不起分別無異分別於耳鼻舌身意
觸為緣所生諸受不起分別無異分別於眼
觸為緣所生諸受相不起分別無異分別於
耳鼻舌身意觸為緣所生諸受相不起分別
無異分別於眼觸為緣所生諸受自性不起
分別無異分別於耳鼻舌身意觸為緣所生
諸受自性不起分別無異分別於欲界不起
分別無異分別於色無色界不起分別無異
分別於欲界相不起分別無異分別於色無
色界相不起分別無異分別於欲界自性不
起分別無異分別於色無色界自性不起分
別無異分別於布施波羅蜜多不起分別無
異分別乃至於般若波羅蜜多不起分別無
異分別於布施波羅蜜多相不起分別無異
分別乃至於般若波羅蜜多相不起分別無
異分別於布施波羅蜜多自性不起分別無
異分別乃至於般若波羅蜜多自性不起分
別無異分別於內空不起分別無異分別乃至
於無性自性空不起分別無異分別於內空
相不起分別無異分別乃至於無性自性空
相不起分別無異分別於內空自性不起分
別無異分別乃至於無性自性空自性不起
分別無異分別於四念住不起分別無異分
別乃至於八聖道支不起分別無異分別於
四念住相不起分別無異分別乃至於八聖

[illegible]
異分別於布施波羅蜜多自性不起分別無
異分別乃至於般若波羅蜜多自性不起分
別無異分別於內空不起分別無異分別乃至
於無性自性空不起分別無異分別於內空
相不起分別無異分別乃至於無性自性空
相不起分別無異分別於內空自性不起分
別無異分別乃至於無性自性空自性不起
分別無異分別於四念住不起分別無異分
別乃至於八聖道支不起分別無異分別於
四念住相不起分別無異分別乃至於八聖
道支相不起分別無異分別於四念住自性
不起分別無異分別乃至於八聖道支自性
不起分別無異分別如是乃至於佛十力不
起分別無異分別乃至於十八佛不共法不
起分別無異分別於佛十八相不起分別無
異分別乃至於十八佛不共法相不起分別
無異分別於佛十力自性不起分別無異分
別乃至於十八佛不共法自性不起分別無
異分別於一切智不起分別無異分別於道
相智一切相智不起分別無異分別於一切
智相不起分別無異分別於道相智一切相

能及五濁惡
業五無間四
長婆羅門衆應墮地
至所住處是諸有情
少真
安樂端正殊妙色相具是
佛是時帝釋一切天衆及
衆蒙光希有皆至佛所右繞三帀退坐一面
尒時天帝釋承佛威力即從座起偏袒右肩
右膝著地合掌向佛而白佛言世尊云何善
男子善女人願求阿耨多羅三藐三菩提修
行大乘攝受一切邪倒有情曾所造作業障
罪者云何懺悔當得除滅
佛告天帝釋善哉善哉善男子汝今修行欲
為無量無邊衆生令得清淨解脫安樂哀
愍世間福利一切若有衆生由業障故造諸罪
者應當策勵晝夜六時偏袒右肩右膝著
地合掌恭敬一心專念口自說言歸命頂礼現
在十方一切諸佛已得阿耨多羅三藐三菩
提者轉妙法輪持照法輪雨大法雨擊大法鼓

BD05992 號　金光明最勝王經卷三　（16–1）

愍世間福利一切若有衆生由業障故造諸罪
者應當策勵晝夜六時偏袒右肩右膝著
地合掌恭敬一心專念口自說言歸命頂礼現
在十方一切諸佛已得阿耨多羅三藐三菩
提者轉妙法輪持照法輪雨大法雨擊大法鼓
吹大法螺建大法幢秉大法炬為欲利益安
樂諸衆生故常行法施誘進群迷令得大果
證常樂故如是等諸佛世尊以身語意稽首
歸誠至心礼敬彼諸世尊以真實慧以真實
眼真實證明真實平等悉知悉見一切衆生
善惡之業我從無始生死以來隨惡流轉共諸
衆生造業障罪為貪瞋癡之所纏縛未識
佛時未識法時未識僧時未識善惡由身
語意造無間罪惡心出佛身血誹謗正法破
和合僧殺阿羅漢殺害父母身三語四意三
種行造十惡業自作教他見作隨喜於諸善
人橫生毀謗斗秤欺誑以偽為真不淨飲食
施與一切於六道中所有父母更相惱害或盜
窣堵波物四方僧物現前僧物自在而用世
尊法律不樂奉行師長教示不相隨順見
行聲聞獨覺大乘行者喜生罵辱令諸行
人心生悔惱見有勝己便懷嫉妬法施財施
常生慳惜無明所覆邪見惑心不修善因令惡增
長於諸佛所而起誹謗法說非法非法說法
如是衆罪佛以真實慧真實眼真實證明
真實平等悉知悉見我今歸命對諸佛前

BD05992 號　金光明最勝王經卷三　（16–2）

人心生悔惱見有勝己便懷嫉妬法施財施
常生慳惜無明所覆邪見惑心不修善因令惡增
長於諸佛所而起誹謗法説非法非法説法
如是衆罪佛以真實慧真實眼真實證明
真實平等悉知悉見我今歸命對諸佛前
皆悉發露不敢覆藏未作之罪更不復作已
作之罪今皆懺悔所作業障應墮惡道地獄
傍生餓鬼之中阿蘇羅衆及八難處願我此
生所有業障皆得消滅所有惡報未來不
受亦如過去諸大菩薩修菩提行所有業障悉
已懺悔我之業障今亦懺悔皆悉發露不敢
覆藏已作之罪願得除滅未來之惡更不敢
造亦如未來諸大菩薩修菩提行所有業障
悉已懺悔我之業障今亦懺悔皆悉發露不敢
覆藏已作之罪願得除滅未來之惡更不敢
造亦如現在十方世界諸大菩薩修菩提行
所有業障悉已懺悔我之業障今亦懺悔
悉發露不敢覆藏已作之罪願得除滅未來
之惡更不敢造
善男子以是因緣若有造罪一剎那中不得
覆藏何況一日一夜乃至多時若有犯罪欲
求清淨心懷愧恥信於未來必有惡報生大
恐怖應如是懺如人被火燒頭燒衣救令速
滅火若未滅心不得安若人犯罪亦復如是即
應懺悔令速除滅若有願生富樂之家多饒
財寶復欲發意修習大乘亦應懺悔滅除
業障欲生豪貴婆羅門種剎帝利家及轉

恐怖應如是懺如人被火燒頭燒衣救令速
滅火若未滅心不得安若人犯罪亦復如是即
應懺悔令速除滅若有願生富樂之家多饒
財寶復欲發意修習大乘亦應懺悔滅除
業障欲生豪貴婆羅門種剎帝利家及轉
輪王七寶具足亦應懺悔滅除業障
善男子若有欲生四大王衆三十三天夜摩
天覩史多天樂變化天他化自在天亦應懺
悔滅除業障若欲生梵衆梵輔大梵天光
無量光極光淨天少淨無量淨遍淨天無雲
福生廣果無煩無熱善現天善見色究竟
天亦應懺悔滅除業障若欲求預流果一來果
不還果阿羅漢果亦應懺悔滅除業障若欲
願求三明六通聲聞獨覺自在菩提至究
竟地求一切智智淨智不思議智不動智三藐
三菩提正遍智者亦應懺悔滅除業障何以
故善男子一切諸法從因緣生如來所説異
相生異相滅因緣異故如是過去諸法皆
已滅盡所有業障無復遺餘是諸行法
未得現生而今得生未來業障更不復起何以
故善男子一切法空如來所説無有我人衆生壽
者亦無生滅亦無行法善男子一切諸法皆
依於本亦不可説何以故過一切相故若有
善男子善女人如是入於微妙真理生信敬心
是名無衆生而有於本以是義故説於懺
悔滅除業障
善男子若人成就四法能除業障永得清

依於本亦不可說何以故過一切相故若有
善男子善女人如是入於微妙真理生信歡心
是名無衆生而有於本以是義故說於懺
悔滅除業障
善男子若人成就四法能除業障永得清
淨云何為四一者不起邪心正念成就二者於
甚深理不生誹謗三者於初行菩薩起一切
智心四者於諸衆生起慈無量是謂為四尒
時世尊而說頌言
專心護三業　不誹謗深法　作一切智想　慈心淨業障
善男子有四業障難可滅除云何為四一者
於菩薩律儀犯極重惡二者於大乘經心生
誹謗三者於自善根不能增長四者貪著
三有無出離心復有四種對治業障云何
為四一者於十方世界一切如來至心親近說
一切罪二者為一切衆生勸請諸佛說深妙
法三者隨喜一切衆生所有功德四者所有一切
功德善根悉皆迴向阿耨多羅三藐三菩提
尒時天帝釋白佛言世尊世間所有男子
女人於大乘行有能行者有不行者云何能
得隨喜一切衆生功德善根佛言善男子
若有衆生雖於大乘未能修習然於晝夜
六時偏袒右肩右膝著地合掌恭敬一心專念
作隨喜時得福無量應作是言十方世界一
切衆生現在修行施戒心慧我今皆悉深生
隨喜由作如是隨喜福故必當獲得尊重
殊勝無上無等最妙之果如是過去未來一

BD05992號　金光明最勝王經卷三　（16–5）

六時偏袒右肩右膝著地合掌恭敬一心專念
作隨喜時得福無量應作是言十方世界一
切衆生現在修行施戒心慧我今皆悉深生
隨喜由作如是隨喜福故必當獲得尊重
殊勝無上無等最妙之果如是過去未來一
切衆生所有善根皆悉隨喜又於現在初行
菩薩發菩提心所有功德過百大劫行菩薩
行有大功德獲無生忍至不退轉一生補處
如是一切功德之蘊皆悉至心隨喜讚歎
過去未來一切菩薩所有功德隨喜讚歎亦
復如是復於現在十方世界一切諸佛應正
遍知證妙菩提為度無邊諸衆生故轉無
上法輪行無礙法施擊法鼓吹法螺建法幢
雨法雨哀愍勸化一切衆生咸令信受皆蒙法施
悉得充足無盡安樂又復所有菩薩聲聞獨覺
功德積集善根若有衆生未具如是諸功德者
悉令具足我皆隨喜如是過去未來諸佛菩
薩聲聞獨覺所有功德亦皆至心隨喜讚歎
善男子如是隨喜當得無量功德之聚如
恒河沙三千大千世界所有衆生皆斷煩惱成
阿羅漢若有善男子善女人盡其形壽常
以上妙衣服飲食卧具醫藥而為供養如是
功德不及如前隨喜功德千分之一何以故供
養功德有數有量不攝一切諸功德故隨喜
功德無量無數能攝三世一切功德是故若人
欲求增長勝善根者應修如是隨喜功德若
有女人願轉女身為男子者亦應修習隨喜

BD05992號　金光明最勝王經卷三　（16–6）

功德不及如前隨喜功德千分之一何以故供
養功德有數有量不攝一切諸功德故隨喜
功德無量無數能攝三世一切功德是故若人
欲求增長勝善根者應修如是隨喜功德若
有女人願轉女身為男子者亦應修習隨喜
功德必得隨心現成男子尒時天帝釋白佛言
世尊已知隨喜功德勸請功德唯願為說
欲令未來一　菩薩當轉法輪現在菩薩正
修行故佛告天帝釋若有善男子善女人願求
阿耨多羅三藐三菩提者應當修行聲聞
獨覺大乘之道是人當於晝夜六時如前威
儀一心專念作如是言我今歸依十方一切諸
佛世尊已得阿耨多羅三藐三菩提未轉無上
法輪欲捨報身入涅槃者我皆至誠頂礼勸
請轉大法輪雨大法雨然大法燈照明理趣
施無礙法莫般涅槃久住於世度脫安樂
一切衆生如前所說乃至無盡安樂我今以
此勸請功德迴向阿耨多羅三藐三菩提如
過去未來現在諸大菩薩勸請功德迴向菩
提我亦如是勸請功德迴向無上正等菩提
善男子假使有人以三千大千世界滿中七
寶供養如來若復有人勸請如來轉大法
輪所得功德其福勝彼何以故彼是財施此
是法施善男子且置三千大千世界七寶布施
若人以滿恒河沙數大千世界七寶供養一切
諸佛勸請功德亦勝於彼由其法施有五勝
利云何為五一者法施兼利自他財施不尒

BD05992號　金光明最勝王經卷三　（16–7）

輪所得功德其福勝彼何以故彼是財施此
是法施善男子且置三千大千世界七寶布施
若人以滿恒河沙數大千世界七寶供養一切
諸佛勸請功德亦勝於彼由其法施有五勝
利云何為五一者法施兼利自他財施不尒
二者法施能令衆生出於三界財施之福不
出欲界三者法施能淨法身財施但唯增長
於色四者法施無窮財施有盡五者法施
能斷無明財施唯伏貪愛是故善男子勸請
功德無量無邊難可譬喻如我昔行菩薩道
時勸請諸佛轉大法輪由彼善根是故今日
一切帝釋諸梵王等勸請於我轉大法輪善
男子請轉法輪為欲度脫安樂諸衆生故我
於往昔為菩提行勸請如來久住於世莫般
涅槃依此善根我得十力四無所畏四無礙辯
大慈大悲證得無數不共之法我當入於無
餘涅槃我之正法久住於世我法身者清淨
無比種種妙相無量智慧無量自在無量功
德難可思議一切衆生皆蒙利益百千万劫
說不能盡法身攝藏一切諸法一切諸法不
攝法身法身常住不墮常見雖復斷滅亦
非斷見能破衆生種種異見能生衆生種種
真見能解一切衆生之縛無縛可解能植衆
生諸善根本未成熟者令成熟已成熟者令
解脫無作無動遠離閙鬧寂靜無為自在
安樂過於三世能現三世出於聲聞獨覺之
境諸大菩薩之所修行一切如來體無有異

BD05992號　金光明最勝王經卷三　（16–8）

真見能解一切衆生之縛無縛可解能植衆
生諸善根本未成熟者令成熟已成熟者令
解脫無作無動遠離憒閙寂静無爲自在
安樂過於三世能現三世出於聲聞獨覺之
境諸大菩薩之所修行一切如来體無有異
此等皆由勸請功德善根力故如是法身我今
已得是故若有欲得阿耨多羅三藐三菩提
者於諸經中一句一頌爲人解說功德善根
尚無限量何况勸請如来轉大法輪久住於
世莫般涅槃
時天帝釋復白佛言世尊若善男子善女人
爲求阿耨多羅三藐三菩提故修三乘道所
有善根云何迴向一切智智佛告天帝善男
子若有衆生欲求菩提修三乘道所有善根
願迴向者當於晝夜六時慇重至心作如是
說我從無始生死以来於三寳所修行成就
所有善根乃至施與傍生一摶之食或以善
言和解諍訟或受三歸及諸學處或復懺悔
勸請隨喜所有善根我今作意悉皆攝取
迴施一切衆生無悔悋心是解脫分善根所攝
如佛世尊之所知見不可稱量無礙清淨如
是所有功德善根悉以迴施一切衆生不住
相心不捨相心我亦如是功德善根悉以迴施
一切衆生願皆獲得如意之手搖空出寳滿
衆生願富樂無盡智慧無窮妙法辯才悉
皆無滞共諸衆生同證阿耨多羅三藐三菩

BD05992號　金光明最勝王經卷三　（16–9）

相心不捨相心我亦如是功德善根悉以迴施
一切衆生願皆獲得如意之手搖空出寳滿
衆生願富樂無盡智慧無窮妙法辯才悉
皆無滞共諸衆生同證阿耨多羅三藐三菩
提得一切智因此善根更復出生無量善法
亦皆迴向無上菩提又如過去諸大菩薩修
行之時功德善根悉皆迴向一切種智現在未
来亦復如是然我所有功德善根亦皆迴
向阿耨多羅三藐三菩提是諸善根願共一
切衆生俱成正覺如餘諸佛坐於道場菩提
樹下不可思議無礙清淨住於無盡法藏陁
羅尼首楞嚴定破魔波旬無量兵衆應見覺
知應可通達如是一切一剎那中悉皆照了
於後夜中獲甘露法證甘露義我及衆生願
皆同證如是妙覺猶如
無量壽佛　勝光佛　妙光佛　阿閦佛
功德善光佛　師子光明佛　百光明佛　網光明佛
寳相佛　寳燄佛　燄明佛　燄盛光明佛
吉祥上王佛　微妙聲佛　妙莊嚴佛　法幢佛
上勝身佛　可愛色身佛　光明遍照佛　梵淨王佛
上性佛
如是等如来應正遍知過去未来及以現在
亦現應化得阿耨多羅三藐三菩提轉無上
法輪爲度衆生我亦如是廣說如上
善男子若有淨信男子女人於此金光明最
勝經王滅業障品受持讀誦憶念不忘爲

BD05992號　金光明最勝王經卷三　（16–10）

如是等如來應正遍知過去未來及以現在
亦現應化得阿耨多羅三藐三菩提轉無上
法輪為度衆生我亦如是廣說如上
善男子若有淨信男子女人於此金光明最
勝經王滅業障品受持讀誦憶念不忘為
他廣說得無量無邊大功德聚譬如三千大千
世界所有衆生一時皆得成就人身得人身已
成獨覺道若有男子女人盡其形壽恭敬
尊重四事供養一一獨覺各施七寶如須弥山
此諸獨覺入涅槃後皆以珎寶起塔供養
其塔高廣十二瑜繕那以諸花香寶幢幡蓋
常為供養善男子於意云何是人所獲功
德寧為多不天帝釋言甚多世尊善男子
若復有人於此金光明微妙經典衆經之王滅
業障品受持讀誦憶念不忘為他廣說所
獲功德於前所說供養功德百分不及一百千万
億分乃至挍量譬喻所不能及何以故是善男
子善女人住正行中勸請十方一切諸佛轉
無上法輪皆為諸佛歡喜讚歎善男子如
我所說一切施中法施為勝是故善男子於
三寶所設諸供養不可為比勸受三歸持一
切戒無有毀犯三業不空不可為比一切世界
一切衆生隨力隨能隨所願樂於三乘中勸
發菩提心不可為比於三世中一切世界所有
衆生皆得無礙速令成就無量功德不可為
比三世剎土一切衆生令無障礙得三菩
提不可為比三世剎土一切衆生勸令速出

一切衆生隨力隨能隨所願樂於三乘中勸
發菩提心不可為比於三世中一切世界所有
衆生皆得無礙速令成就無量功德不可為
比三世剎土一切衆生令無障礙得三菩
提不可為比三世剎土一切衆生勸令速出
四惡道苦不可為比三世剎土一切衆生勸
令除滅極重惡業不可為比一切苦惱勸
令解脫不可為比一切怖畏苦惱逼切皆令
得解不可為比三世佛前一切衆生所有功
德勸令隨喜發菩提願不可為比勸除惡行
罵辱之業一切功德皆願成就所在生中勸
請供養尊重讚歎一切三寶勸請衆生淨
修福行成滿菩提不可為比是故當知勸請
一切世界三世三寶勸請滿足六波羅蜜勸
請轉於無上法輪勸請住世經無量劫演
說無量甚深妙法功德甚深無能比者
尒時天帝釋及恒河女神無量梵王四大天
衆從座而起偏袒右肩右膝著地合掌頂
礼白佛言世尊我等皆得聞是金光明最勝
王經今悉受持讀誦通利為他廣說依此法住
何以故世尊我等欲求阿耨多羅三藐三菩
提隨順此義種種勝相如法行故尒時梵
王及天帝釋等於說法處皆以種種曼陁
羅花而散佛上三千大千世界地皆大動一
切天鼓及諸音樂不鼓自鳴放金色光遍滿
世界出妙音聲時天帝釋白佛言世尊此等
皆是金光明經威神之力慈悲普救種種利

羅花而散佛上三千大千世界地皆大動一
切天鼓及諸音樂不鼓自鳴放金色光遍滿
世界出妙音聲時天帝釋白佛言世尊此等
皆是金光明經威神之力慈悲普救種種利
益種種增長菩薩善根滅諸業障佛言如是
如是如汝所說何以故善男子我念往昔過
無量百千阿僧祇劫有佛名寶王大光照如
来應正遍知出現於世住世六百八十億劫尒時
寶王大光照如来為欲度脫人天釋梵沙門
婆羅門一切衆生令安樂故當出現時初會
說法度百千億億万衆皆得阿羅漢果諸
漏已盡三明六通自在無礙於第二會復度
九十千億億万衆皆得阿羅漢果諸漏已盡三
明六通自在無礙於第三會復度九十八千
億億万衆皆得阿羅漢果圓滿如上
善男子我於尒時作女人身名福寶光明
於第三會親近世尊受持讀誦是金光明
經為他廣說求阿耨多羅三藐三菩提故時
彼世尊為我授記此福寶光明女於未来世
當得作佛号釋迦牟尼如来應正遍知明行
足善逝世間無上士調御丈夫天人師佛世
尊捨女身後從是以来越四惡道生人天
中受上妙樂八十四百千生作轉輪王至于
今日得成正覺名稱普聞遍滿世界時會大
衆忽然皆見寶王大光照如来轉無上法輪
說微妙法善男子去此娑訶世界東方過百
千恒河沙數佛土有世界名寶莊嚴其寶王

中受上妙樂八十四百千生作轉輪王至于
今日得成正覺名稱普聞遍滿世界時會大
衆忽然皆見寶王大光照如来轉無上法輪
說微妙法善男子去此娑訶世界東方過百
千恒河沙數佛土有世界名寶莊嚴其寶王
大光照如来今現在彼未般涅槃說微妙法廣
化群生汝等見者即是彼佛
善男子若有善男子善女人聞是寶王大光
照如来名号者於菩薩地得不退轉至大涅
槃若有女人聞是佛名者臨命終時得見彼
佛来至其所既見佛已究竟不復更受女身
善男子是金光明微妙經典種種利益種種
增長菩薩善根滅諸業障善男子若有苾
蒭苾蒭尼鄔波索迦鄔波斯迦隨在何處
為人講說是金光明微妙經典於其國土皆
獲四種福利善根云何為四一者國王無病離
諸灾厄二者壽命長遠無有障礙三者無諸
怨敵兵衆勇健四者安隱豊樂正法流通何以
故如是人王常為釋梵四王藥叉之衆共守護
故
尒時世尊告天衆曰善男子是事實不是時
無量釋梵四王及藥叉衆俱時同聲荅世尊
言如是如是若有國土講宣讀誦此妙經王
是諸國主我等四王常来擁護行住共俱其
王若有一切灾障及諸怨敵我等四王皆使
消殄憂愁疾疫亦令除差增益壽命感應禎
祥所願遂心亘生歡喜我等[illegible]

言如是如是若有國主誦宣讀誦此妙經王
是諸國主我等四王常來擁護行住共俱其
王若有一切灾障及諸怨敵我等四王皆使
消殄憂愁疾疫亦令除差增益壽命感應禎
祥所願遂心恒生歡喜我等亦能令其國中
所有軍兵悉皆勇健佛言善哉善哉善男子
如汝所說汝當修行何以故是諸國主如法行
時一切人民随王修習如法行者汝等皆蒙
色力勝利宮殿光明眷屬強盛時釋梵等白
佛言如是世尊佛言若有講讀此妙經典流
通之處於其國中大臣輔相有四種益云何
為四一者更相親穆尊重愛念二者常為人
王心所愛重亦為沙門婆羅門大國小國之
所遵敬三者輕財重法不求世利嘉名普暨
衆所欽仰四者壽命延長安隱快樂是名四
益若有國土宣說是經沙門婆羅門得四種
勝利云何為四一者衣服飲食卧具醫藥無
所乏少二者皆得安心思惟讀誦三者依於
山林得安樂住四者随心所願皆得滿足是
名四種勝利若有國土宣說是經一切人民
皆得豐樂無諸疾疫商估往還多獲寶
貨具足勝福是名種種功德利益
尒時梵釋四天王及諸大衆白佛言世尊如
是經典甚深之義若現在者當知如來卅七
種助菩提法住世未滅若是經典滅盡之時
正法亦滅佛言如是如是善男子是故汝等
於此金光明經一句一頌一品一部皆當一心正

BD05992號　金光明最勝王經卷三　（16–15）

皆得豐樂無諸疾疫商估往還多獲寶
貨具足勝福是名種種功德利益
尒時梵釋四天王及諸大衆白佛言世尊如
是經典甚深之義若現在者當知如來卅七
種助菩提法住世未滅若是經典滅盡之時
正法亦滅佛言如是如是善男子是故汝等
於此金光明經一句一頌一品一部皆當一心正
讀誦正聞持正思惟正修習為諸衆生廣
宣流布長夜安樂福利無邊時大衆聞
佛說已咸蒙勝益歡喜受持

金光明經卷第三

閻 封胡　稷 六莫　暨 器其

BD05992號　金光明最勝王經卷三　（16–16）

薩摩訶
蜜多善現當知空解脫
空故菩薩摩訶薩應引般若波羅蜜多
無相無願解脫門無盡故菩薩摩訶薩應引
般若波羅蜜多
善現當知五眼無盡故菩薩摩訶薩應引
般若波羅蜜多六神通無盡故菩薩摩訶薩
應引般若波羅蜜多善現當知佛十力無盡故
菩薩摩訶薩應引般若波羅蜜多四無所畏
四無礙解大慈大悲大喜大捨十八佛不共法
無盡故菩薩摩訶薩應引般若波羅蜜多
善現當知無忘失法無盡故菩薩摩訶薩應
引般若波羅蜜多恒住捨性無盡故菩薩摩
訶薩應引般若波羅蜜多善現當知一切智
無盡故菩薩摩訶薩應引般若波羅蜜多道
相智一切相智無盡故菩薩摩訶薩應引般
若波羅蜜多善現當知一切陁羅尼門無盡
故菩薩摩訶薩應引般若波羅蜜多一切三
摩地門無盡故菩薩摩訶薩應引般若波羅
蜜多
善現當知預流果無盡故菩薩摩訶薩應引
般若波羅蜜多一來不還阿羅漢果無盡故
菩薩摩訶薩應引般若波羅蜜多善現當

BD05993號　大般若波羅蜜多經卷三四七　（4–1）

若波羅蜜多善現當知一切陁羅尼門無盡
故菩薩摩訶薩應引般若波羅蜜多一切三
摩地門無盡故菩薩摩訶薩應引般若波羅
蜜多
善現當知預流果無盡故菩薩摩訶薩應引
般若波羅蜜多一來不還阿羅漢果無盡故
菩薩摩訶薩應引般若波羅蜜多善現當
知獨覺菩提無盡故菩薩摩訶薩應引般
若波羅蜜多善現當知一切菩薩摩訶薩行
無盡故菩薩摩訶薩應引般若波羅蜜多善
現當知諸佛無上正等菩提無盡故菩薩摩訶
薩應引般若波羅蜜多
復次善現當知色虛空無盡故菩薩摩訶
薩應引般若波羅蜜多受想行識虛空無盡
故菩薩摩訶薩應引般若波羅蜜多善現當
知眼處虛空無盡故菩薩摩訶薩應引般若
波羅蜜多耳鼻舌身意處虛空無盡故菩薩
摩訶薩應引般若波羅蜜多善現當知色處
虛空無盡故菩薩摩訶薩應引般若波羅蜜
多聲香味觸法處虛空無盡故菩薩摩訶薩
應引般若波羅蜜多善現當知眼界虛空無
盡故菩薩摩訶薩應引般若波羅蜜多色界
眼識界及眼觸眼觸為緣所生諸受虛空無盡
故菩薩摩訶薩應引般若波羅蜜多善現當
知耳界虛空無盡故菩薩摩訶薩應引般若
波羅蜜多聲界耳識界及耳觸耳觸為緣所生
諸受虛空無盡故菩薩摩訶薩應引般若

BD05993號　大般若波羅蜜多經卷三四七　（4–2）

應引般若波羅蜜多善現當知眼界虛空無
盡故菩薩摩訶薩應引般若波羅蜜多色界
眼識界及眼觸眼觸為緣所生諸受虛空無盡
故菩薩摩訶薩應引般若波羅蜜多善現當
知耳界虛空無盡故菩薩摩訶薩應引般若
波羅蜜多聲界耳識界及耳觸耳觸為緣所生
諸受虛空無盡故菩薩摩訶薩應引般若
波羅蜜多善現當知鼻界虛空無盡故菩薩
摩訶薩應引般若波羅蜜多香界鼻識界及
鼻觸鼻觸為緣所生諸受虛空無盡故菩薩
摩訶薩應引般若波羅蜜多善現當知舌界
虛空無盡故菩薩摩訶薩應引般若波羅蜜
多味界舌識界及舌觸舌觸為緣所生諸受虛
空無盡故菩薩摩訶薩應引般若波羅蜜
多善現當知身界虛空無盡故菩薩摩訶薩
應引般若波羅蜜多觸界身識界及身觸身
觸為緣所生諸受虛空無盡故菩薩摩訶薩
應引般若波羅蜜多善現當知意界虛空
無盡故菩薩摩訶薩應引般若波羅蜜多法
界意識界及意觸意觸為緣所生諸受虛空
無盡故菩薩摩訶薩應引般若波羅蜜多善
現當知地界虛空無盡故菩薩摩訶薩應引
般若波羅蜜多水火風空識界虛空無盡故菩
薩摩訶薩應引般若波羅蜜多善現當知
無明虛空無盡故菩薩摩訶薩應引般若波
羅蜜多行識名色六處觸受愛取有生老死
愁歎苦憂惱虛空無盡故菩薩摩訶薩應引

BD05993號　大般若波羅蜜多經卷三四七　（4-3）

虛空無盡故菩薩摩訶薩應引般若波羅蜜
多味界舌識界及舌觸舌觸為緣所生諸受虛
空無盡故菩薩摩訶薩應引般若波羅蜜
多善現當知身界虛空無盡故菩薩摩訶薩
應引般若波羅蜜多觸界身識界及身觸身
觸為緣所生諸受虛空無盡故菩薩摩訶薩
應引般若波羅蜜多善現當知意界虛空
無盡故菩薩摩訶薩應引般若波羅蜜多法
界意識界及意觸意觸為緣所生諸受虛空
無盡故菩薩摩訶薩應引般若波羅蜜多善
現當知地界虛空無盡故菩薩摩訶薩應引
般若波羅蜜多水火風空識界虛空無盡故菩
薩摩訶薩應引般若波羅蜜多善現當知
無明虛空無盡故菩薩摩訶薩應引般若波
羅蜜多行識名色六處觸受愛取有生老死
愁歎苦憂惱虛空無盡故菩薩摩訶薩應引
般若波羅蜜多

BD05993號　大般若波羅蜜多經卷三四七　（4-4）

空空大空勝義空有為空无為空畢竟空无
際空散空无變異空本性空自性相空共相空
一切法空不可得空无性空自性空无性自
性空於外空乃至无性自性空非遠離非不
遠離是故菩薩摩訶薩能无執着安住外空
乃至无性自性空善現真如於真如非遠離
非不遠離是故菩薩摩訶薩能无執着安住
真如善現法界法性不虛妄性不變異性平
等性離生性法定法住實際虛空界不思議
界於法界乃至不思議界非遠離非不遠離
是故菩薩摩訶薩能无執着安住法界乃至
不思議界善現苦聖諦於苦聖諦非遠離非
不遠離是故菩薩摩訶薩能无執着安住苦
聖諦善現集滅道聖諦於集滅道聖諦非遠
離非不遠離是故菩薩摩訶薩能无執着安
住集滅道聖諦善現四靜慮於四靜慮非遠
離非不遠離是故菩薩摩訶薩能无執着引
發四靜慮善現四无量四无色定於四无量
四无色定非遠離非不遠離是故菩薩摩訶

BD05994 號　大般若波羅蜜多經（兑廢稿）卷三五四　（2–1）

非不遠離是故菩薩摩訶薩能无執着安住
真如善現法界法性不虛妄性不變異性平
等性離生性法定法住實際虛空界不思議
界於法界乃至不思議界非遠離非不遠離
是故菩薩摩訶薩能无執着安住法界乃至
不思議界善現苦聖諦於苦聖諦非遠離非
不遠離是故菩薩摩訶薩能无執着安住苦
聖諦善現集滅道聖諦於集滅道聖諦非遠
離非不遠離是故菩薩摩訶薩能无執着安
住集滅道聖諦善現四靜慮於四靜慮非遠
離非不遠離是故菩薩摩訶薩能无執着引
發四靜慮善現四无量四无色定於四无量
四无色定非遠離非不遠離是故菩薩摩訶
薩能无執着引發四无量四无色定善現八
解脫於八解脫非遠離非不遠離是故菩薩
摩訶薩能无執着引發八解脫善現八勝處
九次第定十遍處於八勝處九次第定十遍
處非遠離非不遠離是故菩薩摩訶薩能无
執着引發八勝處九次第定十遍處善現四
念住於四念住非遠離非不遠離是故菩薩
摩訶薩能无執着引發四念住善現四正斷
四神足五根五力七等覺支八聖道支於四

BD05994 號　大般若波羅蜜多經（兑廢稿）卷三五四　（2–2）

國寧人家為第一黃籙者開度億万曾祖
先後亡人處在三塗沉淪万劫超陵地獄離苦
生天救拔幽魂家為第一明真者正天分度調
理陰陽辟斥凶災開度飛爽人天權慶生死永
恩應感諸天家為第一自然者解免愆過致
福延齡朝奏諸天傳度經法善為男女一切衆生
无量因緣家為第一三元者學士備身祈年羽
化開度七祖首罪三官削死上生延期
為人及己家為第一塗炭者牢獄疾病考
幽魂苦痛難堪万救无效投告首罵生死愆
无解其急厄家為第一洞神者命召天地役
御神靈轉死成生迴凶即吉真靈潛應玄道
感通度脫衆生家為第一神呪者駈除瘦癘
掃蕩妖精蠲却氣邪家為第一所以分為九
者隨順衆生立其品次勅勒神仙令知禁忌遍
為人天功德等也或三日七日百日竟歲燒香
散花礼誦讚歎明燈照夜洞徹諸天供養布
施開度天人功德巍巍家為无量
太上曰昔真定國王南和國王无量國王安
樂國王逍遥國王自在國王平等國王清正
國王尊勝國王同日各於正殿建一種行道
廣召道士各千二百人建節持幢庠序雅步
散花燒香晝夜六時行道礼懺王與皇后及

BD05995號　太上洞玄靈寶業報因緣經卷五　（2-1）

掃蕩妖精蠲却氣邪家為第一所以分為九
者隨順衆生立其品次勅勒神仙令知禁忌遍
為人天功德等也或三日七日百日竟歲燒香
散花礼誦讚歎明燈照夜洞徹諸天供養布
施開度天人功德巍巍家為无量
太上曰昔真定國王南和國王无量國王安
樂國王逍遥國王自在國王平等國王清正
國王尊勝國王同日各於正殿建一種行道
廣召道士各千二百人建節持幢庠序雅步
散花燒香晝夜六時行道礼懺王與皇后及
諸王子大臣宰輔親自供養設百味飲食燒
千合靈香散万種寶花吹九鳳之簫鼓五合
之琴嘯神州之笙陳天鈞之樂傾其府庫金
銀珠玉衣服器具布施供養度國中男女端
正第一相好分明聰明智惠及其王子公侯
宰輔豪貴大臣咸使出家臣億万計一百日
中天下人民莫不歡慶讚歎供養不可思議
紹隆三寶堂堂无比九百年中相承不絕王
各仙化在梵度天中皇后王子及諸大臣各
獲其福悉得生天逍遥快樂功德平等无
有偏頗所以九種行道皆為第一
知權品第十

BD05995號　太上洞玄靈寶業報因緣經卷五　（2-2）

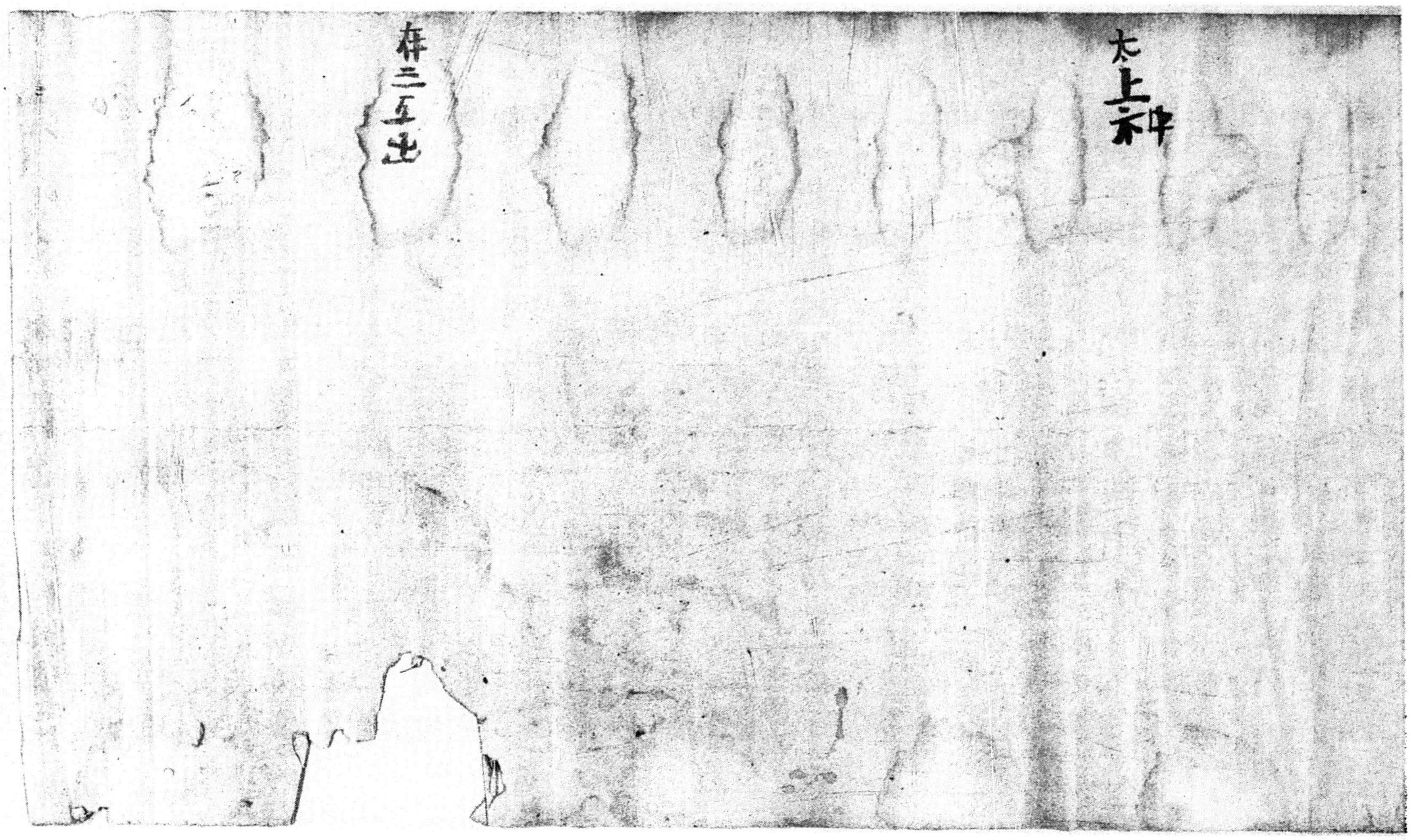

BD05995 號背　雜寫　　（1–1）

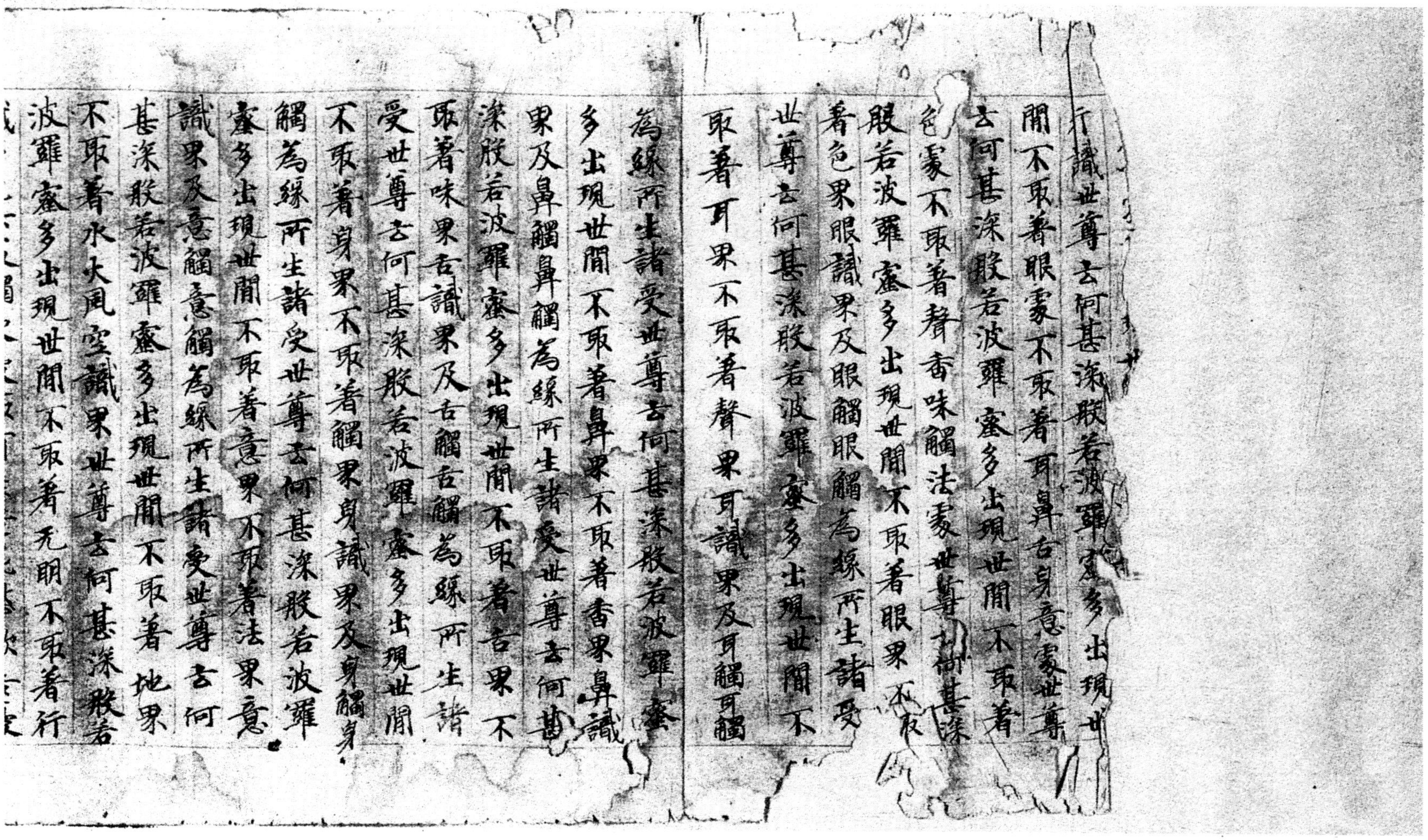

行識世尊云何甚深般若波羅蜜多出現世
間不取著眼處不取著耳鼻舌身意處世尊
云何甚深般若波羅蜜多出現世間不取著
色處不取著聲香味觸法處世尊云何甚深
般若波羅蜜多出現世間不取著眼界不取
著色界眼識界及眼觸眼觸為緣所生諸受
世尊云何甚深般若波羅蜜多出現世間不
取著耳界不取著聲界耳識界及耳觸耳觸
為緣所生諸受世尊云何甚深般若波羅蜜
多出現世間不取著鼻界不取著香界鼻識
界及鼻觸鼻觸為緣所生諸受世尊云何甚
深般若波羅蜜多出現世間不取著舌界不
取著味界舌識界及舌觸舌觸為緣所生諸
受世尊云何甚深般若波羅蜜多出現世間
不取著身界不取著觸界身識界及身觸身
觸為緣所生諸受世尊云何甚深般若波羅
蜜多出現世間不取著意界不取著法界意
識界及意觸意觸為緣所生諸受世尊云何
甚深般若波羅蜜多出現世間不取著地界
不取著水火風空識界世尊云何甚深般若
波羅蜜多出現世間不取著無明不取著行

BD05996 號　大般若波羅蜜多經卷三一〇　　（3–1）

觸為緣所生諸受世尊云何甚深般若波羅
蜜多出現世間不取著意界不取著法界意
識界及意觸意觸為緣所生諸受世尊云何
甚深般若波羅蜜多出現世間不取著地界
不取著水火風空識界世尊云何甚深般若
波羅蜜多出現世間不取著无明不取著行
識名色六處觸受愛取有生老死愁歎苦憂
惱
世尊云何甚深般若波羅蜜多出現世間不
取著布施波羅蜜多不取著淨戒安忍精進
靜慮般若波羅蜜多世尊云何甚深般若波
羅蜜多出現世間不取著內空不取著外空
內外空空空大空勝義空有為空无為空畢
竟空无際空散空无變異空本性空自相空
共相空一切法空不可得空无性空自性空
无性自性空世尊云何甚深般若波羅蜜多
出現世間不取著真如不取著法界法性不
虛妄性不變異性平等性離生性法定法住
實際虛空界不思議界世尊云何甚深般若
波羅蜜多出現世間不取著苦聖諦不取著
集滅道聖諦世尊云何甚深般若波羅蜜多
出現世間不取著四靜慮不取著四无量四
无色定世尊云何甚深般若波羅蜜多出現
世間不取著八解脫不取著八勝處九次第
定十遍處世尊云何甚深般若波羅蜜多出
現世間不取著四念住不取著四正斷四神
足五根五力七等覺支八聖道支世尊云何
甚深般若波羅蜜多出現世間不取著空解

BD05996號　大般若波羅蜜多經卷三一〇　（3–2）

无色定世尊云何甚深般若波羅蜜多出現
世間不取著八解脫不取著八勝處九次第
定十遍處世尊云何甚深般若波羅蜜多出
現世間不取著四念住不取著四正斷四神
足五根五力七等覺支八聖道支世尊云何
甚深般若波羅蜜多出現世間不取著空解
脫門不取著无相无願解脫門世尊云何甚
深般若波羅蜜多出現世間不取著菩薩十
地
世尊云何甚深般若波羅蜜多出現世間不
取著五眼不取著六神通世尊云何甚深般
若波羅蜜多出現世間不取著佛十力不取
著四无所畏四无礙解大慈大悲大喜大捨
十八佛不共法世尊云何甚深般若波羅蜜
多出現世間不取著无忘失法不取著恒住
捨性世尊云何甚深般若波羅蜜多出現世
間不取著一切智不取著道相智一切相智
世尊云何甚深般若波羅蜜多出現世間不
取著一切陁羅尼門不取著一切三摩地門
世尊云何甚深般若波羅蜜多出現世間不
取著預流果不取著一來不還阿羅漢果世
尊云何甚深般若波羅蜜多出現世間不取
著獨覺菩提世尊云何甚深般若波羅蜜
多出世世間不取著一切菩薩摩訶薩行世尊
云何甚深般若波羅蜜多出現世間不取著

BD05996號　大般若波羅蜜多經卷三一〇　（3–3）

薩一切心
以是故菩薩摩訶薩心不沒不悔世尊云何
菩薩心不驚不畏不怖佛告須菩提是菩薩
意及意界不可得不可見以是故不驚不畏
不怖知是須菩提菩薩摩訶薩一切法不可
得故應行般若波羅蜜須菩提菩薩摩訶薩
一切行處不得般若波羅蜜不得菩薩名亦
不得菩薩心即是教菩薩摩訶薩
摩訶般若波羅蜜勸學品第八
尒時須菩提白佛言世尊菩薩摩訶薩欲具
足檀波羅蜜當學般若波羅蜜欲具足尸波
羅蜜羼提波羅蜜毗梨耶波羅蜜禪波、
般若波羅蜜當學般若波羅蜜菩薩摩訶
欲知色當學般若波羅蜜乃至欲知識當學
般若波羅蜜欲知眼乃至意欲知色乃至法
欲知眼識乃至意識欲知眼觸乃至意觸欲
知眼觸因緣生受乃至意觸因緣生受當學
般若波羅蜜欲斷婬瞋癡當學般若波羅蜜
菩薩摩訶薩欲斷身見戒取疑婬欲瞋恚色

BD05997號　摩訶般若波羅蜜經（四十卷本）卷四　（7–1）

般若波羅蜜欲知眼乃至意欲知色乃至法
欲知眼識乃至意識欲知眼觸乃至意觸欲
知眼觸因緣生受乃至意觸因緣生受當學
般若波羅蜜欲斷婬瞋癡當學般若波羅蜜
菩薩摩訶薩欲斷身見戒取疑婬欲瞋恚色
愛无色愛掉慢无明等一切結使及纏等當
學般若波羅蜜欲斷四縛四結四顛倒當學
般若波羅蜜欲知十善道欲知四禪欲知四
无量心四无色定四念處乃至十八不共法
當學般若波羅蜜菩薩摩訶薩欲入覺意三
昧當學般若波羅蜜欲入六神通九次第定
超越三昧當學般若波羅蜜欲得師子遊戲
三昧當學般若波羅蜜欲得師子奮迅三昧
欲得一切陀羅尼門當學般若波羅蜜菩薩
摩訶薩欲得首楞嚴三昧寶印三昧妙月三
昧月幢相三昧一切法印三昧觀印三昧畢
法性三昧畢住相三昧如金剛三昧入一切法
門三昧三昧王三昧王印三昧淨力三昧高
出三昧畢入一切辯才三昧入諸法名三昧
觀十方三昧諸陀羅尼門印三昧一切法不
忘三昧攝一切法聚印三昧虛空住三昧三
分清淨三昧不退神通三昧出鉢三昧諸三
昧幢相三昧欲得如是等諸三昧門當學般
若波羅蜜復次世尊菩薩摩訶薩欲滿一切
衆生願當學般若波羅蜜欲得具足如是菩

BD05997號　摩訶般若波羅蜜經（四十卷本）卷四　（7–2）

忌三昧攝一切法聚印三昧虛空住三昧三
分清淨三昧不退神通三昧出鉢三昧諸三
昧幢相三昧欲得如是等諸三昧門當學般
若波羅蜜復次世尊菩薩摩訶薩欲滿一切
衆生願當學般若波羅蜜欲得具足如是善
根常不墮惡趣欲得不生卑賤之家欲得不
住聲聞辟支佛地中欲得不墮菩薩頂者當
學般若波羅蜜尒時慧命舍利弗問須菩提
云何為菩薩摩訶薩墮頂須菩提言舍利弗
若菩薩摩訶薩不以方便行六波羅蜜入空
无相无作三昧不墮聲聞辟支佛地亦不入
菩薩位是名菩薩摩訶薩法生故墮頂舍利
弗問須菩提云何名菩薩生須菩提荅舍利
弗言生者名愛法舍利弗言何等法愛須菩
提言菩薩摩訶薩行般若波羅蜜色是空受
念著受想行識是空受念著舍利弗是名菩
薩摩訶薩順道法愛生復次舍利弗菩薩摩
訶薩色是无相受念著受想行識无相受念
著色是无作受念著受想行識无作受念著
色是寂滅受念著受想行識寂滅受念著色
是无常乃至識色是苦乃至識色是无我乃
至識受念著是為菩薩順道法愛生是苦應
知集應斷盡應證道應脩是垢法是淨法是應
近是不應近是菩薩所應行是非菩薩所應行
是菩薩道是菩薩學是非菩薩道是非菩薩

BD05997號　摩訶般若波羅蜜經（四十卷本）卷四　（7–3）

是无常乃至識色是苦乃至識色是无我乃
至識受念著是為菩薩順道法愛生是苦應
知集應斷盡應證道應脩是垢法是淨法是應
近是不應近是菩薩所應行是非菩薩所應行
是菩薩道是菩薩學是非菩薩道是非菩薩
學是菩薩檀波羅蜜乃至般若波羅蜜是非
菩薩檀波羅蜜乃至般若波羅蜜是菩薩方
便是非菩薩方便是菩薩熟是非菩薩熟舍
利弗菩薩摩訶薩行般若波羅蜜是諸法愛
念著是為菩薩摩訶薩順道法愛生舍利弗
問須菩提云何名菩薩摩訶薩无生須菩提
言菩薩摩訶薩行般若波羅蜜時內空中不
見外空外空中不見內空外空中不見內外
空內外空中不見外空內外空中不見空空
空空中不見內外空空空中不見大空大空
中不見空空大空中不見第一義空第一義
空中不見大空第一義空中不見有為空有
為空中不見第一義空有為空中不見无為
空无為空中不見有為空无為空中不見畢
竟空畢竟空中不見无為空畢竟空中不見
无始空无始空中不見畢竟空无始空中不
見散空散空中不見无始空散空中不見性
空性空中不見散空性空中不見諸法空諸
法空中不見性空諸法空中不見自相空自
相空中不見諸法空自相空中不見不可得
空不可得空中不見自相空不可得空中不

BD05997號　摩訶般若波羅蜜經（四十卷本）卷四　（7–4）

見散空散空中不見无始空散空中不見性
空性空中不見散空性空中不見諸法空諸
法空中不見性空諸法空中不見自相空自
相空中不見諸法空自相空中不見不可得
空不可得空中不見自相空不可得空中不
見无法空无法空中不見不可得空无法空
中不見有法空有法空中不見无法空有法
空中不見无法有法空无法有法空中不見
有法空舍利弗菩薩摩訶薩行般若波羅蜜
得入菩薩位復次舍利弗菩薩摩訶薩欲學
般若波羅蜜應如是學不念色受想行識不
念有眼乃至有意不念色乃至法不念檀波
羅蜜尸羅波羅蜜羼提波羅蜜毗梨耶波
羅蜜禪波羅蜜般若波羅蜜乃至十八不共
法如是舍利弗菩薩摩訶薩行般若波羅蜜
得是心不應念不應高无等等心不應念不
應高大心不應念不應高大何以故是心非
心心相常淨故舍利弗語須菩提云何名心
相常淨須菩提言若菩薩知是心相與婬怒
癡不合不離諸纏流轉等諸結使一切煩惱
不合不離聲聞辟支佛心不合不離舍利弗
是名菩薩心相常淨舍利弗語須菩提有是
无心相心不須菩提報舍利弗言无心相中
有心相无心相可得不舍利弗言不可得須
菩提言若不可得不應問有是无心非心不

BD05997號　摩訶般若波羅蜜經（四十卷本）卷四　（7–5）

不合不離聲聞辟支佛心不合不離舍利弗
是名菩薩心相常淨舍利弗語須菩提有是
无心相心不須菩提報舍利弗言无心相中
有心相无心相可得不舍利弗言不可得須
菩提言若不可得不應問有是无心非心不
舍利弗復問何等是无心相須菩提言諸法
不壞不分別是名无心相舍利弗復問須菩
提但是心不壞不分別色亦不壞不分別乃
至佛道亦不壞不分別耶須菩提言若能知
心相不壞不分別是菩薩亦能知色乃至佛
道不壞不分別尒時慧命舍利弗讚須菩提
善哉善哉汝真是佛子從佛口生從見法生
取法分不取財分法中自信身得
所說得无諍三昧中汝最第一實如
佛須菩提菩薩摩訶薩應如是學般若
波羅蜜是中亦當分別知菩薩如汝所說行
則不離般若波羅蜜須菩提善男子善女人
欲學聲聞地亦當應聞般若波羅蜜持讀誦
正憶念如說行欲學辟支佛地亦當應聞般
若波羅蜜持讀誦正憶念如說行欲學菩薩
地亦當應聞般若波羅蜜持讀誦正憶念如
說行何以故是般若波羅蜜中廣說三乘是
中菩薩摩訶薩聲聞辟支佛當學

摩訶般若波羅蜜經集散品第九

尒時慧命須菩提白佛言世尊我不學不得

BD05997號　摩訶般若波羅蜜經（四十卷本）卷四　（7–6）

波羅蜜是中亦當分別知菩薩如汝所說行
則不離般若波羅蜜須菩提善男子善女人
欲學聲聞地亦當應聞般若波羅蜜持讀誦
正憶念如說行欲學辟支佛地亦當應聞般
若波羅蜜持讀誦正憶念如說行欲學菩薩
地亦當應聞般若波羅蜜持讀誦正憶念如
說行何以故是般若波羅蜜中廣說三乘是
中菩薩摩訶薩聲聞辟支佛當學
摩訶般若波羅蜜經集散品第九
尒時慧命須菩提白佛言世尊我不學不得
是菩薩行般若波羅蜜當爲菩薩說般若波羅
蜜世尊我不得一切諸法集散若我爲菩薩
作字言菩薩我當有悔世尊是字不住亦不
不住何以故是字无所有故以是故是字不
住亦不不住世尊我不得色集散乃至識集
散若不可得云何當作名字世尊以是因緣
故是字不住亦不不住何以故是字无所有
故世尊我亦不得眼集散乃至意集散若不
得云何當作名字言是菩薩世尊是眼名
不住亦不

BD05997 號　摩訶般若波羅蜜經（四十卷本）卷四　（7–7）

如是次
是心等爲波羅蜜
布施等爲欲得色身
无如來不如是等法身
此證得法身亦有二種謂
羅等爲欲得此法身故經
是等於不顛倒義想是爲實想　一菩
欲得智相法身故經言曰有法如來　於如
提耶如是等爲欲得福相法身故經言
是等爲脩道得勝中无慢故經言須[illegible]多阿般能頗作念如
是等爲不離佛出時故經言有法如來於然燈所如是等爲頗
淨佛土故經言須菩提若有如是言我成就莊嚴國土如是等爲成
就衆生故經言須菩提譬如有丈夫如是等爲遠離隨順外論散
亂故經言須菩提於意云何若恒伽河所有沙復有尒許恒伽河如是
等爲色及身生摶取中觀破相應行經言須菩提三千大千世界中
所有地塵如是等爲供養給侍如來故經言須菩提於意云何應
以卅二大丈夫相見如來應正遍覺不如是等爲遠離利養疲
之熱惱於精進若退若不發經言須菩提若女人若丈夫捨恒
伽河沙等身如是等於中身有疲乏心有熱惱以此二種於彼
精進若退若不發爲忍苦故經言若如來　是等爲離
許靜味故經言須菩提若女人若丈夫於此法　爲證道

BD05998 號 1　金剛般若論卷上　（41–1）

訖故經言須菩提於
等為色及身生摶取中觀破相應行經言須菩提三千大千世界中
所有地塵如是等為供養給侍如來故經言須菩提於意云何應
以卅二大丈夫相見如來應正遍覺不如是等為遠離利養疲
之熱惱於精進若退若不發經言須菩提若女人若丈夫捨恒
伽河沙等身如是等於中身有疲乏心有熱惱以此二種於彼
精進若退若不發為忍苦故經言若如來　是等為離
寂靜味故經言須菩提若女人若丈夫於此法　為證道
時遠離喜動故經言世尊云何菩薩應住如是　故經
言有法如來於然燈如來所正覺阿耨多羅三藐三菩提如是等為
證道故經言須菩提譬如丈夫妙身大身如是等於中妙身者謂
至得身成就身得畢竟轉依故大身者一切眾生身攝受身故自此
已上皆求佛地應知彼佛地復有六種具足攝依具足所謂國土淨具
足無上見智淨具足隨形好身具足相身具足語具足心具足彼
心具足中復有念處有正覺有施設大利法有攝取法身有不
住生死涅槃有行淨應知此中行住淨中復有威儀行住
名色觀自在行住有不染行住應知此不染中復有說法不
染流轉不染應知為國土淨具足故經言須菩提若菩薩如
是言我國土莊嚴成就如是等為無上見智淨具足故經言須菩
提於意云何如來有肉眼不乃至若此三　為隨形
好身具足故經言須菩提於意云何應以色身成　來不如
是等為相身具足故經言須菩提於意云何應以相具足見如來
不如是等為語具足故經言須菩提於意云何如來作是念我說
法耶如是等於心具足中為念處故經言須菩提非眾生非不
眾生如是等為正覺故經言須菩提於意云何頗有法如來正
覺阿耨多羅三藐三菩提不如是等為施設大利法故經言復
次須菩提三千大千世界中所有須彌山如是等為攝取法身故
經言須菩提於意云何應以相具足見如來不如是等須菩提於
意云何如來可以相具足正覺阿耨多羅三藐三菩提莫作是
念者此義明相具足體非菩提亦不以相具足為因也以相是
色自性故為不住涅槃故經言須菩提如是乃　乘者

次須菩提三千大千世界中所有須彌山如是等為攝取法身故
經言須菩提於意云何應以相具足見如來不如是等須菩提於
意云何如來可以相具足正覺阿耨多羅三藐三菩提莫作是
念者此義明相具足體非菩提亦不以相具足為因也以相是
色自性故為不住涅槃故經言須菩提如是乃　乘者
有法說斷滅耶如是等為不住流轉故經言須菩提菩薩於福
聚不應受不應取如是等受者說有故取者脩彼道故如福
聚及果中皆不應著於行住淨中為威儀行住故經言若有
如是言如來若去如是等為名色觀破自在行住故經言須
菩提若復善男子善女人以所有三千大千世界中地塵如是
等於不染行住中為說法不染故經言須菩提若復菩薩以無
量無數世界如是等為流轉不染故說偈言如星翳燈幻露泡夢
電雲於諸有為法應當如是觀此偈顯示四種有為相所謂自性
相著所住味相隨順過失相隨順出離相於中自性相者共相見
識此相如星應如是見何以故無智闇中有彼光故有智明中無
彼光故人法我見如翳應如是見何以故以取無義故識如燈應
如是見何以故渴愛潤取緣故熾然於中着所住味相者味着
顛倒境界故彼如幻應如是見何以故以顛倒見故於中隨順過失
相者無常等隨順故彼露譬喻者顯示相體無有以隨順無常
故彼泡譬喻者顯示隨順苦體以受如泡故若有受皆是苦故
隨有應知彼苦生故是苦苦破滅故是壞苦不相離故是行苦復
於第四禪及無色中立不苦不樂受以勝故於中隨順出離相者
隨順人法無我以攀緣故得出離故說無我以為出離也隨順
者謂過去等行以夢等譬喻顯示彼過去行以所念處故如夢
現在者不久時住故如電未來者彼麁惡種子似虛空引心出
故如雲如是知三世行轉生已則通達無我此顯示隨順出離相
彼住處等略為八種亦得滿足所謂攝住處波羅蜜淨住處
欲住處離障等住處淨心住處究竟住處廣大住處甚深住
處於中攝住處者謂發心波羅蜜淨住處者謂波羅蜜相應
行欲住處者謂欲得色身法身離鄣礙住處者謂除十二種

現在者不久時住故如[illegible]未來者彼麁惡種子似虛空引心出
故如雲如是知三世行轉生已則通達无我此顯示隨順出離相
彼住處等略爲八種亦得滿足所謂攝住處波羅蜜淨住處
欲住處離障㝵住處淨心住處究竟住處廣大住處甚深住
處於中攝住處者謂發心波羅蜜淨住處者謂波羅蜜相應
行欲住處者謂欲得色身法身離鄣礙住處者謂餘十二種
淨心住處者謂證道究竟住處者謂自此已上皆求仏地廣
大及甚深住處者通一切住處於初住處中若說菩薩應生
如是心所有衆生如是等此爲廣大若復說言若菩薩衆生
相轉如是等此爲甚深於第二住處中若說菩薩不住於事
應行布施如是等此爲甚深若復說言彼所有福聚不可量
耶如是等此爲廣大如是於餘住處中廣大甚深等隨所相
應應知已說住處何者對治彼如是相應行相行諸住處時
有二種對治應知謂邪行及共見正行此中見者謂分別也
於初住處中若說菩薩應生如是心所有衆生等此是邪行
對治生如是心是菩薩邪行若復說言若菩薩衆生相轉等此
爲共見正行對治此分別執菩薩亦應斷謂我應滅度衆生故
於第二住處中若說行布施此爲邪行對治非无布施是菩
薩邪行若復說言住於事等此是共見正行對治此分別執菩
薩亦應斷謂應行布施故何者不失謂離二邊云何二邊謂
增益邊損減邊若於如言辭分別執有自性是增益邊若於
法无我事中而執爲无是損減邊於中若說言世尊若福聚
非聚者此遮增益邊以无彼福聚分別自性故若復說言是
故如來說福聚此遮損減邊以彼不如言辭有自性而有可說
事以如來說福聚故此得顯示如是須菩提仏法仏法者如
來說非仏法者此遮增益邊是名仏法者此遮損減邊於中
如來說非佛法者顯示不共義是名佛法者顯示相應義
何者是相應若仏法如說有自性者則如來不說仏法以離
不說亦自知故是故有自性爲世諦故如來說名仏法如是
於一切處顯示不共及相應義應知復次佛法皆屬菩提

事以如來說福聚故此得顯示如是須菩提仏法仏法者如
來說非仏法者此遮增益邊是名仏法者此遮損減邊於中
如來說非佛法者顯示不共義是名佛法者顯示相應義
何者是相應若仏法如說有自性者則如來不說仏法以離
不說亦自知故是故有自性爲世諦故如來說名仏法如是
於一切處顯示不共及相應義應知復次佛法者攝波羅
蜜事及念處等菩提分應知菩薩離此二邊故於彼對治
不復更失故名不失何者地此地有三種謂信行地淨心
地如來地於中十六住處顯示信行地證道住處是淨心
地究竟住處上求仏地是如來地云何立名金剛能斷者此名有二義相應應如說入正見
行入耶見行故金剛者細牢故細者智因故牢者不可壞
故能斷者般若波羅蜜中聞思脩所斷如金剛斷處而斷故
是名金剛能斷又如畫金剛形初後闊中則狹如是般若波
羅蜜中狹者謂淨心地初後闊者謂信行地如來地此顯示
不共義也彼五種義句上上依上應知彼等皆依心地故顯
說脩多羅身相續此義句今當說世尊何故以寂靜者威
儀而坐耶顯示唯寂靜者於法能覺能說故何故上坐
須菩提問耶有六因緣爲斷疑故爲起信解故爲入甚深
義故爲不退轉故爲生喜故爲正法久住故即是般若波羅
蜜令仏種不斷故云何以此令仏種不斷耶若有疑者得斷
疑故有樂福德而心未成熟諸菩薩等聞多福德於般若
波羅蜜起信解故已成熟心者入甚深義故已得不輕賤者
由貪受持脩行有多功德不復退轉故已得攝順及淨心者
於法自入及見生歡喜故能令未來世大乘教久住者故者
略說疑者令見故樂福德及已成熟諸菩薩等攝受故已
得不輕賤者令精勤心故已淨心者令歡喜故諸菩薩有七
種大故此大衆生名摩訶薩埵何者七種大謂法大心大信解
大淨心大資粮大時大果報大如菩薩地中說經言善攝來
一善攝者於諸菩薩所何者善攝何者第一耶利樂相應爲

曉說疑者令見故學得彼及已成熟說菩薩等攝受故已
得不輕賤者令精勤心故已淨心者令歡喜故諸菩薩有七
種大故此大衆生名摩訶薩埵何者七種大謂法大心大信解
大淨心大資糧大時大果報大如菩薩地中說經言善攝弟
一善攝者於諸菩薩所何者善攝何者弟一耶利樂相應為
善攝弟一有六種應知一時二差別三高大四牢固五普遍六
異相何者時現見法及未來故彼菩薩善攝中樂者是現
見法利者是未來世何者差別於世間三摩鉢帝及出世
聖者聲聞獨覺等善攝中差別故何者高大此善攝无有
上故何者牢固謂畢竟故何者普遍自然於自他身善攝
故何者異相於未淨菩薩善攝中勝上故經言弟一付囑
者何者弟一付囑有六種因緣一入處二法尒得三轉教四不
失五悲六尊重何者入處於善友所善付囑故何者法尒得
已得善攝菩薩於他所法尒善攝故何者轉教汝等於餘菩
薩應當善攝是名轉教此等三種如其次弟即是不失及
悲尊重等應知何故唯問發行菩薩乘為三種菩提差別
故以善問故於上座須菩提所應稱善哉所有衆生衆生所
攝者捴相說也卵生等者差別說又受生依心境界所攝差
別應知乃至化生等者受生別故若有色若无色者依心別故
有想若无想若非有想非无想者境界所攝別故所有衆生
界施設住施設已者謂上種種相住衆生界佛施設說也我
皆令入涅槃者何故願此不可得義生所攝故无過以皆是生
故如所說卵生等並入願數者彼卵生濕生无想及非有想非
无想等則不能云何能令一切衆生入涅槃耶有三因緣故難處
生者待時故非難處生未成熟者成熟之故已成熟者解脫

之何故說无餘涅槃界不直說涅槃若如是便与世尊所說
初禪等方便涅槃不別故彼自以丈夫力故无仏亦得但非究竟
何故不說有餘涅槃界彼共果故自以宿業丈值仏說而得果故
又非一向身苦有餘故如是涅槃及有餘涅槃等丈夫力果故非
究竟果故非一向果故是故說无餘如是无量衆生入涅槃已者

之何故說无餘涅槃界不直說涅槃若如是便与世尊所說
初禪等方便涅槃不別故彼自以丈夫力故无仏亦得但非究竟
何故不說有餘涅槃界彼共果故自以宿業丈值仏說而得果故
又非一向身苦有餘故如是涅槃及有餘涅槃等丈夫力果故非
究竟果故非一向果故是故說无餘如是无量衆生入涅槃已者
顯示卵生等生一一无量故无有衆生得涅槃者此何義如菩
薩自得涅槃无別衆生何以故若菩薩衆生想轉則不名菩薩
者此何義若菩薩於衆生所他想轉非自體想不名菩薩故
何以故若衆生想命想人想轉不名菩薩者此何義若以煩
惱毒衆生命人想轉彼則有我想及於衆生中有衆生想轉
菩薩於彼不轉已斷我見故得自行（行者謂五陰行）平等相故信解自
他平等彼菩薩非衆生命人取見者此是其義復次經言菩
薩應生如是心者顯示菩薩應如是住中欲願也若菩薩我想
轉不名菩薩者顯示應如是脩行中相應三摩鉢帝時也若
衆生想命想人相轉不名菩薩者顯示應如是降伏心中攝
散時也如菩薩相應三摩鉢帝散時衆生想亦不轉如彼尒
炎相住故是故无有衆生得涅槃者此得成就彼欲願者攝諸住
處為牢勝彼相應行相行餘住處時依心欲願丈定得故此
欲願義不復解釋自此後餘住處中有五種隨所相應而解
釋應知二依義二說相三攝持四安立五顯現住處對治為依
義即彼住處為說相欲願為攝持住處弟一義為安立相應
三摩提為顯現於波羅蜜淨住處中經言菩薩不住於物
應行布施等此為依義顯示對治住著故經言應行施者
此為說相六波羅蜜初六攝一切檀那體性故檀那有二種一
資生施者謂檀那波羅蜜二无畏施者謂尸羅波羅蜜羼
提波羅蜜三法施者謂毗離耶波羅蜜地耶那波羅蜜鉢邏
賢攘波羅蜜等若无精進於受法人所為說法時疲倦故不
能說法若无定則貪於信敬供養及不能忍寒熱等逼惱故
滓心說法若无智慧便顛倒說法多有過故不離此三得成法

資生施者謂檀舩波羅蜜三无畏施者謂尸羅波羅蜜羼
提波羅蜜三法施者謂毗離耶波羅蜜虵耶舩波羅蜜鉢邏
賢穰波羅蜜等若无精進於受法人所爲說法時疲惓故不
能說法若无定則貪於信敬供養及不能忍寒熱等逼惱故
滓心說法若无智惠便顛倒說法多有過故不離此三得成法
施彼諸波羅蜜有二種果謂未來現在未來果者檀舩波羅
蜜得大福報尸波羅蜜得自身具足謂釋梵等羼提波羅
蜜得大伴助大眷屬毗離耶波羅蜜得果報等不斷絕禪
舩波羅蜜得生身不可損壞鉢邏賢穰波羅蜜得諸根猛
利及多諸悅樂於大人衆中得自在等現在果者得一切信
敬供養及現法涅槃等於中若菩薩求未來果故行施爲住
物行施如所施物還得彼物果是故經言不住於物應行布施
若求未來尸[redacted]羅等果故行施爲有所住行施是故經言无所
住應行布施尸羅等果有衆多不可分別故捴名有所住若求
現在果信敬供養等故行施爲住色聲香味觸行施故經言不
住色等若求現法涅槃故行施爲住法行施故經言不住於法
應行布施文經言應行布施者即說攝持施之欲顯故經言不
住行施者即此不住爲安立第一義故於中以不住故顯示
如所有事第一義不住物等是所有事經言菩薩應如是行
施不住於相想者此爲顯示謂相應三昧及攝散心於此二
時不住相想如是建立不住已義有菩薩貪福德故於此不
堪爲令堪故世尊顯示不住行施福聚甚多猶如虛空有
三因緣二遍一切處謂於住不住相中福生故二寬[redacted]廣高大
殊勝故三无盡究竟不窮故爲欲得色身住處故經言須菩
提於意云何應以相具足見如來不此爲依義顯示對治如來
色身惕故經言相具足者此爲說相顯示如來色身故上坐須
菩提言不也爲成滿此義故世尊說須菩提所有相具足者彼
爲虛妄此即顯欲顛於如是義中應攝持故及即是安立第
一義中於第一義中相具足爲虛妄非相具足不虛妄經言

提於意云何應以相具足見如來不此爲依義顯示對治如來
色身惕故經言相具足者此爲說相顯示如來色身故上坐須
菩提言不也爲成滿此義故世尊說須菩提所有相具足者彼
爲虛妄此即顯欲顛於如是義中應攝持故及即是安立第
一義中於第一義中相具足爲虛妄非相具足不虛妄經言
如是諸相非相應見如來者此爲顯現謂相應三昧及攝散心
時於彼相中非相見故爲欲得言說法身住處故經言頗有衆
生於未世世來於如是脩多羅句說等於中脩多羅句說者謂
所有義應知何者爲句如上所說七種義句上坐須菩提作
是念於未來世无有生實想者爲遮此故世尊言有正法欲
滅時者謂脩行漸滅時應知次後世尊爲如是顯示脩行如
是集因如是善友攝受如是攝福德相應如是實想中當
得實想故經言有戒有功德有智惠者此增上戒等三學顯
示脩行功德者少欲等功德爲初乃至三摩提等經言已
得供養无量百千諸佛乃至一心淨信等此顯示集因一心[redacted]
淨信尚得如是業何况生實想也經言如來悉知者知名身
如來悉見者見色身謂於一切行住所住中知其心見其依心故
此等顯示善友所攝經言生取无量福德聚者此顯示攝福德者
福正起時故取者即彼滅時攝持種子故經言是諸菩薩无
復我想衆生想轉乃至言若法想轉即爲有我取者此顯示
實想對治五種耶取故何者五耶取一外道二內法凡夫及聲
聞三增上慢菩薩四世間共想定五无想定第一者我等想
轉第二法者想轉第三者无法想轉此猶有法取有法取者
謂取无法故第四者有想轉第五者无想轉是諸菩薩於彼
皆不轉也此中顯了有戒乃至當生无量福聚等經言何以故
者此言是中耶取但法及非法想轉非我等想以想及依心不
轉故然於我想中隨眠不斷故則爲有我取是故經云是諸菩
薩若起法想轉則爲有等我取若无法想轉則爲有我取等
此我等想轉中餘義猶未說經言則爲有我取者於中取

皆不轉也此中顯了有成乃至當生无量福聚等經言何以故
者此言是中耶取但法及非法想轉非我等想以想及依止不
轉故然於我想中隨眠不斷故則爲有我取是故經云是諸菩
薩若起法想轉則爲有我等取若无法想轉則爲有我取等
此我等想轉中餘義猶未說經言則爲有我取者於中取
自體相續爲我想我所取爲衆生想謂我乃至壽住取爲
命想展轉趣餘趣取爲人想應知於中言當生實想者
此爲依義顯示對治不實想不言於此脩多羅句說中者
此爲說相顯示言說法身故即彼當生實想中言當生者
是欲顯攝持是諸菩薩无復我想轉等者是安立第一義
須菩提不應取法非法者是顯了謂相應三摩鉢帝及攝
散心時不應取法者於法體及法无我並不分別故文言說
法身要義者經言以是義故如來常說筏喻法門若解此
者法尚應捨何況非法故法尚應捨者實想生故何況非法
者理不應故略說顯示菩薩欲得言說法身不應住不實想
爲欲得智相至得法身住處故經言須菩提於意云何有法
如來於阿耨多羅三藐三菩提中正覺耶此爲依義顯示翻
於正覺菩提耶故說法者正覺所攝故經言有法可說耶
阿耨多羅三藐三菩提者是爲說相顯示至得法身故无
有之法者上坐須菩提道佛意故世諦故有菩提及得
爲欲顯攝持以方便故二俱爲有若如世尊意說者二俱无
有爲顯此故言如我解世尊所說義等經言何以故如來所
說法不可取不可說非法非非法者是安立第一義由說法
故知得菩提故於說法中安立第一義於中不可取者謂正
聞時不可說者謂演說時非法者分別性非非法者法无我
故經言何以故以无爲故得名聖人者无爲者无分別義也
是故菩薩有覺得名无起无住中如來轉依名爲清淨
是故如來无學得名於中初无爲義者三摩鉢帝相應
及折伏散乱時顯了故第二无爲唯第一義者无上覺故

BD05998 號 1　金剛般若論卷上　（41–10）

聞時不可說者謂演說時非法者分別性非非法者法无我
故經言何以故以无爲故得名聖人者无爲者无分別義也
是故菩薩有覺得名无起无住中如來轉依名爲清淨
是故如來无學得名於中初无爲義者三摩鉢帝相應
及折伏散乱時顯了故第二无爲唯第一義者无上覺故
自此已後一切住處中皆顯以无爲故得名聖人應知前
諸住處中未說无爲得名於此說阿耨多羅三藐三菩提
中无爲已竟福相至得法身住處云何顯示即彼所有言
說法身出生如來福相至得法身於彼乃至說一四句偈
生福甚多況復如來所有福相至得法身以何因緣於言
說法身中如是說一四句偈能生多福爲成就此義故經
言何以故如來阿耨多羅三藐三菩提從此出者於中普
集十法行阿含故諸佛世尊從此生者世諦故言佛出生
以有菩提故即此二並故名爲佛法以菩提及佛故經言須
菩提佛法佛法者即非佛法復次經言其所生福勝彼无
量阿僧祇者此爲法義顯示對治福不生故於中其福者
此爲說相顯示福相法身故勝彼者顯示欲顯攝持故經言
世尊是福聚即非福聚是故如來說福聚及言須菩提佛
法佛法者即非佛法是名佛法者以此福聚及佛法爲攝
取如來福相法身中安立第一義爲隨順无爲得名故相應
三摩鉢帝及折伏乱散不復顯了言甚多婆伽婆甚多脩伽
陁二語者顯示攝心持心以攝自心故言受持爲他說者解
釋句味故无量者過辟喻故阿僧祇者顯多故

金剛般若論卷上

金剛般若論卷下

已說欲住處竟今說離鄣破住處有十二種鄣等對治應知　何者十二鄣等一慢二无慢而少聞多
聞而小攀緣住念脩道而不攀小緣住念脩道而捨衆生五不捨衆生而樂隨外論散動而破影像相中无
巧便七雖有巧便而福資粮不具八雖具福資粮而樂味懈怠及利養等九雖離懈怠利養而不能
忍苦十雖能忍苦而智資粮不具十一雖具智資粮而不自攝十二雖自攝而无教授　初中爲離慢故
經言須陁洹頗住是念我得須陁洹果等此爲依義顯示對治我得慢故又復須陁洹頗住是念者即

BD05998 號 1　金剛般若論卷上　（41–11）

金剛般若論卷上　　金剛般若論卷下

已說欲住處竟今說離鄣礙住處有十二種鄣等對治應知　何者十二鄣等一慢二无慢而少聞多
聞而少攀緣作念脩道而不攀小緣作念脩道而捨衆生五不捨衆生而樂隨外論散動而破影像相中无
巧便七雖有巧便而福資糧不具八雖具福資糧而樂味懈怠及利養等九雖離懈怠利養而不能
忍苦十雖能忍苦而智資糧不具十一雖具智資糧而不自攝十二雖自攝而无教授　•於中為離慢故
經言須陁洹頗作是念我得須陁洹果不等此為依義顯示對治我得慢故又復須陁洹頗作是念者即
為說相顯示无慢故亦即是欲顯攝持經言世尊无有所入不入色聲香味觸者此為安立第一
義若須陁洹如是念我得須陁洹即為有我想若有我想則為有慢應知如是乃至阿羅漢
亦令上坐須菩提自顯无諍行第一及阿羅漢共有功德者以已所證為令信故以无有法得阿羅漢
及无所行故說无諍行无諍行此中即為安立第一義　為離少聞故經言如來於然燈如來應供
遍知所有法可取耶等謂彼佛出世承事供養時有法可取離此分別故依義等及對治等顯義相應
應知為離小攀緣作念脩道故經言須菩提若有菩薩如是言我當成就莊嚴佛土等者念莊嚴佛土者
則於色等事分別生味著為離此故經言是故須菩提菩薩應生如是不住心无所住不住色聲香味
觸法等為離捨衆生故經言須菩提譬如有人身如須彌山王如是等此何所顯示為成熟衆生
故彼羅睺阿脩羅王等一切大身量如須彌尚不應見其自體何況餘者經言如來說為非體者顯
示法无我故彼體非體者顯示法體无生无作故此即顯示自性與相及差別故　•為離樂外論散
亂故經說四種因緣顯示此法勝異也一攝取福德二天等供養三難作四起如來等念經言以此因緣得
福多彼者是攝取福德經言為他者說若解釋彼地分即是支提相者是天等供養經言
當得具足希上希有難作經言此地分即為教師住處及餘可尊重者是起如來等念於中說
者為他直說故授者教授他故顯示此樂外論散亂對治法勝異已於如是法中成起如[redacted]散亂為
對治彼未來罪故經言如來所說般若波羅蜜即非般若波羅蜜故如般若波羅
蜜如是亦无有餘法如來說者為顯此義故經言頗有法如來可說不此顯示自相及平等相法門
第一義也•為離於影像相自在中无巧便故[redacted]經言須菩提所有三千大千世界地塵如是等彼不限
量攀緣作意菩薩恒於世界攀緣作意脩習故說三千大千世界　•於中為破色身影像相故顯
示二種方便一細作方便如經三千大千世界所有地塵寧為多不等二不念方便如經所有地塵如來說
非地塵是名地塵故為破衆生名身影像相故經言所有世界如來說非世界是名世界於中世界者
顯衆生世也但以名身名為衆生世不念名身方便即是顯示破彼影像相不復說細作方便也
•為離不具足福資糧故經言須菩提於意云何以卅二大丈夫相見如來耶者顯示為福資糧故說
近供養如來時不應以相成就見如來云何見應見第一義法身故　為離懈怠利養等樂味故經言

非地塵是名地塵故為破衆生名身影像相故經言所有世界如來說非世界是名世界於中世界者
顯衆生世也但以名身名為衆生世不念名身方便即是顯示破彼影像相不復說細作方便也
•為離不具足福資糧故經言須菩提於意云何以卅二大丈夫相見如來耶者顯示為福資糧故說
近供養如來時不應以相成就見如來云何見應見第一義法身故　為離懈怠利養等樂味故經言
須菩提若復婦女丈夫捨恒河沙等自身如是等此何所顯示如此捨命許身自所有福不及此福云
何以一身著懈怠等故而為障礙何故此中上坐須菩提流淚而言我未曾聞如是等法門也以聞
此勝福甚多過於捨无量身更不說餘勝福故若聞如是勝福故發起精進已若此法中生
如義想為離此過故經言於說此脩多羅中生實想者當成就第一希有等即於如是實想
中為離實想分別故經言彼所有實想即非實想如是等經言世尊我於此法門若分別若信
解不為希有若當來世其有衆生於此法門受持讀誦為他解釋則為第一希有如是等此何
義為令味著利養過懈怠諸菩薩生慚愧故於未來正法滅時尚有菩薩於此法門受持故无人
等取及法取云何汝等於正法[redacted]時遠離脩行不生慚愧也經言此諸菩薩无復我等想轉者顯示
无人取也所有我想即非我想者顯示无法取也　經言何以故諸佛世尊離一切想者顯示諸菩薩
順學相諸佛世尊離一切想是故我等亦應如是學此等經文為離退精進故說於中言若分別者
信解者後句釋前句也受者受文字也攝者攝義也為離不發起精進故經言須菩提若聞說此經
脩多羅章句時不驚等者以驚等故不發起精進也於聲聞乘中世尊說有法及有空於聽聞此經
時聞法无有故驚聞空无有故怖於思量時於二不有理中不能相應故畏更有別釋為二種无自
性故應知謂相生第一義等无自性故經言何以故須菩提如來說第一波羅蜜者此有何義復說
第二生慚愧處故言此法如是勝上如等不應放逸於中以於餘波羅蜜中故名第一波羅蜜經言如
來說第一波羅蜜者彼无量諸佛亦說波羅蜜者此言顯示一切諸佛同說第一是故名第一
為離不能忍苦故經言復次須菩提如來說羼提波羅蜜等於中如所能忍以何相生忍處如忍對
差顯示對治彼因緣故何者能忍謂達无我故云何得顯示如經言如來說羼提波羅蜜故云何
應知忍相若他於己起惡等時由无有我等想故不生瞋想亦不於羼提波羅蜜中生有想於
非波羅蜜中生无想此云顯示如經如我昔為迦利王割截身分我於爾時无有我想等及无想亦
非无想等何者種類忍謂極苦忍相續苦忍此云何顯示如經如我昔為迦利王割截身分及言我
憶過去五百生中作忍辱仙人等不忍因緣者有二種苦謂流轉苦衆生相違苦乏受用苦於中如經
是故須菩提菩薩摩訶薩應離一切想發阿耨多羅三藐三菩提心等此為顯示流轉苦忍因緣對
治發菩提心者以三種苦想故則不欲發心故說應離一切想等此中一切想者為顯如是等三苦想也
若著色等則於流轉苦中疲乏故菩提心不生故經言不應住色生心等如前說不住非法者謂非
法无我也於非法及法无我中皆不住故為成就彼諸不住故說遮餘事如經應生无所住心何以故

非无想等何者種類忍謂想苦忍相續苦忍此云何顯示如經如我昔為迦利王割截身分及我
憶過去五百生中作忍辱仙人等不忍因緣者有三種苦謂流轉苦眾生相違苦受用苦於中如經
是故須菩提菩薩摩訶薩應離一切想發阿耨多羅三藐三菩提心等此為顯示流轉苦忍因緣對
治發菩提心者以三種苦想故則不欲發心故說應離一切想等此中一切想者為顯如是等三苦想也
若著色等則於流轉苦中疲乏故菩提心不生故經言不應住色生心等如前說不住非法者謂非
法无我也於非法及法无我中皆不住故為成就彼諸不住故說遮餘事如經應生无所住心何以故
若心有住即為非住等　經言如是菩薩為利益一切眾生應如是布施乃至言諸所有想即為
非想等此顯示對治眾生相違苦忍既為一切眾生而行於捨云何於彼應生瞋也由不能无眾生想
以此因緣故眾生相違時即生疲乏故顯示人无我法无我等須菩提如來是真語者等此何所
顯示欲令信如來故能忍於中真語者為顯世諦相故實語者為顯世諦修行有煩惱及清淨相故
故於中實者此行煩惱此行清淨故如語者為第一義諦相故不異語者為第一義諦修行有煩惱
及清淨相故說此真語等已於此中如言說性起執著為遮此故經言須菩提如來正覺法及說於
中无實无妄无實者如言說性非有故无妄者不如言說自性有故　須菩提譬如丈夫入闇如是等
顯示之受用苦忍因緣對治若為果報布施便著於事而行捨施彼異於施欲樂苦受中不解
出離猶如入闇不知我何所趣彼意樂欲樂亦介若不著於事而行布施如有眼丈夫夜過日出見
種種色隨意所趣應如是見彼无明夜過慧日出已種種介炎如實見之彼不知解出離欲樂苦
受故善樂欲樂　為離闕少智資糧故經言須菩提若復善男子善女於此法門若受等
此中為離三摩提攀緣顯示與法相應有五種勝功德一如來憶念親近二攝福德三讚歎法及
修行四天等供養五滅罪何者如來憶念親近如經受持讀誦者如來以佛智知彼如來以佛眼
見彼等於中受者習誦故持者不忘故若讀若攝者此說受持因故為欲受故讀為欲持故修又復
讀者習誦故攝者總覽義故何者攝福德如經是諸眾生生如是无量福德聚等何者讚歎
法及修行如經復次須菩提此法門不可思不可稱等此為讚歎於中不可思者唯自覺故不可稱
者无有等及勝故經言又此法門如來為發最上乘者說為發最勝乘者說者成就不可稱
義於中餘乘不及故最上煩惱障智障淨故最勝應知經言若於此法門受持乃至如來悉知悉見等
者此為讚歎修行於中是諸眾生成就无量者是總說不可思不可稱不可量者解釋故是等即
為荷擔我菩提者謂肩負菩提重擔故經言須菩提不信解者不能聞此法者謂聲聞獨覺
乘者故經言若有我等見者諸有人我見眾生而自謂菩薩者何者天等供養如經
復次須菩提隨所地分解說此修多羅處常應供養彼地分即為支提等於中以華鬘燒香熏香
塗香末香衣蓋幢幡等供養恭敬禮拜右遶故名支提何者滅罪如經彼若為人輕賤甚輕賤
乃至當得菩提等故此輕賤事有无量門為顯示此故復言甚輕賤經言當得佛菩提者顯示

BD05998 號 2　金剛般若論卷下　（41–14）

者此為讚歎修行於中是諸眾生成就无量者是總說不可思不可稱不可量者解釋故是等即
為荷擔我菩提者謂肩負菩提重擔故經言須菩提不信解者不能聞此法者謂聲聞獨覺
乘者故經言若有我等見者諸有人我見眾生而自謂菩薩者何者天等供養如經
復次須菩提隨所地分解說此修多羅處常應供養彼地分即為支提等於中以華鬘燒香熏香
塗香末香衣蓋幢幡等供養恭敬禮拜右遶故名支提何者滅罪如經彼若為人輕賤甚輕賤
乃至當得菩提等故此輕賤事有无量門為顯示此故復言甚輕賤經言當得佛菩提者顯示
罪滅故　前所說以此因緣出生无量阿僧祇多福者今當解釋彼无量阿僧祇義應知威
力者成熟識然故多者具足勝大故於中如經須菩提我憶阿僧祇過阿僧祇劫前如是等此
顯示威力故即是福聚威力以彼所有福聚遠絕高勝故此中阿僧祇劫者乃至然燈佛故應知
過阿僧祇者更過前故親近者供養故不空過者常不離供養故若復經言須菩提若善男子
善男女所得福聚若我說者若有人聞心則狂亂如是等此顯示多故或為狂因或得亂心果應知
此之彼威力及彼多等何人能說是故經言復次須菩提此法門不可思議果報亦不可思議此
顯示彼福體及果報不可測量故　為遠離自取故經言須菩提言云何菩薩大乘中發心應住等
故復發此初時問也持入證道菩薩自見得勝處住彼是念我如是住如是修行如是降伏心我
滅度眾生為對治此故須菩提問當於彼時如所應住如所修行如所應降伏其心世尊答應生如
是心等又經言須菩提若菩薩眾生等想轉者為顯我執取或覆眠故若言我正行菩薩乘此為我
取對治彼故經言須菩提无有法發行菩薩者　為離无教授故經言須菩提有法如來於然燈
如來所等又經言須菩提若有法如來得正覺者然燈如來則不授記汝當得等此有何意若正覺
法可說如彼然燈如來所說者我於彼時便得正覺然燈如來則不授記言決當得等以彼法不可
說故我於彼時不得正覺是故與我授記此是其義應知又何故彼法不可說如經須菩提如來者即
是真如故清淨故名為如來以如不可說故住此說清淨如名為真如猶如真金或言然燈如來所於法
不得正覺世尊後時自得正覺為離此取故經言須菩提若人如是言如來正覺阿耨多羅三
藐三菩提者等經言須菩提如來所正覺法於是中不實不妄者顯示真如无二故云何不實謂
言說故不妄者謂彼正覺不无世間言說故經言是故如來說一切法即是佛法者此何義顯一切
法法如清淨故如者遍一切法故此是其義又彼法法體不成就為安立第一義故經言須菩提一切法
者悉是非法是名一切法故　為入證道故經言須菩提譬如有人妙身大身如是等顯示入證道
時得智慧故離障　云何得智有二種智故謂攝種性智及平等智若得智已得生如來家得決
定紹佛種此為攝種性智得此智已能得妙身若於此家長夜願生既得生已便得彼身是名妙身
平等智復有五種平等因緣謂麁惡平等法无我平等斷相應平等无希望心相應平等一切
菩薩證道平等得此平等故得為大身攝一切眾生大身故於彼身中安立非自非他故經言

BD05998 號 2　金剛般若論卷下　（41–15）

者志是非法是名一切法故　爲入證道故經言須菩提譬如有人妙身大身如是等顯示入證道
時得智患故離慢　云何得智有二種智故謂攝性智及平等智若得智已得生如來家得決
定紹仏種此爲攝種性智得此智已能得妙身若於此家長夜願生既得生已便得彼身是名妙身
平等智復有五種平等因緣謂麁惡平等法无我平等斷相應平等无怖望心相應平等一切
菩薩證道平等得此平等故得爲大身攝一切衆生大身故於彼身中安立非自非他故經言
如來所說有人妙身大身即非身是故如來說名妙身大身等此於妙身等中安立第一義
如是等是爲得智患云何離慢如經若菩薩作是言等此云何可智若作是[redacted]念我滅度衆
生我是菩薩應知此是慢者非實義菩薩爲顯示此故經言是故如來說一切法无衆生若菩薩
有衆生念則不得妙身大身故　彼上求仏地中爲淨國土三摩鉢帝故經言須菩提若菩薩
作是言我成就莊嚴國土則非菩薩此義　爲於共見正行中轉故爲斷彼故安立第一義經言
即非莊嚴如來說名莊嚴國土等又經言須菩提若菩薩信解无我法无我法者此言爲二種
无我故謂人无我法无我又經言如來說名菩薩者爲於彼二種无我中二種正覺故此等文
何顯示若言我成就即爲人我取莊嚴國土者是法我取此非菩薩
爲見智淨具足故經言須菩提於意云何如來有肉眼不如是等如來不唯有慧眼爲令知
見淨勝故顯示有五種眼若異此則唯求慧眼見淨故於中略說有四種眼謂色攝第一義
諦攝世諦攝一種切一切應知攝色攝復有二種謂法果備果此爲五眼麁境界故是初
色攝第一義智力故世智不顛倒轉是故第一義諦攝在先於中爲人說法若彼法爲
彼人施設此智說名法眼一切應知中一切種无功用智說名仏眼此等名爲見淨如經說
恒河等譬喻所有若干種心住我悉知等此爲智淨於中心住者謂三世心若干種者[redacted]
應知有二種謂染及淨即是共欲心離欲心等世者謂過去等於此中安立第一義故經
言心住者即爲非住乃至過去心不可得等於中過去心不可得者已滅故未來者未有故
現在者第一義故爲應知中證故安立見爲教彼彼衆生寂靜心安立智於此智淨中
說心住即非心住如是淨中何故不說眼即非也以一住處故見智淨彼安立第一義故初亦得成
就爲福自在具足故經言此三千大千世界等於中亦安立第一義故經言須菩提若福聚有實
等於身具足中爲好具足故經言須菩提於意云何以色身成就見如來不如是等於中亦以安立第
一義故經言如來說非成就等　爲相身具足故經言須菩提於意云何可以具足見如來不如
是等　爲語具足故經言須菩提於意云何汝謂如來作是念我說法耶如是等於中安立
第一義故經言如來說法說法者等於心具足中爲念處故經言世尊頗有衆生於未來世
聞說是法等此處於諸衆生中顯示如世尊念處故彼非衆生者第一義故不非衆生者世

BD05998 號 2　金剛般若論卷下　（41–16）

就爲福自在具足故經言此三千大千世界等於中亦安立第一義故經言須菩提若福聚有實
等於身具足中爲好具足故經言須菩提於意云何以色身成就見如來不如是等於中亦以安立第
一義故經言如來說非成就等　爲相身具足故經言須菩提於意云何可以具足見如來不如
是等　爲語具足故經言須菩提於意云何汝謂如來作是念我說法耶如是等於中安立
第一義故經言如來說法說法者等於心具足中爲念處故經言世尊頗有衆生於未來世
聞說是法等此處於諸衆生中顯示如世尊念處故彼非衆生者第一義故不非衆生者世
諦故是人即爲希有第一者顯示說第一義是不共及相應故此文如前說於彼心具足中
爲正覺故經言頗有法如來於阿耨多羅三藐三菩提得正覺耶如是等於无有法者爲希有
見過已顯示菩提及菩提道故彼復顯示菩提有二種因緣謂阿耨多羅語故三藐仏陀語故
於中經言微塵許法不可得不可[redacted]有者此爲阿耨多羅語故此顯示菩提自相故菩提
解脫相故彼中无微塵許法有體是故亦无可得亦无所有應知經言復次須菩提是法平等者爲三藐
佛陀語故顯示菩提者人平等相於中平等者以菩提法故得知是佛此中經言无有高下者顯示
一切諸仏第一義中壽命等无高下故經言无壽者无衆生得彼平等阿耨多羅三藐三菩提
者顯示菩提於生死法平等相故經言一切善法得正覺者顯示菩提道故經言所言善法者如
來說非善法此安立第一義相故　於彼心具足中爲施設大利法故經言三千大千世界中所有須
弥如是等於中爲安立第一義教授故經言如來頗作是念我度衆生耶如是等如來則有我等
取者此有何義如來如尒炎而知是故若有衆生如來度者如來則有我取若實无我而言有我取爲離此
者故經言須菩提我取者即爲非取如是等是故但小兒凡夫有如是取故經言須菩提凡夫凡夫者如來
說非凡夫是名凡夫故　於彼心具足中爲攝取法身故經言須菩提於意云何應以相成就見如
來不如是等於中初偈顯示如所不應見不可見故[redacted]云何不見可諸見世諦故是
人行耶靜者定名爲靜以得禪者說名寂靜者故又復禪名思惟脩故於中愚者意所攝脩
者識所攝言靜者即說意及識此世諦所攝應知彼不應見者謂彼世諦行者第二偈顯示知彼
不應見及不應見因緣謂初分次分於中偈言以法應見仏者法者謂真如義也此何因緣偈言導師
法爲身故以如爲緣故出生諸仏淨身此不可見但應見故法彼不應見復何因緣故不見可以彼法真
如相故非如言說而知唯自證知故不如言說者非見實不能知故爲顯示此義故偈言法體不可
知故彼不能知於住處中得顯示以法身應見如來非以相具足故　若尒如來雖不應以相具足
見應以相具爲因得阿耨多[redacted]羅三藐三菩提爲離此著經言須菩提於意云何如來可以具足相得阿
耨多羅三藐三菩提耶如是等於彼心具足中爲不住生死涅槃故經言須菩提汝作是念發行
菩薩乘者如是等於中經言於法不說斷滅者謂如所住法而通達不斷一切生死影像法於涅

BD05998 號 2　金剛般若論卷下　（41–17）

法為身故以如為緣故出生諸仏淨身此不可見但應見故法彼不應見復何因緣故不見可以彼真
如相故非如言說而知唯自證知故不如言說者非見實不能知故為顯示此義故偈言法體不可
知故彼不能知　於住處中得顯示以法身應見如來非以相具足故　者示如來雖不應以相具足
見應以相具足為因得阿耨多[redacted]羅三藐三菩提為離此著經言須菩提於意云何如來可以具足相得阿
耨多羅三藐三菩提正覺耶如是等於彼心具足中為不住生死涅槃故經言須菩提汝若是念發行
菩薩乘者如是等於中經言於法不說斷滅者謂如所住法而通達不斷一切生死影像法於涅
槃自在行利益衆生事此中為遮一向寂靜故顯示不住涅槃者不住涅槃應受生死苦惱為離
此著故經言須菩提若善男子善女人乃至是故菩薩取福德等於中經言无我无生法忍者
何義如來於有為法得自在故无彼生死法我又非業煩惱力生故名无我者无生者此中云何得
顯示如說攝取餘福尚於生死中不受苦惱何況菩薩於无我无生法中得忍已所生福德勝
多於彼經言須菩提菩薩不應受福德衆者此顯示不住生死故若住生死即福受衆經言須
菩提言不應受福德衆耶者此有何義以世尊於餘處說應受福衆故經言世尊言受福衆
不取福衆是名受福而不取者此顯示以方便應受而不應取如前已說　於行住心具足中為威
儀行住故經言須菩提若有人言如來若去若來等於中行者謂去來住者謂餘威儀
為破名色身自在行住故經言須菩提若善男子善女人以三千大[redacted]千世界所有地塵等於中細末
方便及无所見方便等此破如前說應知經言彼塵衆甚多者是細末方便經言世尊若微
塵衆有者世尊則不說微塵衆等是為无所見方便此說有何義若微塵衆第一義是有
者世尊則不說非衆世尊說微塵衆非衆是名微塵衆者以此衆體不成就故若異此者雖不
說亦自知是衆何義須說經言如來說即非世界者此是无所見方便此破名身亦如前說應知於
中世界者為明衆生世故彼唯名身得名經言世尊若世界是有者即為有摶取者於中為並說
若世界若微塵界故有二種摶取謂一摶取及差別摶取衆生類衆生世界有者此為一摶取微
塵有者此為差別摶取微塵聚集故經言如來說摶取即非摶取者此上坐須菩提安立第一
義故世尊為成就如是義故說摶取者即是不可以言說說等此何所顯示世諦言說故
有彼摶取第一義故彼法不可說彼小兒凡夫如言說取非第一義
已說无所見方便破義未說无所見中入相應三昧時不分別謂如所不分別及何人何法何方
便云何不分別此後具說經言須菩提若有人如是言如來說我見等顯示如所不分別云何
得顯如外道說我如來說為我見故安置人无我又為說有此我見故安置法无我若有彼我
見是見所攝如是觀察菩薩入相應三昧時不復分別即此觀察為入方便經言須菩提
菩薩乘發行者此顯示何人无分別經言於一切法者此顯示於何法不分別經言應如是知應

BD05998 號 2　金剛般若論卷下　（41–18）

有彼摶取第一義故彼法不可說彼小兒凡夫如言說取非第一義
已說无所見方便破義未說无所見中入相應三昧時不分別謂如所不分別及何人何法何方
便云何不分別此後具說經言須菩提若有人如是言如來說我見等顯示如所不分別云何
得顯如外道說我如來說為我見故安置人无我又為說有此我見故安置法无我若有彼我
見是見所攝如是觀察菩薩入相應三昧時不復分別即此觀察為入方便經言須菩提
菩薩乘發行者此顯示何人无分別經言於一切法者此顯示於何法不分別經言應如是知應
如是見應如是勝解者此顯示增上智故於无分別中知見勝解於中若智依止奢摩他故知依止
毗鉢舍那故見此二依止三摩提故勝解以三摩提自在故解內攀緣影像彼名勝解經言如
是知解已而不住法想者此正顯示无分別經言法想法想者即非法想是名法想者此顯示
法想中不共義相應義如前已說如是一切住處中相應三摩提方便亦今應知欲顯及攝
散二種如前所說更无別義是故不復說其方便　於彼心具足中為說法无染故經言須菩
提若有菩薩以滿无量阿僧祇世界七寶等此何所顯示以有如是大利益故受之應演
說如是演說而无所染經言云何演說而不演說是名演說者此有何義顯示不可言說故
不演說彼法有何說離應如是演說若異此者則為染說以顛倒義故又如是說時不求信
敬等亦為无染說法　於彼心具足中為生死不染故說星翳燈等偈此義如前說
若聞如是義　於大乘无覺　我念過於石　竟究无因故　下人於此淨大法　不能覺知及信向
世間衆人多如此　是以此法成棄廢　金剛斷割般若波羅蜜論竟阿僧伽作

金剛般若波羅蜜經論卷上　世親菩薩造　三藏菩提流支譯
法門句義及次第　世間不解離明慧
大智通達教我等　歸命无量功德身　應當敬礼如是等　頭面礼足而頂戴　以能荷仏難勝事　攝受衆生利益我
如是我聞一時婆伽婆在舍婆提城祇樹給孤獨園与大比丘衆千二百五十人俱尒時世尊食時著衣持鉢入舍婆
提大城乞食於其城中次第乞已還至本處飯食訖收衣鉢洗足已如常敷坐結跏趺坐端身而住正念不動尒時
諸比丘來詣仏所到已頂礼仏足右遶三帀退坐一面尒時慧命須菩提在大衆中即從坐起偏袒右肩右膝著地向仏合
掌恭敬而立白仏言希有世尊如來應供正遍知善護念諸菩薩善付囑諸菩薩　論曰善護念者依根熟菩薩
說善付囑者依根未熟菩薩說云何善護念諸菩薩云何善付囑諸菩薩偈言　•巧護義應知　加彼身同行
不退得未得　是名善付囑　云何加彼身同行謂於菩薩身中与智慧力令成就仏法故又彼菩薩攝取衆生与教
化力是名善護應知　云何不退得未得謂於得未得功德中懼其退失付授智者又得不退者不捨大乘故未得不
退者於大乘中欲令勝進故是名善付囑應知經曰世尊云何菩薩大乘中發阿耨多羅三藐三菩提心應云何住云何
脩行云何降伏其心尒時仏告須菩提善哉善哉須菩提如汝所說如來善護念諸菩薩善付囑諸菩薩汝今
諦聽當為汝說如菩薩大乘中發阿耨多羅三藐三菩提心應如是住如是脩行如是降伏其心須菩提白仏言
世尊如是願樂欲聞仏告須菩提諸菩薩生如是心所有一切衆生衆生所攝若卵生若胎生若濕生若化生若

BD05998 號 2　金剛般若論卷下　（41–19）
BD05998 號 3　金剛般若波羅蜜經論卷上

化力是名善護應知　云何不退得未得謂於得未得功德中懼具退失付授智者又得不退者不捨大乘故未得不
退者於大乘中欲令勝進故是名善付囑應知　經曰世尊云何菩薩大乘中發阿耨多羅三藐三菩提心應云何住云何
脩行云何降伏其心尒時仏告須菩提善哉善哉須菩提如汝所說如來善護念諸菩薩善付囑諸菩薩汝今
諦聽當為汝說如菩薩大乘中發阿耨多羅三藐三菩提心應如是住如是脩行如是降伏其心須菩提白仏言
世尊如是願樂欲聞仏告須菩提諸菩薩生如是心所有一切衆生衆生所攝若卵生若胎生若濕生若化生若
有色若无色若有想若无想若非有想非无想所有衆生界衆生所攝我皆令入无餘涅槃而滅度之如是
滅度无量无邊衆生實无衆生得滅度者何以故須菩提若菩薩有衆生相即非菩薩何以故非須菩提若
菩薩起衆生相人相壽者相則不名菩薩　論曰云何菩薩大乘中住問答示現此義偈言　●廣大第一常
其心不顛倒　利益深心住　此乘功德滿　此偈說何義若菩薩有四種深利益菩提心此是菩薩大乘住
處何以故此深心功德滿之是故四種深利益攝深心生能住大乘中何等為四種心一廣二第一三常四不顛倒云
何廣心利益如經諸菩薩生如是心所有一切衆生衆生所攝乃至所有衆生界衆生所攝故云何第
一心利益如經我皆令入无餘涅槃而滅度之故云何常心利益如經如是滅度无量无邊衆生實无
衆生得滅度者何以故須菩提若菩薩有衆生相即非菩薩故此義云何菩薩取一切衆生猶如我身
以自義故菩薩自身滅度无異衆生得滅度者若菩薩於衆生起衆生想不生我相則不應得菩薩
名如是取衆生如我身常不捨離是名常心利益云何不顛倒心利益如經何以故非須菩提若菩薩
起衆生相人相壽者相則不名菩薩故此示現遠離依止身見衆生等相故　論曰自此以下說菩薩如大
乘中住脩行此事應知　經曰復次須菩提菩薩不住於事行於布施无所住行於布施不住色布施不住聲
香味觸法布施須菩提菩薩應如是布施不住於相想何以故若菩薩不住相布施其福德聚不可思量須
菩提於汝意云何東方虛空可思量不須菩提言不也世尊仏言如是須菩提南西北方四維上下虛空
可思量不須菩提言不也世尊仏言如是如是須菩提菩薩无住相布施福德聚亦復如是不可思量
仏復告須菩提菩薩但應如是行於布施　●論曰偈言　檀義攝於六　資生无畏法　此中一二三　名為脩行住
何故唯檀波羅蜜名說六波羅蜜一切波羅蜜檀波羅蜜相義示現故一切波羅蜜檀相義者謂資生无畏
法檀波羅蜜應知此義云何資生者即一檀波羅蜜體名故无畏檀波羅蜜者有二謂尸波羅蜜羼提波
羅蜜於已作未作惡不生怖畏故法檀波羅蜜有三謂毗梨耶波羅蜜等不疲惓善知心如實說法故
此即是菩薩摩訶薩脩行住如向說三種攝六波羅蜜是名善菩薩摩訶薩脩行住云何菩薩不
住於事行於布施如是等偈言　●自身及報恩　果報斯不著　護存已不施　防求於異事　不住於事者
謂不著自身无所住者謂不著報恩報恩者謂供養恭敬種種等門如經无所住故不住色等者謂不
著果報何故如是不住行於布施偈言護存已不施防求於異事若着自身不行布施為護此事於身
不着者着報恩果報捨仏菩提為異義行於布施為防是行於事不着　自此以下說云何菩薩降

羅蜜於已作未作惡不生怖畏故法檀波羅蜜有三謂毗梨耶波羅蜜等不疲惓善知心如實說法故
此即是菩薩摩訶薩脩行住如向說三種攝六波羅蜜是名善菩薩摩訶薩脩行住云何菩薩不
住於事行於布施如是等偈言　●自身及報恩　果報斯不著　護存已不施　防求於異事　不住於事者
謂不著自身无所住者謂不著報恩報恩者謂供養恭敬種種等門如經无所住故不住色等者謂不
著果報何故如是不住行於布施偈言護存已不施防求於異事若着自身不行布施為護此事於身
不着者着報恩果報捨仏菩提為異義行於布施為防是行於事不着　自此以下說云何菩薩降
伏其心此事應知云何降伏心名之降伏偈言　●調伏彼事中　遠離取相心　及斷種種疑　亦防生成心
此文說何義所謂不見施物受者及施者偈言調伏彼事中遠離取相心故如經須菩提菩薩應如是布
施不住於相想故次說布施利益何以故此中有疑若離施等相想云何能成施福彼人如是布施其福轉
多故次說布施利益如經何以故若菩薩不住相布施其福德聚不可思量須菩提於意云何東方虛空
可思量不須菩提言不也世尊如是等何故說脩行後次顯布施利益以得降伏故是以次說布施利益
此義云何不住相想行於布施成就義故　自此以下一切脩多羅示現斷生疑心云何生疑若不住於法行於
布施云何為仏菩提行於布施斷彼疑心　經曰須菩提於意云何可以相成就見如來不須菩提言不也
世尊不可以相成就得見如來何以故如來所說相即非相仏告須菩提凡所有相皆是妄語若見諸相
非相則非妄語如是諸相非相則見如來　●論曰偈言　分別有為體　防彼成就得　三相異體故　離彼是如來
此義云何若分別有為體是如來以有為相為第一以相成就見如來身為防彼相成就得如經不可以
相成就得見如來故何以故如來名无為法身故如經何以故如來所說相即非相偈言三相異體故離彼是
如來彼相成就即非相成就何以故三相異如來體故如經佛告須菩提凡所有相皆妄語若見諸相
非相則非妄語如是諸相非相則見如來此句顯有為虛妄故偈言離是如來示現彼處三相无故相非
相相對故彼處生住滅異體不可得故此句明如來體非有為故菩薩如是知如來為仏菩提行於布施
彼菩薩不住於法行於布施成如是斷疑故　自此以下尊者須菩提生疑致問　經曰須菩提白仏言世尊
頗有衆生於未來世末世得聞如是脩多羅章句生實信相不仏告須菩提莫作是說頗有衆生於未來
世末世得聞如是脩多羅章句生實信相不仏復告須菩提有未來世末世有菩薩摩訶薩法欲滅時
有持戒脩福德智惠者於此脩多羅章句能生信心以此為實仏復告須菩提當知彼菩薩摩訶
薩非於一佛二佛三四五佛所脩行供養非於一仏二佛三四五佛所而種善根佛復告須菩提已於无量
百千万諸佛所脩行供養无量百千万諸佛所種諸善根聞是脩多羅乃至一念能生淨信須菩提
如來悉知是諸衆生如來悉見是諸衆生須菩提是諸菩薩生如是无量福德聚取如是无量福
德何以故須菩提是諸菩薩无復我相衆生相人相壽者相須菩提是諸菩薩无法相亦非无法
相无相亦非无相何以故須菩提是諸菩薩若取法相則為着我人衆生壽者須菩提若是菩薩有法

薩非於一佛二佛三四五佛所脩行供養非於一仏二佛三四五佛所而種善根佛復告須菩提已於无量
百千万諸佛所脩行供養无量百千万諸佛所種諸善根聞是脩多羅乃至一念能生淨信須菩提
如來悉知是諸衆生如來悉見是諸衆生須菩提是諸菩薩生如是无量福德聚取如是无量福
德何以故須菩提是諸菩薩无復我相衆生相人相壽者相須菩提是諸菩薩无法相亦非无法
相无相亦非无相何以故須菩提是諸菩薩若取法相則爲著我人衆生壽者須菩提若是菩薩有法
相即著我相人相衆生相壽者相何以故須菩提不應取法非不取法以是義故如來常說筏喻法門是
法應捨非捨法故　論曰此義云何向依波羅蜜說不住行於布施說因深義向後如來非有爲體說果
深義若今未來惡世人不生信心云何不空說爲斷彼疑仏荅此義如經佛告須菩提莫作是說乃至非
捨法故此義云何偈言　●說因果深義　於彼惡世時　不空以有實　菩薩三德備　此義云何彼惡世時菩薩具
足持戒功德智慧故能生信心以此義故名不空說又偈言　●脩戒於過去　及種諸善根　戒具於諸仏
亦說功德滿　如經佛復告須菩提當知彼菩薩摩訶薩非於一佛二佛三四五佛所脩行供養非於一仏二仏三
四五佛所而種善根仏告須菩提已於无量百千万諸佛所脩行供養无量百千万諸佛所種諸善根
故此經文明於過去諸佛具足持戒供養彼佛亦種諸善根如是次第彼持戒具足功德具足故
●又偈言　彼壽者及法　遠離於取相　亦說知彼相　依八八義別　此義云何復說般若義不斷故說
何等義明彼菩薩離於壽者相離於法相故以對彼相故說此義偈言依八八義別故此復云何依四種壽者相
有四種法相有四種義故是故依八相有八種義差別故此義復云何偈言　●差別相續體　不斷至命住
復取於異道　是我相四種　此義云何明壽者相義故何者是四種一者我相二者衆生相三者命相四者壽
者相我相者見五陰差別一一陰是我如是妄取是名我相衆生相者見身相續不斷是名衆生相命
相者一報命根不斷住故是名命相壽者相者命根斷滅復生六道是名壽者相如經何以故須菩提是
諸菩薩无復我相衆生相人相壽者相故云何及法偈言　●一切空无物　實有不可說　依言辭而說
是法相四種　何者是四種一者法相二者非法相三者相四者非相此義云何有可取能取一切法无故言无法
相以无物故彼法无我空實有故言亦非无法相彼空无物不可說有无故言无相依言辭而說故言亦
非无相何以故以於无言處依言相說是故依八種差別義離八相種所謂離人相離法相是故說有智
慧如經須菩提是諸菩薩无法相亦非无法相亦无相亦非无相故有智慧便之何故復說持戒功德爲
示現生實相差別義故云何示現偈言　●彼人依信心　恭敬生實相　聞聲不正取　正說如是取
此義云何彼人有持戒功德依信心恭敬能生實相是以說彼義故次言聞說如是脩多羅章句乃
至一念生淨信者是故不但說般若又有智慧者不如聲取義隨順第一義智正說如是取彼菩薩
聞說如是脩多羅章句生實相故又經復言須菩提如來悉知是諸衆生如來悉見是諸衆生如
是等此明何義偈言　●仏非見果知　願智力現見　求供養恭敬　彼人不能說　此義云何彼持戒

BD05998號 3　金剛般若波羅蜜經論卷上　（41–22）

示現生實相差別義故云何示現偈言　●彼人依信心　恭敬生實相　聞聲不正取　正說如是取
此義云何彼人有持戒功德依信心恭敬能生實相是以說彼義故次言聞說如是脩多羅章句乃
至一念生淨信者是故不但說般若又有智慧者不如聲取義隨順第一義智正說如是取彼菩薩
聞說如是脩多羅章句生實相故又經復言須菩提如來悉知是諸衆生如來悉見是諸衆生如
是等此明何義偈言　●仏非見果知　願智力現見　求供養恭敬　彼人不能說　此義云何彼持戒
等人諸佛如來非見果比知云何偈言願智力現見故如來悉知是諸衆生便之何故復說如來悉
見是諸衆生若不說如來悉見是諸衆生或謂如來以比智知彼生如是心故若今但言如來悉見是諸
衆生便之何故復說如來悉知是諸衆生若不說如來悉知是諸衆生或謂肉眼等見爲防是故何
故如是說以有二語故又何故如來如是說偈言求供養恭敬彼人不能說故此義云何若有人欲得供
養恭敬彼人不能說故此義云何若有人欲得供養恭敬自嘆有持戒等功德彼人則不能說是
人自知故諸佛如來等彼何等人有何等行是故彼人不能自說又是諸菩薩生如是无量福德聚
取如是无量福德者此義云何生者能生因故取者熏脩自體果義故又何以故須菩提是諸菩薩若
取法相則爲著我人衆生壽者此義云何但有无明使无現行麁煩惱亦无我見故又經言以是義
故如來常說筏喻法門是法應捨非捨法者有何次第偈言　●彼不住隨順　於法中證智　如人捨船栰
法中義亦然　此義云何示脩多羅等法中證智不住故以得證智捨法故如到彼岸捨栰故隨順者隨順
彼證智法彼法應取如人未到彼岸取栰故自此以下說何等義爲遮異疑故云何異疑向說不可以相成就
得見如來何以故如來非有爲相得名故若如是云何釋迦牟尼仏得阿耨多羅三藐三菩提說名爲佛云何
說法是名異疑爲斷此疑云何斷疑　經曰復次佛告慧命須菩提於意云何如來得阿耨多羅三藐三
菩提耶如來有所說法耶須菩提言如我解佛所說義无有定法如來得阿耨多羅三藐三菩提
亦无有定法如來可說何以故如來所說法皆不可取不可說非法非非法何以故一切聖人皆以无爲法
得名　論曰以是義故釋迦牟尼佛非佛亦非說法此義云何偈言　●應化非真仏　亦非說法者　說法不二取
无說離言相　此義云何佛有三種一者法佛二者報佛三者化佛又釋迦牟尼名爲佛者此是化佛不證阿耨
多羅三藐三菩提亦不說法如經无有定法如來得阿耨多羅三藐三菩提亦无有定法如來可說若今何
故經言何以故如來所說法皆不可取不可說如是等有人謗言如來一向不說法爲遮此故偈言　應化非真佛
亦非說法者故說法不二取无說離言相者聽者不取法不取非法故說者亦不二說法非法故何以故彼法
非法非非法依何義說依真如義說非法者一切法无體相故非非法者彼真如无我相實有故何故唯言說
不言證有言說者即成證義故若不證者則不能說如經何以故一切聖人皆以无爲法得名此句明何
義彼法是說因故何以故一切聖人依真如法清淨得名以无爲法得名故以此義故彼聖人說彼无爲法
復以何義如彼聖人所證法不可如是說何況如是取何以故彼法遠離言語相非可說事故何故不但言仏
乃說一切聖人以一切聖人依真如清淨得名故如是具足清淨如分清淨故　經曰須菩提於意云何若滿三

BD05998號 3　金剛般若波羅蜜經論卷上　（41–23）

亦非說法者故說法不二取无說離言相者聽者不取法不取非法故說者亦不二說法非法故何以故彼法
非法非非法依何義說依真如義說非法者一切法无體相故非非法彼真如无我相實有故何故唯言說
不言證有言說者取成證義故若不證者則不能說如經何以故一切聖人皆以无爲法得名此句明何
義彼法是說因故何以故一切聖人依真如法清淨得名以无爲法得名故以此義故彼聖人說彼无爲法
復以何義如彼聖人所證法不可如是說何況如是取何以故彼法遠離言語相非可說事故何故不但言佛
乃說一切聖人以一切聖人依真如清淨得名故如是具足清淨如分清淨故　經曰須菩提於意云何若滿三
千大千世界七寶以用布施須菩提於意云何是善男子善女人所得福德寧爲多不須菩提言甚
多婆伽婆甚多脩伽陁彼善男子善女人得福甚多何以故世尊是福德聚即非福德聚是故如來
說福德聚福德聚佛言須菩提若善男子善女人以滿三千大千世界七寶
持用布施若復於此經中受持乃至四句偈等爲他人說其福勝彼无量不可數何以故須菩提一切
諸佛阿耨多羅三藐三菩提法皆從此經出一切諸佛如來皆從此經生須菩提所謂佛法佛法者即非
佛法　論曰此說勝福德譬喻校量亦現何義法雖不可取不可說而不空故偈言　●受持法及說
不空於福德　福不趣菩提　二能趣菩提　何故說言世尊是福德聚即非福德聚者偈言福不趣菩
提二能趣菩提故此義云何彼福德不趣大菩提二能趣大菩提故何者爲二一者受持二者演說如
經受持乃至四句偈等爲他人說故名福德聚義有二種一者[redacted]積聚義二者進趣義如人擔
重說名爲聚如是彼福德聚以有積聚義故說名爲聚於菩提不能進趣故名爲非福德聚此
二能趣大菩提是故於彼福德中此福爲勝云何此二能得大菩提如經何以故須菩提一切諸佛阿耨
多羅三藐三菩提法皆從此經出一切諸佛如來皆從此經生云何說一切諸佛菩提法皆從此經出云
何說一切諸佛如來皆從此經生偈言　●於實名了因　亦爲餘生因　唯獨諸佛法　福成第一體　此義云何菩
提者名爲法身彼體實无爲是故於彼法身此二能作了因不能作生因餘者受報相好莊嚴佛化身相
好佛於此爲生因以能作菩提因是故名因顯彼福德中此福勝故如經何以故須菩提乃至皆從此經生故云何
成此義偈言唯獨諸佛法福成第一體故須菩提所謂佛法佛法者即非佛法者彼諸佛法餘人不得是
故彼佛法名爲佛法是故言唯獨諸佛法第一不共義以能作第一法因是故彼福德中此福爲勝如是成
福德多故　經曰須菩提於意云何須陁洹能作是念我得須陁洹果不須菩提言不也世尊何以故實无
有法名須陁洹不入色聲香味觸法是名須陁洹佛言須菩提於意云何斯陁含能作是念我得斯
陁含果不須菩提言不也世尊何以故實无有法名斯陁含是名斯陁含須菩提於意云何阿那含能作
是念我得阿那含果不須菩提言不也世尊何以故實无有法名阿那含是名阿那含須菩提於意云
何阿羅漢能作是念我得阿羅漢不須菩提言不也世尊何以故實无有法名阿羅漢世尊若阿羅
漢作是念我得阿羅漢即爲著我人衆生壽者世尊佛說我得无諍三昧人中最爲第一世尊說我是

BD05998 號 3　金剛般若波羅蜜經論卷上

（41–24）

福德多故　經曰須菩提於意云何須陁洹能作是念我得須陁洹果不須菩提言不也世尊何以故實无
有法名須陁洹不入色聲香味觸法是名須陁洹佛言須菩提於意云何斯陁含能作是念我得斯
陁含果不須菩提言不也世尊何以故實无有法名斯陁含是名斯陁含須菩提於意云何阿那含能作
是念我得阿那含果不須菩提言不也世尊何以故實无有法名阿那含是名阿那含須菩提於意云
何阿羅漢能作是念我得阿羅漢不須菩提言不也世尊何以故實无有法名阿羅漢世尊若阿羅
漢作是念我得阿羅漢即爲著我人衆生壽者世尊佛說我得无諍三昧人中最爲第一世尊說我是
離欲阿羅漢世尊我不生是念我是離欲阿羅漢世尊我若作是念我得阿羅漢世尊則不記我
无諍行第一以須菩提實无所行而名須菩提无諍无諍行　論曰向說聖人无爲法得名以是義故
彼法不可取不可說若須陁洹等聖人取自果云何言彼法不可取既如證如說云何成不可說自下經文
爲斷此疑成彼法不可說故偈言　●不可取及說　自果不取故　依彼善吉者　說離二種鄣　此義云何以
聖人无爲法得名是不取一法不取者不取六塵境界以是義故名取逆流者如經不入色聲香味觸法是名
須陁洹故乃至阿羅漢不取一法以是義故名爲羅漢然聖人非不取无爲法以取自果故若聖人起如是
心我能得果即爲著我等者此義云何以有使煩惱非行煩惱何以故彼於證時離取我等煩惱是
故无如是心我能得果何故尊者須菩提自嘆身得受記以自身證果爲於彼義中生信心故唯何故
唯說无諍行爲明勝功德故爲生淨信故何故言以須菩提實无所行而名須菩提无諍无諍行者偈
言依彼善吉者說離二種鄣故二種鄣者一者煩惱鄣二者三昧鄣離彼二鄣故言无所以是義故說名二
種諍彼二種彼二種鄣故名爲无諍行　經曰佛告須菩提於意云何如來昔在然燈佛所得阿耨多羅三
藐三菩提法不須菩提言不也世尊如來在然燈佛所於法實无所得阿耨多羅三藐三菩提　論曰復有
疑釋迦如來昔於然燈佛所受法彼佛爲說法若如是云何彼法不可取不可說爲斷此疑說彼佛所无
法可取如經不也世尊如來在然燈佛所於法實无所得阿耨多羅三藐三菩提故何故如是說偈言
●佛於然燈語　不取理實智　以是真實義　成彼无取說　此義云何釋迦如來於然燈佛所言語所說不取證法故以是
義故顯彼證智不可說不可取偈言以是真實義成彼无取說故又若聖人无爲法得名是法不可取不可說云何諸
菩薩取莊嚴淨佛國土云何受樂報佛取自法王身云何餘世間復取彼是法王身自下經文爲斷此疑　經曰佛告
須菩提若菩薩作是言我莊嚴佛國土彼菩薩不實語何以故須菩提如來所說莊嚴佛土者則非莊嚴是名
莊嚴佛土是故須菩提諸菩薩摩訶薩應如是生清淨心而无所住不住色生心不住聲香味觸法生心應无
所住而生其心須菩提譬如有人身如須弥山王須菩提於意云何是身爲大不須菩提言甚大世尊何以故
佛說非身是名大身彼身非身是名大身　論曰此義如是應云何知偈言　●智習唯識通　如是取淨土
非形第一體　非嚴莊嚴意　此義云何諸佛无有莊嚴國土事唯諸佛如來真實智慧習識通達是
故彼土不可取若人取彼國土形相作是言我成就清淨佛國土彼不實說如經何以故須菩提如來所說
莊嚴佛土者則非莊嚴是名莊嚴是名莊嚴佛土故如是說偈言非形第一體非莊嚴意故莊嚴有

BD05998 號 3　金剛般若波羅蜜經論卷上

（41–25）

須菩提若菩薩作是言我莊嚴佛國土彼菩薩不實語何以故須菩提如來所說莊嚴佛土者則非莊嚴是名
莊嚴佛土是故須菩提諸菩薩摩訶薩應如是生清淨心而无所住不住色生心不住聲香味觸法生心應无
所住而生其心須菩提譬如有人身如須彌山王須菩提於意云何是身為大不須菩提言甚大世尊何以故
佛說非身是名大身彼身非身是名大身　論曰此義如是應云何知偈言　●智習唯識通　如是取淨土
非形第一體　非嚴莊嚴意　此義云何諸佛无有莊嚴國土事唯諸佛如來真實智慧習識通達是
故彼土不可取若人取彼國土形相作是言我成就清淨佛國土彼不實說如經何以故須菩提如來所說
莊嚴佛土者則非莊嚴是名莊嚴是名莊嚴佛土故如是說偈言非形第一體非莊嚴意故莊嚴有
二種一者形相二者第一義相是說故莊嚴嚴莊又非莊嚴佛土者无有形相故非莊嚴如是无莊嚴即
是第一莊嚴何以故以一切功德成就莊嚴故若人分別佛國土是有為形相而言我成就清淨佛國土彼菩薩
住於色等境界中生如是心為遮此故如經是故須菩提諸菩薩摩訶薩應如是生清淨心而无所住不住色聲
香味觸法生心應无所住而生其心故前言云何受樂報佛取自法王身云何餘世間復取彼是法王身
為除此疑說受樂報佛體同彼須彌山王鏡像義故此義云何偈言　●如山王无取　受報亦復然　遠離於諸漏
及有為法故　此義云何如須彌山王勢力高遠故名為大而不取彼山王體我是山王以无分別故受樂報佛亦
如是以得无上法王體故名為大而不取彼法王體我是法王以无分別故何故无分別以无分別故如經何以故佛
說非身是名大身彼身非身是名大身故何故如是說偈言遠離於諸漏及有為法故彼受樂報佛體
離於諸漏若如是即无有物若如是即名有物以唯有清淨身故以遠離有為法故以是義故實有我體
以不依他緣住故

金剛般若波羅蜜經論卷中

經曰佛言須菩提如恒河中所有沙數如是沙等
恒河於意云何是諸恒河沙寧為多不須菩提言甚多世尊但諸恒河尚多无數何況其沙佛言須菩提我
今實言告汝若有善男子善女人以七寶滿尒所恒沙數世界以施諸佛如來須菩提於意云何彼善男子善
女人得福多不須菩提言甚多世尊彼善男子善女人得福甚多佛告須菩提以七寶滿尒所恒河沙世界持
用布施若善男子善女人於此法門乃至受持四句偈等為他人說而此福德勝前福德无量阿僧祇
論曰前已說多福德譬喻何故此中復說偈言　●說多義差別　亦成勝校量　後福過於前　故重說勝喻
此義云何前說三千世界譬喻明福德多今重說无量三千世界故何故不先說此喻為漸化眾生令生信心上
妙義故又前未顯何以等勝功德能得大菩提故以此喻成功德是故重說勝喻　經曰復次須菩提隨所有處
說是法門乃至四句偈言當知此處一切世間天人阿脩羅皆應供養如佛塔廟何况有人盡能受持讀誦此經須菩
提當知是人成就最上第一希有之法若是經典所在之處則為有佛若尊重似佛尒時須菩提白佛言
世尊當何名此法門我等云何奉持佛告須菩提是法門名為金剛般若波羅蜜以是名字汝當奉持何以故
須菩提佛說般若波羅蜜則非般若波羅蜜須菩提於意云何如來有所說法不須菩提言世尊如來无所
說法須菩提於意云何三千大千世界所有微塵是為多不須菩提言彼微塵甚多世尊須菩提是諸微塵

BD05998 號 3　金剛般若波羅蜜經論卷上　（41–26）
BD05998 號 4　金剛般若波羅蜜經論卷中

說是法門乃至四句偈言當知此處一切世間天人阿脩羅皆應供養如佛塔廟何况有人盡能受持讀誦此經須菩
提當知是人成就最上第一希有之法若是經典所在之處則為有佛若尊重似佛尒時須菩提白佛言
世尊當何名此法門我等云何奉持佛告須菩提是法門名為金剛般若波羅蜜以是名字汝當奉持何以故
須菩提佛說般若波羅蜜則非般若波羅蜜須菩提於意云何如來有所說法不須菩提言世尊如來无所
說法須菩提於意云何三千大千世界所有微塵是為多不須菩提言彼微塵甚多世尊須菩提是諸微塵
如來說非微塵是名微塵如來說世界非世界是名世界佛言須菩提於意云何可以卅二大人相見如來
不須菩提言不也世尊何以故如來說卅二大人相即是非相是名卅二大人相　論曰云何成彼勝福偈言
●尊重於二處　集習證大體　彼因習煩惱　此降伏染福　此義云何尊重於二處者一者所說處隨何等處
說此經令生尊重奇特相故二者能說人隨何等人能受持及說以尊重經論故非七寶等隨何處捨
隨何人能捨如是生敬重故此法門与一切諸佛如來證法作勝因故如經須菩提言世尊如來无所說法故此
義云何无有一法唯獨如來說餘佛不說故彼珍寶布施福德是染[illegible]煩惱因以能成就煩惱事故此因亦現遠
離煩惱因故是故說地微塵喻如經須菩提是諸微塵如來說非微塵是名微塵如來說世界非世界是
名世界故何以故如是說彼微塵非貪等煩惱體以是義故名為地微塵故彼世界非煩惱染因界是故說
世界此明何義彼福德是煩惱塵染因是故於外无記塵彼福德善根為近何况此福德能成佛菩提故
又成就大丈夫相福德中勝故是故受持演說此法門能成佛菩提勝彼福德何以故彼相於佛菩提非相故
以彼非法身故是故說大丈夫相以彼相故此受持及說福德能成佛菩提是故彼非勝故又彼福德能降伏彼
寶等福何况此福故能降伏是故此福最近最勝如是彼禮等福德中此福德最勝成已　經曰佛言須
菩提若有善男子善女人以恒河沙等身命布施若復有人於此法門中乃至受持四句偈等為他人說
其福甚多无量阿僧祇尒時須菩提聞說是經深解義趣涕淚悲泣捫淚而白佛言希有婆伽婆希
有脩伽陀佛說如是甚深法門我從昔來所得慧眼未曾得聞如是法門何以故須菩提佛說般若波羅
蜜即非般若波羅蜜世尊若復有人得聞是經信心清淨則生實相當知是人成就第一希有功德世尊
是實相者則是非相是故如來說名實相實相世尊我今得聞如是法門信解受持不足為難當若來世
其有眾生得聞是法門信解受持是人則為第一希有何以故此人无我相人相眾生相壽者相何以故我
相即是非相人相眾生相壽者相即是非相何以故離一切諸相則名諸佛佛告須菩提如是如是若復有人得聞是
經不驚不怖不畏當知是人甚為希有何以故須菩提如來說第一波羅蜜非第一波羅蜜如來說第一波羅蜜
者彼无量諸佛亦說波羅蜜是名第一波羅蜜　論曰自下經文重明德福德中此福轉勝此義云何偈言
●苦身勝於彼　希有及上義　彼智岸難量　亦不同餘法　堅實解深義　勝餘修多羅　大因及清淨　福中勝福德
此二偈說何義捐捨身命重於捨資生珍寶等彼如是捨无量身命果報福勝彼此福勝彼福何以故彼捨身
命苦身心故何况為法捨故念彼身苦惠命須菩提尊重法故悲泣流淚如經尒時須菩提聞說是經深解義趣

BD05998 號 4　金剛般若波羅蜜經論卷中　（41–27）

BD05998 號 4　金剛般若波羅蜜經論卷中　（41–28）

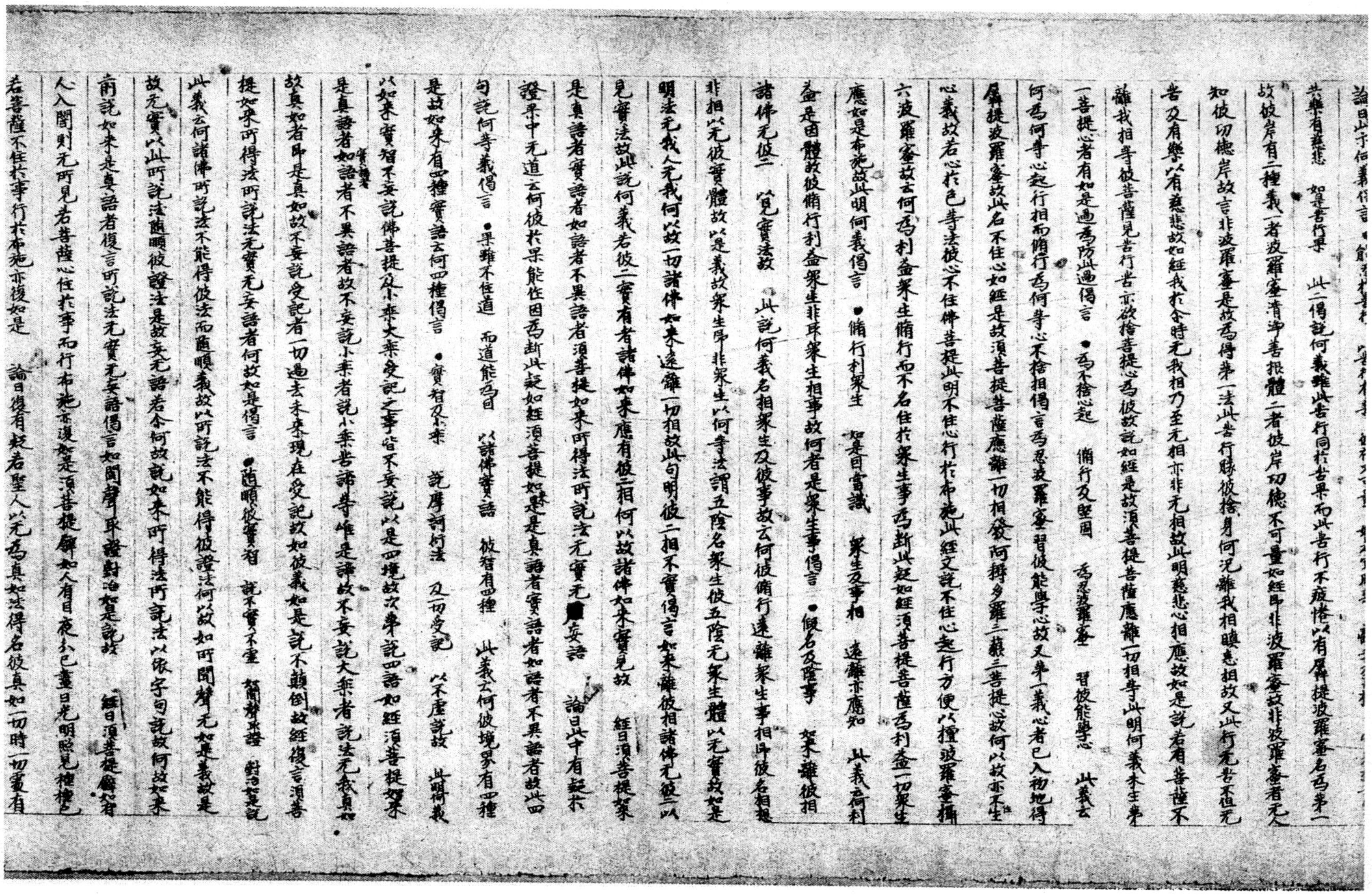

BD05998 號 4　金剛般若波羅蜜經論卷中　（41–29）

提如來所得法所說法无實无妄語者何故如是偈言 ●隨順彼實智 說不實不妄 如聞聲取證 對治如是說
此義云何諸佛所說法不能得彼法而隨順義故以所說法不能得彼證法何以故如所聞聲无如是義故是
故无實以此所說法隨順彼證法是故妄无語若本何故說如來所得法所說法以依字句說故何故如來
前說如來是真語者復言所說法无實无妄語偈言如聞聲取證對治如是說故　經曰須菩提辟如智
人入闇則无所見若菩薩心住於事而行布施亦復如是須菩提辟如人有目夜分已盡日光明照見種種色
若菩薩不住於事行於布施亦復如是　論曰復有疑若聖人以无為真如法得名彼真如一切時一切處有
云何不住心得佛菩提則非不住若一切時一切處實有真如何故有人能得有不得者為斷此疑故說入闇
等喻此明何義偈言 ●時及處實有 而不得真如 无智以住法 餘者有智得　此義云何一切時者謂過
現未來一切處者謂三世衆生實有真如法何故不得偈言无智以住法故彼无智以心住法故此復何義不清
淨故有智者心不住法是故能得以是義故諸佛如來清淨真如得名是故住心不得佛菩提又此辟喻明
於何義偈言 ●闇明愚无智 明者如有智 對法及對治 得滅法如是　此義云何彼闇明喻者相似法
故闇者示現无智日光明者示現有智有目者明何義偈言對治得滅法如是故如是次第又有目者如得
對治法故夜分已盡者如所治闇法盡故日光明照者如能治法現前故如經須菩提辟如有人入闇則无所
見如是等故　經曰復次須菩提若有善男子善女人能於此法門受持讀誦修行則為如來以佛智
慧悉知是人悉見是人悉覺是人皆得成就无量无邊功德聚須菩提若有善男子善女人初日分以恒
河沙等身布施中日分復以恒河沙等身布施後日分復以恒河沙等身布施如是捨恒河沙等无量
身如是百千万億那由他劫以身布施若復有人聞此法門信心不謗其福勝彼无量阿僧祇何況書
寫受持讀誦修行為人廣說　論曰自下復說何義偈言 ●於何法修行 得何等福德 復成就何業
如是說修行　於何法修行者示現彼行云何示現偈言 ●名字三種法 受持聞廣說 修從他及內
得聞是修智　此說何義於彼名字得成聞慧此有三種一者受二者持三者讀誦此云何知偈言受持聞
廣說故受持修行依憁持法故讀誦修行依聞慧廣故廣多讀習亦名聞慧此是名字中三種修行如經
復次須菩提若善男子善女人能於此法門受持讀誦故修行云何得偈言修從他及內得聞是修智故此義云
何為修得相於他及自身云何於他及自身謂聞及修如是次第從他聞法內自思惟為得修行故向說
名字及以修行此為自身偈言 ●此為自淳熟 餘者化衆生 以事及時大 福中勝福德　此義云何彼名字
聞思修行為自身淳熟故餘者化衆生廣說法故得何等福德者示現勝校量福德故偈言以事及時大福
中勝福德故此捨身福德勝於前捨身福德云何勝以事勝故以時大故即一日時多捨身故復多時故如經
須菩提若善男子善女人初日分以恒河沙等身布施乃至若復有人聞此法門信心不謗其福勝彼无量
阿僧祇何況書寫受持讀誦修行為人廣說故經曰須菩提以要言之是經有不可思議不可稱量无邊
功德此法門如來為發大乘者說為發最上乘者說若有人能受持讀誦修行此經廣為人說如來悉
知是人悉見是人皆成就不可思議不可稱无有邊无量功德聚如是人等則為荷擔如來阿耨多羅三藐三

BD05998 號 4　金剛般若波羅蜜經論卷中　（41–30）

名字及以修行此為自身偈言 ●此……
聞思修行為自身淳熟故餘者化衆生廣說法故得何等福德者示現勝校量福德故偈言以事及時大福
中勝福德故此捨身福德勝於前捨身福德云何勝以事勝故以時大故即一日時多捨身故復多時故如經
須菩提若善男子善女人初日分以恒河沙等身布施乃至若復有人聞此法門信心不謗其福勝彼无量
阿僧祇何況書寫受持讀誦修行為人廣說故經曰須菩提以要言之是經有不可思議不可稱量无邊
功德此法門如來為發大乘者說為發最上乘者說若有人能受持讀誦修行此經廣為人說如來悉
知是人悉見是人皆成就不可思議不可稱无有邊无量功德聚如是人等則為荷擔如來阿耨多羅三藐三
菩提何以故須菩提若樂小法者則於此經不能受持讀誦修行為人解說若有我見衆生見人見壽者見
於此法門能受持讀誦修行為人解說者无有是處須菩提在在處處若有此經一切世間天人阿脩羅所
應供養當知此處則為是塔皆應恭敬作礼圍繞以諸華香而散其處復次須菩提若善男子善女人
受持讀誦此經為人輕賤何以故是人先世罪業應墮惡道以今世人輕賤故先世罪業則為消滅當得阿耨多
羅三藐三菩提須菩提我念過去无量阿僧祇阿僧祇劫於然燈佛前得值八十四億那由他百千万諸佛我
皆親承供養无空過者須菩提如是无量諸佛我皆親承供養无空過者若復有人於後世末世能受
持讀誦修行此經所得功德我所供養諸佛功德於彼百分不及一千万億分乃至筭數辟喻所不能及
須菩提若有善男子善女人於後世末世有受持讀誦修行此經所得功德若我具說者或有人聞心則狂亂疑
惑不信須菩提當知是法門不可思議果報亦不可思議　論曰復成就何業修行者今顯彼修行業偈言
●非餘者境界 唯依大人說 及希聞信法 滿足无上界 受持真妙法 尊重身得福 及遠離諸鄣 復能速證法
成種種勢力 得大妙果報 如是等勝業 於是修行知　此三行偈說何等義有不可思議者示不可
思議境界故不可稱量者諸唯獨大人不共聲聞等以為住第一大乘衆生說故此示依止大人故又
說大乘者最妙大乘修行勝故以信小乘等則不能聞此示希聞而能信法故如經以要言之是經有不
可思議不可稱量无邊功德如來為發大乘者說為最上乘者說故希聞者謂不可思議等文句得不可
思議等福德顯滿足性故以福德善根滿足故此說不可思議等文句如經皆成就不可思議不可稱无有邊
无量功德聚故如是人等則為荷擔如來阿耨多羅三藐三菩提者示現受持真妙法故受持法者即是荷
擔大菩提如經如是人等則為荷擔如來阿耨多羅三藐三菩提故在在處處供養者當知是人必定成就无量
功德如經在在處處若有此經一切世間天人阿脩羅所應供養當知此處則為是塔皆應恭敬作礼圍繞以諸
華香而散其處故受持讀誦此經為人輕賤者示現遠離一切諸障故何故為人輕賤而離諸障以有大功
德故如經是人先世罪業則為消滅故於然燈佛前供養諸佛功德於後末世受持此法門功德福多於彼者
此示速證菩提法故以多福德莊嚴速疾滿足故如經若復有人於後世末世能受持讀誦修行此經所得功德
我所供養諸佛功德於彼百分不及一千万億分乃至筭數辟喻所不能及故當知是法門不可思議果報亦不
可思議者此明何義偈言成種種勢力得大妙果報故謂攝受四天王釋提桓因梵天王等成就勢力故若
聞此事具心迷亂者以彼果報不可思議甚為……

BD05998 號 4　金剛般若波羅蜜經論卷中　（41–31）

德故如經是人先世罪業則爲消滅故於然燈佛前供養諸佛功德於後末世受持此法門功德福多於彼者
此亦速證菩提法故以多福德莊嚴速疾滿之故如經若復有人於後世末世能受持讀誦脩行此經所得功德
我所供養諸佛功德於彼百分不及一千万億乃至筭數譬喻所不能及故當知是法門不可思議果報亦不
可思議者此明何義偈言成種種勢力得大妙果報故謂攝受四天王釋提桓因梵天王等成就勢力故若
聞此事其心迷亂者以彼果報不可思議甚爲勝妙亦非思量智境界故住彼脩行中成如是等功德是故彼脩行
等業應知如經當知是法不可思議果報亦不可思議故　　經曰尒時須菩提白佛言世尊云何菩薩發阿耨
多羅三藐三菩提心云何住云何脩行云何降伏其心佛告須菩提菩薩發阿耨多羅三藐三菩提心者當生如
是心我應滅度一切衆生令入无餘涅槃界如是滅度一切衆生已而无一衆生實滅度者何以故須菩提若
菩薩有衆生相人相壽者相則非菩薩何以故須菩提實无有法名爲菩薩發阿耨多羅三藐三菩提
心者故　論曰何故前說三種脩行今復重說此有何勝偈言　•於内心脩行　存我爲菩薩　此即鄣於心
違於不住道　此義云何若菩薩於自身三種脩行生如是心我住於菩薩大乘我如是脩行我如是降伏其
心菩薩生此分別則鄣於菩提行偈言於内心脩行存我爲菩薩此即鄣於心故鄣何等心偈言違於不住
道故如經何以故須菩提實无有法名爲菩薩阿耨多羅三藐三菩提心者故　經曰須菩提於意云何如來
於然燈佛所有法得阿耨多羅三藐三菩提不須菩提白佛言不也世尊如我解佛所說義佛於然燈
佛所无有法得阿耨多羅三藐三菩提佛言如是如是須菩提實无有法如來於然燈佛所得阿耨多羅
三藐三菩提須菩提若有法如來得阿耨多羅三藐三菩提者然燈佛則不与我受記汝於來世當得
作佛号釋迦牟尼以實无有法得阿耨多羅三藐三菩提是故然燈佛与我授記作如是言摩那婆汝於
來世當得作佛号釋迦牟尼何以故須菩提言如來者即實真如須菩提若有人言如來得阿耨多羅
三藐三菩提者是人不實語須菩提實无有法得阿耨多羅三藐三菩提須菩提如來所得阿耨多羅
三藐三菩提於是中不實不妄語是故如來說一切法皆是佛法須菩提所言一切法一切法者即非一切法是
故名一切法　論曰此中有疑若无菩薩云何釋迦如來於然燈佛所行菩薩行爲斷此疑如經須菩提
於意云何如來於然燈佛所有法得阿耨多羅三藐三菩提不不也世尊如是等此明何義偈言　•以後時受記
然燈行非上　菩提彼行等　非實有爲相　此義云何於然燈佛時非第一菩薩行何以故我於彼時所脩諸行
无有一法得阿耨多羅三藐三菩提若我於彼佛所已證菩提則後時諸佛不受我記是故我於彼時行
來成佛故偈言以後時受記然燈行非上故若无菩提即无諸佛如來有如是謗謂一向无諸仏如來有如
是謗謂一向无諸佛爲斷此疑如經何以故須菩提言如來者即實真如故實者非顛倒義故真如者不異
不變故須菩提若有人言如來得阿耨多羅三藐三菩提者此示何義偈言菩提彼行等故此義云何彼菩
薩行者人言有實者此則虚妄如是如來得阿耨多羅三藐三菩提者人言得者此亦虚妄故言菩提彼
行等故若如是有人謗言如來不得阿耨多羅三藐三菩提爲斷此疑如經須菩提如來所得阿耨多羅

BD05998 號 4　金剛般若波羅蜜經論卷中　（41–32）

无有一法得阿耨多羅三藐三菩提若我於彼佛所已證菩提則後時諸佛不受我記是故我於彼時行
來成佛故偈言以後時受記然燈行非上故若无菩提即无諸佛如來有如是謗謂一向无諸仏如來有如
是謗謂一向无諸佛爲斷此疑如經何以故須菩提言如來者即實真如故實者非顛倒義故真如者不異
不變故須菩提若有人言如來得阿耨多羅三藐三菩提者此示何義偈言菩提彼行等故此義云何彼菩
薩行者人言有實者此則虚妄如是如來得阿耨多羅三藐三菩提者人言得者此亦虚妄故言菩提彼
行等故若如是有人謗言如來不得阿耨多羅三藐三菩提爲斷此疑如經須菩提如來所得阿耨多羅
三藐三菩提法不實不妄語故此義云何以如來得彼菩提故偈言非實有爲相故謂五陰相彼菩提
法无色等相故此復云何偈言　•彼即非相相　以不虚妄說　是法諸佛法　一切自體相　此義云何彼即於色等
非相无色等相故彼即菩提相故是故偈言彼即非相相以不虚妄說是故如來說一切法佛法如是等此義云何
以如來得如是法偈言是法諸佛法一切自體相故自體相者非體自體故此明何義一切法真如體故彼法如
來所證是故言一切法佛法故彼處色等相不住故彼一切色等諸法如是諸法非法即是諸法以无彼法相常
不住持彼法相故　經曰須菩提譬如有人其身妙大須菩提言世尊如來說人身妙大則非大身是故如來
說名大身　論曰大身譬喻示現何義偈言　•依彼法身佛　故說大身喻　身離一切鄣　及遍一切境
功德及大體　故即說大身　非身即是身　是故說非身　此二偈示何義畢竟遠離煩惱鄣智鄣畢竟
具足法身故此復云何有二種義一者遍一切處二者功德大是故名大身偈言功德及大體故遍一切處者真如一切
法不差別故偈言非身即是身是故說非身故如經世尊如來說人身妙大則非大身是故如來說名大身
故此說何義非身者无有諸相是名非身大者有真如體如是即名妙大身如經是名妙大身故　經曰佛言
須菩提菩薩亦如是若作是言我當滅度无量衆生則非菩薩佛言須菩提於意云何頗有實法名爲菩薩
不須菩提言不也世尊實无有法名爲菩薩是故佛說一切法无衆生无人无壽者須菩提若菩薩作是言
我莊嚴佛國土是不名菩薩何以故如來說莊嚴佛土莊嚴佛土者即非莊嚴是名莊嚴佛國土須菩提若
菩薩通達无我无我法者如來說名真是菩薩菩薩　論曰此中有疑若无菩薩者諸佛亦不成大菩提衆
生亦不入大涅槃亦无清淨佛國土若如是爲何義故諸菩薩摩訶薩發心欲令衆生入涅槃起心脩行清
淨國佛土自下經文爲斷此疑云何斷疑偈言　•不達真法界　起度衆生意　及清淨國土　生心即是倒
此義云何若起如是心即是顛倒非菩薩者起何等心名爲菩薩如經須菩提若菩薩通達无我无我法者如
來說名真是菩薩菩薩故此示何義偈言　•衆生及菩薩　知諸法无我　非聖自智信　及聖以有智
此明何義知无我无我法者謂衆生及菩薩何等衆生何等菩薩於彼法若能自智信若世間智出
世間智所謂凡夫聖人是名爲菩薩此言稱世諦菩薩出世諦菩薩是故重說菩薩菩薩如經如來說名真
是菩薩菩薩故

金剛般若波羅蜜經論卷下

經曰須菩提於意云何如來有肉眼不須菩
提言如是世尊如來有肉眼佛言須菩提於意云何如來有天眼不須菩提言如是世尊如來有天眼佛言

BD05998 號 4　金剛般若波羅蜜經論卷中　（41–33）

來說名真是菩薩菩薩故此示何義偈言　●衆生及菩薩　知諸法无我　非聖自智信　及聖以有智
此明何義知无我无我法者謂衆生及菩薩何等衆生何等菩薩於彼法若能自智信若世間智出
世間智所謂凡夫聖人是名為菩薩此言攝世諦菩薩出世諦菩薩是故重說菩薩菩如經如來說名真
是菩薩菩薩故
金剛般若波羅蜜經論卷下　經曰須菩提於意云何如來有肉眼不須菩
提言如是世尊如來有肉眼佛言須菩提於意云何如來有天眼不須菩提言如是世尊如來有天眼佛言
須菩提於意云何如來有慧眼不須菩提言如是世尊如來有慧眼佛言須菩提於意云何如來有法眼不
須菩提言如是世尊如來有法眼佛言須菩提於意云何如來有佛眼不須菩提言如是世尊如來有佛眼佛
言須菩提於意云何如恒河中所有沙不須菩提言如是世尊如來說是沙佛言須菩提於意云何如一恒河中所有
沙有如是等恒河是諸恒河所有沙數佛世界如是世界寧為多不須菩提言彼世界甚多世尊佛告須
菩提尒所世界中所有衆生若干種心住如來悉知何以故如來說諸心住皆為非心住是名為心住何以故須菩
提過去心不可得現在心不可得未來心不可得須菩提於意云何若有人以滿三千大千世界七寶持用布
施是善男子善女人以是因緣得福多不須菩提言如是世尊此人以是因緣得福甚多佛言如是如是須菩
提彼善男子善女人以是因緣得福德聚多須菩提若福德聚有實如來則不說福德聚福德聚
論曰復有疑前說菩薩不見彼是衆生不見我為菩薩不見清淨佛國土何以故以不見諸法名為諸佛如來
若如是或謂諸佛如來不見諸法自下經文為斷此疑故說五種眼偈言　●雖不見諸法　非无了境眼
諸佛五種實　以見彼顛倒　何故說彼非顛倒為顯斷疑譬喻是故說我知彼種種心住如是等此示何
義彼非顛倒以見顛倒故何者是顛倒偈言　●種種顛倒識　以離於實念　不住彼實智　是故說顛倒
此義云何種種顛倒者彼種種心緣住是名種種識以六種識差別顛倒何故彼心住名為顛倒偈言以離
於實念不住彼實智是故說顛倒故如來說諸心住皆為非心住者此句示現遠離四念處故此以何義心住
者住彼念處以離彼念處故云不住又住不動根本名異義一若如是不住是故說心住此明不住相續不斷
行因是故不住亦彼相續顛倒如經何以故須菩提過去心不可得現在心不可得未來心不可得以過去未
來故不可得現在心虛妄分別故不可得如是示彼心住顛倒諸識虛妄以无世觀故何故依福德重說譬喻
偈言　●佛智慧根本　非顛倒功德　以是福德相　故重說譬喻　此說何義復有疑向說心住顛倒若尒
是福德亦是顛倒若是顛倒何名善法為斷此疑示現心住雖顛倒福德非顛倒何以故偈言佛智慧根本
故云何示現根本如經須菩提若福德有實如來則不說福德聚故此義云何明有漏福德聚是其顛倒
以此福德聚是有漏故所以如來不說福德聚又福德聚者即福德聚何以故若非福德聚者如來則不說
為智慧根本是故福德聚者即福德聚　經曰須菩提於意云何佛可以具足色身見不須菩提言不也世尊
如來不應以色身見何以故如來說具足色身即非具足色身是故如來說名具足色身佛言須菩提於意云何如
來可以具足諸相見不須菩提言不也世尊如來不應以具足諸相見何以故如來說諸相具足即非具足是故如

故云何示現根本如經須菩提若福德有實如來則不說福德聚故此義云何明有漏福德聚是其顛倒
以此福德聚是有漏故所以如來不說福德聚又福德聚者即福德聚何以故若非福德聚者如來則不說
為智慧根本是故福德聚者即福德聚　經曰須菩提於意云何佛可以具足色身見不須菩提言不也世尊
如來不應以色身見何以故如來說具足色身即非具足色身是故如來說名具足色身佛言須菩提於意云何如
來可以具足諸相見不須菩提言不也世尊如來不應以具足諸相見何以故如來說諸相具足即非具足是故如
來說名諸相具足　論曰復有疑若諸佛以无為法得名云何諸佛成就八十種好卅二相而名為佛為斷此疑是故
說非成就色身非成就諸相得見如來又色身攝得八十種好卅二相如經何以故如來說具足色身即非具足色
身是故如來說名具足色身何以故如來說諸相具足即非具足是故如來說名諸相具足故何故如是偈言
●法身畢竟體　非彼相好身　以非相成就　非彼法身故　不離於法身　彼二非不佛　故重說成就　亦无二及有　此二偈說何義
彼法身畢竟體非色身成就亦非諸相成就以非彼身故非彼身者以非彼法身相故此二非不彼即彼如來身有故何者
是二一者色身成就二者諸相成就以此二法不離於法身是故彼如來身成就相好亦得說有云何說有經言色身
成就諸相成就故是故偈言彼二非不佛故是故此二亦得言无故說非身成就非相成就亦得言有故說色身成
就諸相成就故偈言亦无二及有故何故如是說以彼法身中无即於是義說如來色身成就諸相成就以不
離彼身故而法身不如是說以法身非彼體故　經曰佛言須菩提於意云何汝謂如來作是念我當有所說
法耶須菩提莫作是念何以故若人言如來有所說法則為謗佛不能解我所說故何以故須菩提如來說法
說法者无法可說是名說法　論曰復有疑若如來具足色身成就不可得見若相成就不可得見云何言如
來說法自下經文為斷此疑如經若人言如來有所說法則為謗佛不能解我所說故此義云何偈言
●如佛法亦然　所說二差別　不離於法界　說法无自相　何故重言說法說法者偈言所說二差別故何者是二一者
所說法二者所有義何故言无法可說是名說法者偈言不離於法界說法无自相故此以何義所說法離於真法
界不可得自相見故　經曰尒時慧命須菩提白佛言世尊頗有衆生於未來世聞說是法生信心不佛言須菩
提彼非衆生非不衆生何以故須菩提衆生衆生者如來說非衆生是名衆生　論曰復有疑者言諸佛說
者是无所說法不離於法身亦是其无有何等人能信如斯是甚深法界自下經文為斷此疑偈言
●所說說者深　非无能信者　非衆生衆生　非聖非不聖　何故言須菩提非衆生非不衆生者偈言非衆生衆生
非聖非不聖故此以何義若有信此經彼人非衆生非衆生者非无聖體非无聖體者非凡夫體故非不衆生者以有
聖體故彼人非凡夫衆生非不是聖體衆生如經何以故須菩提衆生衆生者如來說非衆生是名衆生故如
來說非衆生者非凡夫衆生是故說衆生衆生以聖人衆生是故說非衆生　經曰佛言須菩提於意云何如來得
阿耨多羅三藐三菩提耶須菩提言不也世尊世尊无有少法如來得阿耨多羅三藐三菩提佛言如是如是
須菩提我於阿耨多羅三藐三菩提乃至无有少法可得是名阿耨多羅三藐三菩提復次須菩提是法平等
无有高下是名阿耨多羅三藐三菩提以无衆生无人无壽者得平等阿耨多羅三藐三菩提一切善法得

聖體故彼人非凡夫衆生非不是聖體衆生如經何以故須菩提衆生衆生者如來說非衆生是名衆生故如
來說非衆生者非凡夫衆生是故說衆生衆生以聖人衆生是故說非衆生經曰佛言須菩提於意云何如來得
阿耨多羅三藐三菩提耶須菩提言不也世尊世尊无有少法如來得阿耨多羅三藐三菩提佛言如是如是
須菩提我於阿耨多羅三藐三菩提乃至无有少法可得是名阿耨多羅三藐三菩提復次須菩提是法平等
无有高下是名阿耨多羅三藐三菩提以无衆生无人无壽者得平等阿耨多羅三藐三菩提一切善法得
阿耨多羅三藐三菩提須菩提所言善法善法者如來說非善法是名善法　論曰復有疑若如來不得一法
名阿耨多羅三藐三菩提者云何離於上下證轉轉得阿耨多羅三藐三菩提自下經文爲斷此疑亦現非證
法名爲得阿耨多羅三藐三菩提此義云何偈言　●彼處无少法　智菩提无上　法界不增減　淨平等自相
有无上方便　及離於漏法　是故非淨法　即是清淨法　此明何義彼菩提處无有一法可證名爲阿耨
多羅三藐三菩提如經世尊无有少法如來得阿耨多羅三藐三菩提法故彼復有何義偈言法界
不增減者是法平等是故名无上以更无上上故如經復次須菩提是法平等无有高下是名阿耨
多羅三藐三菩提故又諸佛如來清淨法身平等无差別於彼處无有勝者是故說无上如經以无衆生
人无壽者得平等阿耨多羅三藐三菩提故又彼法无我自體真實更无上上故名阿耨多羅三藐三
菩提故又彼法有无上方便以一切善根滿足故說阿耨多羅三藐三菩提餘菩提者善法不滿足更有上
上方便如經一切善法得阿耨多羅三藐三菩提故須菩提所言善法善法者如來說非善法是名善法
者何故如是說偈言及離於漏法是故彼漏非是淨法此是清淨法故此以何義彼法无有漏法故名非善
法以无有漏法故是故名爲善法以決定无漏善法故　經曰須菩提三千大千世界中所有諸須弥山王如
是等七寶聚有人持用布施若人以此般若波羅蜜經乃至四句偈等受持讀誦爲他人說於前福德百分不
及一千分不及一百千萬分不及一歌羅分不及一數分不及一憂波尼沙陁分不及一乃至算數譬喻所不能及　論曰
復有疑若一切善法滿足得阿耨多羅三藐三菩提者則所說法不能得大菩提何以故以所說法无記法故斷此疑
重說勝福譬喻示現何義偈言　●雖言无記法　而說是彼因　是故一法寶　勝无量珍寶　此義云何雖言所說法是
无記而得能大菩提何以故以遠離所說法不能得大菩提以是義故此法能爲菩提因又言无記者此義不然
何以故汝法是无記而我法是記偈言是故一法寶勝无量珍寶故是故此所說法勝彼阿僧祇須弥等珍寶
故如經若人以此般若波羅蜜經乃至一四句偈等受持讀誦爲他人說於前福德百分不及一如是等此示何
義偈言　●數力无似勝　无似因亦然　一切世間法　不可得爲喻　此說何義等示於前福德此福爲勝文
何爲勝一者數勝二者力勝三者不相似勝四者因勝是故偈言一切世間法不可得爲喻故數勝者如經百分
不及一乃至算數譬喻所不能及故以數无限齊故攝得餘數應知力勝者如經不及一歌羅分故无似勝者
此福德中數不相似以此福德不可數故如經數不能及故因勝者因果不相似此以因果勝彼因果故如經乃至憂
波尼沙陁分不及一故又此法最勝无有世間法可喻此法故偈言一切世間法不可得爲喻故如是此福德中彼福

BD05998 號 5　金剛般若波羅蜜經論卷下

（41–36）

義偈言　●數力无似勝　无似因亦然　一切世間法　不可得爲喻　此說何義等示於前福德此福爲勝文
何爲勝一者數勝二者力勝三者不相似勝四者因勝是故偈言一切世間法不可得爲喻故數勝者如經百分
不及一乃至算數譬喻所不能及故以數无限齊故攝得餘數應知力勝者如經不及一歌羅分故无似勝者
此福德中數不相似以此福德不可數故如經數不能及故因勝者因果不相似此以因果勝彼因果故如經乃至憂
波尼沙陁分不及一故又此法最勝无有世間法可喻此法故偈言一切世間法不可得爲喻故如是此福德中彼福
德少是故无法可喻　經曰須菩提汝意云何汝謂如來作是念我度衆生耶須菩提莫作是念何以故實无
有衆生如來度者佛言須菩提若有實衆生如來度者如來則有我人衆生壽者相須菩提如來說有我
者則非有我而毛道凡夫生者以爲有我須菩提毛道凡夫生者如來說名非生是故言毛道凡夫生　論曰復有疑
若示法平等相无有高下者云何如來名爲度衆生自下經文爲斷此疑云何斷疑偈言　●平等真法界
佛不度衆生　以名共彼陰　不離於法界　此義云何衆生假名与五陰共故彼名共陰不離於法界偈言不離
於法界故彼法界无差別故偈言平等真法界故如來不度一衆生偈言佛不度衆生故如經何以故實无有
衆生如來度者故佛言須菩提若有實衆生如來度者如來則有我人衆生壽者相者此明何義偈言
取我度爲過　以取彼法是　取度衆生故　不取取應知　此義云何若如來有如是心五陰中有衆生可度者此是
取相過以著彼法故偈言取我度爲過故以取彼法是者以取五陰中是衆生故取度衆生故者欲令衆生得解脫
有如是相故經復言須菩提如來說有我者則非有我而毛道凡夫者以爲我有者此義云何偈言不取取
應知故此以何義以彼不實義是故彼不取以不取者即是毛道凡夫取而即是不取故言不取取故又須菩
提毛道凡夫生者如來說名非生者不生聖人法故言非生　經曰須菩提於意云何可以相成就見如來不須
菩提言如我解如來所說義不以相成就得見如來佛言如是如是須菩提不以相成就不以相成就得見如
來佛言須菩提若以相成就觀如來者轉輪聖王應是如來是故非以相成就得見如來　論曰復有疑雖相
成就不可得見如來以非彼體而如來法身以見相成就比智則知如來法身爲福相成就自下文爲斷此疑云
何斷疑偈言　●非是色身相　可比知如來　諸佛唯法身　轉輪王非佛　此義云何有人言福德能成是相果報
以成是相故則知福德力得大菩提若如是如來則以相成就得阿耨多羅三藐三菩提爲遮此故如經若以相成就
觀如來者轉輪聖王應是如來是故非以相成就得見如來故此義云何偈言　●非相好果報　依福德成就
而得真法身　方便異相故　此明何義法身者是智相身福德者是異相身故　經曰爾時世尊而說偈言
若以色見我　以音聲求我　是人行邪道　不能見如來　彼如來妙體　即法身諸佛　法體不可見　彼識不能知
論曰此二偈說何義偈言　●唯見色聞聲　是人不知佛　以真如法身　非是識境界　此示何義如來法身不應如
是見聞不應如是見聞者不應如是見色聞聲以何等人不能見謂凡夫不能見故偈言唯見色聞聲是人
不知佛故如經是人行邪道不能見如來故是人者是凡夫人不能見真如法身如經彼如來妙體即法身諸佛
法體不可見彼識不能知故　經曰須菩提於意云何如來可以相成就得阿耨多羅三藐三菩提須菩提莫作

BD05998 號 5　金剛般若波羅蜜經論卷下

（41–37）

而得真法身　方便異相故　此明何義法身者是智相身福德者是異相身故　經曰介時世尊而說偈言
若以色見我　以音聲求我　是人行邪道　不能見如來　彼如來妙體　即法身諸佛　法體不可見　彼識不能知
論曰此二偈說何義偈言　唯見色聞聲　是人不知佛　以真如法身　非是識境界　此示何義如來法身不應如
是見聞不應如是見聞者不應如是見色聞聲以何等人不能見謂凡夫不能見故偈言雖見色聞聲是人
不知佛故如經是人行邪道不能見如來故是人者是凡夫人不能見真如法身如經彼如來妙體即法身諸佛
法體不可見彼識不能知故　經曰須菩提於意云何如來可以相成就得阿耨多羅三藐三菩提須菩提莫作
是念如來以相成就得阿耨多羅三藐三菩提須菩提汝若作是念菩薩發阿耨多羅三藐三菩提心者說
諸法斷滅相須菩提莫作是念菩薩發阿耨多羅三藐三菩提心說諸法斷滅相何以故菩薩發阿耨多羅
三藐三菩提心者於法不說斷滅相須菩提若善男子善女人以滿恒河沙等世界七寶持用布施若有菩薩知一切法
無我得無生法忍此功德勝前所得福德須菩提以諸菩薩不受福德故須菩提白佛言世尊菩薩不受福德
言須菩提菩薩受福德不取福德是故菩薩取福德　論曰有疑人起如是心若不依福德得大菩提如是諸菩薩
摩訶薩則失福德及失果報自下經文為斷此疑云何斷疑偈言　不失功德因　及彼勝果報　得勝忍不失
以得無垢果　示勝福德相　是故說譬喻　是福德無報　如是受不取　此義云何雖不依福德得真菩提而失福
德及彼果報何以故以能成就智慧莊嚴功德莊嚴故何故依彼福德重說譬喻偈言得勝忍不失以得無
垢果故此義云何有人起如是心諸菩薩摩訶薩得無生法忍以得出世間智失彼福德及以果報為遮此故示現
福德不失而更得清淨殊勝功德是故不失如經何以故菩薩發阿耨多羅三藐三菩提心者於法不說斷
滅相故若復有菩薩知一切法無我得無生法忍者有二種無我不生二種無我相是故受而不取如經佛言須
菩提菩薩受福德不取福德是故菩薩取福德故云何菩薩受福德不取福德偈言是福德無報如是受不
取故此義云何取者彼福德有漏果報以有漏果報故彼福德可訶如是取者名之為取如取非道故此福德無
報無報者無彼有漏是故此福德受而不取　經曰須菩提若有人言如來若去若來若住若坐若卧是人不
解我所說義何以故如來者無所至去無所從來故名如來　論曰若諸菩薩不受彼果報云何諸菩薩福
德眾生受用偈言　是福德應報　為化諸眾生　自然如是業　諸佛現十方　此義云何明諸佛化身有用彼法
身諸佛不去不來故偈言自然如是業諸佛現十方故此復何義偈言　去來化身佛　如來常不動
於是法界處　非一亦不異　此明不去不來義故如經何以故如來者無所至去無所從來故此義云何若如來
有去來差別即不得言常如是住者不變不異故　經曰須菩提若善男子善女人以三千大千世界微塵復
以爾許微塵世界碎為微塵阿僧祇須菩提於意云何是微塵眾寧為多不須菩提言彼微塵眾甚多
世尊何以故若是微塵眾實有者佛則不說是微塵眾何以故佛說微塵眾則非微塵眾是故佛說微
塵眾世尊如來所說三千大千世界則非世界是故佛說三千大千世界何以故若世界實有者則是一合相如來
說一合相則非一合相是故佛說一合相佛言須菩提一合相者則是不可說但凡夫之人貪著其事何以故須菩提若人如是
言佛說我見人見眾生見壽者見須菩提於意云何是人所說為正語不須菩提言不也世尊如來說我見人見眾

BD05998 號 5　金剛般若波羅蜜經論卷下　（41–38）

有去來差別即不得言常如是住者不變不異故　經曰須菩提若善男子善女人以三千大千世界微塵復
以爾許微塵世界碎為微塵阿僧祇須菩提於意云何是微塵眾寧為多不須菩提言彼微塵眾甚多
世尊何以故若是微塵眾實有者佛則不說是微塵眾何以故佛說微塵眾則非微塵眾是故佛說微
塵眾世尊如來所說三千大千世界則非世界是故佛說三千大千世界何以故若世界實有者則是一合相如來
說一合相則非一合相是故佛說一合相佛言須菩提一合相者則是不可說但凡夫之人貪著其事何以故須菩提若人如是
言佛說我見人見眾生見壽者見須菩提於意云何是人所說為正語不須菩提言不也世尊如來說我見人見眾
生見壽者見即非我見人見眾生見壽者見是名我見人見眾生見壽者見須菩提菩薩發阿耨多羅三藐三菩
提心者於一切法應如是知如是見如是信如是不住法相何以故須菩提所言法相法相者如來說即非法相是名法
相須菩提若有菩薩摩訶薩以滿無量阿僧祇世界七寶持用布施若有善男子善女人發菩薩心者於此
般若波羅蜜經乃至四句偈等受持讀誦為他人說其福德勝彼無量阿僧祇云何為人演說而不名說是
名為說　論曰碎微塵譬喻者示現何義偈言　世界作微塵　此喻示彼義　微塵碎為末　示現煩惱盡
此明何義偈言於是法界處非一亦非異故彼諸佛如來於真如法界中非一處住亦非異處住為示此義故說世界
碎微塵喻此喻示現何義偈言微塵碎為末示現煩惱盡故此喻非聚集微塵眾示現非一喻此義云何偈言
非聚集故集　非唯是一喻　聚集處非彼　非是差別喻　此義云何如微碎塵為末非一處住以界有聚集
物故亦非異處差別以聚集微塵差別不可得故以差別不住故如是諸佛如來遠離煩惱障住彼法界中非一
處住亦非異處住如是三千世界一合相喻非聚集故此以何義如經如來說一合相則非一合相是故如來一合相故若
實有一物聚集如來則不說微塵聚集如是若實有一世界如來則不說三千大千世界如經若世界實有者
則是一合相故但凡夫之人貪著其事者以彼聚集無物可取虛妄分別是故凡夫妄取若有實者即是正見故
知妄取何故凡夫無物而取物如經佛言須菩提一合相者則是不可說但凡夫之人貪著其事如是等此示何義
偈言　但隨於音聲　凡夫取顛倒　非無二得道　遠離於我法　如經何以故須菩提若人如是言佛說我見人
見眾生見壽者見如是乃至是名我見人見眾生見壽者見故此復何義偈言非無二得道遠離於我
法故此義云何非無我無法離此二事而得菩提云何得菩提遠離彼二見故得於菩提偈言遠離於我法
故此復何義偈言　見我即不見　無實虛妄見　此是微細障　見真如遠離　是故見即不見無其實義
以虛妄分別以是無我是故如來說彼我見即是不見以其無實無實者即是無物以是義故說我見即是
虛妄見如是示現我見不見故見法者亦是不見如經須菩提菩薩發阿耨多羅三藐三菩提心於一切法應
如是知如是見如是信如是不住法相故此復何義以見法相即不見相如彼我見即非見故何故此二見說名不見偈
言此是微細障見真如遠離故此復云何彼見我見法此是微細障以不見彼二故是以見法而得遠離偈言見
真如遠離故又如是知如是見如是信者此示何義偈言　二智及三昧　如是得遠離　化身示現福　非無無盡福
此義云何示現世智第一義智及依止三昧得遠離彼障是故重說勝福譬喻此示何義偈言化身示現福非無無
盡福故此復何義雖諸佛自然化身作業而彼諸佛化身說法有無量無盡無漏功德故云何為人演說[illegible]

BD05998 號 5　金剛般若波羅蜜經論卷下　（41–39）

故此復何義偈言 ●見我即不見 无實虛妄見 此是微細鄣 見真如遠離 是故見即不見无其實義
以虛妄分別以是无我是故如來說彼我見即是不見以其无實无實者即是无物以是義故說我見即是
虛妄見如是亦現我見不見故見法者亦是不見如經須菩提菩薩發阿耨多羅三藐三菩提心於一切法應
如是知如是見如是信如是不住法相故此復何義以見法相即不見相如彼我見即非見故何故此二見說名不見偈
言此是微細鄣見真如遠離故此復云何彼見我見法此是微細鄣以不見彼二故是以見法而得遠離偈言見
真如遠離故又如是知如是見如是信者此示何義偈言 ●二智及三昧 如是得遠離 化身示現福 非无无盡福
此義云何示現世智弟一義智及依止三昧得遠離彼鄣是故重說勝福譬喻此示何義偈言化身示現福非无无
盡福故此復何義雖諸佛自然化身作業而彼諸佛化身說法有无量无盡无漏功德故云何為人演說而不名說
是名為說者何故如是說偈言 ●諸佛說法時 不言是化身 以不如是說 是故彼說正 此義云何若化身諸仏
說法時不言我是化身故彼所說是正說者不如是說者可化衆生不生敬心何以故以不能利益衆生即彼說是不
正說是故不說我是化佛 經曰 一切有為法 如星翳燈幻 露泡夢電雲 應作如是觀 論曰復有疑若
諸佛如來常為衆生說法云何言如來入涅槃為斷此疑是故如來即說彼偈喻此義云何偈言 ●非有為非離
諸如來涅槃 九種有為法 妙智正觀故 此義云何諸佛涅槃非有為法亦不離有為法何以故以諸佛得
涅槃化身說法示現世間行為利益衆生故此明諸佛以不住涅槃以不住世間故何故諸佛示現世間行而不
住有為法中偈言九種有為法妙智正觀故此以何義如星宿等相對法九種正觀故此九種正觀於九種境
界應知觀何境界偈言 ●見相及於識 器身受用事 過去現在法 亦觀未來世 云何觀九種法譬
如星宿為日所映有而不現能見心法亦復如是又如目有翳則見毛輪等色觀有為法亦復如是以顛倒
見故又如燈識亦如是依止貪愛法住故又如幻所依住處亦如是以器世間種種差別无一體實故又如露身
亦如是以少時住故又如泡所受用事亦如是以受想因三法不定故又如夢過去法亦如是以唯念故又如電現
在法亦如是以剎那不住故又如雲未來法亦如是以於子時阿梨耶識与一切法為種子根本故觀如是九種法
得何等功德成就何智偈言 ●觀相及受用 觀於三世事 於有為法中 得无垢自在 此義云何觀有為
法三種一觀為有法以觀見相識二者觀受用以觀器世間等以何處住以何等身受用何等三者觀有為法以
何等法三世轉差別如是觀一切法於世間法中得自在故偈言於有為法中得无垢自在故 經曰佛說是經已長
老須菩提及諸比丘比丘尼優婆塞優婆夷菩薩摩訶薩一切世間天人阿脩羅乾闥婆等聞佛所說皆大
歡喜信受奉行
諸佛希有揔持法 不可稱量深句義 從尊者聞及廣說 迴此福德施群生
金剛般若經論卷下

BD05998 號 5 金剛般若波羅蜜經論卷下 （41–40）

涅槃化身說法示現世間行為利益衆生故此明諸佛以不住涅槃以不住世間故何故諸佛示現世間行而不
住有為法中偈言九種有為法妙智正觀故此以何義如星宿等相對法九種正觀故此九種正觀於九種境
界應知觀何境界偈言 ●見相及於識 器身受用事 過去現在法 亦觀未來世 云何觀九種法譬
如星宿為日所映有而不現能見心法亦復如是又如目有翳則見毛輪等色觀有為法亦復如是以顛倒
見故又如燈識亦如是依止貪愛法住故又如幻所依住處亦如是以器世間種種差別无一體實故又如露身
亦如是以少時住故又如泡所受用事亦如是以受想因三法不定故又如夢過去法亦如是以唯念故又如電現
在法亦如是以剎那不住故又如雲未來法亦如是以於子時阿梨耶識与一切法為種子根本故觀如是九種法
得何等功德成就何智偈言 ●觀相及受用 觀於三世事 於有為法中 得无垢自在 此義云何觀有為
法三種一觀為有法以觀見相識二者觀受用以觀器世間等以何處住以何等身受用何等三者觀有為法以
何等法三世轉差別如是觀一切法於世間法中得自在故偈言於有為法中得无垢自在故 經曰佛說是經已長
老須菩提及諸比丘比丘尼優婆塞優婆夷菩薩摩訶薩一切世間天人阿脩羅乾闥婆等聞佛所說皆大
歡喜信受奉行
諸佛希有揔持法 不可稱量深句義 從尊者聞及廣說 迴此福德施群生
金剛般若經論卷下

BD05998 號 5 金剛般若波羅蜜經論卷下 （41–41）

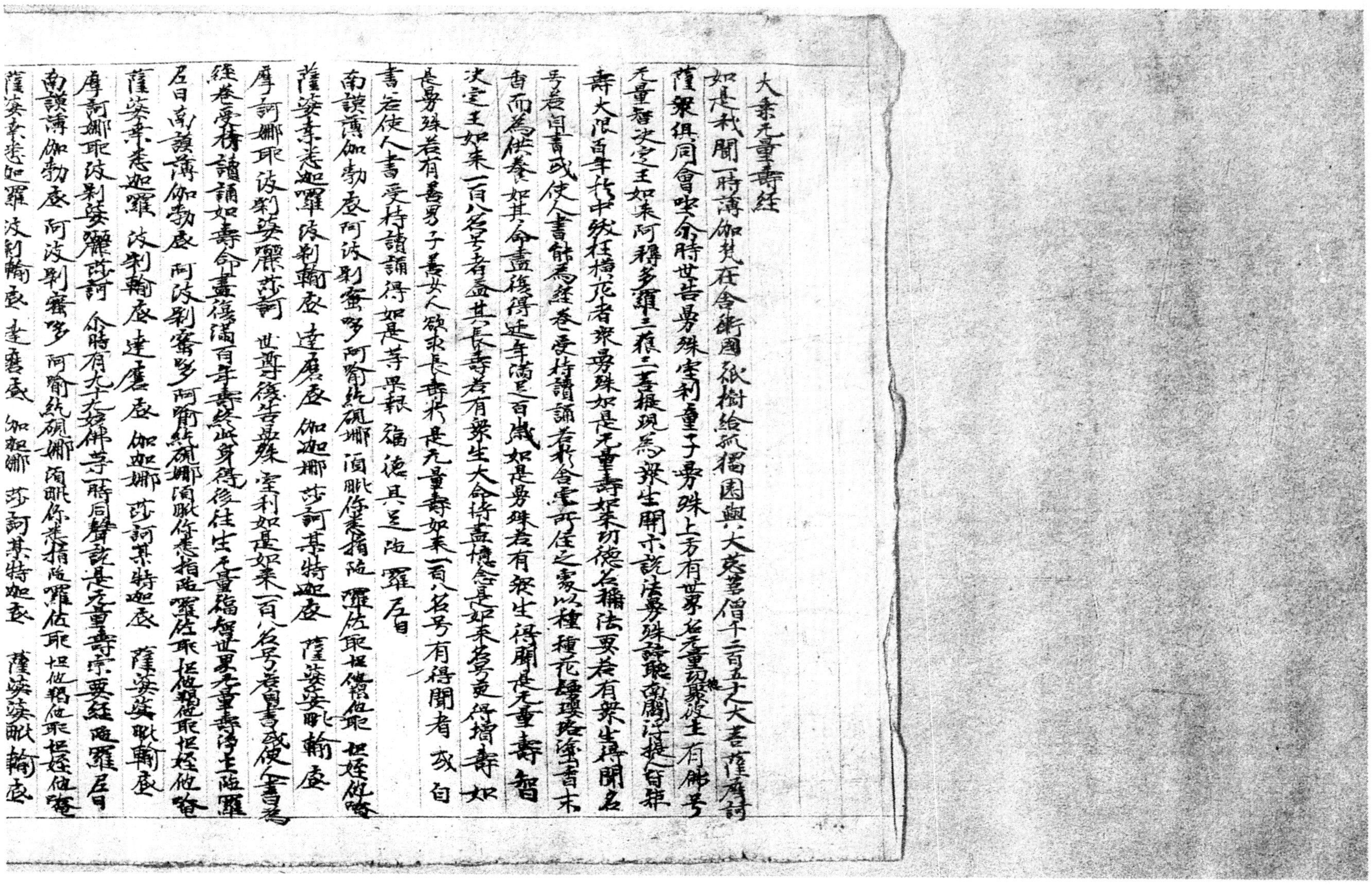
大乘無量壽經
如是我聞。一時薄伽梵在舍衛國祇樹給孤獨園，與大苾芻僧千二百五十人、大菩薩摩訶
薩衆俱，同會坐。爾時世尊告曼殊室利童子：曼殊，上方有世界，名無量功德聚，彼土有佛，號
無量智決定王如來、阿羅訶、三藐三菩提，現爲衆生開示說法。曼殊，諦聽，南閻浮提人皆非
壽，大限百年，於中殀枉橫死者衆。曼殊，如是無量壽如來功德名稱法要，若有衆生得聞名
號，若自書，或使人書，能爲經卷受持讀誦，若於舍宅所住之處，以種種花鬘瓔珞塗香末
香而爲供養，如其命盡，復得延年，滿足百歲。如是曼殊，若有衆生得聞是無量壽智
決定王如來一百八名號者，益其長壽。若有衆生大命將盡，憶念是如來名號，更得增壽。如
是曼殊，若有善男子善女人欲求長壽者，於是無量壽如來一百八名號有得聞者，或自
書，若使人書，受持讀誦，得如是等果報福德具足。陁羅尼曰：
南謨薄伽勃底 阿波唎蜜哆 阿喻紇硯娜 須毗你悉指陁 囉佐耶 怛他揭他耶 怛姪他唵
薩婆桑悉迦囉 波唎輸底 達磨底 伽迦娜 莎訶某特迦底 薩婆娑毗輸底
摩訶娜耶 波唎娑囉 莎訶 世尊復告曼殊室利：如是如來一百八名號，若自書，或使人書，爲
經卷受持讀誦，如壽命盡，復滿百年，壽終此身，得往生無量福智世界無量壽淨土。陁羅
尼曰：南謨薄伽勃底 阿波唎蜜哆 阿喻紇硯娜 須毗你悉指陁 囉佐耶 怛他揭他耶 怛姪他唵
薩婆桑悉迦囉 波唎輸底 達磨底 伽迦娜 莎訶某特迦底 薩婆娑毗輸底
摩訶娜耶 波唎娑囉 莎訶 爾時有九十九俱胝佛等，一時同聲說是無量壽宗要經。陁羅尼曰：
南謨薄伽勃底 阿波唎蜜哆 阿喻紇硯娜 須毗你悉指陁 囉佐耶 怛他揭他耶 怛姪他唵
薩婆桑悉迦囉 波唎輸底 達磨底 伽迦娜 莎訶某特迦底 薩婆娑毗輸底

BD05999 號　無量壽宗要經　（6–1）

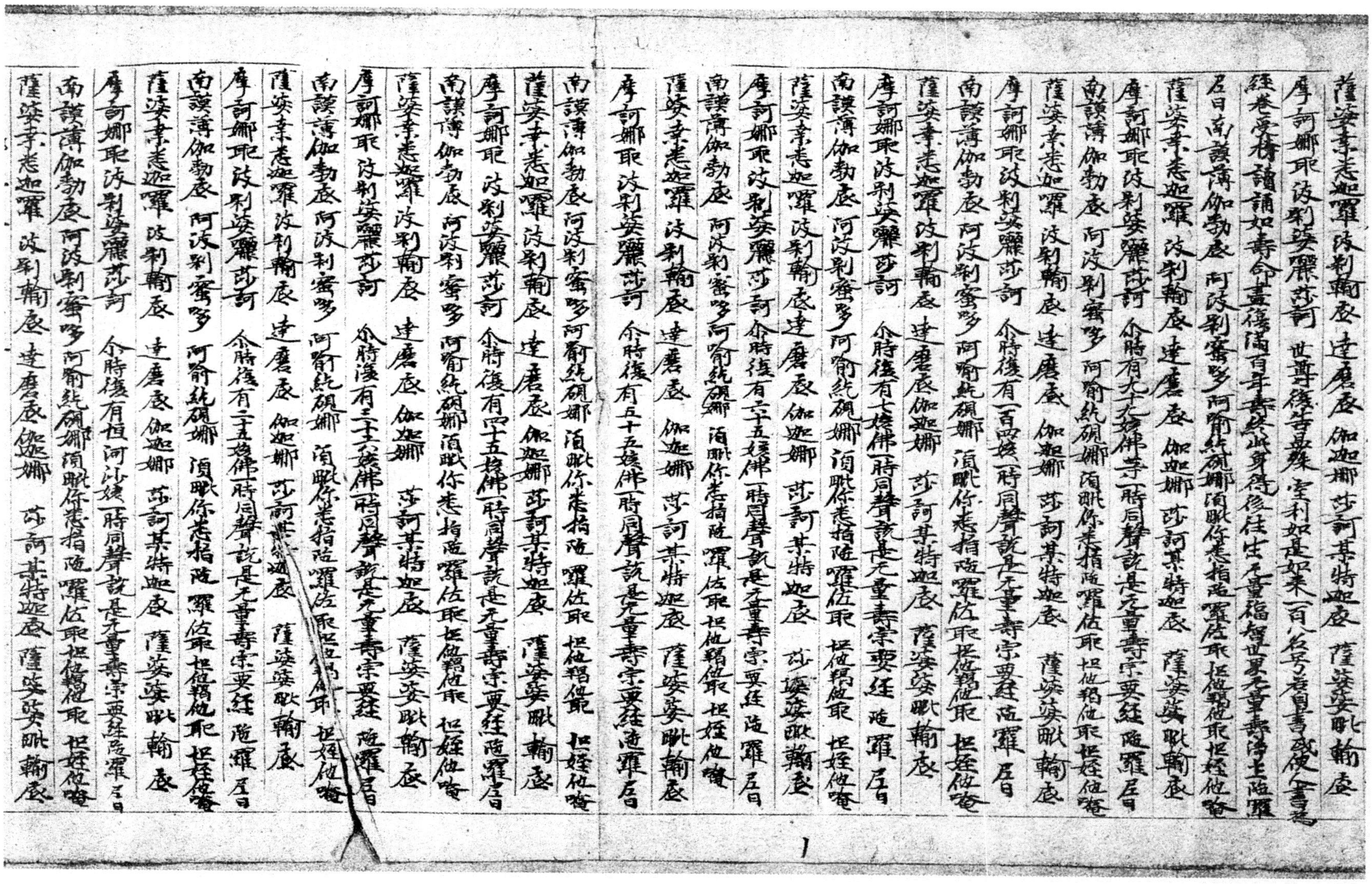
薩婆桑悉迦囉 波唎輸底 達磨底 伽迦娜 莎訶某特迦底 薩婆娑毗輸底
摩訶娜耶 波唎娑囉 莎訶 世尊復告曼殊室利：如是如來一百八名號，若自書，或使人書，爲
經卷受持讀誦，如壽命盡，復滿百年，壽終此身，得往生無量福智世界無量壽淨土。陁羅
尼曰：南謨薄伽勃底 阿波唎蜜哆 阿喻紇硯娜 須毗你悉指陁 囉佐耶 怛他揭他耶 怛姪他唵
薩婆桑悉迦囉 波唎輸底 達磨底 伽迦娜 莎訶某特迦底 薩婆娑毗輸底
摩訶娜耶 波唎娑囉 莎訶 爾時有九十九俱胝佛等，一時同聲說是無量壽宗要經。陁羅尼曰：
南謨薄伽勃底 阿波唎蜜哆 阿喻紇硯娜 須毗你悉指陁 囉佐耶 怛他揭他耶 怛姪他唵
薩婆桑悉迦囉 波唎輸底 達磨底 伽迦娜 莎訶某特迦底 薩婆娑毗輸底
摩訶娜耶 波唎娑囉 莎訶 爾時復有一百四俱胝佛，一時同聲說是無量壽宗要經。陁羅尼曰：
南謨薄伽勃底 阿波唎蜜哆 阿喻紇硯娜 須毗你悉指陁 囉佐耶 怛他揭他耶 怛姪他唵
薩婆桑悉迦囉 波唎輸底 達磨底 伽迦娜 莎訶某特迦底 薩婆娑毗輸底
摩訶娜耶 波唎娑囉 莎訶 爾時復有七俱胝佛，一時同聲說是無量壽宗要經。陁羅尼曰：
南謨薄伽勃底 阿波唎蜜哆 阿喻紇硯娜 須毗你悉指陁 囉佐耶 怛他揭他耶 怛姪他唵
薩婆桑悉迦囉 波唎輸底 達磨底 伽迦娜 莎訶某特迦底 薩婆娑毗輸底
摩訶娜耶 波唎娑囉 莎訶 爾時復有六十五俱胝佛，一時同聲說是無量壽宗要經。陁羅尼曰：
南謨薄伽勃底 阿波唎蜜哆 阿喻紇硯娜 須毗你悉指陁 囉佐耶 怛他揭他耶 怛姪他唵
薩婆桑悉迦囉 波唎輸底 達磨底 伽迦娜 莎訶某特迦底 薩婆娑毗輸底
摩訶娜耶 波唎娑囉 莎訶 爾時復有五十五俱胝佛，一時同聲說是無量壽宗要經。陁羅尼曰：
南謨薄伽勃底 阿波唎蜜哆 阿喻紇硯娜 須毗你悉指陁 囉佐耶 怛他揭他耶 怛姪他唵
薩婆桑悉迦囉 波唎輸底 達磨底 伽迦娜 莎訶某特迦底 薩婆娑毗輸底
摩訶娜耶 波唎娑囉 莎訶 爾時復有四十五俱胝佛，一時同聲說是無量壽宗要經。陁羅尼曰：
南謨薄伽勃底 阿波唎蜜哆 阿喻紇硯娜 須毗你悉指陁 囉佐耶 怛他揭他耶 怛姪他唵
薩婆桑悉迦囉 波唎輸底 達磨底 伽迦娜 莎訶某特迦底 薩婆娑毗輸底
摩訶娜耶 波唎娑囉 莎訶 爾時復有三十六俱胝佛，一時同聲說是無量壽宗要經。陁羅尼曰：
南謨薄伽勃底 阿波唎蜜哆 阿喻紇硯娜 須毗你悉指陁 囉佐耶 怛他揭他耶 怛姪他唵
薩婆桑悉迦囉 波唎輸底 達磨底 伽迦娜 莎訶某特迦底 薩婆娑毗輸底
摩訶娜耶 波唎娑囉 莎訶 爾時復有二十五俱胝佛，一時同聲說是無量壽宗要經。陁羅尼曰：
南謨薄伽勃底 阿波唎蜜哆 阿喻紇硯娜 須毗你悉指陁 囉佐耶 怛他揭他耶 怛姪他唵
薩婆桑悉迦囉 波唎輸底 達磨底 伽迦娜 莎訶某特迦底 薩婆娑毗輸底
摩訶娜耶 波唎娑囉 莎訶 爾時復有恒河沙俱胝，一時同聲說是無量壽宗要經。陁羅尼曰：
南謨薄伽勃底 阿波唎蜜哆 阿喻紇硯娜 須毗你悉指陁 囉佐耶 怛他揭他耶 怛姪他唵
薩婆桑悉迦囉 波唎輸底 達磨底 伽迦娜 莎訶某特迦底 薩婆娑毗輸底

BD05999 號　無量壽宗要經　（6–2）

摩訶娜耶 波唎婆羅莎訶 尒時復有二十五殑伽沙佛一時同聲說是无量壽宗要經陀羅尼曰
南謨薄伽勃底 阿波唎蜜多 阿喻紇硯娜 須毗你悉指陀 囉佐耶 怛他羯他耶 怛姪他唵
薩婆桒悉迦囉 波唎輸底 達磨底 伽迦娜 莎訶桒特迦底 薩婆婆毗輸底
摩訶娜耶 波唎婆羅莎訶 尒時復有恒河沙數一時同聲說是无量壽宗要經陀羅尼曰
南謨薄伽勃底 阿波唎蜜多 阿喻紇硯娜 須毗你悉指陀 囉佐耶 怛他羯他耶 怛姪他唵
薩婆桒悉迦囉 波唎輸底 達磨底 伽迦娜 莎訶桒特迦底 薩婆婆毗輸底
摩訶娜耶 波唎婆羅莎訶
善男子若有自書寫教人書寫是无量壽宗要經如其命盡復得長壽而滿年陀羅尼曰
南謨薄伽勃底 阿波唎蜜多 阿喻紇硯娜 須毗你悉指陀 囉佐耶 怛他羯他耶 怛姪他唵
薩婆桒悉迦囉 波唎輸底 達磨底 伽迦娜 莎訶桒特迦底 薩婆婆毗輸底
摩訶娜耶 波唎婆羅莎訶 若有自書寫教人書寫是无量壽宗要經讀誦受持畢竟
不墮地獄 在在所生得宿命智陀羅尼曰 南謨薄伽勃底 阿波唎蜜多 阿喻紇硯娜 須毗你
悉指陀 囉佐耶 怛他羯他耶 怛姪他唵 薩婆桒悉迦囉 波唎輸底 達磨底 伽迦娜 莎訶
桒特迦底 薩婆婆毗輸底 摩訶娜耶 波唎婆羅莎訶 若有自書寫教人書寫是无量
壽宗要經受持讀誦如同書寫八万四千一切經典陀羅尼曰 南謨薄伽勃底 阿喻紇硯娜
阿喻紇硯娜 須毗你悉指陀 囉佐耶 怛他羯他耶 怛姪他唵 薩婆桒悉迦囉 波唎輸底
達磨底 伽迦娜 莎訶桒特迦底 薩婆婆毗輸底 摩訶娜耶 波唎婆羅莎訶
若有自書寫教人書寫是无量壽宗要經所是書寫八万四千部建立塔廟陀羅尼曰
南謨薄伽勃底 阿波唎蜜多 阿喻紇硯娜 須毗你悉指陀 囉佐耶 怛他羯他耶 怛姪他唵
薩婆桒悉迦囉 波唎輸底 達磨底 伽迦娜 莎訶桒特迦底 薩婆婆毗輸底 摩
訶娜耶 波唎婆羅莎訶 若有自書寫教人書寫是无量壽宗要經能消五无間等一切
重罪陀羅尼曰 南謨薄伽勃底 阿波唎蜜多 阿喻紇硯娜 須毗你悉指陀 囉佐耶 怛他羯他
耶 怛姪他唵 薩婆桒悉迦囉 波唎輸底 達磨底 伽迦娜 莎訶桒特迦底 薩婆
婆毗輸底 摩訶娜耶 波唎婆羅莎訶
若有自書寫教人書寫是无量壽宗要經受持讀誦有重罪猶如須彌盡能除滅陀羅
尼曰 南謨薄伽勃底 阿波唎蜜多 阿喻紇硯娜 須毗你悉指陀 囉佐耶 怛他羯他耶 怛姪他唵
薩婆桒悉迦囉 波唎輸底 達磨底 伽迦娜 莎訶桒特迦底 薩婆婆毗輸底
摩訶娜耶 波唎婆羅莎訶 若有自書寫教人書寫是无量宗要經受持讀誦若有魔
之眷屬夜叉羅剎不得其便終无枉死陀羅尼曰 南謨薄伽勃底 阿波唎蜜多 阿喻
紇硯娜 須毗你悉指陀 囉佐耶 怛他羯他耶 怛姪他唵 薩婆桒悉迦囉 波唎輸底 達磨底
伽迦娜 莎訶桒特迦底 薩婆婆毗輸底 摩訶娜耶 波唎婆羅莎訶
若有自書寫教人書寫是无量壽宗要經受持讀誦當命終時有九十九姟佛現其人前

BD05999 號　無量壽宗要經　（6–3）

薩婆桒悉迦囉 波唎輸底 達磨底 伽迦娜 莎訶桒特迦底 薩婆婆毗輸底
摩訶娜耶 波唎婆羅莎訶 若有自書寫教人書寫是无量宗要經受持讀誦若有魔
之眷屬夜叉羅剎不得其便終无枉死陀羅尼曰 南謨薄伽勃底 阿波唎蜜多 阿喻
紇硯娜 須毗你悉指陀 囉佐耶 怛他羯他耶 怛姪他唵 薩婆桒悉迦囉 波唎輸底 達磨底
伽迦娜 莎訶桒特迦底 薩婆婆毗輸底 摩訶娜耶 波唎婆羅莎訶
若有自書寫教人書寫是无量壽宗要經受持讀誦當命終時有九十九姟佛現其人前
來手佛授手能遊一切佛剎莫於此經生於疑惑陀羅尼曰
南謨薄伽勃底 阿波唎蜜多 阿喻紇硯娜 須毗你悉指陀 囉佐耶 怛他羯他耶 怛姪他唵
薩婆桒悉迦囉 波唎輸底 達磨底 伽迦娜 莎訶桒特迦底 薩婆婆毗輸底
摩訶娜耶 波唎婆羅莎訶 若有自書寫教人書寫是无量壽宗要經受持讀誦常得
四天大王隨其衛護陀羅尼曰 南謨薄伽勃底 阿波唎蜜多 阿喻紇硯娜 須毗你悉指
陀 囉佐耶 怛他羯他耶 怛姪他唵 薩婆桒悉迦囉 波唎輸底 達磨底 伽迦娜 莎
訶桒特迦底 薩婆婆毗輸底 摩訶娜耶 波唎婆羅莎訶
若有自書寫教人書寫是无量壽宗要經受持讀誦當得往生西方極樂世界阿弥陀淨土陀羅
尼曰 南謨薄伽勃底 阿波唎蜜多 阿喻紇硯娜 須毗你悉指陀 囉佐耶 怛他羯他耶 怛姪他唵
薩婆桒悉迦囉 波唎輸底 達磨底 伽迦娜 莎訶桒特迦底 薩婆婆毗輸底
摩訶娜耶 波唎婆羅莎訶 若有於所自書寫使人書是无量壽經典之處則為
是塔皆應恭作禮 若是畜生或爲鳥獸得聞是經如是等類皆當不久得成一切種智陀羅
尼曰 南謨薄伽勃底 阿波唎蜜多 阿喻紇硯娜 須毗你悉指陀 囉佐耶 怛他羯他耶 怛
姪他唵 薩婆桒悉迦囉 波唎輸底 達磨底 伽迦娜 莎訶桒特迦底 薩婆婆
毗輸底 摩訶娜耶 波唎婆羅莎訶 若有於是无量壽經自書寫若使人書畢竟不
受女人之身陀羅尼曰 南謨薄伽勃底 阿波唎蜜多 阿喻紇硯娜 須毗你悉指陀 囉佐耶
怛他羯他耶 怛姪他唵 薩婆桒悉迦囉 波唎輸底 達磨底 伽迦娜 莎訶桒特迦底
薩婆婆毗輸底 摩訶娜耶 波唎婆羅莎訶 若有能於是經少分能惠施者等於三千大
千世界滿中七寶布施陀羅尼曰 南謨薄伽勃底 阿波唎蜜多 阿喻紇硯娜 須毗你
悉指陀 囉佐耶 怛他羯他耶 怛姪他唵 薩婆桒悉迦囉 波唎輸底 達磨底 伽迦娜
莎訶桒特迦底 薩婆婆毗輸底 摩訶娜耶 波唎婆羅莎訶
若有能供養是經者則是供養一切諸經等无有別異陀羅尼曰
南謨薄伽勃底 阿波唎蜜多 阿喻紇硯娜 須毗你悉指陀 囉佐耶 怛他羯他耶 怛姪他唵
薩婆桒悉迦囉 波唎輸底 達磨底 伽迦娜 莎訶桒特迦底 薩婆婆毗輸底
摩訶娜耶 波唎婆羅莎訶
[illegible]毗婆尸佛 尸棄佛 毗舍浮佛 俱留孫佛 俱那含牟尼佛 迦葉佛 釋迦牟尼佛

BD05999 號　無量壽宗要經　（6–4）

悉指陀羅佐耶 怛他羯他耶 怛姪他唵 薩婆桑悉迦羅 波唎輸底 達磨底 伽迦娜
莎訶娑特迦底 薩婆婆毗輸底 摩訶娜耶 波唎婆羅 莎訶
若有能供養是經者 則是供養一切諸經 等无有別異 陀羅尼曰
南謨薄伽勃底 阿波唎蜜多 阿喻紇硯娜 須毗你悉指陀囉佐耶 怛他羯他耶 怛姪他唵
薩婆桑悉迦羅 波唎輸底 達磨底 伽迦娜 莎訶娑特迦底 薩婆婆毗輸底
摩訶娜耶 波唎婆羅 莎訶
如是毗婆尸佛 尸弃佛 毗舍浮佛 俱留孫佛 俱那含牟尼佛 迦葉佛 釋迦牟尼佛
若有人以七寶供養如是七佛 其福有限 書寫受持是无量壽經典 所有功德不可量 陀
羅尼曰 南謨薄伽勃底 阿波唎蜜多 阿喻紇硯娜 須毗你悉指陀囉佐耶 怛他羯他耶 怛
姪他唵 薩婆桑悉迦羅 波唎輸底 達磨底 伽迦娜 莎訶娑特迦底 薩婆婆毗
輸底 摩訶娜耶 波唎婆羅 莎訶 若有七寶等於須彌山而用布施 其福上能知其限
量 是无量壽經典 其福不可知數 陀羅尼曰 南謨薄伽勃底 阿波唎蜜多 阿
喻紇硯娜 須毗你悉指陀囉佐耶 怛他羯他耶 怛姪他唵 薩婆桑悉迦羅 波唎輸底 達磨
底 伽迦娜 莎訶娑特迦底 薩婆婆毗輸底 摩訶娜耶 波唎婆羅 莎訶
如是四大海水 可知滴數 是无量壽經典 所生果報不可數量 陀羅尼曰
南謨薄伽勃底 阿波唎蜜多 阿喻紇硯娜 須毗你悉指陀囉佐耶 怛他羯他耶 怛姪他唵
薩婆桑悉迦羅 波唎輸底 達磨底 伽迦娜 莎訶娑特迦底 薩婆婆毗輸
底 摩訶娜耶 波唎婆羅 莎訶 若有自書寫 使人書寫是无量壽經典 文能敬持供養頂禮
恭敬供養 一切十方佛土 如来无有別異 陀羅尼曰 南謨薄伽勃底 阿波唎蜜多
阿喻紇硯娜 須毗你悉指陀囉佐耶 怛他羯他耶 怛姪他唵 薩婆桑悉迦羅 波唎輸底 達
磨底 伽迦娜 莎訶娑特迦底 薩婆婆毗輸底 摩訶娜耶 波唎婆羅 莎訶
布施力能成正覺 悟布施力人師子 布施力能聲普聞 慈悲階漸最能入
持戒力能成正覺 悟持戒力人師子 持戒力能聲普聞 慈悲階漸最能入
忍辱力能成正覺 悟忍辱力人師子 忍辱力能聲普聞 慈悲階漸最能入
精進力能成正覺 悟精進力人師子 精進力能聲普聞 慈悲階漸最能入
禪定力能成正覺 悟禪定力人師子 禪定力能聲普聞 慈悲階漸最能入
智慧力能成正覺 悟智慧力人師子 智慧力能聲普聞 慈悲階漸最能入
尒時如来說是經已 一切世間天人阿脩羅揵闥
婆等 聞佛所說 皆大歡喜 信受奉行
佛說无量壽宗要經

張清子

BD05999號　無量壽宗要經　（6–5）

羅尼曰 南謨薄伽勃底 阿波唎蜜多 阿喻紇硯娜 須毗你悉指陀囉佐耶 怛他羯他耶 怛
姪他唵 薩婆桑悉迦羅 波唎輸底 達磨底 伽迦娜 莎訶娑特迦底 薩婆婆毗
輸底 摩訶娜耶 波唎婆羅 莎訶 若有七寶等於須彌山而用布施 其福上能知其限
量 是无量壽經典 其福不可知數 陀羅尼曰 南謨薄伽勃底 阿波唎蜜多 阿
喻紇硯娜 須毗你悉指陀囉佐耶 怛他羯他耶 怛姪他唵 薩婆桑悉迦羅 波唎輸底 達磨
底 伽迦娜 莎訶娑特迦底 薩婆婆毗輸底 摩訶娜耶 波唎婆羅 莎訶
如是四大海水 可知滴數 是无量壽經典 所生果報不可數量 陀羅尼曰
南謨薄伽勃底 阿波唎蜜多 阿喻紇硯娜 須毗你悉指陀囉佐耶 怛他羯他耶 怛姪他唵
薩婆桑悉迦羅 波唎輸底 達磨底 伽迦娜 莎訶娑特迦底 薩婆婆毗輸
底 摩訶娜耶 波唎婆羅 莎訶 若有自書寫 使人書寫是无量壽經典 文能敬持供養頂禮
恭敬供養 一切十方佛土 如来无有別異 陀羅尼曰 南謨薄伽勃底 阿波唎蜜多
阿喻紇硯娜 須毗你悉指陀囉佐耶 怛他羯他耶 怛姪他唵 薩婆桑悉迦羅 波唎輸底 達
磨底 伽迦娜 莎訶娑特迦底 薩婆婆毗輸底 摩訶娜耶 波唎婆羅 莎訶
布施力能成正覺 悟布施力人師子 布施力能聲普聞 慈悲階漸最能入
持戒力能成正覺 悟持戒力人師子 持戒力能聲普聞 慈悲階漸最能入
忍辱力能成正覺 悟忍辱力人師子 忍辱力能聲普聞 慈悲階漸最能入
精進力能成正覺 悟精進力人師子 精進力能聲普聞 慈悲階漸最能入
禪定力能成正覺 悟禪定力人師子 禪定力能聲普聞 慈悲階漸最能入
智慧力能成正覺 悟智慧力人師子 智慧力能聲普聞 慈悲階漸最能入
尒時如来說是經已 一切世間天人阿脩羅揵闥
婆等 聞佛所說 皆大歡喜 信受奉行
佛說无量壽宗要經

張清子

BD05999號　無量壽宗要經　（6–6）

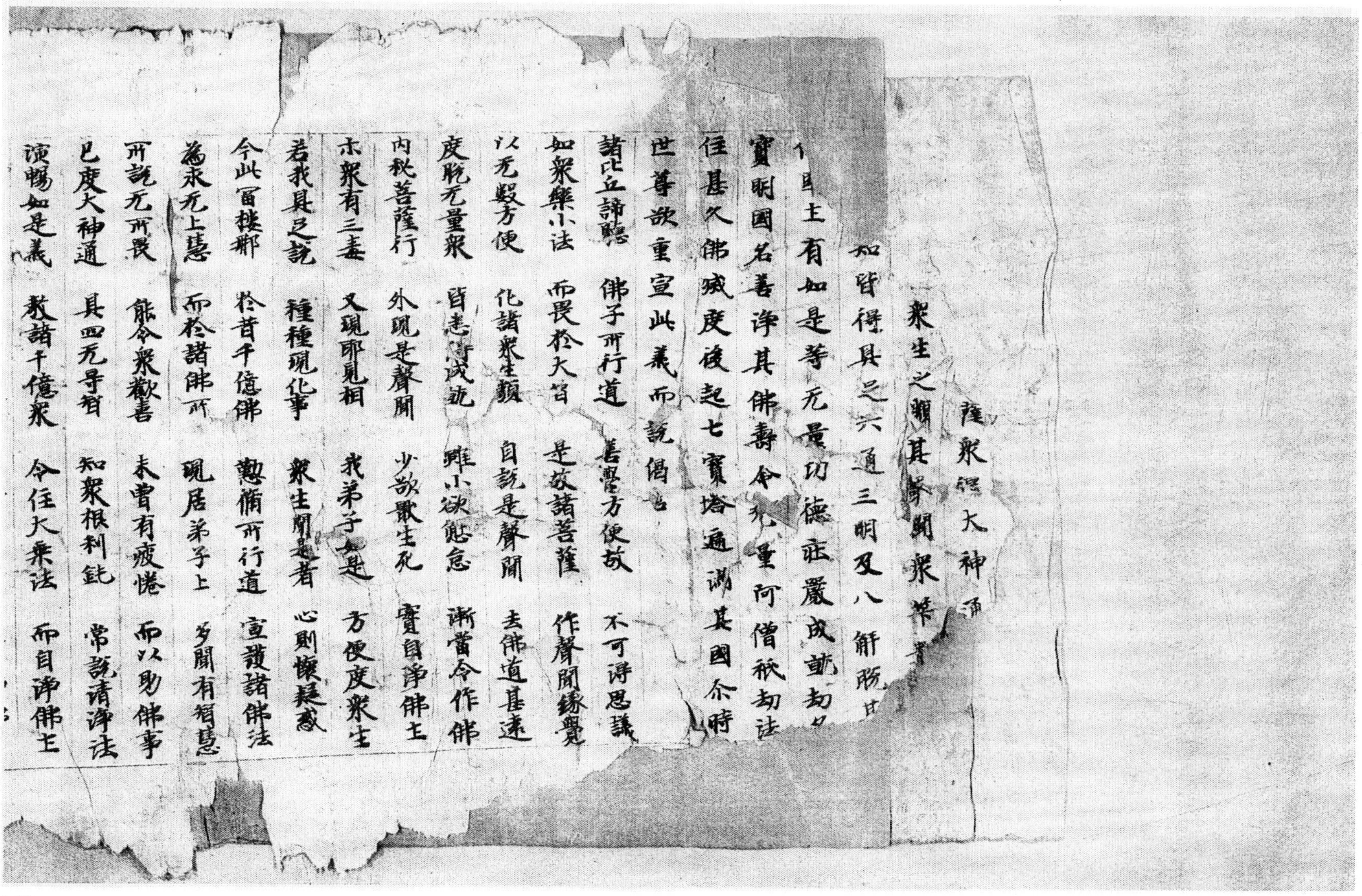
…薩衆得大神通…
衆生之類其聲聞衆筭…
知皆得具足六通三明及八解脫…
…土有如是等无量功德莊嚴成就劫名
寶明國名善淨其佛壽命无量阿僧祇劫法
住甚久佛滅度後起七寶塔遍滿其國尒時
世尊欲重宣此義而說偈言
諸比丘諦聽　佛子所行道　善學方便故　不可得思議
知衆樂小法　而畏於大智　是故諸菩薩　作聲聞緣覺
以无數方便　化諸衆生類　自說是聲聞　去佛道甚遠
度脫无量衆　皆悉得成就　雖小欲懈怠　漸當令作佛
內祕菩薩行　外現是聲聞　少欲猒生死　實自淨佛土
示衆有三毒　又現邪見相　我弟子如是　方便度衆生
若我具足說　種種現化事　衆生聞是者　心則懷疑惑
今此富樓那　於昔千億佛　懃脩所行道　宣護諸佛法
爲求无上慧　而於諸佛所　現居弟子上　多聞有智慧
所說无所畏　能令衆歡喜　未曾有疲惓　而以助佛事
已度大神通　具四无导智　知衆根利鈍　常說清淨法
演暢如是義　教諸千億衆　令住大乘法　而自淨佛土

BD06000號　妙法蓮華經卷四　（14–1）

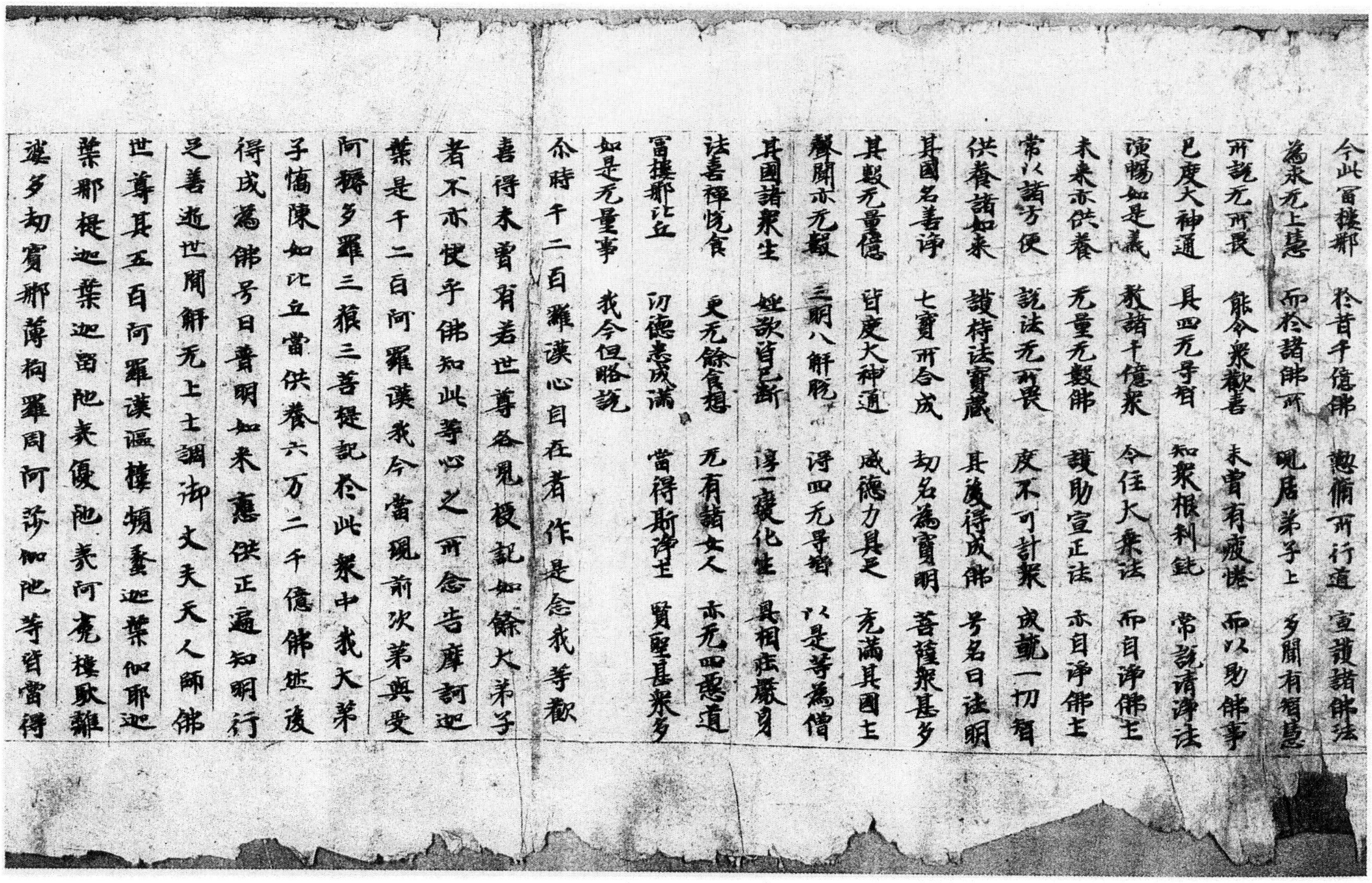
今此富樓那　於昔千億佛　懃脩所行道　宣護諸佛法
爲求无上慧　而於諸佛所　現居弟子上　多聞有智慧
所說无所畏　能令衆歡喜　未曾有疲惓　而以助佛事
已度大神通　具四无导智　知衆根利鈍　常說清淨法
演暢如是義　教諸千億衆　令住大乘法　而自淨佛土
未來亦供養　无量无數佛　護助宣正法　亦自淨佛土
常以諸方便　說法无所畏　度不可計衆　成就一切智
供養諸如來　護持法寶藏　其後得成佛　号名曰法明
其國名善淨　七寶所合成　劫名爲寶明　菩薩衆甚多
其數无量億　皆度大神通　威德力具足　充滿其國土
聲聞亦无數　三明八解脫　得四无导智　以是等爲僧
其國諸衆生　婬欲皆已斷　純一變化生　具相莊嚴身
法喜禪悅食　更无餘食想　无有諸女人　亦无諸惡道
富樓那比丘　功德悉成滿　當得斯淨土　賢聖衆甚多
如是无量事　我今但略說
尒時千二百羅漢心自在者作是念我等歡
喜得未曾有若世尊各見授記如餘大弟子
者不亦快乎佛知此等心之所念告摩訶迦
葉是千二百阿羅漢我今當現前次第與受
阿耨多羅三藐三菩提記於此衆中我大弟
子憍陳如比丘當供養六万二千億佛然後
得成爲佛号曰普明如來應供正遍知明行
足善逝世間解无上士調御丈夫天人師佛
世尊其五百阿羅漢優樓頻螺迦葉伽耶迦
葉那提迦葉迦留陁夷優陁夷阿㝹樓馱離
婆多劫賓那薄拘羅周陁莎伽陁等皆當得

BD06000號　妙法蓮華經卷四　（14–2）

得成為佛号曰普明如来應供正遍知明行
足善逝世間解无上士調御丈夫天人師佛
世尊其五百阿羅漢優樓頻螺迦葉伽耶迦
葉那提迦葉迦留陁夷優陁夷阿㝹樓馱離
婆多劫賓那薄拘羅周陁莎伽陁等皆當得
阿耨多羅三藐三菩提盡同一号名曰普明
尒時世尊欲重宣此義而說偈言
憍陳如比丘　當見无量佛　過阿僧祇劫　乃成等正覺
常放大光明　具足諸神通　名聞遍十方　一切之所敬
常說无上道　故号為普明　其國土清淨　菩薩皆勇猛
咸昇妙樓閣　遊諸十方國　以无上供具　奉獻於諸佛
作是供養已　心懷大歡喜　須臾還本國　有如是神力
佛壽六万劫　正法住倍壽　像法復倍是　法滅天人憂
其五百比丘　次第當作佛　同号曰普明　轉次而授記
我滅度之後　某甲當作佛　其所化世間　亦如我今日
國土之嚴淨　及諸神通力　菩薩聲聞衆　正法及像法
壽命劫多少　皆如上所說
迦葉汝已知　五百自在者　餘諸聲聞衆　亦當復如是
其不在此會　汝當為宣說
尒時五百阿羅漢於佛前得受記已歡喜踊
躍即從座起到於佛前頭面礼足悔過自責
世尊我等常作是念自謂已得究竟滅度今
乃知之如无智者所以者何我等應得如来
智慧而便自以小智為足世尊譬如有人至
親友家醉酒而卧是時親友官事當行以无
價寶珠繫其衣裏與之而去其人醉卧都不

世尊我等常作是念自謂已得究竟滅度今
乃知之如无智者所以者何我等應得如来
智慧而便自以小智為足世尊譬如有人至
親友家醉酒而卧是時親友官事當行以无
價寶珠繫其衣裏與之而去其人醉卧都不
覺知起已遊行到於他國為衣食故勤力求
索甚大艱難若少有所得便以為足於後親
友會遇見之而作是言咄哉丈夫何為衣食
乃至如是我昔欲令汝得安樂五欲自恣於
某年日月以无價寶珠繫汝衣裏今故現在
而汝不知勤苦憂惱以求自活甚為癡也汝
今可以此寶貿易所須常可如意无所乏短
佛亦如是為菩薩時教化我令發一切智心
而尋廢忘不知不覺既得阿羅漢道自謂滅
度資生艱難得少為足一切智願猶在不失
今者世尊覺悟我等作如是言諸比丘汝等
所得非究竟滅我久令汝等種佛善根以方
便故示涅槃相而汝謂為實得滅度世尊我
今乃知實是菩薩得受阿耨多羅三藐三菩
提記以是因緣甚大歡喜得未曾有尒時阿
若憍陳如等欲重宣此義而說偈言
我等聞无上　安隱授記聲　歡喜未曾有　礼无量智佛
今於世尊前　自悔諸過咎　於无量佛寶　得少涅槃分
如无智愚人　便自以為足
譬如貧窮人　往至親友家　其家甚大富　具設諸餚饍
[illegible]

我等聞无上　安隱授記聲　歡喜未曾有　礼无量智佛
今於世尊前　自悔諸過咎　於无量佛寶　得少涅槃分
如无智愚人　便自以為足
譬如貧窮人　往至親友家　其家甚大富　具設諸餚饍
以无價寶珠　繫著內衣裏　嘿與而捨去　時卧不覺知
是人既已起　遊行詣他國　求衣食自活　資生甚艱難
得少便為足　更不願好者　不覺內衣裏　有无價寶珠
與珠之親友　後見此貧人　苦切責之已　示以所繫珠
貧人見此珠　其心大歡喜　富有諸財物　五欲而自恣
我等亦如是　世尊於長夜　常愍見教化　令種无上願
我等无智故　不覺亦不知　得少涅槃分　自足不求餘
今佛覺悟我　言非實滅度　得佛无上慧　尒乃為真滅
我今從佛聞　受記莊嚴事　及轉次受決　身心遍歡喜

妙法蓮華經授學无學人記品第九

尒時阿難羅睺羅而作是念我等每自思惟
設得受記不亦快乎即從座起到於佛前頭
面礼足俱白佛言世尊我等於此亦應有分
唯有如來我等所歸又我等為一切世間天
人阿脩羅所見知識阿難常為侍者護持法
藏羅睺羅是佛之子若佛見授阿耨多羅三
藐三菩提記者我願既滿衆望亦足尒時學
无學聲聞弟子二千人皆從座起偏袒右肩
到於佛前一心合掌瞻仰世尊如阿難羅睺
羅所願住立一面尒時佛告阿難汝於來世
當得作佛号山海慧自在通王如來應供正
遍知明行足善逝世間解无上士調御丈夫

[illegible]尒時學
无學聲聞弟子二千人皆從座起偏袒右肩
到於佛前一心合掌瞻仰世尊如阿難羅睺
羅所願住立一面尒時佛告阿難汝於來世
當得作佛号山海慧自在通王如來應供正
遍知明行足善逝世間解无上士調御丈夫
天人師佛世尊當供養六十二億諸佛護持
法藏然後得阿耨多羅三藐三菩提教化廿
千万億恒河沙諸菩薩等令成阿耨多羅三
藐三菩提國名常立勝幡其土清淨琉璃為
地劫名妙音遍滿其佛壽命无量千万億阿
僧祇劫若人於千万億无量阿僧祇劫中筭
數校計不能得知正法住世倍於壽命像法
為十方无量千万億恒河沙等諸佛如來所
共讚嘆稱其功德尒時世尊欲重宣此義而
說偈言
我今僧中說　阿難持法者　當供養諸佛　然後成正覺
号曰山海慧　自在通王佛　其國土清淨　名常立勝幡
教化諸菩薩　其數如恒沙　其有大威德　名聞滿十方
受命无有量　以愍衆生故　正法倍壽命　像法復倍是
如恒河沙等　无數諸衆生　於此佛法中　種佛道因緣
尒時會中新發意菩薩八千人咸作是念我
等尚不聞諸大菩薩得如是記有何因緣而
諸聲聞得如是決尒時世尊知諸菩薩心之
所念而告之曰諸善男子我與阿難等於空
王佛所同時發阿耨多羅三藐三菩提心阿
難常樂多聞我常勤精進是故我已得成[illegible]

尒時會中新發意菩薩八千人咸作是念我
等尚不聞諸大菩薩得如是記有何因緣而
諸聲聞得如是決尒時世尊知諸菩薩心之
所念而告之曰諸善男子我與阿難等於空
王佛所同時發阿耨多羅三藐三菩提心阿
難常樂多聞我常懃精進是故我已得成阿
耨多羅三藐三菩提而阿難護持我法亦護
將來諸佛法藏教化成就諸菩薩衆其本願
如是故獲斯記阿難面於佛前自聞受記及
國土莊嚴所願具足心大歡喜得未曾有即
時憶念過去无量千万億諸佛法藏通達无
㝵如今所聞亦識本願尒時阿難而說偈言
世尊甚希有　令我念過去　无量諸佛法　如今日所聞
我今无復疑　安住於佛道　方便為侍者　護持諸佛法
尒時佛告羅睺羅汝於來世當得作佛号蹈
七寶華如來應供正遍知明行足善逝世間
解无上士調御丈夫天人師佛世尊當供養
十世界微塵等數諸佛如來常為諸佛而作
長子猶如今日是蹈七寶華佛國土莊嚴壽
命劫數所化弟子正法像法亦如山海慧自
在通王如來无異亦為此佛而作長子過是
已後當得阿耨多羅三藐三菩提尒時世尊
欲重宣此義而說偈言
我為太子時　羅睺為長子　我今成佛道　受法為法子
於未來世中　見无量億佛　皆為其長子　一心求佛道
羅睺羅密行　唯我能知之　現為我長子　以示諸衆生

BD06000號　妙法蓮華經卷四　（14–7）

已後當得阿耨多羅三藐三菩提尒時世尊
欲重宣此義而說偈言
我為太子時　羅睺為長子　我今成佛道　受法為法子
於未來世中　見无量億佛　皆為其長子　一心求佛道
羅睺羅密行　唯我能知之　現為我長子　以示諸衆生
无量億千万　功德不可數　安住於佛法　以求无上道
尒時世尊見學无學二千人其意柔濡寂然
清淨一心觀佛佛告阿難汝見是學无學二
千人不唯然已見阿難是諸人等當供養五
十世界微塵數等諸佛如來恭敬尊重護持
法藏末後同時於十方國各得成佛皆同一号
名曰寶相如來應供正遍知明行足善逝世
間解无上士調御丈夫天人師佛世尊壽命
一劫國土莊嚴聲聞菩薩正法像法皆悉同
等尒時世尊欲重宣此義而說偈言
是二千聲聞　今於我前住　悉皆與受記　未來當成佛
所供養諸佛　如上說塵數　護持其法藏　後當成正覺
各於十方國　悉同一名号　俱時坐道場　以證无上慧
皆名為寶相　國土及弟子　正法與像法　悉等无有異
咸以諸神通　度十方衆生　名聞普周遍　漸入於涅槃
尒時學无學二千人聞佛受記歡喜踊躍即
說偈言
世尊慧燈明　我聞受記音　心歡喜充滿　如甘露見灌
妙法蓮華經法師品第十
尒時世尊因藥王菩薩告八万大士藥王汝
見是大衆中无量諸天龍王夜叉乾闥婆阿

BD06000號　妙法蓮華經卷四　（14–8）

說偈言
世尊慧燈明　我聞受記音　心歡喜充滿　如甘露見灌
妙法蓮華經法師品第十
尒時世尊因藥王菩薩告八万大士藥王汝
見是大衆中无量諸天龍王夜叉乾闥婆阿
脩羅迦樓羅緊那羅摩睺羅伽人與非人及
比丘比丘尼優婆塞優婆夷求聲聞者求辟
支佛者求佛道者如是等類咸扵佛前聞妙
法華經一偈一句乃至一念隨喜者我皆與
受記當得阿耨多羅三藐三菩提佛告藥王
又如來滅度之後若有人聞妙法華經乃至
一偈一句一念隨喜者我亦與受阿耨多羅三
藐三菩提記若復有人受持讀誦解說書
寫妙法華經乃至一偈扵此經巻敬視如佛
種種供養華香瓔珞末香塗香燒香繒蓋幢
幡衣服伎樂乃至合掌恭敬藥王當知是諸
人等已曾供養十万億佛扵諸佛所成就大
願愍衆生故生此人間藥王若有人問何等
衆生扵未來世當得作佛應示是諸人等扵
未來世必得作佛何以故若善男子善女人扵
法華經乃至一偈受持讀誦解說書寫種種
供養經巻華香瓔珞末香塗香燒香繒蓋幢
幡衣服伎樂合掌恭敬是人一切世間所應
瞻奉應以如來供養而供養之當知此人是
大菩薩成就阿耨多羅三藐三菩提哀愍衆

BD06000號　妙法蓮華經卷四　（14–9）

法華經乃至一偈受持讀誦解說書寫種種
供養經巻華香瓔珞末香塗香燒香繒蓋幢
幡衣服伎樂合掌恭敬是人一切世間所應
瞻奉應以如來供養而供養之當知此人是
大菩薩成就阿耨多羅三藐三菩提哀愍衆
生願生此間廣演分別妙法華經何況盡能
受持種種供養者藥王當知是人自捨清淨
業報扵我滅後愍衆生故生扵惡世廣演此
經若善男子善女人扵我滅後能竊為一人
說法華經乃至一句當知是人則如來使如
來所遣行如來事何況扵大衆中廣為人說
藥王若有惡人以不善心扵一劫中現扵佛
前常毀罵佛其罪尚輕若人以一惡言毀呰
在家出家讀誦法華經者其罪甚重藥王其
有讀誦法華經者當知是人以佛莊嚴而自
莊嚴則為如來肩所荷擔其所至方應隨向
礼一心合掌恭敬供養尊重讚歎華香瓔珞
末香塗香燒香繒蓋幢幡衣服餚饍作諸伎
樂人中上供而供養之應持天寶而以散之
天上寶聚應以奉獻所以者何是人歡喜說
法須臾之聞即得究竟阿耨多羅三藐三菩
提故尒時世尊欲重宣此義而說偈言
若欲住佛道　成就自然智　常當懃供養　受持法華者
其有欲疾得　一切種智慧　當受持是經　并供持經者
若有能受持　妙法華經者　當知佛所使　愍念諸衆生
諸有能受持　妙法華經者　捨於清淨土　愍衆故生此

BD06000號　妙法蓮華經卷四　（14–10）

提故尒時世尊欲重宣此義而說偈言
若欲住佛道　成就自然智　常當懃供養　受持法華者
其有欲疾得　一切種智慧　當受持是經　并供持經者
若有能受持　妙法華經者　當知佛所使　愍念諸衆生
諸有能受持　妙法華經者　捨於清淨土　愍衆故生此
當知如是人　自在所欲生　能於此惡世　廣說无上法
應以天華香　及天寶衣服　天上妙寶聚　供養說法者
吾滅後惡世　能持此經者　當合掌禮敬　如供養世尊
上饌衆甘美　及種種衣服　供養是佛子　兾得須臾聞
若能於後世　受持此經者　我遣在人中　行於如來事
若於一劫中　常懷不善心　作色而罵佛　獲无量重罪
其有讀誦持　是法華經者　須臾加惡言　其罪復過彼
有人求佛道　而於一劫中　合掌在我前　以无數偈讚
由是讚佛故　得无量功德　嘆美持經者　其福復過彼
於八十億劫　以最妙色聲　及與香味觸　供養持經者
如是供養已　若得須臾聞　則應自欣慶　我今獲大利
藥王今告汝　我所說諸經　而於此經中　法華最第一
尒時佛復告藥王菩薩摩訶薩我所說經典
无量千億已說今說當說而於其中此法華
經最為難信難解藥王此經是諸佛秘要之
藏不可分布妄授與人諸佛世尊之所守護
從昔已來未曾顯說而此經者如來現在猶
多怨嫉況滅度後藥王當知如來滅後其能
書持讀誦供養為他人說者如來則為以衣
覆之又為他方現在諸佛之所護念是人有
大信力及志願力諸善根力當知是人與如

BD06000號　妙法蓮華經卷四　（14–11）

從昔已來未曾顯說而此經者如來現在猶
多怨嫉況滅度後藥王當知如來滅後其能
書持讀誦供養為他人說者如來則為以衣
覆之又為他方現在諸佛之所護念是人有
大信力及志願力諸善根力當知是人與如
來共宿則為如來手摩其頭藥王在在處處
若說若讀若誦若書若經卷所住處皆應起
七寶塔極令高廣嚴飾不復須安舍利所以
者何此中已有如來全身此塔應以一切華
香瓔珞繒蓋幢幡伎樂歌頌供養恭敬尊重
讚嘆若有人得見此塔礼拜供養當知是等
皆近阿耨多羅三藐三菩提藥王多有人在
家出家行菩薩道若不能得見聞讀誦書持
供養是法華經者當知是人未善行菩薩道
若有得聞是經典者乃能善行菩薩之道其
有衆生求佛道者若見若聞是法華經聞已
信解受持者當知是人得近阿耨多羅三藐
三菩提藥王譬如有人渴乏須水於彼高原
穿鑿求之猶見乾土知水尚遠施功不已轉
見濕土遂漸至泥其心決定知水必近菩薩
亦復如是若未聞未解未能脩習是法華經
當知是人去阿耨多羅三藐三菩提尚遠若
得聞解思惟脩習必知得近阿耨多羅三藐
三菩提所以者何一切菩薩阿耨多羅三藐
三菩提皆屬此經此經開方便門示真實相
是法華經藏深固幽遠无人能到今佛教化
成就菩薩而為開示藥王若有菩薩聞是

BD06000號　妙法蓮華經卷四　（14–12）

得聞解思惟脩習必知得近阿耨多羅三藐
三菩提所以者何一切菩薩阿耨多羅三藐
三菩提皆屬此經此經開方便門示真實相
是法華經藏深固幽遠无人能到今佛教化
成就菩薩而為開示藥王若有菩薩聞是法
華經驚疑怖畏當知是為新發意菩薩若聲
聞人聞是經驚疑怖畏當知是為增上慢者
藥王若有善男子善女人如來滅後欲為四
衆說是法華經者云何應說是善男子善女
人入如來室著如來衣坐如來坐尒乃應為
四衆廣說斯經如來室者一切衆生中大慈
悲心是如來衣者柔和忍辱心是如來坐者
一切法空是安住是中然後以不懈怠心為
諸菩薩及四衆廣說是法華經藥王我於餘
國遣化人為其集聽法衆亦遣化比丘比丘
尼優婆塞優婆夷聽其說法是諸化人聞法
信受隨順不逆若說法者在空閑處我時廣
遣天龍鬼神乾闥婆阿脩羅等聽其說法我
雖在異國時時令說法者得見我身若於此
經忘失句讀我還為說令得具足尒時世
尊欲重宣此義而說偈言
欲捨諸懈怠　應當聽此經　是經難得聞　信受者亦難
如人渴須水　穿鑿於高原　猶見乾燥土　知去水尚遠
漸見溼土泥　決定知近水
藥王汝當知　如是諸人等　不聞法華經　去佛智甚遠
若聞是深經　決了聲聞法　是諸經之王　聞已諦思惟

BD06000號　妙法蓮華經卷四　（14–13）

信受隨順不逆若說法者在空閑處我時廣
遣天龍鬼神乾闥婆阿脩羅等聽其說法我
雖在異國時時令說法者得見我身若於此
經忘失句讀我還為說令得具足尒時世
尊欲重宣此義而說偈言
欲捨諸懈怠　應當聽此經　是經難得聞　信受者亦難
如人渴須水　穿鑿於高原　猶見乾燥土　知去水尚遠
漸見溼土泥　決定知近水
藥王汝當知　如是諸人等　不聞法華經　去佛智甚遠
若聞是深經　決了聲聞法　是諸經之王　聞已諦思惟
當知此人等　近於佛智慧
若人說此經　應入如來室　著於如來衣　而坐如來坐
處衆无所畏　廣為分別說
大慈悲為室　柔和忍辱衣　諸法空為坐　處此為說法
若說此經時　有人惡口罵　加刀杖瓦石　念佛故應忍
我千万億土　現淨堅固身　於无量億劫　為衆生說法
若我滅度後　能說此經者　我遣化四衆　比丘比丘尼
及清信士女　供養於法師　引導諸衆生　集之令聽法
[illegible]加惡　刀杖及瓦石　則遣變化人　為之作衛護
[illegible]人　獨在空閑處　寂寞无人聲　讀誦此經典

BD06000號　妙法蓮華經卷四　（14–14）

著　録　凡　例

本目錄採用條目式著錄法。諸條目意義如下：

1.1　著錄編號。用漢語拼音首字“BD”表示，意為“北京圖書館藏敦煌遺書”，簡稱“北敦號”。文獻寫在背面者，標註為“背”。一件遺書上抄有多個文獻者，用數字1、2、3等標示小號。一號中包括幾件遺書，且遺書形態各自獨立者，用字母A、B、C等區別。

1.2　著錄分類號。本條記目錄暫不分類，該項空缺。

1.3　著錄文獻的名稱、卷本、卷次。

1.4　著錄千字文編號。

1.5　著錄縮微膠卷號。

2.1　著錄遺書的總體數據。包括長度、寬度、紙數、正面抄寫總行數與每行字數、背面抄寫總行數與每行字數。如該遺書首尾有殘破，則對殘破部分單獨度量，用加號加在總長度上。凡屬這種情況，長度用括弧標註。

2.2　著錄每紙數據。包括每紙長度及抄寫行數或界欄數。

2.3　著錄遺書的外觀。包括：(1) 裝幀形式。(2) 首尾存況。(3) 護首、軸、軸頭、天竿、縹帶，經名是書寫還是貼簽，有無經名號，扉頁、扉畫。(4) 卷面殘破情況及其位置。(5) 尾部情況。(6) 有無附加物（蟲繭、油污、線繩及其他）。(7) 有無裱補及其年代。(8) 界欄。(9) 修整。(10) 其他需要交待的問題。

2.4　著錄一件遺書抄寫多個文獻的情況。

3.1　著錄文獻首部文字與對照本核對的結果。

3.2　著錄文獻尾部文字與對照本核對的結果。

3.3　著錄錄文。

3.4　著錄對文獻的說明。

4.1　著錄文獻首題。

4.2　著錄文獻尾題。

5　著錄本文獻與對照本的不同之處。

6.1　著錄本遺書首部可與另一遺書綴接的編號。

6.2　著錄本遺書尾部可與另一遺書綴接的編號。

7.1　著錄題記、題名、勘記等。

7.2　著錄印章。

7.3　著錄雜寫。

7.4　著錄護首及扉頁的內容。

8　著錄年代。

9.1　著錄字體。如有武周新字、合體字、避諱字等，予以說明。

9.2　著錄卷面二次加工的情況。包括句讀、點標、科分、間隔號、行間加行、行間加字、硃筆、墨塗、倒乙、刪除、兌廢等。

10　著錄敦煌遺書發現後，近現代人所加內容，裝裱、題記、印章等。

11　備註。著錄揭裱互見、圖版本出處及其他需要說明的問題。

上述諸條，有則著錄，無則空缺。

為避文繁，上述著錄中出現的各種參考、對照文獻，暫且不列版本說明。全目結束時，將統一編制本條記目錄出現的各種參考書目。

本條記目錄為農曆年份標註其公曆紀年時，未進行歲頭年末之換算，請讀者使用時注意自行換算。

條 記 目 錄

BD05923—BD06000

1.1 BD05923 號
1.3 佛頂尊勝陀羅尼經（佛陀波利本）
1.4 重 023
1.5 229:7364
2.1 （1.8 +84.1）×25.7 厘米；2 紙；41 行，行 17 字。
2.2 01：1.8 +46.1，28； 02：38.0，13。
2.3 卷軸裝。首殘尾全。經黄紙。卷面多有殘損，接縫處有開裂。有燕尾。有烏絲欄。已修整。
3.1 首行中殘→大正 0967，19/0351C04。
3.2 尾殘→19/0352A26。
4.2 佛頂尊勝陀羅尼經（尾）。
8 7 ~8 世紀。唐寫本。
9.1 楷書。
11 圖版：《敦煌寶藏》，105/606A ~607A。

1.1 BD05924 號
1.3 金光明最勝王經卷五
1.4 重 024
1.5 083:1725
2.1 （14 +468.2）×24.8 厘米；8 紙；289 行，行 17 字。
2.2 01：14 +26，24； 02：73.5，44； 03：73.5，44；
04：73.3，44； 05：73.8，44； 06：73.6，44；
07：73.5，44； 08：01.0，01。
2.3 卷軸裝。首全尾殘。卷首右上殘缺，卷端碎損嚴重，卷面有等距離殘洞。有烏絲欄。
3.1 首 8 行上中殘→大正 0665，16/0422B22 ~C09。
3.2 尾行上下殘→16/0426A09 ~10。
4.1 □…□讚品第七，五（首）。
7.1 卷首背有勘記“□…□王經”。
7.3 卷背有多處雜寫，依次錄文如下：
“氾（馮）小君便麥兩石至秋叁石”。
“氾（馮）少君便兩石至秋叁石”。
“宋員住便粟肆石至秋陸石”。
“歺齋是佛生之日”。
“南無大慈大悲觀音菩薩。”
“李行者便粟五石至秋柒［石］伍斗。”
“戊申年，天福拾肆年”。
“張王李趙陰薛唐鄧”。
“壹貳叁肆伍陸柒捌玖拾”。
“壹千字文敕員”。
此外還有“薛”、“斗”、“升”、“平”、“金光明”、“是”、“壹”、“疋”、“粟”、“官齋是”等雜寫，不具錄。
8 9 ~10 世紀。歸義軍時期寫本。
9.1 楷書。
11 圖版：《敦煌寶藏》，69/473B ~481A。

1.1 BD05925 號
1.3 妙法蓮華經卷六
1.4 重 025
1.5 105:5802
2.1 （2 +281.5）×26.3 厘米；7 紙；163 行，行 17 字。
2.2 01：2 +39.5，24； 02：41.7，24； 03：41.7，24；
04：41.7，24； 05：33.4，19； 06：49.0，28；
07：34.5，20。
2.3 卷軸裝。首脱尾殘。紙張砑光上蠟。首紙上下邊有殘損破裂，接縫處多有開裂。有烏絲欄。
3.1 首行上殘→大正 0262，09/0050C17。
3.2 尾殘→09/0053A03。
8 7 ~8 世紀。唐寫本。
9.1 楷書。
11 圖版：《敦煌寶藏》，95/196A ~199B。

1.1 BD05926 號
1.3 首羅比丘見月光童子經
1.4 重 026

1.5　292:8274

2.1　(8+525.3)×27 厘米；14 紙；307 行，行 17 字。

2.2　01：8+29，22；　02：38.5，23；　03：38.5，23；
04：39.0，23；　05：39.0，23；　06：39.0，23；
07：39.5，23；　08：40.0，23；　09：40.0，23；
10：40.5，23；　11：40.0，23；　12：39.6，23；
13：39.7，23；　14：23.0，09。

2.3　卷軸裝。首尾均全。卷首右上殘缺，卷面多水漬，上邊殘缺一塊，接縫處有開裂。有烏絲欄。

3.1　首 4 行上殘→《敦煌學》，16/第 49 頁第 26 行～第 28 行。

3.2　尾全→《敦煌學》，16/第 56 頁第 11 行。

4.1　□…□見月光童子經（首）。

4.2　首羅比丘經（尾）。

8　8 世紀。唐寫本。

9.1　楷書。

11　圖版：《敦煌寶藏》，109/479A～485B。

1.1　BD05927 號 1

1.3　阿彌陀經（兑廢稿）

1.4　重 027

1.5　014:0128

2.1　100.5×28.1 厘米；2 紙；47 行，行 17 字。

2.2　01：50.5，19；　02：50.0，28。

2.3　卷軸裝。首全尾脱。接縫處上部開裂，尾紙有殘洞及破裂。有烏絲欄。已修整。

2.4　本遺書包括 2 個文獻：（一）《阿彌陀經》（兑廢稿），19 行，今編為 BD05927 號 1。（二）《阿彌陀經》，28 行，今編為 BD05927 號 2。

3.1　首全→大正 0366，12/0346B22。

3.2　尾殘→12/0346C16。

4.1　佛說阿彌陀經（首）。

5　與《大正藏》對照，尾部抄重，故廢棄，重新抄寫，即為 BD05927 號 2。

8　9～10 世紀。歸義軍時期寫本。

9.1　楷書。

11　圖版：《敦煌寶藏》，56/598A～599B。

1.1　BD05927 號 2

1.3　阿彌陀經

1.4　重 027

1.5　014:0128

2.4　本遺書由 2 個文獻組成，本號為第 2 個，28 行。餘參見 BD05927 號 1 之第 2 項、第 11 項。

3.1　首全→大正 0366，12/0346B25。

3.2　尾殘→12/0347A11。

4.1　佛說阿彌陀經（首）。

8　9～10 世紀。歸義軍時期寫本。

9.1　楷書。

1.1　BD05928 號

1.3　大般若波羅蜜多經卷二〇五

1.4　重 028

1.5　084:2516

2.1　(9+142.7)×30.1 厘米；4 紙；92 行，行 17 字。

2.2　01：9+13.2，13；　02：44.0，27；　03：44.0，26；
04：41.5，26。

2.3　卷軸裝。首殘尾脱。第 1 紙下邊殘缺。有烏絲欄。

3.1　首 5 行上殘→大正 0220，06/0021B10～14。

3.2　尾殘→06/0022B16。

8　8～9 世紀。吐蕃統治時期寫本。

9.1　楷書。

11　圖版：《敦煌寶藏》，73/599B～601A。

1.1　BD05929 號

1.3　妙法蓮華經卷七

1.4　重 029

1.5　105:6082

2.1　(5+452)×25.5 厘米；11 紙；264 行，行 17 字。

2.2　01：5+3.5，05；　02：47.0，28；　03：47.0，29；
04：45.0，27；　05：46.0，28；　06：46.5，28；
07：46.5，28；　08：46.5，28；　09：46.5，28；
10：46.5，28；　11：31.0，07。

2.3　卷軸裝。首殘尾全。經黄打紙，研光上蠟。卷面有破裂及殘洞，接縫處有開裂。有燕尾。有烏絲欄。

3.1　首 3 行上殘→大正 0262，09/0058C08～10。

3.2　尾全→09/0062B01。

4.2　妙法蓮華經第七（尾）。

8　7～8 世紀。唐寫本。

9.1　楷書。

11　圖版：《敦煌寶藏》，96/583A～589A。

1.1　BD05930 號

1.3　維摩詰所說經卷中

1.4　重 030

1.5　070:1110

2.1　(3.5+271.5+2)×25 厘米；6 紙；154 行，行 17 字。

2.2　01：3.5+21，14；　02：50.5，28；　03：50.5，28；
04：50.5，28；　05：50.5，28；　06：48.5+2，28。

2.3　卷軸裝。首殘尾脱。經黄紙。卷首殘破，上下邊有破裂，接縫處有開裂。有烏絲欄。

3.1　首 2 行上下殘→大正 0475，14/0544C12～13。

3.2　尾行上殘→14/0546C02～03。

8　7～8 世紀。唐寫本。

9.1　楷書。

11　圖版：《敦煌寶藏》，65/356A～359B。

1.1　BD05931 號
1.3　地藏菩薩本願經兑廢綴稿（擬）
1.4　重 031
1.5　021:0231
2.1　84.2×25.5 厘米；3 紙；正面 48 行，行 17 字；背面 23 行，行字不等。
2.2　01：16.7，09；　02：19.5，11；　03：48.0，28。
2.3　卷軸裝。首殘尾脱。有烏絲欄。已修整。
2.4　本遺書包括 3 個文獻：（一）《地藏菩薩本願經兑廢綴稿》（擬），48 行，今編為 BD05931 號。（二）《輪寺齋僧文》（擬），抄寫在背面，6 行，今編為 BD05931 號背 1。（三）《音義稿》（擬），抄寫在背面，17 行，今編為 BD05931 號背 2。
3.4　説明：
本文獻乃用三張抄寫《地藏菩薩本願經》的兑廢紙綴接而成，詳情如下：
第一紙 9 行，所抄經文參見大正 0412，13/0782A14～23；
第二紙 11 行，所抄經文參見大正 0412，13/0786B11～22；
第三紙 28 行，所抄經文參見大正 0412，13/0779B10～C12。
5　與《大正藏》本對照，卷中文字有遺漏。
7.1　卷面有"兑，佛奴也"。
7.3　第 2 紙下部有雜寫"我"。
8　9～10 世紀。歸義軍時期寫本。
9.1　楷書。
11　圖版：《敦煌寶藏》，57/328A～330B。

1.1　BD05931 號背 1
1.3　輪寺齋僧文（擬）
1.4　重 031
1.5　021:0231
2.4　本遺書由 3 個文獻組成，本號為第 2 個，抄寫在背面，6 行。餘參見 BD05931 號之第 2 項、第 11 項。
3.3　錄文：
夫人天勝報，修齋戒而方登；佛果藐（？）［□］，憑信願而圓就。故/
知崇樂行善，獲福而不可量；起寸願心，證果實不可側（測）。/
懇意一念，諸佛他心而證知；備供千僧，衆聖運神而引/
接者哉。厥今沒（設）妙供以筵於絹類施財帛莊嚴 <於>/
於袈沙（裟）。金爐侍解脱之香，玉牒拜覺皇之相。/
有准云云。　奉爲先發弘願，輪寺齋僧之所作也。/
（錄文完）
8　9～10 世紀。歸義軍時期寫本。
9.1　楷書。

1.1　BD05931 號背 2
1.3　音義稿（擬）
1.4　重 031
1.5　021:0231
2.4　本遺書由 3 個文獻組成，本號為第 3 個，抄寫在背面，17 行。餘參見 BD05931 號之第 2 項、第 11 項。
3.4　説明：
本文獻為未完成之音義稿，但已經抄錄若干音義並加註釋。
8　9～10 世紀。歸義軍時期寫本。
9.1　楷書。

1.1　BD05932 號
1.3　大般涅槃經（北本　宮本）卷三三
1.4　重 032
1.5　115:6493
2.1　(3+303)×26 厘米；6 紙；184 行，行 17 字。
2.2　01：3+44，28；　02：51.8，31；　03：52.2，31；
04：52.0，32；　05：52.0，31；　06：51.0，31。
2.3　卷軸裝。首尾均殘。首紙有殘洞。背有古代裱補。有上下邊欄，無竪欄。
3.1　首 2 行下殘→大正 0374，12/0559A28～B01。
3.2　尾殘→12/0561B19。
5　與《大正藏》本對照，分卷不同。經文相當於《大正藏》卷三十二師子吼菩薩品第十一之六至迦葉菩薩品第十二之一。與日本宮内寮本分卷相同。
8　5～6 世紀。南北朝寫本。
9.1　楷書。
9.2　有重文號。
11　圖版：《敦煌寶藏》，99/534A～538A。

1.1　BD05933 號
1.3　妙法蓮華經卷四
1.4　重 033
1.5　105:5375
2.1　(1.3+39.5+1.6)×24.8 厘米；1 紙；27 行，行 17 字。
2.3　卷軸裝。首尾均殘。經黄紙。有烏絲欄。
3.1　首行下殘→大正 0262，09/0032B27～28。
3.2　尾殘下殘→09/0032C26。
7.3　正面有漢文雜寫，不錄文。正背面有藏文雜寫。卷中下邊藏文一行：lng－gi－lo－ston－rgya－rje－li－vwan－sha－chur－mchis－pavi－lan－La－vbro－lha－gis－kyis－tsha－tho.（羊年秋，漢官李遠（擬）在沙洲……）卷中漢文間藏文三行：hyo－bab－su－bu－de－hwa－khyed－ga－jo－di. khye－chi－dang－cha－la－bdal－zhe－gbang－zhes. bdag－chag－chag－byang－phyogs－myi－sug－las－dag－dag－vtshal.（我們自北方……）卷背藏文一行：thugs－rje－ma－gzigs－na－sman－pa－ma－mchis. myi－dgu.（無慈悲心，則不爲醫生）。
8　7～8 世紀。唐寫本。

9.1　楷書。
11　圖版:《敦煌寶藏》, 91/241A～242A。

1.1　BD05934 號
1.3　佛名經（十六卷本）卷一三
1.4　重 034
1.5　063:0759
2.1　(4+85+8)×26.3 厘米; 3 紙; 53 行, 行字不等。
2.2　01: 4+15, 10;　02: 50.5, 28;　03: 19.5+8, 15。
2.3　卷軸裝。首尾均殘。經黄紙。通卷上邊與下部有等距離殘洞, 第 3 紙中下部破裂。有烏絲欄。
3.1　首 2 行上中殘→《七寺古逸經典研究叢書》, 3/647 頁第 129 行～648 頁第 130 行。
3.2　尾 4 行上下殘→《七寺古逸經典研究叢書》, 3/652 頁第 182 行～185 行。
8　7～8 世紀。唐寫本。
9.1　楷書。
11　圖版:《敦煌寶藏》, 62/164B～165B。

1.1　BD05935 號
1.3　金光明經（異卷）卷四
1.4　重 035
1.5　081:1415
2.1　84.3×25 厘米; 2 紙; 39 行, 行 15 字。
2.2　01: 42.8, 27;　02: 41.5, 12。
2.3　卷軸裝。首脱尾全。尾有原軸, 軸頭已壞。有烏絲欄。已修整。
3.1　首殘→大正 0663, 16/0353B14。
3.2　尾殘→16/0353C20。
4.2　金光明經卷第四（尾）。
5　與《大正藏》本經對照, 分卷不同。本件相當於《大正藏》之流水長者子品第十六。分卷與歷代大藏經本均不同。
8　5 世紀。南北朝寫本。
9.1　隸楷。有古字。
9.2　有行間校加字。
11　圖版:《敦煌寶藏》, 67/436B～437A。

1.1　BD05936 號
1.3　維摩詰所説經卷上
1.4　重 036
1.5　070:1049
2.1　(181.5+3)×27.5 厘米; 4 紙; 93 行, 行 17 字。
2.2　01: 49.5, 25;　02: 49.5, 25;　03: 49.5, 25;　04: 33+3, 18。
2.3　卷軸裝。首脱尾殘。卷面有破裂, 有 2 排等距離殘洞, 上邊有殘缺。有烏絲欄。
3.1　首殘→大正 0475, 14/0542B24。
3.2　尾行中上殘→14/0543C04～05。
8　8～9 世紀。吐蕃統治時期寫本。
9.1　楷書。
11　圖版:《敦煌寶藏》, 64/467B～469B。

1.1　BD05937 號
1.3　觀無量壽佛經
1.4　重 037
1.5　016:0212
2.1　(21+114)×26.4 厘米; 3 紙; 77 行, 行 17 字。
2.2　01: 21+24.5, 28;　02: 46.0, 28;　03: 43.5, 21。
2.3　卷軸裝。首殘尾全。卷面有破裂, 第 2 紙有殘洞。有燕尾。有烏絲欄。已修整。
3.1　首 14 行上下殘→大正 0365, 12/0345B26～C13。
3.2　尾全→12/0346B21。
4.2　佛説無量壽觀經（尾）。
7.1　尾有題記“第（弟）子李氏受持”。
8　7～8 世紀。唐寫本。
9.1　楷書。
9.2　有行間校加字。
11　圖版:《敦煌寶藏》, 57/202B～204A。

1.1　BD05938 號
1.3　悲華經卷五
1.4　重 038
1.5　053:0456
2.1　46×27.3 厘米; 1 紙; 26 行, 行 17 字。
2.3　卷軸裝。首全尾脱。卷首横向破裂, 有烏絲欄。
3.1　首全→大正 0157, 03/0196A03。
3.2　尾脱→03/0196B06。
4.1　悲華經諸菩薩本授記品之三, 五（首）。
8　8 世紀。唐寫本。
9.1　楷書。
11　圖版:《敦煌寶藏》, 59/241B～241B。

1.1　BD05939 號
1.3　妙法蓮華經卷一
1.4　重 039
1.5　105:4637
2.1　(6.8+28.5)×25 厘米; 1 紙; 20 行, 行 16 字（偈）。
2.3　卷軸裝。首殘尾脱。經黄打紙, 研光上蠟。卷面多有破裂及殘損。有烏絲欄。已修整。
3.1　首 4 行中下殘→大正 0262, 09/0003A08～13。
3.2　尾殘→09/0003B06。
8　7～8 世紀。唐寫本。
9.1　楷書。
11　圖版:《敦煌寶藏》, 85/142B。

1.1　BD05940 號
1.3　金剛般若波羅蜜經
1.4　重 040
1.5　094:4031
2.1　90.5×25.7 厘米；2 紙；56 行，行 17 字。
2.2　01：45.0，28；　02：45.5，28。
2.3　卷軸裝。首尾均脱。首紙有破裂，卷面有油污。有烏絲欄。
3.1　首殘→大正 0235，08/0750A21。
3.2　尾殘→08/0750C22。
8　7～8 世紀。唐寫本。
9.1　楷書。
11　圖版：《敦煌寶藏》，81/554B～555B。

1.1　BD05941 號
1.3　無量壽宗要經
1.4　重 041
1.5　275:7856
2.1　213×31 厘米；5 紙；135 行，行 30 餘字。
2.2　01：43.0，27；　02：42.5，28；　03：42.5，28；
04：42.5，28；　05：42.5，24。
2.3　卷軸裝。首尾均全。首紙有破裂。有烏絲欄。
3.1　首全→大正 0936，19/0082A03。
3.2　尾全→19/0084C29。
4.1　大乘無量壽經（首）；
4.2　佛説無量壽宗要經（尾）。
7.1　尾紙有題記“張要要寫”。首紙背有敦煌寺院寺名勘記“圖”。
8　8～9 世紀。吐蕃統治時期寫本。
9.1　楷書。
11　圖版：《敦煌寶藏》，108/139A～141B。

1.1　BD05942 號
1.3　金光明最勝王經卷九
1.4　重 042
1.5　083:1955
2.1　(1.3+47.5)×25.4 厘米；2 紙；31 行，行 17 字。
2.2　01：1.3+3.5，03；　02：44.0，28。
2.3　卷軸裝。首殘尾脱。有烏絲欄。
3.1　首行上殘→大正 0665，16/0450A20。
3.2　尾殘→16/0450B24。
8　7～8 世紀。唐寫本。
9.1　楷書。
11　圖版：《敦煌寶藏》，71/87。

1.1　BD05943 號
1.3　佛名經（十二卷本　異卷）卷七
1.4　重 043
1.5　062:0585
2.1　73×25 厘米；3 紙；34 行，行 17 字。
2.2　01：14.5，護首；　02：47.0，27；　03：11.5+2，07。
2.3　卷軸裝。首全尾殘。有護首，已破裂，接縫上下有開裂，尾紙上部殘缺。背有古代裱補。
3.1　首全→大正 0440，14/0149C21。
3.2　尾 1 行中下殘→14/0150A23。
4.1　佛説佛名經卷第七（首）。
5　與《大正藏》本對照，分卷不同，佛名亦略有不同。與歷代大藏經本分卷均不同。
7.4　護首有經名“佛名經卷第七”。上有經名號。
8　9～10 世紀。歸義軍時期寫本。
9.1　楷書。
11　圖版：《敦煌寶藏》，60/173B～174B。

1.1　BD05944 號 1
1.3　金剛經疏（擬）
1.4　重 044
1.5　070:1128
2.1　166.5×25.5 厘米；4 紙；正面 97 行，行 18 字；背面 3 行，行約 20 字。
2.2　01：22.5，13；　02：48.0，28；　03：48.0，28；
04：48.0，28。
2.3　卷軸裝。首斷尾脱。有烏絲欄。
2.4　本遺書包括 2 個文獻：（一）《金剛經疏》（擬），84 行，今編為 BD05944 號 1。（二）《維摩詰所説經》卷中，正面 10 行，背面 3 行，今編為 BD05944 號 2。
3.4　説明：
本文獻首殘尾缺。乃逐字逐句解釋《金剛經》經文。未為歷代大藏經所收。
7.3　卷首背有雜寫“如是我聞一時佛在舍衛”、“金剛般若波羅蜜經”、“我”、倒寫的“金剛般若”等。
8　8～9 世紀。吐蕃統治時期寫本。
9.1　楷書。
11　圖版：《敦煌寶藏》，65/392A～395A。

1.1　BD05944 號 2
1.3　維摩詰所説經卷中
1.4　重 044
1.5　070:1128
2.4　本遺書由 2 個文獻組成，本號為第 2 個，正面 10 行，背面 3 行，共 13 行。餘參見 BD05944 號 1 之第 2 項、第 11 項。
3.1　首全→大正 0475，14/0544A22。
3.2　尾殘→14/0544B15。
4.1　維摩詰所説經文殊師利問疾品第五，二（首）。
8　8～9 世紀。吐蕃統治時期寫本。
9.1　楷書。

11　圖版:《敦煌寶藏》，65/392A～395A。

1.1　BD05945號
1.3　妙法蓮華經卷七
1.4　重045
1.5　105:6169
2.1　(24.5+11)×24厘米；1紙；20行，行17字。
2.3　卷軸裝。首殘尾脫。經黄紙，研光上蠟。卷首上邊殘缺。背有古代裱補。有烏絲欄。已修整。
3.1　首13行下殘→大正0262，09/0055A23～B07。
3.2　尾殘→09/0055B14。
8　7～8世紀。唐寫本。
9.1　楷書。
11　圖版:《敦煌寶藏》，97/171B。

1.1　BD05946號
1.3　大般若波羅蜜多經卷五九一
1.4　重046
1.5　084:3399
2.1　(2.7+539.4)×27.1厘米；13紙；340行，行17字。
2.2　01：2.7+10.7，08；　02：44.5，27；　03：44.1，28；
04：43.9，27；　05：44.2，27；　06：44.1，28；
07：43.8，28；　08：44.0，27；　09：44.2，28；
10：44.0，28；　11：44.0，28；　12：44.1，28；
13：43.8，28。
2.3　卷軸裝。首殘尾脫。卷面有黴爛，上邊殘破，前數紙殘破嚴重。個別紙尾部留有1空行。背有古代裱補。有烏絲欄。已修整。
3.1　首行殘→大正0220，07/1056A22。
3.2　尾殘→07/1060A16。
8　8～9世紀。吐蕃統治時期寫本。
9.1　楷書。
9.2　有行間校加字。
11　圖版:《敦煌寶藏》，77/474B～481B。

1.1　BD05947號
1.3　佛名經（十六卷本）卷一〇
1.4　重047
1.5　063:0709
2.1　(16.5+164.2)×31厘米；5紙；79行，行19字。
2.2　01：16.5+9，11；　02：48.0，21；　03：48.0，21；
04：48.0，21；　05：11.2，05。
2.3　卷軸裝。首殘尾斷。首紙殘缺，第1、2紙接縫下開裂。有烏絲欄。
3.1　首7行中下殘→《七寺古逸經典研究叢書》，3/529頁第615行～621行。
3.2　尾殘→《七寺古逸經典研究叢書》，3/536頁第705行。
5　與《七寺古逸經典研究叢書》本對照，文字略有不同。
8　9～10世紀。歸義軍時期寫本。
9.1　楷書。
11　圖版:《敦煌寶藏》，61/439A～441A。

1.1　BD05948號
1.3　合部金光明經卷一
1.4　重048
1.5　083:1548
2.1　(2+173)×26.5厘米；5紙；96行，行17字。
2.2　01：2+25，15；　02：43.2，24；　03：43.3，24；
04：43.3，24；　05：18.2，09。
2.3　卷軸裝。首殘尾全。有烏絲欄。
3.1　首行上殘→大正0664，76/0364A29。
3.2　尾全→16/0365B11。
4.2　金光明經卷第一（尾）。
8　7～8世紀。唐寫本。
9.1　楷書。
9.2　有刮改。
11　圖版:《敦煌寶藏》，68/369B～371B。

1.1　BD05949號
1.3　般若波羅蜜多心經
1.4　重049
1.5　102:4483
2.1　40×25厘米；1紙；18行，行約17字。
2.3　卷軸裝。首尾均全。通卷破損。有烏絲欄。已修整。
3.1　首全→大正0251，08/0848C01。
3.2　尾全→08/0848C20。
4.1　般若波羅蜜多心經（首）。
4.2　般若波羅蜜多心經（尾）。
8　7～8世紀。唐寫本。
9.1　楷書。
11　圖版:《敦煌寶藏》，83/313B。
從卷背揭下古代裱補紙3塊，均有字，今編為BD16502號A、BD16502號B、BD16502號C。

1.1　BD05950號
1.3　佛名經（十六卷本）卷一
1.4　重050
1.5　061:0537
2.1　91.5×25.5厘米；2紙；53行，行17字。
2.2　01：43.5，25；　02：48.0，28。
2.3　卷軸裝。首斷尾脫。經黄打紙。卷面油污嚴重，下邊殘破。有上下邊欄。
3.1　首殘→《七寺古逸經典研究叢書》，3/019頁第178行。
3.2　尾殘→《七寺古逸經典研究叢書》，3/023頁第228行。

8　7～8世紀。唐寫本。
9.1　楷書。
11　圖版：《敦煌寶藏》，59/645A～646A。

1.1　BD05951號
1.3　大乘入道次第
1.4　重051
1.5　345:8403
2.1　（13＋231）×29厘米；6紙；176行，行20餘字。
2.2　01：13＋30，32；　02：45.5，33；　03：45.5，33；
04：45.5，34；　05：45.5，34；　06：19.0，10。
2.3　卷軸裝。首全尾殘。首紙上邊殘損，第5紙上邊有破裂，卷面有1個殘洞。背有近代裱補。尾有餘空。有烏絲欄。
3.1　首10行上下殘→大正1864，45/0449B06～17。
3.2　尾缺→45/0452B10。
4.1　□□□道次第一卷（首）。
8　9～10世紀。歸義軍時期寫本。
9.1　楷書。
9.2　有重文號。
11　圖版：《敦煌寶藏》，110/200B～203B。

1.1　BD05952號
1.3　大般若波羅蜜多經卷三一六
1.4　重052
1.5　084:2856
2.1　（20.5＋119.6）×25厘米；3紙；82行，行17字。
2.2　01：20.5＋23.5，26；　02：48.0，28；　03：48.1，28。
2.3　卷軸裝。首全尾脫。卷首有鳥糞及殘洞，上邊下邊殘破，卷面下邊有破裂，第2、3紙接縫處上開裂。有烏絲欄。已修整。
3.1　首11行下殘→大正0220，06/0610B10～22。
3.2　尾殘→06/0611B07。
4.1　大般若波羅蜜多經卷第三百一十六，/初分真善友品第卌五之四，三藏法師［玄奘奉詔譯］/（首）。
8　8～9世紀。吐蕃統治時期寫本。
9.1　楷書。
11　圖版：《敦煌寶藏》，75/249A～250B。

1.1　BD05953號
1.3　妙法蓮華經卷三
1.4　重053
1.5　105:5003
2.1　965×28.9厘米；23紙；517行，行17～21字。
2.2　01：42.0，24；　02：42.5，23；　03：42.5，23；
04：42.5，23；　05：42.3，23；　06：42.5，23；
07：42.6，23；　08：42.2，24；　09：42.3，24；
10：42.1，25；　11：41.7，22；　12：42.0，21；
13：42.4，21；　14：42.3，22；　15：42.3，22；
16：42.4，22；　17：42.2，23；　18：42.3，23；
19：41.6，23；　20：42.0，23；　21：42.2，23；
22：41.9，24；　23：36.2，13。
2.3　卷軸裝。首脫尾全。首紙有破裂，卷面多水漬。有烏絲欄。已修整。
3.1　首殘→大正0262，09/0019B14。
3.2　尾全→09/0027B09。
4.2　妙法蓮華經卷第三（尾）。
8　9～10世紀。歸義軍時期寫本。
9.1　楷書。
11　圖版：《敦煌寶藏》，87/665B～678B。
從本號揭下古代裱補紙2塊，今編爲BD16154號1、BD16154號2。

1.1　BD05954號
1.3　阿彌陀經
1.4　重054
1.5　014:0140
2.1　（7.5＋144）×29厘米；4紙；83行，行17～23字。
2.2　01：7.5＋19，16；　02：42.0，26；　03：42.0，26；
04：41.0，15。
2.3　卷軸裝。首殘尾全。尾有原軸，兩端鑲蓮蓬形軸頭，有螺鈿鑲嵌，上軸頭脫落。首紙上邊下邊有破損。上下邊為刻劃欄，竪欄為折疊欄。尾有餘空。已修整。
3.1　首5行上殘→大正0366，12/0346C01～06。
3.2　尾缺→12/0348A10。
5　與《大正藏》本對照，尾2行文字略有不同。
7.3　第3紙上邊有一“叉”字。
8　9～10世紀。歸義軍時期寫本。
9.1　楷書。
9.2　有刮改。有行間校加字。
11　圖版：《敦煌寶藏》，56/627A～628B。

1.1　BD05955號
1.3　妙法蓮華經卷二
1.4　重055
1.5　105:4968
2.1　47.9×25.9厘米；1紙；28行，行17字。
2.3　卷軸裝。首尾均脫。經黃紙。卷首殘破。有烏絲欄。
3.1　首殘→大正0262，09/0017C04。
3.2　尾殘→09/0018A09。
8　7～8世紀。唐寫本。
9.1　楷書。
11　圖版：《敦煌寶藏》，87/347B～348A。

1.1　BD05956號
1.3　大般若波羅蜜多經卷三一九

1.4　重 056
1.5　084:2867
2.1　(11.2 +783.8) ×25.7 厘米；18 紙；475 行，行 17 字。
2.2　01：11.2 +3，護首；　02：44.0，26；　03：45.8，28；
04：45.8，28；　05：46.2，28；　06：45.9，28；
07：46.1，28；　08：45.9，28；　09：45.8，28；
10：45.8，28；　11：45.8，28；　12：45.8，28；
13：45.9，28；　14：45.8，28；　15：45.8，28；
16：45.8，28；　17：45.6，28；　18：49.0，29。
2.3　卷軸裝。首尾均全。有護首，上邊殘缺。卷面有等距離鼠嚙殘洞多處，接縫處有開裂。有烏絲欄。
3.1　首全→大正 0220，06/0626A22。
3.2　尾全→06/0631C01。
4.1　大般若波羅蜜多經卷第三百一十九，/初分真如品第卌七之二，三藏法師玄奘奉詔譯/（首）。
4.2　大般若波羅蜜多經卷第三百一十九（尾）。
7.1　護首有勘記“三十二袟”（本文獻所屬袟次）、“九”（袟内卷次）。
8　8～9 世紀。吐蕃統治時期寫本。
9.1　楷書。有武周新字“正”。
11　圖版：《敦煌寶藏》，75/291B～301B。

1.1　BD05957 號
1.3　無量壽宗要經
1.4　重 057
1.5　275:7857
2.1　160.5 ×30.5 厘米；4 紙；113 行，行 30 餘字。
2.2　01：44.5，29；　02：45.0，33；　03：44.5，33；
04：26.5，18。
2.3　卷軸裝。首尾均全。首紙下邊有殘破，中間有殘洞；第 2 紙下邊有破裂。有烏絲欄。
3.1　首全→大正 0936，19/0082A03。
3.2　尾全→19/0084C29。
4.1　大乘無量壽經（首）。
4.2　佛說無量壽宗要經（尾）。
7.3　卷首有雜寫“大乘無量壽”。
8　8～9 世紀。吐蕃統治時期寫本。
9.1　行楷。
9.2　有刮改。
11　圖版：《敦煌寶藏》，108/142A～144A。

1.1　BD05958 號
1.3　觀世音經
1.4　重 058
1.5　111:6208
2.1　247.5 ×27.5 厘米；7 紙；124 行，行 17 字。
2.2　01：14.0，護首；　02：45.0，25；　03：48.0，27；
04：48.5，27；　05：36.5，21；　06：40.5，23；
07：15.0，01。
2.3　卷軸裝。首尾均全。有護首，已殘破。卷面多水漬，接縫處有開裂，卷面有破裂。背有古代裱補。有烏絲欄。前 4 紙係後補。
3.1　首全→大正 0262，09/0056C02。
3.2　尾全→09/0058B07。
4.1　妙法蓮華經觀世音菩薩普門品第廿五（首）。
4.2　觀世音經一卷（尾）。
8　9～10 世紀。歸義軍時期寫本。
9.1　楷書。
9.2　有倒乙。
11　圖版：《敦煌寶藏》，97/352A～355A。

1.1　BD05959 號
1.3　無量壽宗要經
1.4　重 059
1.5　275:7858
2.1　212.5 ×31.5 厘米；5 紙；142 行，行 30 餘字。
2.2　01：42.5，28；　02：42.5，29；　03：42.5，29；
04：42.5，29；　05：42.5，27。
2.3　卷軸裝。首尾均全。卷面有水漬。有烏絲欄。
3.1　首全→大正 0936，19/0082A03。
3.2　尾全→19/0084C29。
4.1　大乘無量壽經（首）。
4.2　佛說無量壽宗要經（尾）。
7.1　尾紙有題名“田廣談”。
8　8～9 世紀。吐蕃統治時期寫本。
9.1　楷書。
11　圖版：《敦煌寶藏》，108/144B～147A。

1.1　BD05960 號
1.3　妙法蓮華經卷六
1.4　重 060
1.5　105:5668
2.1　(10.5 +1083) ×27.5 厘米；23 紙；573 行，行 17 字。
2.2　01：10.5 +29.5，23；　02：49.8，27；　03：49.5，27；
04：49.3，27；　05：47.5，25；　06：49.6，26；
07：49.8，26；　08：50.0，26；　09：50.0，26；
10：49.8，26；　11：49.6，26；　12：49.5，26；
13：49.7，26；　14：49.5，26；　15：49.6，26；
16：49.5，26；　17：49.4，26；　18：49.5，26；
19：49.6，26；　20：49.4，26；　21：49.5，26；
22：49.4，26；　23：14.0，02。
2.3　卷軸裝。首殘尾全。接縫處下部有開裂。有燕尾。背有古代裱補。有烏絲欄。已修整。
3.1　首 6 行上中殘→大正 0262，09/0046C23～28。

3.2 尾全→09/0055A09。
4.2 妙法蓮華經卷第六（尾）。
8 8 世紀。唐寫本。
9.1 楷書。
11 圖版：《敦煌寶藏》，94/44A～57B。

1.1 BD05961 號
1.3 阿彌陀經
1.4 重 061
1.5 014:0188
2.1 （18.5+83.5）×28 厘米；3 紙；33 行，行 16～19 字不等。
2.2 01：06.5，02； 02：12+35.8，28； 03：47.7，03。
2.3 卷軸裝。首殘尾全。前 2 紙有殘洞。有烏絲欄。
3.1 首 6 行上下殘→大正 0366，12/0347C08～14。
3.2 尾全→12/0348A29。
4.2 佛說阿彌陀經（尾）。
8 8 世紀。唐寫本。
9.1 楷書。
11 圖版：《敦煌寶藏》，57/81A～81B。

1.1 BD05962 號
1.3 大般若波羅蜜多經卷五四
1.4 重 062
1.5 084:2155
2.1 （2+522.4）×26.2 厘米；13 紙；291 行，行 17 字。
2.2 01：2+40.4，24； 02：42.5，24； 03：42.3，24；
04：42.5，24； 05：42.0，24； 06：42.0，24；
07：42.0，24； 08：42.0，24； 09：42.0，24；
10：42.0，24； 11：42.2，24； 12：42.0，24；
13：18.5，03。
2.3 卷軸裝。首殘尾全。紙張研光上蠟。首紙有殘洞，卷面有破裂，上邊有等距離殘損。有烏絲欄。已修整。
3.1 首行上下殘→大正 0220，05/0305C28～29。
3.2 尾全→05/0309A29。
4.2 大般若波羅蜜多經卷第五十四（尾）。
8 7～8 世紀。唐寫本。
9.1 楷書。
11 圖版：《敦煌寶藏》，72/132A～138B。

1.1 BD05963 號
1.3 大般涅槃經（北本 思溪本）卷二八
1.4 重 063
1.5 115:6476
2.1 （15+650）×26.5 厘米；13 紙；354 行，行 17 字。
2.2 01：15+36.5，23； 02：53.5，29； 03：53.5，29；
04：53.5，29； 05：53.5，29； 06：53.5，29；
07：53.5，29； 08：53.5，29； 09：53.5，29；
10：53.5，29； 11：53.5，29； 12：53.5，29；
13：25.0，12。
2.3 卷軸裝。首殘尾全。首紙下部殘缺，第 10 紙下部有破裂。卷背有鳥糞。背有古代裱補。有烏絲欄。
3.1 首 5 行下殘→大正 0374，12/0530A16～21。
3.2 尾全→12/0534B10。
4.2 大般涅槃經卷第廿八（尾）。
5 與《大正藏》本對照分卷不同。與《思溪藏》、《普寧藏》、《嘉興藏》本分卷相同。
8 6 世紀。南北朝寫本。
9.1 隸楷。
11 圖版：《敦煌寶藏》，99/415B～424A。

1.1 BD05964 號
1.3 金光明最勝王經卷五
1.4 重 064
1.5 083:1734
2.1 （3.9+499.2）×26 厘米；12 紙；296 行，行 17 字。
2.2 01：3.9+3.5，04； 02：47.0，28； 03：47.5，28；
04：46.0，28； 05：46.2，28； 06：47.8，28；
07：47.8，28； 08：47.7，28； 09：47.8，28；
10：45.7，28； 11：46.7，29； 12：25.5，11。
2.3 卷軸裝。首殘尾全。通卷碎裂嚴重。正背皆有古代裱補。有烏絲欄。已修整。
3.1 首 3 行下殘→大正 0665，16/0423B22～24。
3.2 尾全→16/0427B13。
4.2 金光明最勝王經卷第五（尾）。
5 尾附音義。
8 8～9 世紀。吐蕃統治時期寫本。
9.1 楷書。
11 圖版：《敦煌寶藏》，69/506B～513B。

1.1 BD05965 號
1.3 金光明最勝王經卷一
1.4 重 065
1.5 083:1489
2.1 （16+189.5）×24.5 厘米；5 紙；126 行，行 17 字。
2.2 01：16+17.5，21； 02：44.0，28； 03：43.0，28；
04：44.0，29； 05：41.0，20。
2.3 卷軸裝。首殘尾全。通卷碎損。有燕尾。有烏絲欄。已修整。
3.1 首 10 行下殘→大正 0665，16/0406C09～24。
3.2 尾全→16/0408A28。
4.2 金光明最勝王經卷第一（尾）。
5 尾附音義。
7.3 第 2 紙背古代裱補紙上有雜寫“十二日僧承德”一行。
8 8～9 世紀。吐蕃統治時期寫本。

9.1 楷書。
11 圖版：《敦煌寶藏》，69/93B～96A。

1.1 BD05966 號
1.3 維摩詰所說經卷上
1.4 重 066
1.5 070:0915
2.1 (2＋142)×26 厘米；4 紙；85 行，行 17～19 字。
2.2 01：02.0，01； 02：47.5，28； 03：47.5，28；
04：47.0，28。
2.3 卷軸裝。首殘尾脫。第 2 紙上下邊有破裂，第 3 紙下邊有破裂。有烏絲欄。
3.1 首行上殘→大正 0475，14/0538B01。
3.2 尾殘→14/0539B03。
8 8～9 世紀。吐蕃統治時期寫本。
9.1 楷書。
9.2 有刮改。
11 圖版：《敦煌寶藏》，64/19A～20B。

1.1 BD05967 號
1.3 佛名經（十六卷本）卷二
1.4 重 067
1.5 063:0602
2.1 (3＋603)×25.5 厘米；14 紙；364 行，行 17 字。
2.2 01：3＋12，09； 02：46.0，28； 03：46.0，28；
04：46.0，28； 05：46.0，28； 06：46.0，28；
07：46.0，28； 08：46.0，28； 09：46.0，28；
10：46.0，28； 11：45.5，28； 12：45.5，28；
13：45.0，28； 14：41.0，19。
2.3 卷軸裝。首殘尾全。打紙，砑光上蠟。首紙殘破，上下斷開；卷面多有殘洞及破損，下邊殘缺嚴重。有燕尾。背有古代裱補。有烏絲欄。
3.1 首 2 行上殘→《七寺古逸經典研究叢書》，3/085 頁第 277 行。
3.2 尾全→《七寺古逸經典研究叢書》，3/113 頁第 648 行。
4.2 佛名經卷第二（尾）。
8 7～8 世紀。唐寫本。
9.1 楷書。
9.2 有倒乙。
11 圖版：《敦煌寶藏》，60/271B～279B。

1.1 BD05968 號
1.3 佛名經（十六卷本）卷一三
1.4 重 068
1.5 063:0757
2.1 (7＋1125.5)×30.6 厘米；28 紙；495 行，行 19 字。
2.2 01：7＋23，13； 02：44.0，19； 03：44.3，19；
04：40.5，18； 05：40.2，18； 06：40.5，18；
07：40.5，18； 08：40.6，18； 09：40.6，18；
10：40.6，18； 11：40.6，18； 12：40.6，18；
13：40.6，18； 14：40.6，18； 15：40.6，18；
16：40.7，18； 17：40.7，18； 18：40.5，18；
19：40.8，18； 20：40.6，18； 21：40.8，18；
22：40.8，18； 23：40.6，18； 24：40.8，18；
25：40.6，18； 26：40.6，18； 27：40.7，18；
28：39.5，12。
2.3 卷軸裝。首殘尾全。首紙上部脫落一塊殘片，卷面有紅色污漬，多水漬及黴爛，卷尾有殘洞，接縫處有開裂，第 25、26 紙接縫處脫開。背有古代裱補。有烏絲欄。
3.1 首 2 行下殘→《七寺古逸經典研究叢書》，3/644 頁第 081 行～082 行。
3.2 尾全→《七寺古逸經典研究叢書》，3/684 頁第 608 行。
4.2 佛名經卷第十三（尾）
5 與《七寺古逸經典研究叢書》本對照，尾題前多經文 6 行。
8 9～10 世紀。歸義軍時期寫本。
9.1 楷書。
11 圖版：《敦煌寶藏》，62/149A～162A。

1.1 BD05969 號
1.3 罪業應報教化地獄經
1.4 重 069
1.5 055:0459
2.1 58×26.5 厘米；2 紙；25 行，行 17 字。
2.2 01：28.5，15； 02：29.5，10。
2.3 卷軸裝。首殘尾全。經黄打紙，砑光上蠟。有燕尾。有烏絲欄。已修整。
3.1 首 15 行中下殘→大正 0724，17/0452A29～B16。
3.2 尾全→17/0452B26。
4.2 罪業應報教化地獄經一卷（尾）。
8 7～8 世紀。唐寫本。
9.1 楷書。
11 圖版：《敦煌寶藏》，59/247B～248A。

1.1 BD05970 號
1.3 大般若波羅蜜多經卷四一六
1.4 重 070
1.5 084:3089
2.1 48.5×27.4 厘米；1 紙；28 行，行 17 字。
2.3 卷軸裝。首尾均脫。有烏絲欄。
3.1 首殘→大正 0220，07/0090A26。
3.2 尾殘→07/0090B25。
8 8～9 世紀。吐蕃統治時期寫本。
9.1 楷書。
11 圖版：《敦煌寶藏》，76/366B～367A。

1.1 BD05971 號
1.3 妙法蓮華經卷一
1.4 重 071
1.5 105:4682
2.1 (14.1+189.2)×25.6 厘米；5 紙；120 行，行 20 字（偈）。
2.2 01：14.1+26.1，26； 02：40.9，26； 03：41.0，26；
04：40.6，26； 05：40.6，16。
2.3 卷軸裝。首脱尾全。經黄紙。卷首右下殘缺，卷面有殘洞。有烏絲欄。已修整。
3.1 首 9 行中下殘→大正 0262，09/0007C15~0008A03。
3.2 尾全→09/0010B21。
4.2 妙法蓮華經卷第一（尾）。
8 7~8 世紀。唐寫本。
9.1 楷書。
11 圖版：《敦煌寶藏》，85/270A~272B。

1.1 BD05972 號
1.3 大般若波羅蜜多經卷五七〇
1.4 重 072
1.5 084:3362
2.1 (6.7+773.3)×25.6 厘米；17 紙；444 行，行 17 字。
2.2 01：6.7+33.5，22； 02：48.4，28； 03：48.3，28；
04：48.6，28； 05：48.5，28； 06：48.6，28；
07：48.5，28； 08：48.5，28； 09：48.5，28；
10：48.7，28； 11：48.6，28； 12：48.6，28；
13：48.6，28； 14：48.6，28； 15：48.5，28；
16：48.6，28； 17：11.7，02。
2.3 卷軸裝。首殘尾全。卷尾有原軸，兩端塗硃漆，上軸頭已斷。前 2 紙下有殘損。背有古代裱補。有烏絲欄。
3.1 首 3 行上下殘→大正 0220，07/0942B09~11。
3.2 尾全→07/0947B17。
4.2 大般若波羅蜜多經卷第五百七十（尾）。
8 8~9 世紀。吐蕃統治時期寫本。
9.1 楷書。有武周新字“正”。
9.2 有刮改。
11 圖版：《敦煌寶藏》，77/384A~394A。

1.1 BD05973 號
1.3 妙法蓮華經卷一
1.4 重 073
1.5 105:4654
2.1 204.1×25.9 厘米；5 紙；125 行，行 17 字。
2.2 01：41.0，25； 02：40.7，25； 03：40.7，25；
04：41.1，25； 05：40.6，25。
2.3 卷軸裝。首尾均脱。卷面多有殘缺及殘洞，有水漬及污穢。背有古代裱補。有烏絲欄。
3.1 首行殘→大正 0262，09/0005B22~23。
3.2 尾殘→09/0007B20。
8 8 世紀。唐寫本。
9.1 楷書。
11 圖版：《敦煌寶藏》，85/165A~167B。

1.1 BD05974 號
1.3 大智度論卷三九
1.4 重 074
1.5 218:7285
2.1 (66+2)×26 厘米；2 紙；39 行，行 17 字。
2.2 01：18.0，10； 02：48+2，29。
2.3 卷軸裝。首尾均殘。上下邊有殘破。有烏絲欄。
3.1 首殘→大正 1509，25/0344A09。
3.2 尾 1 行下殘→25/0344B20。
8 6 世紀。南北朝寫本。
9.1 楷書。
9.2 有硃筆點標。
11 圖版：《敦煌寶藏》，105/321B~322A。

1.1 BD05975 號
1.3 藥師琉璃光如來本願功德經
1.4 重 075
1.5 030:0291
2.1 (73.5+350.4)×25.4 厘米；9 紙；247 行，行 17 字。
2.2 01：46.5，27； 02：27+20.2，28； 03：47.0，28；
04：47.3，28； 05：47.2，28； 06：47.3，28；
07：47.2，28； 08：47.2，28； 09：47.0，24。
2.3 卷軸裝。首殘尾全。經黄打紙。前 2 紙下邊殘缺，卷面有油污。有燕尾。有烏絲欄。已修整。
3.1 首 38 行下殘→大正 0450，14/0405B13~C23。
3.2 尾全→14/0408B25。
4.2 佛說藥師琉璃光如來本願功德經（尾）。
8 7~8 世紀。唐寫本。
9.1 楷書。
11 圖版：《敦煌寶藏》，57/639A~644B。

1.1 BD05976 號
1.3 金剛般若波羅蜜經
1.4 重 076
1.5 094:3823
2.1 100.3×26.5 厘米；2 紙；56 行，行 17 字。
2.2 01：50.3，28； 02：50.0，28。
2.3 卷軸裝。首尾均脱。經黄紙。卷面有破裂及殘洞。有烏絲欄。
3.1 首殘→大正 0235，08/0749B20。
3.2 尾殘→08/0750A20。
8 7~8 世紀。唐寫本。

9.1 楷書。
11 圖版:《敦煌寶藏》, 80/479B~480B。

1.1 BD05977 號
1.3 佛名經(十六卷本)卷五
1.4 重 077
1.5 063:0643
2.1 (4+144)×24.5 厘米; 3 紙; 80 行, 行字不等。
2.2 01: 4+45.5, 28; 02: 49.0, 28; 03: 49.5, 24。
2.3 卷軸裝。首殘尾脫。經黄打紙。卷面有殘破及殘洞。有烏絲欄。
3.1 首 2 行上殘→《七寺古逸經典研究叢書》, 3/247 頁第 388 行~389 行。
3.2 尾殘→《七寺古逸經典研究叢書》, 3/254 頁第 471 行。
8 7~8 世紀。唐寫本。
9.1 楷書。
11 圖版:《敦煌寶藏》, 60/635B~637B。

1.1 BD05978 號
1.3 大般若波羅蜜多經卷二三九
1.4 重 078
1.5 084:2619
2.1 66.8×25.6 厘米; 2 紙; 33 行, 行 17 字。
2.2 01: 41.0, 26; 02: 25.8, 07。
2.3 卷軸裝。首斷尾全。紙質字迹不同。有烏絲欄。
3.1 首殘→大正 0220, 06/0209B02。
3.2 尾全→06/0209C04。
4.2 大般若波羅蜜多經卷第二百卅九(尾)。
6.1 首→BD00253 號。
7.1 尾題後有勘記"勝威勘"。
8 8~9 世紀。吐蕃統治時期寫本。
9.1 楷書。
9.2 有刮改。
11 圖版:《敦煌寶藏》, 74/256。

1.1 BD05979 號
1.3 大般若波羅蜜多經卷二〇五
1.4 重 079
1.5 084:2517
2.1 (9+136.7)×25.2 厘米; 3 紙; 84 行, 行 17 字。
2.2 01: 9+39.6, 28; 02: 48.7, 28; 03: 48.4, 28。
2.3 卷軸裝。首尾均脫。經黄紙。卷首右下殘缺, 第 1、2 紙接縫處脫開。有烏絲欄。
3.1 首 5 行下殘→大正 0220, 06/0022B22~27。
3.2 尾殘→06/0023B19。
6.2 尾→BD05980 號。
8 7~8 世紀。唐寫本。
9.1 楷書。
11 圖版:《敦煌寶藏》, 73/601B~603A。

1.1 BD05980 號
1.3 大般若波羅蜜多經卷二〇五
1.4 重 080
1.5 084:2518
2.1 338.5×25.3 厘米; 7 紙; 196 行, 行 17 字。
2.2 01: 48.8, 28; 02: 48.0, 28; 03: 48.6, 28; 04: 48.3, 28; 05: 48.3, 28; 06: 48.3, 28; 07: 48.2, 28。
2.3 卷軸裝。首尾均脫。經黄紙。第 2 紙上下邊殘破, 接縫處有開裂。有烏絲欄。
3.1 首殘→大正 0220, 06/0023B19。
3.2 尾殘→06/0025C14。
6.1 首→BD05979 號。
8 7~8 世紀。唐寫本。
9.1 楷書。
9.2 有刮改。
11 圖版:《敦煌寶藏》, 73/603B~608A。

1.1 BD05981 號
1.3 金光明最勝王經卷一
1.4 重 081
1.5 083:1493
2.1 (7+39.2)×26.3 厘米; 2 紙; 23 行, 行 17 字。
2.2 01: 7+2.2, 05; 02: 37.0, 18。
2.3 卷軸裝。首殘尾全。卷面有殘洞。有燕尾。有烏絲欄。
3.1 首 4 行下殘→大正 0665, 16/0408A06~10。
3.2 尾全→16/0408A28。
4.2 金光明最勝王經卷第一(尾)。
5 尾附音義。
8 8~9 世紀。吐蕃統治時期寫本。
9.1 楷書。
11 圖版:《敦煌寶藏》, 68/102A。

1.1 BD05982 號
1.3 金光明最勝王經卷七
1.4 重 082
1.5 083:1818
2.1 (9+641.9)×26 厘米; 16 紙; 396 行, 行 17 字。
2.2 01: 9+31.5, 26; 02: 42.5, 26; 03: 42.5, 26; 04: 42.5, 26; 05: 42.5, 26; 06: 42.2, 26; 07: 42.3, 26; 08: 42.2, 26; 09: 42.5, 26; 10: 42.3, 26; 11: 42.2, 26; 12: 42.3, 26; 13: 42.5, 26; 14: 42.2, 26; 15: 42.2, 26; 16: 17.5, 06。

2.3　卷軸裝。首尾均全。卷首殘缺嚴重，有脱落殘片，可以綴接。卷面有油污，後部多水漬。有燕尾。有烏絲欄。
3.1　首6行下殘→大正0665，16/0432C13~22。
3.2　尾全→16/0437C13。
4.1　金光明最勝□…□（首）。
4.2　金光明最勝王經卷第七（尾）。
8　9~10世紀。歸義軍時期寫本。
9.1　楷書。
11　圖版：《敦煌寶藏》，70/161B~169B。

1.1　BD05983號
1.3　金剛般若波羅蜜經
1.4　重083
1.5　094:4228
2.1　202×26厘米；6紙；128行，行17字。
2.2　01：30.0，22；　02：40.0，25；　03：40.5，25；
04：40.0，25；　05：39.5，25；　06：12.0，06。
2.3　卷軸裝。首殘尾全。卷面多水漬，接縫處有開裂。背有古代裱補。有烏絲欄。
3.1　首3行下殘→大正0235，08/0751A06~10。
3.2　尾全→08/0752C03。
4.2　金剛般若波羅蜜經（尾）。
5　與《大正藏》本相比，本卷經文無冥司偈，參見《大正藏》，8/751C16~19。
8　7~8世紀。唐寫本。
9.1　楷書。
11　圖版：《敦煌寶藏》，82/450B~453A。

1.1　BD05984號
1.3　金光明最勝王經卷六
1.4　重084
1.5　083:1780
2.1　(5.2+443.4)×26.3厘米；11紙；298行，行17字。
2.2　01：5.2+22.5，18；　02：42.5，28；　03：42.3，28；
04：42.0，28；　05：42.4，28；　06：42.2，28；
07：42.2，28；　08：42.2，28；　09：42.1，28；
10：42.0，28；　11：41.0，28。
2.3　卷軸裝。首尾均殘。卷面多水漬及黴爛，有火灼殘洞。有烏絲欄。已修整。
3.1　首2行下殘→大正0665，16/0428C01~03。
3.2　尾殘→16/0432B02。
8　9~10世紀。歸義軍時期寫本。
9.1　楷書。
11　圖版：《敦煌寶藏》，70/62A~67B。

1.1　BD05985號
1.3　佛名經（十六卷本）卷一五
1.4　重085
1.5　063:0813
2.1　(2+914.3)×31.8厘米；20紙；526行，行21字。
2.2　01：2+45，27；　02：46.8，27；　03：46.8，27；
04：46.8，27；　05：46.8，27；　06：46.8，27；
07：46.8，27；　08：47.0，27；　09：47.0，27；
10：47.0，27；　11：47.0，27；　12：47.0，27；
13：47.0，27；　14：47.0，27；　15：47.0，27；
16：47.0，27；　17：47.0，27；　18：47.0，27；
19：47.0，27；　20：24.5，13。
2.3　卷軸裝。首殘尾全。首紙下部破損，第1、2紙接縫上部開裂。有烏絲欄。
3.1　首1行上殘→《七寺古逸經典研究叢書》，3/750頁第054行。
3.2　尾全→《七寺古逸經典研究叢書》，3/791頁第594行。
4.2　佛名經卷第十五（尾）。
5　與《七寺古逸經典研究叢書》本相比，卷中及卷尾多出《罪業應報教化地獄經》兩段，前一段11行，後一段14行。
8　9~10世紀。歸義軍時期寫本。
9.1　楷書。
9.2　有刮改。
11　圖版：《敦煌寶藏》，62/446A~456B。

1.1　BD05986號
1.3　四分比丘尼戒本
1.4　重086
1.5　157:6946
2.1　(1.5+1340.5+6)×24.4厘米；30紙；763行，行19字。
2.2　01：1.5+24，16；　02：47.0，26；　03：47.0，26；
04：47.0，26；　05：47.0，26；　06：47.0，26；
07：47.0，26；　08：47.0，27；　09：47.0，27；
10：47.0，27；　11：47.0，27；　12：47.5，27；
13：47.5，27；　14：47.5，27；　15：47.5，27；
16：47.5，27；　17：47.5，27；　18：47.5，27；
19：47.5，27；　20：47.5，27；　21：47.5，27；
22：47.5，27；　23：47.0，27；　24：47.0，27；
25：47.0，27；　26：47.0，27；　27：47.0，27；
28：39.0，21；　29：48.0，26；　30：2+6，04。
2.3　卷軸裝。首尾均殘。首紙殘破嚴重，上下邊多殘破，接縫處有開裂，尾紙殘缺。有烏絲欄。
3.1　首1行上下殘→大正1431，22/1031A22。
3.2　尾3行上下殘→22/1040C15~18。
8　9~10世紀。歸義軍時期寫本。
9.1　楷書。
9.2　有校改及倒乙。
11　圖版：《敦煌寶藏》，103/34B~53A。

1.1 BD05987 號
1.3 維摩詰所說經卷上
1.4 重 087
1.5 070:0892
2.1 921×27.5 厘米；19 紙；504 行，行 17 字。
2.2 01：48.5，27；　02：48.5，27；　03：48.5，27；
04：48.5，27；　05：48.5，27；　06：48.5，27；
07：48.5，27；　08：48.5，28；　09：48.5，28；
10：48.5，27；　11：48.5，27；　12：48.5，27；
13：48.5，27；　14：48.5，27；　15：48.5，27；
16：48.5，27；　17：48.5，27；　18：48.5，28；
19：48.0，15。
2.3 卷軸裝。首脫尾全。卷面多水漬，有黴爛，卷面有殘破，接縫處有開裂。卷尾有蟲繭。有烏絲欄。
3.1 首殘→大正 0475，14/0538A02。
3.2 尾全→14/0544A19。
4.2 維摩詰經卷上（尾）。
7.3 卷背有藏文雜寫一處。
8 9～10 世紀。歸義軍時期寫本。
9.1 楷書。
9.2 有行間校加字。
11 圖版：《敦煌寶藏》，63/560A～572B。

1.1 BD05988 號
1.3 大般若波羅蜜多經卷四八四
1.4 重 088
1.5 084:3204
2.1 (6.3+83.9+10.1)×26.4 厘米；3 紙；62 行，行 17 字。
2.2 01：6.3+24.5，19；02：43.8，28；03：15.6+10.1，15。
2.3 卷軸裝。首尾均殘。首紙多有殘洞。有烏絲欄。
3.1 首 4 行下殘→大正 0220，07/0456A22～25。
3.2 尾 5 行上殘→07/0456C21～25。
8 8～9 世紀。吐蕃統治時期寫本。
9.1 楷書。
11 圖版：《敦煌寶藏》，76/623A～624A。

1.1 BD05989 號
1.3 大般涅槃經（南本）卷一三
1.4 重 089
1.5 116:6549
2.1 (27+439)×26.2 厘米；10 紙；269 行，行 17 字。
2.2 01：27.0，15；　02：48.5，28；　03：49.0，29；
04：48.5，28；　05：48.5，28；　06：49.0，28；
07：49.0，28；　08：49.0，29；　09：49.0，28；
10：48.5，28。
2.3 卷軸裝。首殘尾脫。首紙下部殘缺，卷面多水漬，尾紙上下有破裂，脫落一塊殘片。有烏絲欄。
3.1 首 15 行下殘→大正 0375，12/0687C22～0688A09。
3.2 尾殘→12/0691A17。
8 8～9 世紀。吐蕃統治時期寫本。
9.1 楷書。
9.2 有刮改。
11 圖版：《敦煌寶藏》，100/283B～289B。

1.1 BD05990 號
1.3 瑜伽師地論卷七七
1.4 重 090
1.5 201:7214
2.1 53.8×26.9 厘米；2 紙；29 行，行 17 字。
2.2 01：48.4，26；　02：05.4，03。
2.3 卷軸裝。首全尾斷。接縫處下有殘損。有烏絲欄。
3.1 首全→大正 1579，30/0723B13。
3.2 尾殘→30/0723C16。
4.1 瑜伽師地論卷第七十七，彌勒菩薩說，三藏法師玄奘奉詔譯（首）。
8 9～10 世紀。歸義軍時期寫本。
9.1 楷書。
11 圖版：《敦煌寶藏》，104/597A～B。

1.1 BD05991 號
1.3 大般若波羅蜜多經卷四三九
1.4 重 091
1.5 084:3132
2.1 (3+126.5)×25.2 厘米；3 紙；76 行，行 17 字。
2.2 01：3+32.1，20；　02：47.6，28；　03：46.8，28。
2.3 卷軸裝。首殘尾脫。卷面有破裂及殘缺。有烏絲欄。
3.1 首行下殘→大正 0220，07/0209C11。
3.2 尾殘→07/0210B29。
8 8～9 世紀。吐蕃統治時期寫本。
9.1 楷書。
11 圖版：《敦煌寶藏》，76/453A～454B。

1.1 BD05992 號
1.3 金光明最勝王經卷三
1.4 重 092
1.5 083:1591
2.1 (11+563.5)×26.5 厘米；13 紙；332 行，行 17 字。
2.2 01：11+27，22；　02：47.3，28；　03：47.2，28；
04：47.2，28；　05：47.4，28；　06：47.4，28；
07：47.3，28；　08：47.3，28；　09：47.3，28；
10：47.1，28；　11：47.3，28；　12：47.2，28；
13：16.5，02。
2.3 卷軸裝。首殘尾全。第 11、12 紙接縫上部開裂。卷尾有蟲繭，繫有麻繩。有烏絲欄。已修整。

3.1　首7行下殘→大正0665，16/0413C15～22。
3.2　尾全→16/0417C16。
4.2　金光明經卷第三（尾）。
5　尾附音義。
8　8世紀。唐寫本。
9.1　楷書。
9.2　有刮改。
11　圖版：《敦煌寶藏》，68/485A～492A。

1.1　BD05993號
1.3　大般若波羅蜜多經卷三四七
1.4　重093
1.5　084:2942
2.1　(4.3+106.2)×25.4厘米；3紙；64行，行17字。
2.2　01：4.3+10.7，09；　02：47.5，28；　03：48.0，27。
2.3　卷軸裝。首殘尾全。接縫處多有開裂，第3紙上有破裂。有烏絲欄。
3.1　首3行上殘→大正0220，06/0785C24～25。
3.2　尾全→06/0786B28。
8　8～9世紀。吐蕃統治時期寫本。
9.1　楷書。
11　圖版：《敦煌寶藏》，75/560B～562A。

1.1　BD05994號
1.3　大般若波羅蜜多經（兑廢稿）卷三五四
1.4　重094
1.5　084:2963
2.1　47×25.4厘米；1紙；27行，行17字。
2.3　卷軸裝。首脱尾缺。有烏絲欄。尾有餘空。
3.1　首殘→大正0220，06/0822C02。
3.2　尾殘→06/0823A01。
7.1　上邊有1個“兑”字。
8　8～9世紀。吐蕃統治時期寫本。
9.1　楷書。
9.2　有行間加行。
11　圖版：《敦煌寶藏》，75/643B。

1.1　BD05995號
1.3　太上洞玄靈寶業報因緣經卷五
1.4　重095
1.5　372:8453
2.1　(52.9+3.8)×25.5厘米；2紙；35行，行16～18字。
2.2　01：45.0，28；　02：7.9+3.8，07。
2.3　卷軸裝。首脱尾殘。經黄紙。首紙下邊殘缺，尾紙下殘。有烏絲欄。
3.1　首脱→《正統道藏》，5/3B9。
3.2　尾殘→《正統道藏》，5/5B4。
7.3　背面有雜寫“太上神”、“在三五出”。
8　7～8世紀。唐寫本。
9.1　楷書。
11　圖版：《敦煌寶藏》，110/359A～360A。
參見大淵89。

1.1　BD05996號
1.3　大般若波羅蜜多經卷三一〇
1.4　重096
1.5　084:2847
2.1　(2.2+98.5)×25.7厘米；3紙；62行，行17字。
2.2　01：2.2+12.2，08；　02：46.3，28；　03：40+1.8，26。
2.3　卷軸裝。首尾均殘。首紙上下邊殘缺，各紙均有殘洞。有烏絲欄。
3.1　首行下殘→大正0220，06/0582A12。
3.2　尾行上殘→06/0582C13。
8　8～9世紀。吐蕃統治時期寫本。
9.1　楷書。
11　圖版：《敦煌寶藏》，75/230B～231B。

1.1　BD05997號
1.3　摩訶般若波羅蜜經（四十卷本）卷四
1.4　重097
1.5　088:3426
2.1　(1.8+228.8+4.8)×26.6厘米；5紙；130行，行17字。
2.2　01：1.8+45，26；　02：50.6，28；　03：50.6，28；
04：50.5，28；　05：32.1+4.8，20。
2.3　卷軸裝。首尾均殘。紙張砑光上蠟。首紙破裂殘損嚴重，卷上下有破裂殘損，尾紙有殘洞。有烏絲欄。已修整。
3.1　首行上下殘→大正0223，08/0232C05～06。
3.2　尾2行上下殘→08/0234B03～05。
5　與《大正藏》本對照，分卷不同。此卷經文相當於卷第二第七品之後部與卷第三之第八品及第九品前部，為四十卷本，與日本《聖語藏》本相同。
8　7～8世紀。唐寫本。
9.1　楷書。
9.2　有硃筆校改。有硃筆標記“已上”。
11　圖版：《敦煌寶藏》，77/569A～572A。

1.1　BD05998號1
1.3　金剛般若論卷上
1.4　重098
1.5　097:4437
2.1　(14.5+1474.5)×28.5厘米；33紙；948行，行20～40餘字不等。
2.2　01：14.5+28，29；　02：44.0，29；　03：44.0，29；
04：44.5，29；　05：44.0，29；　06：44.0，29；

07：44.0，29；	08：44.0，29；	09：44.0，29；
10：44.0，29；	11：44.0，29；	12：44.0，29；
13：44.0，29；	14：44.0，29；	15：44.0，29；
16：44.0，29；	17：44.0，29；	18：44.0，29；
19：44.0，29；	20：44.0，29；	21：44.0，29；
22：44.0，29；	23：44.0，29；	24：44.0，29；
25：44.0，29；	26：42.5，28；	27：44.0，29；
28：44.0，29；	29：39.5，26；	30：44.0，29；
31：44.0，29；	32：44.0，29；	33：44.0，24。

2.3 卷軸裝。首殘尾全。卷面有破裂殘損及殘洞，接縫處多有開裂。有烏絲欄。已修整。
2.4 本遺書包括2個文獻：(一)《金剛般若論》卷上，256行，今編為BD05998號1。(二)《金剛般若論》卷下，183行，今編為BD05998號2。(三)《金剛般若波羅蜜經論》卷上，166行，今編為BD05998號3。(四)《金剛般若波羅蜜經論》卷中，180行，今編為BD05998號4。(五)《金剛般若波羅蜜經論》卷下，165行，今編為BD05998號5。
3.1 首9行上下殘→大正1510，25/0757B19～C02。
3.2 尾全→25/0761B27。
4.2 金剛般若論卷上（尾）。
8 7～8世紀。唐寫本。
9.1 楷書。
9.2 有硃墨筆行間校加字。有硃筆塗抹、斷句。有墨筆倒乙。
11 圖版：《敦煌寶藏》，83/227A～244A。

1.1 BD05998號2
1.3 金剛般若論卷下
1.4 重098
1.5 097:4437
2.4 本遺書由5個文獻組成，本號為第2個，183行。餘參見BD05998號1之第2項、第11項。
3.1 首全→大正1510，25/0761C02。
3.2 尾全→25/0766A28。
4.1 金剛般若論卷下（首）。
4.2 金剛斷割般若波羅蜜論竟，阿僧伽作（尾）。
8 7～8世紀。唐寫本。
9.1 楷書。
9.2 有硃墨筆行間校加字。有硃筆塗抹、斷句及點標。有墨筆倒乙。

1.1 BD05998號3
1.3 金剛般若波羅蜜經論卷上
1.4 重098
1.5 097:4437
2.4 本遺書由5個文獻組成，本號為第3個，166行。餘參見BD05998號1之第2項、第11項。
3.1 首全→大正1511，25/0781B03。
3.2 尾全→25/0786B17。
4.1 金剛般若波羅蜜經論卷上，世親菩薩造，三藏菩提流支譯（首）。
8 7～8世紀。唐寫本。
9.1 楷書。
9.2 有硃墨筆行間校加字。有硃筆塗抹、斷句。有墨筆倒乙。

1.1 BD05998號4
1.3 金剛般若波羅蜜經論卷中
1.4 重098
1.5 097:4437
2.4 本遺書由5個文獻組成，本號為第4個，180行。餘參見BD05998號1之第2項、第11項。
3.1 首全→大正1511，25/0786B20。
3.2 尾全→25/0792A06。
4.1 金剛般若波羅蜜經論卷中（首）。
8 7～8世紀。唐寫本。
9.1 楷書。
9.2 有硃墨筆行間校加字。有硃筆塗抹、斷句。有墨筆倒乙。

1.1 BD05998號5
1.3 金剛般若波羅蜜經論卷下
1.4 重098
1.5 097:4437
2.4 本遺書由5個文獻組成，本號為第5個，165行。餘參見BD05998號1之第2項、第11項。
3.1 首全→大正1511，25/0792A10。
3.2 尾全→25/0797B06。
4.1 金剛般若波羅蜜經論卷下（首）。
4.2 金剛般若經論卷下（尾）。
8 7～8世紀。唐寫本。
9.1 楷書。
9.2 有硃墨筆行間校加字。有硃筆塗抹、斷句。有墨筆倒乙。

1.1 BD05999號
1.3 無量壽宗要經
1.4 重099
1.5 275:7859
2.1 173.5×31厘米；4紙；119行，行30餘字。
2.2 01：44.0，29； 02：43.5，31； 03：43.5，31；
04：42.5，28。
2.3 卷軸裝。首尾均全。首紙下部有破裂。有烏絲欄。
3.1 首全→大正0936，19/0082A03。
3.2 尾全→19/0084C29。
4.1 大乘無量壽經（首）。
4.2 佛說無量壽宗要經（尾）。
7.1 尾紙有題名“張涓子”。

8　8～9世紀。吐蕃統治時期寫本。
9.1　楷書。
11　圖版：《敦煌寶藏》，108/147B～149B。

1.1　BD06000號
1.3　妙法蓮華經卷四
1.4　重100
1.5　105:5258
2.1　(5+483.5+3)×27.7厘米；13紙；280行，行17字。
2.2　01：5+12.2，06；　02：41.0，24；　03：41.8，24；
04：41.8，24；　05：41.7，24；　06：41.7，24；
07：41.7，24；　08：41.6，24；　09：41.5，24；
10：41.5，24；　11：41.5，24；　12：41.5，24；
13：14.0，10。
2.3　卷軸裝。首尾均殘。第8紙下有破裂。背有古代裱補。有烏絲欄。
3.1　首4行上中殘→大正0262，09/0028A01～05。
3.2　尾2行上殘→09/0032B02～05。
8　6世紀。南北朝寫本。
9.1　隸楷。
11　圖版：《敦煌寶藏》，90/391B～398B。

新舊編號對照表

一、千字文號與北敦號、縮微膠卷號對照表

千字文號	北敦號	縮微膠卷號
重 023	BD05923 號	229：7364
重 024	BD05924 號	083：1725
重 025	BD05925 號	105：5802
重 026	BD05926 號	292：8274
重 027	BD05927 號 1	014：0128
重 027	BD05927 號 2	014：0128
重 028	BD05928 號	084：2516
重 029	BD05929 號	105：6082
重 030	BD05930 號	070：1110
重 031	BD05931 號	021：0231
重 031	BD05931 號背 1	021：0231
重 031	BD05931 號背 2	021：0231
重 032	BD05932 號	115：6493
重 033	BD05933 號	105：5375
重 034	BD05934 號	063：0759
重 035	BD05935 號	081：1415
重 036	BD05936 號	070：1049
重 037	BD05937 號	016：0212
重 038	BD05938 號	053：0456
重 039	BD05939 號	105：4637
重 040	BD05940 號	094：4031
重 041	BD05941 號	275：7856
重 042	BD05942 號	083：1955
重 043	BD05943 號	062：0585
重 044	BD05944 號 1	070：1128
重 044	BD05944 號 2	070：1128
重 045	BD05945 號	105：6169
重 046	BD05946 號	084：3399
重 047	BD05947 號	063：0709
重 048	BD05948 號	083：1548
重 049	BD05949 號	102：4483
重 050	BD05950 號	061：0537
重 051	BD05951 號	345：8403
重 052	BD05952 號	084：2856
重 053	BD05953 號	105：5003
重 054	BD05954 號	014：0140
重 055	BD05955 號	105：4968
重 056	BD05956 號	084：2867
重 057	BD05957 號	275：7857
重 058	BD05958 號	111：6208
重 059	BD05959 號	275：7858
重 060	BD05960 號	105：5668
重 061	BD05961 號	014：0188
重 062	BD05962 號	084：2155
重 063	BD05963 號	115：6476
重 064	BD05964 號	083：1734
重 065	BD05965 號	083：1489
重 066	BD05966 號	070：0915
重 067	BD05967 號	063：0602
重 068	BD05968 號	063：0757
重 069	BD05969 號	055：0459
重 070	BD05970 號	084：3089
重 071	BD05971 號	105：4682
重 072	BD05972 號	084：3362
重 073	BD05973 號	105：4654
重 074	BD05974 號	218：7285
重 075	BD05975 號	030：0291
重 076	BD05976 號	094：3823
重 077	BD05977 號	063：0643
重 078	BD05978 號	084：2619
重 079	BD05979 號	084：2517
重 080	BD05980 號	084：2518
重 081	BD05981 號	083：1493
重 082	BD05982 號	083：1818
重 083	BD05983 號	094：4228
重 084	BD05984 號	083：1780
重 085	BD05985 號	063：0813
重 086	BD05986 號	157：6946

重 087	BD05987 號	070：0892	重 096	BD05996 號	084：2847
重 088	BD05988 號	084：3204	重 097	BD05997 號	088：3426
重 089	BD05989 號	116：6549	重 098	BD05998 號 1	097：4437
重 090	BD05990 號	201：7214	重 098	BD05998 號 2	097：4437
重 091	BD05991 號	084：3132	重 098	BD05998 號 3	097：4437
重 092	BD05992 號	083：1591	重 098	BD05998 號 4	097：4437
重 093	BD05993 號	084：2942	重 098	BD05998 號 5	097：4437
重 094	BD05994 號	084：2963	重 099	BD05999 號	275：7859
重 095	BD05995 號	372：8453	重 100	BD06000 號	105：5258

二、縮微膠卷號與北敦號、千字文號對照表

縮微膠卷號	北敦號	千字文號
014：0128	BD05927 號 1	重 027
014：0128	BD05927 號 2	重 027
014：0140	BD05954 號	重 054
014：0188	BD05961 號	重 061
016：0212	BD05937 號	重 037
021：0231	BD05931 號	重 031
021：0231	BD05931 號背 1	重 031
021：0231	BD05931 號背 2	重 031
030：0291	BD05975 號	重 075
053：0456	BD05938 號	重 038
055：0459	BD05969 號	重 069
061：0537	BD05950 號	重 050
062：0585	BD05943 號	重 043
063：0602	BD05967 號	重 067
063：0643	BD05977 號	重 077
063：0709	BD05947 號	重 047
063：0757	BD05968 號	重 068
063：0759	BD05934 號	重 034
063：0813	BD05985 號	重 085
070：0892	BD05987 號	重 087
070：0915	BD05966 號	重 066
070：1049	BD05936 號	重 036
070：1110	BD05930 號	重 030
070：1128	BD05944 號 1	重 044
070：1128	BD05944 號 2	重 044
081：1415	BD05935 號	重 035
083：1489	BD05965 號	重 065
083：1493	BD05981 號	重 081
083：1548	BD05948 號	重 048
083：1591	BD05992 號	重 092
083：1725	BD05924 號	重 024
083：1734	BD05964 號	重 064
083：1780	BD05984 號	重 084
083：1818	BD05982 號	重 082
083：1955	BD05942 號	重 042
084：2155	BD05962 號	重 062
084：2516	BD05928 號	重 028
084：2517	BD05979 號	重 079
084：2518	BD05980 號	重 080
084：2619	BD05978 號	重 078
084：2847	BD05996 號	重 096
084：2856	BD05952 號	重 052
084：2867	BD05956 號	重 056
084：2942	BD05993 號	重 093
084：2963	BD05994 號	重 094
084：3089	BD05970 號	重 070
084：3132	BD05991 號	重 091
084：3204	BD05988 號	重 088
084：3362	BD05972 號	重 072
084：3399	BD05946 號	重 046
088：3426	BD05997 號	重 097
094：3823	BD05976 號	重 076
094：4031	BD05940 號	重 040
094：4228	BD05983 號	重 083
097：4437	BD05998 號 1	重 098
097：4437	BD05998 號 2	重 098
097：4437	BD05998 號 3	重 098
097：4437	BD05998 號 4	重 098
097：4437	BD05998 號 5	重 098
102：4483	BD05949 號	重 049
105：4637	BD05939 號	重 039
105：4654	BD05973 號	重 073
105：4682	BD05971 號	重 071
105：4968	BD05955 號	重 055

105：5003	BD05953 號	重 053	157：6946	BD05986 號	重 086
105：5258	BD06000 號	重 100	201：7214	BD05990 號	重 090
105：5375	BD05933 號	重 033	218：7285	BD05974 號	重 074
105：5668	BD05960 號	重 060	229：7364	BD05923 號	重 023
105：5802	BD05925 號	重 025	275：7856	BD05941 號	重 041
105：6082	BD05929 號	重 029	275：7857	BD05957 號	重 057
105：6169	BD05945 號	重 045	275：7858	BD05959 號	重 059
111：6208	BD05958 號	重 058	275：7859	BD05999 號	重 099
115：6476	BD05963 號	重 063	292：8274	BD05926 號	重 026
115：6493	BD05932 號	重 032	345：8403	BD05951 號	重 051
116：6549	BD05989 號	重 089	372：8453	BD05995 號	重 095